Opérations de drone

Pilotage récréatif et commercial

Richard Skiba

Droits d'auteur © 2024 par Richard Skiba

Tous droits réservés.

Aucune partie de ce livre ne peut être reproduite sous quelque forme que ce soit sans l'autorisation écrite de l'éditeur ou de l'auteur, sauf autorisation prévue par la loi sur le droit d'auteur.

Cette publication est conçue pour fournir des informations précises et autoritaires sur le sujet couvert. Bien que l'éditeur et l'auteur aient fait de leur mieux pour préparer ce livre, ils ne font aucune déclaration ni garantie quant à l'exactitude ou l'exhaustivité du contenu de ce livre et déclinent spécifiquement toute garantie implicite de qualité marchande ou d'adéquation à un usage particulier. Aucune garantie ne peut être créée ou étendue par des représentants commerciaux ou des documents de vente écrits. Les conseils et stratégies contenus ici peuvent ne pas convenir à votre situation. Vous devriez consulter un professionnel lorsque cela est approprié. Ni l'éditeur ni l'auteur ne seront responsables de toute perte de profit ou de tout autre dommage commercial, y compris, mais sans s'y limiter, les dommages spéciaux, accessoires, consécutifs, personnels ou autres.

Copyright © 2024 by Richard Skiba

All rights reserved.

No portion of this book may be reproduced in any form without written permission from the publisher or author, except as permitted by copyright law.

This publication is designed to provide accurate and authoritative information in regard to the subject matter covered. While the publisher and author have used their best efforts in preparing this book, they make no representations or warranties with respect to the accuracy or completeness of the contents of this book and specifically disclaim any implied warranties of merchantability or fitness for a particular purpose. No warranty may be created or extended by sales representatives or written sales materials. The advice and strategies contained herein may not be suitable for your situation. You should consult with a professional when appropriate. Neither the publisher nor the author shall be liable for any loss of profit or any other commercial damages, including but not limited to special, incidental, consequential, personal, or other damages.

Skiba, Richard (author)

Opérations de drone: Pilotage récréatif et commercial

ISBN 978-1-7635353-7-4 (paperback) 978-1-7635353-8-1 (eBook)

Non-fiction

Ce livre a été traduit de la version originale en anglais avec l'assistance de TranslateGPT.

Contents

Préface	1
1. Introduction	5
2. Types de Drones	26
3. Réglementation des drones	47
4. Réglementation des drones aux États-Unis	53
5. Réglementation des drones en Australie	68
6. Réglementation sur les drones au Royaume-Uni	83
7. Réglementation des drones en Europe	106
8. Réglementation des drones en Inde	113
9. Effectuer des inspections opérationnelles sur les systèmes télécommandés	124
10. Impacts de la météo sur les vols de drones	174
11. Chargement de l'aéronef	208
12. Aéronefs Pilotés à Distance et Leurs Composants	220
13. Lancement, Contrôle et Récupération d'un Aéronef Télépiloté	251
14. Attitudes Dangereuses, Prise de Décision Aéronautique et Jugement	291
15. Communications	302

16.	Gestion des Facteurs Humains dans les Opérations des Systèmes Aéronefs Pilotés à Distance	336
17.	Opérations des systèmes de drones télécommandés à rotors multiples	370
18.	Opérations des systèmes de drones à voilure fixe pilotés à distance	406
19.	Gestion des besoins en énergie des systèmes d'aéronefs pilotés à distance	449
20.	Sur le Contrôle au Sol	470
21.	Navigation des systèmes de pilotage à distance	489
22.	Conduite de Recherches Aériennes Utilisant des Drones Télépilotés	530
23.	Applications Commerciales et Industrielles	555
Références		572
Index		577

Préface

Un drone, également connu sous le nom de véhicule aérien sans pilote (UAV), est un aéronef qui fonctionne sans pilote humain à bord. Les drones peuvent être contrôlés à distance par un opérateur humain ou peuvent voler de manière autonome sur la base de plans de vol préprogrammés ou d'entrées dynamiques provenant de capteurs embarqués. Ils existent en différentes tailles et configurations, des petits modèles grand public utilisés à des fins récréatives aux modèles plus grands et sophistiqués utilisés pour des tâches telles que la photographie aérienne, la surveillance, l'agriculture, et même les opérations militaires.

Les drones sont connus sous divers noms selon leur but spécifique, leur conception ou leur fonction. Voici quelques noms et termes courants utilisés pour désigner les drones :

1. UAV (Véhicule Aérien Sans Pilote)

2. RPAS (Systèmes d'Aéronefs Télépilotés)

3. UAS (Système d'Aéronef Sans Pilote)

4. Quadricoptère (un type de drone avec quatre rotors)

5. Multirotor (un drone avec plusieurs rotors, généralement plus de quatre)

6. Hexacoptère (un drone avec six rotors)

7. Octocoptère (un drone avec huit rotors)

8. UAV à ailes fixes (un drone avec des ailes fixes, ressemblant aux avions tradition-

nels)

9. sUAS (Petit Système d'Aéronef Sans Pilote)

10. Microdrone (très petits drones, souvent utilisés pour des opérations en intérieur ou à courte portée)

11. Nano drone (drones extrêmement petits, généralement utilisés pour la surveillance ou la recherche)

12. Drone aérien

13. Robot volant

14. Aéronef à pilotage à distance

Ce ne sont que quelques exemples, et il peut y avoir d'autres termes spécialisés ou noms utilisés dans des industries ou contextes spécifiques, et ceux-ci seront utilisés de manière interchangeable tout au long de ce livre.

Ce livre sur les opérations de drone vise à fournir des connaissances approfondies en consolidant les informations sur la technologie des drones, les réglementations, les protocoles de sécurité et les meilleures pratiques. Il offre aux lecteurs une compréhension globale qui serait autrement dispersée dans diverses sources. Que ce soit pour les débutants ou les opérateurs expérimentés, ce livre sert d'aide à l'éducation, offrant des perspectives précieuses sur les techniques de fonctionnement des drones, les stratégies de planification des vols, les procédures de maintenance et les méthodes efficaces de résolution des problèmes.

Avec l'évolution constante des réglementations sur les drones, ce livre peut offrir une clarté sur les exigences légales, les restrictions d'espace aérien et les mesures de conformité, aidant les opérateurs à naviguer dans l'intricate web des cadres réglementaires. Un éventail de réglementations spécifiques à certains pays est couvert dans le livre.

Le livre vise également à sensibiliser à la sécurité liée aux opérations de drone. Mettre l'accent sur les principes de sécurité est crucial dans les opérations de drone pour prévenir les accidents et atténuer les risques. Ce livre souligne l'importance des protocoles de sécurité, encourage des évaluations de risques approfondies, décrit les procédures d'urgence et promeut des pratiques de vol responsables.

De nombreux exercices pratiques, études de cas et exemples réels sont incorporés dans ce livre pour améliorer les compétences opérationnelles et favoriser des capacités de prise de décision éclairées, facilitant le développement de la compétence en pilotage de drones. De plus, adapté à des secteurs spécifiques tels que la photographie, la vidéographie, l'agriculture, la cartographie ou la sécurité publique, ce livre offre aux professionnels des perspectives précieuses sur la manière dont les drones sont utilisés, y compris des techniques avancées et des tendances émergentes dans leurs industries respectives.

Dans l'ensemble, ce livre sert de guide de référence complet, permettant aux opérateurs d'accéder rapidement à des informations sur une grande variété de sujets, de la sélection et de la maintenance de l'équipement à la planification des vols et à l'analyse des données. Il vise à fournir aux lecteurs des informations et des conseils sur l'exploitation des drones à des fins récréatives et commerciales. Avant d'approfondir le contenu de ce livre, il est important pour les lecteurs de comprendre et d'accepter la clause de non-responsabilité suivante :

1. Conformité aux lois et règlements locaux : L'exploitation des drones, qu'elle soit à des fins récréatives ou commerciales, est soumise à une myriade de lois, règlements et restrictions locaux. Il est conseillé aux lecteurs de se familiariser avec les lois et règlements applicables dans leurs juridictions respectives avant de s'engager dans des activités liées aux drones. Cela comprend, entre autres, l'obtention des permis, licences et autorisations nécessaires auprès des autorités compétentes. Aux États-Unis, par exemple, les opérateurs de drones récréatifs doivent se conformer aux réglementations établies par la Federal Aviation Administration (FAA), y compris les exigences d'enregistrement pour les drones pesant au-dessus d'un certain seuil. De plus, les opérateurs de drones commerciaux sont soumis aux réglementations Part 107, qui régissent l'exploitation de petits systèmes d'aéronefs sans pilote (sUAS) à des fins commerciales.

2. La formation et la pratique sont essentielles : L'exploitation sûre et efficace des drones nécessite une formation appropriée et une pratique régulière. Les lecteurs doivent comprendre que la maîtrise du pilotage des drones, la compréhension des réglementations de l'espace aérien et la gestion des situations d'urgence sont des compétences qui doivent être développées avec le temps grâce à une formation et une pratique dédiées. Un pilote de drone novice devrait suivre des programmes de formation complets proposés par des organisations ou des institutions réputées pour apprendre des compétences essentielles telles que les

manœuvres de vol, les procédures d'urgence et la navigation dans l'espace aérien. De plus, des sessions de pratique régulières dans des environnements contrôlés peuvent aider les pilotes à améliorer leur compétence et leur confiance dans l'exploitation sûre des drones.

3. Assomption des risques : S'engager dans des opérations de drones implique des risques inhérents, y compris mais sans s'y limiter, les collisions, les défaillances d'équipement et les violations réglementaires. Les lecteurs doivent reconnaître ces risques lorsqu'ils participent à des activités liées aux drones et doivent prendre des précautions appropriées pour les atténuer. Bien que les drones offrent des opportunités passionnantes pour la photographie et la vidéographie aériennes, les opérateurs doivent être conscients du risque de collisions avec des obstacles ou d'autres aéronefs, surtout dans un espace aérien congestionné. Les pilotes doivent effectuer des inspections pré-vol, maintenir une ligne de visée visuelle avec leurs drones et respecter les limites d'altitude et de distance pour minimiser le risque d'accidents.

4. Consultation avec des professionnels : Les lecteurs sont encouragés à rechercher des conseils auprès de professionnels qualifiés, tels que des experts en aviation, des conseillers juridiques et des professionnels de l'industrie des drones, pour répondre à des préoccupations ou des questions spécifiques liées aux opérations de drones. La consultation professionnelle peut fournir des informations précieuses et garantir la conformité aux réglementations et aux meilleures pratiques applicables. Les opérateurs de drones commerciaux peuvent bénéficier de la consultation d'avocats spécialisés en aviation ou d'experts réglementaires pour naviguer dans les exigences légales complexes et obtenir les dérogations ou exemptions nécessaires pour des opérations spécialisées, telles que les vols de nuit ou les vols au-dessus des personnes.

INTRODUCTION

Le terme "drone" a historiquement trouvé son origine dans le contexte des missions militaires de renseignement, de surveillance et de reconnaissance en raison de l'avantage de ne pas risquer la vie d'un pilote dans les zones de combat [1]. Alors que la Federal Aviation Administration des États-Unis a officiellement adopté le terme "véhicule/système aérien sans pilote (UAV/UAS)" en 2005, le terme "drone" continue d'être préféré dans la littérature médicale évaluée par des pairs [2]. L'association historique des drones avec les applications militaires est bien documentée, les drones étant largement utilisés dans diverses activités militaires [3].

Figure 1: Un avion de contrôle de drone Grumman F7F-2D Tigercat de l'US Navy de l'escadron utilitaire VU-6 suivant un drone Radioplane KD2R en 1953. USN, Domaine public, via Wikimedia Commons.

Figure 2: Un drone Reaper de la RAF (Royal Air Force), pris en 2009. Photo : POA(Phot) Tam McDonald/MOD, OGL v1.0, via Wikimedia Commons.

Au fil du temps, l'utilisation des drones s'est étendue au-delà des applications militaires pour englober un large éventail d'utilisations civiles [4]. Les drones sont désormais utilisés dans divers domaines tels que la santé, où ils montrent un potentiel significatif pour des applications telles que la surveillance médicale, la surveillance des sites de catastrophe et la recherche épidémiologique [5, 6]. De plus, les drones se sont révélés utiles pour fournir des fournitures médicales d'urgence telles que des défibrillateurs externes automatisés pour aider dans les situations d'arrêt cardiaque hors hôpital [7, 8].

L'évolution historique de la technologie des drones a vu un virage vers des applications civiles, notamment la préservation culturelle grâce à l'utilisation d'orthophotos basées sur des drones pour restaurer des bâtiments historiques [9]. En outre, le terme "drone" est devenu le descripteur populaire et dominant pour les véhicules aériens sans pilote, reflétant son utilisation et sa reconnaissance généralisées [10].

Un drone, également connu sous le nom de véhicule aérien sans pilote (UAV), désigne un aéronef qui fonctionne sans pilote humain à bord. Les drones ont gagné en popularité ces dernières années en raison de leurs diverses applications dans différents domaines, notamment la surveillance de la faune, la livraison de colis, la mobilité urbaine, la gestion des catastrophes et la chaîne d'approvisionnement en santé [11-15]. Ces aéronefs sans pilote sont équipés de capteurs, de caméras et d'autres technologies qui leur permettent d'effectuer des tâches de manière autonome ou sous contrôle à distance [16].

L'utilisation des drones s'est étendue au-delà des applications militaires pour inclure la recherche environnementale, les efforts de conservation et même les enquêtes médico-légales [13, 14]. Les drones ont été utilisés pour étudier le comportement de la faune, surveiller les écosystèmes et soutenir les initiatives de conservation [11, 13]. De plus, les drones ont été intégrés aux systèmes de santé pour transporter rapidement et efficacement des fournitures médicales, notamment dans des situations d'urgence comme la pandémie de COVID-19 [12].

Figure 3: Dron DJI Mini 4 Pro. Exemple d'un drone civil. Jacek Halicki, CC BY-SA 4.0, via Wikimedia Commons.

Malgré leurs nombreux avantages, les drones ont soulevé des préoccupations concernant leur impact sur la faune, notamment en termes de dérangement et de pollution sonore [11, 13, 14]. Des études ont montré que les drones peuvent influencer le comportement d'animaux tels que les kangourous et les tortues de mer, soulignant la nécessité d'établir des seuils d'exploitation éthiques lors de l'utilisation de drones dans la surveillance de la faune [11, 13]. De plus, les émissions sonores des drones ont fait l'objet de recherches, avec des efforts pour comprendre les effets du bruit des drones sur les humains et la faune [17].

La technologie des drones s'est intégrée de manière transparente dans le tissu de la vie quotidienne, grâce à sa complexité toujours croissante. Dans divers secteurs, les drones servent une myriade d'applications contemporaines :
- Photographie et Vidéographie : Les drones ont transformé le domaine de la photographie, offrant aux photographes des perspectives aériennes inégalées. Adaptés aux besoins spécifiques en photographie, ces drones capturent des vues imprenables des skylines urbains, des paysages côtiers et des merveilles architecturales. De plus, ils enrichissent les projets d'enregistrement vidéo, rehaussant

les événements sportifs, les projets de cinéma et les visites virtuelles de biens immobiliers avec des angles uniques et des visuels immersifs.

- Services de Livraison : Les drones de livraison ont révolutionné la logistique en transportant efficacement de la nourriture, des colis et des marchandises directement aux portes des consommateurs. Ces drones de livraison "dernier kilomètre" rationalisent les opérations pour les détaillants et les chaînes d'épicerie, offrant une alternative rapide et efficace aux méthodes de livraison traditionnelles.

- Recherche et Sauvetage : Les drones jouent un rôle vital dans les opérations de sauvetage, en particulier dans les environnements dangereux où l'intervention humaine est périlleuse. Les véhicules autonomes subaquatiques assistent dans les sauvetages en milieu aquatique, tandis que les drones aériens aident à localiser des individus coincés dans des avalanches ou d'autres urgences, assurant des réponses rapides et efficaces aux crises.

- Agriculture : En agriculture, les drones optimisent les pratiques de gestion agricole en réalisant des relevés de terrain, des opérations de semis, la surveillance du bétail et l'estimation des rendements des cultures. Ces UAV renforcent l'efficacité, soulagent la fatigue physique des agriculteurs et économisent du temps dans les opérations agricoles.

- Surveillance : Les agences de maintien de l'ordre et les forces militaires exploitent la puissance des drones pour des capacités de surveillance renforcées. Les drones aident la police à surveiller les événements, à recueillir des preuves de violations du code de la route et à reconstituer des scènes de crime. De même, le personnel militaire utilise la technologie des drones pour des missions de reconnaissance, le suivi de cibles et des efforts de planification stratégique.

- Usage Personnel : Avec la baisse des coûts, les drones sont devenus accessibles au grand public à des fins récréatives. Les passionnés s'engagent dans des activités telles que la photographie aérienne et le vol de loisir. Cependant, les pilotes de drones récréatifs doivent respecter la réglementation et obtenir les certifications nécessaires pour assurer un fonctionnement sûr et responsable.

- Surveillance de la Faune : Les drones offrent une solution rentable pour les efforts de conservation de la faune. Les écologistes utilisent des drones pour surveiller les populations de faune, suivre les déplacements des animaux et évaluer la santé des écosystèmes depuis des perspectives aériennes, facilitant les initiatives de conservation et les projets de reboisement.

- Modélisation 3D : Les drones équipés de LiDAR effectuent des relevés de paysage et collectent des données pour créer des modèles 3D détaillés. Ces drones fournissent des données précises essentielles pour la planification urbaine, la surveillance environnementale et les projets de développement d'infrastructures.

- Opérations Militaires : Les drones militaires modernes, équipés de technologies avancées telles que l'imagerie thermique et les télémètres laser, jouent des rôles pivots dans la collecte de renseignements, les missions de reconnaissance et les frappes ciblées à des fins de défense nationale.

La photographie et la vidéographie ont connu une transformation remarquable avec l'avènement des drones. Ces véhicules aériens ont révolutionné la façon dont les photographes et les cinéastes capturent des images et des séquences vidéo, offrant des perspectives inédites qui étaient auparavant inaccessibles. Adaptés pour répondre aux divers besoins des passionnés de photographie et des professionnels, les drones sont équipés de capacités d'imagerie avancées qui leur permettent de capturer des vues imprenables avec clarté et précision.

L'un des avantages les plus significatifs de la photographie par drone est sa capacité à fournir des vues aériennes de paysages et de villes. Des skylines urbains imposants aux vues côtières paisibles, les drones offrent aux photographes l'opportunité de capturer des scènes à couper le souffle d'en haut, révélant des motifs, des textures et des perspectives souvent négligés au niveau du sol. Cette perspective aérienne ajoute une nouvelle dimension à la photographie, permettant aux photographes de présenter des repères et des paysages familiers d'une manière fraîche et captivante.

Figure 4: Photographie Aérienne Utilisant des Drones par Drone Reviews - Vue Aérienne de Sydney, Australie. Drone Reviews, CC BY 2.0, via Wikimedia Commons.

De plus, les drones sont devenus des outils indispensables pour les vidéastes, améliorant les efforts d'enregistrement vidéo dans divers domaines. Que ce soit pour documenter des événements sportifs, filmer des séquences cinématographiques pour des films, ou créer des visites virtuelles de biens immobiliers, les drones permettent aux cinéastes de capturer des séquences dynamiques depuis des angles et des perspectives uniques. En se déplaçant sans effort dans les airs, les drones offrent aux cinéastes la flexibilité d'explorer des compositions créatives et des perspectives, ce qui se traduit par des vidéos immersives et visuellement captivantes.

Les drones ont transformé la photographie et la vidéographie en offrant aux photographes et aux cinéastes des perspectives aériennes inégalées. Adaptés pour répondre aux besoins spécifiques en photographie, les drones capturent des vues imprenables des paysages urbains, côtiers et des merveilles architecturales, tout en améliorant les efforts d'enregistrement vidéo dans divers domaines. Avec leur capacité à capturer des angles et des perspectives uniques, les drones ont révolutionné la manière dont les images et les séquences sont capturées, ajoutant une nouvelle dimension à la narration visuelle.

Les drones de livraison représentent une innovation révolutionnaire dans le domaine de la logistique, remodelant fondamentalement le paysage des services de livraison du dernier kilomètre. Traditionnellement, la dernière étape du processus de livraison, connue sous le nom de "dernier kilomètre", a été un goulot d'étranglement pour les détaillants et les entreprises de logistique, confronté à des défis tels que la congestion du trafic, le routage inefficace et les coûts élevés. Cependant, les drones de livraison offrent une solution transformative à ces problèmes persistants en fournissant un moyen rapide et efficace de transporter des marchandises directement aux portes des consommateurs.

Figure 5: Un drone Flirtey livre un défibrillateur externe automatisé (DEA) pour traiter un arrêt cardiaque. Mollyrose89, CC BY-SA 4.0, via Wikimedia Commons.

En exploitant la technologie des drones, les détaillants et les chaînes d'alimentation peuvent contourner les contraintes des méthodes de livraison traditionnelles, livrant des colis avec une vitesse et une précision sans précédent. Ces véhicules aériens sans pilote sont équipés de systèmes de navigation sophistiqués et de capacités de vol autonomes, ce qui leur permet de naviguer à travers les environnements urbains et d'atteindre rapidement et efficacement les destinations. Par conséquent, les drones de livraison offrent une alternative viable aux véhicules de livraison conventionnels, en particulier dans les zones densément peuplées où la congestion et les embouteillages posent des défis importants à une livraison rapide.

De plus, les drones de livraison offrent une flexibilité et une évolutivité inégalées, permettant aux détaillants de s'adapter à la demande fluctuante et de répondre rapidement aux besoins des clients. Avec la capacité de voler au-dessus du trafic et des obstacles, les drones peuvent parcourir des distances de manière plus efficace que les véhicules terrestres, ce qui les rend particulièrement adaptés à la livraison d'articles de petite taille et sensibles au temps, tels que les produits d'épicerie, les médicaments et l'électronique grand public.

À titre d'exemple d'utilisation des drones pour la livraison, Zipline International Inc. est une entreprise américaine spécialisée dans la conception, la production et l'exploitation de drones de livraison. La société dispose de hubs de distribution dans plusieurs pays, dont le Rwanda, le Ghana, le Japon, les États-Unis, le Nigeria, la Côte d'Ivoire et le Kenya. En novembre 2023, les drones de Zipline ont effectué plus de 800 000 livraisons commerciales et parcouru plus de 40 millions de miles de manière autonome [18].

Les drones de Zipline sont principalement utilisés pour transporter des fournitures médicales essentielles telles que du sang entier, des plaquettes, du plasma congelé et du cryoprécipité, ainsi que des produits médicaux tels que des vaccins, des perfusions et des produits médicaux courants. Notamment, au Rwanda, les drones de Zipline gèrent plus de 75 % des livraisons de sang en dehors de la capitale, Kigali. Au Ghana, l'entreprise a commencé les livraisons de drones de vaccins, de sang et de médicaments en avril 2019. De plus, pendant la pandémie de COVID-19 en 2020, l'organisation partenaire de Zipline, Novant Health, a obtenu une dérogation à la réglementation aérienne Part 107 de la Federal Aviation Administration (FAA) des États-Unis pour utiliser les drones de Zipline pour la livraison de fournitures médicales et d'équipements de protection individuelle (EPI) dans les établissements de santé en Caroline du Nord.

Au-delà des livraisons médicales, Zipline propose également des services de livraison pour des produits non médicaux. Cela comprend des partenariats avec des géants de la vente au détail comme Walmart, initiés en 2021, et avec le fournisseur de services alimentaires Sweetgreen, annoncé en 2023. Le site Web de Zipline présente une gamme d'applications potentielles pour leurs services de livraison par drone, notamment les livraisons de restaurants, les livraisons d'épicerie, les achats de convenance et l'exécution du commerce électronique.

Figure 6: Un drone Zipline volant et livrant un colis. Roksenhorn, CC BY-SA 4.0, via Wikimedia Commons.

De plus, les drones de livraison ont le potentiel de réduire les émissions de carbone et l'impact environnemental associés aux méthodes de livraison traditionnelles. En fonctionnant à l'électricité et en volant directement vers leurs destinations, les drones réduisent au minimum le besoin de grands parcs de camions de livraison et de fourgonnettes, diminuant ainsi la congestion routière et la pollution atmosphérique dans les zones urbaines.

Dans l'ensemble, les drones de livraison représentent une innovation révolutionnaire dans le domaine de la logistique, offrant aux détaillants et aux entreprises une solution rentable, efficace et respectueuse de l'environnement pour la livraison du dernier kilomètre. À mesure que la technologie continue de progresser et que les cadres réglementaires évoluent, les drones de livraison sont appelés à jouer un rôle de plus en plus important dans l'avenir du commerce électronique et de la gestion de la chaîne d'approvisionnement.

Les missions de recherche et de sauvetage impliquent souvent des environnements périlleux où l'intervention humaine présente des risques significatifs. Dans ces situations difficiles, les drones émergent comme des outils indispensables, jouant un rôle essentiel dans la facilitation des opérations de sauvetage. Que ce soit déployés dans des zones sauvages éloignées ou au milieu de catastrophes naturelles, les drones offrent des capacités uniques qui améliorent l'efficacité et l'efficience des efforts de recherche et de sauvetage.

Figure 7: Un membre de "Serve On" tient un drone en vol - utilisé pour aider à identifier les zones les plus touchées par le séisme au Népal. DFID - Département britannique pour le Développement International, CC BY 2.0, via Wikimedia Commons.

Un domaine où les drones excellent est celui des sauvetages en milieu aquatique, où les méthodes traditionnelles peuvent être impraticables ou dangereuses. Les véhicules sous-marins autonomes (AUV) équipés de capteurs spécialisés et de technologies d'imagerie peuvent naviguer avec précision dans les environnements sous-marins, aidant à la recherche de personnes disparues ou d'objets immergés. Ces AUV peuvent rapidement et efficacement cartographier de vastes zones d'eau, fournissant une assistance inestimable aux équipes de recherche et de sauvetage pour localiser les personnes en détresse.

De même, les drones aériens sont essentiels pour localiser et secourir les personnes bloquées dans des environnements dangereux tels que les avalanches ou les terrains inaccessibles. Équipés de caméras haute résolution, de capteurs d'imagerie thermique et d'autres technologies avancées, les drones aériens peuvent survoler de vastes zones depuis le ciel, identifiant rapidement les dangers potentiels et localisant les personnes ayant besoin d'aide. En fournissant une reconnaissance aérienne en temps réel, les drones permettent aux équipes de recherche et de sauvetage d'évaluer rapidement la situation et de déployer efficacement les ressources, assurant des réponses rapides et coordonnées aux urgences.

Dans l'ensemble, les drones jouent un rôle vital dans les opérations de recherche et de sauvetage en offrant des capacités inégalées pour naviguer dans des environnements dangereux et localiser les personnes en détresse. Que ce soit déployés sous l'eau ou dans les airs, les drones améliorent l'efficacité et l'efficience des efforts de secours, contribuant à sauver des vies et à atténuer l'impact des catastrophes et des urgences.

Dans le domaine de l'agriculture, les drones se sont révélés être des outils transformateurs, révolutionnant les pratiques traditionnelles de gestion agricole. En exploitant les capacités des véhicules aériens sans pilote (UAV), les agriculteurs peuvent optimiser divers aspects de leurs opérations, conduisant à une augmentation de l'efficacité et de la productivité dans le secteur agricole.

Une des applications clés des drones en agriculture est la réalisation de relevés de terrain. Équipés de capteurs avancés et de technologies d'imagerie, les drones peuvent capturer des images aériennes haute résolution des terres agricoles, fournissant aux agriculteurs des informations précieuses sur la santé des cultures, le niveau d'humidité du sol et les infestations de ravageurs. Ces données aériennes permettent aux agriculteurs de prendre des décisions éclairées sur l'irrigation, la fertilisation et la lutte contre les ravageurs, améliorant ainsi les rendements des cultures et réduisant le gaspillage des ressources.

De plus, les drones jouent un rôle crucial dans les opérations de semis, en particulier dans les exploitations agricoles à grande échelle. En déployant des drones équipés de systèmes de semis de précision, les agriculteurs peuvent distribuer avec précision les semences sur de vastes étendues de terre, assurant un espacement et une couverture optimaux pour une croissance maximale des cultures. Ce processus de semis automatisé permet non seulement de gagner du temps et de la main-d'œuvre, mais améliore également l'efficacité de la plantation et l'uniformité des cultures, entraînant des rendements plus élevés et des coûts d'entrée réduits.

Figure 8: Un drone destiné à un usage agricole. Agridrones Solutions Israel, CC BY-SA 4.0, via Wikimedia Commons.

En plus des relevés de terrain et des opérations de semis, les drones sont également utilisés pour la surveillance du bétail en agriculture. Avec la capacité de couvrir de vastes étendues de pâturages rapidement et efficacement, les drones permettent aux agriculteurs de suivre la santé et le comportement de leur bétail, d'identifier les animaux malades ou blessés, et de détecter les prédateurs potentiels ou les intrus. Cette capacité de surveillance en temps réel permet aux agriculteurs de réagir rapidement aux problèmes liés au bétail, améliorant le bien-être animal et les pratiques globales de gestion agricole.

De plus, les drones sont des outils inestimables pour estimer les rendements des cultures et évaluer la santé des cultures tout au long de la saison de croissance. En analysant les images aériennes capturées par les drones, les agriculteurs peuvent quantifier avec précision les rendements des cultures, prédire les moments de récolte, et identifier les zones du champ qui pourraient nécessiter une attention ou une intervention supplémentaire. Cette approche basée sur les données pour la gestion des cultures permet aux agriculteurs d'optimiser leurs ressources, de maximiser les rendements et de minimiser les pertes, améliorant ainsi la durabilité et la rentabilité de leurs exploitations.

Figure 9: Onyxstar HYDRA-12 UAV avec une caméra hyperspectrale intégrée pour la recherche agricole. Cargyrak, CC BY-SA 4.0, via Wikimedia Commons.

Les drones ont révolutionné l'agriculture en optimisant les pratiques de gestion agricole et en améliorant la productivité dans l'ensemble du secteur agricole. De la réalisation de relevés de terrain et d'opérations de semis à la surveillance du bétail et à l'estimation des rendements des cultures, les drones offrent aux agriculteurs des outils puissants pour améliorer l'efficacité, réduire les coûts et adopter des pratiques agricoles durables. Avec l'avancée de la technologie, le rôle des drones dans l'agriculture est attendu pour s'étendre davantage, stimulant l'innovation et façonnant l'avenir de l'agriculture.

Dans les contextes de l'application de la loi et militaires, les drones sont devenus des outils indispensables pour renforcer les capacités de surveillance, offrant une gamme d'avantages en matière de surveillance, de collecte de preuves et de planification stratégique.

Les organismes chargés de l'application de la loi s'appuient sur les drones pour surveiller les événements et recueillir des preuves, fournissant une vue d'ensemble des activités depuis les airs. Les drones équipés de caméras haute résolution et de capacités de diffusion en direct permettent à la police de surveiller efficacement et discrètement de vastes zones, aidant ainsi aux efforts de prévention et de réponse aux crimes. De plus, les drones sont des outils précieux pour recueillir des preuves de violations du code de la route, permettant aux autorités de surveiller les routes et de capturer des images de véhicules en excès de vitesse ou d'autres infractions. En cas de crime, les drones peuvent également être déployés pour reconstruire les scènes de crime, fournissant aux enquêteurs des informations précieuses sur la séquence des événements et les relations spatiales entre différents éléments.

De même, les forces militaires exploitent la technologie des drones pour des missions de reconnaissance et des efforts de planification stratégique. Équipés de capteurs et de systèmes d'imagerie avancés, les drones militaires peuvent effectuer des reconnaissances aériennes au-dessus du territoire ennemi, recueillant des renseignements sur les positions ennemies, les mouvements et les infrastructures. Cette capacité de surveillance en temps réel permet aux commandants militaires de prendre des décisions éclairées concernant le déploiement des troupes, la priorisation des cibles et la planification opérationnelle, améliorant ainsi l'efficacité et l'efficience des opérations militaires. De plus, les drones sont utilisés pour le suivi des cibles, permettant au personnel militaire de surveiller et de suivre avec précision et exactitude les cibles de grande valeur ou les menaces potentielles.

Dans l'ensemble, les drones jouent un rôle vital dans les opérations de surveillance à la fois dans le cadre de l'application de la loi et des objectifs militaires, offrant des capacités précieuses pour la surveillance, la collecte de preuves et la planification stratégique. En offrant des perspectives aériennes et des capacités de surveillance en temps réel, les drones améliorent la conscience situationnelle et les capacités de prise de décision, contribuant finalement à la sécurité des communautés et à la réussite des missions militaires. Alors que la technologie des drones continue d'évoluer, le rôle des drones dans la surveillance est attendu pour s'étendre davantage, stimulant l'innovation et renforçant les capacités tant dans les contextes civils que militaires.

Les pompiers utilisent des drones de différentes manières pour améliorer leurs efforts de lutte contre les incendies et garantir la sécurité globale lors des opérations de réponse d'urgence. Voici quelques applications courantes des drones dans la lutte contre les incendies :

Reconnaissance aérienne : Les drones équipés de caméras et de capteurs d'imagerie thermique fournissent aux pompiers des perspectives aériennes précieuses des scènes d'incendie. En capturant des images haute résolution et des données thermiques depuis les airs, les drones permettent aux pompiers d'évaluer l'étendue de l'incendie, d'identifier les points chauds et de détecter les dangers potentiels tels que les faiblesses structurelles ou les matériaux dangereux. Cette reconnaissance aérienne permet aux pompiers de développer des stratégies de lutte contre l'incendie efficaces et de prioriser l'allocation des ressources en fonction de la conscience situationnelle en temps réel.

Recherche et sauvetage : Les drones équipés de caméras haute résolution et de capteurs infrarouges sont des outils précieux pour les opérations de recherche et de sauvetage dans les scénarios d'incendie. Ces drones peuvent rapidement balayer de vastes zones, y compris des terrains difficiles d'accès ou dangereux, pour localiser les personnes disparues ou les victimes piégées. En fournissant un soutien aérien aux équipes de sauvetage au sol, les drones contribuent à accélérer les efforts de recherche et à améliorer les chances de localisation et de sauvetage des personnes en détresse.

Cartographie et surveillance des incendies : Les drones équipés de la technologie GPS et de logiciels de cartographie sont utilisés pour créer des cartes détaillées des zones affectées par les incendies, y compris les schémas de propagation des incendies et les itinéraires d'évacuation. En surveillant le comportement et la progression des incendies en temps réel, les drones permettent aux pompiers d'anticiper les changements dans les conditions d'incendie, d'ajuster les tactiques de lutte contre l'incendie en conséquence et de communiquer efficacement les mises à jour de la situation aux commandants d'incident et aux intervenants d'urgence.

Figure 10: Vol de drone lors de l'incendie de Grizzly Creek au lac Hanging. Forêt nationale de White River, Service des forêts des États-Unis, domaine public, via Wikimedia Commons.

Détection de matières dangereuses : Les drones équipés de capteurs de gaz et d'autres outils de surveillance environnementale peuvent détecter les matières dangereuses ou les fuites de produits chimiques sur les lieux d'incendie. En effectuant des relevés aériens de la zone, les drones aident à identifier les dangers potentiels pour la sécurité des pompiers et à orienter la prise de décision concernant les procédures d'évacuation, les mesures de confinement et l'équipement de protection approprié.

Évaluation après l'incendie : Après l'extinction de l'incendie, les drones sont utilisés pour effectuer des évaluations post-incendie et des inspections des dommages. En capturant des images aériennes de la zone touchée par l'incendie, les drones aident les pompiers à évaluer l'intégrité structurelle, à estimer les dommages aux bâtiments et aux infrastructures, et à identifier d'éventuels points chauds restants ou des débris fumants qui pourraient présenter un risque de réinflammation.

Dans l'ensemble, les drones jouent un rôle crucial dans l'amélioration des opérations de lutte contre les incendies en fournissant aux pompiers des perspectives aériennes précieuses, des données en temps réel et une conscience de la situation lors de situations d'intervention d'urgence. En tirant parti de la technologie des drones, les pompiers peuvent travailler de manière plus sûre et plus efficace pour atténuer les dangers d'incendie, protéger les vies et les biens, et finalement sauver des vies.

À mesure que les coûts de la technologie des drones diminuent, elle est devenue de plus en plus accessible au grand public pour un usage personnel et récréatif. Cette accessibilité a suscité un regain d'intérêt parmi les amateurs qui sont désireux d'explorer les capacités des drones pour diverses activités récréatives. Parmi ces activités, la photographie aérienne se démarque comme une poursuite populaire, permettant aux amateurs de capturer des clichés et des vidéos aériennes époustouflantes à partir de perspectives uniques qui étaient auparavant inaccessibles. De plus, le pilotage de loisir, qui consiste à piloter des drones pour le plaisir et le développement des compétences, a gagné en popularité comme passe-temps engageant pour les passionnés de drones de tous âges.

Cependant, malgré l'attrait récréatif de la technologie des drones, il est essentiel que les amateurs utilisent leurs drones de manière responsable et conformément aux réglementations établies. Les pilotes de drones récréatifs doivent respecter les règles de l'espace aérien et les consignes de sécurité établies par les autorités de l'aviation pour garantir la sécurité des utilisateurs de l'espace aérien et du grand public. Cela comprend l'obtention des certifications ou enregistrements nécessaires, tels que la certification Part 107 de la

Federal Aviation Administration (FAA) aux États-Unis, qui démontre la compétence en matière de pilotage de drone et la connaissance des réglementations de l'espace aérien.

Figure 11: Drone utilisé à des fins personnelles. Département des transports de l'Oregon, CC BY 2.0, via Wikimedia Commons.

De plus, une opération responsable de drones implique un engagement envers la sécurité et une prise de conscience des risques potentiels associés au vol de drones dans différents environnements. Les pilotes de drones récréatifs doivent faire preuve de prudence lorsqu'ils opèrent leurs drones près de zones peuplées, d'aéroports ou d'autres zones restreintes pour éviter les accidents potentiels ou les conflits avec d'autres utilisateurs de l'espace aérien. De plus, être conscient des préoccupations en matière de vie privée et respecter la vie privée des autres est crucial lors de la capture de séquences ou d'images aériennes dans des espaces publics.

Bien que les drones offrent des opportunités passionnantes pour une utilisation récréative et une expression créative, il est essentiel pour les amateurs d'approcher le vol de drones avec un sens des responsabilités et une connaissance des exigences réglementaires. En respectant les consignes de sécurité, en obtenant les certifications nécessaires et en respectant les réglementations de l'espace aérien et les considérations relatives à la vie privée, les pilotes de drones récréatifs peuvent profiter des avantages de la technologie des drones tout en minimisant les risques et en assurant une expérience positive pour eux-mêmes et pour les autres.

Dans le domaine de la modélisation 3D, les drones équipés de la technologie Light Detection and Ranging (LiDAR) ont révolutionné le processus de capture de données spatiales précises pour diverses applications. Les drones équipés de LiDAR réalisent des levés aériens des paysages, recueillant des informations détaillées sur la topographie, la végétation et les structures avec une précision remarquable. Ces données sont ensuite utilisées pour créer des modèles 3D hautement précis de la zone étudiée, fournissant des informations précieuses pour une gamme d'industries et de disciplines.

L'une des applications principales des drones équipés de LiDAR se trouve dans les projets d'urbanisme et de développement urbain. En capturant des modèles 3D détaillés des environnements urbains, y compris des bâtiments, des routes et des infrastructures, les drones équipés de la technologie LiDAR permettent aux urbanistes et aux architectes de visualiser les développements proposés et d'évaluer leur impact sur le paysage environnant. Cette approche basée sur les données pour l'urbanisme permet une prise de décision plus éclairée et une meilleure intégration des nouveaux développements dans les environnements urbains existants.

Figure 12: Drone à quatre hélices équipé de la technologie Lidar. Jonte, CC BY-SA 4.0, via Wikimedia Commons.

De plus, les drones équipés de la technologie Lidar jouent un rôle crucial dans la surveillance environnementale et les efforts de conservation. En effectuant des relevés aériens de paysages naturels tels que les forêts, les zones humides et les zones côtières, les drones peuvent capturer des données détaillées sur la densité de la végétation, l'élévation du terrain et les caractéristiques des habitats. Ces informations sont essentielles pour surveiller les changements dans les écosystèmes au fil du temps, identifier les zones d'importance écologique et informer les stratégies de conservation visant à préserver la biodiversité et à atténuer la dégradation environnementale.

En plus de la planification urbaine et de la surveillance environnementale, les drones équipés de Lidar sont également utilisés dans des projets de développement d'infrastructures tels que la construction de routes, la surveillance des pipelines et la gestion des services publics. En fournissant des modèles 3D précis du terrain et des actifs d'infrastructure, les drones permettent aux ingénieurs et aux chefs de projet de planifier et d'exécuter les projets de construction de manière plus efficace, de minimiser les impacts environnementaux et d'optimiser l'allocation des ressources.

Les drones équipés de Lidar jouent un rôle vital dans les applications de modélisation 3D, fournissant des données spatiales précises qui sont essentielles pour la planification urbaine, la surveillance environnementale et les projets de développement d'infrastructures. En exploitant les capacités de la technologie Lidar, les drones permettent aux professionnels de divers secteurs de prendre des décisions éclairées, d'optimiser les ressources et d'obtenir de meilleurs résultats dans leurs domaines respectifs.

TYPES DE DRONES

Les véhicules aériens sans pilote (UAV) peuvent être classés selon divers critères. Une classification courante est basée sur le type d'UAV, qui comprend les UAV à voilure fixe et à voilure tournante [19]. Un autre critère de classification est basé sur le système de propulsion utilisé, ce qui catégorise les UAV en fonction des systèmes de propulsion à base de carburant, hybrides carburant-électrique et électriques purs [20]. De plus, les UAV peuvent être classés en fonction de leurs applications, telles que l'agriculture, la cartographie de la végétation urbaine, la surveillance, la gestion des catastrophes, et plus encore [21-23].

De plus, les UAV peuvent être classés en fonction de leurs capacités et de leurs caractéristiques. Par exemple, les UAV peuvent être classés en fonction de leur capacité à voler de manière autonome ou à être pilotés à distance [24]. De plus, la classification des UAV peut également être liée à leurs méthodes de détection et d'identification. Des techniques basées sur les radiofréquences ont été utilisées pour la détection et l'identification des UAV, ce qui a conduit à des approches de classification hiérarchiques pour les systèmes de détection d'UAV basés sur les radiofréquences [25, 26].

Dans le contexte des réseaux UAV, des classifications peuvent être effectuées à différents niveaux, tels que le niveau cellulaire, le niveau système et le niveau système de système, pour comprendre comment les différents composants contribuent à la performance globale du système [27]. De plus, l'utilisation d'algorithmes d'apprentissage automatique a permis la classification des paquets bénins ou malveillants dans les réseaux UAV pour une sécurité accrue [28].

Types Généraux

Les drones se présentent sous différentes formes, chacune conçue pour des objectifs et des applications spécifiques, notamment :

1. Drones à Voilure Fixe : Les drones à voilure fixe ressemblent à des avions traditionnels et comportent des ailes qui génèrent de la portance lorsqu'ils avancent. Ces drones sont bien adaptés pour les vols longue distance et les missions de cartographie aérienne en raison de leur conception efficace et de leurs temps de vol prolongés. Les drones à voilure fixe sont couramment utilisés dans l'agriculture, l'arpentage et la photographie aérienne.

2. Drones Multirotors : Les drones multirotors, tels que les quadricoptères et les hexacoptères, comportent plusieurs rotors disposés dans une configuration symétrique. Ces drones sont très manœuvrables et capables de rester en position stationnaire, ce qui les rend idéaux pour les tâches nécessitant un positionnement précis ou la photographie et la vidéographie aériennes. Les drones multirotors sont populaires parmi les amateurs, les cinéastes et les opérateurs commerciaux.

3. Hélicoptères à Simple Rotor : Les hélicoptères à simple rotor, également connus sous le nom de drones à voilure tournante, comportent un seul grand rotor monté sur le dessus de l'aéronef. Ces drones offrent une plus grande capacité de levage et de stabilité par rapport aux drones multirotors, ce qui les rend adaptés aux applications de levage lourd telles que les opérations de grue aérienne ou le transport de cargaisons dans des environnements difficiles.

4. Drones Hybrides : Les drones hybrides combinent des caractéristiques des conceptions à voilure fixe et multirotors, ce qui leur permet de décoller et d'atterrir verticalement comme un drone multirotor tout en bénéficiant également de l'efficacité du vol à voilure fixe pour les voyages longue distance. Ces drones offrent une polyvalence pour les applications nécessitant à la fois un décollage vertical et un vol à longue endurance, comme la surveillance ou la cartographie aérienne.

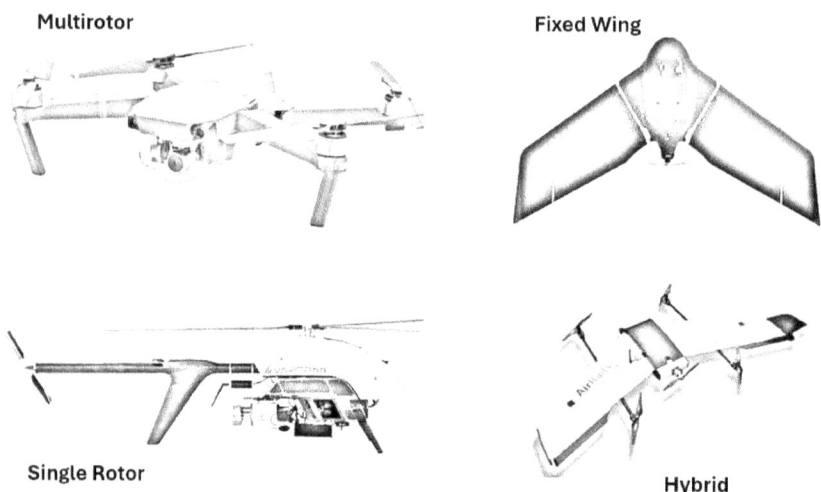

Figure 13: Types généraux de drones.

Drones à ailes fixes

Les drones à ailes fixes utilisent l'aérodynamique pour générer de la portance et rester en vol, similairement aux avions traditionnels. Ils sont couramment utilisés pour cartographier de grandes zones en raison de leur autonomie prolongée et de leur efficacité. Contrairement aux drones à multirotors, les drones à ailes fixes comptent sur leur conception aérodynamique pour un vol soutenu, ce qui se traduit par une endurance plus longue et des vitesses de vol plus rapides.

Cependant, les drones à ailes fixes ont tendance à être plus coûteux que les drones à multirotors et nécessitent un espace suffisant pour le décollage et l'atterrissage, semblablement aux avions. Certains modèles plus grands nécessitent un équipement au sol spécialisé pour le lancement et la récupération. De plus, les drones à ailes fixes ne disposent pas des capacités de décollage et d'atterrissage vertical des drones à multirotors, limitant leur manœuvrabilité et leur adaptabilité pour certaines applications.

Figure 14: Drone à ailes fixes utilisé par l'USGS. Bureau of Land Management Oregon et Washington de Portland, Amérique, domaine public, via Wikimedia Commons.

Malgré ces limitations, les drones à ailes fixes offrent plusieurs avantages. Ils peuvent parcourir de plus longues distances, cartographier des zones plus vastes et rester en vol pendant des périodes prolongées, ce qui les rend idéaux pour des tâches telles que la cartographie aérienne, la topographie, l'agriculture et l'inspection. Leurs capacités en haute altitude et leur capacité à transporter des charges plus lourdes renforcent encore leur utilité dans diverses applications techniques.

Cependant, le fonctionnement des drones à ailes fixes nécessite une formation et une compétence en raison de leurs caractéristiques de vol uniques et de leurs exigences d'atterrissage. Le lancement et le contrôle d'un drone à ailes fixes nécessitent confiance et habileté, car ils avancent toujours et nécessitent généralement un dispositif de lancement pour le décollage. De plus, le traitement et l'analyse de la grande quantité de données capturées par les drones à ailes fixes peuvent être complexes et chronophages, nécessitant des logiciels spécialisés et une expertise.

Dans l'ensemble, les drones à ailes fixes sont appréciés pour leur efficacité, leur portée et leur endurance, ce qui en fait des outils indispensables pour un large éventail d'applications techniques, notamment la cartographie aérienne, la topographie, l'agriculture, l'inspection, la construction et la sécurité.

Drones à multirotors

Les drones à multirotors constituent une solution accessible et économique pour la surveillance et la photographie aériennes, offrant un contrôle précis sur le positionnement et le cadrage. Appelés ainsi en raison de leurs multiples rotors, ces drones se présentent généralement sous différentes configurations telles que tricoptères, quadricoptères, hexacoptères et octocoptères, les quadricoptères étant la variante la plus répandue. Contrairement aux drones à ailes fixes, les drones à multirotors possèdent plusieurs moteurs tournant verticalement, ce qui leur permet de décoller, d'atterrir, de voler et de stationner avec une agilité similaire à celle des hélicoptères traditionnels.

Figure 15: Quadricoptère DJI Mavic Pro équipé en outre d'un spectrophotomètre Ocean Insight STS-VIS et d'équipements supplémentaires. Taras Kazantsev, CC BY 4.0, via Wikimedia Commons.

Reconnus pour leur polyvalence, les drones à multirotors sont largement appréciés tant pour les loisirs que pour les applications professionnelles, notamment en photographie aérienne. Leur taille compacte et leur maniabilité en font un choix idéal pour capturer des prises de vue dynamiques sous différents angles. De plus, les drones à multirotors offrent la flexibilité de monter différents types de caméras pour des tâches diverses, améliorant ainsi encore leur utilité.

Cependant, les drones à multirotors sont accompagnés de limitations, principalement en ce qui concerne l'autonomie de vol et l'efficacité. Leur dépendance à plusieurs rotors consomme plus d'énergie, ce qui se traduit par des temps de vol plus courts par rapport aux modèles à ailes fixes. En général, les drones à multirotors offrent des durées de vol de moins d'une heure, ce qui nécessite l'utilisation de plusieurs batteries pour des opérations prolongées, entraînant ainsi des coûts supplémentaires.

Les avantages des drones à multirotors incluent un contrôle amélioré pendant le vol, permettant des mouvements précis dans différentes directions, notamment l'ascension et la descente verticales, le mouvement latéral et la rotation. Leur agilité permet des vols en proximité des structures et facilite la livraison efficace de charges utiles et les inspections. De plus, certains modèles présentent des composants redondants pour garantir un fonctionnement continu en cas de défaillance d'un moteur.

Figure 16: Véhicule aérien sans pilote à multirotor (A Tyges FV8 Thermodrone). David Perez, CC BY-SA 3.0, via Wikimedia Commons.

Malgré leurs avantages, les drones à multirotors ne conviennent pas à certaines tâches nécessitant une endurance prolongée et des vols à grande vitesse, tels que la cartographie aérienne à grande échelle et les inspections à longue distance. Leur inefficacité inhérente et leur dépendance aux moteurs électriques limitent leurs temps de vol, qui vont généralement de 20 à 30 minutes avec des charges légères. De plus, la dépendance aux systèmes de vol contrôlés par ordinateur les rend vulnérables aux défaillances, ce qui nécessite une redondance des composants pour atténuer les risques.

Dans les applications techniques, les drones à multirotors trouvent leur utilité dans les inspections visuelles, l'imagerie thermique, la photographie et la vidéographie aériennes, ainsi que la numérisation 3D. Bien qu'ils excellent dans les tâches nécessitant une manœuvrabilité précise et des opérations en milieu confiné, leurs limitations doivent être prises en compte lors du choix du drone approprié pour des applications spécifiques.

Hélicoptères à rotor unique

Les hélicoptères ne se limitent pas aux grands avions pilotés ; ils se manifestent également sous forme de drones plus petits et non pilotés. Ces drones se déclinent en différentes tailles, des petits jouets aux drones de taille respectable équipés de caméras, avec des prix à la hausse en conséquence. Alors que certains drones à rotor unique peuvent être trouvés pour aussi peu que 20 $ en magasin, d'autres se vendent à des milliers de dollars en ligne.

Une caractéristique intéressante des drones à rotor unique professionnels est leur potentiel à fonctionner au gaz plutôt qu'à l'électricité, en fonction de leur taille. Bien qu'ils présentent une efficacité supérieure aux drones à multirotors, ils ne correspondent pas à l'efficacité des drones à voilure fixe. Piloter un drone à rotor unique peut être presque aussi difficile que de piloter un drone à voilure fixe, nécessitant un équilibre délicat.

Bien que les drones à rotor unique n'offrent pas autant d'applications que les drones à multirotors, ils excellent dans le transport de charges plus lourdes. Typiquement préférés par les amateurs à la recherche d'un nouveau défi, les types de drones à rotor unique sont robustes et solides, ressemblant à des hélicoptères réels dans leur structure et leur conception. Avec juste un rotor et un rotor de queue pour la stabilité et le contrôle, ils offrent un mélange d'agilité à plusieurs rotors et d'efficacité à rotor unique.

Les drones à rotor unique utilisent généralement des moteurs à essence plutôt que des batteries, ce qui se traduit par des temps de vol plus longs. Cependant, leur plus grande taille et leur complexité par rapport à d'autres UAV les rendent plus chers et plus difficiles à utiliser, les pales plus grandes entraînant des risques de sécurité accrus.

Les avantages des hélicoptères à rotor unique incluent leur efficacité supérieure, surtout lorsqu'ils sont alimentés au gaz, ce qui permet des temps de vol prolongés. Leurs longues pales, ressemblant à des ailes en rotation, contribuent à cette efficacité, les rendant adaptés au vol stationnaire avec des charges lourdes ou à l'atteinte d'un équilibre entre le vol stationnaire et le vol vers l'avant.

Cependant, les types de drones à rotor unique présentent des inconvénients. Ils sont complexes, coûteux et moins stables que leurs homologues à multirotors, nécessitant un entretien méticuleux en raison de leur complexité mécanique. De plus, la présence de grandes pales en rotation accroît les risques de sécurité, notamment en cas de défaillance de composants.

Dans les applications techniques, les drones à rotor unique trouvent leur utilité dans des tâches telles que la télédétection laser LIDAR aérienne, la topographie par drone et le transport de charges lourdes. Bien qu'ils offrent des capacités uniques, leur complexité et les considérations de sécurité en font un choix spécialisé pour des opérations spécifiques. Dans l'exemple présenté comme la Figure 17, l'hélicoptère sans pilote est utilisé pour la mesure de la dose spatiale développée par l'Agence japonaise de l'énergie atomique, une institution nationale de recherche et de développement. Équipé d'un système de mesure de la radiation dédié sur l'hélicoptère sans pilote volant autonome RMAX G1 de Yamaha Motor, il mesure les rayons gamma directs du sol et les rayons diffusés de l'air.

Figure 17: JAEA Yamaha RMAX G1. Cp9asngf, CC BY-SA 4.0, via Wikimedia Commons.

Drones Hybrides

Cette catégorie innovante de drones professionnels combine la durée de vol prolongée caractéristique des drones à voilure fixe avec les capacités de décollage et d'atterrissage vertical des drones à rotor unique ou multi-rotor. Un exemple notable de cette hybridation est illustré par le drone développé pour Prime Air.

VTOL, acronyme de décollage et atterrissage vertical, constitue le principal argument derrière la création de ce modèle hybride. Alors que les drones à voilure fixe présentent des différences significatives en termes de durée de vol par rapport aux autres types de drones, ils rencontrent des défis lors de l'atterrissage. Le modèle hybride intègre habilement les forces des deux, malgré son caractère relativement récent, il gagne rapidement en traction et en reconnaissance.

Les drones hybrides VTOL fusionnent les avantages des conceptions à voilure fixe et à rotor. Ces drones sont dotés de rotors fixés à des ailes fixes, leur permettant de rester en station, de décoller et d'atterrir verticalement. Bien que leur disponibilité soit actuellement limitée, les avancées technologiques suggèrent que cette option pourrait connaître une popularité accrue dans les années à venir. Des exemples notables incluent le drone de livraison Prime Air d'Amazon, qui présente une conception hybride VTOL à voilure fixe.

Présentés comme la dernière frontière de la technologie des drones, les drones hybrides VTOL à voilure fixe désignent des avions à voilure fixe modifiés pour le décollage et l'atterrissage vertical. Ils combinent l'endurance et la portée des UAV à voilure fixe avec la capacité de décollage vertical des dispositifs à rotor, adressant ainsi les contraintes d'espace inhérentes aux opérations traditionnelles des UAV à voilure fixe. Ces drones trouvent des applications dans la cartographie, l'inspection des lignes électriques, la surveillance, l'agriculture et les opérations de secours. Cependant, la complexité de ce drone VTOL le rend moins adapté aux opérateurs novices, et sa technologie avancée le place au sommet du marché des drones à voilure fixe en termes de coût.

Figure 18: Drone hybride. Tilo Ronschke, CC BY-SA 4.0, via Wikimedia Commons.

Les drones hybrides VTOL présentent plusieurs avantages : le système de pilotage automatique gère la stabilité, libérant le pilote pour se concentrer sur la navigation, tout en exploitant les points forts des conceptions à aile fixe et à rotor, exceller dans les capacités de vol stationnaire et de vol vers l'avant. Cependant, leur disponibilité sur le marché est actuellement limitée, avec seulement quelques modèles accessibles, et la technologie soutenant ces drones en est encore aux premiers stades évolutifs. En termes d'applications techniques, ils trouvent leur utilité dans les services de livraison par drone.

Autres variations

Divers types de drones au-delà de ceux précédemment discutés offrent des fonctionnalités diverses :

Mini-Drones : Conçus principalement pour des fins récréatives, les mini-drones manquent de la robustesse nécessaire pour les tâches commerciales en raison de leur construction légère, ce qui compromet la stabilité de l'image.

Nano-Drones : Malgré leur taille réduite, les nano-drones sont équipés de micro-caméras, comme le modèle Black Hornet utilisé par l'armée britannique. Avec des durées de vol allant jusqu'à 25 minutes et une portée d'un mile, ils améliorent considérablement les capacités de reconnaissance.

Drones Tactiques : Associant des dimensions compactes à l'agilité, les drones tactiques sont équipés de la technologie GPS et de caméras infrarouges, ce qui les rend adaptés aux missions de surveillance malgré leur taille modeste de 4,5 pieds et leur poids de 4,2 livres.

Drones de Reconnaissance : Ces drones, mesurant environ 16 pieds de long et pesant plus de 2200 livres, bénéficient de durées de vol prolongées allant jusqu'à 52 heures à des altitudes de 35 000 pieds. Connus sous le nom de drones à haute altitude et longue endurance (HALE) et de drones à moyenne altitude et longue endurance (MALE), ils facilitent les opérations de reconnaissance complètes, lancées depuis le sol.

Grands Drones de Combat : Avec des longueurs moyennes d'environ 36 pieds, les grands drones de combat sont principalement utilisés pour déployer des bombes guidées par laser ou des missiles air-sol. Dotés de portées dépassant 1000 miles et de durées opérationnelles allant jusqu'à 14 heures, ils excellent dans les scénarios de combat.

Grands Drones Non-Combat : Bien que de taille importante, les grands drones non-combattants ne sont pas destinés à des applications de combat. Plus avancés que les nano-drones, ils sont utilisés pour des tâches de reconnaissance à grande échelle.

Drones Cibles et Leurres : Jouant des rôles dans la surveillance et l'engagement des cibles, les drones cibles et leurres sont adaptés à l'apparence pour répondre aux exigences spécifiques de la mission.

Drones GPS : Établissant des connexions avec les satellites via la technologie GPS, les drones GPS tracent avec précision des trajectoires de vol, collectant des données cruciales pour une prise de décision éclairée.

Drones de Photographie : Équipés de caméras de qualité professionnelle, les drones de photographie, y compris ceux avec des capacités 4K, capturent des images haute résolution. En utilisant des modes de vol automatisés et une stabilité précise, ils excellent dans la capture de photographies aériennes expansives.

Utilisations par type

Dans diverses industries et applications, différents types de drones sont employés pour des tâches spécifiques. Ces tâches vont de la photographie aérienne et la production cinématographique à des fonctions critiques telles que la recherche et le sauvetage. Les drones à multirotors sont polyvalents, couramment utilisés pour une large gamme d'activités, notamment les inspections de toits et de panneaux solaires, la photographie immobilière, la cartographie, l'arpentage et les inspections de lignes électriques. Ils excellent dans les tâches nécessitant une maniabilité à courte portée et un maintien précis en vol stationnaire. Les drones à aile fixe, en revanche, sont préférés pour les tâches impliquant une cartographie étendue, un arpenteage et des inspections à grande échelle en raison de leur plus longue endurance en vol et de leur vitesse plus rapide.

Les drones à décollage motorisé, une catégorie plus récente, offrent une solution hybride combinant les avantages des conceptions à multirotors et à aile fixe. Ces drones conviennent à diverses applications, notamment la photographie aérienne, la cartographie, l'arpentage et les inspections. Ils fournissent l'agilité et les capacités de décollage vertical des multirotors ainsi que l'efficacité et l'endurance des avions à aile fixe. Enfin, les hélicoptères, bien moins courants dans les applications civiles, sont indispensables pour certaines tâches telles que la pulvérisation d'herbicides aérienne, le suivi de la faune et les opérations de recherche et de sauvetage en raison de leurs capacités de décollage et d'atterrissage vertical et de leur maniabilité dans des terrains difficiles. Chaque type de drone est adapté à des besoins spécifiques, garantissant des performances efficaces et efficaces dans diverses industries et tâches.

La figure 19 montre quels types d'aéronefs sont couramment utilisés pour différentes applications commerciales de drones.

	Multirotor	Fixed Wing	Powered Lift/Hybrid	Helicopter
Photography, Film and TV	✓			✓
Roof and solar inspection	✓	✓	✓	✓
Real Estate	✓			✓
Drones for mapping	✓	✓	✓	✓
Drones for surveying	✓	✓	✓	✓
Bridge and building inspection	✓			✓
Power line inspection	✓	✓	✓	✓
Drones in mining	✓	✓	✓	✓
Stockpile assessment	✓	✓	✓	✓
Vegetation crop mapping	✓	✓	✓	✓
Wildlife tracking and stock inspection	✓	✓	✓	✓
Aerial weed spraying	✓	✓	✓	✓
Search and rescue	✓	✓	✓	✓

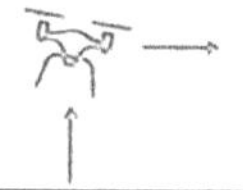

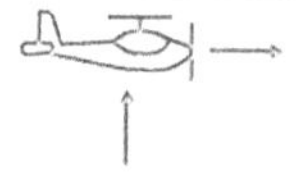

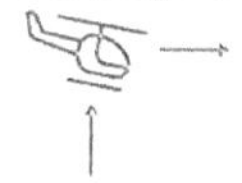

Figure 19: Types de drones couramment utilisés pour différentes applications commerciales de drones.

Les drones classés par poids/taille

Les drones peuvent être catégorisés en fonction de leur taille, allant des nano drones très petits aux grands drones, bien que cela varie selon les juridictions. En général, les nano drones très petits, également appelés nano drones, mesurent de 1 à 50 cm et sont utilisés pour la surveillance militaire en raison de leur taille discrète. Les petits drones, légèrement plus grands que les nano drones, mesurent généralement entre 50 cm et 2 mètres et sont utilisés à des fins récréatives telles que la photographie et les inspections d'équipements intérieurs [29]. Les drones de taille moyenne, dépassant 2 mètres de taille et pesant jusqu'à 200 kilogrammes, trouvent des applications dans la photographie professionnelle et amateur. Les grands drones, comparables à de plus petits avions, servent à des fins militaires telles que la surveillance et le combat, ainsi qu'à des applications civiles telles que les livraisons par drone et la production cinématographique [29].

Les drones peuvent également être classés en fonction de leur capacité de charge utile en quatre catégories : les drones plume, les drones légers, les drones de taille moyenne et les drones de levage lourd. Les drones plume, pesant moins de 11 grammes, sont utilisés pour la surveillance militaire et peuvent transporter des charges utiles allant de 4 à 100 grammes. Les drones légers, pesant entre 200 et 1000 grammes, sont utilisés pour les loisirs et la photographie, avec une capacité de charge utile de 150 à 270 grammes. Les drones de taille moyenne, pesant de 1 à 600 kg, sont utilisés pour des applications professionnelles et la photographie aérienne, transportant des charges utiles comprises entre 400 et 1460 grammes en moyenne. Enfin, les drones de levage lourd, pesant plus de 160 kg, sont principalement utilisés à des fins militaires et des applications civiles telles que les livraisons par drone, avec des capacités de charge utile dépassant 1000 kg [29].

Il n'existe pas de norme universelle pour classer les systèmes d'aéronefs sans pilote (UAS), souvent appelés UAV dans ce contexte. Différentes entités, telles que les agences de défense et les civils, ont leurs propres critères distincts pour catégoriser les UAS, les civils utilisant souvent des classifications flexibles basées sur des facteurs tels que la taille, la portée et l'endurance, semblables au système de niveau utilisé par les militaires [30]. Le site web du Bureau d'intégration du renseignement de l'aviation nationale des États-Unis offre un aperçu complet des catégories de classification des UAS mondiaux.

Dans un contexte américain, pour la classification basée sur la taille, les UAS peuvent être subdivisés en classes suivantes : Très petits UAV, comprenant les Micro ou Nano UAV ; Petits UAV, comprenant les Mini UAV ; UAV de taille moyenne ; et UAV grand [30].

De plus, les UAS peuvent être classés en fonction de leur portée de déplacement et de leur endurance en vol, en utilisant des sous-classes définies par l'armée américaine, telles que les UAV à faible coût et à courte portée, les UAV à courte portée, les UAV à moyenne portée et les UAV d'endurance.

Selon le Département de la Défense des États-Unis, les UAV sont classés en cinq groupes, chacun étant distingué par la taille, le poids maximum au décollage (MGTW) en livres, l'altitude de fonctionnement normale en pieds et la vitesse de l'air en nœuds. Le groupe 1 englobe les petits UAV pesant entre 0 et 20 livres, opérant à des altitudes inférieures à 1 200 pieds AGL (Above Ground Level), et atteignant des vitesses inférieures à 100 nœuds, tandis que le groupe 5 comprend les plus grands UAV avec un poids dépassant 1 320 livres, capables d'opérer à des altitudes supérieures à 18 000 pieds et à n'importe quelle vitesse de l'air. Si un UAS possède des caractéristiques d'un groupe supérieur, il est classé en conséquence [30].

Pour illustrer davantage la variation juridictionnelle, en Australie, les catégories de poids des drones sont déterminées en fonction du poids maximum au décollage

(MTOW), qui comprend le poids de l'aéronef, du carburant/des batteries et de la charge utile. Officiellement, il existe deux catégories de poids, mais en pratique, il y en a trois [31].

La première catégorie englobe les aéronefs pesant moins de 25 kg. Cependant, l'Autorité de la sécurité de l'aviation civile peut imposer d'autres restrictions, le limitant à moins de 7 kg si la formation pour le permis de pilote à distance a été réalisée sur un aéronef pesant moins de 7 kg. Cette catégorie de poids n'est pas influencée par le fabricant ou la charge utile. Les titulaires de licence de pilote à distance peuvent faire fonctionner tout drone dans la plage de poids spécifiée pour laquelle ils détiennent une licence.

Pour les drones dont le MTOW dépasse 25 kg, la délivrance de licence est spécifique à chaque type d'aéronef individuel. Cela signifie que le permis de pilote à distance est délivré pour un fabricant et une conception d'aéronef particuliers, plutôt que pour une catégorie générale. Les règles sur les drones de 2021, introduites par la Direction générale de l'aviation civile (DGCA) en Inde, classent les drones en fonction de leur poids maximum total, qui englobe à la fois le poids du drone et toute charge utile qu'il transporte [32]. Ces catégories de poids jouent un rôle crucial dans la détermination des réglementations et des exigences applicables à chaque type de drone. Définies dans les règles sur les drones de 2021, les catégories de poids générales comprennent [32] :

1. Nano Drones : Drones avec un poids maximum total allant jusqu'à 250 grammes (environ).

2. Micro Drones : Drones avec un poids maximum total variant de 251 grammes à 2 kilogrammes (environ).

3. Petits Drones : Drones avec un poids maximum total variant de 2,01 kilogrammes à 25 kilogrammes (environ).

4. Drones Moyens : Drones avec un poids maximum total variant de 25,01 kilogrammes à 150 kilogrammes (environ).

5. Drones Grands : Drones avec un poids maximum total dépassant 150 kilogrammes (environ).

Chaque catégorie de poids est associée à des réglementations et des exigences spécifiques concernant l'enregistrement, l'obtention de licences, les autorisations, et plus encore. Par exemple, les opérations commerciales impliquant des drones dans les catégories

"Micro", "Petit", "Moyen" et "Grand" nécessitent souvent des licences de pilote à distance (RPL) et des autorisations explicites de la part de la DGCA.

La classification des drones selon les réglementations de l'AESA introduit six catégories distinctes basées sur leur masse maximale au décollage (MTOW) ou leur poids, chacune étant accompagnée de critères spécifiques pour définir leur inclusion dans ces catégories. Définies dans les Règlements (UE) 2019/947 et (UE) 2019/945, les six classes de drones, désignées de C0 à C6, ont été établies. La dernière inclusion des deux dernières classes dans le Règlement Délégué (UE) 2020/1058 marque leur adoption comme catégories standard pour les scénarios européens.

La classe C0 concerne les drones dont la MTOW ne dépasse pas 250 g, conformes à des spécifications définies telles que la vitesse maximale, la conception pour la prévention des blessures et l'inclusion des instructions du fabricant.

Les drones classés en C1 doivent répondre à des critères incluant un poids compris entre 250 g et 900 g, avec des fonctionnalités telles que la géo-conscience, l'identification à distance et des systèmes de récupération sûrs obligatoires pour cette classe.

La classe C2 englobe les drones pesant jusqu'à 4 kg, nécessitant des fonctionnalités supplémentaires telles qu'un fonctionnement à basse vitesse, des liaisons de données protégées contre les interférences et des systèmes d'éclairage pour une visibilité nocturne.

La classe C3 concerne les drones ayant une limite de MTOW de 25 kg, nécessitant des fonctionnalités telles que la géo-conscience, des systèmes de terminaison de vol et des numéros de série uniques pour l'identification.

Les drones classés en C4 doivent être contrôlables en toute sécurité, ne comporter aucun mode de vol automatique excepté pour la stabilisation, et être accompagnés de manuels d'instructions du fabricant.

Pour la classe C5, les drones avec une MTOW inférieure à 25 kg doivent répondre à des exigences telles que des informations claires sur l'altitude, des capacités de basse vitesse, et des systèmes de récupération de décrochage et d'atterrissage sécurisé.

Les drones de classe C6, également limités à 25 kg de MTOW, nécessitent des systèmes de gestion des données d'altitude, des liaisons de données sécurisées et une identification à distance, parmi d'autres spécifications.

Drones par Portée

Les drones peuvent être classés en fonction de leur portée en drones à très courte portée, à courte portée, à courte portée, à moyenne portée et à longue portée.

Les drones à très courte portée sont capables de voler dans un rayon de 5 km du contrôleur, maintenant un vol pendant une durée moyenne de 1 heure, principalement utilisés pour des activités récréatives.

Les drones à courte portée étendent leur portée jusqu'à 50 km du contrôleur et peuvent maintenir un vol pendant 1 à 6 heures, souvent déployés dans des opérations de surveillance militaire en raison de leur capacité à atteindre des altitudes plus élevées.

Les drones à courte portée étendent le rayon de vol jusqu'à 150 km, bénéficiant de batteries puissantes permettant des durées de vol de 8 à 12 heures, couramment utilisées dans les missions de combat et de surveillance.

Les drones à moyenne portée possèdent des capacités impressionnantes, capables de couvrir 400 miles (644 km) et de maintenir un vol à des altitudes de 12 000 à 30 000 pieds pendant plus de 24 heures, typiquement utilisés dans les opérations de combat et de surveillance.

Les drones à longue portée, également connus sous le nom de drones d'endurance, surpassent les autres catégories en termes de durée de vol et de portée, avec des capacités de parcours bien supérieures à 400 miles (644 km) sans perte de signal. Principalement utilisés dans la surveillance militaire et l'espionnage, ils trouvent des applications dans le suivi des modèles météorologiques, les études géologiques et la cartographie géographique par des professionnels.

Classification par Source d'Énergie

Les drones dépendent de diverses sources d'énergie pour fonctionner, notamment des batteries, de l'essence, des piles à combustible à l'hydrogène et de l'énergie solaire. Ces différentes sources d'énergie offrent des avantages et des inconvénients distincts, conduisant à la classification des drones en différents types en fonction de leurs sources d'énergie.

Les drones alimentés par batterie sont appréciés pour leur construction légère, leur capacité à stocker une énergie significative et leurs taux de décharge élevés. Cependant, ils sont limités par leur courte durée de vie, leur sensibilité au feu en cas de mauvaise manipulation et leur consommation d'énergie rapide.

Les drones à essence, généralement de plus grande taille, transportent des carburants hautement combustibles, posant des risques potentiels pour la sécurité et émettant plus de bruit par rapport à leurs homologues alimentés par batterie. Malgré ces inconvénients, ils offrent des avantages tels que l'absence de coûteuses stations de recharge et de batteries de secours, des temps de ravitaillement plus rapides, des vitesses de vol plus élevées, une capacité de charge plus lourde, des durées de vol plus longues et des caractéristiques de vol plus douces.

Les drones à pile à combustible à hydrogène représentent une option renouvelable et respectueuse de l'environnement avec une densité énergétique plus élevée que les batteries, ce qui se traduit par des durées de vol plus longues et des capacités de ravitaillement rapides. Cependant, ils génèrent une chaleur considérable et présentent actuellement des niveaux d'efficacité plus faibles.

Les drones solaires exploitent la lumière du soleil pour charger leurs batteries, réduisant les coûts d'exploitation et prolongeant les heures de fonctionnement. Bien qu'ils soient légers et respectueux de l'environnement, leur temps de vol est limité aux périodes où la lumière du soleil est disponible.

La principale source d'énergie pour la plupart des drones est la batterie, avec des types courants comprenant les batteries lithium-polymère (LiPo), nickel-métal hydrure (NiMH) et nickel-cadmium (NiCd). L'essence/pétrole est généralement utilisé pour les drones de grande taille en raison de sa légèreté et de son prix abordable. Les drones alimentés à l'hydrogène offrent des avantages d'efficacité à haute altitude mais sont encore en évolution en termes d'efficacité et de génération de chaleur. Un exemple de drone alimenté à l'hydrogène est le CW-25H, capable de transporter des charges utiles jusqu'à 4 kg et reconnu pour son innovation au CES 2022. Les drones solaires exploitent la conversion de la lumière du soleil en électricité pour des vols prolongés.

Types de drones selon les moteurs

Selon le type de moteur, les drones peuvent être catégorisés en drones à moteur à balais et en drones à moteur sans balais [29].

Les moteurs de drones à balais sont connus pour leur abordabilité et leur taille compacte, ce qui les rend adaptés à diverses applications. Ils excellent dans les environnements extrêmes en raison de leur absence d'électronique et disposent de balais remplaçables pour une longévité accrue. Avec un contrôle simple à deux fils et aucune nécessité de régulateur de vitesse à des vitesses fixes, ils offrent un fonctionnement simple. Cependant, ils présentent des inconvénients tels qu'un câblage simple, une efficacité énergétique plus faible et une usure plus rapide des collecteurs et des balais.

En revanche, les moteurs de drones sans balais offrent plusieurs avantages par rapport aux moteurs à balais. Leur conception sans balais nécessite un entretien minimal et assure une durabilité accrue. Ils sont plus efficaces, ce qui réduit les pertes d'énergie sous forme de chaleur, et offrent une meilleure vitesse et un meilleur couple en raison de l'absence de balais. Avec une plage de vitesses plus large et une dissipation de chaleur supérieure, ils conviennent aux opérations à grande vitesse et à haute puissance, bien que cela entraîne un coût plus élevé [29].

Les moteurs à balais sont couramment utilisés dans les drones récréatifs, offrant un bon rapport qualité-prix mais nécessitant plus d'entretien par rapport à leurs homologues sans balais. Bien que leur puissance reste constante d'un modèle à l'autre, leur taille varie, ce qui influe sur les performances. Ces moteurs sont généralement connectés à un système de réducteur de vitesse, réduisant la contrainte sur le moteur et prolongeant sa durée de vie [29].

En revanche, les moteurs sans balais se distinguent par leur fonctionnement sans entretien et leur plus grande puissance de sortie. Leur conception élimine la friction des balais, permettant une performance plus efficace et des vitesses plus élevées. Cependant, chaque moteur sans balais nécessite son propre régulateur de vitesse électronique (ESC) pour réguler la vitesse de rotation, car ils fonctionnent principalement avec un courant alternatif.

Pertinence de la classification des drones pour les opérations

Comprendre les classifications des drones dans votre juridiction est crucial pour plusieurs raisons :

1. Conformité réglementaire : Les différentes juridictions ont des réglementations variables concernant l'exploitation, l'enregistrement et les exigences de licence pour les drones. Connaître les classifications assure la conformité aux lois et réglementations locales, aidant à éviter les problèmes juridiques et les sanctions potentielles.

2. Sécurité : Les classifications des drones correspondent souvent à différentes limitations opérationnelles et exigences, telles que les restrictions d'altitude, la portée de vol et la capacité de charge utile. Comprendre ces classifications contribue à assurer une exploitation sûre, réduisant le risque d'accidents, de collisions et de blessures aux personnes ou aux biens.

3. Limitations opérationnelles : Certaines classifications peuvent avoir des limitations opérationnelles spécifiques ou des zones interdites, telles que le survol des aéroports, des bâtiments gouvernementaux ou des événements bondés. Connaître ces limitations aide les opérateurs de drones à planifier efficacement leurs vols et à éviter les zones restreintes.

4. Exigences en matière d'assurance : Les polices d'assurance pour les drones peuvent varier en fonction de leurs classifications. Certains assureurs peuvent proposer différentes options de couverture ou primes en fonction du type de drone et de son utilisation prévue. Comprendre les classifications des drones garantit l'obtention d'une couverture d'assurance adéquate pour se protéger contre les responsabilités potentielles.

5. Utilisation professionnelle : Pour les opérations de drones commerciales ou professionnelles, connaître les classifications est essentiel pour déterminer les exigences appropriées en matière de licence, de certification ou de formation. Cela aide également à choisir le bon équipement et à comprendre les capacités et les limitations des différents types de drones pour des applications spécifiques.

6. Vie privée des données : Dans certaines juridictions, les classifications des drones peuvent avoir des implications pour la vie privée et la sécurité des données, notamment lorsque les drones sont équipés de caméras ou de capteurs. Comprendre ces classifications contribue à garantir la conformité aux lois et réglementations sur la protection de la vie privée régissant la collecte et l'utilisation des données obtenues par le biais des opérations de drones.

Dans l'ensemble, connaître les classifications des drones dans votre juridiction est fondamental pour exploiter des drones de manière sûre, légale et responsable, que ce soit à des fins récréatives ou commerciales. Cela permet aux opérateurs de drones de naviguer dans les exigences réglementaires, de réduire les risques et de maintenir des normes de professionnalisme et de responsabilité dans leurs opérations.

Réglementation des drones

Les réglementations sur les drones, établis par les agences gouvernementales, servent de directives exhaustives régissant l'exploitation, l'enregistrement et l'utilisation des véhicules aériens sans pilote (UAV), plus couramment appelés drones. L'objectif principal de ces réglementations est de garantir la sécurité, la confidentialité et la sûreté dans l'espace aérien où opèrent les drones. Ces réglementations englobent plusieurs aspects clés pour atteindre ces objectifs.

Tout d'abord, les exigences d'enregistrement sont répandues dans de nombreux pays, exigeant que les drones soient enregistrés auprès d'une agence gouvernementale avant de pouvoir opérer. Ce processus aide les autorités à suivre la propriété des drones et à rendre les opérateurs responsables de leurs actions.

Deuxièmement, les licences et certifications sont essentielles pour les opérateurs de drones commerciaux, nécessitant des permis ou qualifications spécifiques pour mener légalement des activités commerciales impliquant des drones. Ces licences impliquent souvent de passer des examens ou de suivre des programmes de formation pour démontrer la compétence dans l'exploitation des drones.

Les restrictions opérationnelles constituent un autre composant crucial de la réglementation des drones, délimitant les emplacements, les horaires et la manière permise des vols de drones. Cela peut inclure des restrictions sur les vols près des aéroports, au-dessus des foules, ou dans des zones sensibles telles que les bâtiments gouvernementaux ou les parcs nationaux, avec souvent des limitations d'altitude et de vitesse imposées.

Les restrictions de charge utile sont également abordées dans les réglementations, en particulier concernant les types de charges utiles que les drones sont autorisés à transporter. Cela est particulièrement pertinent pour les drones équipés de caméras ou de capteurs, où des préoccupations concernant la vie privée peuvent survenir lors de la collecte d'images ou de données.

De plus, des fonctionnalités de sécurité sont prescrites pour minimiser le risque d'accidents ou de collisions. Celles-ci peuvent inclure des mécanismes de sécurité, une technologie de géo-barrière pour empêcher les drones d'entrer dans l'espace aérien restreint, ou des systèmes d'éclairage pour une visibilité lors des opérations de nuit.

Des mesures de protection de la vie privée sont intégrées dans la réglementation des drones pour répondre aux préoccupations concernant la collecte et l'utilisation d'images ou de données obtenues par le biais d'opérations de drones. Cela peut impliquer des restrictions sur les activités de surveillance ou des exigences pour obtenir un consentement lors de la capture d'images de personnes ou de biens privés.

Enfin, des mécanismes de mise en œuvre et des pénalités sont décrits dans les réglementations pour dissuader les violations. Les opérateurs trouvés en violation de la réglementation des drones peuvent faire face à des amendes, à la révocation de leur licence ou à d'autres actions disciplinaires.

Les réglementations sur les drones jouent un rôle vital dans la promotion d'une exploitation responsable et sûre des drones tout en atténuant les risques potentiels pour la sécurité publique, la vie privée et la sécurité. La conformité à ces réglementations est impérative pour les opérateurs de drones afin d'éviter des conséquences juridiques et de faciliter l'intégration sûre des drones dans l'espace aérien.

Les réglementations sur les drones varient considérablement d'un pays à l'autre, ce qui conduit à un manque d'harmonisation à l'échelle mondiale [33]. Les collaborateurs internationaux doivent respecter les règles et réglementations spécifiques de chaque pays pour garantir la conformité [34]. Par exemple, en Europe, les réglementations sont supervisées par l'Agence européenne de la sécurité aérienne (AESA), tandis qu'en Australie, on suit les règlements de l'Autorité de la sécurité de l'aviation civile (CASR-101) [35].

En Afrique, le paysage réglementaire des drones dans l'agriculture est difficile, de nombreux pays ayant soit des réglementations très restrictives, soit aucune réglementation appropriée en place, ce qui rend difficile l'obtention de licences pour les opérations de drones [36]. De même, le Kenya a rencontré des problèmes avec des tarifs élevés sur les drones importés, ce qui a incité à une réévaluation de ses réglementations sur les drones [37].

Différents pays et régions, tels que les États-Unis, l'Union européenne, la Chine et la Turquie, ont des réglementations distinctes régissant l'utilisation des drones [38]. L'Union européenne réglemente directement les drones de plus de 150 kg par l'intermédiaire de l'Organisation de l'aviation civile internationale (OACI), tandis que les réglementations pour les drones de moins de 150 kg sont déterminées par les pays individuellement [39].

Plusieurs pays ont mis en œuvre des réglementations sur les drones strictes et à jour pour garantir la sécurité, la sûreté et un usage responsable des drones. Voici quelques exemples :

1. États-Unis : La Federal Aviation Administration (FAA) réglemente les opérations de drones à travers la Partie 107 des Federal Aviation Regulations (FARs), qui établit des règles pour les opérations commerciales de drones. De plus, la FAA a établi diverses restrictions d'espace aérien et des exigences d'enregistrement pour les utilisateurs de drones récréatifs.

2. Royaume-Uni : L'Autorité de l'aviation civile (CAA) gouverne les opérations de drones au Royaume-Uni, avec des réglementations catégorisées sous l'Ordre de la navigation aérienne. Le Royaume-Uni a des règles strictes concernant l'enregistrement des drones, la certification des pilotes et les restrictions d'espace aérien. Les utilisateurs de drones doivent respecter le Code des drones, qui énonce des directives pour un usage sûr et légal des drones.

3. Canada : Transports Canada réglemente les opérations de drones à travers les Règlements de l'aviation canadienne (CARs) et le site Web canadien sur la sécurité des drones. Les pilotes de drones doivent obtenir un Certificat d'opérations spéciales de vol (SFOC) pour certains types d'opérations, et les utilisateurs récréatifs doivent suivre les directives de sécurité énoncées par Transports Canada.

4. Australie : L'Autorité de la sécurité de l'aviation civile (CASA) supervise les opérations de drones en Australie, avec des réglementations énoncées dans les Règlements de sécurité de l'aviation civile (CASR) Partie 101. Les pilotes de drones doivent obtenir une licence de pilote à distance (RePL) pour les opérations commerciales et respecter des normes de sécurité strictes et des restrictions d'espace aérien.

5. Allemagne : L'Office de l'aviation civile allemande (Luftfahrt-Bundesamt) réglemente les opérations de drones en Allemagne, avec des règles énoncées dans la Loi sur le trafic aérien (Luftverkehrsgesetz) et le Règlement sur les drones (Drohnenverordnung). Les pilotes de drones doivent obtenir une licence pour certains types d'opérations et respecter des réglementations strictes en matière de sécurité et de confidentialité.

6. France : La Direction générale de l'aviation civile (DGAC) réglemente les opérations de drones en France, avec des règles énoncées dans le Code de l'aviation civile et l'Arrêté du 17 décembre 2015 concernant les vols de drones. Les pilotes de drones doivent obtenir un permis pour certains types d'opérations et respecter des directives strictes en matière de sécurité et de confidentialité.

7. Japon : Le ministère de l'Aménagement du territoire, des Infrastructures, des Transports et du Tourisme (MLIT) réglemente les opérations de drones au Japon, avec des règles énoncées dans la Loi sur l'aéronautique civile et les réglementations sur les drones du Bureau de l'aviation civile. Les pilotes de drones doivent obtenir une licence pour certains types d'opérations et respecter des réglementations strictes en matière de sécurité et de confidentialité.

Ces pays ont mis en place des réglementations complètes sur les drones pour garantir un usage sûr et responsable des drones tout en traitant les préoccupations en matière de sécurité et de confidentialité.

Malgré l'objectif commun de minimiser les risques pour les utilisateurs de l'espace aérien et les biens, il existe des variations notables dans les réglementations sur les drones entre les pays [40]. Le manque de normalisation dans les réglementations pose des défis pour le développement de l'industrie, avec des approches divergentes observées dans des pays comme la Nouvelle-Zélande, les États-Unis et Singapour [41].

Les réglementations sur les drones présentent des variations significatives d'un pays à l'autre en raison de différences dans les structures juridiques, les systèmes de gestion de l'espace aérien, les considérations de sécurité, les normes de confidentialité et les attitudes culturelles envers les drones. Plusieurs facteurs contribuent à cette diversité dans les réglementations :

- Tout d'abord, il existe des différences dans les exigences d'enregistrement et de licence. Certains pays obligent les opérateurs de drones à enregistrer leurs aéronefs auprès des autorités de l'aviation ou à obtenir des licences ou des permis spécifiques pour les opérations commerciales. Les conditions préalables à l'enregistrement et à l'obtention de licences, telles que les critères d'âge, les obligations de formation et les procédures de demande, varient d'une juridiction à l'autre.

- Ensuite, les restrictions opérationnelles dictent où et quand les drones peuvent être utilisés, variant d'un pays à l'autre. Ces restrictions englobent le vol près des aéroports, au-dessus de régions densément peuplées, ou des sites sensibles tels que les établissements gouvernementaux, les bases militaires ou les réserves naturelles. Les limites d'altitude, de vitesse de vol et les exigences de maintien de la ligne de vue pendant l'opération diffèrent également.

- Troisièmement, les catégories et classifications des drones divergent en fonction de facteurs tels que le poids, la taille et l'utilisation prévue. Ces classifications déterminent souvent les réglementations applicables pour différents types de drones. Alors que certains pays classent les drones en fonction de classes de poids, d'autres les classent en fonction des capacités ou des opérations prévues.

- En outre, les réglementations concernant les charges utiles et l'équipement varient. Certaines juridictions imposent des limitations sur les types de charges utiles que les drones peuvent transporter, en particulier en ce qui concerne les caméras ou les capteurs, invoquant des préoccupations de confidentialité ou de sécurité. À l'inverse, d'autres régions ont des règles plus souples à cet égard.

- Les lois sur la protection de la vie privée et des données diffèrent également considérablement. Certains pays appliquent des réglementations strictes en matière de confidentialité, obligeant les opérateurs de drones à obtenir un consentement avant de capturer des images ou d'enregistrer des séquences vidéo de personnes ou de biens privés. À l'inverse, d'autres pays ont des réglementations plus permissives ou sont encore en train d'élaborer des lois pour répondre aux préoccupations de confidentialité en évolution.

- De plus, les réglementations concernant les mesures de sécurité et de sûreté présentent des disparités. Celles-ci incluent des exigences en matière de fonctionnalités de sécurité telles que la technologie de géo-barrière, les fonctions de retour automatique à la maison, ou les systèmes anti-collision, qui varient d'une juridiction à l'autre. De plus, certains pays ont des règles spécifiques concernant le chiffrement des données pour prévenir l'accès ou l'interférence non autorisés.

- Enfin, les mécanismes de mise en œuvre et les sanctions en cas de violation des réglementations sur les drones varient. Alors que certains pays imposent des amendes, des suspensions de licence ou des accusations criminelles pour des infractions graves, d'autres privilégient l'éducation et les campagnes de sensibilisation pour favoriser la conformité.

Dans l'ensemble, la variation des réglementations sur les drones souligne les stratégies réglementaires diverses adoptées par différents pays pour gérer les opportunités et les défis posés par la prolifération rapide de la technologie des drones. À mesure que l'industrie des drones évolue, les pays peuvent réviser et mettre à jour leurs réglementations pour s'aligner sur les dynamiques technologiques, opérationnelles et sociétales en évolution.

Réglementation des drones aux États-Unis

Aux États-Unis, la réglementation des drones est principalement régie par la Federal Aviation Administration (FAA), qui a établi des règles et des lignes directrices pour garantir une exploitation sûre et responsable des drones. Certains aspects clés de la réglementation des drones aux États-Unis comprennent :

1. Enregistrement : La FAA exige que tous les drones pesant entre 0,55 livres (250 grammes) et 55 livres (25 kilogrammes) soient enregistrés auprès de l'agence. Cela s'applique aussi bien aux opérateurs de drones récréatifs qu'aux opérateurs commerciaux, et l'enregistrement doit être renouvelé tous les trois ans.

2. Certification de pilote à distance : Les opérateurs de drones commerciaux doivent obtenir un certificat de pilote à distance en réussissant l'examen Partie 107 de la FAA. Cette certification démontre la connaissance de l'opérateur des réglementations de l'espace aérien, des procédures de sécurité et des meilleures pratiques opérationnelles.

3. Limitations opérationnelles : La FAA impose plusieurs limitations opérationnelles aux vols de drones, y compris des restrictions sur le vol près des aéroports, au-dessus des personnes et à certaines altitudes. Les drones doivent également rester dans le champ de vision visuel de l'opérateur pendant le vol, sauf obtention d'une dérogation.

4. Autorisation de l'espace aérien : Les opérateurs de drones doivent obtenir une

autorisation de la FAA ou utiliser des applications désignées telles que LAANC (Low Altitude Authorization and Notification Capability) pour voler dans l'espace aérien contrôlé ou près des aéroports.

5. Zones d'interdiction de vol : Certaines zones, telles que les parcs nationaux, les installations militaires et les installations gouvernementales sensibles, sont désignées comme des zones d'interdiction de vol pour les drones. Il est strictement interdit de voler dans ces zones.

6. Mesures de sécurité : La FAA impose certaines caractéristiques de sécurité pour les drones, telles que des lumières anti-collision pour les opérations de nuit et une technologie de géo-barrière pour empêcher les drones d'entrer dans l'espace aérien restreint.

7. Protection de la vie privée : Bien que la FAA se concentre principalement sur la réglementation de la sécurité, les préoccupations en matière de vie privée liées aux opérations de drones sont généralement traitées au niveau des États et des autorités locales. Certains États ont promulgué des lois restreignant la surveillance par drone et la collecte de données pour protéger les droits individuels à la vie privée.

8. Mise en application et sanctions : Les violations des réglementations de la FAA peuvent entraîner des sanctions civiles, des amendes ou des poursuites judiciaires. La mise en application est effectuée par la FAA, les agences de maintien de l'ordre locales et d'autres entités autorisées.

Les réglementations sur les drones aux États-Unis sont conçues pour promouvoir l'intégration sûre et responsable des drones dans le système national de l'espace aérien tout en traitant des préoccupations liées à la vie privée, à la sécurité et à la sécurité publique. La FAA continue de mettre à jour et de peaufiner ses réglementations pour suivre le rythme des avancées technologiques des drones et des changements dans les pratiques opérationnelles.

Déterminer si vous volez pour le loisir ou à des fins commerciales est crucial pour comprendre quelles règles s'appliquent à votre utilisation de drones. Si votre intention est récréative, il suffit simplement de payer des frais d'enregistrement nominaux et de réussir un test de connaissances de base. Cependant, s'engager dans des activités commerciales avec votre véhicule aérien sans pilote (UAV) nécessite un examen plus complet et l'obtention de la certification Partie 107. Avec cette certification, vous avez la possibilité d'utiliser votre drone pour diverses entreprises commerciales, telles que la vente d'images de stock, la participation à des productions cinématographiques, la capture de séquences aériennes lors d'événements tels que des mariages ou dans des entreprises immobilières [42-44].

En ce qui concerne les lois sur les drones aux États-Unis, comprendre votre statut en tant qu'utilisateur de drones est primordial pour rechercher et respecter les réglementations pertinentes. Pour les pilotes de drones récréatifs, passer le Test de sécurité des drones est obligatoire. En revanche, pour ceux qui pilotent des drones à des fins commerciales, gouvernementales ou autres que récréatives, l'acquisition d'un certificat de pilote à distance de la FAA est impérative. De plus, tout drone pesant plus de 250 grammes (0,55 lb) doit être enregistré via le Drone Zone de la FAA, chaque enregistrement étant valide pour trois ans [42-44].

Faire fonctionner un UAV implique de respecter des règles générales et des lignes directrices établies par la FAA, notamment le maintien de la ligne de vue visuelle, le respect des restrictions d'altitude et l'évitement de l'espace aérien contrôlé sans autorisation appropriée. De plus, tous les opérateurs de drones doivent télécharger l'application B4UFLY, qui fournit des informations en temps réel sur les restrictions d'espace aérien et les exigences de vol en fonction de leur position GPS [42-44].

Les opérateurs de drones commerciaux doivent être titulaires d'un certificat de pilote à distance valide émis par la FAA et s'assurer que chaque drone est enregistré sur le site Web de la FAADroneZone. De plus, plusieurs exigences clés, telles que le maintien de la ligne de vue visuelle, le respect des limites d'altitude et le fait de céder le droit de passage aux aéronefs pilotés, doivent être respectées lors de la réalisation de relevés ou d'inspections aériennes à des fins professionnelles [42-44].

Pour piloter un drone de manière récréative, il est nécessaire de passer le Test de sécurité des drones récréatifs (TRUST), tandis que l'obtention d'un certificat de pilote à distance de la FAA est obligatoire pour les opérations de drones commerciaux. Les exigences de certification incluent la maîtrise de l'anglais, la possession de capacités physiques et mentales pour piloter un drone en toute sécurité, être âgé d'au moins 16 ans, réussir le test Partie 107 dans un centre d'examen agréé par la FAA et subir un dépistage de sécurité de la TSA [42-44].

L'espace aérien des États-Unis est classé en différentes catégories en fonction du niveau de contrôle et de gestion requis pour le trafic aérien. Ces classifications contribuent à garantir l'exploitation sûre et efficace des aéronefs dans le système national de l'espace aérien.

L'espace aérien est catégorisé en réglementé et non réglementé, avec quatre types relevant de ces catégories : contrôlé, non contrôlé, à usage spécial et autre espace aérien.

L'espace aérien contrôlé englobe diverses classifications dans lesquelles des services de contrôle du trafic aérien (ATC) sont fournis. D'une pertinence particulière pour les pilotes à distance sont les espaces aériens de Classe B, de Classe C, de Classe D et de Classe E. L'espace aérien de Classe B s'étend généralement de la surface à 10 000 pieds au-dessus du niveau moyen de la mer (MSL) et entoure les aéroports les plus fréquentés, nécessitant une autorisation de l'ATC pour l'exploitation. L'espace aérien de Classe C, s'étendant de la surface à 4 000 pieds au-dessus de l'élévation de l'aéroport, entoure les aéroports avec des tours de contrôle et des contrôles d'approche radar, nécessitant une autorisation pour l'exploitation. L'espace aérien de Classe D, s'étendant de la surface à 2 500 pieds au-dessus de l'élévation de l'aéroport, entoure les aéroports avec des tours de contrôle opérationnelles, nécessitant également une autorisation de l'ATC. L'espace aérien de Classe E, ne relevant pas de l'espace aérien de Classe A, B, C ou D, englobe une partie importante de l'espace aérien aux États-Unis, facilitant le contrôle sûr des aéronefs pendant les opérations de règles de vol aux instruments (IFR).

L'espace aérien non contrôlé, ou espace aérien de Classe G, s'étend de la surface à la base de l'espace aérien de Classe E qui le surplombe. Les pilotes à distance n'ont pas besoin d'autorisation de la circulation aérienne pour opérer dans l'espace aérien de Classe G.

L'espace aérien à usage spécial désigne les zones où des activités spécifiques sont confinées ou où des limitations peuvent être imposées aux opérations des aéronefs. Cela inclut les zones interdites, les zones réglementées, les zones d'avertissement, les zones d'opérations militaires (MOA), les zones d'alerte et les zones de tir contrôlées (CFAs). Les informations sur l'espace aérien à usage spécial sont représentées sur les cartes d'instruments, détaillant l'altitude effective, les conditions opérationnelles, les organismes de contrôle et les emplacements des panneaux de cartes.

Les principales classifications de l'espace aérien des États-Unis comprennent :
- Classe A :
  - L'espace aérien de Classe A s'étend de 18 000 pieds au-dessus du niveau moyen de la mer (MSL) jusqu'au niveau de vol (FL) 600 (60 000 pieds MSL).
  - On le trouve généralement au-dessus des niveaux de vol utilisés pour la

plupart des opérations de l'aviation commerciale et générale.

- Tous les aéronefs opérant dans l'espace aérien de Classe A doivent être en règles de vol aux instruments (IFR) et sont soumis à l'autorisation de la circulation aérienne (ATC).

- Classe B :

  - L'espace aérien de Classe B entoure les aéroports les plus fréquentés des États-Unis.

  - Il s'étend de la surface à généralement 10 000 pieds MSL et a la forme d'une pièce montée inversée, avec des couches successives d'espace aérien s'étendant vers l'extérieur depuis l'aéroport.

  - Une autorisation de la circulation aérienne est requise pour tous les aéronefs entrant dans l'espace aérien de Classe B, et les aéronefs doivent être équipés d'une radio bidirectionnelle et d'un transpondeur en fonctionnement.

- Classe C :

  - L'espace aérien de Classe C entoure les aéroports avec un niveau modéré d'activité de trafic aérien.

  - Il s'étend de la surface à généralement 4 000 pieds au-dessus de l'élévation de l'aéroport et dans un rayon de 5 milles marins.

  - Tout comme l'espace aérien de Classe B, une autorisation de la circulation aérienne est requise pour l'entrée, et les aéronefs doivent avoir une radio bidirectionnelle et un transpondeur en fonctionnement.

- Classe D :

  - L'espace aérien de Classe D entoure les aéroports avec des tours de contrôle opérationnelles mais des niveaux de trafic aérien inférieurs par rapport aux aéroports de Classe B et de Classe C.

  - Il s'étend généralement de la surface à 2 500 pieds au-dessus de l'élévation de l'aéroport et dans un rayon de 4 milles marins.

- Les pilotes doivent établir une communication bidirectionnelle avec la tour de contrôle avant d'entrer dans l'espace aérien de Classe D.

- Classe E :

  - L'espace aérien de Classe E englobe l'espace aérien contrôlé qui n'est pas classifié comme espace aérien de Classe A, B, C ou D.

  - Il s'étend soit depuis la surface, soit depuis une altitude désignée jusqu'à la base de l'espace aérien de Classe A.

  - L'espace aérien de Classe E se trouve généralement dans des zones où des procédures instrumentales sont établies, telles que les routes aériennes, l'espace aérien hors route et les zones terminales.

- Classe G :

  - L'espace aérien de Classe G est un espace aérien non contrôlé qui se situe en dessous de l'espace aérien de Classe E.

  - Il s'étend de la surface jusqu'à la base de l'espace aérien de Classe E ou à 14 500 pieds MSL, selon laquelle est plus basse, dans la plupart des régions.

  - Les pilotes opérant dans l'espace aérien de Classe G ne sont pas tenus de communiquer avec la circulation aérienne mais doivent respecter les minimums de règles de vol à vue (VFR).

Ces classifications d'espace aérien contribuent à assurer une séparation sûre entre les aéronefs et à faciliter l'écoulement efficace du trafic aérien dans tout le système national de l'espace aérien (NAS). Les pilotes doivent être familiers avec les exigences et les procédures associées à chaque classe d'espace aérien pour opérer en toute sécurité et en conformité avec la réglementation fédérale.

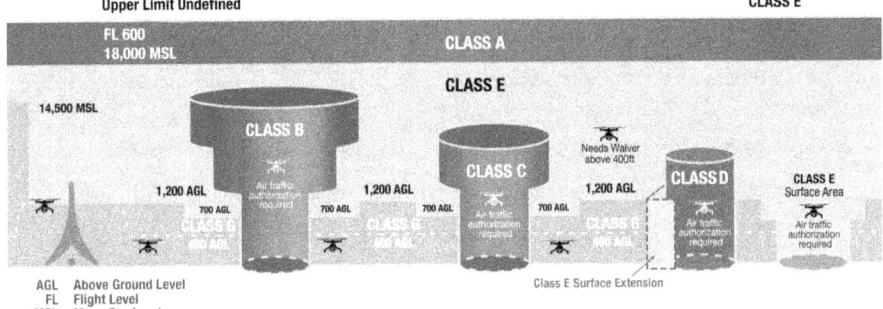

Figure 20: Directives concernant l'espace aérien pour les opérateurs de petits systèmes d'aéronefs sans équipage. Adapté du guide des opérateurs d'aéroport du Département des Transports sur les UAS.

Les drones opérant dans l'espace aérien des États-Unis sont soumis à diverses limitations et réglementations pour garantir la sécurité et la conformité. Certaines des principales limitations comprennent :

1. Restrictions d'altitude : Les drones doivent généralement opérer en dessous de 400 pieds au-dessus du niveau du sol (AGL) pour éviter les conflits avec les aéronefs habités.

2. Ligne de vue visuelle (VLOS) : Les opérateurs doivent maintenir un contact visuel avec leur drone en tout temps pendant le vol, sans utiliser d'aides visuelles telles que des jumelles ou des télescopes.

3. Zones restreintes : Les drones sont interdits de vol dans certaines zones restreintes, telles que autour des aéroports, des installations militaires, des parcs nationaux et d'autres endroits sensibles.

4. Activités interdites : Certaines activités, telles que voler au-dessus de foules de personnes, près des opérations de réponse aux urgences, ou dans l'espace aérien contrôlé sans autorisation, sont interdites.

5. Zones d'interdiction de vol : Les drones ne sont pas autorisés à voler dans des zones d'interdiction de vol désignées, qui peuvent inclure des zones près des aéroports, des installations gouvernementales et d'autres espaces aériens restreints.

6. Considérations de confidentialité : Les opérateurs doivent respecter les droits à la vie privée des individus et s'abstenir de capturer des images ou des enregistrements en violation des lois sur la vie privée.

7. Permis et enregistrement : Les opérateurs de drones commerciaux doivent obtenir un certificat de pilote à distance de la Federal Aviation Administration (FAA) et enregistrer leurs drones auprès de la FAA avant de voler à des fins commerciales.

8. Exigences en matière d'équipement : Les drones doivent respecter certaines exigences en matière d'équipement, telles que l'affichage d'un numéro d'enregistrement de la FAA sur l'aéronef et la diffusion d'informations d'identification à distance conformément aux réglementations de la FAA.

Les zones interdites englobent l'espace aérien désigné où le vol d'aéronefs est interdit pour des raisons de sécurité ou d'autres intérêts nationaux [45]. Ces zones sont officiellement désignées et documentées dans le Federal Register, ainsi que représentées sur les cartes aéronautiques. Identifiées par un "P" suivi d'un numéro (par exemple, P-40), les zones interdites incluent des endroits comme Camp David et le National Mall à Washington, D.C., abritant respectivement la Maison Blanche et les bâtiments du Congrès.

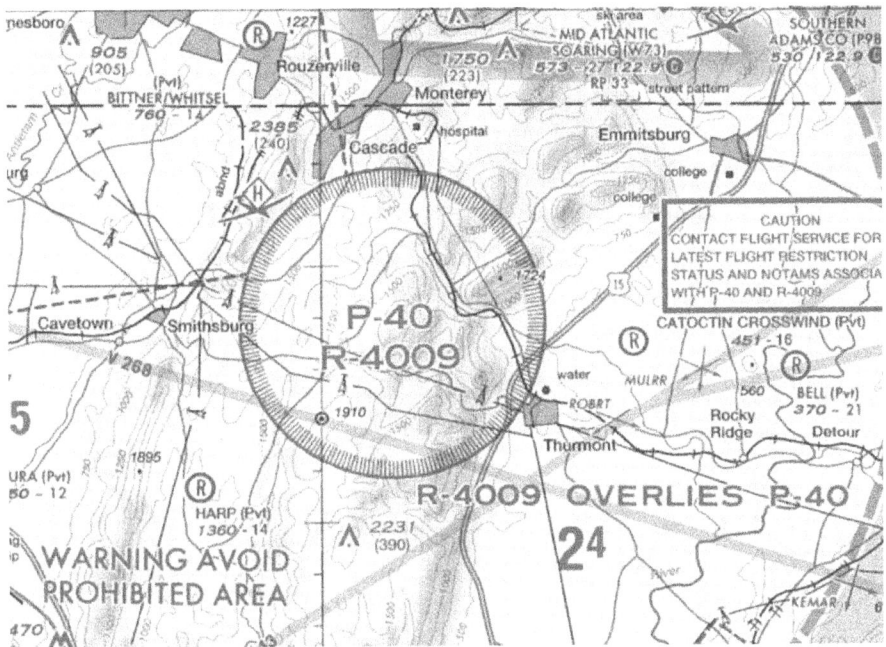

Figure 21 : Section de la carte aéronautique raster de la zone terminale VFR Baltimore/Washington, 84e édition, montrant la zone interdite P-40 et la zone restreinte R-4009 autour de Camp David. Département des Transports des États-Unis, Administration fédérale de l'aviation, Services nationaux de navigation aéronautique, Domaine public, via Wikimedia Commons.

Les zones restreintes sont des zones désignées où les opérations d'aéronefs présentent des dangers potentiels pour les aéronefs non participants [45]. Bien qu'elles ne soient pas entièrement interdites, ces zones imposent des restrictions aux vols d'aéronefs en raison de préoccupations en matière de sécurité. Les activités au sein des zones contrôlées sont limitées par leurs risques inhérents, ou des limitations peuvent être imposées aux opérations d'aéronefs qui ne sont pas directement impliquées dans ces activités, ou les deux. Ces zones indiquent la présence de dangers inhabituels, souvent invisibles, pour les aéronefs, tels que le tir d'artillerie, les exercices de tir aérien ou les missiles guidés. L'entrée non autorisée dans les zones contrôlées sans autorisation de l'autorité compétente peut poser des risques significatifs pour la sécurité des aéronefs.

1. Dans les cas où une zone restreinte est inactive et a été abandonnée à la FAA, l'installation de contrôle de la circulation aérienne (ATC) permet aux aéronefs d'opérer dans l'espace aérien désigné sans nécessiter d'autorisation explicite.

2. En revanche, si la zone restreinte est active et n'a pas été transférée à la FAA, l'installation de contrôle de la circulation aérienne délivre une autorisation spécifique pour garantir que les aéronefs évitent l'espace aérien restreint.

Les zones restreintes sont marquées sur les cartes avec un "R" suivi d'un identifiant numérique (par exemple, R-4401) et sont représentées sur la carte d'en-route appropriée correspondant à l'altitude ou au niveau de vol (FL) en cours d'utilisation. Des informations détaillées sur les zones restreintes peuvent être trouvées au verso de la carte.

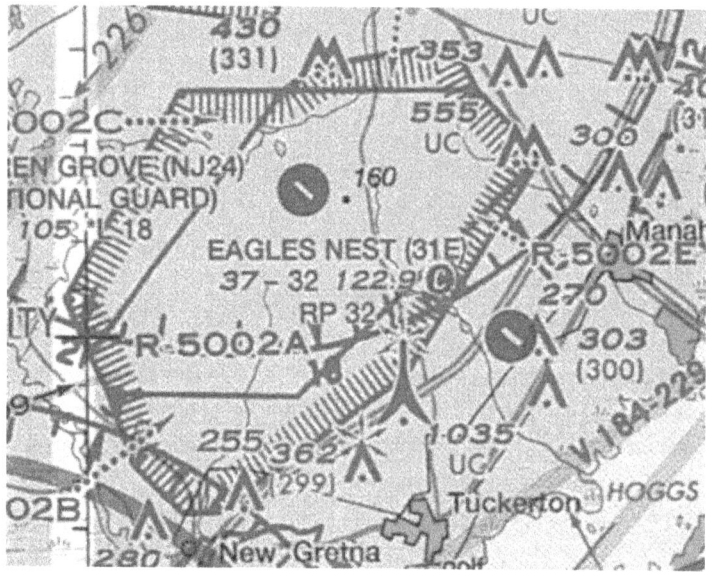

Figure 22: Section de la carte aéronautique sectionnelle pour Washington, 90e édition, montrant la zone restreinte R-5002 autour de Warren Grove, dans le New Jersey. Département des Transports des États-Unis, Administration fédérale de l'aviation, Services nationaux de navigation aéronautique, Domaine public, via Wikimedia Commons.

Les zones d'avertissement présentent des similitudes avec les zones restreintes ; cependant, elles diffèrent en termes de juridiction, car le gouvernement des États-Unis ne possède pas un contrôle exclusif sur l'espace aérien [45]. Une zone d'avertissement est un espace aérien ayant des dimensions spécifiques, s'étendant vers l'extérieur depuis la côte des États-Unis sur 3 milles marins (NM), et peut comporter des activités présentant des risques pour les aéronefs qui ne participent pas à ces activités. Le but de ces zones est d'alerter les pilotes qui ne participent pas aux activités sur les dangers potentiels. Les zones d'avertissement peuvent être situées au-dessus des eaux intérieures, des eaux internationales, ou des deux, et sont désignées par un "W" suivi d'un identifiant numérique (par exemple, W-237).

Figure 23: Carte montrant une zone d'avertissement. Département des Transports des États-Unis, Administration fédérale de l'aviation, Services nationaux de navigation aéronautique, Domaine public, récupérée auprès de l'Administration fédérale de l'aviation (2016).

Military Operation Areas (MOAs): Les MOAs englobent un espace aérien ayant des limites verticales et latérales spécifiques établies pour séparer certains exercices d'entraînement militaire du trafic selon les règles de vol aux instruments (IFR). Pendant l'utilisation d'un MOA, le trafic IFR non participant peut être autorisé à traverser la zone si le contrôle de la circulation aérienne (ATC) peut garantir la séparation IFR. Si cela n'est pas faisable, le contrôle de la circulation aérienne déviera ou restreindra le trafic IFR non participant. Les MOAs sont représentés sur les cartes sectionnelles, les cartes de la zone terminale des règles de vol à vue (VFR) et les cartes d'en-route à basse altitude sans identification numérique. Cependant, des informations détaillées sur les MOAs, y compris les horaires opérationnels, les altitudes affectées et l'agence de contrôle, peuvent être trouvées au verso des cartes sectionnelles.

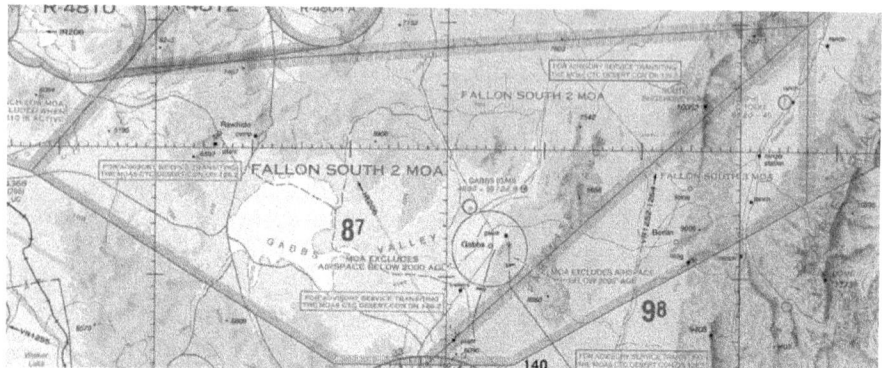

Figure 24: Une représentation de la zone d'opérations militaires de Fallon 2 South, près de la station aérienne de Fallon, sur une carte VFR. FAA, Domaine public, via Wikimedia Commons.

Les zones d'alerte sont marquées sur les cartes aéronautiques avec un "A" suivi d'un numéro (par exemple, A-211) pour indiquer les régions où il pourrait y avoir une concentration accrue d'entraînement de pilotes ou d'activités aériennes non conventionnelles. Les pilotes doivent faire preuve de vigilance lorsqu'ils naviguent à travers les zones d'alerte. Toutes les opérations au sein d'une zone d'alerte doivent se conformer aux réglementations, sans exception, et les pilotes des aéronefs participants et ceux traversant la zone partagent une responsabilité égale pour éviter les collisions.

Figure 25: Exemple d'une zone d'alerte (A-211). Administration fédérale de l'aviation, Services nationaux de navigation aéronautique, Domaine public, récupéré auprès de l'Administration fédérale de l'aviation (2016).

Zones de tir contrôlées (CFAs) : Les CFAs englobent des opérations qui, si elles étaient réalisées en dehors d'un cadre contrôlé, pourraient présenter des risques pour les aéronefs non impliqués dans l'activité. Contrairement à d'autres types d'espaces aériens à usage spécial, les CFAs exigent l'arrêt des activités dès la détection d'un aéronef approchant par un aéronef de surveillance, un radar ou une position d'observation au sol. Les CFAs ne sont pas cartographiées car elles ne nécessitent pas de modifications de la trajectoire de vol des aéronefs non participants.

Le terme "Autres zones d'espace aérien" fait référence à la grande majorité de l'espace aérien restant, englobant diverses zones et routes, notamment :

- Advisory local d'aéroport (LAA)
- Routes de formation militaire (MTR)
- Restrictions temporaires de vol (TFR)
- Opérations d'aéronefs de saut en parachute
- Routes VFR publiées
- Zones de service radar terminal (TRSAs)
- Zones de sécurité nationale (NSAs)
- Zones d'identification de la défense aérienne (ADIZ) terrestres et maritimes, nécessitant un plan de vol VFR de défense (DVFR) pour les opérations VFR
- Zones restreintes de vol (FRZ) près du Capitole et de la Maison Blanche
- Zones de vie sauvage/espaces sauvages/parcs nationaux, avec demande d'opération au-dessus de 2 000 AGL
- Zones marines de l'Administration nationale des océans et de l'atmosphère (NOAA) au large des côtes, nécessitant une opération au-dessus de 2 000 AGL
- Ballons captifs pour l'observation et l'enregistrement météorologique avec des câbles s'étendant jusqu'à 60 000 pieds

Advisory local d'aéroport (LAA): Le LAA fournit des services consultatifs par le biais d'installations de services de vol situées aux aéroports d'atterrissage, en utilisant des fréquences sol-air ou des fréquences de tour lorsque la tour est fermée. Les services comprennent les avis d'aéroport locaux, les rapports météorologiques automatisés et l'affichage continu des données du système d'observation de surface automatisé (ASOS)/station d'observation météorologique automatisée (AWOS).

Routes de formation militaire (MTR): Les MTR sont des routes désignées pour que les aéronefs militaires puissent effectuer des exercices de vol tactique. Ces routes sont généralement situées en dessous de 10 000 pieds MSL pour des opérations dépassant 250 nœuds. Les routes IFR (IR) et VFR (VR) sont identifiées par des numéros et représentées sur les cartes appropriées.

Restrictions temporaires de vol (TFR): Les TFR sont émises par le biais de Avis aux aviateurs (NOTAMs) pour désigner l'espace aérien restreint pour des périodes spécifiques. Les TFR visent à protéger les personnes et les biens, à soutenir les opérations de secours en cas de catastrophe, à gérer la congestion de l'espace aérien, à protéger les personnalités publiques, à assurer la sécurité des opérations des agences spatiales, et plus encore.

Opérations d'aéronefs de saut en parachute: Ces opérations sont répertoriées dans le Supplément de carte U.S. et sont fréquemment représentées sur les cartes sectionnelles.

Routes VFR publiées: Les routes VFR facilitent la navigation autour ou à travers un espace aérien complexe et se trouvent sur les cartes de planification des zones terminales VFR.

Zones de service radar terminal (TRSAs): Les TRSAs offrent des services radar supplémentaires aux pilotes participants pour améliorer la séparation entre les opérations IFR et les aéronefs VFR. L'aéroport principal à l'intérieur des TRSAs devient l'espace aérien de classe D, le reste de la zone étant généralement de classe E.

Zones de sécurité nationale (NSAs): Les NSAs sont des zones d'espace aérien désignées établies pour une sécurité accrue autour des installations terrestres. Les vols à l'intérieur des NSAs peuvent être temporairement interdits, avec des réglementations diffusées via les NOTAMs, et les pilotes encouragés à éviter volontairement ces zones.

Les lois locales peuvent également interdire l'utilisation de drones et les opérateurs doivent être attentivement informés des lois et réglementations applicables à leur région.

Figure 26: Panneau d'interdiction de drones, plage d'Hawaï. Kris Arnold de New York, États-Unis, CC BY 2.0, via Wikimedia Commons.

Réglementation des drones en Australie

En Australie, la réglementation concernant l'exploitation des véhicules aériens sans pilote (UAV), communément appelés drones, est supervisée par l'Autorité de la sécurité de l'aviation civile (CASA). Ces réglementations visent à assurer l'exploitation sûre des drones tout en protégeant la vie privée et la sécurité des personnes et des biens. Voici un aperçu de la réglementation des UAV en Australie [46] :

1. Enregistrement et accréditation : Si vous avez l'intention de faire voler un drone pesant 250 grammes ou plus à des fins récréatives ou commerciales, vous devez enregistrer le drone auprès de la CASA et obtenir une accréditation. Cependant, les drones utilisés uniquement pour des activités sportives ou récréatives au sein d'une association de modélisme aéronautique peuvent être exemptés d'enregistrement.

2. Réglementations de sécurité : Les opérateurs de drones doivent respecter les réglementations de sécurité, notamment maintenir la ligne de visée visuelle avec le drone, voler à moins de 120 mètres (400 pieds) au-dessus du niveau du sol et ne pas voler près des avions, des aéroports ou des opérations d'urgence.

3. Zones d'interdiction de vol : Certaines zones sont désignées comme des zones d'interdiction de vol, telles que les aéroports, les héliports, les scènes d'urgence et les zones à forte densité de population. Il est interdit de faire voler des drones dans ces zones restreintes sans autorisation.

4. Distance par rapport aux personnes et aux biens : Les opérateurs doivent maintenir une distance de sécurité par rapport aux personnes, aux biens et aux véhicules qui ne sont pas sous leur contrôle. Cela inclut le respect de la vie privée des individus et l'abstention de voler au-dessus de propriétés privées sans permission.

5. Licence d'utilisation commerciale : Les pilotes exploitant des drones à des fins commerciales ou à la location doivent obtenir une licence de pilote à distance (RePL) ou un certificat d'opérateur à distance (ReOC) de la part de la CASA. Ces licences nécessitent de réussir un test de connaissances et de démontrer leur compétence dans l'exploitation des drones.

6. Précautions de sécurité : Les pilotes doivent effectuer des vérifications de sécurité avant le vol, notamment évaluer les conditions météorologiques, s'assurer que la batterie du drone est suffisamment chargée et vérifier la force du signal GPS.

7. Conformité aux réglementations de la CASA : Les opérateurs de drones sont responsables de se familiariser avec les réglementations de la CASA et de les respecter en tout temps. Le non-respect des réglementations peut entraîner des amendes ou des sanctions.

Ces réglementations sont périodiquement mises à jour pour répondre aux préoccupations émergentes en matière de sécurité et aux avancées technologiques dans le domaine des drones. Il est essentiel pour les opérateurs de drones en Australie de se tenir informés des dernières réglementations et directives pour garantir une exploitation sûre et légale des drones.

Directives pour les opérateurs de drones récréatifs :

1. Limite d'altitude : Maintenez votre drone en dessous de 120 mètres (400 pieds) au-dessus du niveau du sol.

2. Distance des personnes : Maintenez une distance minimale de 30 mètres des individus.

3. Opération d'un seul drone : N'opérez qu'un seul drone à la fois.

4. Ligne de visée visuelle : Assurez-vous toujours que votre drone reste dans votre champ de vision direct, c'est-à-dire que vous puissiez le voir directement avec vos

yeux en tout temps.

5. Éviter les zones bondées : Ne faites pas voler votre drone au-dessus ou près des personnes, des zones bondées, des plages, des parcs, des événements ou des terrains de sport où des matchs sont en cours.

6. Respect de la vie privée : Respectez la vie privée des individus et abstenez-vous d'enregistrer ou de photographier des personnes sans leur consentement.

7. Distance des aérodromes : Si votre drone pèse plus de 250 grammes, maintenez une distance d'au moins 5,5 kilomètres des aéroports contrôlés en utilisant une application de sécurité des drones pour identifier les zones restreintes.

8. Évitement des dangers : Utilisez votre drone d'une manière qui ne présente pas de danger pour d'autres aéronefs, personnes ou biens.

9. Opération exclusivement en journée : Faites voler votre drone exclusivement pendant les heures de jour et évitez de voler par temps nuageux ou brumeux.

10. Évitement en cas d'urgence : Abstenez-vous de faire voler votre drone au-dessus ou près de zones où la sécurité publique est en danger ou où des opérations d'urgence sont en cours, telles que des accidents de voiture, des activités policières, des incendies ou des opérations de recherche et de sauvetage.

11. Sites d'atterrissage d'hélicoptères et petits aérodromes : Lorsque vous êtes près de sites d'atterrissage d'hélicoptères ou de petits aérodromes sans tours de contrôle, vous pouvez faire voler votre drone dans un rayon de 5,5 kilomètres. Cependant, si des aéronefs avec équipage sont détectés à proximité, manœuvrez rapidement pour vous éloigner et faites atterrir votre drone en toute sécurité.

12. Opérations de drones commerciaux : Si vous prévoyez d'utiliser votre drone à des fins professionnelles ou commerciales, des réglementations supplémentaires s'appliquent. L'enregistrement du drone et l'obtention d'une licence ou d'une accréditation sont nécessaires. Cependant, si vous faites voler votre drone uniquement à des fins récréatives, l'enregistrement et l'accréditation ne sont pas nécessaires.

L'enregistrement du drone et l'obtention d'une licence ou d'une accréditation sont nécessaires. Cependant, si vous faites voler votre drone uniquement à des fins récréatives, l'enregistrement et l'accréditation ne sont pas nécessaires. Indépendamment des opinions personnelles concernant la législation, les drones, quels que soient leur taille ou leur objectif, sont classés comme des "aéronefs" en vertu de la loi sur l'aviation civile de l'Australie. La loi définit les aéronefs comme toute machine ou engin capable de se maintenir dans l'atmosphère grâce aux réactions de l'air, à l'exclusion de celles provenant de la surface de la terre. Par conséquent, tous les drones relèvent de la compétence réglementaire de l'Autorité de la sécurité de l'aviation civile (CASA). Les principales réglementations régissant les drones sont énoncées dans la Partie 101 du Règlement de sécurité de l'aviation civile (CASR). Les règles clés incluent :

1. Éviter de créer des dangers : Les opérateurs ne doivent pas faire voler les drones d'une manière qui pose des dangers pour d'autres aéronefs, individus ou biens, même s'ils respectent d'autres réglementations.

2. Zones restreintes autour des aérodromes : Il est interdit de faire voler des drones dans un rayon de 3 nm (5,5 km) autour de la zone de mouvement d'un aérodrome contrôlé actif. Cela inclut les voies de circulation, les aires de stationnement et les zones utilisées pour le décollage et l'atterrissage des aéronefs.

3. Prudence près des aérodromes non contrôlés : Le lancement de drones dans un rayon de 3 nm (5,5 km) autour de la zone de mouvement d'un aérodrome non contrôlé est restreint si des aéronefs habités y opèrent. Les opérateurs doivent manœuvrer en toute sécurité si une activité d'aéronef est détectée.

4. Éviter les trajectoires d'approche et de départ : Les directives de la CASA recommandent aux opérateurs d'éviter de faire voler des drones dans les trajectoires d'approche et de départ des aérodromes non contrôlés et des sites d'hélicoptères.

5. Interdiction de voler dans les zones restreintes : Les opérations de drones dans les zones d'espace aérien restreintes ou interdites sans l'approbation de l'autorité sont interdites en raison des dangers potentiels pour les aéronefs.

6. Limite d'altitude : Les drones ne peuvent pas voler au-dessus de 400 pieds (120 mètres) au-dessus du niveau du sol sauf autorisation de la CASA.

7. Ligne de visée visuelle : Les opérateurs doivent maintenir une ligne de visée vi-

suelle avec le drone, sans utiliser de jumelles ou de dispositifs similaires, assurant un contrôle et une surveillance continus.

8. Restrictions de vol de nuit et en nuage : Les vols de drones sont interdits pendant le crépuscule civil à l'aube, et voler dans les nuages ou le brouillard est également interdit.

9. Éviter les opérations des services d'urgence : Il est interdit de faire voler des drones au-dessus des zones où des opérations d'urgence sont menées, sauf autorisation de la personne responsable de l'opération.

10. Distance des personnes : Les opérateurs doivent s'assurer que les drones sont exploités à au moins 30 mètres des individus, sauf si nécessaire pour le contrôle de l'aéronef.

11. Restrictions sur le survol de zones peuplées : Les drones ne doivent pas survoler les zones avec une densité de population suffisante pour poser des risques déraisonnables pour la vie, la sécurité ou les biens des personnes non impliquées dans l'opération.

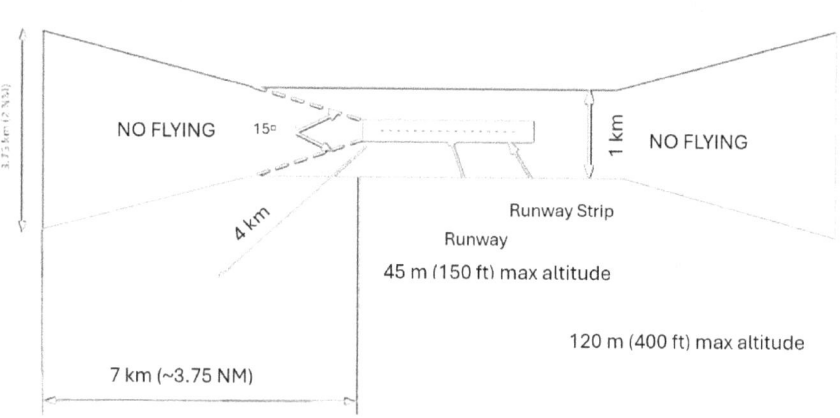

Figure 27: RPA ne doit pas être volé dans les trajectoires d'approche ou de départ.

En ce qui concerne le vol en FPV (vue à la première personne), bien qu'il introduise des possibilités excitantes, il pose également des risques en matière de sécurité en raison d'une conscience situationnelle réduite. CASA accorde des exemptions pour le vol en FPV sous des conditions spécifiques, principalement applicables aux membres d'associations reconnues respectant des politiques spécifiées.

Les lois locales sur les drones, en plus des réglementations de CASA, régissent les opérations de drones. Les gouvernements des États et les conseils locaux peuvent imposer des restrictions sur l'utilisation des drones, telles que des interdictions d'exploitation dans les parcs nationaux ou les propriétés du conseil. De plus, des réglementations spécifiques existent pour l'exploitation des drones près de la faune marine, exigeant le respect des restrictions d'altitude et de distance et l'obtention de permis dans certains cas.

Dans l'ensemble, la navigation dans les réglementations des drones exige une compréhension approfondie et le respect de diverses règles, mettant l'accent sur la sécurité et l'exploitation responsable. Il est conseillé de mener des recherches supplémentaires sur les lois et réglementations pertinentes pour garantir la conformité lors des opérations de drones.

La principale législation régissant les opérations de drones est la Partie 101 du Règlement de la sécurité de l'aviation civile (CASR).

Maintenant, plongeons dans les spécificités des tailles de drones à des fins commerciales : Catégories de poids :

- Micro : Moins de 250 g

- Très petit : 250 g - 2 kg

- Petit : 2 kg - 25 kg

- Moyen : 25 kg - 150 kg

- Grand : Plus de 150 kg

Pour une entreprise spatiale, se concentrer sur les catégories "très petit" et "petit" est idéal. Cependant, si l'on envisage des drones dans les catégories "moyen" et "grand", cela indique un niveau de compétence et de complexité plus élevé.

Spécifications du drone :

- Très petit (250 g - 2 kg) : Ces drones sont couramment utilisés à des fins domestiques, équipés de fonctionnalités telles qu'une caméra stabilisée 4k pour la photographie, une capacité GNSS et parfois des caméras thermiques. Ils conviennent pour de petites missions de photogrammétrie, de photographie ou de reconnaissance / planification de vol.

- Petit (2 kg - 25 kg) : Les drones de cette catégorie peuvent manipuler des caméras de qualité cinématographique, des charges utiles LiDAR et d'autres équipements spécialisés. Faire fonctionner de tels drones commercialement nécessite une stratégie commerciale claire et un programme en raison de la complexité accrue impliquée.

Exigences législatives : Pour la catégorie "Très petit" (250 g - 2 kg) :
- Obtenir un numéro de référence aviation (ARN) de CASA.
- Terminer l'accréditation de l'opérateur de RPA, confirmant la compréhension des règles de base.
- Enregistrer le drone auprès de CASA.

Pour la catégorie "Petit" (2 kg - 25 kg) :
- Obtenir une licence de pilote à distance (RePL) pour le pilote.
- La société a besoin d'un certificat d'opérateur à distance (ReOC).
- Employer un chef pilote responsable des opérations de drone.
- Élaborer des politiques et subir des audits pour maintenir la conformité aux réglementations.

Conditions de vol :
- Des restrictions s'appliquent à toutes les catégories, y compris des limites d'altitude, des distances par rapport aux personnes et la proximité des aérodromes contrôlés.
- Les opérations de nuit, dans le brouillard ou au-delà de la ligne de visée visuelle nécessitent des autorisations et une formation spécifiques, telles que Beyond Visual Line of Sight (BVLOS) et Specific Operational Risk Assessment (SORA).

Naviguer dans le cadre législatif pour l'utilisation des drones en Australie nécessite le respect de ces réglementations, une formation appropriée et la conformité avec les mesures de sécurité définies par CASA.

La CASA a récemment introduit un calendrier détaillant les délais d'enregistrement et d'accréditation des UAV pour les opérateurs d'UAV [48].

À compter du 28 janvier 2021, les individus pilotant des UAV à des fins autres que le sport ou les loisirs doivent [48]:

- Avoir au moins 16 ans.

- Enregistrer leur UAV via le site web myCASA.

- Obtenir soit une accréditation d'opérateur d'aéronef télépiloté (RPA), une licence de pilote à distance (RePL), ou un certificat d'opérateur d'aéronef télépiloté (ReOC).

L'enregistrement et l'accréditation de l'opérateur RPA sont obligatoires pour les UAV pesant :

- 250g ou moins (classifié comme un micro RPA).

- Plus de 250g mais pas plus de 2kg (classifié comme un très petit RPA).

- Plus de 2kg mais pas plus de 25kg, et utilisé exclusivement sur son propre terrain (classifié comme un petit RPA).

Le vol à des fins commerciales englobe des activités telles que la photographie, la production vidéo, l'inspection d'équipements, la surveillance, la recherche, ou toute tâche assignée par un employeur. L'accréditation de l'opérateur n'est pas requise pour un usage récréatif.

Un RePL est nécessaire pour les individus souhaitant agir en tant que pilotes à distance pour des entreprises détenant un ReOC, ou pour piloter des UAV ou des RPA pesant plus de 25kg mais moins de 150kg sur leur propre propriété.

Les ReOC sont accordés aux entités gouvernementales ou aux particuliers/entreprises avec un Numéro d'Entreprise Australien (ACN) ou un Numéro d'Entreprise Australien (ABN) cherchant à réaliser un gain financier grâce à des services de drone. Ils doivent employer des détenteurs de RePL et opérer en dehors des conditions standard.

À compter du 28 janvier 2021, voler avec des UAV non enregistrés à des fins commerciales ou professionnelles peut entraîner des amendes allant jusqu'à 11 100 $. Cependant, les UAV récréatifs ou les modèles d'avions pesant plus de 250g nécessiteront également une accréditation et un enregistrement lors de la prochaine phase d'enregistrement, prévue pour mars 2022. Actuellement, il n'y a pas de restriction d'âge pour l'utilisation récréative des UAV.

À partir du 30 septembre 2021, le Règlement de 2003 sur les enquêtes en matière de sécurité des transports a été remplacé par le nouveau Règlement sur les enquêtes en matière de sécurité des transports de 2021. Ces réglementations obligent certains opérateurs de RPA à soumettre des rapports de sécurité et d'incidents au Bureau australien de la sécurité des transports (ATSB), classifiant les drones comme des RPA de type 1 ou de type 2.

Les RPA de type 1 comprennent les drones certifiés selon des normes de navigabilité, les drones moyens de plus de 25 kg et les drones lourds de plus de 150 kg. Les RPA de type 2, pesant plus de 250g, ont moins d'exigences en matière de rapport, nécessitant généralement un rapport immédiat pour les incidents impliquant la mort ou des blessures graves.

L'enregistrement obligatoire des UAV et les rapports visent à améliorer la responsabilité et la responsabilité, garantir le respect des réglementations et faciliter l'amélioration des résultats en matière de sécurité grâce aux enquêtes de l'ATSB.

Différenciation entre les RPA et les avions modèle

Pendant de nombreuses années, les gens ont apprécié de faire voler des avions modèles, mais en quoi diffèrent-ils des 'drones' pilotés à distance dont on parle fréquemment? Selon la CASA, la différenciation entre les RPA et les avions modèles réside dans leur utilisation : les RPA sont utilisés à des fins commerciales, gouvernementales ou de recherche, tandis que les avions modèles sont pilotés uniquement pour le plaisir récréatif, comme des activités sportives et de loisirs. En essence, la CASA catégorise les aéronefs sans pilote en fonction de leur application prévue.

Exigences de licence : Avions Modèles : Faire voler un avion modèle radiocommandé ne nécessite pas de qualifications de pilote formelles. Cependant, le respect de réglementations spécifiques est obligatoire (voir ci-dessous 'Ce qui est autorisé'). L'exploitation commerciale d'avions modèles est interdite à moins que l'opérateur ne détienne un certificat d'opérateur non habité pertinent pour ce type d'activité. Les passionnés qui souhaitent rejoindre une association ou un club peuvent envisager l'Association Aéronautique de Modélisme de l'Australie (MAAA), qui compte environ 11 000 membres. La MAAA propose un système de "notation des ailes", comprenant des niveaux bronze, or et instructeur.

RPA : La CASA maintient que les pilotes de systèmes d'aéronefs sans pilote (UAS) doivent posséder des connaissances en aviation générale équivalentes à celles d'une licence de pilote privé, ainsi que des compétences spécialisées en aéronefs sans pilote. Pour l'exploitation commerciale de n'importe quel RPA de taille, les individus doivent obtenir un certificat de contrôleur de UAV (véhicule aérien sans pilote) et un certificat d'opérateur sans pilote spécifique à l'entreprise (UOC). Des certifications supplémentaires peuvent inclure une licence d'opérateur radio de vol et une maîtrise avec le type d'UAS utilisé.

Activités autorisées : RPA :

- L'approbation est accordée pour les activités d'aéronefs sans pilote menées dans des zones non peuplées, jusqu'à 400 pieds au-dessus du niveau du sol (AGL), ou plus haut avec des autorisations spéciales.

- Des approbations spéciales sont également requises pour les opérations dans d'autres zones.

- Les opérations dans l'espace aérien contrôlé nécessitent l'autorisation de la CASA et la coordination avec Airservices Australia.

- Les RPA peuvent être exploités dans des conditions météorologiques visuelles (VMC) et/ou des conditions météorologiques instrumentales (IMC) avec les approbations appropriées.

Avions Modèles :

- Les avions modèles ne doivent être pilotés que dans la ligne de visée visuelle, pendant les conditions météorologiques visuelles de jour (VMC).

- Le vol de nuit et l'opération dans ou à travers des nuages ou du brouillard sont interdits.

- L'aéronef doit rester visible pour l'opérateur en tout temps, sans se fier à sa caméra de point de vue.

- Le vol à moins de 30 mètres de véhicules, bateaux, bâtiments ou personnes est interdit.

- Dans les zones peuplées, telles que les plages, les parcs bondés ou les terrains de sport pendant les événements, les avions modèles ne doivent pas être pilotés.

- Dans l'espace aérien contrôlé, englobant généralement les grandes villes, les avions modèles ne doivent pas dépasser 400 pieds (120 mètres) d'altitude.

- Il est nécessaire de maintenir une distance minimale de 5,5 kilomètres des terrains d'aviation.

Ces distinctions et réglementations visent à garantir une exploitation sûre et responsable à la fois des RPA et des avions modèles dans l'espace aérien australien.

Airservices Australia fournit une gamme complète de documents et de publications essentiels pour une navigation aérienne sûre et efficace en Australie et dans ses territoires.

Publication d'Information Aéronautique (AIP) : L'AIP Australie comprend une collection de documents offrant des informations opérationnelles cruciales pour la navigation aérienne nationale (civile) et internationale. Il englobe des détails nécessaires pour garantir la sécurité et l'efficacité des voyages aériens dans les régions désignées.

Suppléments AIP (SUPS)/Circulaires d'Information Aéronautique (AICs) : Les SUPS complètent l'AIP avec des informations opérationnelles adaptées à ses besoins. Ils sont émis lorsque des données temporaires sont pertinentes, accompagnés d'une notification avancée. Les changements majeurs impactant les opérations aériennes sont souvent diffusés à travers les SUPS conformément à l'exigence de Règlementation et Contrôle de l'Information Aéronautique (AIRAC) de l'OACI. Les AICs, quant à elles, contiennent des informations techniques et ont une visée éducative, fournissant un préavis des nouveaux équipements, services, procédures, etc.

Supplément Enroute Australie (ERSA) : L'ERSA est une publication indispensable pour la planification des vols et la navigation en vol. Il comprend des représentations picturales détaillées de tous les aérodromes agréés, mises à jour toutes les 12 semaines. D'autres informations cruciales comprennent les caractéristiques physiques des aérodromes, les heures opérationnelles, les aides visuelles au sol, les services de la circulation aérienne, les aides à la navigation, l'éclairage, la fréquence CTAF, les détails des exploitants d'aérodromes, et tout changement pertinent. Disponible en reliure spirale ou feuilles mobiles, l'ERSA peut être obtenu avec ou sans le Supplément des distances de piste.

Supplément des distances de piste (RDS) : Ce supplément fournit des données sur les distances de décollage et d'atterrissage ainsi que des informations supplémentaires pour tous les aérodromes agréés. Les amendements sont synchronisés avec les mises à jour de l'ERSA. Loi et Réglementations de l'Aviation Civile (CARs) : La Loi de l'Aviation Civile sert de cadre législatif principal pour le contrôle de la sécurité aérienne en Australie, contenant des dispositions réglementaires cruciales. Les Réglementations qui l'accompagnent définissent les exigences réglementaires obligatoires relatives à la navigabilité, aux questions opérationnelles, aux licences, aux pouvoirs d'application de la loi, et au contrôle de la circulation aérienne.

Ordonnances de l'Aviation Civile (CAOs) : Provisonnées sous les Réglementations, les Ordonnances de l'Aviation Civile fournissent des informations sur les normes et spécifications techniques. Elles contiennent des exigences opérationnelles, de navigabilité et de sécurité obligatoires détaillées, y compris des critères de conception, des normes, des spécifications, des procédures opérationnelles et des directives de sécurité.

Publications Conseils de l'Aviation Civile (CAAPs) : Les CAAPs servent de documents consultatifs, élucidant l'objectif des Réglementations/Ordonnances et offrant des conseils sur la conformité aux exigences obligatoires. Organisés en sections Bleue (Opérationnelle), Verte (Navigabilité) et Jaune (Aérodrome), les CAAPs simplifient les concepts réglementaires pour les parties prenantes. Procédures de Départ et d'Approche (DAP) : Les DAP englobent des cartes liées à toutes les procédures de départ et d'approche instrumentale, catégorisées en packages DAP Est et DAP Ouest. De plus, les DAPs incluent des informations sur les Procédures de Réduction du Bruit applicables à tous les endroits.

Cartes visuelles de l'espace aérien (VTC) : Les VTC fournissent à la fois des informations aéronautiques et topographiques à une échelle de 1:250 000, facilitant les opérations selon les règles de vol à vue (VFR) à proximité des principaux aérodromes. Ces cartes mettent souvent en évidence les routes à suivre et les repères significatifs, facilitant aux pilotes VFR d'éviter la pénétration involontaire de l'espace aérien contrôlé.

Cartes de navigation en route (ERC) Haute et Basse : Les cartes ERC (L) sont conçues à différentes échelles pour accueillir les principales zones de trafic aérien, représentant l'espace aérien contrôlé, les zones interdites, restreintes et dangereuses, les routes aériennes, les services de la circulation aérienne (ATS) et les services de radio-navigation. D'autre part, les cartes ERC (H) offrent des informations sélectionnées similaires à la série ERC

(L), s'adressant principalement aux avions volant à des altitudes plus élevées sur les routes transcontinentales et intercapitales, généralement à FL200 et au-dessus.

Cartes de zone terminale (TAC) : Ces cartes sont adaptées aux zones terminales, offrant des informations détaillées sur l'espace aérien, les routes aériennes, les zones interdites, restreintes et dangereuses, les aides à la navigation et les fréquences radio. Les TAC sont conçues à une échelle plus grande, améliorant leur utilisation dans les zones congestionnées, avec des variations d'échelle selon les cartes spécifiques.

Cartes de navigation visuelle (VNC) : Les VNC aident à la planification des vols en relation avec l'espace aérien contrôlé, facilitant la transition des cartes aéronautiques mondiales (WAC) aux cartes visuelles de l'espace aérien (VTC) autour des zones terminales, et fournissant une assistance à la navigation près de l'espace aérien contrôlé ou des zones interdites et dangereuses. Ces cartes offrent des informations topographiques à une échelle de 1:500 000.

Carte de planification de l'Australie (PCA) : La PCA comprend les limites et les emplacements des prévisions météorologiques de la zone, la couverture de communication en dehors de l'espace aérien contrôlé, et la couverture fournie par les WAC. Elle constitue une ressource précieuse pour la planification des vols et les préparatifs avant le vol.

Cartes aéronautiques mondiales (WAC) : Faisant partie de la série internationale de l'OACI à l'échelle de 1:1 000 000, les WAC australiennes sont conçues pour la planification préalable au vol et le pilotage. Construites selon la projection conforme conique de Lambert et conformément aux spécifications de l'OACI, ces cartes offrent des informations essentielles pour une navigation aérienne sûre et efficace.

À partir du 5 avril 2020, vous devez tenir des registres de vos opérations de drone pour démontrer votre conformité aux réglementations de sécurité des drones. Cependant, si vous volez uniquement à des fins récréatives ou si vous opérez un aéronef télépiloté (RPA) très léger tombant dans la catégorie exclue Sub 2 kg, la tenue de registres n'est pas obligatoire. Ces obligations concernent à la fois les RPAs de petite taille (2-25 kg) et moyenne (25-150 kg) lorsqu'ils sont utilisés sur votre propre propriété. Les documents suivants doivent être conservés :

- Un journal opérationnel pour chaque opération

- Un journal technique pour chaque RPA de taille moyenne

- Un journal de pilote à distance détaillant le temps de vol et les spécificités de chaque opération avec un RPA de taille moyenne. Ces registres doivent être conservés par le pilote à distance et préservés pendant au moins 3 ans suivant la dernière opération. Le journal technique, cependant, doit être conservé pendant au moins 7 ans. Vous devez être prêt à fournir des copies de ces journaux sur demande. De plus, si vous vendez votre drone, l'acheteur peut demander l'accès à ces registres. Période de conservation du journal opérationnel : 3 ans Applicable à : les RPAs de petite et moyenne taille Informations clés à inclure :

- Lieu et altitude du vol

- Type, modèle et identification du RPA

- Dates et heures d'opération

- Nature et but de l'opération

- Évaluation de l'aptitude au vol du drone pour le vol du jour suivant. Période de conservation du journal technique : 7 ans Applicable à : les RPAs de taille moyenne Informations clés à inclure :

- Type, modèle et identification du RPA

- Temps total de vol du RPA

- Durées de service des composants en service

- Périodes de maintenance programmées

- Détails de la maintenance effectuée et certification de tout travail réalisé. Période de conservation du journal de pilote à distance : 3 ans Applicable à : les RPAs de taille moyenne Informations clés à inclure :

- Temps de vol accumulé en opérant un RPA exclu

- Détails identifiant chaque opération, y compris le type, le modèle et l'identification du RPA

- Dates, lieux et durées de chaque vol.

Réglementation sur les drones au Royaume-Uni

En 2024, l'Autorité de l'Aviation Civile du Royaume-Uni (CAA), agissant en tant qu'organe de gouvernance nationale des affaires de l'aviation, a introduit un cadre complet de réglementation sur les drones visant à favoriser l'exploitation sûre, consciente et légale des drones dans tout le Royaume-Uni. Ces réglementations englobent un large éventail d'activités de drones, allant des loisirs aux fins commerciales.

En 2024, les réglementations sur les drones prévalant au Royaume-Uni reposent sur le principe fondamental selon lequel les systèmes d'aéronefs sans pilote (UAS) opérant dans le pays doivent se conformer aux normes de sécurité et opérationnelles équivalentes à celles des aéronefs pilotés effectuant des opérations similaires dans le même espace aérien, comme indiqué dans la CAP 722 - Opérations de systèmes d'aéronefs sans pilote dans l'espace aérien du Royaume-Uni - Guidance.

Bien que ce principe semble simple, la plupart des drones ne disposent pas des fonctionnalités de sécurité inhérentes des aéronefs pilotés et sont généralement exploités par des personnes ayant une formation moins poussée. Par conséquent, alors que la popularité des drones continue de croître, l'Autorité de l'Aviation Civile du Royaume-Uni (CAA) est confrontée à la tâche difficile d'élaborer un cadre réglementaire qui équilibre l'impératif de sauvegarder la sécurité et la sûreté publiques avec l'impératif de favoriser une industrie prête pour une croissance substantielle et nécessitant la capacité d'étendre considérablement ses opérations.

Les opérations d'UAS au Royaume-Uni sont soumises à la réglementation dans le cadre de deux cadres distincts : l'Ordre de la Navigation Aérienne 2016 (tel qu'amendé dans le cadre de la Loi de l'Aviation Civile 1982) et les réglementations découlant du Règlement (UE) 2018/1139 du Royaume-Uni, communément appelé le Règlement de Base.

Ces cadres réglementaires sont accompagnés de directives fournies par la CAA sous forme de la CAP722 (Opérations de systèmes d'aéronefs sans pilote dans l'espace aérien du Royaume-Uni - Guidance). Néanmoins, comprendre ces directives peut s'avérer difficile pour beaucoup. Ainsi, sur cette plateforme, nous visons à élucider aussi clairement que possible les exigences pour exploiter des drones de manière sûre et légale au Royaume-Uni en 2024.

Selon les dernières données, le registre des drones du Royaume-Uni connaît une croissance substantielle, comptant plus de 513 860 drones actifs dans l'espace aérien du Royaume-Uni. En réponse à cette montée en puissance, la CAA adapte et affine continuellement les réglementations pour s'aligner sur ce paysage de drones en expansion.

Les dispositions clés des lois sur les drones au Royaume-Uni en 2024 sont les suivantes :

1. Exigence d'âge minimum : Les opérateurs de drones doivent avoir au moins 12 ans pour piloter des drones de manière indépendante.

2. Limite d'altitude : Les drones sont interdits de vol au-dessus de 400 pieds (120 mètres).

3. Ligne de vue : Les opérateurs doivent maintenir un contact visuel avec leurs drones à tout moment pendant le vol.

4. Espace aérien restreint : Une autorisation doit être obtenue avant de voler dans un espace aérien restreint.

5. Proximité des aéroports : Les drones ne doivent pas être pilotés dans un rayon de 5 kilomètres des aéroports.

6. Distance des personnes : Une distance minimale de 50 mètres doit être maintenue entre les drones et les personnes non impliquées.

7. Restrictions basées sur le poids : Les drones pesant moins de 250 grammes sont autorisés à voler plus près des personnes. Les drones pesant 250 grammes ou plus doivent maintenir une distance d'au moins 150 mètres des parcs, zones industrielles, zones résidentielles et autres zones construites.

8. Drones équipés de caméras : Les opérateurs de drones équipés de caméras doivent s'inscrire pour obtenir un identifiant d'opérateur auprès de la CAA.

9. Assurance obligatoire : Les opérateurs de drones commerciaux sont tenus d'avoir une couverture d'assurance.

10. Conformité de jour et de nuit : La conformité aux réglementations est obligatoire pour les opérations de jour et de nuit.

Ces réglementations, en vigueur à partir de 2024, s'appliquent à tous les opérateurs de drones au Royaume-Uni. Le respect de ces lois est impératif pour assurer une utilisation sûre et responsable des drones dans le pays.

De plus, lors de l'exploitation de drones ou d'aéronefs modèles au Royaume-Uni, il est essentiel de connaître les exigences légales en matière d'identification (ID) et d'enregistrement. Ces exigences dépendent de facteurs tels que le poids du drone et la présence d'une caméra et s'appliquent à tous les drones, quelle que soit leur taille.

Identifiant de pilote :

- Nécessaire pour les drones pesant plus de 250 grammes ou équipés d'une caméra.

- Délivré par l'Autorité de l'Aviation Civile du Royaume-Uni (CAA) après avoir réussi un test théorique de 40 questions.

- L'inscription peut être effectuée en ligne sur le site Web de la CAA.

- Valide pendant 5 ans et gratuite.

Identifiant d'opérateur :

- Obligatoire pour les opérateurs de drones équipés de caméras engagés dans des activités commerciales.

- Délivré par l'Autorité de l'Aviation Civile du Royaume-Uni (CAA) après avoir réussi un test théorique.

- L'inscription implique de fournir une adresse e-mail et des informations de paiement.

- Valide pendant 1 an, avec des frais de 10 £.

Pour les personnes de moins de 18 ans, l'inscription d'un identifiant d'opérateur doit être facilitée par un parent ou un tuteur.

Figure 28: Filmer avec un drone dans un bassin fermé de karst. Nick Chipchase, CC BY-SA 2.0, via Wikimedia Commons.

Pour garantir la conformité légale, les drones et les modèles réduits doivent être étiquetés avec l'identifiant de l'opérateur. Cet identifiant unique sert à distinguer la partie responsable et facilite la responsabilité. Lors de l'étiquetage des drones, suivez ces directives [49] :

1. Écrivez clairement l'identifiant de l'opérateur en lettres capitales d'au moins 3 mm de hauteur.

2. Fixez solidement l'étiquette sur le corps principal de l'aéronef, en veillant à ce qu'elle soit visible de l'extérieur ou facilement accessible dans un compartiment.

3. Protégez l'étiquette contre les dommages afin de maintenir sa lisibilité tout au long de la durée de vie du drone.

4. Répétez le processus d'étiquetage pour chaque drone ou modèle réduit placé sous votre supervision, en utilisant le même identifiant d'opérateur.

Il est crucial d'utiliser l'identifiant de l'opérateur, et non l'identifiant du pilote, lors de l'étiquetage des drones et des modèles réduits. L'identifiant de l'opérateur identifie spécifiquement la partie responsable, tandis que l'identifiant du pilote concerne le pilote.

En vertu de la loi sur la gestion du trafic aérien et les drones sans pilote de 2021, la police britannique a reçu le pouvoir de réglementer l'utilisation des drones. Ces pouvoirs comprennent :

- Prendre des mesures si un drone est soupçonné d'être utilisé en relation avec une infraction.

- Faire atterrir, inspecter et saisir les drones avec un mandat sécurisé.

- Ordonner aux opérateurs de drones de faire atterrir leurs drones.

- Effectuer des recherches pour localiser des drones ou du matériel de drone.

- Confisquer et conserver les drones ou le matériel de drone.

En cas de préoccupations concernant l'utilisation de drones dans votre voisinage, contacter les autorités locales leur permet d'enquêter et de prendre les mesures nécessaires pour garantir la conformité avec les lois britanniques sur les drones.

Le non-respect des lois et réglementations britanniques sur les drones peut entraîner des conséquences telles que des amendes, la confiscation du matériel, des poursuites pénales et la responsabilité pour les dommages ou les blessures causés par les drones. Il est impératif de respecter ces lois pour protéger la sécurité publique et l'intégrité de l'espace aérien, en faisant voler les drones de manière responsable et en suivant les directives des autorités.

En 2024, les pilotes de drones britanniques doivent se conformer à des catégories spécifiques d'opérations de drones, classées comme suit [49] :

1. Catégorie ouverte : Englobe les vols à faible risque ne nécessitant pas d'approbation spéciale de la CAA.

2. Catégorie spécifique : Concerne les vols à risque plus élevé nécessitant une autorisation opérationnelle de la CAA.

3. Catégorie certifiée : Implique des vols encore plus risqués, généralement avec des aéronefs plus grands, soumis à une réglementation rigoureuse et à une autorisation similaire à celle des vols habités.

Ces catégories, établies par l'Autorité de l'aviation civile (CAA), servent à classer les opérations de drones en fonction de facteurs de risque tels que la proximité avec les individus et le poids du drone. La plupart des pilotes de drones opèrent dans la Catégorie ouverte, qui préconise une utilisation responsable des drones et autorise les opérations dans les sous-catégories A1 et A3 avec un identifiant de pilote.

En mettant en place ces catégories, le cadre réglementaire britannique vise à garantir que les pilotes de drones respectent des mesures de sécurité appropriées et des évaluations des risques adaptées à la nature de leurs vols, favorisant ainsi des opérations de drones sûres et responsables dans tout le pays.

L'exploitation de drones dans la Catégorie ouverte au Royaume-Uni implique le respect de lignes directrices spécifiques adaptées aux vols de drones à faible risque. Cette catégorie ne nécessite pas d'approbation spéciale de l'Autorité de l'aviation civile (CAA) et est couramment utilisée par la plupart des pilotes de drones au Royaume-Uni, mettant l'accent sur une exploitation responsable des drones.

La Catégorie ouverte est subdivisée en trois sous-catégories distinctes, qui sont délimitées en fonction du poids du drone et de la proximité avec les individus :

1. A1 – "Vol au-dessus des personnes" : Destinée aux drones très légers présentant un risque minimal, permettant le vol direct au-dessus des personnes.

2. A2 – "Vol à proximité des personnes" : Implique des drones légers capables de voler près des personnes, présentant un risque légèrement plus élevé que les drones de la catégorie A1.

3. A3 – "Vol loin des personnes" : Conçue pour les drones plus lourds, exigeant une distance de sécurité par rapport aux individus pour atténuer les risques potentiels.

La plupart des pilotes de drones britanniques peuvent opérer dans les sous-catégories A1 et A3 sans formation supplémentaire, à condition de posséder un identifiant d'opérateur et d'avoir réussi le test du code de conduite des drones. Ce cadre garantit le respect des lignes directrices pour une utilisation responsable des drones tout en atténuant les risques associés aux vols de drones dans divers environnements.

Pour exploiter des drones dans la Catégorie ouverte, des restrictions et des exigences opérationnelles spécifiques sont définies en fonction du poids du drone et de la sous-catégorie :

- Les drones pesant moins de 250 grammes relèvent de la sous-catégorie A1, permettant le vol au-dessus des personnes non impliquées sans vol au-dessus de rassemblements de personnes. L'enregistrement de l'opérateur est requis, et la compétence du pilote à distance est essentielle.

- Les drones pesant moins de 900 grammes peuvent opérer dans la sous-catégorie A1, sans vol au-dessus de personnes non impliquées. L'enregistrement de l'opérateur est obligatoire, et l'achèvement de la formation en ligne pour les sous-catégories A1/A3 est requis.

- Les drones pesant moins de 4 kg peuvent opérer dans la sous-catégorie A2, ne nécessitant aucun vol au-dessus de personnes non impliquées et maintenant une distance horizontale de 30 mètres avec les individus. L'enregistrement de l'opérateur et un Certificat de compétence A2 (A2 CofC) sont requis.

- Les drones pesant moins de 25 kg opèrent dans la sous-catégorie A3, interdisant le vol près des personnes et imposant le vol en dehors des zones urbaines. L'enregistrement de l'opérateur et un A2 CofC sont nécessaires.

Les opérations de drones relèvent de la Catégorie ouverte si elles répondent à des exigences spécifiques, notamment le respect des spécifications de classe définies dans le Règlement délégué (UE) 2019/945, le maintien de distances de sécurité par rapport aux individus et la conformité aux réglementations de la ligne de visée visuelle (VLOS) [49].

En tant que pilote moyen de drone opérant dans la Catégorie ouverte, le respect des points clés est essentiel :

1. Prioriser la sécurité : Utiliser des mesures raisonnables, proportionnées et de bon sens pour gérer les risques de vol, assurant la sécurité des individus et des biens.

2. Enregistrement et identifiant de pilote : S'inscrire en tant qu'opérateur et obtenir un identifiant de pilote dans la plupart des cas, assurant la conformité aux exigences réglementaires.

3. Distance par rapport aux personnes : Maintenir des distances de sécurité par rapport aux individus pendant le vol, en donnant la priorité à la sécurité et à la prévention des blessures.

4. Respect des règles de sécurité : Suivre les protocoles de sécurité, y compris maintenir la ligne de visée visuelle, respecter les limites d'altitude et observer les

zones de restriction de vol.

5. Restrictions et autorisations locales : Se familiariser avec les restrictions locales et obtenir les autorisations nécessaires avant de voler, reconnaissant que l'espace aérien et les autorisations foncières sont des entités distinctes.

L'exploitation de drones dans la Catégorie spécifique implique de participer à des vols à plus haut risque qui ne correspondent pas aux critères à faible risque de la Catégorie ouverte. Les pilotes opérant dans cette catégorie doivent obtenir une autorisation opérationnelle de l'Autorité de l'aviation civile (CAA).

La Catégorie spécifique est généralement utilisée pour des vols avec des demandes plus complexes ou spécialisées, telles que les inspections industrielles, le suivi agricole ou la photographie aérienne dans des zones congestionnées. Pour demander une autorisation opérationnelle, les opérateurs doivent réaliser une évaluation des risques complète et développer un dossier de sécurité opérationnelle pour démontrer leur capacité à exécuter en toute sécurité l'opération de drone planifiée.

Suite à la soumission de la demande, y compris l'évaluation des risques et les mesures d'atténuation, la CAA évalue les risques opérationnels et délivre une autorisation opérationnelle si elle estime que les risques sont suffisamment atténués. Cette autorisation peut concerner une seule opération ou plusieurs opérations spécifiées par le temps ou l'emplacement. Alternativement, la CAA peut approuver un Certificat UAS Léger (LUC) conformément à la Partie C de l'Annexe.

Les opérateurs détenant un LUC avec les privilèges appropriés ou réalisant des opérations au sein de clubs et associations de modélisme avec les autorisations appropriées sont exemptés de l'obligation d'obtenir des autorisations opérationnelles.

La Catégorie certifiée est désignée pour des vols encore plus risqués, impliquant souvent des drones ou des avions plus grands. Les exigences réglementaires et d'autorisation pour cette catégorie sont semblables à celles des vols habités. Les pilotes doivent obtenir les certifications, permis et approbations nécessaires pour exploiter des drones dans la Catégorie certifiée. Les activités dans cette catégorie peuvent inclure la livraison de colis, les services de taxi-drones ou les vols dans un espace aérien très contrôlé.

Les opérations de drones relèvent de la Catégorie certifiée si le drone est certifié conformément à l'Article 40 du Règlement délégué (UE) 2019/945 et répond à des conditions spécifiques, telles que le vol au-dessus de rassemblements de personnes, le transport de personnes ou le transport de marchandises dangereuses. De plus, les opérations peuvent être classées dans la Catégorie certifiée si la CAA détermine, sur la base de l'évaluation des risques, que les risques ne peuvent pas être suffisamment atténués sans certification du drone et de l'opérateur, et, le cas échéant, la licence du pilote à distance.

Les pilotes de drones au Royaume-Uni en 2024 doivent comprendre et respecter les exigences des catégories Ouverte, Spécifique et Certifiée pour garantir une exploitation sûre et légale des drones.

À partir du 1er janvier 2024, le Royaume-Uni appliquera de nouvelles réglementations régissant les drones, exigeant que tous les nouveaux drones répondent à des normes spécifiques et soient classés dans l'une des quatre classifications suivantes : C0, C1, C2 ou C3. Ces classifications sont déterminées en fonction du poids et des capacités du drone, dictant son utilisation autorisée et ses limites opérationnelles [49].

Les classes de drones et leurs sous-catégories associées sont présentées comme suit :

- Classe C0 : Éligible pour l'exploitation dans toutes les sous-catégories.

- Classe C1 : Éligible pour l'exploitation dans toutes les sous-catégories.

- Classe C2 : Permis pour l'exploitation uniquement dans les sous-catégories A2 (avec un Certificat de Compétence [CofC] A2) ou A3.

- Classe C3 : Permis pour l'exploitation exclusivement dans la sous-catégorie A3.

- Classe C4 : Permis pour l'exploitation exclusivement dans la sous-catégorie A3.

Voici les cinq classes de drones avec leurs réglementations correspondantes : Classe de drone : C0

- Description : Les drones de classe C0 comprennent de très petits aéronefs sans pilote, y compris les jouets, pesant moins de 250 grammes. Ils ont une vitesse maximale de 42,5 mi/h et sont tenus de rester dans les 400 pieds de l'appareil de contrôle.

Classe de drone : C1

- Description : Les drones de classe C1 doivent peser moins de 900 grammes et avoir une vitesse maximale de 42,5 mi/h. Ils sont conçus pour minimiser les blessures en cas de collision avec une personne. De plus, ces drones respectent les limitations de bruit et de hauteur et doivent répondre à des exigences spécifiques en matière d'identification à distance et de conscience de la situation.

Classe de drone : C2
- Description : Les drones de classe C2 doivent peser moins de 4 kilogrammes et privilégier la minimisation des blessures en cas de collision potentielle avec une personne. Ils sont équipés d'un mode basse vitesse, limitant leur vitesse maximale à 6,7 mi/h lorsqu'il est activé par l'opérateur. De plus, les drones de classe C2 respectent les restrictions de bruit et de hauteur et doivent satisfaire aux exigences en matière d'identification à distance et de conscience de la situation. Des exigences supplémentaires s'appliquent si ces drones sont utilisés tout en étant attachés au sol.

Classe de drone : C3
- Description : Les drones de classe C3 sont des aéronefs sans pilote dotés de modes de contrôle automatique et pesant moins de 25 kilogrammes. Ils sont soumis à des restrictions de hauteur et doivent remplir des critères spécifiques en matière d'identification à distance et de conscience de la situation. Des exigences supplémentaires entrent en jeu si ces drones sont déployés tout en étant attachés au sol.

Classe de drone : C4
- Description : Les drones de classe C4 sont des aéronefs sans pilote dépourvus de toute automatisation au-delà de la stabilisation de vol de base, pesant moins de 25 kilogrammes. Ils respectent les restrictions de hauteur et doivent répondre à des critères désignés en matière d'identification à distance et de conscience de la situation. Des exigences supplémentaires s'appliquent si ces drones sont utilisés tout en étant attachés au sol.

Options de Licence de Drone au Royaume-Uni

S'assurer que les pilotes de drones possèdent les certifications requises est primordial pour garantir des opérations de drones sûres et légales. Divers types de licences de drone répondent à des besoins et des exigences opérationnels variés, offrant aux pilotes les qualifications nécessaires pour naviguer de manière responsable dans les cieux. Parmi ces licences, on trouve [49]:
- Licence de Drone A2 Certificate of Competency (A2 CofC) :
  - Description : Cette qualification permet aux pilotes de drones d'exploiter légalement certains drones dans des endroits difficiles et à proximité de

personnes non impliquées.

- Validité : 5 ans

- Opérations Applicables : Sous-catégorie A2 de la catégorie Ouverte, adaptée tant aux pilotes de drones commerciaux que récréatifs.

- Processus de Renouvellement : Achèvement d'un cours de formation et réussite à un examen de qualification.

- Licence de Drone General Visual Line of Sight Certificate (GVC) :

    - Description : Le GVC sert de qualification de compétence pour les pilotes à distance, autorisant ces derniers à faire voler en toute sécurité des drones pesant jusqu'à 25 kg dans des zones urbaines.

    - Validité : 5 ans

    - Opérations Applicables : La plupart des opérations en vue directe (VLOS) dans la catégorie Spécifique.

    - Processus de Renouvellement : Achèvement d'un cours de mise à jour avec un fournisseur de formation tous les 5 ans.

- Permission for Commercial Operations (PfCO) [Licence de Drone Plus Valide] :

    - Description : Auparavant nécessaire pour les opérations commerciales de drones au Royaume-Uni, le PfCO a été remplacé par le GVC depuis janvier 2021.

    - Validité : N/A

    - Opérations Applicables : N/A

    - Processus de Renouvellement : N/A

Détails des Licences de Drone :

- Licence de Drone A2 Certificate of Competency (A2 CofC) : La Licence de Drone A2 Certificate of Competency (A2 CofC) qualifie les pilotes de drones pour exploiter certains drones dans des environnements difficiles et à proximité de personnes non impliquées. L'obtention de cette certification implique de suivre un cours de formation et de réussir un examen de qualification. Bien qu'il n'y ait pas de nécessité formelle de pratique, les pilotes doivent déclarer leur expérience de vol de drone pour démontrer leur compétence. Le A2 CofC est valide pendant cinq ans et nécessite un renouvellement pour maintenir sa validité légale.

- Licence de Drone General Visual Line of Sight Certificate (GVC) : Le GVC permet aux pilotes de faire voler des drones pesant jusqu'à 25 kg dans des zones urbaines, couvrant la plupart des opérations en vue directe (VLOS). Valide pendant cinq ans, le GVC nécessite un cours de mise à jour tous les cinq ans pour assurer une compétence continue. Les pilotes doivent suivre le cours de mise à jour avec un fournisseur de formation pour renouveler leur licence GVC. Les frais de cours varient en fonction du fournisseur de formation, avec des frais de demande supplémentaires payables à la CAA.

Exploitation des Drones dans la Ligne de Vue (VLOS) : Au Royaume-Uni, la réglementation des drones stipule que les drones doivent être exploités dans la Ligne de Vue (VLOS) lorsqu'ils volent dans la catégorie Ouverte ou sous une autorisation opérationnelle pour la catégorie Spécifique. Les opérations VLOS, définies par le Règlement (UE) 2019/947 du Royaume-Uni, impliquent que le pilote à distance maintienne un contact visuel continu et non assisté avec le drone pour contrôler sa trajectoire de vol et éviter les collisions avec d'autres aéronefs, personnes ou obstacles.

Assurer les opérations VLOS permet au pilote à distance de surveiller efficacement la position, l'orientation du drone et l'espace aérien environnant. Bien que les lentilles correctrices soient autorisées, l'utilisation de jumelles, de télescopes ou d'autres dispositifs d'amélioration d'image est interdite. La distance VLOS maximale varie pour chaque opération, influencée par des facteurs tels que la taille du drone, l'éclairage embarqué, les conditions météorologiques, la vision du pilote à distance, le terrain et les obstacles obstruant la vue. Il incombe au pilote à distance de déterminer la distance maximale sûre tout en maintenant un contact visuel non assisté avec le drone.

Au-delà de la Ligne de Vue (BVLOS) : Les opérations de drone au-delà de la Ligne de Vue (BVLOS) impliquent des vols de drone où le pilote à distance ne peut pas maintenir un contact visuel direct et non assisté avec le drone pendant le vol [49]. Cela permet aux drones de couvrir de plus grandes distances et d'entreprendre des tâches qui seraient difficiles dans le cadre des opérations VLOS, telles que la cartographie aérienne, l'inspection des infrastructures et les services de livraison. Cependant, les opérations BVLOS nécessitent des mesures de sécurité strictes pour protéger les utilisateurs de l'espace aérien, ainsi que les personnes et les biens au sol.

L'Autorité de l'Aviation Civile (CAA) développe des lois sur les drones concernant les opérations BVLOS pour permettre aux opérateurs autorisés d'effectuer des vols BVLOS de manière évolutive et durable tout en garantissant la sécurité. Cette initiative comprend quatre domaines principaux d'intérêt, connus sous le nom de "quatre piliers" :

1. Compétence du Pilote : Collaboration avec des partenaires industriels pour établir un mécanisme standardisé de démonstration de la compétence du pilote au-delà du certificat général de compétence visuelle en ligne actuel (GVC).

2. Aptitude au Vol : Mise en place d'un mécanisme formel pour évaluer la robustesse des aéronefs lors de la demande d'autorisation opérationnelle, y compris l'élaboration d'exigences pour certains systèmes d'aéronefs sans pilote (UAS) évalués par les Entités Reconnues d'Évaluation de l'Aptitude au Vol.

3. Évaluation des Risques : Mise en œuvre d'un mécanisme adapté pour évaluer et atténuer les risques pour autoriser des opérations complexes d'UAS, en adoptant une version modifiée de l'Évaluation des Risques Opérationnels Spécifiques (SORA) 2.5 de JARUS pour tenir compte des exemptions aux Règles de l'Air Européennes Standardisées du Royaume-Uni.

4. Espace Aérien : Exploration de l'intégration des opérations BVLOS dans l'espace aérien du Royaume-Uni par le biais de l'utilisation d'environnements aériens atypiques pour aborder initialement le risque de collision en vol. Les stratégies à long terme impliquent de soutenir l'adoption de technologies de détection et d'évitement et de visibilité électronique dans un cadre réglementaire.

Évaluation des Risques Spécifiques (SORA) : La méthode d'Évaluation des Risques Spécifiques (SORA) évalue de manière méthodologique et aborde les risques associés aux opérations de Système d'Aéronef Sans Pilote (UAS). Elle permet aux opérateurs de drones de discerner les contraintes opérationnelles, les exigences techniques des aéronefs, les objectifs de formation du personnel et de formuler des protocoles opérationnels adaptés.

Bien qu'introduit en 2023, le développement de SORA est en cours au Royaume-Uni en 2024.

Guidance Actuelle et Implémentation Future de SORA au Royaume-Uni : En attendant la pleine mise en œuvre du SORA britannique, les opérateurs de drones demandant la catégorie Spécifique doivent adhérer à la méthodologie et aux modèles décrits dans la publication CAP 722A. À son introduction, le SORA britannique peut différer du SORA de l'Agence Européenne de la Sécurité Aérienne (AESA) pour tenir compte des exigences nationales.

Statut Réglementaire et Calendrier pour le SORA au Royaume-Uni : Considéré comme un Moyen Acceptable de Conformité (AMC) à l'Article 11 du Règlement (UE) No 2019/947, le SORA britannique sera conservé et modifié en vertu de la Loi de 2018 sur le Retrait de l'Union Européenne. Il ne nécessite pas de modifications réglementaires pour sa mise en œuvre, étant un ensemble de recommandations et de lignes directrices plutôt qu'un règlement. Prévu pour consultation au T1 2024, le SORA britannique vise à être mis en œuvre au T3/T4 2024. Le plan de mise en œuvre complet englobe divers aspects, y compris son impact sur les Entités Reconnues d'Évaluation (RAE) et la conception de cours de formation pour les opérateurs de drones.

Autorisations Opérationnelles et Dossiers de Sécurité d'Exploitation : Les Autorisations Opérationnelles (AO) valides persisteront après la mise en œuvre du SORA et resteront valables pendant la durée spécifiée. Cependant, les Dossiers de Sécurité d'Exploitation (DSE) devront être ajustés pour prendre en compte le SORA, une période de transition étant prévue pour que les opérateurs de drones apportent les mises à jour nécessaires.

Méthodologie SORA et Comparaison avec le CAP 722A : Comparée à l'approche principalement qualitative du CAP 722A, la méthodologie SORA adopte une position plus quantitative. Développé à l'échelle internationale avec le consensus de plusieurs Autorités de l'Aviation Nationales (NAAs) et de spécialistes de l'industrie, le SORA établit un seuil de sécurité acceptable pour les opérations de la catégorie Spécifique proposées.

Guidance pour les Opérateurs de Drones au Royaume-Uni dans la Période Intérimaire : En attendant la publication du SORA britannique, les demandeurs doivent se conformer à la guidance CAP 722A lors de la réalisation des évaluations des risques de la catégorie Spécifique et de la planification des demandes. Il est déconseillé de mélanger les éléments SORA avec la méthodologie CAP 722A, car cela pourrait prolonger la durée de l'évaluation et nécessiter des évaluations de conformité supplémentaires avec l'Article 11 du Règlement (UE) 2019/947 du Royaume-Uni.

L'Évaluation des Risques Opérationnels Spécifiques (SORA) représente une avancée significative pour les pilotes de drones au Royaume-Uni, introduisant une approche plus quantifiable de l'évaluation et de l'atténuation des risques. Bien que son déploiement complet soit en cours, il est recommandé aux opérateurs de drones de suivre la guidance CAP 722A jusqu'à ce que de nouvelles mises à jour soient publiées.

Zones Autorisées pour les Opérations de Drones 2024

Cette section examine les réglementations régissant les emplacements autorisés pour les vols de drones. Elle englobe les restrictions légales d'altitude, les distances requises par rapport aux individus et les zones où les opérations de drones sont interdites. De plus, elle aborde les contraintes concernant le vol à proximité des aéroports et des bases spatiales. Se familiariser avec ces réglementations est crucial pour garantir une exploitation de drone sûre et responsable.

Respect de l'Altitude Maximale de 400 pieds

Le maintien d'une altitude limitée est essentiel pour atténuer le risque de collision avec d'autres aéronefs. Au Royaume-Uni, la limite légale d'altitude pour les opérations de drones est fixée à 120 m (400 pieds). Cela signifie que les drones ne doivent pas dépasser 120 m (400 pieds) pour minimiser le risque de rencontrer d'autres véhicules aériens, y compris les ambulances aériennes, les hélicoptères de police et les avions militaires, qui peuvent voler à des altitudes inférieures pour diverses raisons opérationnelles telles que les interventions d'urgence ou la surveillance.

Adaptation en Terrain Montagneux

Lors de l'exploitation de drones sur un terrain vallonné ou montagneux, des ajustements aux trajectoires de vol peuvent être nécessaires pour garantir le respect de la limite légale d'altitude. Par exemple, voler au-dessus d'une montagne peut nécessiter de réduire l'altitude pour rester dans la contrainte de hauteur de 120 m (400 pieds), compte tenu du relief élevé par rapport au paysage environnant.

Maintien d'une Distance de Sécurité par Rapport aux Individus

Les pilotes de drones doivent respecter une distance de sécurité par rapport aux individus pour éviter les accidents ou les blessures potentiels. La distance minimale standard par rapport aux personnes est fixée à 50 mètres (164 pieds), englobant les individus au sol et ceux dans des structures ou des véhicules. Cette réglementation crée une "zone d'interdiction de vol" désignée dans un rayon de 50 mètres (164 pieds) autour des individus, s'étendant verticalement jusqu'à la limite légale d'altitude, généralement autour de 120 mètres (400 pieds). Par conséquent, il est interdit de voler directement au-dessus des personnes, même à des altitudes plus élevées.

Exception pour les Participants Impliqués et les Drones Légers

Bien que le maintien d'une distance de sécurité par rapport aux individus soit crucial, des exceptions s'appliquent aux personnes participant activement à des activités liées aux drones et aux drones légers de moins de 250g. Dans de tels cas, une proximité plus grande avec les participants est permise, dérogeant à la règle standard de 50 mètres (164 pieds). De plus, les drones de moins de 250g sont autorisés à voler plus près des individus et même au-dessus d'eux, à condition que l'activité reste dans des paramètres sûrs.

Réglementations Officielles de Distanciation des Drones au Royaume-Uni

En plus de la règle générale de 50 mètres (164 pieds), des circonstances spécifiques peuvent nécessiter d'augmenter la distance par rapport aux individus pour garantir la sécurité du vol. Des facteurs tels que l'altitude, les conditions météorologiques et la vitesse de vol influencent la distance requise. Les zones à forte densité de population, notamment les centres commerciaux, les événements sportifs, les rassemblements religieux et les concerts, nécessitent une prudence accrue et le respect des protocoles de sécurité pour minimiser les risques associés aux environnements bondés.

Figure 29: Vol en drone à Newbiggin Point. Russel Wills, CC BY-SA 2.0, via Wikimedia Commons.

Réglementation des drones au Royaume-Uni pour les opérateurs internationaux 2024

Les pilotes de drones internationaux désirant opérer des drones au Royaume-Uni doivent se conformer à la réglementation établie par le pays concernant les vols de drones et d'aéronefs modèles. Ces réglementations s'appliquent à tous les pilotes de drones, quelle que soit leur nationalité, dans le but principal d'assurer des opérations de drones sûres et responsables dans l'espace aérien britannique.

Dans la plupart des cas, les pilotes de drones étrangers doivent obtenir à la fois un identifiant de pilote (flyer ID) et un identifiant d'opérateur (operator ID) au Royaume-Uni avant de commencer les vols de drone au Royaume-Uni. L'identifant de pilote sert de moyen d'identification unique pour le pilote et doit être clairement affiché sur le drone, tandis que l'identifant d'opérateur identifie l'individu ou l'entité responsable de l'exploitation du drone.

De plus, si la nature du vol nécessite une autorisation valide au Royaume-Uni, les pilotes de drone étrangers doivent en obtenir une en conséquence. L'obligation d'une autorisation au Royaume-Uni dépend de divers facteurs, notamment la taille et le poids du drone, le but du vol et l'emplacement de vol prévu.

Les pilotes de drone étrangers ayant suivi une formation en ligne requise, réussi un examen de pilote de drone et obtenu un certificat de compétence de pilote à distance dans n'importe quel État membre de l'AESA sont autorisés à voyager avec leurs drones au Royaume-Uni. Néanmoins, le processus d'obtention d'une autorisation valide au Royaume-Uni dépend du type spécifique de vol en cours, chaque demande étant évaluée sur ses mérites individuels.

Étant donné la complexité potentielle et le caractère chronophage du processus d'acquisition d'autorisation, il est conseillé aux pilotes de drone étrangers de solliciter des conseils auprès d'un opérateur de drone basé au Royaume-Uni ou de l'Autorité de l'aviation civile (CAA) avant de soumettre une demande. Bien que la CAA accorde généralement des autorisations aux opérateurs étrangers souhaitant travailler au Royaume-Uni, le respect des prérequis de sécurité fondamentaux similaires à ceux exigés des opérateurs basés au Royaume-Uni est impératif. Cependant, la CAA se réserve le droit d'imposer des exigences ou des limitations supplémentaires en fonction de la nature du vol prévu. Il est essentiel pour les opérateurs étrangers de reconnaître que les approbations et qualifications obtenues dans d'autres pays ne sont pas automatiquement valides au Royaume-Uni. Par conséquent, le respect des lois et réglementations britanniques sur les drones est primordial avant de procéder à des vols de drones dans l'espace aérien britannique.

Le non-respect de ces réglementations peut entraîner de graves sanctions ou des conséquences juridiques, y compris des amendes ou des peines d'emprisonnement.

Lois britanniques sur les drones pour les zones résidentielles, récréatives, commerciales et industrielles

Les réglementations britanniques sur les drones imposent une distance minimale de 150 mètres à respecter vis-à-vis de certains types de lieux, englobant les zones résidentielles, récréatives, commerciales et industrielles. Cette stipulation vise à protéger les individus et les biens au sol lors des opérations de drone. Cependant, il est essentiel de reconnaître que cette distance sert de ligne directrice et que des ajustements peuvent être nécessaires pour garantir une opération sûre des drones ou des aéronefs modèles.

Par exemple, les petits drones pesant moins de 250 grammes sont autorisés à voler au sein des zones résidentielles, récréatives, commerciales et industrielles. Néanmoins, la sécurité demeure primordiale, ce qui peut nécessiter d'augmenter la distance au-delà des 150 mètres prescrits si cela est jugé nécessaire pour une opération sûre.

Les zones résidentielles englobent divers environnements, y compris les habitations individuelles, les jardins, les parcs, les regroupements de bâtiments résidentiels, les lotissements, les villages, les centres urbains et les établissements éducatifs tels que les écoles. De même, les sites récréatifs comprennent les destinations touristiques, les installations sportives, les plages, les parcs, les parcs d'attractions et autres espaces récréatifs publics.

Les emplacements commerciaux englobent des environnements variés tels que les complexes commerciaux, les entrepôts, les parcs d'affaires et les grands axes de transport tels que les autoroutes. En revanche, les sites industriels comprennent les usines, les ports, les gares ferroviaires et les installations gouvernementales telles que les postes de police et les établissements correctionnels.

En respectant ces réglementations et en faisant preuve de prudence, les opérateurs de drones peuvent contribuer à l'intégration sûre et responsable des drones dans différents environnements, réduisant ainsi les risques potentiels pour les individus et les biens tout en assurant le respect des exigences légales.

Zones restreintes des aéroports et autres lois sur les drones interdits de vol en 2024

Les zones de restriction de vol (FRZs) désignent des zones spécifiques entourant les aéroports, les terrains d'aviation et les ports spatiaux où le vol de drones ou d'aéronefs modèles est considéré comme dangereux. Ces zones visent à atténuer le risque de collisions avec des aéronefs ou des engins spatiaux. Pour faire fonctionner un drone à l'intérieur ou à proximité de ces zones, il est impératif d'obtenir une autorisation préalable de l'autorité de l'aéroport, du terrain d'aviation ou du port spatial respectif.

Même en l'absence de FRZ désignées, faire preuve de prudence autour des aéroports, des terrains d'aviation et des ports spatiaux est primordial pour éviter de mettre en danger la sécurité des aéronefs. En règle générale, il est conseillé de maintenir une distance d'au moins 5 kilomètres d'un aéroport, sauf si une autorisation explicite de vol plus rapproché a été accordée.

Diverses ressources sont disponibles pour aider à identifier les zones de restriction de vol et autres limitations de l'espace aérien. L'Autorité de l'aviation civile du Royaume-Uni (CAA) propose une carte en ligne délimitant ces restrictions, tandis que certaines applications de drones peuvent également fournir des informations pertinentes concernant ces zones.

Cependant, il est crucial de reconnaître que tous les petits terrains d'aviation ne peuvent pas être répertoriés dans ces ressources. Par conséquent, la vigilance est essentielle, et tout indicateur de terrains d'aviation à proximité, comme des avions légers ou des infrastructures associées, devrait inciter à la prudence.

En essence, s'abstenir de voler à l'intérieur ou à proximité des aéroports, terrains d'aviation et ports spatiaux sauf autorisation est impératif. De plus, maintenir une conscience des dangers potentiels pour la sécurité des aéronefs est crucial pour une opération responsable des drones.

Obtenir les autorisations nécessaires pour votre vol

Lors de la préparation d'un vol de drone au Royaume-Uni, obtenir les autorisations requises est non seulement vital pour se conformer aux réglementations légales, mais également crucial pour garantir la sécurité du vol et prévenir tout trouble potentiel ou tout dommage à l'environnement et aux individus.

Obtenir l'autorisation des propriétaires terriens est la première étape avant de lancer ou d'atterrir un drone sur une propriété privée. Pour les propriétés appartenant aux conseils locaux ou aux organismes gouvernementaux, il peut être nécessaire de demander des autorisations supplémentaires pour éviter toute infraction légale.

Les autorisations des autorités locales jouent un rôle crucial dans la phase de planification d'un vol de drone. Chaque juridiction peut imposer des exigences et des réglementations spécifiques pour les opérations de drones dans leur zone, nécessitant une vérification minutieuse pour garantir le respect des ordonnances et réglementations locales.

Informer les agences de maintien de l'ordre locales du vol de drone prévu est une autre étape essentielle pour assurer la sécurité publique et minimiser les perturbations. Informer proactivement les autorités des détails du vol, y compris l'emplacement, la date et l'heure, facilite les efforts coordonnés pour gérer tout risque ou perturbation éventuels.

Obtenir l'autorisation de l'Autorité de l'aviation civile (CAA) est indispensable pour se conformer aux réglementations régissant les vols de drones au Royaume-Uni. Bien que la CAA délimite les lignes directrices pour les opérations générales de drones à travers des catégories telles que la catégorie Open et l'Autorisation opérationnelle, des plans de vol spécifiques peuvent nécessiter des autorisations supplémentaires, telles qu'un Cas de sécurité opérationnelle (OSC).

Informer Network Rail des vols de drones prévus à proximité des voies ferrées est crucial pour atténuer les risques de sécurité, car les vols à moins de 50 mètres des voies ferrées sont interdits. La collaboration avec Network Rail et d'autres entités autorisées garantit le respect des protocoles de sécurité et des réglementations.

Demander l'autorisation du contrôle du trafic aérien (ATC) local est impératif lors de la planification de vols de drones à proximité des aéroports. Les vols non autorisés dans l'espace aérien contrôlé par l'aéroport posent des risques importants pour la sécurité et des responsabilités légales, nécessitant une approbation préalable de l'ATC pour garantir le respect des réglementations de l'espace aérien.

Comprendre et respecter les zones de restriction de vol (FRZs) autour des installations nucléaires est primordial pour éviter les conséquences légales et protéger la sécurité publique. Obtenir l'autorisation du personnel autorisé de ces installations est une condition préalable pour mener légalement des vols de drone dans ces zones.

Avant d'initier des vols de drones près de sites tels que des prisons, des bases militaires ou des stades de sport, vérifier la présence de zones de restriction et obtenir les autorisations nécessaires sont des étapes essentielles. Le respect des réglementations spécifiques au site aide à prévenir les violations légales et garantit la sécurité publique.

Demander l'autorisation du National Trust pour des activités de tournage de drones dans leurs propriétés nécessite le respect des normes de compétence et d'assurance. Les entreprises de tournage doivent se conformer aux directives du Trust et obtenir l'approbation préalable du bureau du tournage pour procéder légalement.

Obtenir les autorisations requises pour les vols de drones implique une planification méticuleuse, une collaboration avec les autorités compétentes et le respect strict des réglementations légales pour garantir la sécurité, la conformité et la protection des intérêts publics.

Autres considérations

Les considérations relatives à la vie privée sont primordiales lors de l'exploitation de drones ou d'aéronefs modèles, nécessitant une approche consciente pour respecter les droits à la vie privée des autres et assurer la conformité aux lois et réglementations pertinentes. Il est impératif de s'abstenir de porter atteinte à la vie privée des individus lors des activités de drone et de rester conscient des contraintes légales.

Le respect de certains protocoles est essentiel lors de la capture de photos ou de vidéos avec des drones, en particulier pour éviter de s'introduire dans des espaces privés tels que des maisons ou des jardins. L'utilisation de caméras ou de dispositifs d'écoute sur des drones à des fins intrusives peut contrevenir aux lois sur la protection des données et pourrait entraîner des répercussions juridiques en vertu du Règlement général sur la protection des données (RGPD).

La visibilité et la responsabilité sont des aspects intégraux de l'exploitation responsable des drones, soulignant l'importance de notifier les individus avant de les enregistrer ou de les photographier. Bien que la praticabilité puisse poser des défis dans chaque scénario, faire des efforts raisonnables pour informer les autres des activités de drone favorise la transparence et démontre le respect de leurs droits à la vie privée.

Les considérations éthiques devraient guider les décisions concernant la diffusion des médias capturés par drone, en privilégiant l'équité et l'évitement des dommages. Une évaluation prudente des implications potentielles et des destinataires du contenu partagé est cruciale, en mettant l'accent sur la sécurisation et la gestion responsable des images de drone pour protéger la vie privée des individus.

En plus des réglementations de vol standard, des scénarios uniques et des activités de vol nécessitent une attention particulière de la part des opérateurs de drone pour garantir la conformité et la sécurité. Vol au-dessus de structures élevées, incidents d'urgence et pratique du vol en vue à la première personne (FPV) nécessitent le respect de directives spécifiques et de réglementations établies par l'Autorité de l'aviation civile (CAA).

Le mode de suivi automatique, une fonctionnalité permettant aux drones de suivre automatiquement et de suivre des sujets, est autorisé dans des paramètres définis par la CAA. Tout en offrant une flexibilité pour les vols récréatifs et commerciaux de petite taille, le respect des limitations de distance maximale est essentiel pour maintenir le contact visuel et assurer des opérations sûres.

La compréhension et le respect des lois sur la vie privée et des réglementations de vol sont des responsabilités fondamentales pour les opérateurs de drones, soutenant une utilisation sûre et éthique des drones tout en favorisant le respect des droits à la vie privée et des obligations légales.

Réglementation des drones en Europe

La réglementation des drones en Europe est principalement régie par l'Agence européenne de la sécurité aérienne (AESA), qui établit des règles et des normes pour l'exploitation sécurisée des systèmes d'aéronefs sans pilote (UAS) dans les États membres de l'Union européenne (UE). Ces réglementations visent à garantir la sécurité des utilisateurs de l'espace aérien, y compris les aéronefs pilotés et non pilotés, ainsi que des personnes et des biens au sol.

En 2024, le cadre réglementaire principal pour les opérations de drones en Europe est le Règlement (UE) 2019/947, communément appelé Règlement européen sur les drones. Ce règlement classe les drones en trois catégories opérationnelles en fonction de leur niveau de risque : Ouverte, Spécifique et Certifiée. Chaque catégorie a ses propres exigences et limitations opérationnelles.

1. Catégorie Ouverte : Cette catégorie couvre les opérations de drones à faible risque. Elle comprend les drones utilisés à des fins récréatives ainsi que certaines activités commerciales et éducatives. L'exploitation dans la catégorie Ouverte nécessite le respect de limitations opérationnelles spécifiques, telles que l'altitude maximale et la distance par rapport aux personnes.

2. Catégorie Spécifique : La catégorie Spécifique englobe les opérations de drones à risque moyen qui ne relèvent pas de la catégorie Ouverte. Elle comprend des opérations de drones plus complexes, telles que les vols à proximité de foules ou au-dessus de zones urbaines. Les opérateurs de cette catégorie doivent obtenir

une autorisation opérationnelle de l'autorité de l'aviation nationale et effectuer une évaluation des risques pour chaque vol.

3. Catégorie Certifiée : La catégorie Certifiée est réservée aux opérations de drones à haut risque, telles que les vols hors de la ligne de vue (BVLOS) ou les opérations au-dessus de zones densément peuplées. Les drones de cette catégorie doivent respecter des normes de certification rigoureuses, similaires à celles des aéronefs pilotés.

En plus du Règlement européen sur les drones, chaque État membre de l'UE peut avoir sa propre réglementation nationale et ses propres exigences pour les opérations de drones. Ces réglementations peuvent inclure des restrictions ou des autorisations supplémentaires pour certains types de vols, tels que les vols près de zones sensibles ou d'infrastructures.

L'objectif de la réglementation des drones en Europe est de trouver un équilibre entre la promotion de l'innovation et de la croissance économique dans l'industrie des drones tout en garantissant la sécurité, la sûreté et la protection de la vie privée pour toutes les parties prenantes.

Le contexte de la réglementation des drones de l'UE souligne une adaptation continue aux avancées rapides de la technologie des drones. Initialement conçues pour gérer l'utilisation croissante des drones dans divers secteurs, ces réglementations visent à relever les défis liés à la sécurité, à la vie privée et à la gestion efficace de l'espace aérien. Les révisions de 2024 représentent une évolution substantielle de ce paysage réglementaire, visant à standardiser davantage les opérations de drones à travers l'UE tout en abordant les complexités et les incohérences qui sont apparues au fil du temps. Ces changements reflètent non seulement l'engagement de l'UE envers le progrès technologique, mais aussi son engagement envers la sécurité publique et les préoccupations en matière de vie privée [51].

À partir du 1er janvier 2024, des changements fondamentaux dans la réglementation des drones de l'UE annoncent un changement de paradigme. Un aspect clé de cette transformation est l'introduction de classes de drones basées sur une évaluation des risques. Ce nouveau système de classification vise à rationaliser les opérations et à renforcer la sécurité dans tous les États membres de l'UE, introduisant un cadre plus structuré et compréhensible pour l'utilisation des drones. Ces révisions représentent bien plus que de simples ajustements mineurs; elles constituent une refonte significative du cadre existant, visant à aligner la réglementation des drones sur les technologies et applications actuelles et futures.

Les fabricants seront confrontés à des exigences accrues pour la commercialisation des drones dans l'UE à partir de 2024. Chaque drone doit porter une désignation de classe spécifique, similaire au marquage CE que l'on trouve dans l'électronique, affirmant la conformité aux normes de l'UE. Ce changement est destiné à avoir un impact significatif sur les fabricants, fixant une norme plus élevée en matière de qualité et de sécurité. Il marque un virage vers une responsabilité et une fiabilité accrues dans l'industrie des drones, garantissant aux consommateurs l'accès à des drones répondant à des normes de sécurité rigoureuses. Ce changement est susceptible de remodeler le paysage industriel, éliminant progressivement les produits de qualité inférieure et favorisant un marché axé sur la qualité et le respect des réglementations.

Les nouvelles réglementations introduisent un système de classification nuancé pour tous les drones existants et nouveaux, avec des implications profondes pour l'utilisation des drones dans l'UE [51]:

- Les drones de moins de 250 grammes relèvent de la catégorie Ouverte A1, offrant une liberté opérationnelle maximale. Bien qu'aucune licence de drone ne soit requise, une assurance valide et l'enregistrement auprès de l'autorité de l'aviation nationale sont nécessaires. Cette catégorie bénéficie principalement aux amateurs et aux professionnels utilisant des drones plus petits et moins risqués.

- Les drones de plus de 250 grammes sont catégorisés sous la catégorie plus restrictive Ouverte A3. Les pilotes de ces drones doivent détenir une licence d'exploitation et respecter des limites opérationnelles, telles que le maintien d'une distance d'au moins 150 mètres des zones résidentielles, industrielles et récréatives. Cette catégorie impacte significativement les opérateurs professionnels de drones utilisant des drones plus grands à des fins commerciales.

Un examen détaillé des classes de drones donne un aperçu de l'évolution du paysage technologique des drones, permettant une réglementation adaptée pour garantir des cieux plus sûrs. Ces classifications simplifient le cadre réglementaire tout en l'alignant sur les capacités et les risques associés aux différents types de drones, répondant ainsi aux besoins des amateurs, des professionnels et des utilisateurs commerciaux. Des drones légers utilisés pour des activités de loisirs aux modèles robustes déployés pour des projets commerciaux, comprendre ces classes est essentiel pour tous les opérateurs de drones.

Dans le domaine de la réglementation des drones de l'UE, la catégorisation en différentes classes permet de définir des paramètres opérationnels distincts et des exigences réglementaires adaptées aux différents types et applications de drones. Voici un récapitulatif des classes:

- Classe C0 : Exigences réglementaires : Soumises à un minimum de réglementations. Besoins en licences : Aucune licence de vol n'est obligatoire. Enregistrement et assurance obligatoires : Les opérateurs doivent garantir l'enregistrement et l'assurance du drone. Catégorie opérationnelle : Éligible pour les opérations de la catégorie Ouverte A1. Proximité avec les personnes : Autorisé à voler à proximité des personnes. Utilisateurs idéaux : Adapté aux amateurs et à une utilisation commerciale légère. Exemples de drones : Englobe généralement les très petits drones, couramment utilisés pour des activités de loisirs. Avantages : Offre le plus haut niveau de liberté opérationnelle dans les zones urbaines et peuplées.

- Classe C1 : Limite de poids : Comprend les drones pesant jusqu'à 900 grammes. Exigences en matière de licence : Une licence de vol de base est requise. Catégorie opérationnelle : Également classée dans la catégorie Ouverte A1. Flexibilité : Offre une plus grande flexibilité opérationnelle par rapport à la classe C0. Activités ciblées : Convient à un plus large éventail d'activités, y compris les opérations commerciales. Exemples d'utilisation : Peut impliquer de petits drones commerciaux utilisés pour la photographie, la vidéographie et les inspections. Conformité réglementaire : Les pilotes doivent respecter des restrictions spécifiques de l'espace aérien et des réglementations sur la vie privée.

- Classe C2 : Plage de poids : Comprend les drones pesant plus de 900 grammes. Restrictions initiales : Initialement placés dans la catégorie Ouverte A3 avec des limitations opérationnelles. Avantages avec licence A2 : L'acquisition d'une licence de vol A2 permet des opérations plus proches des zones urbaines et des personnes. Ciblé vers : Axé sur une utilisation professionnelle et commerciale. Utilisations potentielles : Idéal pour des applications commerciales avancées telles que la cartographie aérienne, la surveillance agricole, et plus encore. Flexibilité opérationnelle : La licence A2 élargit considérablement le champ opérationnel de ces drones. Conformité réglementaire : Nécessite le respect strict des directives de sécurité et opérationnelles.

La Catégorie Ouverte sert de cadre principal pour les activités de loisirs avec des drones et les projets commerciaux à faible risque à travers les nations européennes. Dans cette catégorie, il existe trois sous-catégories distinctes, à savoir A1, A2 et A3, chacune adaptée à des paramètres opérationnels spécifiques [52]:

• A1: Autorise le vol au-dessus des individus mais pas au-dessus des rassemblements de personnes.

• A2: Permet le vol à proximité des individus.

• A3: Nécessite de voler à une distance considérable des individus.

Chaque sous-catégorie implique son propre ensemble de critères et de prérequis. Il est donc crucial pour les opérateurs de la Catégorie Ouverte de déterminer la sous-catégorie qui correspond à leurs activités pour déterminer les réglementations applicables et la formation requise pour les télépilotes.

Pour ceux qui se conforment aux exigences stipulées des sous-catégories (A1, A2 et A3), aucune autorisation opérationnelle n'est nécessaire avant de commencer un vol. Cependant, si une opération de drone sort du cadre de la Catégorie Ouverte, le recours à la 'Catégorie Spécifique' ou à la 'Catégorie Certifiée' est obligatoire.

Certaines conditions doivent être remplies pour contourner le besoin d'autorisation:

- Les opérateurs de drones doivent être dûment enregistrés, en respectant des procédures spécifiques basées sur la résidence.

- Une couverture d'assurance adéquate pour tous les drones exploités est obligatoire, avec des limites variables selon les pays.

- Les pilotes de drones doivent posséder une preuve de compétence, en fonction de la sous-catégorie de l'opération de drone.

- Respect des exigences de ligne de vue visuelle (VLOS), assurant une visibilité constante du drone.

- Limitation de l'altitude du drone à un maximum de 120 mètres au-dessus du niveau du sol.

- Interdiction de transporter des matières dangereuses ou de libérer des objets pendant le vol.

Figure 30: Étiquettes d'identification de classe.

À partir du 1er janvier 2024, les opérations relevant de la catégorie ouverte respecteront les directives énoncées ci-dessous. Il est important de noter que le terme "privately built" fait référence aux drones construits à des fins personnelles, distincts de ceux assemblés à partir de kits disponibles sur le marché.

Si vous avez acheté un drone sans étiquette d'identification de classe avant le 1er janvier 2024, vous pouvez toujours l'utiliser dans la sous-catégorie A1 s'il pèse moins de 250 g ou dans la sous-catégorie A3 s'il pèse moins de 25 kg.

Catégories de drones et sous-catégories opérationnelles

La catégorie ouverte est subdivisée en trois sous-catégories : A1, A2 et A3. Voici un récapitulatif de chacune :

Privately Built et Drones Achetés avant le 1/1/24 (Moins de 250g)

- A1 : Permet le vol au-dessus des personnes mais pas des rassemblements, et peut également voler dans la sous-catégorie A3. Le survol des personnes non impliquées est autorisé, avec un survol réduit autant que possible. Aucune inscription de l'opérateur n'est requise à moins qu'une caméra ou un capteur ne soit à bord, et le drone n'est pas classé comme un jouet. Aucune formation n'est nécessaire et il n'y a pas de limite d'âge minimum.

- C0 (Moins de 250g) : Relève des opérations A1, permettant le vol au-dessus des personnes mais pas des rassemblements. Le maintien de l'altitude de vol en dessous de 120 m au-dessus du niveau du sol est obligatoire. Aucune inscription de l'opérateur n'est nécessaire à moins qu'une caméra ou un capteur ne soit à bord et que le drone ne soit pas un jouet. L'âge minimum pour l'exploitation est de 16 ans, bien que certains États puissent le réduire à 12 pour leur juridiction.

C1 (Moins de 900g)

- A1 : Similaire à C0, permettant le vol au-dessus des personnes mais pas des rassemblements. L'inscription de l'opérateur est requise, et les pilotes doivent fournir une preuve de réussite de la formation en ligne. L'âge minimum pour l'exploitation varie selon l'État, certains pouvant le réduire à 12.

C2 (Moins de 4 kg)

- A2 : Permet le vol à proximité des personnes mais impose une distance horizontale de 30 m par rapport aux personnes non impliquées, extensible à 5 m en mode basse vitesse. L'inscription de l'opérateur est nécessaire, ainsi que la preuve de réussite de la formation en ligne et un certificat de compétence de pilote à distance pour les opérations A2.

C3 et C4 (Moins de 25 kg)

- A3 : Exige de voler loin des personnes, en maintenant une distance horizontale de 150 m par rapport aux personnes non impliquées et aux zones urbaines. L'inscription de l'opérateur est requise, ainsi que la preuve de réussite de la formation en ligne. L'âge minimum pour l'exploitation varie selon l'État, certains pouvant le réduire à 12.

Privately Built et Drones Achetés avant le 1/1/24 (Moins de 25 kg)

- A3 : Similaire à C3 et C4, imposant le vol loin des personnes et des zones urbaines. L'inscription de l'opérateur, la preuve de réussite de la formation en ligne et la conformité aux exigences d'âge sont nécessaires.

À partir du 1er janvier 2024, les drones de la catégorie spécifique et ceux portant des marques de classe opérant dans la catégorie ouverte doivent être équipés d'un système d'identification à distance actif et à jour.

Réglementation des drones en Inde

La réglementation des drones en Inde est régie par la Direction Générale de l'Aviation Civile (DGCA), l'organisme de réglementation responsable de l'aviation civile dans le pays. Les réglementations ont été introduites pour la première fois en 2018 et ont depuis subi plusieurs révisions pour accommoder l'évolution de l'industrie des drones tout en abordant les préoccupations en matière de sécurité. La Direction Générale de l'Aviation Civile de l'Inde a annoncé les premières Exigences de l'Aviation Civile (CAR) pour les drones le 27 août 2018, entrant en vigueur le 1er décembre 2018 [53].

Les réglementations des drones en Inde comprennent :

1. Catégories de drones : Les réglementations classifient les drones en cinq catégories en fonction de leur poids : Nano (jusqu'à 250 grammes), Micro (251 grammes à 2 kilogrammes), Petit (2 kilogrammes à 25 kilogrammes), Moyen (25 kilogrammes à 150 kilogrammes) et Grand (au-dessus de 150 kilogrammes).

2. Enregistrement et permis d'opérateur : Tous les opérateurs de drones en Inde sont tenus d'enregistrer leurs drones et d'obtenir un Permis d'Opérateur (OP) et un Numéro d'Identification Unique (UIN) de la DGCA. Différentes catégories de drones nécessitent différents niveaux de permis, les drones plus lourds nécessitant des permis plus stricts.

3. Licence de Pilote à Distance (RPL) : Les pilotes opérant des drones dans les catégories "Petit" et supérieures sont tenus d'obtenir une Licence de Pilote à Distance (RPL) de la DGCA. Pour être éligible à une RPL, les pilotes doivent suivre

une formation auprès d'organisations de formation aux drones approuvées par la DGCA et réussir des examens écrits et pratiques.

4. Système NPNT (No-Permission No-Take-off) : Le système NPNT est une exigence de conformité obligatoire pour tous les drones opérant en Inde. Il garantit que les drones ne peuvent décoller qu'après avoir reçu l'autorisation de la plateforme Digital Sky, qui vérifie la conformité du drone aux restrictions de l'espace aérien et aux normes de sécurité.

5. Géo-clôtures et Restrictions : Les drones en Inde doivent avoir des capacités de géo-clôture pour les empêcher d'entrer dans l'espace aérien restreint, tel que les aéroports, les installations militaires et d'autres zones sensibles. De plus, les drones sont interdits de vol au-dessus de certaines zones désignées, notamment les zones éco-sensibles et les lieux stratégiques.

6. Autorisations de vol : Les opérateurs doivent obtenir des autorisations de vol spécifiques auprès de la plateforme Digital Sky pour chaque opération de drone, en spécifiant des détails tels que le trajet, l'altitude et la durée. Les opérateurs de drones commerciaux doivent également obtenir des autorisations supplémentaires des autorités locales pour certains types d'opérations.

7. Restrictions opérationnelles : Les drones sont interdits de vol au-delà de la ligne de vue visuelle (BVLOS) et doivent être opérés uniquement pendant les heures de jour. Ils sont également soumis à des restrictions d'altitude, avec des limites différentes selon la catégorie du drone.

8. Restrictions de charge utile : Les drones en Inde ne sont pas autorisés à transporter des matières dangereuses ou des charges utiles qui représentent un risque pour la sécurité publique ou la sécurité.

9. Exigences en matière d'assurance : Les opérateurs de drones doivent avoir une couverture d'assurance responsabilité civile tiers pour leurs drones, comme spécifié par la DGCA.

Dans l'ensemble, les réglementations des drones en Inde visent à trouver un équilibre entre la promotion de l'innovation et la garantie de la sécurité et de la sûreté dans l'espace aérien. Bien que les réglementations aient introduit certaines complexités pour les opérateurs de drones, elles sont essentielles pour favoriser la croissance de l'industrie des drones tout en répondant aux préoccupations réglementaires.

Lois sur les drones de loisirs pour les résidents de l'Inde

En Inde, les particuliers ont la possibilité de s'adonner au vol de drones à des fins récréatives, communément appelées drones de loisirs. Bien que l'exploitation des drones soit généralement autorisée à des fins non commerciales, certaines réglementations doivent être respectées. Plus précisément, les particuliers opérant des drones pesant jusqu'à 2 kg à des fins récréatives sont exemptés de l'obligation de posséder un certificat de pilote à distance de l'Inde, à condition que l'activité reste non commerciale [54]. Cependant, l'enregistrement des drones de loisirs est obligatoire pour ceux qui ont l'intention de faire voler des drones à des fins récréatives ou non commerciales. Bien que les amateurs n'aient pas besoin d'obtenir un identifiant à distance pour leur drone, il est essentiel de garantir une couverture d'assurance adéquate pour les vols de drones récréatifs, à l'exception des Nano UAV.

Lois sur les drones commerciaux pour les résidents de l'Inde

Pour les particuliers en Inde souhaitant utiliser des drones à des fins commerciales, des réglementations spécifiques s'appliquent. Les opérations de drones commerciaux nécessitent la possession d'une licence de pilote de drone commerciale en Inde et l'enregistrement des drones commerciaux. Bien que les opérateurs de drones commerciaux ne soient pas tenus d'acquérir un identifiant à distance pour leur drone, la souscription d'une assurance drone appropriée est une condition préalable à la réalisation d'opérations de drones commerciaux en Inde.

Applications commerciales des drones en Inde

L'utilisation de drones pour diverses applications commerciales a gagné une importance significative en Inde. Ces applications englobent un large éventail d'industries et d'activités, notamment la photographie et la vidéographie aériennes, la surveillance agricole et des cultures, la livraison de colis et la logistique, l'inspection et la maintenance des infrastructures, la conservation de l'environnement et la surveillance de la faune, la sécurité et la surveillance, ainsi que l'arpentage et la cartographie.

Lois sur les drones pour les visiteurs en Inde

Les visiteurs en Inde sont soumis à des réglementations spécifiques concernant les opérations de drones. Les visiteurs étrangers ne sont pas autorisés à faire fonctionner des drones dans le pays, et la possession d'une licence de pilote de drone par des étrangers n'est pas applicable en Inde. De plus, les exigences telles que l'identifiant à distance pour les drones, l'enregistrement et l'assurance des drones ne s'appliquent pas aux touristes et aux visiteurs qui s'adonnent à des activités de drone en Inde.

Lois sur les drones pour les opérateurs de drones gouvernementaux en Inde

Les entités gouvernementales impliquées dans les opérations de drones en Inde doivent se conformer à des réglementations distinctes. Bien que les vols de drones gouvernementaux avec une licence de pilote de drone valide soient autorisés, ni l'identifiant à distance pour les drones ni l'assurance drone ne sont obligatoires pour les opérations de drones gouvernementaux. Cependant, l'enregistrement des drones gouvernementaux reste obligatoire pour garantir le respect des normes réglementaires.

Dernières lois sur les opérations de drones en Inde

Le gouvernement indien a pris des mesures significatives pour améliorer et rationaliser les opérations de drones à travers le pays. Notamment, le ministère de l'Aviation civile a introduit les Nouvelles Règles sur les Drones (Amendement) 2023, qui sont entrées en vigueur le 27 septembre 2023. Parmi les amendements figurait la clarification selon laquelle une preuve d'identité et de domicile délivrée par le gouvernement, telle qu'une carte d'électeur, un permis de conduire ou une carte de rationnement, pouvait être acceptée pour les demandes de Certificat de Pilote à Distance en l'absence de passeport. Cet amendement visait à surmonter les obstacles précédents rencontrés par les individus dans les zones rurales, notamment ceux engagés dans des activités agricoles, en supprimant l'exigence d'un passeport comme condition préalable à la certification de pilote à distance. Pour être éligible à la certification de pilote à distance, les individus doivent remplir certains critères d'éligibilité, notamment être âgés de 18 à 65 ans, posséder au moins une qualification de classe X d'un conseil reconnu, et suivre une formation de pilote à distance spécifiée par la DGCA auprès d'un institut de formation de pilote à distance autorisé [54].

Règles générales pour faire voler un drone en Inde

Pour garantir le respect de la réglementation sur les drones en Inde, il est essentiel de connaître les règles clés régissant les opérations de drones. Voici les directives les plus cruciales à garder à l'esprit [53] :

Tout d'abord, tous les drones, à l'exception de ceux classés dans la catégorie Nano, doivent être enregistrés et se voir attribuer un Numéro d'Identification Unique (UIN). Pour les activités de drone commercial, à l'exception de ceux de la catégorie Nano volant à moins de 50 pieds et de ceux de la catégorie Micro volant à moins de 200 pieds, un permis est obligatoire.

De plus, les pilotes de drones sont tenus de maintenir une ligne de vue directe pendant l'exploitation des drones. Le vol vertical est limité à une altitude maximale de 400 pieds, et les drones ne peuvent pas être pilotés dans des "zones d'interdiction de vol" désignées, notamment les zones près des aéroports, des frontières internationales, et divers endroits stratégiques comme Vijay Chowk à Delhi et les installations militaires.

L'obtention d'une autorisation de vol dans l'espace aérien contrôlé nécessite la soumission d'un plan de vol et l'obtention d'un numéro unique de dégagement de défense aérienne (ADC) / centre d'information de vol (FIC).

Figure 31: Drone MedCOPTER lors des opérations BVLOS menées à Karnataka, Inde. Nambi2015, CC BY-SA 4.0, via Wikimedia Commons.

Catégories de drones en Inde

La classification des drones en Inde est basée sur le poids, avec des exigences d'enregistrement variant en conséquence :

- Nano : Drones pesant moins ou égal à 250 grammes (.55 livres)

- Micro : Drones pesant de 250 grammes (.55 livres) à 2 kg (4.4 livres)

- Petit : Drones pesant de 2 kg (4.4 livres) à 25 kg (55 livres)

- Moyen : Drones pesant entre 25 kg (55 livres) et 150 kg (330 livres)

- Grand : Drones dépassant 150 kg (33 livres)

Équipement obligatoire des drones en Inde

Outre l'enregistrement, certains équipements obligatoires sont prescrits pour les drones opérant en Inde, à l'exception de ceux de la catégorie Nano. Ces équipements comprennent le GPS, la capacité de retour automatique (RTH), des feux anticollision, des plaques d'identification, un contrôleur de vol avec enregistrement des données de vol, ainsi que des fonctionnalités RF ID et SIM/No Permission No Take-off (NPNT).

Politique No Permission, No Take-off (NPNT) de l'Inde

Dans le cadre de la politique "No Permission, No Take-off" (NPNT), les pilotes de drones doivent obtenir l'autorisation pour chaque vol via une application mobile liée à la plateforme Digital Sky. Sans recevoir d'autorisation via cette plateforme, les opérateurs de drones ne peuvent pas effectuer de décollage. Tous les opérateurs de drones doivent enregistrer leurs drones et demander l'autorisation pour chaque vol via la plateforme Digital Sky de l'Inde, avec plus de détails disponibles sur le site web de la DGCA.

Classifications des zones pour les opérations de drones

Conformément aux Drone Rules 2021, l'espace aérien indien est divisé en trois zones distinctes : la zone rouge, la zone jaune et la zone verte. Voici un aperçu détaillé de chaque zone :

Zone rouge : La zone rouge concerne l'espace aérien au-dessus des zones terrestres ou des eaux territoriales de l'Inde, y compris les installations spécifiées ou les limites portuaires notifiées au-delà des eaux territoriales. Seules les opérations menées par le gouvernement central sont autorisées dans cette zone. Des restrictions strictes sont imposées aux activités des drones, avec des dimensions spécifiques délimitées.

Zone jaune : La zone jaune englobe l'espace aérien au-dessus des zones terrestres ou des eaux territoriales de l'Inde. Les opérations de drones dans cette zone sont soumises à des restrictions et nécessitent l'autorisation de l'autorité de contrôle du trafic aérien concernée. Cette zone comprend l'espace aérien au-dessus de 400 pieds ou 120 mètres dans les zones vertes désignées et l'espace aérien au-dessus de 200 pieds ou 60 mètres dans une distance latérale de 8 à 12 kilomètres du périmètre d'un aéroport opérationnel.

Zone verte : La zone verte couvre l'espace aérien au-dessus des zones terrestres ou des eaux territoriales de l'Inde, s'étendant jusqu'à une distance verticale de 400 pieds ou 120 mètres. Elle englobe les zones non classées en zones rouge ou jaune sur la carte de l'espace aérien des drones. De plus, la zone verte comprend l'espace aérien jusqu'à une distance verticale de 200 pieds ou 60 mètres au-dessus de la zone située entre une distance latérale de 8 à 12 kilomètres du périmètre d'un aéroport opérationnel.

Carte de l'espace aérien des drones et principales caractéristiques :

Le gouvernement central, dirigé par le Premier ministre Shri Narendra Modi, a dévoilé une carte interactive de l'espace aérien des drones sur la plateforme numérique du DGCA le 24 septembre 2021. Les principales caractéristiques de cette carte incluent :

- Interface interactive : Les utilisateurs peuvent identifier visuellement les zones jaunes et rouges à travers l'Inde grâce à la carte de l'espace aérien des drones.

- Zone verte : Les drones pesant jusqu'à 500 kg peuvent opérer librement dans les zones vertes sans demander d'autorisation préalable.

- Zone jaune : Les opérations dans cette zone nécessitent l'autorisation des autorités de contrôle du trafic aérien compétentes, avec des restrictions de hauteur spécifiques près des aéroports.

- Réduction de la zone jaune : Le rayon de la zone jaune a été réduit de 45 km à 12 km depuis le périmètre de l'aéroport.

- Zone rouge : Les opérations de drones dans la zone rouge sont strictement interdites sans autorisation du gouvernement central.

- Modification de la carte de l'espace aérien : Les entités autorisées ont la capacité de modifier la carte de l'espace aérien selon les besoins.

- Vérification régulière : Les opérateurs de drones sont invités à vérifier régulièrement la carte de l'espace aérien pour toute mise à jour ou modification des limites de zone.

- Accessibilité : La carte de l'espace aérien des drones est facilement accessible sur la plateforme numérique du ciel sans besoin de coordonnées de connexion.

Enregistrement des systèmes d'aéronefs sans pilote :

Les opérateurs de drones sont tenus d'enregistrer leurs systèmes d'aéronefs sans pilote sur la plateforme numérique du ciel et d'obtenir un numéro d'identification unique (UIN), sauf exemption prévue par les règles sur les drones de 2021. Le DGCA tient un registre complet des enregistrements de tous les systèmes d'aéronefs sans pilote délivrés avec un UIN.

Selon le ministère de l'Aviation civile, une carte d'espace aérien interactive sera accessible sur son site web, illustrant trois zones distinctes :

Le jaune indique l'espace aérien contrôlé. Le vert signifie les zones où aucune autorisation n'est requise. Le rouge indique les zones où le vol est interdit. Les opérateurs de drones peuvent utiliser ces délimitations pour déterminer où ils sont autorisés ou interdits de faire voler leurs systèmes d'aéronefs sans pilote.

La zone jaune, qui couvrait auparavant un rayon de 45 kilomètres autour des périmètres des aéroports, a désormais été réduite à un rayon de 12 kilomètres. Cette ajustement implique que les opérateurs de drones n'ont plus besoin d'autorisation pour voler en dehors d'un rayon de 12 kilomètres autour des périmètres des aéroports.

La zone verte englobe l'espace aérien jusqu'à 400 pieds et comprend des zones non désignées comme des zones rouges ou jaunes. De plus, elle s'étend jusqu'à 200 pieds au-dessus de la région située entre 8 et 12 kilomètres du périmètre d'un aéroport en activité.

En Inde, certaines zones sont désignées comme des zones d'interdiction de vol (zone rouge), où les opérations de drones sont strictement interdites. Ces zones comprennent :

- Dans un rayon de 5 kilomètres des périmètres des aéroports internationaux de Mumbai, Delhi, Chennai, Kolkata, Bengaluru et Hyderabad.

- Dans un rayon de 3 kilomètres des limites de tout aéroport civil, privé ou militaire.

- Dans un rayon de 25 kilomètres de la frontière internationale (AGPL), comprenant la Ligne de Contrôle (LoC), la Ligne de Contrôle Effectif (LAC) et la Ligne de Position Terrestre Effective.

- Dans un rayon de 3 kilomètres des installations ou des bases militaires sans autorisation.

- Dans un rayon de 5 kilomètres du Vijay Chowk à Delhi.

- Dans un rayon de 2 kilomètres du périmètre des sites stratégiques ou des installations vitales notifiés par le ministère de l'Intérieur, sauf autorisation obtenue.

- Dans un rayon de 3 kilomètres du complexe du Secrétariat d'État dans les capitales d'État. Pour les stations au sol situées sur une plateforme fixe à terre, le placement au-delà de 500 mètres dans l'eau depuis la côte est autorisé.

- Il est interdit de voler depuis un véhicule en mouvement, un navire ou toute autre plateforme flottante improvisée. Au-dessus des zones éco-sensibles autour des parcs nationaux et des sanctuaires de vie sauvage sans l'approbation préalable du ministère de l'Environnement, des Forêts et du Changement Climatique.

- Dans les zones interdites, restreintes et dangereuses, qu'elles soient permanentes ou temporaires.

Pour garantir un vol de drone sûr et responsable, il est essentiel de respecter les directives suivantes :

À faire :

Obtenir un numéro d'identification unique (UIN) auprès du DGCA et demander l'autorisation de vol préalable via la plateforme Digital Sky. Assurer la conformité avec les conditions de sécurité et être vigilant face aux interférences des appareils mobiles et au blocage du signal. Limiter les vols aux heures de jour et surveiller les conditions météorologiques, en restant informé des changements de situation climatique. Suivre toutes les directives et réglementations pour piloter des drones, en effectuant des recherches approfondies avant d'investir dans un drone. Comprendre les aspects opérationnels et réglementaires avant chaque vol et respecter les restrictions d'espace aérien et les zones sans drone. Choisir des lieux de vol loin des aéroports et des héliports, respecter la vie privée des personnes et tenir un journal des vols. Informer les autorités en cas d'incidents ou d'accidents.

À ne pas faire :

Ne pas dépasser les limites d'altitude spécifiées pour les différentes catégories de drones ou faire voler des drones près des aéroports, des héliports et des zones fréquentées sans autorisation. Ne pas faire fonctionner de drones au-dessus des installations gouvernementales, des bases militaires ou des zones interdites aux drones, et s'abstenir de voler au-dessus de propriétés privées sans autorisation. Éviter de voler dans l'espace aérien réglementé près des aéroports sans autorisation appropriée et ne pas utiliser les drones pour transporter ou larguer des matières dangereuses. Ne jamais faire fonctionner de drones sous l'influence de drogues ou d'alcool, et s'abstenir de faire voler des drones depuis des véhicules en mouvement, des navires ou des avions.

Réglementations sur les drones en 2022

Exemptions de l'approbation préalable - À l'exception des catégories nano et micro, qui sont limitées à un usage non commercial, toutes les opérations de drones nécessitent une approbation préalable de la plateforme en ligne Digital Sky pour chaque vol individuel ou série de vols.

Les opérateurs de drones doivent veiller à ce que l'aéronef reste dans la zone désignée pour laquelle l'autorisation a été accordée, et à tenir un journal en ligne de chaque vol.

Selon les réglementations de 2022, aucun permis n'est nécessaire pour piloter et opérer de petits drones relevant des catégories nano et micro.

De plus, le gouvernement met en place des couloirs aériens pour faciliter les opérations de livraison de fret.

EFFECTUER DES INSPECTIONS OPÉRATIONNELLES SUR LES SYSTÈMES TÉLÉCOMMANDÉS

Effectuer des inspections opérationnelles sur les systèmes télécommandés implique une approche systématique pour garantir la sécurité, la conformité et l'efficacité. Cela comprend :

- La sélection de cartes, de graphiques et de briefings météorologiques adaptés à l'opération télécommandée prévue. Un plan opérationnel est préparé, et la géolocalisation est configurée si nécessaire. Cela implique de choisir soigneusement des cartes et des graphiques fournissant des informations précises et pertinentes sur la zone opérationnelle. Les briefings météorologiques aident à comprendre les conditions météorologiques actuelles et prévues susceptibles d'impact l'opération. La géolocalisation, si nécessaire, implique de définir des limites virtuelles pour restreindre le chemin de vol du drone.

- L'accès, l'analyse et l'application des informations pré-opérationnelles, y compris les avis aux navigateurs aériens (NOTAM) ou les équivalents de l'industrie, au plan opérationnel. Cette étape garantit que toutes les informations pertinentes concernant les restrictions d'espace aérien, les restrictions temporaires de vol ou d'autres considérations opérationnelles sont prises en compte.

- L'indication claire des dangers sur les cartes et la mise en œuvre des contrôles des risques. Identifier les dangers potentiels tels que les obstacles, les caractéristiques du terrain ou les restrictions d'espace aérien est crucial pour une opération sûre. Les contrôles des risques, tels que l'ajustement du trajet de vol ou de l'altitude, sont mis en œuvre pour atténuer les dangers identifiés.

- La planification des effets de la vitesse du vent, des conditions environnementales défavorables et des actions de contingence. Comprendre comment le vent et les conditions environnementales peuvent affecter les opérations de drone est essentiel pour un vol sûr et efficace. Des plans de contingence sont élaborés pour faire face aux situations inattendues ou aux urgences.

- La préparation et la validation du profil et du routage de la perte de liaison. Cela implique de planifier la perte de communication entre le télépilote et le drone et d'établir des procédures pour rétablir la communication ou ramener en toute sécurité le drone au sol en cas de perte de liaison.

- Le maintien de la connaissance des conditions météorologiques actuelles et prévues tout au long de l'opération. La surveillance continue des conditions météorologiques aide à prendre des décisions éclairées et à adapter le plan opérationnel si nécessaire pour garantir la sécurité.

- L'obtention, la lecture et l'utilisation des informations sur le système télécommandé pour guider le travail selon les besoins. Comprendre les capacités et les limites du système télécommandé est essentiel pour un fonctionnement sûr et efficace.

- La réalisation de la planification et de la documentation pré-opérationnelles et post-opérationnelles. Cela implique de préparer tous les documents nécessaires, y compris les plans de vol, les listes de contrôle et les autorisations requises, avant et après l'opération.

- La confirmation du poids et de la configuration opérationnels du système télécommandé pour garantir la conformité aux exigences réglementaires et aux limitations opérationnelles.

- La réalisation de la libération technique pré-opérationnelle et post-opérationnelle et de l'administration de l'opération du système télécommandé pour documenter le processus opérationnel et garantir la responsabilité.

- La détermination de la fonctionnalité du système par inspection technique approuvée pour garantir que le système télécommandé est en bon état de fonctionnement et sûr pour l'opération.

- La certification de l'inspection pour la libération technique est réalisée pour certifier que le système télécommandé a été inspecté et approuvé pour l'opération.

- L'identification et l'accessibilité de l'équipement et de la documentation conformément aux exigences réglementaires pour garantir que tout l'équipement nécessaire et les documents sont facilement disponibles pendant l'opération.

- La réalisation de vérifications internes et externes conformément aux listes de contrôle du système approuvées pour vérifier que le système télécommandé fonctionne correctement et est exempt de défauts ou de dommages.

- La réalisation de tâches d'administration du déploiement et de communications pour coordonner l'opération avec les parties prenantes concernées et garantir que tous les protocoles nécessaires sont suivis.

- La sécurisation du système télécommandé conformément aux spécifications du fabricant et aux procédures organisationnelles pour empêcher tout accès non autorisé ou manipulation.

- La réalisation de l'inspection pré-opérationnelle du système télécommandé et de l'équipement accessoire conformément à la documentation du fabricant d'équipement d'origine (OEM) et au manuel d'exploitation pour garantir que tous les composants fonctionnent correctement et répondent aux exigences opérationnelles.

- L'adoption de mesures appropriées pour rectifier les écarts, et leur enregistrement pour documenter les problèmes ou les problèmes rencontrés lors de l'inspection pré-opérationnelle et garantir qu'ils sont traités rapidement.

- L'enregistrement de l'inspection pré-opérationnelle conformément au manuel d'exploitation pour maintenir un registre du processus d'inspection et démontrer la conformité aux exigences réglementaires.

Plusieurs réglementations de l'aviation civile régissent les actions des pilotes avant le vol, comme, dans un contexte australien, notamment la CAR 78 pour les journaux de navigation, la CAR 92 pour l'utilisation des aérodromes, la CAR 233 pour la responsabilité du pilote en commandement avant le vol, la CAR 234 pour les exigences en matière de carburant, la CAR 235 pour le décollage et l'atterrissage des aéronefs, la CAR 235A pour la largeur minimale de piste, la CAR 239 pour la planification du vol par le pilote en commandement, la CAR 244 pour les précautions de sécurité avant le décollage, et la CAR 282 pour les infractions en relation avec les licences, certificats et autorisations. Avant le vol, il est prudent de procéder à une vérification approfondie de la planification du vol, de l'équipement de navigation et de l'équipement de l'aéronef pour garantir la conformité à toutes les exigences. Avez-vous :

1. Établi l'itinéraire le plus sûr et l'altitude minimale de sécurité, en évitant les terrains dangereux, les zones restreintes et les zones reculées désignées ?

2. Vérifié deux fois tous les relèvements magnétiques et les distances sur le plan de vol ?

3. Vérifié la pertinence des arrêts de ravitaillement, de l'aérodrome de destination et des zones d'atterrissage alternatif ?

4. Vérifié les détails dans l'ERSA et contacté les propriétaires/exploitants pour obtenir des informations sur l'aérodrome et les dangers potentiels ?

5. Examiné les prévisions météorologiques, les NOTAM et la durée du jour pour les aérodromes de route, de destination et alternatifs ?

6. Vérifié les radars météorologiques et les sites de suivi des éclairs pour les modèles météorologiques ?

7. Assuré le bon fonctionnement des instruments essentiels et de l'avionique ?

8. Confirmé le fonctionnement et chargé les fréquences requises pour le transmetteur VHF ?

9. Fourni des batteries de secours pour l'équipement portatif ?

10. Attaché correctement l'équipement d'amarrage ?

11. Assuré que tous les documents et listes de contrôle nécessaires sont à jour et disponibles ?

12. Vérifié les niveaux de carburant et d'huile et inspecté pour la contamination ?

13. Confirmé une charge de carburant/batterie suffisante avec une marge de sécurité ?

14. Vérifié le poids et l'équilibre de l'aéronef dans les limites spécifiées ?

15. Calculé l'altitude de densité et la distance de décollage requise, en tenant compte des dimensions et des conditions de piste ?

16. Calculé l'altitude de densité pour l'aérodrome de destination et les aérodromes alternatifs, en assurant des marges de sécurité pour les performances d'atterrissage, de décollage et de montée ?

Tous les pilotes et opérateurs doivent se conformer aux règles et réglementations pertinentes et maintenir leur équipement en condition de navigabilité en tout temps.

Zone et environnement

Lors du choix d'un site pour les opérations de UAV, il est crucial d'évaluer les dangers potentiels et les facteurs environnementaux. Cela inclut la vérification des fils ou câbles, la présence d'animaux, de personnes à proximité ou de passants, et de biens immobiliers dans les environs. Assurer que le site est éloigné des participants non essentiels et maintenir des zones tampons adéquates entre l'aéronef et le personnel est essentiel. De plus, minimiser les décollages et les atterrissages sur des zones peuplées est important pour la sécurité. La prise en compte de la topographie locale est nécessaire pour maintenir une ligne de visée visible vers l'UAV et garantir que la connexion de télémétrie n'est pas obstruée. Enquêter sur les sites d'atterrissage alternatifs potentiels en cas d'obstruction du site de décollage. Des considérations psychologiques telles que la fatigue, la pression temporelle ou la pression externe des clients doivent également être prises en compte.

Les considérations météorologiques, y compris la température, la visibilité et les précipitations, jouent un rôle important dans la sécurité des vols. La vitesse du vent, tant au niveau du sol qu'en altitude, doit être soigneusement évaluée, surtout en considérant les effets rotoriques du côté sous le vent des grands objets. Avant le vol, informez les passants ou les propriétaires de biens à proximité de vos intentions et demandez la permission si nécessaire. Discutez du plan de vol avec votre co-pilote ou observateur pour assurer une compréhension mutuelle et une coordination. Si vous volez dans un espace aérien contrôlé, informez l'autorité de l'espace aérien et respectez les NOTAM pertinents. Assurez-vous d'avoir les moyens de maintenir la communication si nécessaire. Une trousse de premiers secours stockée, facilement accessible et visible pour quiconque dans la zone est essentielle pour une réponse immédiate aux urgences.

Équipement / UAV / Drone

Avant chaque vol, effectuez une inspection approfondie de l'UAV et de son équipement. Vérifiez s'il y a des fissures dans les articulations et les éléments structuraux, des vis lâches ou endommagées, des attaches, des fixations, des sangles, des câblages et des connexions endommagés. Inspectez les supports et les vis d'hélice, en appliquant une légère contre-pression sur les bras pour vérifier les composants desserrés. Pour le FPV, inspectez et nettoyez l'objectif de la caméra, en veillant à ce qu'il soit bien fixé et que les connexions soient fermement attachées. Vérifiez que les paramètres de la caméra sont corrects pour les images fixes, la vidéo et la fréquence d'images.

Assurez-vous que la batterie ou les batteries sont complètement chargées, correctement installées et solidement fixées. Vérifiez le bon fonctionnement des équipements de secours tels que le Retour à Domicile (RTH), le parachute de récupération et la détection de proximité de l'aéroport du firmware. Vérifiez que les hélices sont lisses et exemptes de dommages ou de défauts, y compris la pale, la surface et le moyeu. Serrez et fixez les adaptateurs d'hélice, et assurez-vous que l'alarme de tension et le délai d'armement/inactivité sont correctement configurés.

Confirmez que le bon modèle est sélectionné dans l'émetteur (si applicable), et effectuez un test de portée pour assurer une communication correcte. Équilibrez le poids avant chaque vol, en ajustant la position de la batterie pour un équilibre optimal. Vérifiez régulièrement le chargement du nez et de la queue, déplaçant la batterie d'avant en arrière pour trouver le point idéal pour le meilleur équilibre.

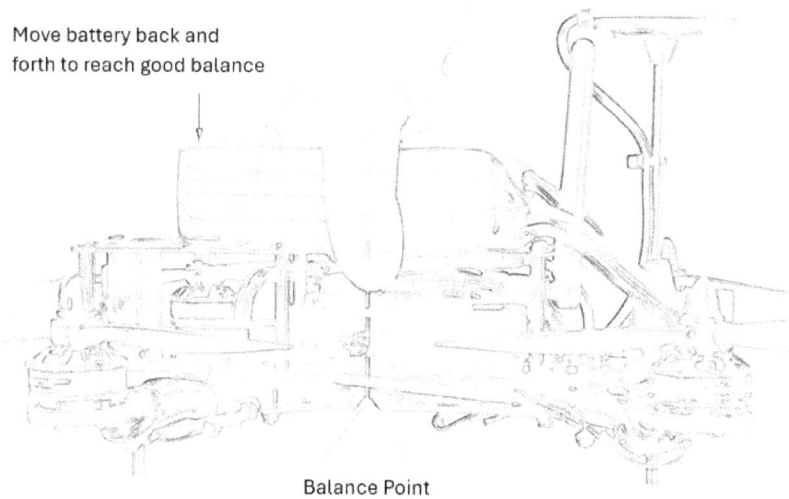

Figure 32: Équilibrage du drone avec la batterie installée.

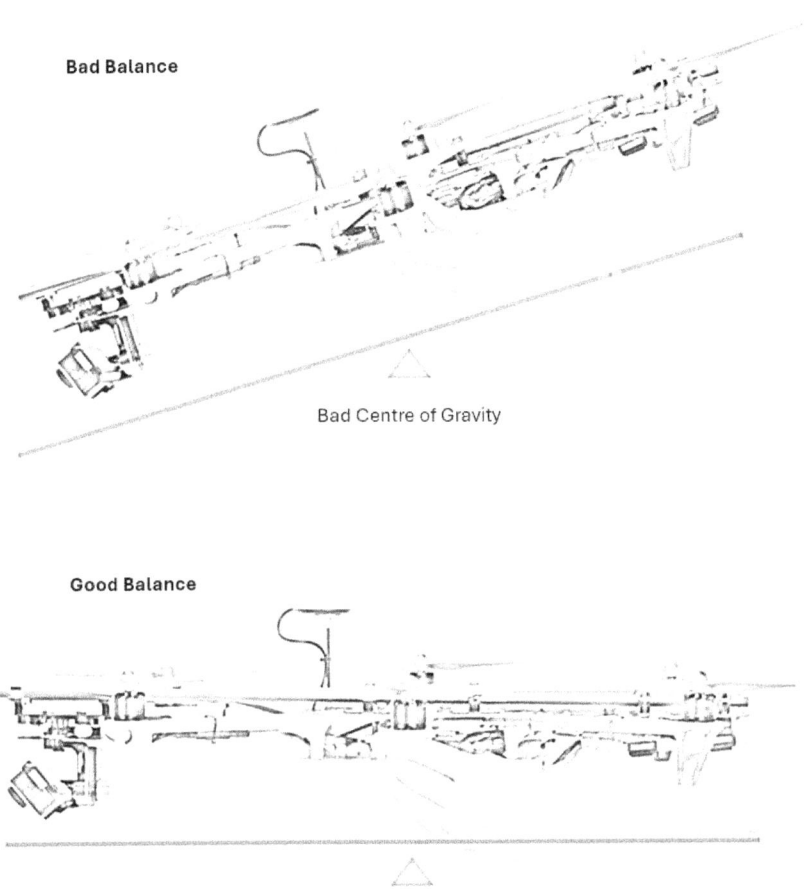

Figure 33: Le drone doit être équilibré autour du point de centre de gravité.

Plan de mission

Pour chaque mission, une planification approfondie est essentielle pour s'assurer que toutes les actions et les contingences sont prises en compte. La planification de contingence devrait inclure des itinéraires sûrs en cas de défaillance du système, de performances dégradées ou de perte de liaison de communication, si de tels systèmes de secours existent. Il est crucial de partager les plans de mission et les plans de vol avec d'autres opérateurs à proximité pour promouvoir la coordination et la sécurité. Pour sélectionner des cartes, des graphiques et des briefings météorologiques adaptés à une opération de drone, suivez ces étapes :

1. Évaluer les exigences opérationnelles : Déterminez les exigences spécifiques de l'opération de drone, y compris le trajet de vol prévu, l'altitude et la durée. Prenez en compte des facteurs tels que le but du vol (par exemple, levés aériens, photographie ou surveillance) et les restrictions réglementaires ou les considérations d'espace aérien.

2. Identifier les informations pertinentes : En fonction des exigences opérationnelles, identifiez les types d'informations nécessaires pour une planification de vol sûre et efficace. Cela peut inclure les caractéristiques du terrain, les classifications de l'espace aérien, les aides à la navigation, les obstacles, les zones restreintes et les conditions météorologiques.

3. Choisir les cartes et les graphiques appropriés : Sélectionnez des cartes et des graphiques offrant une couverture complète de la zone opérationnelle et des détails pertinents pour la navigation des drones. Envisagez d'utiliser des cartes aéronautiques, des cartes topographiques, des images satellites ou des outils de cartographie spécialisés adaptés aux opérations de drones.

4. Assurer des informations détaillées : Vérifiez que les cartes et les graphiques sélectionnés contiennent des informations détaillées essentielles pour la planification et la navigation des vols. Recherchez des caractéristiques telles que les contours d'élévation, les étendues d'eau, les repères, les routes, les bâtiments et les coordonnées géographiques.

5. Vérifier les restrictions d'espace aérien : Examinez les cartes et les graphiques pour identifier toute restriction d'espace aérien ou zone d'utilisation spéciale pouvant avoir un impact sur le vol de drone prévu. Soyez attentif à l'espace aérien contrôlé, aux zones d'entraînement militaire, aux zones interdites et aux restrictions temporaires de vol (TFR) émises par les autorités de l'aviation.

6. Évaluer les dangers potentiels : Évaluez les cartes et les graphiques pour les dangers potentiels ou les obstacles qui pourraient présenter des risques pour l'opération de drone. Cela peut inclure des caractéristiques naturelles telles que des montagnes, des falaises ou une végétation dense, ainsi que des structures

artificielles telles que des lignes électriques, des tours et des bâtiments.

7. Effectuer des briefings météorologiques : Rassemblez des informations météorologiques actuelles et prévues pertinentes pour la zone opérationnelle. Consultez des sources météorologiques officielles, telles que les agences météorologiques, les services météorologiques de l'aviation ou les plateformes météorologiques en ligne, pour obtenir des données sur la température, la vitesse et la direction du vent, la visibilité, les précipitations et les conditions atmosphériques.

8. Analyser l'impact météorologique : Analysez les briefings météorologiques pour évaluer comment les conditions météorologiques peuvent affecter l'opération de drone. Prenez en compte des facteurs tels que les rafales de vent, la turbulence, les conditions de givrage, la couverture nuageuse et les restrictions de visibilité. Déterminez si les conditions météorologiques répondent aux exigences de sécurité pour le vol prévu.

9. Documenter les résultats : Documentez les résultats des évaluations de cartes, de graphiques et de briefings météorologiques pour informer le plan opérationnel et garantir que toutes les informations pertinentes sont prises en compte lors de la planification et de l'exécution des vols. Cette documentation peut inclure des cartes annotées, des rapports météorologiques et des notes sur les restrictions d'espace aérien et les dangers.

Pour les opérations de drone, différents types de cartes peuvent être utilisés pour garantir une planification de vol et une navigation sûres et efficaces. Voici un aperçu des types de cartes couramment utilisés :

1. Cartes aéronautiques : Ces cartes, fournies par les autorités de l'aviation telles que la Federal Aviation Administration (FAA) ou l'autorité de l'aviation civile (CAA), offrent des informations détaillées sur la structure de l'espace aérien, les aides à la navigation, les voies aériennes et les zones restreintes. Elles sont essentielles pour comprendre la réglementation de l'espace aérien et planifier les itinéraires des drones pour éviter les espaces aériens restreints ou contrôlés.

2. Cartes topographiques : Les cartes topographiques, généralement émises par des organismes gouvernementaux tels que le United States Geological Survey

(USGS) ou des organismes nationaux de cartographie, représentent les caractéristiques du terrain telles que les courbes de niveau, les rivières, les forêts et les repères. Ces cartes sont précieuses pour évaluer l'adéquation du terrain, identifier les obstacles et planifier les trajectoires de vol sur des paysages variés.

3. Images satellites : Les images satellites obtenues à partir de plates-formes de cartographie en ligne comme Google Earth ou Bing Maps fournissent des représentations visuelles haute résolution de la surface de la Terre. Les opérateurs de drones peuvent utiliser ces images pour visualiser la zone opérationnelle, identifier les repères, évaluer les conditions du terrain et planifier des itinéraires de vol avec précision.

4. Modèles numériques d'élévation (DEM) : Les DEM sont des représentations numériques des données d'élévation du terrain, souvent dérivées de la technologie radar ou LiDAR. Ils fournissent des informations d'altitude précises, permettant aux opérateurs de drones d'analyser les caractéristiques du terrain, de calculer les pentes et d'évaluer les changements d'altitude pour une planification de vol sûre.

5. Cartes vectorielles : Les cartes vectorielles se composent de caractéristiques géométriquement définies telles que des points, des lignes et des polygones, stockées sous forme de données vectorielles numériques. Elles offrent une flexibilité dans l'affichage de diverses couches de carte, notamment les routes, les bâtiments, l'utilisation des terres et les limites administratives. Les cartes vectorielles sont adaptées à l'importation dans les logiciels de planification de vol de drone et à l'intégration avec les systèmes de navigation pour un guidage en temps réel.

6. Outils de cartographie spécialisés : Certains outils de cartographie et plateformes logicielles sont spécifiquement conçus pour les opérations de drone, offrant des fonctionnalités adaptées aux besoins des pilotes de UAV. Ces outils peuvent inclure la visualisation en 3D du terrain, la détection d'obstacles, l'optimisation des itinéraires et des capacités de géorepérage pour définir les zones d'interdiction de vol et les limites de sécurité.

En tenant compte des exigences opérationnelles, des ressources disponibles, de la couverture, du niveau de détail, de l'échelle, de la résolution, de la précision, de l'actualité, de la compatibilité des formats et des fonctionnalités spécialisées de ces cartes, les opérateurs de drones peuvent prendre des décisions éclairées pour garantir une planification et une exécution de vol sûres et réussies. Tester et vérifier les cartes choisies avant l'opération est crucial pour confirmer leur fiabilité et leur adéquation à la mission en cours.

Le terme "carte aéronautique" englobe diverses cartes utilisées pour la navigation aérienne, à condition qu'elles contiennent des informations essentielles telles que les caractéristiques topographiques, les dangers, les routes de navigation, les délimitations de l'espace aérien et les détails des aéroports. Aux États-Unis, il existe neuf types de cartes aéronautiques couramment utilisés, principalement destinés au vol aux instruments, notamment les cartes de basse altitude en route, les cartes de haute altitude en route, les procédures d'approche aux instruments, les procédures de départ aux instruments et les procédures d'arrivée terminale standard. Cependant, notre focus ici sera sur les cartes pertinentes pour les opérations selon les règles de vol à vue (VFR).

Indépendamment de l'emplacement, les pilotes sont susceptibles de rencontrer des cartes aéronautiques sectionales, communément appelées sectionales. Ces cartes, à l'échelle de un pour 500 000, servent d'aides à la navigation visuelle dans les avions lents ou de vitesse moyenne. Les sectionales privilégient les points de repère visuels et les détails topographiques, présentant des informations vitales telles que les élévations des obstacles et du terrain, les fréquences radio pour la navigation, la communication et la météo, les particularités des aéroports, les désignations de l'espace aérien contrôlé et les zones restreintes. Les pilotes utilisent principalement les sectionales pour les vols transversaux [56].

Contrairement aux sectionales, les cartes VFR des zones terminales ne sont disponibles que pour des régions spécifiques, utilisant une échelle de un pour 250 000. Les pilotes devraient utiliser les cartes terminales pour la navigation lorsqu'elles sont accessibles, car elles offrent des informations plus détaillées sur les zones animées à l'intérieur et autour de l'espace aérien de classe B. Ces cartes contiennent des informations similaires aux sectionales mais fournissent des détails supplémentaires, notamment concernant l'espace aérien, les aéroports, les obstacles, le terrain et les points de repère visuels [56].

Les cartes aéronautiques mondiales (WAC) utilisent une échelle de un pour 1 million et sont principalement adaptées à la navigation à longue distance par les pilotes d'avions rapides [56]. Chaque WAC couvre une vaste zone géographique, bien que moins détaillée par rapport aux cartes terminales et sectionales. Néanmoins, les WAC incluent des fonctionnalités essentielles telles que les villes, les villages, les routes principales, les chemins de fer, les repères importants, les fréquences, les voies aériennes et les zones restreintes.

Enfin, les cartes de taxiway des aéroports, bien qu'elles soient principalement utilisées par les pilotes VFR, sont disponibles pour de nombreux grands aéroports. Ces cartes aident les pilotes à naviguer à l'intérieur des installations aéroportuaires, facilitant le flux régulier du trafic aérien. Identifiées par le nom officiel de l'aéroport, tel que l'aéroport international de Dulles, les cartes de taxiway aident les pilotes à manoeuvrer efficacement au sol [56].

Maîtriser la capacité à interpréter les cartes sectionales constitue une compétence fondamentale pour tout pilote de drone. En perfectionnant cette compétence, un opérateur de drone acquiert des informations sur les dangers de l'espace aérien, les caractéristiques topographiques, les données aéroportuaires et l'espace aérien contrôlé. Particulièrement pour les personnes cherchant à obtenir un certificat de télépilote distant de la Partie 107 (USA), la compétence en lecture et compréhension des cartes sectionales constitue une partie substantielle de l'examen de connaissances requis pour la certification.

Avant de se plonger dans les cartes sectionales, il est essentiel de comprendre les bases de la lecture de cartes, en particulier le concept de coordonnées de latitude et de longitude. Ces coordonnées servent de cadre fondamental pour localiser n'importe quel endroit sur la planète. Les coordonnées de latitude et de longitude délimitent les positions le long d'une grille imaginaire. Pour faire la distinction entre les deux, il est crucial de comprendre le rôle des points de référence clés : l'équateur et le méridien de Greenwich.

Le méridien de Greenwich, désigné comme la "longitude zéro", traverse du pôle Nord au pôle Sud, passant par Greenwich, en Angleterre. En revanche, l'équateur sert de "latitude zéro", se trouvant perpendiculairement au méridien de Greenwich et à égale distance des pôles Nord et Sud. Les lignes de latitude sont parallèles à l'équateur, tandis que les lignes de longitude s'étendent d'un pôle à l'autre.

Les coordonnées de latitude et de longitude peuvent être exprimées sous deux formats principaux. La méthode traditionnelle implique des degrés, des minutes (où 1 degré équivaut à 60 minutes) et des secondes (où 1 minute équivaut à 60 secondes). Cependant, les systèmes GPS modernes utilisent généralement une notation décimale. La familiarité avec les deux formats est avantageuse pour la compétence en lecture de cartes.

Dans les cartes sectionales, l'ensemble de la carte est divisé en quadrants pour faciliter la délimitation précise de zones plus petites. Chaque quadrant, défini par des limites à moins de 30 minutes de latitude et de longitude, sert de point de référence pratique pour les pilotes naviguant avec des cartes sectionales. Comprendre les identifiants de quadrants aide les pilotes à indiquer des zones spécifiques mais étendues à l'intérieur des cartes.

Sur les cartes sectionales, les aéroports se distinguent en tant que repères significatifs. Ces emplacements pivots se présentent sous différentes formes, offrant chacun des caractéristiques distinctives qui sont indiquées sur les cartes sectionales. Les facteurs de différenciation incluent la présence d'une tour de contrôle, le type de surface de piste et la disponibilité de carburant. Comprendre ces distinctions est essentiel pour les pilotes de drone, car cela les guide sur les fréquences radio à surveiller pour les mises à jour pertinentes sur le trafic aérien concernant des aéroports spécifiques.

Figure 34: Carte sectionale de la FAA montrant l'aéroport international de la région de la capitale (FAA : LAN), anciennement l'aéroport de la ville capitale, à Lansing, dans le comté de Clinton, Michigan. États-Unis FAA, domaine public, via Wikimedia Commons.

Principalement, les aéroports sont catégorisés en fonction de la présence ou de l'absence de tours de contrôle, représentées par des symboles distincts sur les cartes sectionales. Les aéroports avec des tours de contrôle sont marqués avec des symboles bleus, tandis que ceux sans tours de contrôle sont désignés par des symboles magenta [57].

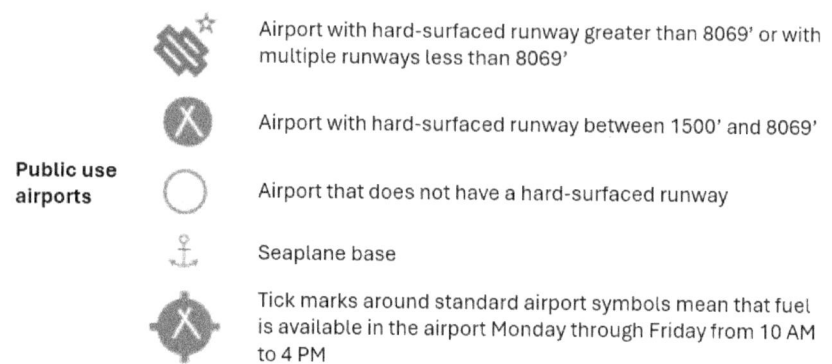

Figure 35: Pour les aéroports d'utilisation publique, cette liste de symboles peut être utilisée comme référence.

En revanche, il est facile de distinguer les aéroports militaires, car ils sont désignés par des abréviations telles que AAF (Army Air Field), NAS (Naval Air Station) et NAV (Naval Air Facility), entre autres.

En ce qui concerne les détails supplémentaires concernant un aéroport particulier, il convient de prêter attention à la séquence alphanumérique associée à chaque symbole d'aéroport. Cela sera expliqué à l'aide d'un exemple, comme illustré dans la Figure 36.

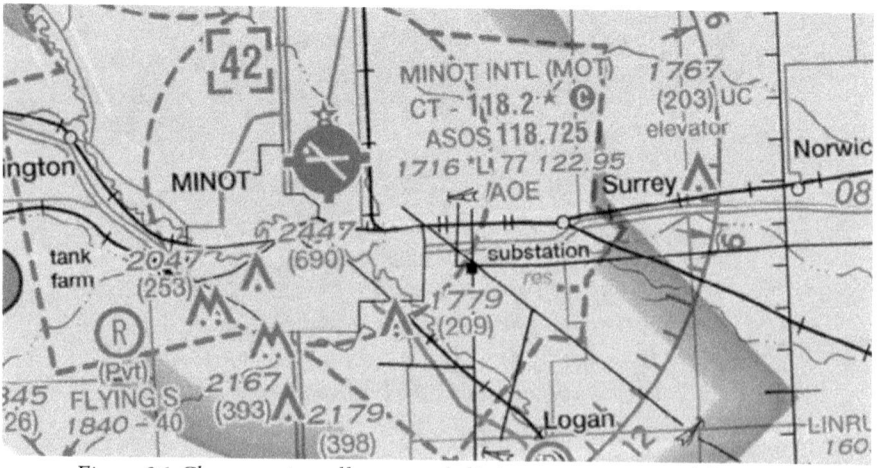

Figure 36: Charte sectionnelle autour de l'aéroport international de Minot. FAA-CT-8080-2G, Figure 21, United States FAA, Domaine public.

Sur la base des informations fournies, nous pouvons déduire que l'aéroport représenté par le symbole possède une tour de contrôle, une piste en dur de moins de 8069 pieds et propose un service de carburant [57]. Des détails pertinents supplémentaires peuvent être tirés du texte adjacent au symbole.

Identifiant de l'aéroport : Chaque aéroport est identifié par une abréviation approuvée par l'Organisation de l'aviation civile internationale (OACI). Dans ce cas, l'identifiant à 3 lettres est MOT, représentant l'aéroport international de Minot.

Altitude : L'altitude de l'aéroport est spécifiée à 1716 pieds au-dessus du niveau moyen de la mer (AMSL). Ce facteur d'altitude influence l'étendue de l'espace aérien contrôlé entourant l'aéroport, comme discuté plus tard.

CTAF : La présence d'un cercle bleu foncé avec un 'C' signifie l'utilisation de la fréquence d'information de trafic aérien commun (CTAF) à l'aéroport. Les pilotes en transit sont censés annoncer eux-mêmes leur position et leurs intentions. Cela suggère que bien que l'aéroport dispose d'une tour de contrôle, celle-ci fonctionne à temps partiel. La fréquence désignée pour que les pilotes de drone surveillent les auto-annonces est de 118,2 MHz.

Fréquence ASOS : Le symbole indique que la fréquence du Système d'Observation Automatisé de la Surface (ASOS) de l'aéroport est de 118,725. L'ASOS fournit automatiquement des informations météorologiques essentielles telles que la pression barométrique, la vitesse et la direction du vent, la visibilité et les précipitations.

Fréquence UNICOM : Compte tenu du fonctionnement intermittent de la tour de contrôle, la fréquence UNICOM 122,95 est utilisée lorsque la tour est active. Il est conseillé de surveiller à la fois les canaux UNICOM et CTAF de l'aéroport tout en recherchant des communications.

Longueur de la piste la plus longue : La piste la plus longue à l'aéroport international de Minot mesure 7700 pieds, indiquée par '77' dans le symbole, représentant des centaines de pieds.

En plus de mettre en évidence les points d'intérêt, les cartes sectionnelles servent de références cruciales pour les pilotes pour naviguer autour des obstacles et manœuvrer en toute sécurité sur un terrain dynamique. Les caractéristiques clés indiquant le relief comprennent les lignes de contour ou les cartes de relief ombré, servant de couches de carte fondamentales pour la carte sectionnelle.

Terrain (contour lines)	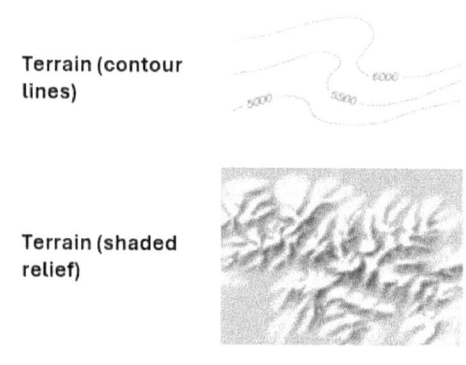	Contour lines connect points of equal elevation. The graduations between the lines may vary based on the resolution of the map, but intervals of 50 to 250 feet are common.
Terrain (shaded relief)		Shaded relief maps are a way of visually representing the terrain of the map by allowing the viewer to see the terrain features as if there is a light source from the north-west.

Figure 37: Indications de Terrain.

En plus des indices visuels du terrain, les cartes sectionales incluent des symboles et des données permettant aux pilotes d'adapter leurs trajectoires de vol et leurs altitudes. Parmi ceux-ci, la Figure d'Élévation Maximale (MEF) est primordiale, présentée dans chaque quadrant de la carte sectionale. La MEF indique le point le plus élevé d'élévation dans le quadrant, englobant à la fois les caractéristiques naturelles et artificielles [57].

De plus, les cartes sectionales intègrent de nombreux symboles indiquant différents types d'obstacles.

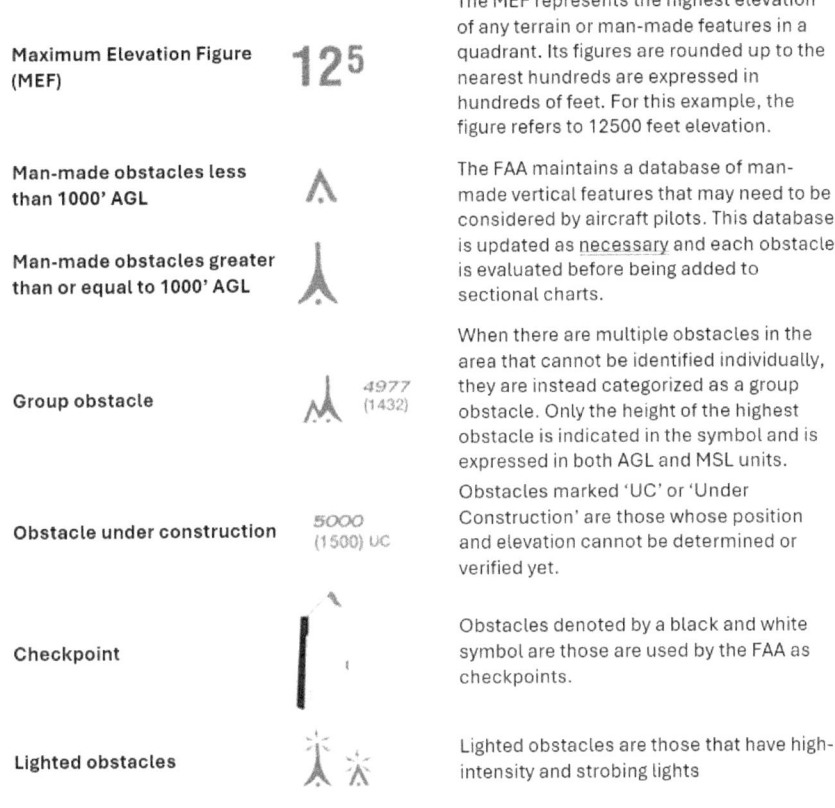

Figure 38: Symboles de la carte utilisés pour indiquer les obstacles.

L'espace aérien contrôlé, souvent entourant les aéroports, est réglementé par les services de contrôle du trafic aérien (ATC), nécessitant une autorisation d'espace aérien pour les vols de drones en raison du volume de trafic aérien. En revanche, l'espace aérien non contrôlé, également connu sous le nom d'espace de classe G, est dépourvu de régulation ATC, permettant les opérations de drones sous les règles de vol à vue (VFR).

L'espace aérien à usage spécial comprend des zones restreintes, indiquées par des symboles distinctifs sur les cartes sectionales, qui imposent des limitations de vol non liées au trafic aérien routinier. Ces limitations peuvent aller des exercices militaires aux événements publics.

Dans un contexte américain, Types d'Espace Aérien Contrôlé : Classe A : Allant de 18 000 à 60 000 pieds, principalement utilisée par les compagnies aériennes commerciales pour les vols long-courriers, donc moins pertinente pour les opérations de drones. Classe

B : Désignée autour des principaux aéroports, avec une couverture aérienne étendue et nécessitant une autorisation d'espace aérien pour les vols de drones. Sa configuration ressemble souvent à une forme de gâteau inversé. Classe C : Similaire à l'espace aérien de classe B mais associé à de plus petits aéroports, représentée par des lignes magenta pleines sur les cartes sectionales, et nécessitant une autorisation d'espace aérien pour les vols de drones. Classe D : Assignée à de plus petits aéroports, caractérisée par une étendue plus petite et commençant toujours à la surface, nécessitant une autorisation d'espace aérien pour les vols de drones. Classe E : Englobant les zones non couvertes par les catégories précédentes, constituant la majorité de l'espace aérien national, avec la plupart des opérations de drones autorisées sans autorisation d'espace aérien, sauf certaines proximités d'aéroports.

La compréhension de ces classifications d'espace aérien aide les pilotes de drones à naviguer à travers les exigences réglementaires et à effectuer en toute sécurité des vols dans l'espace aérien désigné.

Espace Aérien Non Contrôlé : La classe G, ou espace aérien non contrôlé, est la catégorie la moins restrictive parmi les types d'espace aérien. Non soumis à la juridiction d'une installation ATC, l'espace aérien de classe G permet l'exploitation de drones sans nécessiter d'autorisation spécifique. Malgré cette liberté, le respect des réglementations de vol de la FAA reste impératif dans l'espace aérien de classe G. Les pilotes doivent maintenir des altitudes de vol inférieures à 400 pieds au-dessus du sol et assurer une ligne de visée visuelle. Bien qu'il soit non contrôlé, l'espace aérien de classe G peut néanmoins être le théâtre d'activités d'aéronefs habités, ce qui oblige les pilotes de drones à céder la priorité.

Espace Aérien à Usage Spécial : L'espace aérien à usage spécial englobe une diversité de restrictions de vol, souvent associées à la sécurité nationale ou à la protection de la foule lors d'événements. Divers types d'espace aérien à usage spécial peuvent répondre à la sécurité des pilotes de drones lors d'opérations militaires ou de tests d'artillerie. L'identification de ces classifications d'espace aérien repose généralement sur des codes et des symboles distincts. Zones Interdites : Désignées par des labels tels que P-XXX, les Zones Interdites présentent des lignes bleues pleines avec des hachures sur les cartes sectionales. Strictement interdites aux vols de drones, les Zones Interdites priorisent les préoccupations de sécurité nationale, exigeant l'évitement indépendamment du statut d'autorisation d'espace aérien.

Zones Restreintes : Étiquetées R-XXX, les Zones Restreintes sont délimitées par des lignes bleues pleines avec des hachures. Bien que pas entièrement interdite, l'exploitation de drones au sein des Zones Restreintes nécessite une autorisation explicite de l'agence de contrôle compétente. L'approbation dépend de facteurs tels que les activités de test militaire, nécessitant la conformité avec les directives de l'agence.

Zones d'Avertissement : Indiquées par des étiquettes telles que W-XXX, les Zones d'Avertissement sont entourées de lignes bleues pleines avec des hachures. Bien que les pilotes de drones puissent opérer au sein des Zones d'Avertissement sans autorisation préalable, l'exercice de prudence est primordial en raison des dangers potentiels liés au trafic aérien.

Zones d'Alerte : Identifiées par des étiquettes A-XXX, les Zones d'Alerte présentent des lignes magenta pleines avec des hachures. Généralement caractérisées par un volume accru de trafic aérien, les Zones d'Alerte exigent une exploitation vigilante des drones malgré l'absence d'une agence de contrôle. Bien qu'elles ne soient pas explicitement interdites, des pratiques de vol prudentes sont recommandées.

Zones d'Opérations Militaires (MOA) : Les MOA, marquées par des lignes magenta pleines avec des hachures, désignent des zones d'entraînement ou opérationnelles militaires. Le vol de drones au sein des MOA est fortement déconseillé en raison des dangers potentiels posés par les activités militaires. Les indications des agences de contrôle peuvent fournir des éclaircissements sur les autorisations de vol de drones au sein des MOA.

Routes d'Entraînement Militaire (MTR) : Représentées par des symboles de flèche sur les cartes sectionales, les MTR sont étiquetées comme VR (règles visuelles) ou IR (règles instrumentales) suivies d'un identifiant numérique. Étant donné la nature à haute vitesse de l'entraînement au vol militaire au sein des MTR, les pilotes de drones sont vivement encouragés à éviter ces routes pour éviter les conflits potentiels.

Sensibilisation du Public

Maintenir une attitude courtoise et polie est important en tant qu'opérateur de drone. Rappelez-vous que vous êtes un ambassadeur de l'industrie et que vos actions influenceront les autres pilotes et la perception du public à l'égard des drones. Le professionnalisme doit être maintenu en tout temps pour respecter les normes de l'industrie et favoriser des relations positives.

Pré-vol / Mise en marche

Avant le décollage, une vérification pré-vol complète est nécessaire pour assurer la sécurité et le bon fonctionnement du UAV. Vérifiez que toutes les batteries du transmetteur, de l'aéronef embarqué et de la caméra sont complètement chargées, en confirmant les niveaux de tension. Vérifiez s'il existe des conflits de fréquence entre les systèmes vidéo et émetteur/récepteur. Inspectez toutes les surfaces de contrôle à la recherche de signes de dommages ou de charnières lâches, et assurez-vous que l'état général du UAV est bon.

Examinez le moteur/le moteur et le montage fixé au fuselage, ainsi que les hélices, le matériel de montage et les pales du rotor pour détecter des éclats et des déformations. Vérifiez l'état du train d'atterrissage pour détecter des dommages et un fonctionnement correct. Testez toutes les connexions électriques pour vous assurer qu'elles sont sécurisées et opérationnelles. Vérifiez que le système de montage de l'équipement photo/vidéo est sécurisé et fonctionne correctement.

Vérifiez l'emplacement de l'équipement GPS contrôlant le pilote automatique et vérifiez les mouvements de l'IMU dans le logiciel de contrôle au sol. Assurez-vous que le UAV est en mode de stabilisation et que les surfaces de contrôle se déplacent vers les positions correctes. Placez le UAV dans un endroit plat sécurisé pour le décollage.

Allumez la station terrestre FPV et le récepteur vidéo/lunettes, si applicable. Si vous utilisez un enregistreur vidéo, allumez le système de caméra et assurez-vous que les paramètres de la caméra sont corrects. Effacez la mémoire de la caméra SD et insérez-la dans la caméra. Démarrez la liste de contrôle pré-vol en confirmant que tous les contrôles du transmetteur bougent librement dans toutes les directions, avec les ajustements en position neutre et les interrupteurs dans la position correcte. Réglez le manche des gaz du transmetteur sur zéro et allumez le transmetteur radio.

Connectez et allumez la batterie du fuselage, en veillant à ce que les indicateurs LED et les tonalités sonores soient corrects. Lancez le chronomètre si nécessaire. Confirmez que la vidéo FPV est affichée sur le moniteur ou les lunettes.

Avant le décollage, balayez la zone à la recherche de voitures, de personnes ou d'animaux à proximité. Annoncez "DÉGAGÉ !" pour alerter les autres du vol imminent. Armez le contrôleur de vol et augmentez légèrement les gaz, en écoutant d'éventuelles anomalies. Effectuez un bref vol stationnaire de 20 à 30 secondes à 3-5 pieds pour vérifier les vibrations ou les éléments lâches. Enfin, confirmez que les niveaux de tension sont corrects avant de procéder au vol.

Condition physique pour le vol

Avant de prendre les airs, il est essentiel de procéder à une évaluation personnelle pour garantir que vous êtes en état de voler. Une liste de contrôle mnémonique, connue sous le nom de liste de contrôle I'M SAAFE, a été élaborée à cette fin. Répondre 'oui' à l'une de ces questions peut indiquer que votre vigilance, votre perception, votre jugement, vos performances générales ou vos capacités de conscience situationnelle sont compromises, ce qui pourrait entraîner des oublis ou une prise de décision altérée.

- Maladie : Avez-vous des symptômes de maladie, de trouble ou de conditions connues qui pourraient constituer un danger en vol ?

- Médicaments et autres drogues : Avez-vous pris des médicaments sur ordonnance, en vente libre ou récréatifs, ou avez-vous mélangé des médicaments qui pourraient affecter votre capacité à opérer en toute sécurité ?

- Stress et distraction : Êtes-vous sous pression psychologique au travail ou dans votre vie personnelle ? Êtes-vous préoccupé par des problèmes financiers, de santé, familiaux, émotionnels ou relationnels ? Vous sentez-vous anxieux à l'idée d'entreprendre le vol ?

- Âge : Si vous êtes en âge avancé, avez-vous envisagé si votre capacité à gérer les urgences ou les situations inhabituelles a pu décliner au point où il est conseillé de voler accompagné d'un autre pilote qualifié ?

- Alcool : Avez-vous consommé de l'alcool au cours des 8 dernières heures ? Même s'il s'est écoulé 8 à 16 heures depuis la consommation, les taux d'alcoolémie dans le sang peuvent encore être significatifs. Il est important de veiller à ce que votre consommation moyenne d'alcool reste dans la catégorie "très faible risque" pour maintenir les normes de sécurité.

- Fatigue : Vous sentez-vous fatigué, mal reposé ou souffrez-vous d'un manque de sommeil ? La fatigue peut altérer la fonction cognitive et les temps de réaction, ce qui représente un risque lors des opérations de vol.

- Alimentation et hydratation : Avez-vous consommé suffisamment de nourriture et de liquides pour maintenir des niveaux de nutrition et d'hydratation adéquats

? La déshydratation et une nutrition inadéquate peuvent avoir un impact sur les performances cognitives et physiques, affectant votre capacité à voler en toute sécurité.

Configurer le plan d'opérations et la géorepérage

Pour mettre en place un plan d'opérations et la géorepérage pour les opérations de drone, suivez ces étapes :

1. Définir les objectifs : Définissez clairement les objectifs de l'opération de drone, y compris le but du vol, les résultats souhaités et les tâches spécifiques à accomplir.

2. Identifier les trajectoires de vol : Déterminez les trajectoires de vol optimales pour atteindre les objectifs tout en tenant compte des facteurs tels que les restrictions d'espace aérien, les caractéristiques du terrain et les dangers potentiels. Planifiez des routes qui minimisent les risques et maximisent l'efficacité.

3. Évaluer les mesures de sécurité : Évaluez les mesures de sécurité pour atténuer les risques et assurer un fonctionnement sûr du drone. Cela peut inclure l'établissement de procédures d'urgence, la mise en place de limites d'altitude et l'identification des zones à éviter.

4. Élaborer un plan d'opérations : Créez un plan d'opérations détaillé qui englobe tous les aspects de l'opération de drone, y compris les préparatifs avant le vol, les procédures en vol et les protocoles après le vol. Spécifiez les rôles et responsabilités de chaque membre de l'équipe impliqué dans l'opération.

5. Mettre en œuvre la technologie de géorepérage : Si nécessaire, utilisez la technologie de géorepérage pour définir des limites virtuelles pour l'opération du drone. Le géorepérage garantit que le drone reste dans les zones désignées et l'empêche d'entrer dans l'espace aérien restreint ou d'autres zones interdites.

6. Configurer les paramètres de géorepérage : Configurez les paramètres de géorepérage en fonction des besoins spécifiques de l'opération, en tenant compte de facteurs tels que les limites d'altitude, les frontières géographiques et les zones de non-survol. Ajustez les paramètres au besoin pour respecter les

protocoles de sécurité et les exigences réglementaires.

7. Testez le système de géorepérage : Effectuez des tests approfondis du système de géorepérage pour vérifier sa fonctionnalité et son efficacité dans le respect des limites opérationnelles. Identifiez les éventuels problèmes ou limitations et apportez les ajustements nécessaires.

8. Communiquez le plan aux parties prenantes : Communiquez le plan d'opérations et les paramètres de géorepérage à toutes les parties prenantes concernées, y compris les opérateurs de drone, les membres d'équipage au sol et les autorités ou organisations impliquées dans l'opération. Assurez-vous que tout le monde comprend ses rôles et responsabilités et respecte les protocoles de sécurité.

9. Surveillez et adaptez : Surveillez en continu l'opération de drone et le système de géorepérage tout au long du vol pour garantir le respect du plan et des paramètres établis. Soyez prêt à adapter le plan en temps réel en fonction des conditions changeantes ou des circonstances imprévues.

10. Évaluez la performance : Après l'opération, procédez à une évaluation complète de la performance à la fois du drone et du système de géorepérage. Identifiez les domaines à améliorer et incorporez les enseignements tirés dans les futurs plans d'opérations.

Accès et analyse des informations pré-opérationnelles

Pour accéder et analyser les informations pré-opérationnelles pour les opérations de drone, suivez ces étapes :

1. Identifier les sources d'information : Déterminez les sources d'informations pré-opérationnelles disponibles, telles que les systèmes de Notice to Airmen (NOTAM), les autorités de l'aviation, les services météorologiques et les alertes ou publications spécifiques à l'industrie.

2. Accéder au système NOTAM : Connectez-vous au système NOTAM ou accédez aux sites web pertinents des autorités de l'aviation pour récupérer les dernières notifications et mises à jour concernant les restrictions d'espace aérien,

les restrictions de vol temporaires (TFR), les fermetures d'aéroports et autres informations pertinentes.

3. Examiner les NOTAM : Passez en revue minutieusement tous les NOTAM applicables à l'opération planifiée, en prêtant une attention particulière à toutes les notifications qui pourraient avoir un impact sur la zone de vol prévue, les restrictions d'altitude ou l'utilisation de l'espace aérien. Notez les horaires d'efficacité et les zones affectées par chaque NOTAM.

4. Vérifier les alertes de l'industrie : Renseignez-vous sur les alertes spécifiques à l'industrie ou les publications qui fournissent des informations supplémentaires sur les conditions de l'espace aérien, les changements réglementaires ou d'autres facteurs pertinents pouvant influencer l'opération de drone.

5. Analyser les informations : Analysez les informations pré-opérationnelles recueillies à partir des NOTAM et d'autres sources pour évaluer leur impact sur l'opération planifiée. Évaluez la gravité et la durée des restrictions d'espace aérien ou des TFR et envisagez comment ils pourraient affecter la trajectoire de vol, les exigences d'altitude ou la planification.

6. Intégrer dans le plan opérationnel : Intégrez les résultats de votre analyse dans le plan opérationnel, en ajustant les trajectoires de vol, les altitudes ou les horaires si nécessaire pour respecter les réglementations de l'espace aérien et assurer une opération sûre. Communiquez clairement tous les changements ou mises à jour aux membres de l'équipe impliqués dans l'opération.

7. Surveiller les mises à jour : Surveillez en continu les NOTAM et autres sources d'informations pertinentes jusqu'à l'heure de vol prévue pour rester informé de tout nouveau développement ou changement qui pourrait survenir. Soyez prêt à adapter le plan opérationnel en conséquence en fonction des informations mises à jour.

8. Documenter les résultats : Conservez un enregistrement des informations pré-opérationnelles consultées et analysées, y compris tous les NOTAM examinés et les décisions prises en fonction de leur contenu. La documentation de ces informations assure la responsabilité et fournit une référence pour les opérations futures.

9. Coordonner avec les autorités : Si nécessaire, coordonnez-vous avec les autorités de l'aviation pertinentes ou les organismes de contrôle du trafic aérien pour clarifier toute incertitude ou demander des conseils supplémentaires concernant les restrictions d'espace aérien ou les exigences réglementaires ayant un impact sur l'opération planifiée.

10. Vérifier la conformité : Avant de commencer l'opération de drone, vérifiez que le plan opérationnel est conforme à toutes les informations pré-opérationnelles pertinentes, y compris les NOTAM et les restrictions d'espace aérien. Assurez-vous que le vol de drone sera effectué conformément aux exigences réglementaires et aux protocoles de sécurité.

Identifier les dangers et mettre en place des mesures de contrôle des risques

Pour identifier les dangers et mettre en place des mesures de contrôle des risques pour les opérations de drone, suivez ces étapes :

1. Examiner les cartes et les plans : Commencez par examiner minutieusement les cartes et les plans de la zone de vol prévue, y compris les cartes sectionales, les cartes topographiques et toutes autres ressources cartographiques pertinentes. Prêtez une attention particulière aux caractéristiques du terrain, aux obstacles, aux désignations de l'espace aérien et aux conditions environnementales qui pourraient présenter des risques pour l'opération.

2. Identifier les dangers potentiels : Utilisez les informations fournies par les cartes et les plans pour identifier les dangers potentiels le long du trajet de vol prévu. Cela peut inclure des obstacles naturels tels que des montagnes, des arbres ou des plans d'eau, ainsi que des structures artificielles telles que des bâtiments, des lignes électriques ou des tours de communication. Notez également toutes les restrictions de l'espace aérien, telles que l'espace aérien contrôlé, les zones restreintes ou les restrictions temporaires de vol (TFR).

3. Documenter les risques identifiés : Documentez clairement tous les dangers identifiés et les risques associés à la mission de vol planifiée, en notant leur

emplacement, leur nature et leur impact potentiel sur l'opération. Organisez ces informations de manière systématique pour garantir une couverture complète de tous les risques pertinents.

4. Évaluer la gravité des risques : Évaluez la gravité de chaque danger identifié en fonction de son potentiel de causer des dommages ou des perturbations à l'opération de drone. Tenez compte de facteurs tels que l'altitude, la proximité de la trajectoire de vol et la probabilité de rencontrer le danger pendant l'opération.

5. Développer des mesures de contrôle des risques : Une fois que les dangers ont été identifiés et évalués, développez des mesures de contrôle des risques pour atténuer les risques identifiés et assurer la sécurité de l'opération. Cela peut impliquer la mise en place de mesures telles que l'ajustement de la trajectoire de vol pour éviter les obstacles, l'établissement de zones tampons autour des restrictions de l'espace aérien ou la modification des procédures opérationnelles pour tenir compte des conditions environnementales.

6. Prioriser les mesures de contrôle des risques : Priorisez les mesures de contrôle des risques en fonction de la gravité et de la probabilité de rencontrer chaque danger, en mettant l'accent sur l'atténuation des risques les plus importants en premier. Allouez les ressources et l'attention en conséquence pour traiter efficacement les risques prioritaires.

7. Communiquer les mesures de contrôle des risques : Communiquez clairement les dangers identifiés et les mesures de contrôle des risques correspondantes à tous les membres de l'équipe impliqués dans l'opération de drone. Assurez-vous que tout le monde comprend ses rôles et responsabilités dans la mise en œuvre des mesures de contrôle des risques et le maintien de la conscience situationnelle pendant l'opération.

8. Surveiller continuellement les dangers : Tout au long de l'opération de drone, maintenez la vigilance et surveillez continuellement les nouveaux dangers ou les changements de conditions susceptibles d'affecter la sécurité du vol. Restez flexible et prêt à ajuster les mesures de contrôle des risques selon les besoins pour répondre à l'évolution des circonstances.

9. Documenter le processus de gestion des risques : Conservez des enregistrements

détaillés du processus d'identification des dangers, des évaluations des risques et des mesures de contrôle des risques mises en œuvre pour l'opération de drone. Documentez toutes les déviations par rapport aux mesures de contrôle des risques planifiées et la justification de ces décisions pour faciliter l'examen et l'apprentissage après le vol.

10. Examiner et apprendre : Après l'achèvement de l'opération de drone, menez une évaluation approfondie du processus de gestion des risques pour identifier les leçons apprises et les domaines d'amélioration. Utilisez ces commentaires pour affiner les pratiques de gestion des risques pour les opérations futures et améliorer les performances de sécurité globales.

Planification de la vitesse du vent et des conditions environnementales défavorables

Pour planifier la vitesse du vent et les conditions environnementales défavorables dans les opérations de drone, suivez ces étapes :

1. Analyse météorologique : Commencez par accéder aux prévisions météorologiques actualisées et aux rapports pour la zone de vol prévue. Prêtez une attention particulière à la vitesse et à la direction du vent, ainsi qu'à d'autres conditions météorologiques pertinentes telles que les précipitations, la visibilité et la température. Utilisez des sources réputées telles que les services météorologiques officiels ou les sites Web météorologiques de l'aviation pour recueillir des informations précises et fiables.

2. Évaluation des conditions de vent : Évaluez l'impact de la vitesse du vent sur les opérations de drone en tenant compte de facteurs tels que la tolérance maximale à la vitesse du vent du drone, sa capacité à maintenir la stabilité par conditions venteuses et les effets du vent sur les performances de vol et la durée de vie de la batterie. Déterminez la direction du vent prédominante et identifiez les zones de vents turbulents ou rafaleux qui pourraient poser des défis pendant le vol.

3. Planification de la trajectoire de vol : Sur la base de l'analyse des conditions de vent, ajustez la trajectoire de vol planifiée pour optimiser les performances et

minimiser les risques. Envisagez de voler face au vent pendant les tronçons sortants de la mission pour économiser l'énergie de la batterie et assurer un retour sécurisé au point de départ. Identifiez des waypoints ou des repères appropriés pouvant offrir un abri contre les vents forts ou servir de points de référence pour la navigation.

4. Tenir compte des facteurs environnementaux : En plus de la vitesse du vent, tenez compte d'autres conditions environnementales défavorables qui pourraient affecter les opérations de drone, telles que la pluie, la neige, le brouillard ou les températures extrêmes. Évaluez la capacité du drone à supporter ces conditions et apportez des ajustements au plan opérationnel si nécessaire pour atténuer les risques et assurer un fonctionnement sûr.

5. Surveillance des changements météorologiques : Surveillez continuellement les conditions météorologiques avant et pendant l'opération de drone pour identifier tout changement ou développement pouvant affecter la sécurité du vol. Soyez prêt à adapter le plan opérationnel en temps réel en fonction des modèles météorologiques et des prévisions évolutives. Maintenez la communication avec les parties prenantes concernées, telles que les autorités de l'espace aérien ou les clients, pour coordonner les ajustements au plan de vol au besoin.

6. Mise en œuvre de mesures de sécurité : Intégrez des mesures de sécurité dans le plan opérationnel pour faire face aux risques potentiels associés aux conditions météorologiques défavorables. Cela peut inclure la définition de limites opérationnelles pour la vitesse du vent, l'établissement de procédures d'urgence pour les événements météorologiques défavorables et la garantie que tout l'équipement et le personnel sont adéquatement préparés à faire face à des conditions environnementales difficiles.

7. Formation et développement des compétences des pilotes : Assurez-vous que les pilotes de drone sont adéquatement formés et compétents pour voler dans des conditions météorologiques variées. Offrez aux pilotes des occasions de pratiquer le vol par temps venteux ou défavorable dans des circonstances contrôlées pour renforcer leur confiance et leur compétence. Mettez l'accent sur l'importance de la conscience situationnelle et des compétences en prise de décision dans la gestion des risques liés à la météo pendant les opérations de vol.

8. Planification de contingence : Développez des plans de contingence pour les scénarios météorologiques défavorables, y compris des options pour des itinéraires de vol alternatifs, des sites d'atterrissage d'urgence et des procédures pour avorter ou ramener en toute sécurité le drone en cas de changements météorologiques inattendus ou de défaillances de l'équipement. Communiquez ces plans de contingence à tous les membres de l'équipe impliqués dans l'opération et assurez-vous que tout le monde comprend ses rôles et responsabilités.

Dans le domaine de l'aviation, aux États-Unis par exemple, les services météorologiques sont un effort collaboratif impliquant des entités telles que le Service météorologique national (NWS), la Federal Aviation Administration (FAA), le Department of Defense (DOD), diverses organisations de l'aviation et des individus [45].

La demande d'informations météorologiques mondiales a incité la participation d'agences météorologiques internationales également. Bien que les prévisions météorologiques ne soient pas infaillibles, les météorologistes utilisent une analyse scientifique minutieuse et la modélisation informatique pour prévoir de manière de plus en plus précise les tendances, les caractéristiques et les modèles météorologiques. Cette richesse de connaissances est diffusée aux pilotes et aux professionnels de l'aviation via un réseau complexe de services météorologiques, d'organismes gouvernementaux et d'observateurs indépendants, leur fournissant des rapports météorologiques actuels et des prévisions pour une prise de décision éclairée en matière de sécurité des vols.

Les observations météorologiques de l'aviation de surface agrègent les données météorologiques actuelles provenant de stations au sol individuelles à travers les États-Unis. Ce réseau comprend à la fois des installations gouvernementales et des installations privées sous contrat qui fournissent continuellement des informations météorologiques mises à jour. Les systèmes météorologiques automatisés, y compris les systèmes d'observation météorologique automatisés (AWOS), les systèmes d'observation de surface automatisés (ASOS) et autres configurations mécanisées, contribuent de manière significative à la collecte de données à partir des stations au sol.

Ces observations de surface fournissent des conditions météorologiques localisées et des détails pertinents spécifiques à chaque aéroport. Les informations transmises comprennent le type de rapport, l'identifiant de la station, l'horodatage, les modificateurs si nécessaire, la vitesse du vent, la visibilité, la portée visuelle de piste (RVR), les phénomènes météorologiques, l'état du ciel, la température / point de rosée, les lectures altimétriques et les remarques pertinentes. Les données pour les observations de surface peuvent provenir d'observateurs humains, de stations automatisées ou de configurations automatisées complétées par une surveillance manuelle. Indépendamment de la source des données, les observations de surface offrent des informations précieuses sur les aéroports individuels à travers le pays, couvrant une zone géographique limitée et s'avérant avantageuses pour les pilotes distants.

Les services météorologiques de l'aviation en Australie sont fournis par plusieurs agences, chacune jouant un rôle crucial dans la garantie de la sécurité et de l'efficacité des voyages aériens. Voici un aperçu des principaux composants des services météorologiques de l'aviation en Australie :

1. Bureau of Meteorology (BoM) : Le Bureau of Meteorology est l'agence principale responsable de la fourniture de prévisions météorologiques, d'alertes et d'observations dans toute l'Australie. Il propose une large gamme de produits et de services spécifiques à l'aviation adaptés aux besoins des pilotes, des compagnies aériennes et des autres parties prenantes de l'aviation. Cela comprend les prévisions d'aérodromes terminaux (TAF), les rapports météorologiques de routine de l'aviation (METAR), les prévisions de zone et les cartes météorologiques importantes. Le BoM émet également des avertissements et des avis de conditions météorologiques sévères pour les orages, les turbulences, le givrage et d'autres conditions dangereuses pouvant affecter les opérations de l'aviation.

2. Airservices Australia : Airservices Australia est une société d'État chargée de la gestion du contrôle du trafic aérien, de la navigation et des services de sauvetage et de lutte contre les incendies d'aviation en Australie. Elle collabore avec le Bureau of Meteorology pour fournir des informations météorologiques spécifiques à l'aviation aux pilotes et aux contrôleurs de la circulation aérienne. Airservices Australia exploite un réseau de stations d'observation météorologique, telles que les stations météorologiques automatiques (AWS) et les unités de service d'information automatique terminale (ATIS), pour collecter des données météorologiques en temps réel dans les aéroports et les aérodromes à travers le pays. Ces données sont utilisées pour générer des METAR, des TAF et d'autres produits météorologiques de l'aviation.

3. Civil Aviation Safety Authority (CASA) : La Civil Aviation Safety Authority est l'autorité nationale de l'aviation en Australie, chargée de réglementer la sécurité

de l'aviation civile et de superviser la certification et la délivrance de licences des pilotes, des aéronefs et des exploitants aériens. CASA travaille en étroite collaboration avec le Bureau of Meteorology et d'autres agences pour s'assurer que les pilotes reçoivent des informations météorologiques précises et opportunes pour prendre des décisions éclairées concernant la planification et les opérations de vol. CASA publie des circulaires consultatives et du matériel de guidance sur des sujets liés à la météo, y compris les effets de la météo sur les performances des aéronefs, la planification du carburant et les opérations de vol.

4. Services météorologiques de l'aviation : En plus du Bureau of Meteorology et d'Airservices Australia, plusieurs fournisseurs de services météorologiques privés proposent des services spécialisés de prévisions météorologiques pour l'aviation et de consultation aux compagnies aériennes, aux opérateurs de l'aviation générale et aux aéroports. Ces entreprises emploient des météorologistes spécialisés en météorologie de l'aviation pour fournir des briefings météorologiques sur mesure, des services d'optimisation de routes et des évaluations des risques pour la planification et les opérations de vol. Elles peuvent également développer des produits et des outils météorologiques personnalisés pour répondre aux besoins spécifiques de leurs clients.

Les services météorologiques de l'aviation en Europe sont assurés grâce à un effort collaboratif impliquant diverses agences météorologiques nationales, autorités de l'aviation et organisations internationales. Cela comprend :

1. Organisation européenne pour la sécurité de la navigation aérienne (EUROCONTROL) : EUROCONTROL est une organisation paneuropéenne qui coordonne la gestion du trafic aérien (ATM) et la sécurité de l'aviation sur le continent. Elle exploite l'Agence européenne de la sécurité aérienne (EASA) et collabore avec les services météorologiques nationaux et les autorités de l'aviation pour garantir la fourniture d'informations météorologiques opportunes et précises afin de soutenir un voyage aérien sûr et efficace. EUROCONTROL fournit une gamme de produits et de services météorologiques de l'aviation, y compris des prévisions météorologiques, des avertissements et des observations, pour aider les pilotes, les contrôleurs de la circulation aérienne et les compagnies aériennes à prendre des décisions éclairées concernant la planification et les opérations de vol.

2. Services météorologiques nationaux : Chaque pays européen dispose de son propre service météorologique national chargé de fournir des prévisions météorologiques, des observations et des avertissements sur son territoire. Ces services collectent et analysent des données météorologiques à partir d'un réseau de stations d'observation, de satellites et de systèmes radar pour générer des produits météorologiques spécifiques à l'aviation tels que les METAR (rapports météorologiques de routine de l'aviation), les TAF (prévisions d'aérodrome terminales), les SIGMET (informations météorologiques significatives) et les AIRMET (informations météorologiques pour les aviateurs). Ces produits sont diffusés aux pilotes, aux contrôleurs de la circulation aérienne et aux parties prenantes de l'aviation via divers canaux, y compris Internet, la radio et des services de briefing météorologique dédiés à l'aviation.

3. Agence européenne de la sécurité aérienne (EASA) : L'EASA est l'agence de régulation de l'Union européenne chargée de la sécurité et de la normalisation de l'aviation. Elle travaille en étroite collaboration avec les autorités de l'aviation nationales et les services météorologiques pour élaborer des réglementations, des normes et du matériel de guidance liés aux services météorologiques de l'aviation. L'EASA veille à ce que les informations météorologiques de l'aviation répondent aux normes internationales et soient cohérentes dans l'espace aérien européen, améliorant ainsi la sécurité et l'interopérabilité dans la région.

4. Centres d'avis sur les cendres volcaniques (VAAC) : L'Europe abrite plusieurs Centres d'avis sur les cendres volcaniques chargés de surveiller et de prévoir les dangers liés aux cendres volcaniques dans l'atmosphère.

Ces centres, exploités par les agences météorologiques nationales et des organisations internationales telles que le Met Office au Royaume-Uni et Météo-France en France, fournissent des informations opportunes sur les panaches de cendres volcaniques et les prévisions de dispersion des cendres pour soutenir la sécurité et la prise de décision en matière d'aviation. Les pilotes et les compagnies aériennes utilisent les avis du VAAC pour éviter les zones affectées par les cendres volcaniques, qui peuvent poser des risques significatifs pour les moteurs d'avion et les opérations de vol.

Les services météorologiques pour l'aviation en Inde sont fournis par plusieurs organisations et agences clés pour assurer la sécurité et l'efficacité du transport aérien à travers le pays. Voici un aperçu de la gestion des services météorologiques pour l'aviation en Inde :

1. Département météorologique de l'Inde (IMD) : Le Département météorologique de l'Inde est l'agence principale responsable de la prévision météorologique, de la surveillance et de la publication d'avis météorologiques à travers le pays. Il exploite un réseau d'observatoires, de stations météorologiques et de centres météorologiques pour collecter et analyser les données météorologiques provenant de diverses sources, y compris des satellites, des radars et des ballons météorologiques. L'IMD fournit une large gamme de produits et services météorologiques spécifiques à l'aviation, y compris des prévisions d'aérodrome (TAFs), des rapports météorologiques de routine pour l'aviation (METARs), des cartes météorologiques significatives et des prévisions pour les zones en route et terminales. Ces produits sont diffusés aux pilotes, aux contrôleurs de la circulation aérienne et aux acteurs de l'aviation par des canaux dédiés tels que les Services météorologiques aéronautiques (AMS) et le site web de l'IMD.

2. Autorité des aéroports de l'Inde (AAI) : L'Autorité des aéroports de l'Inde gère et exploite la plupart des aéroports du pays, y compris les grands aéroports internationaux, les aéroports domestiques et les enclaves civiles. L'AAI collabore avec l'IMD pour assurer la fourniture d'informations météorologiques précises et opportunes pour soutenir la gestion efficace et sûre du trafic aérien dans les aéroports. La division de la gestion du trafic aérien (ATM) de l'AAI utilise les prévisions et observations météorologiques pour prendre des décisions concernant la planification des vols, les opérations sur les pistes et les services de contrôle de la circulation aérienne.

3. Centres météorologiques régionaux (RMCs) : L'Inde est divisée en plusieurs régions, chacune desservie par un Centre météorologique régional responsable de fournir des prévisions météorologiques, des alertes et des avis adaptés aux besoins spécifiques de la région. Ces RMCs complètent les services fournis par l'IMD en émettant des prévisions météorologiques locales, des alertes météorologiques graves et des produits spécialisés pour l'aviation, l'agriculture et d'autres secteurs. Les RMCs travaillent en étroite collaboration avec l'IMD et l'AAI pour coordonner les services météorologiques pour l'aviation et garantir une intégration transparente avec les opérations de gestion du trafic aérien.

4. Systèmes automatisés d'observation météorologique (AWOS) : De nom-

breux aéroports en Inde sont équipés de systèmes automatisés d'observation météorologique, qui collectent et diffusent automatiquement des données météorologiques en temps réel, y compris la température, l'humidité, la vitesse du vent et la visibilité. Les installations AWOS améliorent la précision et la fiabilité des observations météorologiques pour l'aviation, permettant aux pilotes et aux contrôleurs de la circulation aérienne de prendre des décisions éclairées concernant les opérations de vol et la sécurité.

5. Programme de satellites météorologiques indiens (INSAT) : L'Inde exploite une flotte de satellites météorologiques dans le cadre du Programme de satellites météorologiques indiens (INSAT), qui assure une couverture continue des systèmes météorologiques et des conditions atmosphériques sur le sous-continent indien et les régions environnantes. Les satellites INSAT contribuent au suivi des motifs météorologiques, des cyclones tropicaux et d'autres phénomènes météorologiques, améliorant la capacité à prévoir le temps et à émettre des avertissements opportuns pour l'aviation et d'autres secteurs.

L'accès aux services météorologiques de l'aviation implique d'obtenir des informations météorologiques pertinentes pour la planification des vols, la prise de décision et les opérations en vol. Pour accéder aux services météorologiques de l'aviation :

- Sites Web et Applications Officiels : Les informations météorologiques de l'aviation sont disponibles sur les sites Web officiels et les applications mobiles fournies par les agences météorologiques, les autorités de l'aviation et d'autres organisations pertinentes. Ces plateformes offrent une large gamme de produits météorologiques, y compris des prévisions, des observations, des cartes et des avis adaptés aux besoins de l'aviation. Des exemples de tels sites Web et applications comprennent :

  ◦ Services Météorologiques Nationaux : De nombreux pays disposent de services météorologiques nationaux qui proposent des informations météorologiques spécifiques à l'aviation sur leurs sites Web ou via des applications dédiées. Ces services peuvent inclure le National Weather Service (NWS) aux États-Unis, le Département Météorologique Indien (IMD), le UK Met Office, et d'autres.

  ◦ Autorités de l'Aviation : Les autorités de régulation de l'aviation telles que la Federal Aviation Administration (FAA) aux États-Unis, l'Agence Européenne de la Sécurité Aérienne (EASA), et l'Autorité de l'Aviation Civile (CAA) dans divers pays fournissent des informations météorologiques de l'aviation sur leurs sites Web et applications mobiles.

- Fournisseurs Tiers : Certains fournisseurs tiers proposent des services météorologiques de l'aviation via leurs sites Web et applications. Ces plateformes peuvent offrir des fonctionnalités supplémentaires ou des produits météorologiques personnalisés pour les pilotes et les professionnels de l'aviation.

• Briefings Météorologiques de l'Aviation : Les pilotes peuvent obtenir des briefings météorologiques complets auprès de stations de services de vol certifiées (FSS) ou de stations de services de vol automatisées (AFSS) avant le vol. Ces briefings incluent les conditions météorologiques actuelles, les prévisions, les NOTAM (Notices aux Aviateurs), les SIGMET (Informations Météorologiques Significatives), et d'autres informations pertinentes pour l'itinéraire de vol prévu. Les briefings peuvent être obtenus par téléphone, radio, ou via des plateformes en ligne telles que DUATS (Direct User Access Terminal System) aux États-Unis.

• Produits Météorologiques de l'Aviation : Les agences météorologiques et les autorités de l'aviation produisent une variété de produits météorologiques spécifiquement conçus pour l'aviation. Ces produits comprennent :

- METARs (Rapports Météorologiques de Routine de l'Aviation) : Observations des conditions météorologiques actuelles aux aéroports et aérodromes.

- TAFs (Prévisions des Aérodromes Terminaux) : Prévisions des conditions météorologiques dans des aéroports spécifiques pour les 24 à 30 prochaines heures.

- SIGMETs (Informations Météorologiques Significatives) : Avis sur les phénomènes météorologiques significatifs affectant la sécurité de l'aviation.

- Cartes Météorologiques Graphiques : Cartes et graphiques représentant les caractéristiques météorologiques telles que les fronts, les systèmes de pression, et les turbulences.

- ○ Imagerie Radar et Satellite : Images en temps réel des précipitations, de la couverture nuageuse, et d'autres phénomènes météorologiques capturées par les radars et les capteurs satellites.

- Stations Météorologiques Automatiques : De nombreux aéroports et aérodromes sont équipés de Systèmes Automatisés d'Observation Météorologique (AWOS) ou de Systèmes Automatisés d'Observation de Surface (ASOS) qui fournissent des mises à jour continues des conditions météorologiques. Les pilotes peuvent accéder à ces observations via des fréquences radio ou des plateformes en ligne.

- Services d'Abonnement : Certains fournisseurs de services météorologiques de l'aviation proposent des services basés sur abonnement qui fournissent des informations météorologiques améliorées, des modèles de prévision avancés, et des alertes météorologiques personnalisées adaptées à des opérations de vol spécifiques ou à des zones géographiques particulières.

En utilisant ces canaux, les pilotes et les professionnels de l'aviation peuvent accéder aux dernières informations météorologiques pour prendre des décisions éclairées et assurer la sécurité des opérations de vol. Les rapports météorologiques de l'aviation visent à fournir des représentations précises des conditions météorologiques actuelles. Ces rapports sont régulièrement mis à jour et se présentent sous différents types, tels que les METARs et les PIREPs. Pour accéder à un rapport météorologique aux États-Unis, visitez http://www.aviationweather.gov/ et en Australie sur http://www.bom.gov.au/aviation/observations/metar-speci/.

Le rapport météorologique d'aviation ordinaire, abrégé en METAR, sert de description détaillée des conditions météorologiques actuelles en surface, présentée dans un format international standardisé. Ces rapports sont généralement émis à intervalles réguliers, sauf si des changements météorologiques significatifs nécessitent l'émission d'un rapport METAR spécial (SPECI). Par exemple, un rapport METAR pour l'aéroport du comté de Gregg pourrait ressembler à ceci [45]:

METAR KGGG 161753Z AUTO 14021G26KT 3/4SM +TSRA BR BKN008 OVC012CB 18/17 A2970 RMK PRESFR.

Explorons les composantes typiques d'un rapport METAR :

1. Type de Rapport : Les rapports METAR sont classés en rapports ordinaires, transmis à intervalles réguliers, et en rapports spéciaux (SPECI) pour des mises à jour immédiates sur les conditions météorologiques changeantes rapidement ou des informations critiques.

2. Identifiant de la Station : Ce code de quatre lettres, établi par l'Organisation de l'Aviation Civile Internationale (OACI), identifie de manière unique la station de rapport. Par exemple, l'aéroport du comté de Gregg à Longview, Texas, est identifié comme "KGGG".

3. Date et Heure du Rapport : Représentées par un groupe de six chiffres, où les deux premiers chiffres représentent la date et les quatre derniers indiquent l'heure en temps universel coordonné (UTC). Le "Z" ajouté indique l'heure Zulu (UTC).

4. Modificateur : Indique si le rapport est automatisé (AUTO) ou corrigé (COR). La présence de "AO1" ou "AO2" dans la section des remarques indique le type de capteurs de précipitations utilisés.

5. Vent : Rapporté avec la direction, la vitesse et les rafales. Les vents variables sont notés "VRB", et les vents rafales sont indiqués avec un "G" suivi de la rafale maximale enregistrée.

6. Visibilité : La visibilité prédominante est rapportée en milles terrestres (SM), souvent accompagnée de la portée visuelle de piste (RVR) pour la référence des pilotes.

7. Météo : Décrit les phénomènes météorologiques, y compris l'intensité, la proximité et les descripteurs. Cela peut inclure les types de précipitations, les obscurcissements et d'autres conditions atmosphériques.

8. Condition du Ciel : Rapporte la couverture nuageuse, la hauteur et le type. Les hauteurs des nuages sont données en centaines de pieds au-dessus du niveau du sol (AGL).

9. Température et Point de Rosée : Donnés en degrés Celsius, avec les températures inférieures à zéro indiquées par la lettre "M" pour moins.

10. Réglage de l'Altimètre : Lecture de la pression barométrique en pouces de mercure ("Hg), généralement précédée de la lettre "A".

11. Heure Zulu : Indique l'heure en temps universel coordonné (UTC), couramment utilisée en aviation.

12. Remarques : Contient des informations supplémentaires, telles que des données sur le vent, des variations de visibilité et des phénomènes météorologiques notables. Les remarques commencent souvent par "RMK" et peuvent inclure des avis de maintenance de l'équipement.

Dans l'exemple fourni, le rapport METAR pour l'aéroport du comté de Gregg décrit divers paramètres météorologiques, y compris la vitesse du vent, la visibilité, les précipitations, la couverture nuageuse, la température et la pression barométrique.

Considérons un exemple de rapport METAR pour l'aéroport de Sydney (KSYD) en Australie :

METAR KSYD 221200Z AUTO 18010KT 10SM SCT030 BKN050 25/18 Q1015 NOSIG

Explication :

- METAR : Indique qu'il s'agit d'un rapport météorologique ordinaire.

- KSYD : Identifiant de la station pour l'aéroport de Sydney.

- 221200Z : Date et heure du rapport, où "22" représente le jour du mois, "1200Z" indique l'heure en temps universel coordonné (UTC).

- AUTO : Indique que le rapport provient d'une source automatisée.

- 18010KT : Vent du sud (180 degrés) à 10 nœuds.

- 10SM : Visibilité de 10 milles marins.

- SCT030 BKN050 : Condition du ciel avec des nuages épars à 3000 pieds et des nuages fragmentés à 5000 pieds.

- 25/18 : Température de 25 degrés Celsius et point de rosée de 18 degrés Celsius.

- Q1015 : Réglage de l'altimètre à 1015 hectopascals.

- NOSIG : Aucun changement significatif n'est prévu dans les conditions météorologiques à court terme.

Et plus loin, un exemple de rapport METAR pour l'aéroport international Indira Gandhi (VIDP) à New Delhi, en Inde :

METAR VIDP 221500Z 07008KT 5000 HZ SCT020 BKN080 33/24 Q1008 NOSIG

Explication :

- METAR : Indique qu'il s'agit d'un rapport météorologique ordinaire.

- VIDP : Identifiant de la station pour l'aéroport international Indira Gandhi.

- 221500Z : Date et heure du rapport, où "22" représente le jour du mois, "1500Z" indique l'heure en temps universel coordonné (UTC).

- 07008KT : Vent de l'est-nord-est (070 degrés) à 8 nœuds.

- 5000 : Visibilité de 5000 mètres.

- HZ : Du brouillard est présent.

- SCT020 BKN080 : Condition du ciel avec des nuages épars à 2000 pieds et des nuages fragmentés à 8000 pieds.

- 33/24 : Température de 33 degrés Celsius et point de rosée de 24 degrés Celsius.

- Q1008 : Réglage de l'altimètre à 1008 hectopascals.

- NOSIG : Aucun changement significatif n'est prévu dans les conditions météorologiques à court terme.

Les rapports METAR pour les aéroports en Inde peuvent être consultés via diverses sources, notamment :

1. Site web du Département météorologique de l'Inde (IMD) : L'IMD fournit des services météorologiques en Inde et propose l'accès aux rapports METAR pour les aéroports à travers le pays sur leur site web.

2. Services météorologiques de l'aviation : Les services météorologiques de l'aviation en Inde peuvent également fournir l'accès aux rapports METAR via leurs

plateformes ou sites web. Ces services sont spécifiquement destinés à l'industrie de l'aviation et offrent des informations météorologiques complètes pour les pilotes et autres professionnels de l'aviation.

3. Applications mobiles : Il existe plusieurs applications mobiles disponibles pour smartphones qui fournissent un accès aux informations météorologiques en temps réel, y compris les rapports METAR. Ces applications permettent souvent aux utilisateurs de rechercher des aéroports spécifiques et de visualiser les rapports METAR ainsi que d'autres données météorologiques.

4. Autorités de l'aviation : La Direction générale de l'aviation civile (DGCA) ou d'autres autorités de l'aviation pertinentes en Inde peuvent également fournir l'accès aux rapports METAR via leurs sites web officiels ou des portails dédiés aux informations et services liés à l'aviation.

5. Sites web tiers : Il existe divers sites web tiers qui agrègent des données météorologiques à partir de différentes sources, y compris les rapports METAR. Ces sites web peuvent offrir des interfaces conviviales pour accéder aux rapports METAR pour les aéroports en Inde et dans le monde entier.

Et enfin, un rapport METAR pour l'aéroport de Varsovie Chopin (EPWA) à Varsovie, en Pologne :
METAR EPWA 221800Z 28010KT 7000 SCT025 BKN050 10/06 Q1012 NOSIG
Explication :

- METAR : Cela indique qu'il s'agit d'un rapport météorologique ordinaire.

- EPWA : Identifiant de la station pour l'aéroport de Varsovie Chopin.

- 221800Z : Date et heure du rapport, où "22" représente le jour du mois, "1800Z" indique l'heure en temps universel coordonné (UTC).

- 28010KT : Vent venant de l'ouest (280 degrés) à 10 nœuds.

- 7000 : La visibilité est de 7000 mètres.

- SCT025 BKN050 : Condition du ciel avec des nuages épars à 2500 pieds et des nuages fragmentés à 5000 pieds.

- 10/06 : La température est de 10 degrés Celsius, et le point de rosée est de 6 degrés Celsius.

- Q1012 : Réglage de l'altimètre à 1012 hectopascals.

- NOSIG : Aucun changement significatif n'est prévu dans les conditions météorologiques à court terme.

Les rapports METAR pour les aéroports en Europe peuvent être consultés via plusieurs canaux, notamment :

1. Services météorologiques nationaux : Chaque pays européen a généralement son propre service météorologique national responsable de fournir des informations météorologiques, y compris les rapports METAR. Ces services ont souvent des sites web où les rapports METAR peuvent être consultés pour les aéroports dans leur pays respectif.

2. Eurocontrol : Eurocontrol, l'Organisation européenne pour la sécurité de la navigation aérienne, fournit des services centralisés de gestion du trafic aérien à travers l'Europe. Ils peuvent offrir l'accès aux rapports METAR via leur site web ou des portails météorologiques de l'aviation dédiés.

3. Services météorologiques de l'aviation : Divers services météorologiques de l'aviation sont spécifiquement destinés à l'industrie de l'aviation et offrent des informations météorologiques complètes, y compris les rapports METAR, pour les aéroports en Europe. Ces services peuvent fournir un accès via leurs sites web, applications mobiles ou autres plateformes.

4. Sites web des aéroports : Certains aéroports en Europe publient des rapports METAR sur leurs sites web officiels pour la commodité des pilotes et des passagers. Ces rapports sont généralement disponibles sur la page d'informations météorologiques ou opérationnelles de l'aéroport.

5. Applications mobiles : Il existe de nombreuses applications mobiles disponibles pour smartphones qui fournissent un accès aux informations météorologiques en temps réel, y compris les rapports METAR, pour les aéroports en Europe. Ces applications offrent souvent des interfaces conviviales et des fonctionnalités personnalisables pour les pilotes et les passionnés de l'aviation.

6. Autorités de l'aviation : Les autorités de l'aviation nationales dans les pays européens peuvent également fournir l'accès aux rapports METAR via leurs sites web officiels ou des portails dédiés aux informations et services liés à l'aviation.

Les prévisions météorologiques à des fins d'aviation reposent souvent sur des rapports de conditions météorologiques observées pour fournir des prédictions précises pour la même région. Divers produits de prévision sont générés spécifiquement pour la planification de vol [45]. Ceux-ci incluent les Prévisions d'Aérodrome (TAF), les Prévisions de Zone d'Aviation (FA), les Avis de Météo En Vol (SIGMET, AIRMET), et les Prévisions de Vents et de Températures en Altitude (FB).

Un TAF est une prévision émise pour un rayon de cinq milles marins autour d'un aéroport, généralement pour les grands aéroports. Chaque TAF est valable pour une période de 24 ou 30 heures et est mis à jour quatre fois par jour à 0000Z, 0600Z, 1200Z et 1800Z. Le TAF utilise des descripteurs et des abréviations similaires à ceux utilisés dans les rapports METAR. Ces informations sont cruciales pour la planification de vol. Le TAF comprend :

1. Type de rapport : TAF ou TAF AMD (modifié).

2. Identifiant de la station OACI : Le même que celui utilisé dans les rapports METAR.

3. Date et heure d'origine : Données dans un code à six chiffres indiquant la date et l'heure en temps universel coordonné (UTC).

4. Dates et heures de validité de la période : Indiquent le début et la fin de la période de prévision en UTC.

5. Prévision du vent : Direction et vitesse dans un groupe de cinq chiffres.

6. Prévision de visibilité : Donnée en milles marins.

7. Prévision des phénomènes météorologiques significatifs : Phénomènes météorologiques codés de manière similaire aux rapports METAR.

8. Prévision de l'état du ciel : Similaire aux rapports METAR mais ne comprend que les nuages CB.

9. Groupe de changement de prévision : Décrit tous les changements

météorologiques significatifs attendus pendant la période de prévision, indiqués par FM (changement rapide) ou TEMPO (temporaire).

10. PROB30 : Pourcentage décrivant la probabilité d'orages et de précipitations pendant la période de prévision, non applicable pour les 6 premières heures.

Exemple TAF [45] : TAF VABB 111130Z 1112/1212 TEMPO 1112/1114 5SM BR FM1500 16015G25KT P6SM SCT040 BKN250 FM120000 14012KT P6SM BKN080 OVC150 PROB30 1200/1204 3SM TSRA BKN030CB FM120400 1408KT P6SM SCT040 OVC080 TEMPO 1204/1208 3SM TSRA OVC030CB

Explication : TAF de routine pour Mumbai, Inde, émis le 11 du mois à 1130Z, valable pendant 24 heures à partir de 1200Z le 11 jusqu'à 1200Z le 12. Vent de 150° à 12 nœuds, visibilité supérieure à 6 SM, nuages épars à 4 000 pieds, nuages fragmentés à 25 000 pieds. Brume temporaire entre 1200Z et 1400Z. À partir de 1500Z, vent de 160° à 15 nœuds, rafales jusqu'à 25 nœuds, visibilité supérieure à 6 SM, nuages épars à 4 000 pieds, nuages fragmentés à 25 000 pieds. Probabilité d'orages avec averses modérées de pluie de 1200Z à 0400Z avec nuages fragmentés à 3 000 pieds et nuages cumulonimbus. Vent de 140° à 8 nœuds à partir de 0400Z, visibilité supérieure à 6 milles, nuages épars à 4 000 pieds, couvert à 8 000 pieds. Orages temporaires avec averses modérées de pluie entre 0400Z et 0800Z avec couverture nuageuse à 3 000 pieds et nuages cumulonimbus. Fin du rapport.

Voici un exemple de TAF et son explication pour une ville européenne :

Exemple TAF : TAF EHAM 220505Z 2206/2312 18008KT 9999 BKN025 TEMPO 2206/2209 4000 -DZ BR BKN008 BECMG 2209/2212 9999 SCT030 BECMG 2216/2219 6000 BKN012 TEMPO 2303/2307 4000 -RA BR BKN008 BECMG 2308/2311 9999 SCT018

Explication : Ce TAF est pour l'Aéroport d'Amsterdam Schiphol (EHAM) émis le 22 du mois à 0505Z, valable du 22 à 0600Z jusqu'au 23 à 1200Z.

- Vent : Du 180 degrés à 8 nœuds.

- Visibilité : 10 kilomètres ou plus (9999).

- Nuages : Nuages fragmentés à 2 500 pieds au-dessus du niveau du sol (BKN025).

- Conditions Temporaires (TEMPO) : Entre 0600Z et 0900Z, des conditions temporaires sont attendues avec une visibilité réduite à 4 kilomètres, de légères bruines (-DZ), du brouillard (BR) et des nuages fragmentés à 800 pieds (BKN008).

- Devenir (BECMG) : Entre 0900Z et 1200Z, les conditions devraient s'améliorer avec une visibilité revenant à 10 kilomètres ou plus et des nuages épars à 3 000 pieds (SCT030).

- Devenir (BECMG) : Entre 1600Z et 1900Z, les conditions devraient se détériorer avec une visibilité réduite à 6 kilomètres et des nuages fragmentés à 1 200 pieds (BKN012).

- Conditions Temporaires (TEMPO) : Entre 0300Z et 0700Z le 23, des conditions temporaires sont attendues avec une visibilité réduite à 4 kilomètres, de légères pluies (-RA), du brouillard (BR) et des nuages fragmentés à 800 pieds (BKN008).

- Devenir (BECMG) : Entre 0800Z et 1100Z le 23, les conditions devraient à nouveau s'améliorer avec une visibilité revenant à 10 kilomètres ou plus et des nuages épars à 1 800 pieds (SCT018).

Cette prévision fournit des informations cruciales pour les pilotes planifiant des vols vers ou depuis l'aéroport d'Amsterdam Schiphol, leur permettant d'anticiper les changements dans les conditions météorologiques au cours de la période de prévision.

Les alertes d'Informations Météorologiques Significatives (SIGMET) Convectives sont diffusées pour avertir les pilotes des conditions météorologiques graves associées aux orages. Ces alertes sont émises lorsque les vents de surface dépassent 50 nœuds, lorsque de la grêle d'au moins ¾ de pouce de diamètre est observée à la surface, ou lorsqu'il y a des tornades. De plus, elles sont émises pour informer les pilotes des orages imbriqués, des lignes d'orages, ou des orages avec des précipitations fortes ou intenses affectant une partie significative (40% ou plus) d'une région couvrant 3 000 miles carrés ou plus. Les pilotes de drones bénéficieront de ces avis météorologiques lors de la planification de leurs vols.

Exemple de SIGMET :

SIGMET LSJH VALIDE 051830/052230 LSJH- SIGMET 01 VALIDE 051830/052230 LSJH LJLX- LJLX SIGMET 01 VALIDE 051830/052230 OVRBLD ACT CONVECTIVE INVOF STNRY FNT AFFECTANT LA ZONE=

Explication : Ce SIGMET, émis pour LSJH (une ville européenne hypothétique), est valable de 1830 UTC le 5 jusqu'à 2230 UTC le 5. Il indique des informations météorologiques significatives sur l'activité convective. L'activité convective est associée à une convection surdéveloppée à proximité d'un front stationnaire, affectant la zone spécifiée. Les pilotes dans cette région doivent faire preuve de prudence car des conditions météorologiques graves telles que des orages peuvent être présentes, impactant la sécurité et la navigation des vols.

Les pilotes de Drones peuvent accéder aux SIGMETs par divers canaux pour rester informés des informations météorologiques significatives qui peuvent impacter leurs vols. Voici comment ils peuvent accéder aux SIGMETs :

1. Sites Web Météorologiques de l'Aviation : De nombreux sites web météorologiques de l'aviation fournissent l'accès aux SIGMETs ainsi qu'à d'autres informations météorologiques pertinentes. Les pilotes peuvent visiter ces sites web pour consulter les SIGMETs concernant leur zone d'exploitation. Des sites tels que le Centre Météorologique de l'Aviation (AWC) aux États-Unis ou le site web de l'Agence Européenne de la Sécurité Aérienne (AESA) pour l'Europe offrent généralement des informations sur les SIGMETs.

2. Applications Météorologiques : Il existe plusieurs applications météorologiques conçues spécifiquement pour les pilotes, qui incluent des données SIGMET parmi d'autres informations météorologiques. Ces applications fournissent souvent des mises à jour en temps réel et des notifications sur les SIGMETs affectant la zone d'exploitation du pilote.

3. Autorités de l'Aviation Officielles : Les pilotes de drones peuvent également obtenir les SIGMETs directement auprès des autorités de l'aviation officielles ou des agences responsables des services météorologiques. Ces autorités publient souvent les SIGMETs sur leurs sites web ou les distribuent via des abonnements par e-mail ou d'autres canaux de communication.

4. Briefings Météorologiques de l'Aviation : Avant les opérations de vol, les pilotes de drones peuvent demander des briefings météorologiques de l'aviation auprès de sources de briefings météorologiques certifiées. Ces briefings comprennent des SIGMETs ainsi que d'autres informations météorologiques pertinentes adaptées à l'itinéraire et à la zone opérationnelle du pilote.

5. NOTAMs : Les Avis aux Aviateurs (NOTAMs) comprennent parfois des informations sur les SIGMETs affectant des régions spécifiques. Les pilotes de drones doivent vérifier les NOTAMs pour tout avis lié aux SIGMETs applicable à leur zone de vol.

Explication : En utilisant ces ressources, les pilotes de drones peuvent accéder aux SIGMETs et rester informés des phénomènes météorologiques significatifs qui pourraient affecter leurs opérations, leur permettant ainsi de prendre des décisions éclairées et d'assurer la sécurité des vols.

Maintenir une conscience des conditions météorologiques actuelles et prévues est crucial pour des opérations de drones sûres. Pour ce faire efficacement, il est important d'accéder à des sources météorologiques fiables. Utilisez des sources réputées telles que les agences météorologiques officielles, les services météorologiques de l'aviation et les sites Web ou applications de prévisions météorologiques. Ces sources fournissent des informations à jour et précises pertinentes pour les opérations de drones.

Avant de commencer le vol, il est essentiel de surveiller les conditions météorologiques actuelles à l'emplacement du drone et le long de son trajet de vol prévu. Portez une attention particulière à des facteurs tels que la vitesse et la direction du vent, la visibilité, la température, l'humidité et les précipitations. Cette étape garantit que vous avez une compréhension claire de l'environnement météorologique immédiat.

En plus de surveiller les conditions actuelles, restez informé des prévisions météorologiques pour la durée du vol prévu. Examinez à la fois les prévisions à court terme et à long terme, en recherchant des changements anticipés dans les schémas météorologiques tels que les orages, les vents forts, le brouillard ou d'autres conditions défavorables.

Les rapports météorologiques spécifiques à l'aviation tels que les METAR (Rapports Météorologiques Routiniers pour l'Aviation) et les TAF (Prévisions d'Aérodrome Terminales) fournissent des informations détaillées adaptées aux besoins de l'aviation. Accédez à ces rapports pour obtenir des données essentielles sur le vent, la visibilité, la couverture nuageuse et d'autres paramètres pertinents pour le vol de drone.

Gardez un œil sur les alertes météorologiques, les avertissements et les avis émis par les autorités météorologiques. Ces notifications mettent en évidence des événements ou des dangers météorologiques importants qui pourraient avoir un impact sur les opérations de drone, tels que des tempêtes sévères, des vents forts ou des restrictions d'espace aérien.

Intégrez l'évaluation météorologique dans votre liste de vérification pré-vol. Évaluez comment les conditions météorologiques actuelles et prévues peuvent affecter les performances du drone, la stabilité du vol et la sécurité. Tenez compte de facteurs tels que la vitesse du vent, les rafales, les extrêmes de température et les précipitations.

Restez flexible et soyez prêt à ajuster votre plan opérationnel en fonction de l'évolution des conditions météorologiques. Si les conditions se détériorent ou deviennent dangereuses pour le vol de drone, reportez ou annulez la mission jusqu'à ce que les conditions s'améliorent. La sécurité doit toujours primer sur la réalisation des objectifs opérationnels.

Maintenez une conscience continue des conditions météorologiques tout au long du vol. Surveillez les mises à jour météorologiques et les changements en temps réel, surtout pour les vols de longue durée. Utilisez des outils de surveillance météorologique embarqués si disponibles pour suivre les conditions pendant le vol.

Enfin, développez des plans de contingence pour les événements météorologiques imprévus ou les urgences. Identifiez des itinéraires de vol alternatifs, des sites d'atterrissage de secours ou des procédures d'urgence pour atténuer les risques associés aux conditions météorologiques défavorables. En surveillant constamment les conditions météorologiques et en ajustant les plans opérationnels en conséquence, les opérateurs de drones peuvent améliorer la sécurité et atténuer l'impact des conditions météorologiques adverses sur leurs vols.

Préparation du Profil de Perte de Liaison et de l'Itinéraire

Une perte de liaison avec un drone fait référence à la perte de communication entre le drone et son opérateur ou sa station de contrôle au sol. Cette perte de connexion peut survenir pour diverses raisons, notamment des problèmes techniques, des interférences de signal ou des facteurs environnementaux. Lorsqu'un drone subit une perte de liaison, il peut ne plus recevoir de commandes de l'opérateur, ce qui rend difficile, voire impossible, son contrôle à distance.

Dans certains cas, les drones sont équipés de mécanismes de secours qui sont activés lorsqu'une perte de liaison est détectée. Ces mécanismes peuvent inclure des fonctionnalités telles que des fonctions de retour automatique au point de départ, où le drone navigue de manière autonome vers son point de décollage, ou des protocoles de sécurité prédéfinis pour minimiser le risque d'accidents.

Le terme "perte de liaison" souligne l'importance cruciale de maintenir la communication entre l'opérateur et le drone pendant les opérations de vol. Perdre cette liaison peut poser des défis et des risques importants, notamment dans les scénarios où le drone vole au-dessus de zones peuplées ou de lieux sensibles. Par conséquent, les opérateurs de drones doivent avoir des plans de contingence et des procédures en place pour atténuer l'impact d'une perte de liaison et assurer le fonctionnement sûr de leurs drones.

Préparer un profil de perte de liaison et un plan d'itinéraire est essentiel pour maintenir la sécurité et le contrôle en cas de perte de liaison entre l'opérateur de drone et le drone lui-même. Voici comment procéder :

1. Définir le Profil de Perte de Liaison : Commencez par définir un profil de perte de liaison complet spécifiant les actions à entreprendre en cas de défaillance de communication. Ce profil devrait inclure des procédures étape par étape pour différents scénarios, tels qu'une perte totale de communication ou une perte de signal intermittente.

2. Procédures d'Urgence : Définissez des procédures d'urgence pour reprendre le contrôle ou récupérer le drone en toute sécurité en cas de perte de liaison. Cela peut impliquer l'activation des modes de secours, le déclenchement des fonctions de retour au point de départ, ou le pilotage manuel du drone vers un endroit sûr si possible.

3. Options d'Itinéraire de Contingence : Établissez des options d'itinéraire alternatives que le drone peut suivre de manière autonome en cas de perte de liaison. Ces itinéraires devraient prioriser la sécurité et la conformité aux réglementations de l'espace aérien. Identifiez des points de passage spécifiques ou des trajectoires de vol que le drone peut suivre pour minimiser les risques pour les personnes, les biens et les autres aéronefs.

4. Valider les Procédures : Testez et validez les procédures de perte de liaison et les options d'itinéraire dans un environnement contrôlé pour vous assurer qu'elles fonctionnent comme prévu. Effectuez des vols simulés avec des pannes de communication simulées pour vérifier l'efficacité des plans de contingence.

5. Protocoles de Sécurité et Conformité : Assurez-vous que les procédures développées et les options d'itinéraire sont conformes aux protocoles de sécurité et aux exigences réglementaires établies par les autorités de l'aviation. Tenez compte de facteurs tels que les restrictions d'espace aérien, les limites d'altitude et les mesures d'évitement de collision pour atténuer les risques potentiels.

6. Formation des Opérateurs : Fournissez une formation complète aux opérateurs de drone sur la manière d'exécuter efficacement les procédures de perte de liaison et les options d'itinéraire de contingence. Mettez l'accent sur l'importance de rester calme et de suivre les protocoles établis lors de situations d'urgence.

7. Documentation et Révision : Documentez le profil de perte de liaison et le plan d'itinéraire, y compris toutes les mises à jour ou révisions apportées lors des tests ou de l'expérience opérationnelle. Révisez et mettez à jour périodiquement les procédures en fonction des retours, des changements de réglementation ou des avancées technologiques.

8. Communication d'Urgence : Établissez des protocoles de communication avec les autorités compétentes, tels que le contrôle de la circulation aérienne ou les services d'urgence locaux, en cas d'incident de perte de liaison présentant un risque pour la sécurité des opérations aériennes ou au sol.

En développant un profil de perte de liaison complet et un plan d'itinéraire, les opérateurs de drones peuvent gérer efficacement les défaillances de communication et assurer le fonctionnement sûr des drones dans divers scénarios. La formation régulière, les tests et le respect des protocoles de sécurité sont essentiels pour maintenir la préparation et la réactivité lors de situations d'urgence.

IMPACTS DE LA MÉTÉO SUR LES VOLS DE DRONES

Considérons maintenant les facteurs influençant les performances des aéronefs, comprenant le poids de l'aéronef, les conditions atmosphériques, l'environnement de la piste et les lois physiques fondamentales régissant les forces aéronautiques. Parmi ces facteurs, les caractéristiques atmosphériques, en particulier la pression et la température, exercent une influence significative.

Altitude de densité

L'altitude de densité émerge comme un concept critique dans la compréhension des performances aérodynamiques dans l'atmosphère non standard. Elle représente l'altitude dans l'atmosphère standard correspondant à une valeur de densité d'air spécifique. Les performances des aéronefs sont directement corrélées à la densité de l'air : lorsque la densité de l'air augmente (altitude de densité plus basse), les performances s'améliorent, tandis qu'une diminution de la densité de l'air (altitude de densité plus élevée) diminue les performances [45]. Cette altitude impacte directement les opérations aériennes et est façonnée par l'altitude, les variations de température et d'humidité.

L'altitude de densité est un concept fondamental en aviation qui joue un rôle crucial dans la compréhension des performances aérodynamiques, notamment dans des conditions atmosphériques non standard. Elle fait référence à l'altitude hypothétique dans l'atmosphère standard où la densité de l'air correspond à une valeur spécifique à l'altitude réelle. En termes simples, l'altitude de densité indique l'altitude à laquelle la densité de l'air est équivalente à celle de l'air au lieu actuel, mais dans une atmosphère standard.

Les performances des aéronefs sont significativement influencées par la densité de l'air. Généralement, à mesure que la densité de l'air augmente, les performances des aéronefs s'améliorent, et à mesure que la densité de l'air diminue, les performances des aéronefs diminuent. Par conséquent, l'altitude de densité sert d'indicateur clé de l'impact des conditions atmosphériques sur les opérations aériennes.

Plusieurs facteurs contribuent à la détermination de l'altitude de densité :

1. Altitude : L'altitude réelle au-dessus du niveau de la mer affecte la densité de l'air. À mesure que l'altitude augmente, la densité de l'air diminue, entraînant une altitude de densité plus élevée. Inversement, des altitudes plus basses résultent en une densité de l'air plus élevée et des altitudes de densité plus basses.

2. Température : Les variations de température affectent la densité de l'air. Les températures plus élevées font que les molécules d'air se dispersent, réduisant la densité de l'air, tandis que les températures plus basses augmentent la densité de l'air. Par conséquent, des températures plus élevées entraînent des altitudes de densité plus élevées, et des températures plus basses conduisent à des altitudes de densité plus basses.

3. Humidité : Bien que l'effet de l'humidité sur la densité de l'air soit relativement mineur par rapport à l'altitude et à la température, il joue néanmoins un rôle. L'air humide est moins dense que l'air sec car les molécules de vapeur d'eau déplacent les molécules d'air. Par conséquent, des niveaux d'humidité plus élevés contribuent à une densité de l'air plus basse et à des altitudes de densité plus élevées, tandis que des niveaux d'humidité plus bas augmentent la densité de l'air et réduisent les altitudes de densité.

Comprendre l'altitude densité est essentiel pour les pilotes car elle affecte directement les performances des aéronefs. Les altitudes densité plus élevées diminuent la puissance du moteur, réduisent la portance de l'aéronef et augmentent les distances de décollage et d'atterrissage. Les pilotes doivent tenir compte de l'altitude densité lors de la planification des vols, surtout dans les régions montagneuses ou par temps chaud, pour garantir des opérations aériennes sûres et efficaces. En tenant compte de l'altitude densité ainsi que d'autres facteurs tels que la température, la pression et l'humidité, les pilotes peuvent prendre des décisions éclairées pour optimiser les performances de vol et la sécurité.

L'altitude densité impacte les drones de manière similaire aux avions habités, bien qu'avec quelques nuances. L'altitude densité affecte les drones de la manière suivante :

1. Performance en vol : Tout comme les avions habités, les drones subissent des changements de performances en fonction de l'altitude densité. Les altitudes densité plus élevées, généralement associées à des altitudes plus élevées, des températures plus chaudes et une pression atmosphérique plus basse, entraînent une diminution de la densité de l'air. Cette réduction de la densité de l'air affecte les performances aérodynamiques du drone, y compris sa capacité de portance, sa maniabilité et sa stabilité. Les drones peuvent avoir du mal à générer une portance suffisante pour maintenir l'altitude ou à effectuer des manœuvres efficaces dans des conditions d'altitude densité élevée.

2. Performance de la batterie : L'altitude densité peut également affecter les performances des batteries de drone. Dans des environnements à haute altitude densité, où l'air est moins dense et les températures peuvent être élevées, les batteries de drone peuvent subir un stress accru et une efficacité réduite. Les températures élevées peuvent entraîner une dégradation plus rapide des batteries et réduire leur capacité globale, entraînant des temps de vol plus courts et des performances diminuées.

3. Moteur et système de propulsion : Le moteur et le système de propulsion d'un drone sont impactés par les variations d'altitude densité. Dans des conditions d'altitude densité élevée, où l'air est moins dense, les moteurs de drone peuvent avoir besoin de travailler davantage pour générer la poussée nécessaire au vol. Cette charge de travail accrue peut entraîner des températures moteur plus élevées, une consommation d'énergie accrue et des problèmes de surchauffe potentiels. À l'inverse, dans des conditions d'altitude densité faible, où l'air est plus dense, les moteurs peuvent fonctionner de manière plus efficace, mais les drones peuvent toujours rencontrer des défis liés à la régulation de la température et à la performance de la batterie.

4. Stabilité en vol : Les variations d'altitude densité peuvent affecter la stabilité du vol de drone. Dans des environnements d'altitude densité élevée, où la densité de l'air est réduite, les drones peuvent connaître une stabilité réduite en raison de changements dans les forces aérodynamiques et les conditions de vent. Cette diminution de la stabilité peut rendre plus difficile le contrôle précis du drone,

surtout lors de manœuvres ou dans des conditions de vent cisaillant. Les pilotes doivent tenir compte de ces problèmes de stabilité lors du pilotage de drones dans des environnements d'altitude densité élevée pour garantir un fonctionnement sûr et précis.

Dans l'ensemble, l'altitude densité impacte les drones en influençant leurs performances en vol, l'efficacité des batteries, le fonctionnement des moteurs et la stabilité en vol. Les pilotes doivent tenir compte des variations d'altitude densité lors de la planification des vols de drones, surtout dans les régions montagneuses, les environnements à haute température ou les zones avec des changements significatifs de pression atmosphérique, pour optimiser les performances des drones et garantir des opérations sûres et efficaces.

La pression joue un rôle crucial dans la dynamique de la densité de l'air. Lorsque l'air, en tant que gaz, est comprimé, il occupe un volume plus petit, augmentant ainsi sa densité. À l'inverse, une pression réduite dilate l'air, diminuant sa densité. La densité reste directement proportionnelle à la pression, avec une pression doublée entraînant une densité doublée, ce qui est vrai à température constante.

La pression est un facteur fondamental influençant la densité de l'air, qui à son tour affecte divers aspects de l'aviation et de la dynamique atmosphérique. Comprendre la relation entre la pression et la densité de l'air est crucial pour les pilotes, les météorologistes et les passionnés d'aviation.

L'air, en tant que gaz, est hautement compressible. Lorsque l'air est soumis à une pression, il répond en se comprimant ou en se dilatant pour occuper l'espace disponible. Ce comportement est régi par la loi des gaz parfaits, qui stipule que la pression d'un gaz est directement proportionnelle à sa température et à sa densité, à condition que le volume reste constant.

Lorsque l'air est comprimé, comme dans un système de haute pression ou par des forces externes telles que le mouvement descendant associé à la subsidence, il devient plus dense. En d'autres termes, une plus grande masse d'air est emballée dans un volume plus petit, entraînant une augmentation de la densité de l'air. Ce phénomène est particulièrement évident près de la surface de la Terre, où la pression atmosphérique est la plus élevée.

Inversement, une pression réduite, comme observée dans les systèmes de basse pression ou à des altitudes plus élevées, provoque l'expansion de l'air. Avec moins de pression exercée sur les molécules d'air, elles se répandent sur un volume plus grand, entraînant une diminution de la densité de l'air. Cette diminution de la densité est un facteur significatif contribuant aux défis du vol en haute altitude, où les aéronefs rencontrent de l'air plus mince et une portance réduite.

La relation entre la pression et la densité de l'air est directement proportionnelle, ce qui signifie que les changements de pression entraînent des changements correspondants dans la densité de l'air. Si la pression est doublée, la densité de l'air double également, en supposant une température et un volume constants. De même, une diminution de la pression entraîne une diminution proportionnelle de la densité de l'air.

Cependant, il est important de noter que la relation entre la pression et la densité est vraie uniquement dans des conditions de température constante, comme le stipule la loi des gaz parfaits. Les changements de température peuvent modifier la densité de l'air indépendamment des variations de pression. Par conséquent, lorsqu'on considère l'impact de la pression sur la densité de l'air, il est essentiel de tenir compte également des changements de température.

La pression joue un rôle crucial dans la gouvernance de la dynamique de la densité de l'air. Comprendre comment les changements de pression affectent la densité de l'air est essentiel pour prédire le comportement atmosphérique, analyser les modèles météorologiques et optimiser les performances des aéronefs dans différentes conditions de vol.

L'impact de la pression sur les drones est significatif et multifacette, influençant divers aspects de leurs performances et de leur fonctionnement. Voici comment la dynamique de la pression affecte les drones :

1. Performance en vol : Les variations de pression impactent directement la densité de l'air, affectant les performances aérodynamiques des drones. Dans des conditions de haute pression, où la densité de l'air augmente, les drones peuvent bénéficier d'une portance et d'une stabilité accrues grâce à un air plus dense fournissant plus de portance. À l'inverse, dans des conditions de basse pression, comme en altitude, une densité d'air réduite peut entraîner une diminution de la portance et des défis de performance pour les drones.

2. Capacité d'altitude : Les drones dépendent de la portance générée par leurs rotors pour rester en vol. Avec la diminution de la pression en altitude, la densité de l'air diminue également, rendant plus difficile pour les drones de générer de la portance. Cela limite la capacité en altitude des drones, car ils peuvent avoir du mal à maintenir la stabilité et le contrôle du vol dans l'air rare aux altitudes plus élevées.

3. Performance de la batterie : Les variations de pression peuvent affecter indirectement les performances de la batterie des drones. Dans des conditions de haute pression, où la densité de l'air est plus élevée, les drones peuvent rencontrer une traînée aérodynamique accrue, nécessitant plus de puissance pour maintenir le vol. Cela peut entraîner une décharge de la batterie plus rapide et une endurance de vol réduite. À l'inverse, dans des conditions de basse pression, les drones peuvent rencontrer moins de traînée et économiser plus efficacement l'énergie de la batterie.

4. Adaptabilité aux conditions météorologiques : Comprendre les schémas de pression est essentiel pour les pilotes de drones afin d'anticiper les changements météorologiques et d'adapter leurs plans de vol en conséquence. Les systèmes de haute pression apportent généralement des conditions météorologiques stables avec ciel dégagé et vents légers, offrant des conditions de vol optimales pour les drones. En revanche, les systèmes de basse pression indiquent souvent un temps incertain, tel que des tempêtes, des vents forts et des turbulences, posant des risques pour l'opération des drones.

5. Planification des vols : Les pilotes doivent tenir compte des variations de pression lors de la planification des missions de drones, notamment lorsqu'ils opèrent à différentes altitudes ou dans des régions géographiques diverses. La connaissance des gradients de pression et des tendances de pression atmosphérique aide les pilotes à évaluer la faisabilité et la sécurité de leurs itinéraires de vol prévus, garantissant des performances optimales et réduisant les risques associés aux défis induits par la pression.

La pression est un paramètre atmosphérique fondamental qui influence significativement les performances des drones, leur capacité d'altitude, l'utilisation de la batterie, l'adaptabilité aux conditions météorologiques et la planification des vols. En comprenant la relation entre la pression et la densité de l'air, les opérateurs de drones peuvent prendre des décisions éclairées pour optimiser les opérations de vol et garantir des missions de drone sûres et efficaces dans diverses conditions environnementales.

La température sert également de déterminant de la densité de l'air. Une augmentation de la température diminue la densité, tandis qu'une diminution l'augmente inversement. Cette relation inverse est vraie sous pression constante. Malgré des effets contradictoires, la diminution de la pression avec l'altitude l'emporte généralement sur l'impact de la température, entraînant une diminution de la densité avec l'altitude croissante.

La température exerce une influence significative sur la densité de l'air, jouant un rôle crucial dans la dynamique atmosphérique et les opérations aéronautiques. Voici une explication détaillée de la manière dont la température affecte la densité de l'air :

1. Température et mouvement moléculaire : La température est une mesure de l'énergie cinétique moyenne des molécules dans une substance. Lorsque la température de l'air augmente, les molécules qui le composent gagnent en énergie et se déplacent de manière plus vigoureuse, augmentant leur vitesse et leur énergie cinétique. À l'inverse, une diminution de la température entraîne une réduction du mouvement moléculaire et une baisse de l'énergie cinétique.

2. Effet sur la densité : La densité d'un gaz est déterminée par la masse de ses molécules et l'espace qu'elles occupent. Dans l'air plus chaud, où les molécules se déplacent plus rapidement et entrent en collision plus fréquemment, l'air devient moins dense car les molécules sont plus dispersées. Cela est analogue à l'augmentation du volume tout en maintenant la masse constante, ce qui entraîne une diminution de la densité.

3. Relation inverse : Il existe une relation inverse entre la température et la densité de l'air dans des conditions de pression constante. Lorsque la température augmente, la densité de l'air diminue, et inversement, lorsque la température baisse, la densité de l'air augmente. Cette relation est vraie tant que la pression reste constante.

4. Impact sur l'aviation : En aviation, les changements de densité de l'air dus aux variations de température ont des implications significatives sur les performances des aéronefs, notamment lors du décollage, de l'atterrissage et de la montée en altitude. L'air plus chaud, avec sa densité plus faible, fournit moins de portance et de performances aérodynamiques, nécessitant des pistes plus longues pour le décollage et des taux de montée réduits. À l'inverse, l'air plus frais offre de meilleures conditions aérodynamiques, améliorant les performances des aéronefs.

5. Variation avec l'altitude : Malgré l'influence de la température sur la densité de l'air, son impact est souvent éclipsé par les changements de pression avec l'alti-

tude. Avec l'augmentation de l'altitude, la pression atmosphérique diminue de manière exponentielle, entraînant une diminution correspondante de la densité de l'air. Bien que la température puisse fluctuer avec l'altitude, la diminution de la pression l'emporte généralement sur ses effets sur la densité, entraînant une diminution nette de la densité de l'air à des altitudes plus élevées.

6. Considérations météorologiques : Les variations de température jouent un rôle crucial dans la formation des modèles météorologiques et la stabilité atmosphérique. Les masses d'air chaud ont tendance à s'élever, conduisant à la formation de nuages convectifs et d'orages, tandis que les masses d'air froid s'enfoncent, favorisant des conditions atmosphériques stables.

Comprendre les gradients de température et leur impact sur la densité de l'air est essentiel pour la prévision météorologique et la sécurité aérienne.

La température agit en tant que déterminant clé de la densité de l'air, influençant les performances des aéronefs, la stabilité atmosphérique et les schémas météorologiques. Sa relation inverse avec la densité, associée aux changements de pression, contribue à la nature dynamique de l'atmosphère terrestre et à ses effets sur les opérations aéronautiques. L'impact de la température sur la densité de l'air affecte considérablement les opérations des drones à différents égards.

Tout d'abord, la température influence directement la génération de portance en affectant la densité de l'air. Dans l'air plus chaud, caractérisé par une densité plus faible due à un mouvement moléculaire accru, les drones rencontrent une capacité de portance réduite. Cela peut entraver leur capacité à monter, à transporter des charges utiles et à manœuvrer efficacement.

Deuxièmement, la performance de la batterie est affectée par les fluctuations de température. Les températures élevées peuvent accélérer les taux de décharge de la batterie et diminuer l'efficacité globale de la batterie. À l'inverse, des températures plus fraîches peuvent améliorer les performances de la batterie en maintenant des conditions de fonctionnement optimales.

Troisièmement, les variations de température impactent l'endurance en vol d'un drone. Les températures plus chaudes peuvent amener les moteurs et les composants électroniques du drone à fonctionner à des températures élevées, entraînant potentiellement une surchauffe et des temps de vol réduits. À l'inverse, des températures plus fraîches peuvent prolonger l'endurance en vol en maintenant des températures de fonctionnement plus basses.

De plus, les changements de densité de l'air dus aux fluctuations de température peuvent influencer la stabilité et le contrôle d'un drone en vol. L'air plus chaud peut entraîner une augmentation de la turbulence et des perturbations atmosphériques, ce qui réduit la stabilité et affecte potentiellement la précision du vol et l'exactitude de la navigation.

Les variations de température méritent également d'être prises en compte dans les scénarios d'altitude. Bien que la température affecte principalement la densité de l'air près de la surface terrestre, elle peut également influencer les opérations des drones à des altitudes plus élevées. À mesure que les drones montent vers des altitudes plus froides, la densité de l'air peut augmenter légèrement, impactant des paramètres tels que la capacité de portance et la stabilité en vol.

De plus, les fluctuations de température sont indicatives de changements dans les schémas météorologiques, y compris les courants convectifs, le cisaillement du vent et la turbulence. Les drones opérant dans des conditions plus chaudes peuvent rencontrer des thermiques et des ascendances, modifiant les trajectoires de vol et la stabilité. À l'inverse, des températures plus froides peuvent offrir des conditions atmosphériques stables, garantissant des expériences de vol plus fluides.

Les opérateurs de drones doivent intégrer les considérations de température dans les processus de planification de vol. Comprendre comment la température influence la densité de l'air et les performances des drones permet aux opérateurs d'anticiper les défis et d'ajuster les paramètres de vol pour des opérations sûres et efficaces.

La température influence significativement les performances des drones, l'efficacité des batteries, l'endurance en vol, la stabilité et les considérations opérationnelles. En tenant compte des variations de température et de leurs effets sur la densité de l'air, les opérateurs de drones peuvent optimiser les opérations de vol et garantir des missions sûres et efficaces [45].

L'humidité, ou contenu en humidité, est un facteur essentiel dans la détermination de la densité de l'air et affecte donc les performances des aéronefs. Tout d'abord, l'humidité dans l'air réduit sa densité. Contrairement à l'air sec, qui se compose uniquement d'azote, d'oxygène et d'autres gaz, l'air humide contient de la vapeur d'eau, plus légère que les autres composants de l'atmosphère. Par conséquent, la masse totale d'air dans un volume donné est réduite lorsque la vapeur d'eau est présente, ce qui entraîne une densité de l'air diminuée.

Deuxièmement, le niveau d'humidité dans l'atmosphère affecte directement la densité de l'air. Des niveaux d'humidité plus élevés indiquent une concentration plus grande de vapeur d'eau dans l'air, ce qui réduit davantage sa densité. À l'inverse, des niveaux d'humidité plus faibles conduisent à un air plus dense, car il y a moins de vapeur d'eau présente pour déplacer les gaz plus lourds.

L'humidité relative est une mesure clé utilisée pour mesurer le contenu en humidité de l'air. Elle représente le rapport entre la quantité de vapeur d'eau présente dans l'air et la quantité maximale de vapeur d'eau que l'air peut contenir à une température et une pression données. L'air plus chaud a une capacité plus élevée à retenir l'humidité, ce qui entraîne des niveaux d'humidité relative plus élevés par rapport à l'air plus frais.

La température joue un rôle crucial dans la détermination de l'humidité relative. Lorsque la température de l'air augmente, sa capacité à retenir l'humidité augmente également, ce qui entraîne des niveaux d'humidité relative plus élevés. À l'inverse, l'air plus frais a une capacité plus faible à retenir l'humidité, ce qui entraîne des niveaux d'humidité relative plus bas.

L'impact de l'humidité sur la densité de l'air est particulièrement significatif pour les performances des aéronefs. Une densité de l'air réduite due à des niveaux d'humidité plus élevés peut affecter négativement la portance des aéronefs, les performances aérodynamiques et l'efficacité du moteur. Un air plus dense fournit une meilleure portance et propulsion pour les aéronefs, tandis qu'un air moins dense peut entraîner des performances réduites et une consommation de carburant accrue.

L'humidité influence la densité de l'air en introduisant de la vapeur d'eau dans l'atmosphère, ce qui diminue la densité de l'air globale. Les niveaux d'humidité relative varient avec la température, l'air plus chaud retenant plus d'humidité. Comprendre la relation entre l'humidité et la densité de l'air est crucial pour les pilotes, les météorologistes et les ingénieurs aéronautiques dans l'évaluation des performances des aéronefs et l'optimisation des opérations de vol.

Bien que l'humidité seule ne soit peut-être pas un facteur primaire dans les calculs d'altitude de densité, elle contribue néanmoins à la prise en compte globale des performances. Ainsi, comprendre ces dynamiques atmosphériques aide à évaluer les performances des aéronefs et à garantir des opérations sûres dans des conditions environnementales variables.

Performance et Poids

La performance fait référence à la capacité d'un aéronef à accomplir des tâches spécifiques essentielles à ses objectifs. Elle englobe divers facteurs cruciaux pour les opérations de vol, notamment les distances de décollage et d'atterrissage, la vitesse de montée, l'altitude maximale, la capacité de charge utile, la portée, la vitesse, la manœuvrabilité, la stabilité et l'efficacité énergétique [45].

Des facteurs tels que le poids, l'altitude et les changements de configuration influencent significativement la performance en montée. La performance en montée dépend de la capacité de l'aéronef à générer un excédent de poussée ou de puissance, tous deux affectés par ces variables.

Le poids joue un rôle particulièrement significatif dans la performance des aéronefs. Une augmentation du poids nécessite un angle d'attaque (AOA) plus élevé pour maintenir une altitude et une vitesse données. Cela entraîne une augmentation de la traînée induite sur les ailes et de la traînée parasite sur l'aéronef, nécessitant une poussée supplémentaire pour compenser. Par conséquent, moins de poussée de réserve est disponible pour la montée. Les concepteurs d'aéronefs donnent la priorité à la réduction du poids pour atténuer son impact négatif sur les paramètres de performance.

Lorsqu'un aéronef prend du poids, cela affecte directement ses caractéristiques aérodynamiques et ses capacités opérationnelles.

L'un des principaux effets de l'augmentation du poids est le besoin d'un angle d'attaque (AOA) plus élevé pour maintenir une altitude et une vitesse constantes en vol. L'angle d'attaque fait référence à l'angle entre la corde de l'aile et la direction de l'écoulement d'air. En augmentant l'angle d'attaque, la portance générée par les ailes compense le poids supplémentaire, permettant à l'aéronef de rester en vol.

Cependant, un angle d'attaque plus élevé entraîne également une augmentation de la traînée induite sur les ailes. La traînée induite est la force de traînée générée en tant que produit dérivé de la production de portance. À mesure que le poids de l'aéronef augmente, les ailes doivent travailler plus dur pour générer la portance nécessaire, entraînant une augmentation de la traînée induite. De plus, la traînée totale subie par l'aéronef, y compris la traînée parasite d'autres composants tels que le fuselage et l'empennage, augmente également avec le poids.

Pour surmonter l'augmentation de la traînée et maintenir la performance, les moteurs de l'aéronef doivent produire une poussée supplémentaire. Cette exigence de poussée supplémentaire réduit le montant de poussée de réserve disponible pour la montée. En d'autres termes, un aéronef plus lourd a moins de poussée excédentaire disponible pour accélérer et monter par rapport à un aéronef plus léger.

Les concepteurs d'aéronefs reconnaissent l'importance cruciale de la gestion du poids dans l'optimisation des paramètres de performance. Ils s'efforcent de minimiser le poids de l'aéronef grâce à diverses stratégies de conception, telles que l'utilisation de matériaux légers, l'optimisation des composants structuraux et l'utilisation de systèmes de propulsion efficaces. En réduisant le poids, les concepteurs peuvent améliorer la performance en montée, la manœuvrabilité, l'efficacité énergétique et la flexibilité opérationnelle globale de l'aéronef.

Les changements de poids ont également un double effet sur la performance en montée. À mesure que l'altitude augmente, la puissance nécessaire pour monter augmente tandis que la puissance disponible diminue. Par conséquent, la performance en montée d'un aéronef diminue avec l'altitude en raison de ces effets combinés sur la dynamique de puissance.

À mesure que l'altitude augmente, plusieurs facteurs entrent en jeu et affectent la dynamique de puissance de l'aéronef. Tout d'abord, la densité de l'air diminue avec l'altitude, ce qui entraîne une diminution des performances du moteur. Les moteurs reçoivent moins d'air riche en oxygène, ce qui réduit leur puissance de sortie. Cette réduction de la puissance disponible affecte la capacité de l'aéronef à monter efficacement.

Simultanément, la puissance nécessaire pour monter augmente avec l'altitude. À mesure que l'aéronef monte, il rencontre une densité d'air plus faible et une génération de portance réduite par les ailes. Pour maintenir un taux de montée constant, les moteurs doivent compenser en produisant plus de poussée, ce qui nécessite une puissance supplémentaire.

Cet effet combiné de diminution de la puissance disponible et d'augmentation de la puissance requise se traduit par une diminution des performances de montée à mesure que l'altitude augmente. Essentiellement, les moteurs de l'aéronef ont du mal à générer une poussée suffisante pour surmonter les forces aérodynamiques agissant contre la montée.

L'altitude à laquelle cette diminution des performances de montée devient perceptible dépend de divers facteurs, notamment le poids de l'aéronef, l'efficacité du moteur, la conception aérodynamique et les conditions atmosphériques. Cependant, en général, à mesure que l'altitude augmente, le taux de montée de l'aéronef diminue progressivement en raison de la diminution de la marge de puissance disponible pour maintenir la montée.

Comprendre ces dynamiques de puissance est crucial pour les pilotes et les opérateurs d'aéronefs, en particulier lors d'opérations en haute altitude ou lors de la planification de montées vers des régions élevées. En tenant compte des effets du poids sur les performances de montée et des défis posés par l'augmentation de l'altitude, les pilotes peuvent prendre des décisions éclairées pour optimiser leurs profils de vol et garantir des opérations sûres et efficaces.

Pression Atmosphérique

Pour établir une référence cohérente pour les conditions atmosphériques, l'Atmosphère Standard Internationale (ISA) a été conçue. Ces conditions standard servent de base pour la plupart des données de performance des aéronefs. La pression standard au niveau de la mer est définie comme étant de 29,92 pouces de mercure ("Hg) et une température standard de 59 degrés Fahrenheit (15 degrés Celsius). La pression atmosphérique est également mesurée en millibars (mb), avec 1 pouce de mercure équivalant à environ 34 millibars. La pression standard au niveau de la mer est normalisée à 1 013,2 millibars. Les lectures de pression typiques en millibars varient de 950,0 à 1 040,0 millibars. Les cartes de surface, les systèmes de haute et basse pression, et les données des ouragans sont rapportés en utilisant les millibars [45].

Étant donné que les stations météorologiques sont réparties dans le monde entier, toutes les lectures locales de la pression barométrique sont converties en pression au niveau de la mer pour garantir des enregistrements et des rapports normalisés. Pour ce faire, chaque station ajuste sa pression barométrique en ajoutant environ 1 pouce de mercure pour chaque 1 000 pieds d'altitude. Par exemple, une station située à 5 000 pieds au-dessus du niveau de la mer, enregistrant une lecture de pression de 24,92 pouces de mercure, rapporte une lecture de pression au niveau de la mer de 29,92 pouces de mercure [45].

En surveillant les tendances de la pression barométrique sur une large zone, les météorologues peuvent prévoir plus précisément le déplacement des systèmes de pression et les modèles météorologiques associés. Par exemple, observer un modèle de pression croissante dans une station météorologique particulière signale généralement l'approche de conditions météorologiques favorables. En revanche, une diminution ou une baisse rapide de la pression indique généralement le début de conditions météorologiques défavorables et, potentiellement, de tempêtes violentes.

Effets du Vent

Le vent peut avoir plusieurs effets sur les drones, influençant leur performance, leur stabilité et leurs caractéristiques de vol globales :

1. Stabilité en vol : Le vent peut entraîner des turbulences pour les drones, ce qui peut provoquer de l'instabilité en vol. Les rafales de vent peuvent perturber l'équilibre et le contrôle du drone, rendant difficile pour le pilote de maintenir un vol stable.

2. Dérive : Les vents forts peuvent amener les drones à dériver de leur trajectoire, surtout lorsqu'ils volent dans des zones ouvertes ou à des altitudes élevées. Cela peut entraîner le dévoiement du drone de sa trajectoire de vol prévue et potentiellement poser un risque pour les obstacles ou structures à proximité.

3. Consommation de batterie : Voler contre de forts vents de face nécessite au drone de fournir plus de puissance, ce qui entraîne une consommation d'énergie accrue et une réduction de la durée de vie de la batterie. En revanche, les vents arrière peuvent améliorer l'efficacité de la batterie en réduisant les besoins en puissance du drone.

4. Variations de vitesse : La vitesse du vent peut affecter la vitesse au sol et la vitesse de l'air du drone. Les vents de face réduiront la vitesse au sol du drone, tandis que les vents arrière l'augmenteront. Les pilotes doivent prendre en compte ces variations lors de la planification des vols pour garantir une chronologie précise et le respect des horaires.

5. Changements d'altitude : Le cisaillement du vent, qui est un changement soudain de vitesse ou de direction du vent avec l'altitude, peut affecter le contrôle d'altitude du drone. Ce phénomène peut amener le drone à monter ou descendre involontairement, nécessitant une action corrective du pilote pour

maintenir les niveaux de vol souhaités.

6. Endurance de vol : Voler par temps venteux peut réduire l'endurance de vol du drone, car il dépense plus d'énergie pour contrer les effets de la résistance au vent. Les pilotes peuvent devoir raccourcir la durée des vols ou ajuster les trajectoires de vol pour conserver l'énergie de la batterie et garantir les capacités de retour à la maison en toute sécurité.

7. Risque de perte de contrôle : Par conditions de vent extrêmes, les drones peuvent devenir vulnérables à la perte de contrôle ou même à des crashs induits par le vent. Les vents forts peuvent surcharger les moteurs et les systèmes de stabilisation du drone, rendant difficile pour le pilote de maintenir le contrôle, surtout pour les modèles de drones plus petits ou légers.

Le vent est un facteur environnemental crucial que les pilotes de drone doivent prendre en compte lors de la planification et de l'exécution des vols. En comprenant les effets du vent sur la performance des drones et en employant des stratégies de vol appropriées, les pilotes peuvent améliorer la sécurité, l'efficacité et le succès des missions.

La présence d'obstructions au sol constitue un danger significatif pour les pilotes, influençant les motifs de flux d'air et créant des dangers invisibles. Les caractéristiques du sol telles que les variations du terrain et les grandes structures perturbent le flux naturel du vent, résultant en des rafales de vent imprévisibles caractérisées par des changements soudains de vitesse et de direction. Ces obstructions englobent une large gamme de structures, des installations artificielles comme les hangars aux formations naturelles telles que les montagnes, les falaises et les canyons [45].

Le degré de turbulence causée par les obstructions au sol dépend de la taille de l'obstacle et de la vitesse du vent dominante. Cette turbulence peut affecter significativement les performances de tout aéronef et représenter un risque sérieux pour la sécurité des pilotes et des passagers.

Ce phénomène est particulièrement prononcé lors des vols en régions montagneuses. Alors que le vent monte en douceur du côté au vent d'une montagne, aidé par des courants ascendants qui aident les aéronefs à traverser le sommet de la montagne, le côté sous le vent présente une situation différente. Lorsque l'air descend du côté sous le vent, il suit les contours du terrain, entraînant un flux d'air de plus en plus turbulent. Ce flux d'air turbulent représente un risque de pousser les aéronefs contre le flanc de la montagne, notamment par conditions de vent fort où la pression descendante et la turbulence sont plus prononcées [45].

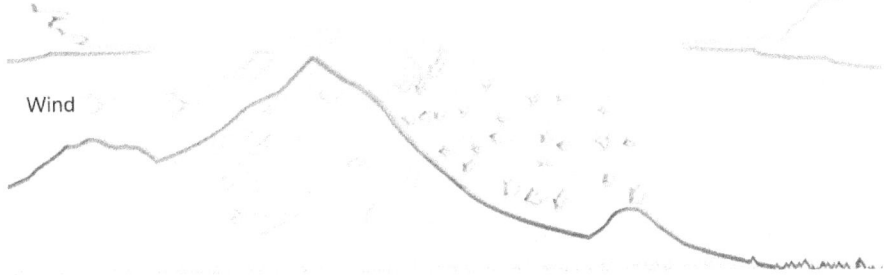

Figure 39: Turbulences en régions montagneuses.

Le cisaillement du vent désigne une altération soudaine et significative de la vitesse et/ou de la direction du vent se produisant sur une zone très limitée. Ce phénomène peut soumettre un aéronef à des courants verticaux abrupts, provoquant des changements soudains d'altitude, ainsi que des changements rapides dans le mouvement horizontal de l'aéronef. Bien que le cisaillement du vent puisse se manifester à différentes altitudes, le cisaillement du vent à basse altitude présente des risques particuliers en raison de la proximité de l'aéronef avec le sol. Les facteurs contribuant au cisaillement du vent à basse altitude incluent souvent le passage de systèmes frontaux, les orages, les inversions de température et la présence de vents d'altitude supérieure forts dépassant les 25 nœuds [45].

L'impact du cisaillement du vent sur les aéronefs peut être périlleux. Il peut rapidement altérer les performances de l'aéronef et perturber ses caractéristiques de vol normales. Par exemple, un passage soudain d'un vent arrière à un vent de face peut entraîner une augmentation de la vitesse et des performances de l'air, tandis que la transition inverse peut conduire à une diminution de la vitesse et des performances de l'air. Les pilotes doivent rester vigilants et prêts à réagir rapidement à ces fluctuations pour maintenir le contrôle de l'aéronef.

Parmi les formes les plus graves de cisaillement du vent à basse altitude, on trouve le micro-rafales, généralement associé à des précipitations convectives descendant rapidement de la base des nuages dans de l'air sec. Les micro-rafales peuvent être indiquées par des pluies de surface intenses associées à de la virga à la base des nuages, bien que parfois seul un anneau de poussière soufflante serve de signe visible. Ces phénomènes présentent généralement un diamètre horizontal de 1 à 2 milles et une profondeur d'environ 1 000 pieds. Les micro-rafales ont une durée de vie relativement courte de 5 à 15 minutes mais peuvent générer des courants descendants atteignant des vitesses allant jusqu'à 6 000 pieds par minute (fpm) et entraîner des pertes de vent de face allant de 30 à 90 nœuds, affectant significativement les performances des aéronefs [45]. De plus, les micro-rafales peuvent produire une turbulence sévère et des changements de direction du vent dangereux. Lors d'une rencontre accidentelle avec une micro-rafales, un petit aéronef sans pilote (UA) peut initialement connaître un vent de face améliorant les performances, suivi de courants descendants diminuant les performances, puis d'une augmentation soudaine de la vitesse du vent arrière. De telles conditions augmentent le risque d'impact avec le relief ou de basse altitude de vol dangereuse, notamment lors de manœuvres d'approche.

Il est essentiel de reconnaître que le cisaillement du vent peut affecter les vols à toutes les altitudes. Bien que le cisaillement du vent puisse parfois être détecté et signalé, il reste souvent inaperçu, constituant ainsi une menace cachée pour la sécurité de l'aviation. Les pilotes doivent maintenir une vigilance constante quant à la possibilité de cisaillement du vent, en particulier lorsqu'ils opèrent à proximité d'orages et de systèmes frontaux.

Lors de la préparation d'un vol sur des régions montagneuses, il est essentiel de recueillir des données pré-vol complètes concernant les formations nuageuses, les modèles de vent, les vitesses du vent et la stabilité atmosphérique. L'utilisation d'images satellite peut aider à identifier les ondes de montagne. Cependant, des informations complètes ne sont pas toujours disponibles immédiatement, ce qui rend nécessaire une vigilance quant aux indices visuels dans le ciel.

Des vitesses de vent dépassant les 25 nœuds au niveau du sommet des montagnes indiquent des turbulences potentielles, tandis que des vitesses de vent dépassant les 40 nœuds sur les barrières montagneuses nécessitent une vigilance accrue. La présence de nuages stratifiés indique généralement des conditions d'air stable. En revanche, l'apparition de nuages lenticulaires ou rotoriques fixes suggère la présence d'une onde de montagne, avec des turbulences anticipées s'étendant sur plusieurs milles en aval des montagnes et des conditions de vol relativement plus douces du côté sous le vent [45].

L'apparition de nuages convectifs sur le côté sous le vent des montagnes signale un air instable, indiquant la probabilité de turbulences à proximité et autour du relief montagneux.

Stabilité atmosphérique

La stabilité de l'atmosphère repose sur sa résistance aux mouvements verticaux. Une atmosphère stable entrave les mouvements verticaux, ce qui entraîne la dissipation des petites perturbations. En revanche, une atmosphère instable favorise l'amplification des mouvements d'air verticaux mineurs, entraînant un flux d'air turbulent et des phénomènes convectifs. L'instabilité peut entraîner une turbulence prononcée, le développement de nuages verticaux expansifs et la survenue d'événements météorologiques violents.

La stabilité de l'air et les motifs météorologiques qui en découlent sont déterminés par l'interaction de l'humidité et de la température. L'air frais et sec présente une grande stabilité, inhibant les mouvements verticaux et favorisant des conditions météorologiques favorables, généralement claires. En revanche, l'atmosphère est la plus instable lorsqu'elle est chaude et humide, comme on l'observe couramment dans les régions tropicales pendant l'été. Dans de tels environnements, des orages quotidiens surviennent en raison de l'instabilité accrue de la masse d'air environnante.

Inversion

Lorsque l'air monte et se dilate dans l'atmosphère, sa température diminue généralement. Cependant, une anomalie atmosphérique, appelée inversion de température, peut perturber ce comportement conventionnel. Une inversion de température se produit lorsque la température de l'air augmente avec l'altitude, ce qui entraîne la formation de couches d'inversion. Ces couches se composent de masses d'air peu profondes, lisses et stables près de la surface terrestre. La température à l'intérieur de ces couches augmente avec l'altitude jusqu'à atteindre la limite supérieure de l'inversion. L'air au sommet de la couche d'inversion agit comme une barrière, piégeant les éléments météorologiques et les polluants en dessous. En présence d'une humidité relative élevée, les couches d'inversion peuvent favoriser la formation de nuages, de brouillard, de brume ou de fumée, réduisant ainsi la visibilité à l'intérieur de la couche.

Les inversions de température basées sur la surface se produisent généralement lors de nuits claires et fraîches lorsque l'air à proximité du sol se refroidit en raison de la baisse des températures de surface. Ce processus de refroidissement entraîne le refroidissement de l'air à quelques centaines de pieds au-dessus de la surface par rapport à l'air au-dessus. Les inversions frontales se produisent lorsque de l'air plus chaud déplace de l'air plus frais, soit en se répandant sur une couche d'air plus frais, soit en forçant de l'air plus frais sous une couche d'air plus chaud.

Température / Point de rosée

La relation entre le point de rosée et la température définit le concept d'humidité relative. Le point de rosée, exprimé en degrés, représente la température à laquelle l'air atteint sa capacité maximale de rétention d'humidité. Lorsque la température de l'air descend jusqu'au point de rosée, il devient entièrement saturé, entraînant la condensation de l'humidité sous différentes formes telles que le brouillard, la rosée, le givre, les nuages, la pluie ou la neige [45].

Méthodes d'atteinte du point de saturation: Lorsque la température et le point de rosée sont proches, l'air atteint souvent son point de saturation, ce qui peut entraîner la formation de brouillard, de nuages bas ou de précipitations. Plusieurs méthodes peuvent conduire l'air à atteindre son point de saturation. Premièrement, le refroidissement de l'air chaud sur une surface plus froide peut faire baisser la température de l'air, atteignant ainsi le point de saturation.

Deuxièmement, le mélange de masses d'air froid et chaud peut également conduire à la saturation. Troisièmement, le refroidissement nocturne de l'air au contact de surfaces terrestres plus fraîches peut induire la saturation. Enfin, l'ascension de l'air ou sa poussée vers le haut dans l'atmosphère peut atteindre son point de saturation par expansion et refroidissement [45].

Formation de rosée et de givre: Pendant les nuits fraîches, claires et calmes, la température du sol et des objets à proximité peut faire chuter la température de l'air ambiant en dessous du point de rosée. Cela entraîne la condensation de l'humidité de l'air sur des surfaces telles que le sol, les bâtiments, les véhicules et les aéronefs. Cette humidité condensée, appelée rosée, est souvent visible sur l'herbe et d'autres objets le matin. Par temps de gel, l'humidité condensée forme du givre au lieu de la rosée. Alors que la rosée ne présente pas de menace significative pour les petits aéronefs sans pilote (UA), le givre représente un risque notable pour la sécurité des vols. Le givre perturbe l'écoulement de l'air sur les ailes, réduisant la production de portance, et augmente la traînée, affectant négativement les performances au décollage. Par conséquent, il est impératif d'éliminer complètement tout givre d'un petit UA avant d'initier un vol pour garantir des opérations sûres.

Nuages

Parmi les pilotes, le nuage de cumulonimbus se distingue comme l'un des types de nuages les plus dangereux. Il se manifeste soit individuellement, soit en grappes et est désigné soit comme un orage thermique, résultant du chauffage de l'air près de la surface terrestre, soit comme un orage orographique, induit par un mouvement d'air montant dans les zones montagneuses. Les nuages de cumulonimbus disposés en ligne continue forment des bandes non frontales d'orages ou des lignes de grain.

Figure 40: Nuage de cumulonimbus en mer Baltique près de l'île d'Öland, en Suède. Arnold Paul, CC BY-SA 2.5, via Wikimedia Commons.

En raison du mouvement ascendant des courants d'air, les nuages de cumulonimbus sont très turbulents, présentant un danger considérable pour la sécurité des vols. Entrer dans un orage peut soumettre un petit drone (UA) à des ascendances et des descendances dépassant les 3 000 pieds par minute (fpm). De plus, les orages peuvent générer de gros grêlons, des éclairs dangereux, des tornades et des quantités importantes de précipitations, tous présentant des risques potentiels pour les aéronefs.

Figure 41: Nuage de cumulonimbus avec pileus dans le Territoire du Nord. Bidgee, CC BY 3.0, via Wikimedia Commons.

Nuages altocumulus lenticulaires stationnaires : Les nuages altocumulus lenticulaires stationnaires se forment au sommet des crêtes d'ondes générées par des obstructions dans le flux d'air. Ces nuages présentent un mouvement minimal, ce qui leur vaut le nom de "stationnaires". Néanmoins, le vent soufflant à travers eux peut être assez puissant. Ils se distinguent par leurs contours lisses et bien définis. La présence de ces nuages signale la présence de turbulences intenses, nécessitant d'éviter la zone.

Figure 42: Nuage lenticulaire en forme de méduse stationnaire sur les montagnes Wasatch, Utah. The Weather Nutz, CC BY-SA 4.0, via Wikimedia Commons.

Stabilité

La stabilité d'une masse d'air dicte ses caractéristiques météorologiques prédominantes. Lorsqu'une masse d'air se superpose à une autre, les conditions subissent des changements verticaux.

En météorologie, distinguer entre les masses d'air stables et instables est essentiel pour comprendre les conditions météorologiques prédominantes. Voici un aperçu des caractéristiques associées à chacune :

Air instable : Les masses d'air instables donnent généralement naissance à des nuages cumuliformes, caractérisés par leur aspect en forme de chou-fleur, tourbillonnant. Ces nuages indiquent souvent une activité convective et le potentiel de développement d'orages. Les précipitations sous forme d'averses sont une caractéristique courante des masses d'air instables. Les précipitations se produisent souvent sous forme de rafales dispersées et localisées, entraînant des motifs irréguliers de pluie ou d'averses. En raison des courants convectifs et du mouvement vertical rapide, l'air instable peut provoquer des conditions aériennes agitées, conduisant à de la turbulence. Cette turbulence peut être particulièrement intense dans les régions connaissant une activité convective, comme les orages. Malgré les conditions turbulentes, l'air instable résulte souvent en une bonne visibilité, sauf dans les zones touchées par des obstructions en suspension telles que la poussière ou le sable, qui peuvent réduire la visibilité. Les nuages cumuliformes sont un type de formation nuageuse caractérisée par leur aspect distinct, moelleux avec des bords nets et bien définis. Ces nuages ressemblent souvent à des tas, des monticules ou des tours, d'où le terme "cumulus", qui est latin pour "tas" ou "pile". Les nuages cumuliformes se développent généralement verticalement, avec leurs bases se formant à des altitudes plus basses et leurs sommets s'étendant dans les régions plus élevées de l'atmosphère. Il existe plusieurs types de nuages cumuliformes, notamment :

1. Cumulus Congestus : Ces nuages se caractérisent par leur structure imposante et leur développement vertical significatif. Les nuages cumulus congestus sont souvent associés à des conditions atmosphériques instables et peuvent se transformer en cumulonimbus, capables de produire des orages.

2. Cumulus Humilis : Aussi appelés cumulus de beau temps, les nuages cumulus humilis sont de petits nuages moelleux avec des bases plates et des sommets arrondis. Ils se forment généralement les jours ensoleillés lorsque l'instabilité atmosphérique est relativement faible. Les nuages cumulus humilis sont généralement inoffensifs et ne produisent pas de précipitations.

3. Cumulus Fractus : Les nuages cumulus fractus sont de petits nuages fragmentés qui semblent déchirés ou déchiquetés. Ces nuages se forment souvent lorsque des nuages cumulus plus importants se dissipent, et leur apparence est indicative de changements des conditions météorologiques, tels que le début d'une tempête ou un changement dans les schémas de vent.

4. Cumulus Castellanus : Ces nuages ont une apparence de château, avec des tours verticales qui dépassent de leurs sommets. Les nuages cumulus castellanus sont souvent associés à une instabilité atmosphérique croissante et peuvent indiquer un potentiel de développement d'orages plus tard dans la journée.

Les nuages cumuliformes se forment généralement en raison de processus convectifs, où l'air chaud près de la surface terrestre s'élève et se refroidit, conduisant à la condensation de la vapeur d'eau en gouttelettes de nuage visibles. Ils sont le plus souvent observés pendant la journée lorsque le chauffage de surface est à son maximum, mais peuvent également se former en association avec d'autres phénomènes météorologiques tels que les frontières frontales ou le relief montagneux.

Figure 43: Nuages cumulus congestus au-dessus de Long Island, New York, vus depuis Fire Island. Jsayre64, CC BY-SA 3.0, via Wikimedia Commons.

Figure 44: Nuages cumulus humilis montrant la typique platitude de ce type d'humilis. Kr-val, Domaine public, via Wikimedia Commons.

Air stable : En revanche, les masses d'air stable ont tendance à produire des nuages stratiformes et du brouillard. Ces nuages ont généralement une apparence en couches ou en feuilles, formant une couverture nuageuse qui peut s'étendre sur de grandes zones. Les précipitations dans les masses d'air stable sont plus continues et répandues par rapport à la nature pluvieuse observée dans l'air instable. Ces précipitations ont tendance à être plus uniformes et persistantes dans le temps. Les masses d'air stable sont associées à des conditions aériennes plus lisses, caractérisées par une turbulence réduite par rapport aux masses d'air instable. Le vol à travers un air stable a tendance à être plus stable et prévisible. Alors que les masses d'air stable donnent généralement une visibilité juste à mauvaise, en particulier dans le brouillard et la fumée, les conditions sont plus cohérentes et moins sujettes à des changements soudains par rapport aux masses d'air instable.

Les nuages stratiformes sont un type de formation nuageuse caractérisée par leur apparence horizontale et en couches. Contrairement aux nuages cumuliformes, qui sont gonflés et développés verticalement, les nuages stratiformes s'étendent généralement sur de grandes surfaces et ont des bases et des sommets relativement uniformes. Ces nuages couvrent souvent le ciel d'une couche continue, obscurcissant le soleil et produisant des conditions d'éclairage diffuses et atténuées.

Il existe plusieurs types de nuages stratiformes, notamment :

1. Altostratus : Les nuages altostratus sont des nuages de niveau moyen qui se forment à des altitudes comprises entre 6 500 et 20 000 pieds (2 000 à 6 100 mètres) au-dessus de la surface de la Terre. Ils apparaissent sous forme de feuilles grises ou bleuâtres couvrant le ciel et précèdent souvent ou accompagnent les fronts chauds. Les nuages altostratus peuvent produire de légères précipitations, telles que bruine ou pluie légère.

2. Nimbostratus : Les nuages nimbostratus sont des nuages épais et sombres qui s'étendent sur de vastes zones du ciel. Ils sont généralement associés à des précipitations modérées à fortes et continues, telles que la pluie ou la neige. Les nuages nimbostratus se forment souvent à des altitudes plus basses que les nuages altostratus et sont couramment observés lors du passage de fronts.

3. Stratus : Les nuages stratus sont des nuages de bas niveau qui se forment à des altitudes inférieures à 6 500 pieds (2 000 mètres). Ils apparaissent sous forme de couches uniformes et grises couvrant le ciel et sont souvent associés à des conditions couvertes et à des précipitations légères, telles que bruine ou brume.

Les nuages stratus peuvent se former en raison de conditions atmosphériques stables ou du soulèvement d'air humide au-dessus de surfaces plus fraîches.

4. Cirrostratus : Les nuages cirrostratus sont des nuages de haute altitude composés de cristaux de glace et apparaissent souvent sous forme de feuilles minces et filamenteuses couvrant le ciel. Ils se trouvent généralement à des altitudes supérieures à 20 000 pieds (6 100 mètres) et peuvent produire des phénomènes de halo, tels que les halos solaires et lunaires, lorsque la lumière est réfractée par les cristaux de glace. Les nuages cirrostratus peuvent précéder l'approche des fronts chauds et indiquer le potentiel de précipitations.

Les nuages stratiformes se forment par des processus tels que le soulèvement des masses d'air le long des frontières frontales, la convergence des masses d'air ou le refroidissement de l'air près de la surface terrestre. Ils sont généralement associés à des conditions atmosphériques stables et peuvent persister pendant de longues périodes, entraînant des périodes prolongées de ciel couvert et de conditions météorologiques atténuées.

Figure 45: Nuage altostratus undulatus. Liridon, CC BY-SA 4.0, via Wikimedia Commons.

La compréhension des caractéristiques des masses d'air stables et instables est cruciale pour les météorologistes, les pilotes et les prévisionnistes météorologiques afin de prédire et de se préparer à divers phénomènes météorologiques et à leurs impacts.

Fronts

Les fronts se produisent lorsque des masses d'air provenant de régions distinctes avec des caractéristiques différentes se rencontrent et interagissent. Ces rencontres créent une frontière appelée zone frontale ou front, où des changements significatifs de température, d'humidité et de direction du vent peuvent se produire brusquement et sur des distances relativement courtes. Ces variations des conditions atmosphériques le long du front sont souvent accompagnées de phénomènes météorologiques dynamiques [45]. Les fronts peuvent avoir plusieurs impacts sur le vol de drones, influençant divers aspects des opérations de vol :

1. Conditions météorologiques : Les fronts sont associés à des changements dans les schémas météorologiques, y compris des changements de température, d'humidité et de vitesse du vent. Les drones sont sensibles aux conditions météorologiques, et les changements soudains apportés par les fronts peuvent affecter leur performance et leur stabilité en vol. Par exemple, un front froid peut apporter des vents forts et des températures plus fraîches, tandis qu'un front chaud peut entraîner une augmentation de l'humidité et des précipitations, ce qui peut poser des défis pour l'exploitation des drones.

2. Modèles de vent : Les zones frontales présentent souvent des changements significatifs dans la direction et la vitesse du vent. Les drones dépendent de conditions de vent stables pour un vol sûr et efficace. Cependant, la présence de fronts peut entraîner des vents erratiques et violents, ce qui peut affecter la capacité du drone à maintenir sa stabilité et son contrôle. Les pilotes doivent être vigilants et ajuster leurs plans de vol en conséquence pour naviguer en toute sécurité à travers les zones affectées par les fronts.

3. Visibilité : Les zones frontales peuvent également avoir un impact sur la visibilité en raison des changements dans l'humidité atmosphérique et la formation de nuages ou de brouillard. Une visibilité réduite peut poser des risques pour les pilotes de drones, surtout lorsqu'ils volent au-delà de la ligne de visée visuelle (BVLOS). Des conditions de visibilité médiocres peuvent nécessiter l'utilisation de systèmes de navigation avancés ou des itinéraires de vol alternatifs pour maintenir une conscience situationnelle et éviter les obstacles.

4. Précipitations : Les fronts apportent souvent des changements dans les schémas de précipitations, y compris la pluie, la neige ou la grêle. Les précipitations peuvent affecter la performance du drone et compromettre les composants électroniques s'ils ne sont pas adéquatement protégés. De plus, les conditions météorologiques humides peuvent réduire la visibilité et augmenter le risque

d'accidents, ce qui rend essentiel pour les opérateurs de drones de faire preuve de prudence et de envisager de reporter les vols par mauvais temps associés aux fronts.

5. Orages : Certains types de fronts, tels que les fronts froids, sont fréquemment associés à la formation d'orages. Les orages présentent des dangers importants pour les opérations de drones en raison de la foudre, des vents forts, de la turbulence et de la grêle. Piloter des drones près des orages est extrêmement risqué et doit être évité pour éviter d'endommager l'aéronef et assurer la sécurité des personnes et des biens au sol.

Les fronts peuvent avoir un impact sur le vol de drones en modifiant les conditions météorologiques, les modèles de vent, la visibilité, les précipitations et le risque de rencontrer des orages. Les pilotes doivent surveiller de près les prévisions météorologiques et faire preuve de prudence lorsqu'ils opèrent des drones dans des zones affectées par l'activité frontale pour atténuer les risques et assurer des opérations de vol sûres.

Givrage structural

Le givrage structural en vol nécessite deux conditions spécifiques [45] :

1. L'aéronef doit rencontrer de l'eau visible, comme de la pluie ou des gouttelettes de nuage.

2. La température à l'endroit où l'humidité entre en contact avec l'aéronef doit être égale ou inférieure à 0°C. Le refroidissement aérodynamique a le potentiel de diminuer la température d'un profilé aérodynamique à 0°C, même si la température ambiante environnante est légèrement plus chaude. Deux conditions principales doivent être remplies pour que le givrage structural se produise :

3. Présence d'eau visible : Pour que le givrage se produise, l'aéronef doit rencontrer de l'eau visible sous forme de pluie ou de gouttelettes de nuage. Ces gouttelettes d'eau entrent en contact avec les surfaces de l'aéronef, telles que les ailes, le fuselage et la queue.

4. Température égale ou inférieure au point de congélation : La température au

point où l'humidité entre en contact avec l'aéronef doit être égale ou inférieure au point de congélation de l'eau, qui est de 0°C (32°F). Lorsque la température est égale ou inférieure au point de congélation, les gouttelettes d'eau peuvent geler au contact des surfaces de l'aéronef, ce qui entraîne l'accumulation de glace.

Un phénomène appelé refroidissement aérodynamique aggrave encore le risque de givrage structural. Même si la température ambiante environnante est légèrement plus chaude que le point de congélation, l'écoulement d'air rapide sur les surfaces de l'aéronef peut entraîner une diminution de la température, refroidissant efficacement le profilé aérodynamique à 0°C ou moins. Cela signifie que même dans des conditions où la température de l'air pourrait être légèrement au-dessus du point de congélation, les dynamiques de l'écoulement d'air autour de l'aéronef peuvent créer des zones localisées où le givrage est possible.

En essence, le givrage structural se produit lorsque l'humidité en suspension rencontre les surfaces d'un aéronef à des températures de congélation, ce qui entraîne la formation de glace. La combinaison d'eau visible et de températures inférieures à zéro pose un risque significatif pour les performances et la sécurité des aéronefs, ce qui rend crucial pour les pilotes d'être vigilants et de prendre les précautions appropriées lorsqu'ils volent dans des conditions propices au givrage.

Le givrage structural présente d'importants obstacles pour les opérations de drones, en particulier dans les environnements sujets à la formation de glace.

Préoccupations concernant la sécurité des vols : Le givrage sur les surfaces des drones, telles que les ailes et les hélices, peut perturber l'aérodynamique et compromettre la stabilité en vol. L'accumulation de glace modifie la forme des composants du drone, entraînant une augmentation de la traînée et une réduction de la portance. Cela peut affecter la capacité du drone à maintenir son altitude et à manœuvrer en toute sécurité, pouvant entraîner une perte de contrôle et des accidents.

Baisse des performances : L'accumulation de glace ajoute du poids au drone, affectant ses performances globales. Un poids accru dû à l'accumulation de glace nécessite plus de puissance pour maintenir le vol, entraînant une consommation d'énergie accrue et une réduction de la durée de vie de la batterie. De plus, les propriétés aérodynamiques modifiées du drone peuvent entraîner une diminution de la vitesse et de l'agilité, affectant ses capacités opérationnelles.

Endurance en vol : Le givrage structural peut avoir un impact significatif sur l'endurance en vol des drones. L'accumulation de glace augmente les besoins énergétiques du drone, entraînant une décharge plus rapide de la batterie et réduisant la durée des missions de vol. Les drones opérant dans des conditions glaciales peuvent avoir besoin de retourner à la base pour remplacer la batterie ou la recharger plus fréquemment, limitant leur portée opérationnelle et leur efficacité.

Risque de dommages : La formation de glace sur les composants du drone, tels que les hélices et les capteurs, peut poser un risque de dommages. L'accumulation de glace peut interférer avec la rotation des hélices, entraînant un déséquilibre et une éventuelle défaillance du moteur. De plus, l'accumulation de glace sur les capteurs, les caméras et autres équipements critiques peut compromettre leur fonctionnalité et compromettre la collecte et la transmission de données.

Mesures préventives : Pour atténuer les risques associés au givrage structural, les opérateurs de drones doivent faire preuve de prudence et mettre en place des mesures préventives. Cela comprend la surveillance des conditions météorologiques et l'évitement du vol dans des zones où le givrage est susceptible de se produire. Lors du vol dans des environnements froids et humides, les opérateurs doivent régulièrement inspecter le drone pour détecter l'accumulation de glace et prendre les mesures nécessaires pour retirer la glace accumulée, comme atterrir et retirer manuellement la glace ou utiliser un équipement de dégivrage si disponible.

Le givrage structural pose d'importants défis pour les opérations de drones, affectant la sécurité des vols, les performances, l'endurance et l'intégrité de l'équipement. Les opérateurs de drones doivent rester vigilants et proactifs dans la gestion des risques associés au givrage pour garantir des résultats de mission sûrs et réussis.

Orages

Tout au long de son cycle de vie, une cellule d'orage progresse à travers trois étapes distinctes : le stade cumulus, le stade mature et le stade de dissipation. Détecter la transition d'une étape à une autre est difficile, car elle se produit de manière subtile et sans changements abrupts. De plus, un orage peut être constitué de plusieurs cellules se trouvant simultanément dans différentes étapes du cycle de vie.

Le Stade Cumulus Chaque orage commence sous la forme d'un nuage cumulus, bien que tous les nuages cumulus n'évoluent pas en orages. La caractéristique déterminante du stade cumulus est la présence d'un courant ascendant, illustré à la figure 3-4. La force du courant ascendant varie et s'étend de la surface au sommet du nuage. Pendant cette étape, le taux de croissance du nuage peut dépasser 3 000 pieds par minute, rendant dangereux le fonctionnement de petits drones dans des zones où les nuages cumulus se forment rapidement. Initialement, les gouttelettes d'eau à l'intérieur du nuage sont petites mais grossissent à mesure que le nuage se développe. Le courant ascendant transporte de l'eau liquide au-dessus du niveau de congélation, créant un risque de givrage. Au fur et à mesure que les gouttes de pluie deviennent plus lourdes, elles tombent, entraînant de l'air froid vers le bas et créant un courant descendant froid aux côtés du courant ascendant, signalant la transition vers le stade mature [45].

Le Stade Mature Le début des précipitations depuis la base du nuage indique le développement d'un courant descendant, marquant l'entrée dans le stade mature. La pluie froide à l'intérieur du courant descendant empêche le chauffage par compression, maintenant le courant descendant plus frais que l'air environnant. En conséquence, sa vitesse vers le bas s'accélère, dépassant éventuellement 2 500 pieds par minute. L'air qui descend rapidement se propage vers l'extérieur à la surface, générant des vents de surface forts et violents, une baisse soudaine de température et une augmentation rapide de la pression. Cette poussée de vent de surface, appelée "vent de charrue", se caractérise par son "premier coup de vent" sur le bord avant. Parallèlement, les courants ascendants atteignent des vitesses maximales, dépassant éventuellement 6 000 pieds par minute. La proximité des courants ascendants et descendants crée une forte cisaillement vertical et un environnement très turbulent. Tous les dangers liés aux orages atteignent leur apogée pendant le stade mature [45].

Le Stade de Dissipation Le stade de dissipation se caractérise par la domination des courants descendants dans la cellule d'orage, entraînant la disparition rapide de l'orage. Une fois que la pluie cesse et que les courants descendants diminuent, le stade de dissipation se termine. Lorsque toutes les cellules à l'intérieur de l'orage achèvent cette étape, seuls les restes de nuages bénins subsistent.

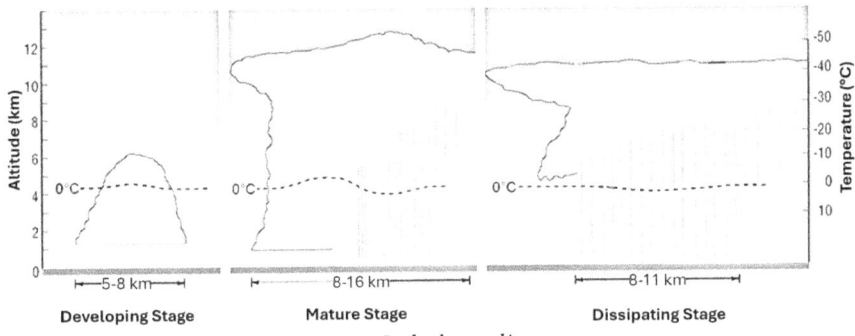

Figure 46: Cycle de vie d'un orage.

Plafond

En aviation, le terme "plafond" désigne l'altitude de la couche de nuages la plus basse dans le ciel. Il constitue un paramètre crucial pour les pilotes et les contrôleurs aériens dans l'évaluation des conditions météorologiques et la détermination de la sécurité des vols. Le plafond est déterminé en fonction des observations de la couverture nuageuse et de la visibilité.

La couverture nuageuse est classée en différentes catégories en fonction de l'étendue du ciel couverte par les nuages. Lorsque cinq-huitièmes à sept-huitièmes du ciel sont obscurcis par les nuages, la couverture nuageuse est qualifiée de "brisée" [45]. Cela signifie qu'il y a des interruptions ou des ouvertures significatives dans la couverture nuageuse, permettant à une partie de la lumière du soleil de pénétrer à travers. En revanche, lorsque le ciel entier est couvert de nuages sans interruptions ni ouvertures, la couverture nuageuse est décrite comme "couvert". Dans ce cas, le ciel apparaît uniformément gris ou blanc, sans visibilité du soleil ou du ciel.

De plus, le concept de plafond va au-delà de la seule couverture nuageuse pour inclure la visibilité dans des phénomènes tels que le brouillard ou la brume. Dans les situations où la visibilité est réduite en raison du brouillard ou de la brume, la hauteur à laquelle les objets ou le terrain deviennent obscurcis de la vue est également considérée comme faisant partie du plafond.

Les données en temps réel sur le plafond sont essentielles pour la planification et la navigation des vols. Ces informations sont généralement fournies par les rapports météorologiques aéronautiques réguliers (METAR) et divers types de stations météorologiques automatisées situées dans les aéroports et d'autres endroits clés. Les pilotes se fient à ces données pour évaluer la faisabilité de voler dans les conditions météorologiques actuelles, notamment en tenant compte de facteurs tels que la couverture nuageuse, la visibilité et les dangers potentiels comme le brouillard ou la brume. En surveillant les rapports de plafond, les pilotes peuvent prendre des décisions éclairées concernant le décollage, l'atterrissage et la sélection de la route pour assurer la sécurité des opérations de vol [45].

Visibilité

En aviation, la visibilité désigne la distance horizontale maximale à laquelle des objets proéminents peuvent être clairement distingués à l'œil nu. Il s'agit d'un paramètre crucial pour les pilotes car il affecte directement la sécurité des vols et la navigation. Les informations sur la visibilité aident les pilotes à évaluer les conditions de visibilité auxquelles ils peuvent s'attendre pendant un vol, ce qui leur permet de planifier et d'exécuter leurs opérations en conséquence.

La visibilité est étroitement liée à des facteurs tels que la couverture nuageuse, le brouillard et la brume, car ces phénomènes peuvent réduire considérablement la visibilité en obscurcissant les objets dans l'environnement environnant. Les pilotes se fient à des rapports de visibilité précis pour prendre des décisions éclairées concernant le décollage, l'atterrissage et la navigation, surtout lorsqu'ils volent dans des conditions de visibilité réduite.

Les données actuelles sur la visibilité sont rapportées dans les rapports météorologiques aéronautiques tels que le METAR (rapport météorologique aéronautique de routine) et sont également fournies par des systèmes météorologiques automatisés installés dans les aéroports et d'autres lieux pertinents. Ces informations sont cruciales pour que les pilotes comprennent les conditions de visibilité au départ, à destination et le long de leur route de vol.

Lors des briefings météorologiques pré-vol, les pilotes reçoivent des prévisions de visibilité des météorologistes, ce qui les aide à anticiper les conditions de visibilité qu'ils peuvent rencontrer pendant leur vol. En restant informés des rapports et des prévisions de visibilité, les pilotes peuvent planifier efficacement leurs vols, ajuster leurs itinéraires si nécessaire et garantir la sécurité de leurs opérations, même dans des conditions de visibilité difficiles.

Chargement de l'aéronef

Avant tout vol, le pilote à distance en commande (PIC) doit s'assurer que l'aéronef est correctement chargé en évaluant son poids et son équilibre. Le respect des limitations de poids et d'équilibre fixées par le fabricant ou le constructeur est primordial pour la sécurité des vols. Le PIC à distance doit anticiper les répercussions potentielles de l'exploitation d'un aéronef au-delà de ses limites de poids en cas d'urgence [45].

Bien qu'un poids maximal au décollage soit spécifié, cela ne garantit pas un décollage sûr dans toutes les conditions. Des facteurs tels que les hautes altitudes, les températures et l'humidité peuvent nécessiter une réduction de poids avant de tenter le vol. De plus, les conditions de piste, le vent et les obstacles doivent être pris en compte, ce qui peut nécessiter une réduction de poids supplémentaire [45].

Les changements de poids pendant le vol, principalement dus à la consommation de carburant, impactent directement les performances et l'équilibre de l'aéronef. Dans les opérations de petits aéronefs sans pilote (UA), des fluctuations de poids peuvent survenir avec des éléments consommables. Des conditions d'équilibre défavorables peuvent affecter les caractéristiques de vol de la même manière que le poids excessif, nécessitant le respect des limites de centre de gravité (CG) établies par le fabricant. Au fur et à mesure que les éléments de charge se déplacent ou sont consommés, l'emplacement du CG peut changer, obligeant le PIC à distance à anticiper et à atténuer les effets qui en résultent. Si le CG dépasse les limites autorisées, une relocation ou une réduction de poids est nécessaire avant le vol [45].

Poids

La gravité est la force fondamentale qui attire tous les objets vers le centre de la Terre. Dans le contexte de la dynamique des aéronefs, le Centre de Gravité (CG) est un concept essentiel. On peut le visualiser comme un point unique où la totalité du poids de l'aéronef est concentrée. Si un aéronef était suspendu à son CG exact, il maintiendrait son équilibre quelle que soit son orientation dans l'espace. Le CG joue un rôle crucial dans la stabilité des petits Aéronefs Sans Pilote (UA).

La position admissible du CG est déterminée lors de la phase de conception de l'aéronef et est spécifique à chaque modèle d'aéronef. Les concepteurs établissent également la plage dans laquelle le centre de pression (CP), le point où les forces aérodynamiques (telles que la portance) sont concentrées, peut se déplacer. Il est important de comprendre que tandis que le poids de l'aéronef agit au niveau du CG, les forces aérodynamiques générées par les ailes agissent au niveau du CP [45].

Lorsque le CG est situé en avant du CP, il y a une tendance naturelle de l'aéronef à incliner son nez vers le bas. En revanche, si le CP est situé devant le CG, il induit un moment de tangage vers le haut. Pour assurer la stabilité en vol, les concepteurs fixent la limite arrière du CG devant le CP pour une vitesse de vol donnée, maintenant ainsi l'équilibre.

Comprendre la relation entre le poids et la portance est fondamental en aviation. La portance, générée par les ailes, agit vers le haut et perpendiculairement aussi bien au vent relatif qu'à l'axe latéral de l'aéronef. Sa fonction principale est de contrer la force de gravité, qui agit vers le bas en raison du poids de l'aéronef. En vol stable et horizontal, lorsque la portance égale le poids, l'aéronef reste en équilibre sans aucune accélération verticale. Si la portance diminue en dessous du poids, la vitesse verticale de l'aéronef diminue, tandis que si la portance dépasse le poids, la vitesse verticale augmente. Cet équilibre délicat entre le poids et la portance régit la capacité de l'aéronef à maintenir son altitude et à contrôler son mouvement vertical.

Stabilité

La stabilité est un aspect essentiel de la conception des aéronefs, se référant à la capacité inhérente de l'aéronef à corriger les écarts par rapport à sa trajectoire de vol prévue et à revenir à celle-ci ou à maintenir sa trajectoire initiale. C'est une caractéristique principalement déterminée lors de la phase de conception de l'aéronef [45].

La stabilité influe sur deux domaines critiques :

1. Maniabilité : Cela fait référence à la facilité avec laquelle un aéronef peut être manœuvré et à sa capacité à supporter les contraintes imposées par les manœuvres. Divers facteurs contribuent à la maniabilité, notamment le poids de l'aéronef, son inertie, la taille et le placement des commandes de vol, sa résistance structurelle et le groupe motopropulseur. La maniabilité, comme la stabilité, est principalement influencée par la conception de l'aéronef.

2. Contrôlabilité : Cet aspect concerne la réactivité de l'aéronef aux entrées de commande du pilote, notamment en ce qui concerne les changements de trajectoire de vol et d'attitude. La contrôlabilité mesure l'efficacité avec laquelle l'aéronef répond aux commandes du pilote pendant les manœuvres, quelle que soit sa stabilité.

En essence, la stabilité garantit que l'aéronef tend naturellement à revenir à sa trajectoire de vol prévue après les perturbations, tandis que la maniabilité et la contrôlabilité déterminent dans quelle mesure le pilote peut manœuvrer l'aéronef et exercer un contrôle sur ses mouvements. Ces qualités sont cruciales pour des opérations de vol sûres et efficaces.

Facteurs de charge

En aérodynamique, le facteur de charge maximal, à un angle d'inclinaison donné, représente le rapport entre la portance générée par l'aéronef et son poids. Cette relation suit un modèle trigonométrique. Le facteur de charge est quantifié en G, qui signifie "accélération de la gravité". Il désigne la force subie par un objet lorsqu'il subit une accélération, équivalente à la force exercée par la gravité sur un objet stationnaire. Toute force appliquée à un aéronef pour modifier sa trajectoire de vol rectiligne induit un stress sur sa structure, la magnitude de cette force étant appelée facteur de charge.

Bien qu'une formation formelle en aérodynamique ne soit pas obligatoire pour obtenir un certificat de pilote à distance, il est crucial que les pilotes possèdent une compréhension solide des forces agissant sur un aéronef, comment utiliser ces forces avantageusement et les contraintes opérationnelles de l'aéronef spécifique qu'ils opèrent.

Par exemple, un facteur de charge de 3 indique que le stress total sur la structure d'un aéronef est trois fois son poids. Étant donné que les facteurs de charge sont exprimés en termes de G, un facteur de charge de 3 peut être désigné comme "3 G", et de même, un facteur de charge de 4 comme "4 G".

Étant donné que les conceptions structurelles des aéronefs sont conçues pour supporter uniquement un certain niveau de surcharge, la compréhension des facteurs de charge est devenue indispensable pour tous les pilotes. Les facteurs de charge revêtent une importance pour deux raisons principales :

1. Les pilotes peuvent involontairement soumettre les structures des aéronefs à des niveaux de stress dangereux, entraînant un risque de défaillance structurelle.

2. Des facteurs de charge accrus entraînent des vitesses de décrochage plus élevées, rendant les décrochages possibles même à des vitesses de vol apparemment sûres. Cela souligne l'importance pour les pilotes d'être conscients et de gérer les facteurs de charge pour maintenir la sécurité du vol.

Pendant un virage coordonné à altitude constante, le facteur de charge subi par un aéronef est le résultat de deux forces principales : la force centrifuge et le poids. La force centrifuge est la force vers l'extérieur subie par un objet en mouvement le long d'une trajectoire courbe, dans ce cas, la trajectoire de l'aéronef pendant un virage. Le poids, en revanche, est la force agissant vers le bas en raison de la gravité.

Le taux de virage (ROT) pendant un virage coordonné varie avec la vitesse de l'aéronef. Généralement, à des vitesses plus élevées, le taux de virage est plus lent. Ce taux de virage plus lent compense la force centrifuge ajoutée générée pendant le virage, assurant que le facteur de charge reste constant.

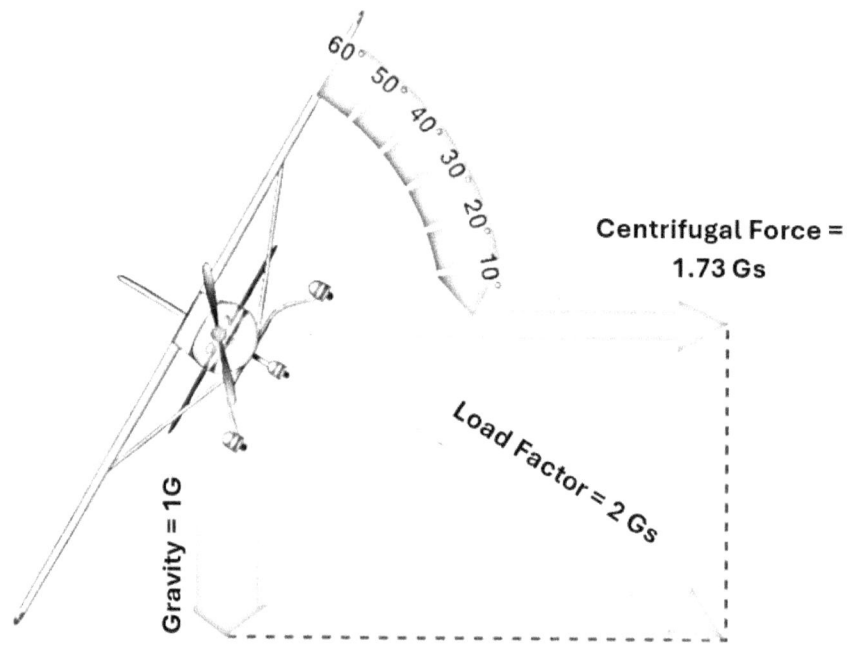

Figure 47: Pendant les virages, deux forces contribuent au facteur de charge subi par un aéronef : la force centrifuge et le poids. La force centrifuge pousse vers l'extérieur, générée par la trajectoire courbe de l'aéronef, tandis que le poids agit vers le bas en raison de la gravité. Ces forces combinées déterminent le facteur de charge, impactant la stabilité et l'intégrité structurale de l'aéronef pendant les manœuvres.

Le graphique présenté comme Figure 48 indique qu'à mesure que l'angle d'inclinaison de l'aéronef augmente, le facteur de charge augmente rapidement. Au-delà d'un angle d'inclinaison d'environ 45° à 50°, l'augmentation du facteur de charge devient significative. Par exemple, dans un virage coordonné à niveau avec un angle d'inclinaison de 60°, le facteur de charge est de 2 G. Dans un virage à 80°, le facteur de charge augmente à 5,76 G. Il est crucial de noter que l'aile doit générer une portance égale à ces facteurs de charge pour maintenir l'altitude.

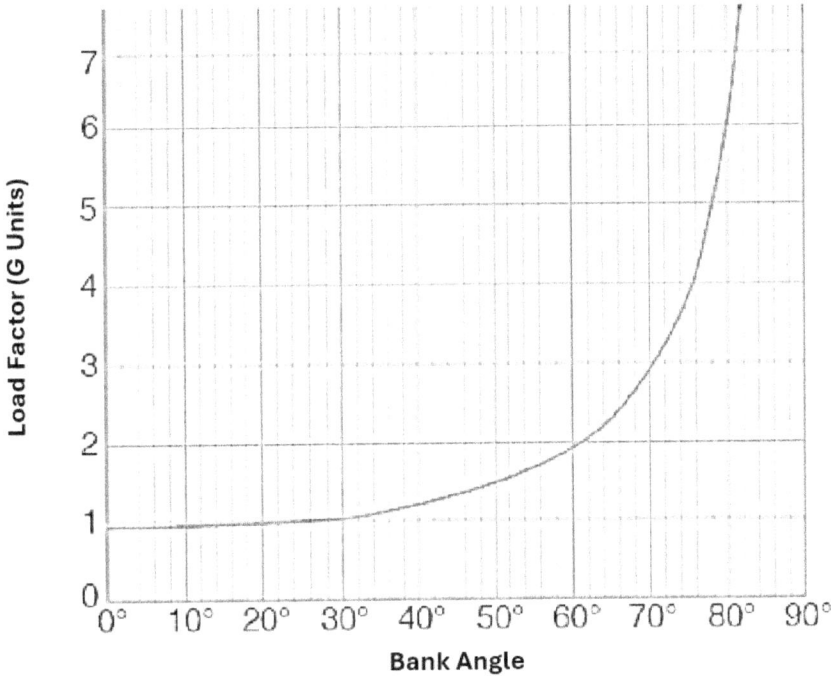

Figure 48: L'angle d'inclinaison modifie le facteur de charge en vol horizontal.

Le graphique représentant le facteur de charge augmente rapidement à mesure qu'il approche un angle d'inclinaison de 90°. Cependant, il n'atteint jamais tout à fait 90° car un virage à 90° en altitude constante n'est pas physiquement possible en raison de limitations aérodynamiques. Bien qu'un avion puisse être incliné à 90° dans un virage coordonné si l'altitude n'est pas une préoccupation, maintenir l'altitude dans un tel virage n'est pas mathématiquement possible. Un avion capable de maintenir un virage incliné à 90° en glissant peut également effectuer un vol droit en couteau. Cependant, il est important de noter qu'au-delà d'un angle d'inclinaison légèrement supérieur à 80°, le facteur de charge dépasse la limite de 6 G, qui est le facteur de charge limite pour la plupart des avions acrobatiques. Dépasser cette limite peut entraîner des dommages ou une défaillance structurelle. Par conséquent, les pilotes doivent être conscients de ces facteurs de charge et des limitations associées pour garantir des opérations de vol en toute sécurité.

Tout avion, dans ses limitations structurelles, peut subir un décrochage à n'importe quelle vitesse de l'air. Lorsque l'angle d'attaque (AOA) devient suffisamment élevé, l'écoulement d'air régulier sur le profil aérodynamique se rompt et se sépare, entraînant un changement soudain des caractéristiques de vol et une perte de portance, ce qui provoque un décrochage. L'occurrence d'un décrochage dans un avion est un phénomène aérodynamique critique qui peut se produire à n'importe quelle vitesse de l'air, à condition que certaines conditions soient remplies. Même dans ses limitations structurelles, tout avion est susceptible de décrocher. Cette vulnérabilité découle du principe aérodynamique fondamental lié à l'angle d'attaque (AOA) des ailes de l'avion.

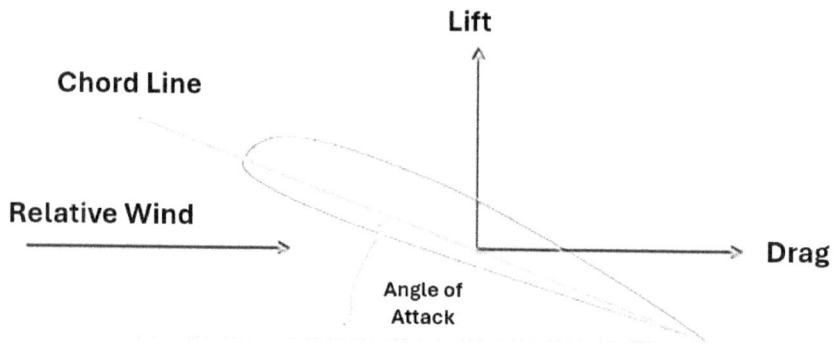

Figure 49: Angle d'attaque.

L'angle d'attaque désigne l'angle entre la corde de l'aile (une ligne imaginaire allant du bord d'attaque au bord de fuite de l'aile) et le flux d'air relatif. À mesure que l'angle d'attaque augmente, le flux d'air sur la surface de l'aile change. À de faibles angles d'attaque, le flux d'air reste attaché et régulier sur la surface de l'aile, générant de la portance. Cependant, lorsque l'angle d'attaque devient suffisamment élevé, le flux d'air régulier sur le profil de l'aile peut se rompre et se séparer, entraînant un flux d'air turbulent et une perte de portance.

Cet angle critique d'attaque auquel se produit la séparation du flux d'air varie en fonction de la conception du profil de l'aile et d'autres facteurs. Une fois que la séparation du flux d'air se produit, l'aile ne peut plus générer suffisamment de portance pour soutenir le poids de l'aéronef. Par conséquent, l'aéronef subit un changement soudain de ses caractéristiques de vol, souvent caractérisé par un piqué du nez, une perte d'altitude et une réduction de l'efficacité du contrôle. Cette réduction brutale de la portance est ce que l'on appelle communément un décrochage.

Les décrochages peuvent survenir pendant différentes phases de vol, notamment au décollage, à l'atterrissage et lors de manœuvres. Ils sont particulièrement dangereux lors de phases critiques telles que les opérations à basse altitude ou lorsque l'aéronef est proche du sol. La récupération d'un décrochage implique généralement de réduire l'angle d'attaque en abaissant le nez de l'aéronef, en appliquant la puissance maximale si nécessaire, et en retrouvant un vol contrôlé.

En résumé, un décrochage se produit lorsque l'angle d'attaque devient suffisamment élevé pour perturber le flux d'air régulier sur l'aile, entraînant une perte soudaine de portance et un changement des caractéristiques de vol. Comprendre les facteurs qui contribuent aux conditions de décrochage et savoir les reconnaître et s'en remettre est essentiel pour les pilotes afin d'assurer des opérations de vol sûres et efficaces.

Des recherches ont montré que la vitesse de décrochage d'un aéronef augmente proportionnellement à la racine carrée du facteur de charge. Par exemple, un aéronef dont la vitesse de décrochage normale est de 50 nœuds peut décrocher à 100 nœuds avec un facteur de charge de 4 G. Si l'aéronef pouvait supporter un facteur de charge de neuf, il pourrait décrocher à une vitesse de 150 nœuds. Les pilotes doivent être prudents de ne pas décrocher involontairement l'aéronef en augmentant le facteur de charge, comme lors de virages serrés ou de spirales.

Dans des virages serrés dépassant un angle de 72°, le facteur de charge atteint 3, augmentant considérablement la vitesse de décrochage. Pour un aéronef avec une vitesse de décrochage normale de 45 nœuds, maintenir une vitesse aérienne supérieure à 75 nœuds est nécessaire pour éviter le décrochage lors de telles manœuvres [45]. Des effets similaires se produisent lors d'ascensions rapides ou de manœuvres générant des facteurs de charge dépassant 1 G. Ces incidents de perte de contrôle soudaine, en particulier lors de virages serrés ou d'entrées brutales du gouvernail près du sol, ont conduit à de nombreux accidents.

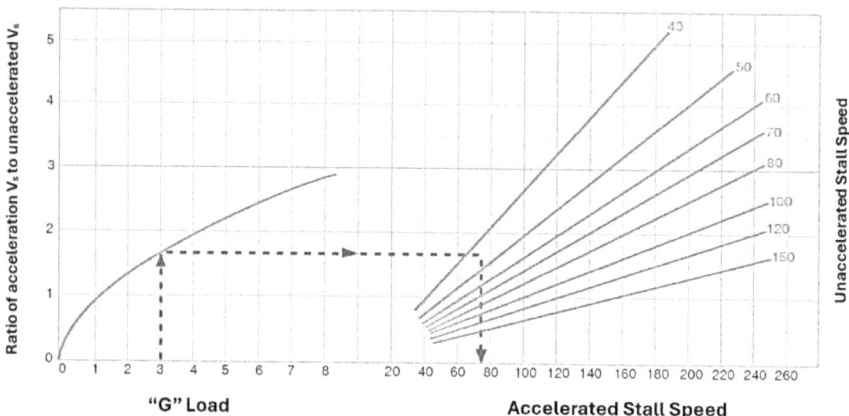

Figure 50: Les variations du facteur de charge affectent directement la vitesse de décrochage d'un aéronef. À mesure que le facteur de charge augmente, la vitesse de décrochage de l'aéronef augmente également. En revanche, lorsque le facteur de charge diminue, la vitesse de décrochage diminue en conséquence. Les pilotes doivent être conscients de cette relation, car elle influence les marges de sécurité lors des manœuvres de vol et les caractéristiques de maniabilité de l'aéronef.

Comme le décrochage d'un aéronef à des vitesses plus élevées augmente le facteur de charge au carré, cela impose un stress considérable sur la structure de l'aéronef, soulignant l'importance d'éviter les décrochages à des vitesses élevées.

Poids et Équilibre

Le respect des limites de poids et d'équilibre d'un aéronef est primordial pour garantir la sécurité des vols. Dépasser la limite de poids maximum compromet l'intégrité structurelle de l'aéronef et entrave ses performances. Opérer avec le centre de gravité (CG) au-delà des limites approuvées peut entraîner des difficultés de contrôle. Par conséquent, les pilotes doivent régulièrement réévaluer les données de poids et d'équilibre de l'aéronef.

Le poids, la force exercée par la gravité sur un corps, est un aspect crucial de la conception et de l'exploitation des aéronefs. Il est contrecarré uniquement par la force de portance, qui maintient l'aéronef en vol. Charger un aéronef au-delà du poids recommandé par le fabricant doit être évité pour garantir que la portance générée soit suffisante pour contrer le poids, empêchant l'incapacité de vol.

Les effets d'un poids excessif sur les performances des aéronefs sont nombreux et significatifs. Les fabricants s'efforcent de garder les aéronefs aussi légers que possible sans compromettre la force ou la sécurité. Les pilotes doivent être conscients des conséquences néfastes de la surcharge, qui peuvent entraîner de mauvaises caractéristiques de vol et des difficultés lors du décollage et de l'atterrissage.

Un poids excessif diminue les performances de vol sur différents paramètres, notamment la vitesse de décollage, le taux de montée, la vitesse de croisière, la manœuvrabilité et la vitesse de décrochage. Les pilotes doivent avoir une compréhension complète de la manière dont le poids impacte les performances de l'aéronef spécifique qu'ils exploitent. L'exploitation d'un aéronef surchargé réduit les marges de sécurité et aggrave les risques lors de situations d'urgence. Par conséquent, les pilotes doivent soigneusement considérer les implications du poids excessif pour garantir des opérations de vol sûres et efficaces.

Les déficiences de performance rencontrées par un aéronef surchargé :

1. Vitesse de décollage plus élevée : Le poids excessif augmente la vitesse de l'air nécessaire pour atteindre la levée pendant le décollage. Cela est dû au fait que le poids supplémentaire augmente l'inertie de l'aéronef, nécessitant une vélocité plus élevée pour surmonter les forces gravitationnelles et générer une portance suffisante pour le décollage.

2. Distance de décollage plus longue : Avec des exigences de vitesse de décollage plus élevées, un aéronef surchargé a généralement besoin d'une distance plus longue pour accélérer jusqu'à la vitesse nécessaire pour le décollage. Cette distance prolongée d'accélération résulte de l'impulsion accrue qui doit être surmontée en raison du poids ajouté.

3. Taux et angle de montée réduits : Une fois en l'air, un aéronef surchargé connaît un taux de montée diminué, ce qui signifie qu'il monte à une vitesse verticale plus lente par rapport à sa performance normale. De plus, l'angle de montée, qui représente la raideur de la trajectoire d'ascension, est également réduit. Ces réductions découlent de la puissance excédentaire diminuée disponible pour surmonter les forces gravitationnelles et propulser l'aéronef vers le haut.

4. Altitude maximale plus basse : Le poids excessif limite l'altitude à laquelle un aéronef peut monter. Les moteurs de l'aéronef peuvent manquer de la poussée nécessaire pour maintenir les taux de montée à des altitudes plus élevées en raison de la traînée aérodynamique accrue et des forces gravitationnelles agissant sur

l'aéronef plus lourd.

5. Portée plus courte : Le poids excessif diminue l'efficacité énergétique de l'aéronef, ce qui entraîne une réduction de la distance qu'il peut parcourir avec une quantité donnée de carburant. Cette portée diminuée résulte de la consommation accrue de carburant nécessaire pour soulever et maintenir l'aéronef plus lourd en vol.

6. Vitesse de croisière réduite : Un aéronef surchargé fonctionne généralement à une vitesse de croisière plus lente par rapport à sa performance optimale. Cette réduction de vitesse résulte de la traînée accrue causée par l'aéronef plus lourd, qui nécessite plus de puissance pour maintenir l'élan vers l'avant.

7. Manœuvrabilité réduite : Le poids excessif affecte la capacité de l'aéronef à manœuvrer efficacement. La masse accrue rend plus difficile pour l'aéronef de répondre rapidement et précisément aux entrées de contrôle, ce qui se traduit par une agilité et une réactivité réduites en vol.

8. Vitesse de décrochage plus élevée : Un aéronef surchargé a une vitesse de décrochage plus élevée, ce qui signifie qu'il nécessite une vitesse de l'air plus grande pour maintenir la portance et éviter un décrochage. Cette vitesse de décrochage plus élevée est une conséquence de la charge alaire accrue résultant du poids supplémentaire, ce qui nécessite une plus grande production de portance pour contrer les forces gravitationnelles.

9. Vitesse d'approche et d'atterrissage plus élevée : Pendant les phases d'approche et d'atterrissage, un aéronef surchargé nécessite une vitesse de l'air plus grande pour maintenir la portance et le contrôle. Cette vitesse d'approche et d'atterrissage accrue est nécessaire pour compenser le poids supplémentaire et assurer un toucher au sol sûr dans la distance de piste disponible.

10. Roulement d'atterrissage plus long : À l'atterrissage, un aéronef surchargé nécessite une distance plus longue pour s'arrêter complètement en raison de l'énergie cinétique accrue résultant de sa vitesse d'atterrissage plus élevée. Ce roulement d'atterrissage prolongé pose des défis en termes d'exigences de longueur de piste et de capacités de freinage, en particulier dans des zones d'atterrissage contraignantes.

Dans l'ensemble, les effets cumulatifs du poids excessif dégradent significativement les performances de vol d'un aéronef, compromettant sa sécurité, son efficacité et ses capacités opérationnelles. Les pilotes doivent gérer soigneusement le poids de l'aéronef dans les limites spécifiées pour atténuer ces déficiences de performance et garantir des opérations de vol sûres.

Aéronefs Pilotés à Distance et Leurs Composants

Les termes "Véhicule Aérien Sans Pilote" (UAV), "Système d'Aéronef Sans Pilote" (UAS), "Système d'Aéronef Piloté à Distance" (RPAS), et "Drone" désignent généralement le même concept : un aéronef ou un système d'aéronef opéré à distance sans pilote à bord.

Généralement, l'opérateur contrôle de tels aéronefs depuis le sol, mais ils peuvent également être exploités depuis un véhicule, un bateau, ou un autre aéronef piloté.

Initialement, "UAV" a été adopté par la CASA en juillet 2002 et reste largement utilisé dans la certification, l'octroi de licences, et les documents d'orientation. Ce terme était prédominant lors de l'établissement des Opérateurs de UAV Certifiés Australiens.

"UAS" est maintenant le terme reconnu internationalement, approuvé par l'OACI et la CASA, servant de terminologie de classification globale.

"RPAS", défini par l'OACI, désigne un type de UAS contrôlé directement par un pilote à toutes les étapes du vol malgré l'opération à distance. La CASA a récemment adopté "RPAS" comme sa terminologie principale.

Les documents de référence de la CASA utilisent "UAV", "UAS", et "RPAS" de manière interchangeable selon le contexte de la discussion. Les discussions sur l'historique impliquant l'ACUO, par exemple, peuvent utiliser les trois termes en raison des origines de l'association. Historiquement, "Drone" désignait des UAS utilisés comme cibles dans l'entraînement à la défense aérienne militaire. Malgré son utilisation initiale, la culture populaire, en particulier les médias, emploie désormais "drone" comme terme générique pour les aéronefs sans pilote ou pilotés à distance, en particulier ceux dotés de capacités militaires.

Les aéronefs pilotés à distance récréatifs sont catégorisés par la CASA comme "Modèles Réduits d'Aéronefs" et sont exploités pour le sport et les loisirs sous la supervision de la Model Aeronautical Association of Australia (MAAA) et des Règlements de l'Aviation Civile (CASR) 1998 - Partie 101.G.

L'ACUO observe les avancées technologiques continues dans le secteur des UAS, ce qui conduit à des révisions constantes des terminologies et des définitions. Cette évolution est typique des industries émergentes, rappelant les changements terminologiques observés dans l'aviation commerciale et le transport motorisé au début du 20e siècle. Néanmoins, les efforts de l'OACI pour standardiser la terminologie et les définitions devraient établir un consensus dans un avenir proche, "UAS" et "RPAS" ayant déjà un statut légal dans de nombreuses juridictions.

Composants de Drone

Bien que les modèles de drones puissent varier, certains composants restent constants et essentiels pour leur fonctionnement. Lorsqu'il s'agit de drones quadricoptères, le type le plus répandu pour les pilotes de drones, nous pouvons décrire des parties fondamentales applicables à la plupart des RPAS.

Composants de Drone :
1. Châssis ou Structure : o Le châssis ou la structure sert de corps au drone, maintenant tous les composants ensemble dans une configuration propice à des performances aérodynamiques optimales. Il détermine la taille et la structure du drone.

2. Bras : o Ces derniers supportent les moteurs et se fixent au châssis. Des bras plus longs améliorent la stabilité, tandis que des bras plus courts améliorent la maniabilité. Dans certains cas, les bras font partie intégrante du châssis et ne sont pas comptés comme des pièces séparées.

3. Moteurs : o Essentiels pour la propulsion du drone, les moteurs sont situés aux extrémités des bras et génèrent de la portance. Ils fonctionnent en conjonction avec les hélices pour soulever le drone.

4. Hélices de Drone : o Les hélices, reliées aux moteurs, fournissent de la portance en tournant. Chaque moteur a généralement une ou deux hélices, constituant le groupe motopropulseur.

5. Batterie : o Alimente les moteurs et autres composants électriques. Les batteries Li-po sont courantes, offrant de hautes performances et une autonomie de vol.

6. Carte de Contrôleur de Vol : o Agit comme "cerveau" du drone, recevant et traitant des informations de diverses sources pour contrôler les mouvements de vol.

7. Capteurs : o Indispensables pour les performances, les capteurs comprennent des capteurs de vitesse, de hauteur, d'altitude et de position, fournissant des données cruciales pour le contrôle de vol.

8. Appareil Photo : o Intégral pour la photographie ou la vidéographie aérienne, les caméras sont couramment présentes sur les drones, avec des structures supportant l'installation de la caméra.

9. Gimbal : o Stabilise l'appareil photo pendant le vol, empêchant les vibrations des moteurs d'affecter la qualité de l'image.

10. Variateurs de Vitesse ou Contrôleurs de Vitesse (ESC) : o Améliorent l'expérience de vol en permettant des ajustements de vitesse et de direction.

11. Station de Contrôle de Drone : o Comprend des éléments tels que l'émetteur-récepteur radio, les composants de gestion des données et la télécommande, facilitant le contrôle précis du drone.

12. Train d'Atterrissage : o Assure l'intégrité du drone lors du contact avec le sol, maintenant une distance entre le corps du drone et le sol, particulièrement crucial pour les drones transportant des charges utiles.

Add-ons:
- D'autres pièces de drone, non standard mais incluses en fonction de l'activité prévue. Celles-ci peuvent inclure des drones de transport de marchandises ou des drones pour des spectacles de lumière, incorporant des composants supplémentaires pour des tâches spécifiques.

Comprendre ces composants est crucial pour une opération de drone sûre et un contrôle de vol efficace.

Le châssis du drone sert de colonne vertébrale structurelle, reliant tous les composants et pièces. Il facilite l'agencement des divers constituants et se présente généralement sous deux formes : des conceptions "X" ou "+" optimisées pour l'aérodynamisme. Le poids et la taille du châssis influencent significativement les performances des drones volants.

Moteur : Responsable de la propulsion du drone en faisant tourner les hélices, le moteur est un composant crucial. Dans un Quadricoptère, quatre moteurs alimentent chaque hélice individuellement. Il est important de noter que plus le nombre de tours par minute par volt du moteur est élevé, plus la rotation de l'hélice est rapide.

ESC (Contrôle Électronique de Vitesse) : Aussi connu sous le nom de ESC, ce cadre câblé relie le moteur à la batterie et régule la rotation de l'hélice. L'ESC ajuste la vitesse et le mouvement de l'hélice pour permettre diverses manœuvres en vol. Un autre composant impliqué dans le contrôle de la vitesse de l'hélice est la carte de contrôle de vol (FCB), qui gère le gyroscope et l'accélération, régulant finalement le fonctionnement du drone.

Hélices : Fonctionnant comme des ailes, les hélices dirigent la trajectoire de vol du drone. Elles tournent pour soulever le drone et fournir des ajustements de roulis, de lacet et de tangage pendant le vol.

Batterie et Chargeur : La source d'alimentation du drone est sa batterie, essentielle pour son fonctionnement. Les drones dépendent de batteries de capacités variables, influençant la durée de vol. Typiquement, les batteries de drone sont rechargeables pour une utilisation prolongée.

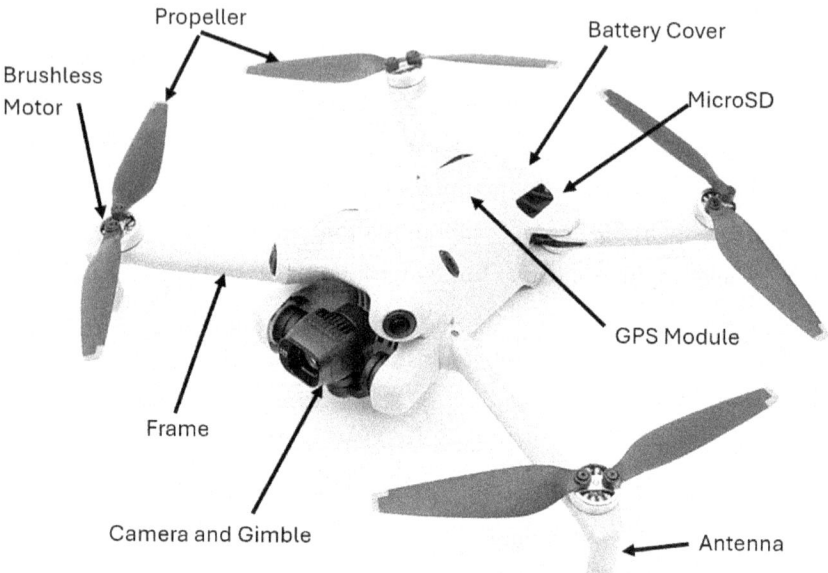

Figure 51: Pièces d'un drone (DJI Mini 4 Pro). Image arrière : Jacek Halicki, CC BY-SA 4.0, via Wikimedia Commons.

Dans la conception d'un quadricoptère, une architecture exempte de couple est obtenue grâce à un cadre central (nacelle) abritant tous les composants électroniques, avec quatre bras (poutres) s'étendant vers l'extérieur pour fournir des positions de montage stables pour les rotors. Chaque rotor comprend une hélice entraînée par un moteur contrôlé par un ESC (contrôleur électronique de vitesse), généralement situé dans une zone ventilée près de la nacelle principale. En suivant la troisième loi de Newton de la physique, selon laquelle chaque force d'action a une réaction égale et opposée, la rotation horaire et antihoraire des rotors du quadricoptère crée un système exempt de couple. Cela contraste avec les hélicoptères conventionnels, où un seul rotor force la fusée à tourner, nécessitant un système de rotor de queue complexe. Avec quatre rotors répartissant la charge de travail, les rotors de quadricoptère n'ont pas besoin de tourner aussi vite, ce qui se traduit par des commandes moins saccadées.

Dans un quadricoptère, les moteurs #1 et #3 tournent dans le sens antihoraire, tandis que les moteurs #2 et #4 tournent dans le sens horaire. Ajuster les vitesses des rotors de chaque côté permet des manœuvres de tangage (inclinaison vers l'avant ou vers l'arrière) et de roulis (inclinaison vers la droite ou vers la gauche) pour les déplacements latéraux, tandis que des vitesses de moteur synchronisées fournissent un contrôle des gaz pour les ajustements d'altitude. Le contrôle de lacet (rotation vers la droite ou vers la gauche) est obtenu en variant le couple entre les hélices horaire et antihoraire, plutôt qu'en utilisant un rotor de queue. Par exemple, accélérer les rotors dans le sens horaire et/ou ralentir les rotors dans le sens antihoraire augmente le couple dans le sens antihoraire, faisant tourner le quadricoptère vers la gauche.

Maintenir un centre de gravité (CG) équilibré est essentiel pour les opérations de quadricoptère, le CG étant généralement situé à mi-chemin entre les quatre rotors. Toute charge utile, telle qu'une caméra ou un cardan, située loin du CG, est compensée en ajustant la position de la batterie dans la direction opposée. Sans CG approprié, un ou plusieurs rotors peuvent avoir du mal à maintenir l'équilibre. Les contrôleurs de vol avec gyroscopes intégrés doivent être positionnés au CG. Pour ajuster et vérifier le CG, soulevez le quadricoptère à partir de deux points opposés à côté du contrôleur de vol en utilisant vos index. Le quadricoptère devrait ressembler à une balançoire bien nivelée, indiquant un équilibre correct. Sinon, l'opérateur peut ajuster le CG en déplaçant la charge utile ou la batterie jusqu'à ce que l'équilibre soit atteint.

L'aérodynamique du quadricoptère diffère considérablement de celle des avions, avec des surfaces étendues créant une résistance au vent substantielle. Cela devient particulièrement critique par temps venteux et en descente. Les contrôleurs de vol avancés et les micrologiciels électroniques offrent des algorithmes pour résoudre ces problèmes.

L'intégrité structurelle est cruciale pour les quadricoptères, en particulier pour les systèmes plus grands. La rigidité est essentielle pour les plus grands quadricoptères afin de maintenir la stabilité. Des matériaux solides et légers tels que la fibre de carbone ou l'aluminium sont préférés pour les poutres, les supports et les hélices, garantissant une conception sans compromis. Les quadricoptères moins chers peuvent utiliser des composants en plastique produits en masse, ce qui entraîne une flexion excessive et un poids supplémentaire.

Télécommande

Une télécommande agit en tant qu'émetteur radio responsable de diverses fonctions, notamment la réception et la transmission de signaux. Elle supervise le vol, la direction et la vitesse du drone, facilitant l'envoi d'instructions à l'aéronef.

Manette de droite : Cette manette gouverne les mouvements de tangage et de roulis du drone, dictant ses mouvements vers la gauche, la droite, en arrière et en avant pendant le vol.

Manette de gauche : Associée au contrôle des gaz et du lacet, la manette de gauche gère les flips et les roulis du drone. Elle contrôle les rotations dans le sens antihoraire et dans le sens horaire de l'aéronef, ainsi que régule l'altitude de vol.

Bouton de trim : Présent sur toutes les unités de télécommande, le bouton de trim est utilisé pour corriger tout déséquilibre dans les commandes. En appuyant sur le bouton de trim, les paramètres de contrôle sont ajustés pour rétablir l'équilibre.

Antenne : L'antenne d'une télécommande fonctionne comme un récepteur pour les transmissions. Elle reçoit les signaux envoyés depuis le contrôleur et agit en conséquence pour contrôler le drone.

Figure 52: Utilisation d'une télécommande de drone. Photo par David Montanari, via Pexels.

Principe de fonctionnement d'un drone et motif d'écoulement

La dynamique des fluides est un aspect crucial de la conception et du développement des avions et des drones, gouvernant les principes aérodynamiques sous-jacents à leur fonctionnement. La portance, essentielle pour contrer la gravité et élever le véhicule, repose sur la génération d'une force ascendante suffisante. Cette force est complétée par la poussée, qui propulse le véhicule vers l'avant. Comprendre ces forces implique l'application des lois cinématiques des écoulements de fluides [58].

Lorsque l'air interagit avec un profilé aérodynamique ou une hélice, il subit des forces de pression, de viscosité et de traînée, la force exercée étant directement proportionnelle à la vitesse de l'air à l'entrée.

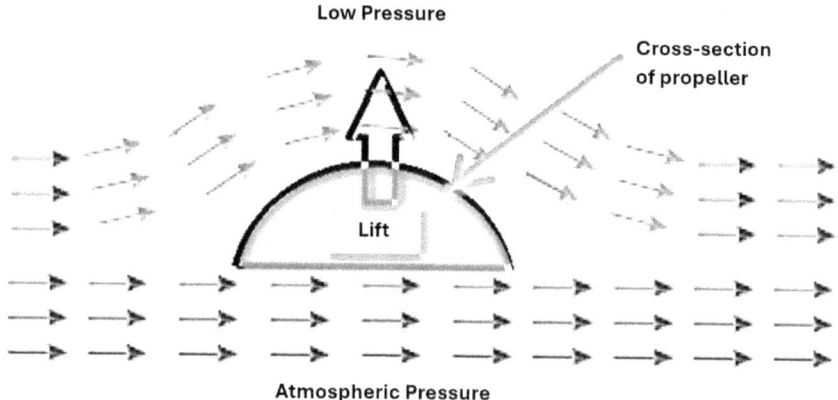

Figure 53: Portance basée sur le principe de Bernoulli.

Le schéma d'écoulement autour de la section transversale du profilé aérodynamique ou de l'hélice démontre une pression élevée du fluide en dessous et une faible pression au-dessus de l'hélice, entraînant une force ascendante appelée portance. Cette force de portance est responsable de l'élévation du poids d'un avion ou d'un drone, sa magnitude étant influencée par l'angle d'inclinaison du profilé aérodynamique ou de l'hélice [58].

Le principe de Bernoulli, basé sur la conservation de l'énergie dans l'écoulement des fluides, explique comment la somme de toutes les formes d'énergie à l'intérieur d'un fluide reste constante le long de la ligne de courant. Lorsque l'air s'écoule sur un profilé aérodynamique ou une aile, sa vitesse augmente sur la partie supérieure, ce qui entraîne une diminution de la pression de l'air. En revanche, du côté inférieur de la pale, la vitesse de l'air diminue, ce qui provoque une augmentation de la pression. Cette différence de pression à travers le profilé entraîne une force de portance ascendante, cruciale pour le vol [58].

Les drones multirotors sont équipés de différents nombres d'hélices. Bien que le fait d'avoir plus d'hélices améliore la stabilité et la capacité de charge, cela nécessite également une puissance de batterie accrue pour entraîner des moteurs supplémentaires pour une puissance de sortie plus élevée. Parmi ceux-ci, le quadcopter se distingue comme une option largement privilégiée.

- Bicoptère (2 hélices)
- Triplecopter (3 hélices)
- Quadcopter (4 hélices)
- Hexacopter (6 hélices)
- Octocopter (8 hélices)

Principe de fonctionnement du quadcopter [58]:

- Un quadcopter est équipé de quatre hélices positionnées aux coins de son châssis.
- La vitesse et la direction de rotation de chaque hélice sont contrôlées indépendamment pour assurer l'équilibre et la manœuvrabilité du drone.
- Dans une conception de quadrotor conventionnelle, les quatre rotors sont uniformément espacés les uns des autres.
- Pour maintenir l'équilibre du système, un ensemble de rotors tourne dans le sens des aiguilles d'une montre tandis que l'autre ensemble tourne dans le sens inverse des aiguilles d'une montre.
- Pour monter (stationnaire), tous les rotors doivent fonctionner à des vitesses élevées.

L'ajustement des vitesses des rotors permet au drone de se déplacer vers l'avant, vers l'arrière et latéralement.

Dynamique du quadcopter:

Les mouvements d'un quadcopter sont classés en quatre types en fonction de la relation entre ses quatre hélices: 1) commande des gaz, 2) tangage, 3) roulis et 4) lacet [58].

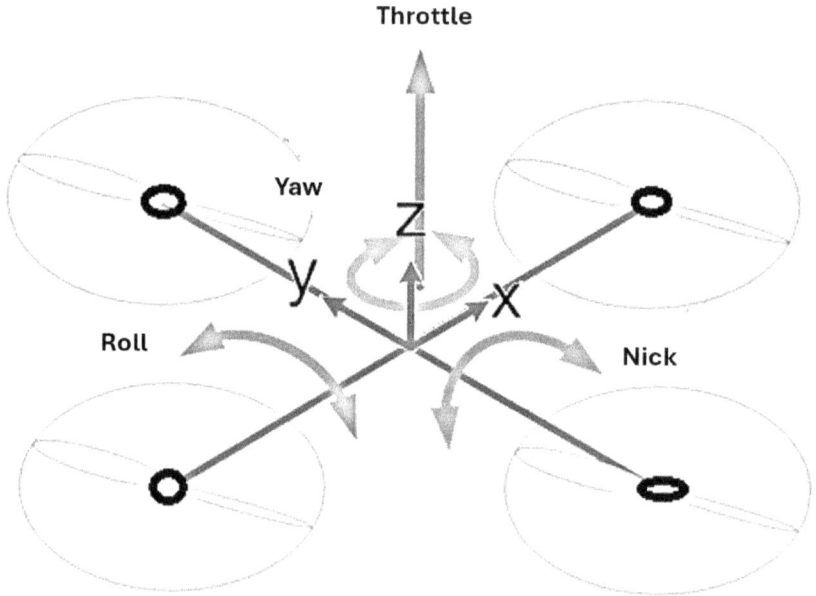

Figure 54: Mouvements du quadricoptère.

Throttle/Hover : Le throttle se réfère au mouvement vertical du drone.
- Si les quatre hélices fonctionnent à vitesse normale, le drone descend.

- Si les quatre hélices fonctionnent à une vitesse plus élevée, le drone monte, résultant en un vol stationnaire.

Pitch : Le mouvement de tangage implique le déplacement latéral du drone.
- Si les deux hélices arrière fonctionnent à haute vitesse, le drone avance.

- Si les deux hélices avant fonctionnent à haute vitesse, le drone recule.

Roll : Le mouvement de roulis concerne le déplacement latéral du drone autour de son axe longitudinal.
- Si les deux hélices de droite fonctionnent à haute vitesse, le drone se déplace vers la gauche.

- Si les deux hélices de gauche fonctionnent à haute vitesse, le drone se déplace vers la droite.

Yaw : Le mouvement de lacet implique la rotation de la tête du drone autour de son axe vertical, soit vers la gauche, soit vers la droite.

- Si deux hélices de la diagonale droite fonctionnent à haute vitesse, le drone tourne dans le sens antihoraire.

- Si deux hélices de la diagonale gauche fonctionnent à haute vitesse, le drone tourne dans le sens horaire.

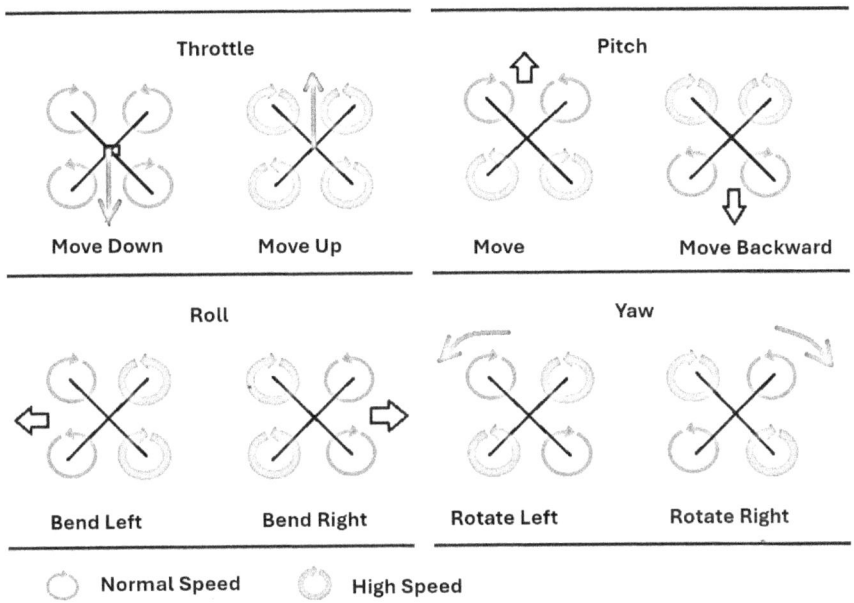

Figure 55: Commandes du Quadricoptère.

Forces et Moments Agissant sur un Drone

Lorsqu'un drone est en vol, il subit plusieurs forces qui dictent son mouvement. Ces forces interagissent pour déterminer le comportement global du drone. Les principales forces agissant sur un drone sont les suivantes :

Poids :
- Le poids est la force exercée sur le drone en raison de sa masse et de la gravité.
- Il agit toujours vers le bas, vers le centre de la Terre.

- Plus le poids du drone est important, plus de puissance est nécessaire pour le soulever et le manœuvrer.
- Le poids du drone peut être calculé en multipliant sa masse par l'accélération due à la gravité.

Portance :
- La portance est la force ascendante générée sur le drone, contrecarrant son poids.
- Cette force est produite par des différences de pression à travers le corps du drone dans la direction verticale.
- Des facteurs tels que la vitesse, la taille et la forme des pales de l'hélice influencent la quantité de force de portance générée.
- La portance est cruciale pour élever le drone contre la force de gravité.
- Pour générer de la portance, les quatre hélices fonctionnent à haute vitesse pour créer une poussée vers le haut.

Poussée :
- La poussée est la force exercée sur le drone dans la direction de son mouvement, généralement perpendiculaire au plan du rotor.
- Pendant le vol stationnaire, la poussée est purement verticale, mais elle peut être inclinée pour incliner le drone vers l'avant ou vers l'arrière pour un mouvement directionnel.
- La poussée est essentielle pour propulser le drone dans la direction souhaitée à une vitesse constante.
- Pour obtenir le mouvement souhaité, deux hélices sont souvent dotées de vitesses plus élevées pour produire une poussée plus importante.

Traînée :
- La traînée est la force agissant sur le drone dans la direction opposée à son mouvement, causée par la résistance de l'air.
- Les facteurs contribuant à la traînée comprennent les différences de pression et

la viscosité de l'air.

- Pour minimiser la traînée, les drones sont conçus avec des formes aérodynamiques qui réduisent la résistance de l'air et optimisent l'écoulement de l'air sur le corps.

Contrôler un Drone Multirotor

Voici quelques étapes générales pour faire fonctionner un drone :

1. Familiarisez-vous avec le manuel : Commencez par lire attentivement le manuel du drone. Chaque modèle de drone est unique et est livré avec ses propres instructions et directives.

2. Enregistrez votre drone : Selon votre emplacement, vous devrez peut-être enregistrer votre drone auprès des autorités compétentes avant de le faire voler.

3. Chargez la batterie du drone : Assurez-vous que la batterie du drone est complètement chargée avant d'essayer de le faire voler pour éviter les interruptions inattendues.

4. Choisissez un endroit approprié : Sélectionnez un endroit spacieux, dégagé d'obstacles tels que des arbres, des bâtiments ou des lignes électriques, et conforme aux réglementations locales en matière d'exploitation de drones.

5. Vérifiez les conditions météorologiques : Évitez de faire voler votre drone par temps défavorable comme les vents forts ou la pluie. Consultez les prévisions météorologiques avant de procéder à votre vol.

6. Allumez le drone et la télécommande : Allumez à la fois le drone et la télécommande, en veillant à ce qu'ils soient correctement synchronisés et fonctionnels.

7. Calibrez le drone : Suivez les instructions fournies dans le manuel pour calibrer le drone avant le décollage, assurant ainsi des performances et une stabilité optimales.

8. Décollage : Poussez progressivement le manche des gaz vers le haut pour initier

le décollage, en maintenant une montée douce et contrôlée.

9. Manœuvrez le drone : Utilisez la télécommande pour manœuvrer le drone dans les airs, en maintenant une distance de sécurité par rapport aux personnes, aux bâtiments et aux autres structures.

10. Préparez l'atterrissage : Lorsque vous êtes prêt à conclure le vol, abaissez doucement le drone vers le sol en utilisant le manche des gaz, en assurant une descente contrôlée et stable.

11. Éteignez le drone : Après avoir atterri le drone en toute sécurité, éteignez à la fois le drone et la télécommande pour économiser la batterie et garantir la sécurité.

Opération d'un Quadricoptère :
- **Préparation avant le vol :** Apprendre à piloter un quadricoptère est facilité par une approche structurée étape par étape. Avant de prendre votre envol, assurez-vous de bien connaître les procédures suivantes :

  - **Familiarisation avec le quadricoptère :** Commencez par vous familiariser avec votre quadricoptère et examinez attentivement tous les matériaux pédagogiques fournis.

  - **Configuration de l'émetteur :** Familiarisez-vous avec l'émetteur de commande à distance (RC) et assurez-vous que les batteries sont correctement insérées.

  - **Compréhension des commandes :** Comprenez la fonctionnalité de chaque commande :

    - Le manche gauche contrôle le gaz (ajustement de l'altitude) et le lacet (rotation).

    - Le manche droit contrôle le tangage (mouvement avant/arrière) et le roulis (mouvement de côté à côté).

- **Configuration pré-vol :** Suivez la configuration et les ajustements pré-vol recommandés par le fabricant :

- **Chargement de la batterie :** Chargez la batterie du quadricoptère en utilisant le chargeur fourni selon les instructions du fabricant.

- **Vérifications pré-vol :** Préparez le quadricoptère pour le vol selon les instructions fournies.

- **Sélection de la zone de vol :** Assurez-vous de disposer d'une zone spacieuse et dégagée, à l'intérieur ou à l'extérieur, à l'abri du vent ou des courants d'air. Veillez à ce que la zone de vol soit dépourvue de personnes, d'animaux ou d'objets fragiles.

- **Configuration initiale :**

  - **Positionnement :** Placez le quadricoptère au centre de votre espace ouvert, face à l'opposé de vous.

  - **Activation de l'émetteur :** Baissez le gaz (manche gauche) sur l'émetteur RC et allumez-le. Activez toujours l'émetteur avant de connecter la batterie du quadricoptère.

  - **Connexion de la batterie :** Connectez la batterie du quadricoptère après avoir activé l'émetteur. Lorsque vous avez terminé de voler, déconnectez d'abord la batterie avant d'éteindre l'émetteur.

  - **Distance de sécurité :** Reculez de trois ou quatre pas du quadricoptère et restez face à lui.

- **Vol initial :**

  - **Pratique du décollage :** Augmentez progressivement le manche des gaz jusqu'à ce que les moteurs commencent à tourner, puis réduisez jusqu'à ce qu'ils s'arrêtent. Répétez pour vous familiariser avec le contrôle des gaz.

  - **Maintien en stationnaire :** Augmentez progressivement les gaz pour soulever légèrement le quadricoptère du sol. Pratiquez le maintien d'un vol stationnaire. Utilisez les boutons de trim pour ajuster tout mouvement directionnel ou rotation.

- **Maintien en stationnaire contrôlé :**

- **Contrôle de l'altitude :** Utilisez le contrôle des gaz pour maintenir l'altitude. Faites de légères ajustements avec le manche droit pour maintenir la position horizontale.

- **Stabilité directionnelle :** Utilisez le manche gauche (lacet) pour prévenir la rotation. Ajustez les boutons de trim au besoin pour la stabilité.

- **Manœuvres de base :**

  - **Mouvement avant et arrière :** Pratiquez le mouvement du quadricoptère en avant et en arrière en utilisant le manche droit (tangage).

  - **Mouvement de côté à côté :** Expérimentez avec le mouvement de côté à côté en utilisant le manche droit (roulis).

- **Maîtrise de la rotation :**

  - **Réorientation mentale :** Comprenez la réorientation mentale requise pour faire tourner le quadricoptère.

  - **Contrôle de l'émetteur :** Développez un contrôle subconscient de l'émetteur RC.

- **Rotations avancées :**

  - **Rotation progressive :** Pratiquez la rotation progressive du quadricoptère en utilisant le manche de lacet.

  - **Ajustements d'angle :** Expérimentez avec la rotation du quadricoptère sous différents angles, en augmentant progressivement jusqu'à 180 degrés.

  - **Tangage et roulis :** Intégrez les mouvements de tangage et de roulis tout en maintenant le contrôle du lacet.

  - **Manœuvres avancées :** Maîtrisez des manœuvres plus complexes, telles que voler en cercles et en huit, tout en maintenant l'orientation.

Utiliser un drone peut être une expérience agréable et enrichissante, mais maîtriser le processus nécessite patience, pratique et attention aux détails. Voici un guide complet pour vous aider à naviguer efficacement à travers les étapes de l'exploitation d'un drone :

- Familiarisation et préparation avant le vol :

  - Commencez par vous familiariser avec votre quadricoptère et passez en revue attentivement toutes les instructions fournies.

  - Assurez-vous que votre émetteur de télécommande est correctement configuré et équipé de piles.

- Préparation avant le vol :

  - Chargez la batterie du drone selon les instructions du fabricant. o Préparez votre drone pour le vol, en suivant les procédures recommandées.

  - Sélectionnez un emplacement de vol approprié, à l'intérieur ou à l'extérieur, en veillant à ce qu'il soit spacieux, exempt d'obstacles et à l'abri du vent et des courants d'air.

  - Vérifiez que la zone de vol est dégagée de toute personne, animal et objet fragile.

- Configuration initiale et décollage :

  - Placez le drone au centre de votre zone de vol désignée, en le faisant face loin de vous.

  - Assurez-vous que le manche des gaz (manche gauche) de l'émetteur de télécommande est positionné au plus bas avant de l'allumer.

  - Allumez toujours l'émetteur en premier, puis connectez la batterie du drone.

  - Après avoir terminé la session de vol, déconnectez d'abord la batterie du drone avant d'éteindre l'émetteur.

  - Reculez de quelques pas du drone, en gardant une vue dégagée sur celui-ci.

- Manœuvres de vol de base :

  - Commencez par augmenter progressivement l'entrée des gaz jusqu'à ce que les moteurs du drone démarrent, puis réduisez-la pour les arrêter, en vous familiarisant avec le contrôle des gaz.

  - Pratiquez à soulever progressivement le drone du sol, en veillant à ce qu'il reste relativement stationnaire et non rotatif.

  - Ajustez les paramètres de trim si nécessaire pour obtenir un vol stationnaire stable sans intervention manuelle.

- Stationnaire et contrôle de l'altitude :

  - Essayez d'obtenir un vol stationnaire contrôlé à environ un pied du sol, en utilisant l'entrée des gaz pour maintenir l'altitude.

  - Utilisez des mouvements subtils du manche droit pour maintenir une position horizontale et contrer toute déviation de lacet, de roulis ou de tangage.

- Mouvement avant et latéral :

  - Introduisez progressivement le mouvement avant et arrière en utilisant le manche de tangage (droit), en maîtrisant le contrôle directionnel tout en gardant le drone orienté loin de vous.

  - Passez au mouvement latéral en utilisant le manche de roulis (droit), en ajustant l'entrée de lacet (manche gauche) si nécessaire pour maintenir l'orientation.

- Rotation et contrôle de l'orientation :

  - Développez vos compétences pour faire pivoter le drone en utilisant le manche de lacet (gauche), en maintenant l'orientation et en ajustant les entrées de contrôle en conséquence.

  - Entraînez-vous à maintenir le vol stationnaire à différents angles et augmentez progressivement les angles de rotation jusqu'à 180 degrés, en ajustant les réponses de contrôle si nécessaire.

- Manœuvres avancées et coordination :
  - Combinez les mouvements des manches de lacet, de tangage et de roulis pour exécuter des modèles de vol complexes tels que des cercles et des huit.
  - Affinez vos compétences de contrôle et de coordination grâce à une pratique régulière, en augmentant progressivement la complexité des manœuvres et des environnements de vol.

En suivant ces instructions pas à pas et en consacrant du temps à la pratique, vous améliorerez progressivement votre compétence et votre confiance dans l'exploitation d'un drone de manière efficace et sûre.

Commandes : Voici une illustration des mécanismes de contrôle pour piloter un quadricoptère et une explication de la fonction de chaque commande.

- Roulis : Incline le quadricoptère vers la gauche ou vers la droite en ajustant les vitesses de rotation des rotors d'un côté tout en les diminuant de l'autre.

- Tangage : Incline le quadricoptère vers l'avant ou vers l'arrière de manière similaire au roulis.

- Lacet : Fait tourner le quadricoptère en accélérant tous les rotors tournant dans une direction et en ralentissant ceux tournant dans la direction opposée.

- Gaz : Gère l'axe vertical en régulant la vitesse globale des rotors. Ces commandes sont également désignées par d'autres noms ; par exemple, le roulis est connu sous le nom d'ailerons, le tangage comme gouvernail de profondeur, et le lacet comme gouvernail de direction.

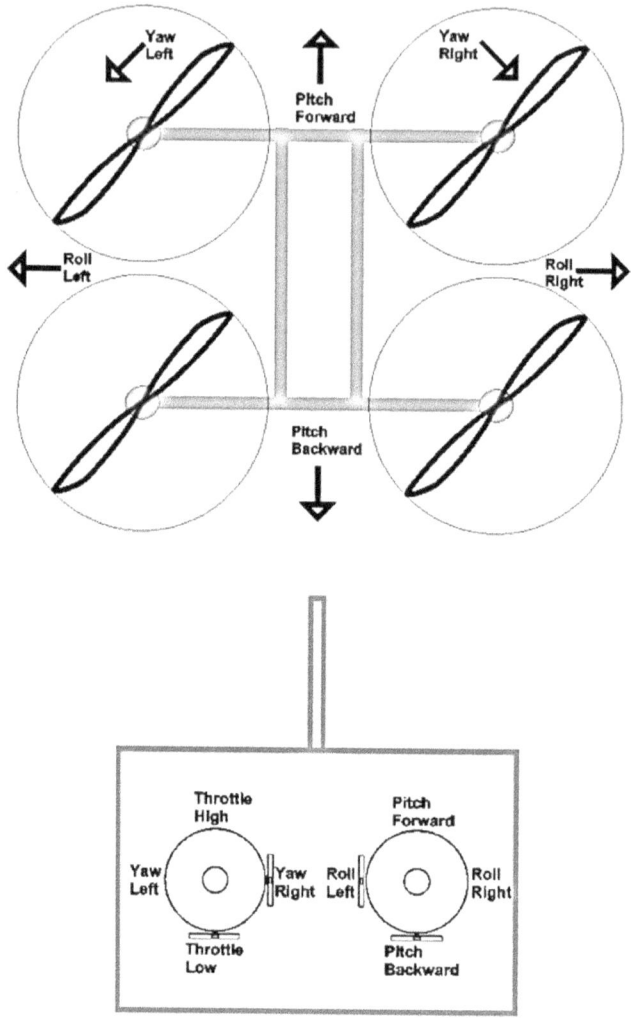

Figure 56: Commandes du quadricoptère.

Stabilisation : Les quadricoptères offrent généralement trois modes de stabilisation principaux :

1. Mode de taux, également appelé manuel, dur, ou Acro.

2. Mode d'attitude (distinct du mode d'altitude), également appelé auto-nivellement ou Auto-level.

3. Mode de maintien GPS, également connu sous le nom de Loiter.

Vol stationnaire du quadricoptère :

1. Vérification des commandes : Commencez par régler le manche des gaz à environ 10 % et testez progressivement chaque commande pour vous assurer de leur bon fonctionnement avant le vol. Évitez de voler à moins que toutes les commandes ne soient confirmées comme fonctionnant correctement.

2. Familiarisation avec le quadricoptère : Augmentez lentement le manche des gaz jusqu'à ce que le quadricoptère reste en suspension à environ 2 pouces du sol. Ensuite, manipulez les commandes pour évaluer la réactivité du quadricoptère à vos entrées. Pour les quadricoptères avec de longs trains d'atterrissage, il est conseillé de rester en suspension à environ un pied du sol pour éviter les interférences. Si vous ressentez une perte de contrôle, réduisez rapidement le manche des gaz et ramenez le quadricoptère à sa position de décollage.

3. Ascension : Une fois à l'aise avec les commandes, élevez le quadricoptère à environ 3 pieds. Le vol stationnaire à haute altitude devient légèrement plus facile en raison de la réduction de la turbulence de l'air provenant du sol.

4. Pratique de la cible : Établissez des cibles d'atterrissage et pratiquez le vol vers chaque cible, l'atterrissage, puis passez à la suivante. Cet exercice améliore la précision du vol stationnaire et la compétence d'atterrissage.

5. Maîtrise de l'orientation : Commencez le vol stationnaire avec le quadricoptère positionné à la marque de 10 heures, en prenant progressivement confiance avant de passer à d'autres positions telles que 2, 9 et 3 sur le cadran.

6. Vol stationnaire nez en avant : Le vol stationnaire nez en avant, une technique courante chez les pilotes d'hélicoptères RC, consiste à positionner le quadricoptère avec son nez face à vous. Ajustez manuellement l'orientation du quadricoptère avant le décollage. Notez que les commandes peuvent sembler inversées initialement, nécessitant un ajustement similaire à l'équilibrage d'un bâton. Maîtriser le vol stationnaire nez en avant aide à la pratique de l'orientation, y compris le vol stationnaire aux positions 7 et 5 heures.

7. Pratique d'atterrissage nez en avant : Mettez en place des cibles d'atterrissage et essayez d'atterrir le quadricoptère avec son nez tourné vers l'intérieur. Cette manœuvre est difficile et nécessite de la patience pour la maîtriser.

Aérodynamique du vol et maintenance directionnelle des avions à ailes fixes

Bien qu'une compréhension de base de l'aérodynamique et de la stabilité des avions ne soit pas strictement nécessaire pour voler, elle s'avère bénéfique, surtout pour ceux impliqués dans la conception ou la modification d'aéronefs. Néanmoins, maîtriser la théorie peut être plus difficile que l'acte de voler lui-même. Les préférences personnelles dictent dans quelle mesure on se plonge dans les aspects théoriques.

Le guide suivant sert d'introduction fondamentale à l'aérodynamique et à la stabilité des aéronefs. Bien qu'il ne soit pas nécessaire pour voler, il aide à la construction de divers modèles. Au minimum, il est conseillé de se familiariser avec la terminologie utilisée dans la conception des avions.

Un avion nécessite quatre types principaux de structures pour accomplir le vol :

1. Structures portantes : Ces composants génèrent de la portance pour contrer la gravité.

2. Structures de stabilité : Ces éléments maintiennent la stabilité en cap et la contrôlabilité de l'engin.

3. Structures de contrôle : Ces mécanismes facilitent le contrôle du mouvement de l'aéronef.

4. Structures utilitaires : Ces éléments fournissent une intégrité structurelle, élèvent l'avion du sol et accueillent les systèmes de charge utile et de propulsion.

Structures Portantes : L'aile sert de structure portante, responsable de la génération de portance en dirigeant l'écoulement d'air en mouvement. Elle doit trouver un équilibre entre la production de portance et la minimisation de la traînée, la force qui entrave le mouvement vers l'avant de l'engin. Les performances d'une aile sont souvent quantifiées par son rapport portance-traînée (LD), qui détermine ses capacités de planeur et son efficacité énergétique.

Les ailes fonctionnent sur des principes simples et complexes. Alors qu'elles poussent intuitivement l'air vers le bas lorsqu'elles avancent, elles créent également de la portance en "aspirant" l'air au-dessus de l'aile. Comprendre les complexités du fonctionnement des ailes implique des concepts tels que l'effet Bernoulli et la conservation de la quantité de mouvement. Cependant, pour des raisons pratiques, il est essentiel de se concentrer sur les facteurs pertinents et de ne pas se perdre dans des débats théoriques.

Points clés sur les ailes :

- La taille de l'aile est un facteur crucial, les petits engins comme les insectes éprouvant un écoulement d'air différent des avions plus grands.

- Le nombre de Reynolds, qui décrit l'échelle de l'objet par rapport à la viscosité du fluide et à sa densité, influence les performances de l'aile.

- La section transversale de l'aile, appelée profilé, joue un rôle significatif dans son efficacité, avec des recherches approfondies visant à améliorer les performances aérodynamiques.

- Alors que les petits modèles peuvent utiliser des conceptions d'ailes simplistes, les avions plus grands et plus rapides nécessitent des designs de profilé plus sophistiqués pour des performances optimales.

Portance et Traînée : La traînée, générée par la friction et le mouvement d'air induit, pose un défi pour les ailes, nécessitant une vitesse avant pour un fonctionnement efficace. La portance est directement proportionnelle à la vitesse et à l'angle d'attaque (AOA), avec un AOA optimal généralement compris entre 2 et 3 degrés. Cependant, dépasser un AOA critique conduit à un décrochage, où les performances de l'aile se détériorent rapidement.

Un décrochage se produit lorsque l'AOA de l'aile dépasse un seuil critique, entraînant une augmentation significative de la traînée et une perte de portance. Ce phénomène, semblable à un décrochage profond, peut provoquer un changement drastique des caractéristiques de vol, entraînant une perte de contrôle. Alors que certains designs d'aéronefs atténuent le risque de décrochage profond grâce à des mécanismes de stabilité, il est essentiel de maintenir une conscience des limites d'AOA pour un vol sûr.

L'objectif n'est pas l'élimination complète mais plutôt la minimisation de la rotation. Atteindre cet objectif implique trois approches principales :

1. Optez pour des ailes longues et effilées pour réduire la surface des extrémités des ailes.

2. Concevez des ailes elliptiques pour concentrer la portance vers le centre et minimiser les différences de pression aux extrémités. Alternativement, utilisez la

torsion des ailes, appelée "washout", pour réduire progressivement la portance vers les extrémités, évitant ainsi le décrochage pendant les virages.

   3. Intégrez des winglets ou des structures verticales pour perturber la formation de tourbillons aux extrémités des ailes.

Bien que les winglets puissent réduire efficacement les tourbillons aux extrémités des ailes dans une plage limitée de vitesse et d'angle d'attaque, les concevoir pour éviter de compromettre les performances dans diverses conditions peut être difficile. Souvent, l'extension de l'envergure se révèle plus efficace à moins d'être limitée par des facteurs tels que les restrictions des portes d'aéroport pour les gros avions de ligne.

Bien que les ailes elliptiques offrent une efficacité améliorée, leur complexité de construction et les coûts associés sont plus élevés. En revanche, les ailes à grand allongement, caractérisées par une plus grande envergure par rapport à la largeur, sont plus efficaces mais nécessitent des mécanismes de contrôle plus robustes, entraînant des pénalités de poids et de coûts supplémentaires.

Les ailes à grand allongement nécessitent un profil plus mince pour maintenir une épaisseur relative et un galbe, ce qui entraîne une faiblesse structurelle à moins d'être compensées par des matériaux plus résistants ou des profils plus épais, ce qui augmente la traînée ou le poids. Ainsi, les matériaux et les techniques de conception avancés jouent un rôle crucial dans l'optimisation des performances des aéronefs.

Principaux facteurs de conception des ailes :

   1. Charge alaire : Le rapport poids-surfaces des ailes détermine la portance nécessaire pour le vol. Une charge alaire plus faible facilite le vol plus lent et réduit la consommation d'énergie.

   2. Allongement : Le rapport entre la largeur et la longueur des ailes vu d'en haut influence l'efficacité des ailes. Les ailes à grand allongement minimisent les tourbillons aux extrémités mais nécessitent une construction plus robuste.

   3. Épaisseur : Des ailes plus épaisses offrent une résistance structurelle mais induisent plus de traînée à des vitesses plus élevées et à des angles d'attaque plus faibles.

   4. Galbe : La courbure des ailes affecte le comportement au décrochage et la traînée à différents angles d'attaque. Les ailes à fort galbe conviennent au vol lent et aux

pistes courtes.

5. Flèche : La rotation des ailes par rapport à une ligne droite influence la stabilité et les performances en vitesse. Les ailes en flèche améliorent la stabilité à grande vitesse mais compromettent le rapport portance-traînée.

Considérations de conception des ailes :
- Il n'existe pas de conception universelle d'ailes, car des compromis doivent être équilibrés en fonction de vitesses de vol spécifiques et d'exigences de performances.
- Atteindre la finesse nécessite un renforcement, ce qui augmente le poids et la charge alaire.
- Les ailes à grand allongement demandent une résistance et une rigidité supplémentaires, ajoutant du poids et des coûts.
- Un fort galbe facilite le vol lent mais limite la vitesse et peut poser des défis par temps venteux.

Dispositifs de modification des ailes : Diverses structures telles que les volets et les extensions de bord d'attaque ajustent les caractéristiques des ailes pour s'adapter aux différentes phases de vol. Cependant, ces modifications entraînent des considérations de poids, de coût et de fiabilité.

Contre-action du couple : Une génération efficace de portance nécessite de maintenir l'aile à l'angle d'attaque optimal, induisant généralement un couple de force vers le bas du nez. Les structures de stabilité sont essentielles pour contrer ce couple et garantir un vol efficace et stable.

Structures de stabilité

L'importance de la stabilité dans la conception des aéronefs ne peut être surestimée, car elle impacte directement la sécurité et le contrôle du vol. Un dicton populaire parmi les aviateurs souligne cette importance : "Un avion à l'avant lourd peut mal voler mais un avion à l'arrière lourd peut bien voler... une fois." Les avions à l'arrière lourd, bien qu'ils soient capables de voler, sont sujets à des manœuvres soudaines et incontrôlables, surtout lors des décrochages ou lorsqu'ils sont affectés par des courants d'air. Étant donné que les décollages et les atterrissages se produisent à basse vitesse et près du sol, il y a peu de marge de manœuvre pour récupérer dans de telles situations. Les pilotes peuvent posséder des compétences considérables, mais ils ne peuvent pas contrôler les mouvements imprévisibles de l'air. Par conséquent, les avions à l'arrière lourd ont une courte durée de vie dans l'aviation.

La stabilité est cruciale pour qu'un aéronef maintienne le contrôle et la manœuvrabilité. En essence, la stabilité se réfère à la capacité d'un aéronef à résister à l'amplification de petits changements de position. Sans stabilité, même des perturbations mineures telles que des rafales de vent ou de légères actions sur les commandes peuvent entraîner des mouvements croissants au-delà de la capacité du pilote à compenser. Bien qu'une stabilité excessive puisse rendre un aéronef difficile à contrôler, en particulier dans le cas des modèles réduits, elle est indispensable pour un vol humain sûr.

Stabilité dynamique vs. statique : La stabilité des aéronefs englobe à la fois des aspects dynamiques et statiques, chacun remplissant des fonctions distinctes. Contrairement à un vélo, qui est statiquement instable lorsqu'il est à l'arrêt mais gagne en stabilité lorsqu'il est en mouvement, les aéronefs nécessitent une stabilité dynamique pour maintenir le contrôle pendant le vol. De même, les tricycles présentent une stabilité statique mais rencontrent des limites en matière de stabilité dynamique, en particulier lors de virages à haute vitesse. Comprendre cette distinction est crucial, car la stabilité statique peut parfois entraver les performances dynamiques, comme le montrent les différences entre les vélos et les tricycles.

Centre de gravité : Le point d'équilibre d'un aéronef, appelé Centre de Gravité (COG) ou Centre de Masse, joue un rôle critique dans sa stabilité. Tout comme l'équilibrage d'un bateau ou d'un vélo, il est essentiel de s'assurer que le COG est correctement aligné pour un vol stable. Bien que certains designs puissent positionner le COG sous les ailes pour améliorer la stabilité statique, cette approche compromet souvent la stabilité dynamique. Au contraire, placer le COG au-dessus de la structure portante est rare, sauf pour les engins en sustentation, en raison des effets déstabilisants des positions de COG plus élevées. L'interaction entre la stabilité statique et dynamique complique davantage la conception des aéronefs, mettant en évidence la nature complexe des considérations de stabilité.

Modifications des ailes pour la stabilité : Certains designs d'aéronefs intègrent directement des structures de stabilité dans l'aile, comme les designs de "planches" entièrement ailes et les ailes volantes balayées comme les deltaplanes. Pour les ailes balayées, réduire l'Angle d'Attaque (AOA) aux extrémités (appelé "washout") ou utiliser des profils aérodynamiques réfléchis peut améliorer la stabilité. Cependant, ces modifications se traduisent souvent par une diminution de la portance ou une augmentation de la traînée, soulignant les compromis inhérents aux améliorations de stabilité. Même les designs d'aéronefs modernes qui utilisent une technologie avancée pour contrôler activement le vol subissent des pénalités de performance, ce qui souligne les défis d'imiter les mécanismes de vol naturels observés chez les oiseaux.

Les trois axes de stabilité : La stabilité des aéronefs englobe trois axes principaux : roulis, tangage et lacet. La stabilité en roulis, obtenue grâce à des configurations d'ailes à dièdre, repose sur le dérapage latéral pour corriger les écarts par rapport au vol horizontal. La stabilité en lacet, facilitée par des stabilisateurs verticaux ou des ailes balayées, contrebalance le dérapage latéral pour maintenir l'alignement avec le vent relatif. Cependant, ces axes de stabilité doivent être soigneusement coordonnés pour garantir un contrôle efficace lors des manœuvres. Par exemple, le dièdre seul ne peut pas induire de virages ; au contraire, les virages inclinés nécessitent des entrées de roulis et de lacet coordonnées pour initier et maintenir la trajectoire désirée.

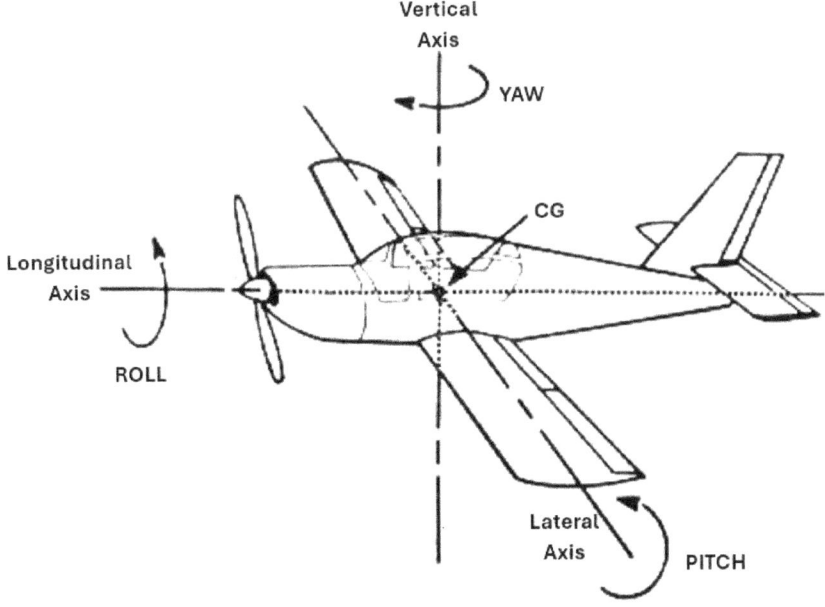

Figure 57: Axe de l'aéronef.

Stabilité de tangage : La stabilité de tangage, essentielle pour maintenir une orientation correcte le long de l'axe longitudinal, repose sur le positionnement du COG par rapport à la structure portante. Atteindre la position appropriée du COG garantit que l'aéronef a naturellement tendance à revenir à son Angle d'Attaque (AOA) optimal après des perturbations. Le stabilisateur horizontal, positionné derrière l'aile principale, contrebalance le couple généré par les changements d'AOA, stabilisant l'aéronef en tangage. Notamment, la conception du stabilisateur horizontal, y compris sa cambrure et son orientation, influence son efficacité dans le contrôle du tangage.

En conclusion, les structures de stabilité sont essentielles au fonctionnement sûr et efficace des aéronefs. En comprenant les principes de la stabilité et en utilisant des modifications de conception appropriées, les ingénieurs aéronautiques peuvent atteindre un équilibre délicat entre stabilité, contrôle et performances, assurant des caractéristiques de vol optimales dans une gamme de conditions d'exploitation.

Structures de contrôle

Dans l'aviation, les structures de contrôle sont essentielles pour manœuvrer les aéronefs le long des trois axes : roulis, tangage et lacet. Bien que certains aéronefs, tels que les deltaplanes, semblent ne pas avoir de structures de contrôle traditionnelles, ils reposent sur le déplacement du poids pour ajuster l'équilibrage de l'engin. Les deltaplanes permettent aux pilotes de manipuler le tangage, le roulis et le lacet en déplaçant leur poids, en exploitant la masse plus lourde du pilote par rapport aux composants du deltaplane. De plus, les deltaplanes utilisent un longeron central qui se déplace latéralement, modifiant la torsion de l'aile similaire à un hale-bas sur un voilier, amplifiant l'effet du déplacement de poids.

Malgré leur simplicité apparente, même ces conceptions peuvent devenir étonnamment complexes. Les structures de contrôle sont généralement intégrées aux structures de stabilité, formant un système cohérent pour assurer la manœuvrabilité et la stabilité en vol. L'élévateur, situé sur le stabilisateur horizontal, régit le contrôle du tangage, tandis que les ailerons, généralement montés sur chaque aile, régulent le roulis. Le gouvernail, faisant partie du stabilisateur vertical, contrôle le lacet.

Certaines conceptions d'aéronefs peuvent ne comporter qu'un gouvernail pour le contrôle du lacet, en s'appuyant sur un couplage de lacet-roulis pour tourner. Ces conceptions nécessitent un dièdre pour la stabilité. Au contraire, d'autres conceptions peuvent manquer d'un gouvernail, en utilisant un couplage de roulis-lacet pour tourner, ce qui nécessite soit un stabilisateur vertical soit des ailes balayées pour convertir le dérapage latéral en lacet. Cependant, toutes les conceptions d'aéronefs incorporent une forme de contrôle d'élévateur.

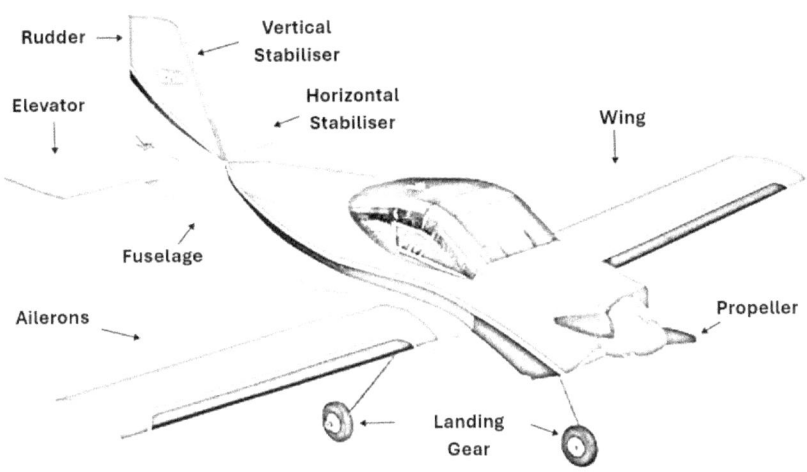

Figure 58: Structures de contrôle des aéronefs.

Dans les conceptions d'aile volante, les gouvernes servent souvent à deux rôles en tant qu'ailerons, une configuration connue sous le nom de gouvernes de profondeur. En utilisant un mélange de commande, les gouvernes de profondeur permettent des ajustements de tangage et de roulis : un mouvement vers le haut des deux gouvernes de profondeur fait cabrer l'appareil, tandis qu'un mouvement différentiel induit un roulis. Le contrôle de lacet est généralement minimal pendant le vol standard, le couplage de lacet-roulis compensant les forces de virage. Les avions d'entraînement, conçus avec des systèmes de contrôle à 2 axes simplifiés, s'appuient sur un couplage intégré de roulis-lacet pour faciliter la coordination lors des manœuvres de vol de base. Cependant, des manœuvres plus avancées nécessitent un contrôle sur les trois axes.

Un mouvement excessif de la surface de contrôle peut introduire de la traînée et déstabiliser l'aéronef, conduisant à un comportement "snap" caractérisé par des réponses soudaines et exagérées aux entrées de contrôle. Bien que délibérément conçu dans certains avions en mousse pour intérieur ou radicaux, un tel comportement pose des défis que les pilotes doivent maîtriser pour un contrôle précis.

Dans les avions-modèles, connecter les surfaces de contrôle aux servomoteurs présente un défi important. Généralement, les servomoteurs sont montés à distance des commandes en raison de contraintes d'espace ou de distribution de poids, connectés via des tringles de poussée et des leviers appelés "cornes". Pour optimiser la précision du contrôle, un levier approprié est utilisé, en utilisant des leviers plus courts au servomoteur et des leviers plus longs à la surface de contrôle pour maximiser le mouvement du bras du servomoteur. Cette configuration méticuleuse garantit un contrôle précis sur les mouvements de l'aéronef.

Lancement, Contrôle et Récupération d'un Aéronef Télépiloté

P rocédures de Prévol

Avant de faire décoller votre drone, il est crucial de suivre une liste de contrôle de prévol complète et de tenir des journaux de vol détaillés. Voici ce que vous devez inclure :

- Liste de contrôle de prévol et informations de journal de vol :

    ○ Enregistrer la date et l'heure du vol.

    ○ Noter l'emplacement et assurer une zone de décollage et d'atterrissage sûre.

    ○ Identifier l'opérateur et tout membre de l'équipe impliqué.

    ○ Vérifier tous les câblages et connexions matérielles pour la sécurité.

    ○ Documenter les détails de l'aéronef, les informations radio et de canal, et les modes/réglages de vol.

    ○ Noter les détails sur les hélices et les batteries utilisées, y compris l'étiquetage et le suivi de l'utilisation de chaque batterie.

    ○ Vérifier l'état du GPS, en notant le nombre de satellites verrouillés.

    ○ Surveiller les conditions météorologiques, y compris la direction du soleil, la direction et la vitesse du vent. S'assurer que l'aéronef est adapté pour gérer les conditions prédominantes.

- Définir le but, le sujet, la mission et la personne à contacter pour le vol.

- Évaluer les dangers potentiels et élaborer un plan pour atténuer chaque risque.

- Enregistrer l'altitude et la vitesse atteintes pendant le vol.

- Confirmer la sécurité de la charge utile, en commençant de préférence sans charge utile supplémentaire.

- Régler les paramètres de la caméra et s'assurer qu'il y a suffisamment d'espace sur la carte mémoire.

- Documenter la durée du vol et les irrégularités observées pendant l'expérience.

- Mesures de Sécurité de la Zone de Vol :

  - Maintenir une distance minimale de 30 pieds entre l'UAV et toute personne ou objet.

  - Utiliser des cônes de sécurité ou de grands bâches pour marquer le périmètre de la zone sécurisée.

  - Envisager de créer une limite physique à l'aide de corde, de poteaux, de peinture ou de poudre de traçage de terrain pour dissuader les spectateurs d'entrer dans la zone de vol.

  - Si un observateur est présent, lui donner pour instruction de communiquer avec les personnes à proximité, de diriger les spectateurs pour qu'ils restent loin de la zone de vol et de maintenir une conscience de la position de l'UAV.

  - Éviter de voler près des grands stades avec des foules dans les gradins.

- Conscience des Obstacles :

  - Veiller à repérer les câbles, lignes électriques, câbles détachés, branches d'arbres étendues, lampadaires et caractéristiques architecturales dans la zone de vol.

- Maintenir une distance de sécurité par rapport aux obstacles potentiels pour minimiser les risques.

- Inspection de l'Aéronef :

  - Faire un contrôle complet des systèmes avant chaque vol, même si le drone a parfaitement fonctionné lors de sessions précédentes.

  - Testez les moteurs et les réglages sans hélices et effectuez un test de direction des hélices après les avoir attachées.

  - Documentez toutes les réparations ou modifications apportées au drone sur place.

- Procédures des Batteries :

  - Passer en revue les procédures des batteries, y compris la manipulation, le stockage et l'élimination.

  - Surveiller l'âge et l'intégrité des batteries pour garantir un fonctionnement sûr.

  - Se familiariser avec les centres de dépôt locaux pour les batteries LiPo usagées.

  - Gardez un extincteur à portée de main par précaution.

- Journaux de Vol et d'Entretien :

  - Maintenir un journal de vol détaillé documentant chaque vol, y compris les détails pertinents de la liste de contrôle de prévol.

  - Garder un journal d'entretien séparé pour les constructions d'UAV, en enregistrant les réparations, les améliorations et les résultats des tests.

  - Documenter le processus de prise de décision tout au long de la construction du drone, y compris la sélection et la comparaison des composants.

- Ressources :

    ◦ Utiliser les forums en ligne et les ressources pour demander des conseils et des informations sur la sécurité et la technologie des UAV.

    ◦ N'hésitez pas à demander de l'aide si vous n'êtes pas sûr de certains aspects de la conception, de la construction ou du vol du drone.

Lancement d'un Aéronef Télépiloté

La phase initiale de l'opération d'un drone est connue sous le nom de décollage, une étape critique qui demande une maîtrise. Pour commencer le décollage, le pilote active les moteurs en augmentant le gaz. Commencez par positionner votre drone sur une surface plane dans un espace ouvert. Augmentez progressivement le gaz pour élever le drone de quelques centimètres au départ. Il est essentiel pour le pilote de se familiariser et de se sentir à l'aise avec la sensibilité du gaz pour exceller dans les manœuvres de décollage. Si le drone commence à dériver, il est recommandé de s'abstenir d'utiliser le manche droit pour ajuster et plutôt interrompre le processus pour le redémarrer à nouveau.

Avant de pouvoir décoller avec votre drone, il y a quelques étapes finales que vous devez prendre. Ces étapes sont généralement applicables au décollage, bien que chaque tâche puisse varier légèrement en fonction du modèle de drone. Par conséquent, référez-vous à votre manuel d'utilisation si vous n'êtes pas sûr. Lors de la préparation du lancement de votre drone, votre attention doit être uniquement concentrée sur la tâche à accomplir. Toutes les distractions doivent être mises de côté pour éviter les blessures. Suivez ces étapes générales :

1. Placez votre drone sur le sol dans une zone de décollage et d'atterrissage sûre. Si votre drone dispose d'un mode de retour automatique, il reviendra automatiquement à cet endroit. Gardez à l'esprit que la plupart des modes de retour automatique n'évitent pas les collisions, donc choisissez une zone ouverte. Assurez-vous que le drone est orienté loin de vous et que votre zone de décollage et d'atterrissage est d'au moins 10 pieds devant vous. Utiliser votre propre plateforme de lancement assure une surface propre et plane pour le décollage et l'atterrissage.

2. Si votre caméra est intégrée, assurez-vous que le bouchon d'objectif est retiré et réglez la caméra sur le mode de vol désiré. Pour les caméras additionnelles comme GoPro, allumez la caméra, retirez le bouchon et réglez-la sur le mode désiré.

3. Vérifiez que l'émetteur est éteint et que le gaz est réglé à zéro avant de connecter la batterie du drone. Bien que la chance que le drone démarre lors de la connexion de la batterie soit mince, procédez avec prudence.

4. Connectez et allumez la batterie du drone.

5. Calibrez le drone. Les capteurs haut de gamme du drone doivent être calibrés avant chaque vol pour assurer un contrôle adéquat. Calibrez loin des sources électromagnétiques telles que les haut-parleurs et les lignes électriques.

6. Initiez le verrouillage GPS, similaire à l'établissement d'un emplacement de départ. Mettez à jour la position de départ si vous changez d'emplacements de décollage et d'atterrissage pour empêcher le drone de revenir à un ancien emplacement.

7. Armez le drone pour indiquer sa disponibilité pour le vol. Ne manipulez pas le drone armé, surtout dans les modes de vol assistés, car il peut tenter de se corriger et de se stabiliser.

8. Augmentez lentement le gaz pour faire tourner les moteurs et décoller. Restez en suspension à environ 10-20 pieds au-dessus du sol pour vérifier le contrôle et la stabilité avant de continuer.

Décollage et Atterrissage

Lorsqu'un UAV opère sur un aérodrome généralement utilisé par des aéronefs pilotés, il doit se conformer aux procédures standard de décollage et d'atterrissage et suivre les instructions ATC sauf indication contraire.

Pour les UAV contrôlés manuellement pendant le décollage par le contrôleur de lancement, les procédures VFR standard, les réglementations locales sur les circuits d'aérodrome et les minimums météorologiques VFR pour la classe d'espace aérien s'appliquent.

Après le décollage, le contrôleur de lancement doit ajuster la position de l'UAV au besoin pour maintenir le contact visuel. Pendant le décollage et la transition du contrôle direct au contrôle autonome, le contrôleur de supervision de l'UAV doit surveiller le système UAV pour garantir le respect des autorisations de navigation et de l'itinéraire de vol, et vérifier l'état du système. L'évitement des collisions est la responsabilité du contrôleur de supervision pendant cette phase, mais le contrôleur de lancement peut ajuster la position de l'UAV selon les instructions ATC dans le cadre des procédures IFR.

Pour les UAV contrôlés manuellement lors de l'atterrissage par le contrôleur de lancement, les mêmes procédures VFR, les réglementations locales sur les circuits d'aérodrome et les minimums météorologiques VFR s'appliquent. L'UAV doit suivre les instructions ATC, avec une séparation du trafic fournie par ATC, jusqu'à atteindre un point de récupération prédéterminé. Lors de la visualisation visuelle de l'UAV par le contrôleur de supervision, celui-ci assume la responsabilité de la séparation du trafic et de l'évitement des collisions. Le contrôleur de supervision doit surveiller le processus de récupération vers le contrôle manuel pour garantir le respect des autorisations de navigation et de l'itinéraire de vol. Pour les UAV équipés de systèmes de décollage et d'atterrissage automatiques, le contrôleur de supervision doit surveiller l'état du système UAV et le respect des autorisations ATC, effectuant des corrections de trajectoire si nécessaire et dirigées par ATC.

Figure 59: Lancement de Système Aérien sans Pilote (Drone) pour l'Inspection des Incendies. Mike McMillan - DNR, domaine public, via Wikimedia Commons.

Procédures d'Urgence

Le plan de vol de l'UAV devrait inclure des détails et des protocoles concernant les scénarios de vol d'urgence pré-planifiés en cas de perte de contrôle de liaison de données positive sur l'UAV. Selon les capacités du système, ces scénarios pourraient impliquer :

(a) Le transit autonome de l'UAV vers une zone de récupération prédéterminée suivi d'une récupération autonome.

(b) Le transit autonome de l'UAV vers une zone de récupération prédéterminée suivi de l'activation d'un système de terminaison de vol (FTS).

Procédures d'Avortement : Le contrôleur superviseur de l'UAV devrait formuler des procédures spécifiques d'avortement et de terminaison de vol, qui doivent être expliquées à ATC si nécessaire. Au minimum, le briefing devrait couvrir les informations concernant les profils de vol préprogrammés pour la perte de liaison (y compris les actions de terminaison si la restauration de la liaison de contrôle échoue), les capacités de terminaison de vol et les performances de l'UAV dans des conditions de terminaison.

Des vérifications continues et automatiques de la liaison de données doivent être effectuées, et des avertissements en temps réel doivent être rapidement affichés à l'équipage de l'UAV en cas de défaillance. En cas de perte totale de la liaison de données, à l'exclusion des pertes de signal intermittentes ou des périodes de panne programmées, le contrôleur de l'UAV devrait automatiquement et manuellement squatter le code SSR 7700 et exécuter les procédures de récupération d'urgence. Les paramètres déterminant les pertes de signal intermittentes acceptables et la perte totale seront établis par le fabricant. Un UAV opérant sous des profils de vol préprogrammés autonomes en raison d'une perte totale de liaison de données de contrôle sera traité par ATC comme un avion en situation d'urgence.

En cas de défaillance de la communication entre le contrôleur superviseur de l'UAV et ATC, l'UAV devrait squatter le code SSR 7600 (mode 3A) et s'efforcer d'établir des communications alternatives. Jusqu'à ce que la communication avec ATC soit rétablie, l'UAV se conformera à la dernière instruction reconnue ou sera dirigé pour orbiter dans sa position actuelle. Si la communication avec ATC reste non établie, la sortie de l'UAV devrait être terminée.

Interface avec les Services de la Circulation Aérienne

En Australie, les UAV opérant dans l'espace aérien contrôlé par radar doivent être équipés d'un transpondeur SSR capable de fonctionner en modes 3A et C. Le contrôleur superviseur de l'UAV doit avoir la capacité d'ajuster le code SSR et de transmettre l'identification au besoin. Déviations de Vol : Les demandes de déviations de vol doivent suivre les procédures établies et être adressées aux autorités ATS appropriées.

Communications : Le contrôleur superviseur de l'UAV est responsable de l'initiation et du maintien des communications bidirectionnelles avec les autorités ATC pertinentes pendant tout le vol. Rapport de Position : Dans l'espace aérien contrôlé, les UAV doivent être continuellement surveillés pour respecter le plan de vol approuvé par le contrôleur superviseur de l'UAV. Tous les rapports de position et autres rapports requis doivent être transmis à l'unité ATC appropriée. Les systèmes de Surveillance Automatique Dépendante (ADS) peuvent être utilisés à cette fin.

Suivi : Les ATC surveilleront continuellement la trajectoire de vol de l'UAV dans les zones couvertes par le radar. En dehors de la couverture radar, des équipements supplémentaires peuvent être requis par la CASA pour faciliter le suivi de l'UAV et maintenir la séparation avec les autres aéronefs. L'ADS ou un équipement similaire peut être adapté à cette fin.

Identification de l'UAV : Chaque vol d'UAV doit avoir un moyen d'indiquer à l'ATC qu'il est sans pilote. Par conséquent, tous les indicatifs d'appel des UAV doivent inclure le terme "SANS PILOTE".

Vérifications Pré-Vol

Zone & Environnement

- **Risques / Sélection du Site**
    - Vérifier les fils / câbles
    - Animaux
    - Personnes / spectateurs
    - Propriété à proximité
    - Le site est éloigné des participants non essentiels

- Capacité à maintenir des zones tampons adéquates entre l'aéronef et le personnel ;
- Minimiser les départs et les atterrissages au-dessus des zones peuplées
- Tenir compte de la topographie locale, en assurant une ligne de visée visible vers l'UAV en tout temps. Assurez-vous que la connexion de télémétrie n'est pas obstruée.
- Examiner les éventuels sites d'atterrissage alternatifs en cas d'obstruction du site de décollage.

- **Considération Psychologique** (êtes-vous bien reposé, pressé, souffrez-vous de "get there-itis", êtes-vous sous pression du client)

- **Considérations Météorologiques**

  - Température
  - Visibilité
  - Précipitations

- **Vitesse du Vent**

  - Vents supérieurs / en altitude
  - Tourbillon (côté abrité des gros objets)

- **Notifier tout spectateur ou propriétaire de terrain à proximité de vos intentions (permission)**

- **Discuter du plan de vol avec votre co-pilote ou spotter**

- **Si vous volez dans un espace aérien contrôlé, avez-vous notifié l'autorité de l'espace aérien**

  - NOTAMs
  - Pouvez-vous contacter les autorités

- Devez-vous maintenir la communication ?

- **Trousse de Premiers Secours stockée, facilement accessible et visible pour tous dans la zone.**

<u>Équipement / UAV / Drone</u>
- Inspection Périphérique

- Fissures dans les joints et éléments structurels

- Vis, attaches, fixations, sangles desserrées ou endommagées

- Câblage desserré ou endommagé

- Connexions desserrées ou endommagées (soudure, prises, etc.)

- Inspecter les montages et vis d'hélice et appliquer une légère contre-pression sur les bras pour vérifier les composants desserrés

- FPV, inspecter / nettoyer l'objectif FPV (caméra) et s'assurer qu'il est sécurisé et que les connexions sont fermement attachées

- Les paramètres de la caméra sont corrects (images fixes, vidéo, fréquence d'images)

- La batterie / les batteries sont entièrement chargées, correctement installées et sécurisées

- Le matériel de secours fonctionne

  - RTH (retour à la maison)

  - Parachute de récupération

  - Fonctionnement de la détection de proximité de l'aéroport du firmware

- Les hélices sont lisses et sans dommage / défaut (vérifier la pale, la surface et le moyeu)

- Les adaptateurs d'hélice sont serrés / sécurisés

- S'assurer que l'alarme de tension est connectée

- S'assurer que le délai d'armement / ralenti est correctement configuré

- Le bon modèle est sélectionné dans l'émetteur (si applicable)

- Vérifier que l'émetteur RC montre la bonne plage et le centrage pour toutes les manettes

- Effectuer un test de portée

Plan de Mission
- Toutes les actions et les mesures de contingence pour la mission prévues.

- La planification des mesures de contingence devrait inclure des itinéraires sécurisés en cas de défaillance du système, de performances dégradées, ou de perte de lien de communication, si une telle solution de secours existe.

- Les plans de mission et les plans de vol devraient être partagés avec d'autres opérateurs à proximité.

Sensibilisation du Public
- Soyez courtois et poli.

- Vous êtes un ambassadeur et vos actions affecteront les autres pilotes et l'industrie en général.

- Soyez professionnel / semblez professionnel.

Pré-vol / Mise en Marche
- Vérifiez que toutes les batteries des émetteurs, de l'aéronef embarqué et de la caméra sont entièrement chargées; (confirmez les tensions)

- Assurez-vous qu'il n'y a pas de conflits de fréquence avec la vidéo et l'émetteur / récepteur.

- Vérifiez tous les gouvernes pour détecter des signes de dommages, des charnières desserrées et l'état général; Examinez l'aile / les rotors pour vous assurer qu'ils sont en bon état structurel et correctement fixés;

- Vérifiez le moteur / le moteur et le montage fixé à la cellule;

- Étudiez les hélices / le matériel de montage (serré) / les pales du rotor pour les éclats et la déformation;

- Vérifiez le train d'atterrissage pour les dommages et le fonctionnement

- Testez les connexions électriques, branchées et sécurisées

- Assurez-vous que le système de montage de l'équipement photo / vidéo est sécurisé et opérationnel.

- Vérifiez l'emplacement de l'équipement GPS contrôlant l'autopilote.

- Vérifiez les mouvements de l'IMU dans le logiciel de contrôle au sol.

- UAV en mode de stabilisation, assurez-vous que les gouvernes se déplacent vers les positions correctes

- UAV / Drone est dans un emplacement horizontal sûr pour le décollage

- FPV / Allumez la station au sol

- FPV / Allumez le récepteur vidéo / les lunettes

- Si vous utilisez un enregistreur vidéo, allumez le système de caméra

- Les paramètres de la caméra sont corrects (images fixes, vidéo, fréquence d'images)

- Effacez la mémoire de la caméra SD et insérez-la dans la caméra

- Action / Commencer l'enregistrement

- Toutes les commandes de l'émetteur se déplacent librement dans toutes les directions

- Toutes les corrections de l'émetteur en position neutre

- Tous les interrupteurs de l'émetteur sont dans la bonne position (typiquement en position éloignée)

- La manette des gaz de l'émetteur à zéro

- Émetteur radio allumé

- Connectez / allumez la batterie sur la cellule

- Assurez-vous que les indicateurs LED et les tonalités audibles sont corrects

- Minuteur activé (si applicable)

- FPV, confirmez que la vidéo est sur le moniteur / les lunettes

- Recherchez les voitures / personnes / animaux à proximité

- Dites "LIBRE!"

- Armement du contrôleur de vol

- Augmentez légèrement les gaz en écoutant les éventuelles anomalies

- Effectuez un court vol stationnaire de 20 à 30 secondes à 3-5 pieds (écoutez les vibrations / objets desserrés)

- Confirmez que les niveaux de tension sont corrects

Pré-vol - Failsafe

Confirmez qu'un mécanisme de sécurité préétabli (impliquant généralement le retour à la maison et la réduction de la commande des gaz du moteur) a été programmé dans le lien RC (consultez les directives du fabricant), et effectuez un test au sol en désactivant l'émetteur et en observant la réponse à la fois sur le récepteur et la station au sol. Une fois satisfait, réactivez l'émetteur.

Exemple de Failsafe Spécifique - 3DR IRIS+ / X8+

Configurations du Failsafe

Par défaut, les paramètres de failsafe du drone sont optimisés pour le vol manuel dans des zones ouvertes avec de forts signaux GPS. Cependant, pour les zones avec des signaux GPS faibles ou pour des missions spécifiques, il est recommandé d'ajuster les paramètres de failsafe pour une tolérance aux défauts améliorée.

Vol dans des Zones avec un Faible Signal GPS:

Mode	GPS Requirement
Standard (altitude hold mode)	No GPS lock required
Loiter	GPS lock required
Auto	GPS lock required before take-off
RTL	GPS lock required before take-off
Land	No GPS lock required
Follow Me	GPS lock required

Figure 60: Réglages GPS pour différents modes de vol.

Missions de vol avec une portée étendue : Pour effectuer des missions dépassant la limite de portée par défaut de 300 mètres, désactivez la géo clôture horizontale comme indiqué précédemment. Cela permet au drone de se déplacer au-delà de 300 mètres du point de départ pendant la mission sans déclencher une action de retour au point de départ (RTL).

Pour les vols de mission, le verrouillage GPS est essentiel avant le décollage. En cas de perte de signal GPS pendant la mission, le drone activera le comportement par défaut du GPS en cas de défaillance. Dans de tels cas, passez en mode de contrôle manuel (mode standard - maintien d'altitude). Lors de missions avec une portée étendue, il est conseillé de configurer le comportement de défaillance du GPS pour atterrir en cas de perte de signal GPS, augmentant ainsi la probabilité de récupération sûre sur de plus longues distances.

Pour configurer le comportement de défaillance du GPS : Connectez le drone à Mission Planner et accédez à Config/Tuning > Paramètres standard. Recherchez le paramètre GPS Failsafe Enable, généralement défini par défaut sur AltHold. Passez-le en mode Land pour indiquer au drone d'atterrir à la position actuelle en cas de perte de signal GPS, puis sélectionnez Écrire Params pour enregistrer les modifications sur le drone.

Vérification de portée : Effectuez une vérification de portée du transmetteur selon les instructions du fabricant. Assurez-vous que le transmetteur est revenu à son état de vol normal avant le lancement.

Préparation de lancement spécifique au drone

Exemple - DJI Phantom 3 Professional Le terme [59]

« Aéronef » est utilisé pour désigner le DJI Phantom 3 Professional et est considéré comme interchangeable avec UAV, Drone, Quadricoptère.

« iPad » est utilisé pour désigner l'appareil iOS ou Android, tel qu'un smartphone ou une tablette, utilisé pour exécuter le logiciel DJI GO App. Remarque : Ce document est écrit spécifiquement pour une utilisation avec un appareil iOS d'Apple et NE prend PAS en compte les éventuelles différences fonctionnelles pour les opérateurs utilisant un appareil Android pour exécuter l'application DJI GO.

« Unité RC » est utilisé pour désigner l'unité de commande radio DJI.

Figure 61: DJI Phantom 3 4K +. Rektoz, CC BY-SA 4.0, via Wikimedia Commons.

Liste de vérification de la zone opérationnelle
- Vérifiez les sources potentielles d'interférence telles que les grandes surfaces métalliques, les matériaux ferromagnétiques sur une personne ou à proximité d'un UAV, ainsi que les structures métalliques souterraines (barres d'armature, tuyaux, conduits, etc.) dans ou autour de la zone de calibrage.

- Enregistrez et confirmez les distances (utilisez un télémètre laser si possible) :

    ○ Distance de décollage / atterrissage jusqu'au POI.

    ○ Périmètre (longueurs d'un coin à l'autre).

- Centre du POI jusqu'au rayon maximal pour le mode Orbit.

- Hauteurs maximales de toutes les structures verticales (bâtiments, câbles électriques, arbres, etc. ; les poteaux électriques et les lampadaires font généralement 20 à 25 mètres).

- Assurez-vous d'un chemin direct "à vol d'oiseau" dégagé du POI à la position de lancement / d'atterrissage.

- Notez l'altitude minimale pour le chemin de vol RTH (Retour à la maison) en fonction des éventuelles obstructions (poteaux, arbres, structures), généralement d'au moins 50 mètres.

- Confirmez la hauteur maximale des structures à orbiter ou survoler (Hauteur minimale de collision).

Liste de vérification prévol de l'aéronef et du contrôleur

- Firmware - Assurez-vous que le firmware et le logiciel de contrôle de l'aéronef, de l'unité RC, des batteries intelligentes et de l'appareil iOS sont à jour avant d'arriver sur le site. Cela peut nécessiter une connexion Wi-Fi qui pourrait ne pas être disponible sur place.

- Hélices - Fixez-les à la main ou avec une clé DJI (hélices à capuchon gris sur des poteaux gris et dans le sens des aiguilles d'une montre pour serrer, hélices à capuchon noir sur des poteaux noirs et dans le sens inverse des aiguilles d'une montre pour serrer).

- Batterie (aéronef) - Entièrement chargée et correctement installée (entièrement enfoncée et verrouillée en place à fleur avec la coque).

  - LED rouge fixe et non clignotante.

  - Quatre (4) LED vertes fixes et non clignotantes.

- Batterie (contrôleur RC) - Entièrement chargée.

  - Première LED fixe en rouge lors de la mise sous tension.

  - Les quatre (4) LED suivantes fixes en blanc lors de la mise sous tension.

- Batterie (iPad) - Entièrement chargée à 97-100 %.

- Cache d'objectif, verrou de cardan et fixation du cardan de l'aéronef retirés et rangés.

- Filtres d'objectif de caméra en place et serrés en toute sécurité (préférence du pilote si la configuration de la caméra d'origine n'est pas utilisée).

- Carte SD insérée dans l'emplacement de la caméra de l'aéronef (contacts métalliques vers le bas) et cliquée en place à fleur avec l'emplacement. Reformatez avant le vol.

- iPad solidement fixé et verrouillé dans le support de serrage de l'unité RC.

- Câble Lightning certifié MFI d'Apple branché dans l'iPad avec le connecteur USB branché dans l'unité RC.

- Si vous utilisez un pare-soleil, assurez-vous que le câble est correctement acheminé à travers le trou d'accès et branché sans angles vifs ni contraintes.

- Antennes - Dressées verticalement.

- Interrupteur de mode de vol en mode 'P' (mode de positionnement) pour un contrôle de vol assisté utilisant le GPS, la position visuelle et la position barométrique.

Liste de vérification prévol de l'appareil iOS
- Batterie (iPad) - Entièrement chargée à 97-100 %.

    - WiFi - Désactivé dans les paramètres.

    - Bluetooth - Désactivé dans les paramètres.

    - Toutes les applications en arrière-plan fermées.

    - Autoriser les applications multiples activé dans les paramètres.

    - Gestes désactivés dans les paramètres.

- Luminosité de l'écran - Réglée sur lumineux et la luminosité automatique désactivée dans les paramètres.

- Application DJI GO - Assurez-vous d'utiliser la dernière version stable.

- Paramètres de l'application DJI GO - Présélectionnés avant le montage sur l'unité RC si possible pour plus de commodité.

- Mode - Basculez de 'P' à 'F' sur l'unité RC pour accéder à des "Modes de vol intelligents assistés" supplémentaires. Pour cette liste de contrôle, volez manuellement en mode 'P' pour un contrôle complet.

- Barre d'état de l'aéronef - Affiche Connecté/Prêt lorsque toutes les unités sont alimentées.

- Paramètres de contrôle - Confirmez tous les réglages en fonction de la mission et des exigences de vol. Des paramètres et configurations spécifiques sont détaillés dans un document SFOCS (feuille de triche pour opérations de vol spécifiques) séparé.

Configuration avant le lancement
- Insérez la carte micro SD dans l'emplacement de la caméra de l'aéronef.

- Vérifiez que l'état de charge de la batterie est complètement chargé pour tous les appareils.

- Assurez-vous que les hélices sont correctement verrouillées et alignées (noir sur noir et gris sur gris).

- Assurez-vous que l'iPad est solidement monté, serré et connecté à l'unité RC via le câble.

- Confirmez que les antennes de l'unité RC sont correctement positionnées verticalement.

- Vérifiez que le mode de vol de l'unité RC est réglé sur la position "P".

- Positionnez l'aéronef sur une surface plane, en indiquant la position HOME appropriée.

- Assurez-vous que le nez de l'aéronef est dirigé loin de l'opérateur (Direction de vol).

- Démarrez la séquence de mise sous tension :

  o Unité RC - Allumage :

    - Appuyez une fois sur le bouton d'alimentation, puis deux fois, puis une troisième fois et maintenez-le enfoncé pendant 2 à 3 secondes avant de relâcher. Toutes les LED s'allumeront, et l'unité émettra un bip.

  o o iPad - Allumage.

  o Aéronef - Allumage :

    - Appuyez une fois sur le bouton de la batterie, puis deux fois, puis une troisième fois et maintenez-le enfoncé pendant 2 à 3 secondes avant de relâcher.

    - Remarque : Lors de la mise sous tension de l'aéronef, assurez-vous que les mains et les avant-bras sont en dessous des hélices. Utilisez une deuxième main en dessous du niveau de l'hélice pour maintenir l'aéronef immobile pendant la séquence de mise sous tension.

    - L'aéronef devrait émettre une série de bips.

    - La caméra et le cardan effectueront quelques rotations complètes, s'arrêtant 'en position' et orientés vers l'avant lorsque prêts.

    - Les lumières sous les bras resteront rouges sur les bras faisant face vers l'avant et changeront de couleur sur les bras faisant face vers l'arrière pour indiquer l'état de l'aéronef. Reportez-vous à la page 12 du Manuel de l'utilisateur du Phantom 3 Professional.

    - Affichage de la batterie - Quatre LED vertes allumées et non clignotantes, et une LED rouge allumée et non clignotante.

    - État de la batterie UAV OK (entièrement chargée, sans erreurs).

- État UAV OK et prêt.
- LED du contrôleur verte.
- État du contrôleur OK (pas d'erreurs).
- Lancez l'application DJI GO.
- Application DJI GO - Lancez l'application, sélectionnez le bon aéronef et passez en mode Caméra. L'application devrait établir une connexion avec l'aéronef en quelques secondes.
- Boussole - Calibrez selon les instructions du manuel.
- Verrouillage GPS - Calibrez selon les instructions du manuel.
- Appuyez sur l'option "Caméra".
- S'il s'agit d'une nouvelle zone de lancement, appuyez sur l'option "Calibrer" et suivez les instructions à l'écran.
- Ajustez les paramètres de la caméra selon vos préférences.
- Prêt pour le décollage :
  - État de vol de l'application DJI GO OK pour partir (Prêt à voler - GPS).
  - Abaissez les deux joysticks de commande en position basse-interne pour démarrer les moteurs (CSC).
  - Exécutez un décollage automatique ou manuel et passez en position de stationnement (~2m) pendant 30 secondes.
  - Confirmez et enregistrez les paramètres GPS :
    - Emplacement de décollage/atterrissage (confirmez par une vérification visuelle sur la carte affichée).
    - Vérifiez la stabilité de l'UAV.
- Joystick gauche en avant pour monter de 2 à 3 mètres puis en position de

stationnement.

- Joystick gauche en arrière pour descendre de 2 à 3 mètres puis en position de stationnement.

- Joystick gauche à gauche pour pivoter à gauche puis en position de stationnement.

- Joystick gauche à droite pour pivoter à droite puis en position de stationnement.

- Joystick droit en avant pour incliner/voler vers l'avant de 2 à 3 mètres puis en position de stationnement.

- Joystick droit en arrière pour incliner/voler vers l'arrière de 2 à 3 mètres puis en position de stationnement.

- Joystick droit à gauche pour incliner/voler vers la gauche puis en position de stationnement.

- Joystick droit à droite pour incliner/voler vers la droite puis en position de stationnement.

- Retour à la position d'origine de décollage/atterrissage à environ 2 mètres puis en position de stationnement.

- Vérifiez et reconfigurez tous les paramètres de vol ou de caméra et confirmez la position de départ.

- Toutes les vérifications sont OK - prêt à partir.

Décollage et atterrissage autonomes pour les UAV à voilure fixe

Dans le passé, les UAV nécessitaient un pilotage à distance par un opérateur au sol, mais les avancées technologiques offrent désormais différents niveaux d'autonomie. Une fois qu'un opérateur définit des paramètres spécifiques pour l'UAV (altitude, vitesse de l'air, coordonnées, etc.), les UAV exploités de manière autonome peuvent naviguer vers leur destination, permettant aux opérateurs de surveiller l'aéronef plutôt que de le contrôler constamment. Une telle plateforme nécessite des contrôleurs d'envol et d'atterrissage autonomes (ATOL) personnalisés en conjonction avec les systèmes de contrôle de vol (FCS) existants. Les niveaux élevés d'automatisation, en particulier les systèmes basés sur l'ATOL, offrent plusieurs avantages, notamment une sécurité de vol accrue, des opérations simplifiées, des coûts d'exploitation réduits et une charge de travail réduite pour l'opérateur.

Un avantage notable des systèmes basés sur l'ATOL est l'élimination des opérateurs humains (et par conséquent toute erreur humaine potentielle) pendant les phases critiques de décollage et d'atterrissage. Les erreurs humaines seules contribuent à environ 60 % des accidents d'UAV pendant les opérations, les incidents de décollage et d'atterrissage représentant plus de 50 % des accidents malgré ne constituer qu'une fraction de la phase de vol. Éliminer le besoin de contrôle manuel de l'aéronef pendant le décollage et l'atterrissage avec un système basé sur l'ATOL peut considérablement améliorer la sécurité pendant les opérations.

Former des opérateurs à effectuer des décollages et des atterrissages d'UAV représente un investissement important en temps et en argent. Éliminer le besoin de cette formation pourrait être avantageux pour tout programme. De plus, les opérateurs sont souvent limités par des conditions telles que la nuit ou un brouillard dense lors de l'atterrissage des aéronefs. Disposer d'un système automatisé qui repose sur des capteurs embarqués plutôt que sur la vue pour les opérations d'atterrissage fournit une plateforme UAV plus robuste.

De plus, les opérateurs peuvent rediriger leur attention vers d'autres tâches et responsabilités, leur permettant de surveiller l'aéronef au lieu de passer du temps à contrôler manuellement le décollage et l'atterrissage. Dans les opérations militaires, les systèmes ATOL pourraient réduire le besoin d'équipes de lancement et de récupération pour les plates-formes UAV plus grandes, permettant à l'armée d'affecter des opérateurs précieux à d'autres domaines. Lors d'opérations de longue durée de plus de 20 heures, la fatigue de l'opérateur peut affecter la prise de décision, les performances et la concentration - des facteurs critiques pour l'atterrissage. La mise en œuvre d'un système ATOL élimine les facteurs de risque liés à l'opérateur et remplace les opérateurs humains par un système qui ne se fatigue pas.

Le premier atterrissage autonome d'un avion à voilure fixe a été enregistré le 23 août 1937, à Wright Field à Dayton, Ohio, en utilisant l'avion de transport C-14B de l'armée. Cet exploit a été rendu possible par le capitaine Carl Crane, qui a développé les instruments et radios nécessaires à bord du C-14B pour interagir avec les balises radio au sol autour du terrain d'aviation. Depuis lors, des avancées technologiques significatives ont conduit à des systèmes d'autopilotage plus complexes, compacts et robustes capables d'atterrissages et de décollages autonomes. Bien que le passage à un système ATOL offre de nombreux avantages, sa mise en œuvre peut poser plusieurs défis.

Le principal défi dans le développement d'un système d'envol et d'atterrissage autonome est le problème de localisation, qui consiste à garantir que l'UAV connaît précisément sa position (y compris son élévation) par rapport à la piste pendant le décollage ou l'atterrissage. D'autres défis dans la conception d'un système ATOL incluent le suivi de la ligne médiane de la piste, l'approche de précision, les effets au sol, les vents de travers (angles de dérive et de contre-dérive), le taux de descente et les actions de freinage.

Phases conventionnelles de roulage et de décollage des avions : Le roulage consiste à propulser l'aéronef vers l'avant sur le sol en utilisant le contrôle de la poussée pour s'approcher et s'aligner avec la piste. La direction est obtenue en manœuvrant la roue avant et le gouvernail.

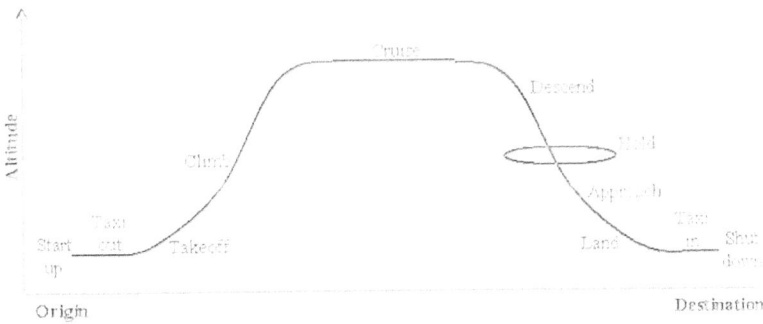

Figure 62: Roulement de l'aéronef, décollage, croisière et atterrissage. Carnes (2014).

La phase de décollage marque la transition entre le roulage au sol et le vol en altitude. Généralement, les moteurs ou les moteurs sont alimentés à pleine puissance pour atteindre la vitesse de décollage nécessaire, qui varie en fonction de facteurs tels que la densité de l'air, le poids de l'aéronef et sa configuration. Les vitesses de décollage sont influencées par le mouvement relatif de l'air ; par exemple, un vent de face diminue la vitesse au sol requise pour le décollage en augmentant le flux d'air sur les ailes, ce qui génère plus de portance pour l'aéronef.

Après le décollage, l'aéronef monte jusqu'à une altitude désignée avant de passer à son altitude de croisière en toute sécurité. Cette montée est réalisée en augmentant la portance générée par les ailes de l'aéronef jusqu'à ce que la force de portance dépasse le poids de l'aéronef.

Impact du vent sur le décollage

La majorité des incidents d'aéronefs surviennent pendant les phases de décollage et d'atterrissage, impliquant des problèmes tels que des obstacles lors de la montée et des dépassements de piste lors de l'atterrissage. Dans cette section, nous examinons les facteurs influençant les performances des aéronefs pendant ces phases critiques, dans le but d'aider les pilotes à garantir des opérations sûres, comme le prescrivent les réglementations [61].

L'influence du vent sur les opérations des aéronefs est un facteur en partie sous notre contrôle. Choisir les pistes avec la composante de vent de face la plus favorable (lorsque plusieurs pistes existent) et utiliser les vents arrière lors des vols vers notre destination sont des stratégies que nous pouvons employer. De plus, la vitesse et la direction du vent peuvent varier avec l'altitude, offrant ainsi d'autres opportunités d'optimisation.

La phase finale du vol, notamment les atterrissages, peut être la plus difficile pour les pilotes. Un temps important est consacré à la formation dans ce domaine pour atteindre la quasi-perfection.

Vents de face et vents arrière

Les aéronefs utilisent le flux d'air sur les ailes pour générer la portance nécessaire au vol. Une vitesse minimale de vent est nécessaire pour le décollage, souvent augmentée par la poussée des moteurs.

Vents de face

Décoller face au vent permet au vent de contribuer à la portance requise, ce qui entraîne un décollage plus précoce et, par conséquent, une vitesse au sol plus faible, ce qui conduit à une distance de décollage plus courte. Cette approche n'est pas seulement plus sûre, mais réduit également la distance de piste nécessaire pour les décollages interrompus. Monter face au vent facilite une montée plus raide, idéale pour dépasser les obstacles pendant la montée [61].

De même, atterrir face au vent offre des avantages tels qu'une utilisation réduite de la piste, une vitesse au sol plus faible au toucher des roues (réduisant l'usure de l'aéronef) et une disponibilité plus rapide de la piste pour les mouvements d'aéronefs ultérieurs.

Une règle générale suggère que les distances de décollage et d'atterrissage diminuent de 1,5 % pour chaque nœud de vent de face jusqu'à 20 nœuds.

Vents arrière

Décoller avec un vent arrière nécessite une distance de piste plus longue pour atteindre la portance suffisante pour le vol, car le vent arrière doit être neutralisé avant que tout effet de vent de face ne soit réalisé. L'angle de montée est également diminué, augmentant le risque de rencontres avec des obstacles. Un vent arrière de cinq nœuds peut augmenter la distance de décollage de 25 %, tandis qu'un vent arrière de dix nœuds peut l'augmenter d'environ 55 %.

Des effets similaires sont observés lors des atterrissages, avec des vitesses au sol plus élevées affectant la dynamique d'approche. Atterrir avec un vent arrière augmente le risque de réduire involontairement la vitesse de l'air en raison de perceptions visuelles, pouvant entraîner des décrochages. La vigilance et le respect des vitesses d'approche normales sont essentiels pour atténuer ce risque.

Il est conseillé d'éviter les opérations avec vent arrière lors de l'atterrissage à moins d'avoir une longueur de piste suffisante et une expérience de pilote pour le gérer en toute sécurité. Rappelez-vous : les vents arrière n'altèrent pas la vitesse indiquée ou la vitesse de décrochage ; ils n'influencent que la vitesse au sol.

Vents turbulents et rafales

Lors du décollage par temps de rafales, il est prudent de maintenir l'aéronef au sol plus longtemps pour offrir une marge de sécurité contre le décrochage. Lors de l'atterrissage, ajouter la moitié du facteur de rafale à la vitesse d'approche finale compense les fluctuations du vent. Par exemple, si la tour signale des vents de 240 degrés à 18 nœuds avec des rafales à 28 nœuds, il est recommandé d'ajouter 5 nœuds à la vitesse de l'air [61].

Appliquer le même principe au décollage, en ajoutant la moitié du facteur de rafale à la vitesse normale de décollage, assure une marge de sécurité contre le décrochage. Cependant, cela peut augmenter les exigences de piste, le rendant moins idéal pour les pistes plus courtes.

Considérations pour les opérations de RPA à aile fixe

Direction de Décollage et d'Atterrissage

La sagesse conventionnelle dicte que les avions devraient décoller et atterrir face au vent autant que possible. Cette approche réduit la distance de roulement nécessaire pour le décollage, diminue la vitesse au sol à l'atterrissage et facilite les angles de montée et de descente plus raides. Cependant, respecter ce conseil n'est pas toujours réalisable. Les pilotes d'ultralégers (UL), en particulier, opèrent souvent depuis des pistes avec des obstacles à une extrémité, nécessitant un décollage et un atterrissage unidirectionnels. Dans de tels cas, voler contre le vent peut ne pas être une option. Les pilotes d'aviation générale (GA), en revanche, opèrent généralement depuis des pistes pavées dans de "vrais aéroports", où le décollage vent arrière est déconseillé. Malgré cela, les décollages avec vent arrière restent un sujet peu documenté, indiquant un manque de sensibilisation aux risques associés. Les sections suivantes examinent les facteurs à prendre en compte lors de la prise de décision sur le décollage ou l'atterrissage dans des conditions de vent défavorables, chaque variable jouant un rôle à des degrés divers [62].

Vitesse Aérologique, Vitesse du Vent et Vitesse Sol

La vitesse aérologique représente la vitesse de l'écoulement d'air sur l'aéronef, tandis que la vitesse sol désigne la vitesse par rapport au sol. Par temps calme, la vitesse aérologique et la vitesse sol sont alignées. Cependant, en présence de vent, des disparités se produisent. Par exemple, voler face à un vent de face réduit la vitesse sol, tandis que voler avec un vent arrière l'augmente. Cette disparité affecte considérablement les distances de décollage et d'atterrissage, soulignant l'importance de la sensibilisation au vent dans la planification du vol [62].

Maintien en Station

Comprendre l'interaction entre la vitesse aérologique, la vitesse du vent et la vitesse sol est crucial. En cas de vents forts, des aéronefs comme le Challenger peuvent effectivement maintenir une position en station lorsqu'ils sont positionnés face au vent, démontrant l'équilibre entre ces facteurs.

Mouvement de l'Aéronef dans le Vent

Une fois en l'air, les aéronefs subissent un frottement au sol minimal, ce qui leur permet de dériver dans la direction du vent. Cette dérive devient évidente lors des approches par vent de travers, obligeant les pilotes à ajuster leur cap pour compenser le mouvement latéral. De même, l'atterrissage par vents de travers forts nécessite un décrabotage pour maintenir l'alignement avec l'axe de piste [62].

Performance de l'Aéronef dans le Vent

Malgré la dérive avec le vent, les paramètres de performance de l'aéronef restent constants, y compris le taux de montée et la vitesse de décrochage. Cependant, les variations de l'intensité du vent, en particulier les rafales, peuvent brièvement influencer la performance. En fin de compte, c'est la vitesse sol de l'aéronef influencée par le vent qui affecte significativement la dynamique du décollage et de l'atterrissage.

Vents en Surface vs Vents en Altitude

Les vents en surface sont généralement plus faibles que les vents en altitude en raison du frottement au sol. Les pilotes doivent anticiper des vents plus forts à des altitudes plus élevées, avec des turbulences potentielles dans la zone de transition entre les masses d'air à déplacement lent et rapide. Maintenir la concentration sur les paramètres de vol critiques, tels que la vitesse aérienne, aide à atténuer les effets des conditions turbulentes rencontrées dans ces couches de cisaillement.

Décoller avec un vent arrière par rapport à un vent de face

En fin de compte, un vent arrière nécessite une piste plus longue pour le décollage, associée à une distance accrue nécessaire pour franchir les obstacles à l'extrémité de la piste. Considérons un scénario où un avion a besoin d'une course au sol de 200 pieds pour atteindre le décollage à 40 mi/h, grimpant à un taux de 500 pi/min avec une vitesse aérienne de 45 mi/h. En opérant depuis une piste de 1 000 pieds, il devient évident que franchir les obstacles à l'extrémité de la piste devient considérablement difficile avec un vent arrière, entraînant une diminution notable de l'altitude gagnée lorsque l'avion franchit l'extrémité de la piste, particulièrement évident avec un vent arrière de 15 mi/h.

De plus, au fur et à mesure que l'avion monte, il rencontre des vents arrière plus forts en altitude, provoquant une chute momentanée de la vitesse aérienne et une diminution subséquente du taux de montée en raison de la dépendance de la portance à la vitesse aérienne. Simultanément, des turbulences peuvent être ressenties lorsque l'avion traverse la couche de cisaillement entre les masses d'air plus lentes et plus rapides.

Cela présente un scénario difficile pour le pilote, caractérisé par une course au sol prolongée, un angle de montée faible, un taux de montée réduit et des turbulences potentielles. Cependant, une fois que l'avion est aligné avec le vent, la performance en montée s'améliore, bien que l'angle soit plus faible en raison de l'augmentation de la vitesse au sol, offrant un certain soulagement au pilote [62].

Les considérations s'étendent également à la pente de la piste, où généralement, décoller en descendant et atterrir en montant est préférable pour une meilleure accélération et décélération. Cependant, les conditions de vent peuvent nécessiter une réévaluation, avec un décollage en montée contre un vent de face offrant potentiellement de meilleures performances qu'un décollage en descente avec un vent arrière. En fin de compte, la décision sur la direction du décollage implique une évaluation basée sur des facteurs tels que le degré de pente et la force du vent, mettant en évidence le discernement du pilote pour assurer des opérations sûres [62].

Atterrissages avec Vent Arrière

Essentiellement, lors d'un atterrissage avec un vent arrière, vous toucherez le sol à une vitesse nettement plus élevée que d'habitude, ce qui pose un risque de dépassement de piste et de collision potentielle avec des obstacles ou un terrain dangereux au-delà de l'extrémité de la piste [62].

Lorsque vous atterrissez avec un vent arrière, la vitesse sol est la somme de la vitesse aérienne et de la vitesse du vent. Par conséquent, la vitesse d'atterrissage de l'avion dépassera la vitesse d'atterrissage par vent calme de la vitesse du vent, nécessitant une distance d'arrêt plus longue. De plus, l'angle de descente de l'avion sera plus faible en raison de l'augmentation de la vitesse au sol.

Pour atténuer les risques, si l'approche est exempte d'obstacles, le pilote peut opter pour une approche plus basse que d'habitude pour minimiser l'énergie potentielle de l'altitude, en ne comptant que sur l'énergie de vitesse accrue pour se dissiper. Une approche plus plate permet un meilleur temps de réaction aux changements de vitesse du vent lorsque l'avion descend à travers toute couche de cisaillement présente.

Une considération essentielle est de maintenir une vigilance sur l'indicateur de vitesse aérienne et d'ajouter rapidement de la puissance en cas de baisse de vitesse. Il est crucial de ne pas juger la vitesse en fonction des objets au sol, car ils peuvent sembler passer plus rapidement que d'habitude. Réagir à cette vitesse au sol perçue élevée en ralentissant risque de diminuer la vitesse aérienne, entraînant potentiellement un décrochage inattendu ou un taux de descente élevé.

Lors de l'atterrissage au-dessus d'un obstacle avec un vent arrière, il est conseillé de survoler l'obstacle à l'altitude et à la vitesse aérienne les plus bas possibles pour un fonctionnement sûr. Cela minimise la vitesse excessive à l'atterrissage tout en assurant la sécurité. Les turbulences au-dessus des arbres par temps venteux nécessitent une marge supplémentaire entre les arbres et la trajectoire de l'avion. De plus, la disparition soudaine des vents arrière lorsque l'avion approche de la piste peut entraîner une augmentation rapide de la vitesse aérienne, prolongeant ainsi le flottement avant l'atterrissage.

Ces effets peuvent varier en fonction des conditions locales mais nécessitent une prise de conscience et une préparation pour les gérer efficacement en vol [62].

Atterrir avec un vent de face au-dessus d'un obstacle

Bien que les vents de face soient généralement préférés aux vents arrière, il existe un piège potentiel lors de l'atterrissage avec un vent de face, en particulier au-dessus d'un obstacle tel que des arbres ou des bois entourant la piste. Initialement, l'approche semble routinière, mais il y a un angle de descente notablement plus raide que d'habitude en raison du vent de face. En ajustant la puissance pour maintenir une descente plus douce, l'avion survole les arbres et commence à descendre vers la piste. Voici le coup de théâtre :

Parce que la piste est abritée par les arbres environnants, le vent de face ressenti au-dessus des arbres disparaît soudainement lorsque l'avion descend en dessous de leur niveau. Par conséquent, la vitesse au sol reste élevée, héritée du vent de face à une altitude plus élevée, tandis que la vitesse aérienne diminue lors de la descente dans l'air calme.

Le résultat peut varier de négligeable à potentiellement préoccupant. Si l'approche disposait d'un tampon de vitesse aérienne supplémentaire, la perte soudaine de vitesse aérienne pourrait avoir un impact minimal. Cependant, si l'approche était proche de la limite de vitesse aérienne minimale, la diminution abrupte pourrait entraîner un taux de chute élevé. Sans correction rapide par une puissance supplémentaire, un atterrissage dur et potentiellement dommageable pourrait en résulter.

Autres considérations concernant les décollages avec vent arrière

Le plus souvent, lorsque confrontés au défi d'un décollage avec vent arrière, divers autres facteurs compliquent la situation. Généralement, ce n'est pas seulement un facteur mais une combinaison d'éléments qui contribuent aux difficultés rencontrées par les pilotes. Voici plusieurs aspects à garder à l'esprit [62] :

• Pente de la piste : Un décollage en descente est préférable car il raccourcit la distance de décollage, tandis qu'une pente ascendante augmente la distance nécessaire pour le décollage.

• Conditions de terrain mou : Les surfaces molles et spongieuses dues aux précipitations récentes ou à la fonte de la neige prolongent considérablement le roulement au décollage. L'herbe haute aggrave cet effet, rendant la situation encore plus difficile. Pour de nombreux avions, une attitude de nez haut lors du décollage depuis des terrains mous est recommandée pour transférer rapidement le poids des roues aux ailes. Cependant, une fois en l'air, abaisser rapidement le nez est crucial pour revenir à une attitude de vol normale.

- Herbe mouillée : L'herbe mouillée, qu'il s'agisse de pluie ou de rosée, augmente la friction de surface, ce qui entraîne un roulement au décollage plus long. Le soulèvement précoce de la roue avant peut être avantageux, mais des attitudes de nez extrêmement élevées, comme celles utilisées pour les décollages sur terrain mou, peuvent ne pas offrir de bénéfices substantiels à moins que le terrain ne soit également mou. L'herbe mouillée diminue également l'efficacité du freinage lors des atterrissages à grande vitesse en raison de la traction réduite. • Vents violents : Les vents violents ou variables rendent les décollages plus difficiles par rapport à des vents constants. Les pilotes doivent s'attendre à une expérience plus dynamique lors du décollage dans de telles conditions.

- Pression des pneus : Une pression des pneus basse sur des surfaces dures entraîne une augmentation des distances de décollage en raison de la flexion des pneus. Bien que l'impact soit moins perceptible sur les surfaces molles, le roulement total au décollage reste considérablement plus long par rapport au pavement. Le compromis concerne la taille de l'empreinte des pneus, une pression plus élevée produisant une empreinte plus petite, ce qui peut entraîner un enfoncement plus important dans les surfaces molles.

- Vent arrière avec composante de vent de travers : Lorsqu'il est confronté à un vent arrière accompagné d'un vent de travers, l'avion a tendance à dériver latéralement au décollage. Les pilotes doivent rapidement établir un angle de dérive pour contrer cette dérive, tout en gérant l'angle de montée peu prononcé et la vitesse au sol élevée induits par le vent arrière.

Les pilotes doivent rester vigilants à l'égard de tous les facteurs influençant le décollage. Se concentrer uniquement sur le vent arrière et les obstacles potentiels à l'extrémité de la piste peut entraîner l'oubli d'autres variables critiques, entraînant des résultats défavorables. La vigilance et la prise en compte approfondie de tous les facteurs sont essentielles pour garantir un décollage en toute sécurité.

La décision d'y aller ou non

En tant que pilote, la responsabilité vous incombe de déterminer s'il est sécuritaire de tenter un décollage dans des conditions difficiles. Considérez les points suivants :
- Connaissance des performances de l'aéronef : Comprenez les capacités de votre aéronef. Quelle est sa distance de décollage typique ? À quelle inclinaison peut-il monter ? Quelle est la distance d'arrêt la plus courte à partir de la vitesse de

décollage ?

- Prise en compte du poids : Un chargement lourd prolongera la distance de décollage et ralentira le taux de montée.

- Évaluation du vent : Évaluez avec précision la vitesse du vent. Il y a une différence significative entre décoller avec un vent de 10 mph et un vent de 15 mph.

- Compétences de pilotage : Évaluez votre propre compétence. Certains pilotes gèrent mieux les conditions adverses que d'autres. Avez-vous volé récemment ? Avez-vous déjà été confronté à des conditions similaires ?

- Éviter la pression : Ne cédez pas à la pression des autres pilotes, des passagers ou des spectateurs. Se sentir obligé de continuer est un signal d'alarme.

- Évaluation complète : Prenez en compte toutes les variables telles que le vent, le poids, les conditions de piste, la pression des pneus, etc.

- Faites confiance à votre instinct : Si vous ressentez une véritable nervosité ou de la peur qui nuit à votre concentration, il est préférable de vous arrêter. La discrétion est essentielle.

- Envisagez l'atterrissage : Tout en évaluant la faisabilité du décollage, envisagez également la possibilité d'atterrir. Planifier un retour en toute sécurité est essentiel.

- "En cas de doute, sors" : Si l'incertitude persiste, sortir de l'aéronef est un choix prudent. Demain offrira peut-être de meilleures conditions, et préserver l'intégrité de l'aéronef est primordial.

Finalement, prioriser la sécurité par rapport à la pression ou à l'inconfort est crucial. Faire confiance à votre jugement assure une expérience de vol plus sûre et plus maîtrisée. Navigation dans des situations difficiles.

Navigation dans des situations difficiles

De temps en temps, les situations dérapent ou nous prennent au dépourvu. Lorsqu'on est confronté à une situation délicate, voici quelques scénarios avec des conseils pour potentiellement sauver la situation :

- Décider quand avorter un décollage : La connaissance de son aéronef par un pilote est primordiale. Tout écart par rapport à la norme, comme des bruits inhabituels ou une accélération lente, doit être pris en compte. Lorsque vous envisagez un avortement, il est conseillé d'agir rapidement, idéalement avant d'atteindre une vitesse considérable. Évaluez la vitesse d'accélération pendant le roulement de décollage et visualisez les points d'arrêt potentiels le long de la piste.

- Décider quand avorter une tentative d'atterrissage et initier une remise de gaz : Un atterrissage optimal repose sur une approche bien exécutée. Si l'approche est imparfaite, l'atterrissage peut être compromis. La reconnaissance précoce d'une approche médiocre permet une remise de gaz rapide. Lorsque la piste le permet, une remise de gaz est réalisable à tout moment, même après l'atterrissage. Une fois la décision prise, engagez-vous de manière décisive. Identifiez le point de non-retour et restez concentré sur l'atterrissage.

- Naviguer un départ avec une piste limitée : En cas de surplus d'altitude et de vitesse pendant un départ, une manœuvre de glissade bien exécutée peut offrir un répit, à condition que le pilote soit suffisamment compétent. La faible inertie des aéronefs ultralégers demande un touché doux avec un freinage contrôlé. Si s'arrêter avant la fin de la piste semble improbable, maintenez le contrôle directionnel et préparez-vous au terrain au-delà.

- Naviguer un départ avec des obstacles qui approchent rapidement : Dans un scénario où des obstacles se rapprochent dangereusement, maintenir une attitude descendante pour construire rapidement une vitesse de l'air est crucial. Cela accélère l'atteinte de la ligne d'obstacle, minimisant l'influence du vent. Après avoir franchi les obstacles, redressez rapidement l'attitude du nez pour maintenir la vitesse de l'air. Un jugement prudent détermine si l'exécution d'une manœuvre de zoom est viable. Si la situation semble sombre, opter pour un avortement et une descente contrôlée est le choix le plus sûr.

L'atterrissage d'un avion à voilure fixe

La réussite d'un atterrissage réside dans l'exécution d'une approche compétente. Avant d'initier l'approche finale, le pilote effectue une liste de vérification complète pour l'atterrissage, s'assurant que des tâches cruciales telles que la confirmation de l'écoulement du carburant, l'abaissement du train d'atterrissage et d'autres fonctions spécifiques à l'aéronef sont effectuées. L'utilisation de volets pendant la plupart des atterrissages permet une réduction de la vitesse d'approche et un angle de descente plus raide, améliorant la visibilité du pilote sur la zone d'atterrissage. Au début de l'approche finale, la vitesse de l'aéronef et le taux de descente sont stabilisés, tout en s'alignant avec l'axe de la piste.

Une compétence clé acquise par la pratique est le maintien de l'attitude et du taux de descente corrects pendant l'approche. Avec le temps, les pilotes développent une compréhension intuitive, ou une "image", de la position de l'aéronef par rapport à la piste, y compris la visibilité du capot et la perspective de la piste. S'adapter pour atterrir sur des pistes de tailles variables nécessite des ajustements mentaux à cette image visuelle. Les marqueurs numériques sur la piste servent d'indicateurs importants ; la disparition des chiffres sous le nez de l'aéronef signale un atterrissage long, tandis que la séparation des chiffres du nez indique un atterrissage court.

Au fur et à mesure que l'aéronef descend sur le seuil de la piste, la puissance est réduite davantage, éventuellement à l'arrêt. Le pilote diminue progressivement le taux de descente et la vitesse en appliquant une pression accrue sur le manche de commande. L'alignement avec l'axe de la piste est principalement maintenu à l'aide du palonnier. En continuant à appliquer une pression sur le manche de commande lorsque l'aéronef entre dans l'effet de sol, sa vitesse vers l'avant et son taux de descente sont réduits. L'objectif est de maintenir l'aéronef juste au-dessus de la surface de la piste jusqu'à ce qu'il perde de la vitesse de vol, permettant un touché en douceur sur les roues principales.

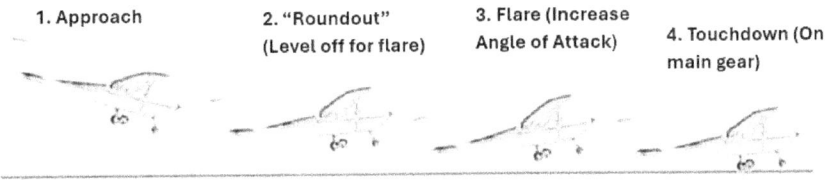

Figure 63: Séquence d'atterrissage.

Pour éviter de surcharger et d'endommager le train avant lors de l'atterrissage, le pilote maintient une attitude cabrée en appliquant une pression croissante sur le manche de commande jusqu'à ce que la vitesse vers l'avant diminue significativement. La transition du vol au roulage demande un jugement et une technique minutieux, car l'atterrissage demande plus d'habileté que toute autre manœuvre en vol. Les vents de travers, les cisaillements du vent et les variations de densité de l'air posent des défis supplémentaires lors de l'atterrissage.

Les considérations pour l'atterrissage incluent la compréhension des caractéristiques uniques de chaque type d'aéronef, telles que détaillées dans son manuel d'utilisation du pilote. Approcher à une vitesse optimale, généralement 1,3 fois la vitesse de décrochage de l'aéronef, est crucial, avec des ajustements pour les poids d'aéronefs variables. Les conditions de vent influencent les techniques d'atterrissage, nécessitant des ajustements tels que voler légèrement plus vite par temps venteux. Les volets jouent un rôle significatif dans l'approche finale, réduisant la vitesse de décrochage et modifiant l'attitude de l'aéronef pour une meilleure visibilité.

La capacité du pilote à gérer des scénarios d'atterrissage défavorables, tels que rebonds, rouli-ballants et ballons, est essentielle. Une prise de décision rapide, y compris l'option d'abandonner si un aspect de l'atterrissage semble insatisfaisant, est primordiale pour la sécurité. À l'atterrissage, les ailerons doivent être tournés face au vent pour éviter que les rafales ne basculent l'aéronef.

Résolution des problèmes de lancement

Retournement du drone lors du décollage : Un des dilemmes les plus courants rencontrés par les pilotes novices de drones qui ont assemblé leur propre appareil est le retournement lors du décollage. Bien que rectifier ce problème puisse être simple, identifier la cause exacte peut s'avérer difficile en raison des différents coupables potentiels.

Direction de rotation incorrecte du moteur : Les contrôleurs de vol prévoient que chaque moteur tourne soit dans le sens horaire, soit dans le sens antihoraire, selon leur position. Consultez le manuel ou la fiche technique de votre contrôleur de vol pour déterminer la direction de rotation désignée du moteur, en vous assurant qu'elle est alignée avec la configuration du contrôleur de vol.

Installation incorrecte de l'hélice : Les hélices doivent tourner pour induire un flux d'air vers le bas, avec le côté concave de la pale dirigé vers le bas. Vérifiez que vos hélices tournent dans la bonne direction et ne sont pas installées à l'envers.

Orientation du contrôleur de vol : Certains contrôleurs de vol offrent une flexibilité dans les positions de montage, permettant un placement latéral, incliné ou tête en bas. Si votre contrôleur de vol est positionné de manière non conventionnelle, assurez-vous que sa configuration reflète cet ajustement.

Défaillance du système radio : Un placement efficace des antennes est crucial pour une connectivité sans fil optimale. Des facteurs tels que la puissance, la qualité de l'antenne et la ligne de visée non obstruée influencent significativement la force du signal.

Amplification radio : Bien que les amplificateurs puissent améliorer la puissance du signal et étendre la portée opérationnelle, ils peuvent provoquer une saturation du récepteur à proximité. Par conséquent, la dépendance aux signaux amplifiés augmente la vulnérabilité aux interruptions de connexion radio dues à des obstructions mineures.

Détachement de l'hélice en vol : Bien que rare, le détachement de l'hélice présente un risque de dommages importants. L'utilisation d'hélices à auto-serrage provenant de fournisseurs réputés peut atténuer la probabilité de détachement de l'hélice. De plus, l'application de Loctite Threadlocker sur les boulons de fixation de l'hélice peut empêcher le desserrage pendant le vol.

Durée de vie de la batterie réduite : Les conditions optimales de stockage de la batterie comprennent une température ambiante, des environnements ombragés et une faible humidité. L'exposition à des températures élevées et à l'humidité peut compromettre la chimie interne de la batterie, entraînant une capacité diminuée et des durées de vol raccourcies.

Batteries défectueuses du fabricant : Des batteries défectueuses peuvent nécessiter un remplacement. Contactez le fabricant pour explorer les options de remplacement de la batterie si vous suspectez un défaut.

Approche générale

Maintien en vol stationnaire et atterrissage : Maintenir une position stable en plein air peut représenter un défi pour les pilotes débutants, mais peut être maîtrisé avec une pratique constante. Pour commencer, assurez-vous que le drone se trouve à au moins 24 pouces au-dessus du niveau du sol. Utilisez la manette des gaz pour élever le drone et le joystick droit pour contrôler sa position. Entraînez-vous à maintenir un vol stationnaire pendant au moins 10 à 12 secondes pour développer votre compétence, en ajustant progressivement la manette des gaz lorsque vous vous préparez à atterrir. La pratique régulière est essentielle pour perfectionner les compétences en vol stationnaire.

Procédure de décollage : Avant d'initier le décollage, assurez-vous que tous les contrôles pré-vol ont été effectués. Allumez la télécommande sans déployer l'antenne RC pour éviter toute interférence avec le système GPS du drone. Placez le drone sur une surface plane, face à l'extérieur du pilote, puis insérez le pack de batterie LiPo. Le drone émettra des bips de démarrage, indiquant sa disponibilité. Fermez le dôme et abstenez-vous de déplacer manuellement le drone plus loin pour éviter l'activation du moteur sur des surfaces inclinées.

Mettez en marche la station de base et lancez le logiciel de décodage de liaison descendante pour recevoir les communications et les mises à jour de l'état du drone. Le drone effectuera un auto-test et recherchera les signaux GPS, indiqués par un rythme de bips. Attendez que le drone signale sa disponibilité pour le décollage, puis démarrez les moteurs en ajustant le curseur et le joystick en conséquence. Maintenez une distance de sécurité par rapport au drone pour éviter toute interférence avec le signal RC et assurer un décollage stable.

Manœuvres : Après avoir maîtrisé le maintien en vol stationnaire et le décollage, la manœuvre du drone consiste à le faire avancer, reculer, tourner à gauche et à droite. Contrôlez la manette des gaz pour maintenir le drone en l'air et utilisez le joystick droit pour manœuvrer. Commencez par mettre le drone en vol stationnaire, puis appuyez sur le joystick droit pour le faire avancer ou reculer. Utilisez le même joystick pour déplacer le drone vers la gauche ou la droite. Si le drone commence à tourner (rotation), ajustez le joystick gauche pour maintenir sa direction. La pratique régulière et la familiarité avec les mouvements des joysticks sont essentielles pour des manœuvres précises.

Récupération

Pour éviter les accidents potentiels, il est crucial de prendre certaines précautions. Tout d'abord, si vous vous trouvez au bord d'une collision, réduisez rapidement les gaz à zéro pour éviter d'endommager votre quadricoptère et pour éviter de blesser quiconque à proximité, y compris vous-même. De plus, maintenez toujours une distance de sécurité par rapport aux hélices pour éviter toute blessure accidentelle à vos mains lorsqu'elles sont en mouvement. Lorsque vous effectuez des travaux de maintenance ou des ajustements sur le drone, pensez à retirer la batterie au préalable. Cette précaution empêche l'activation accidentelle des hélices, réduisant ainsi le risque de blessures, en particulier à vos doigts. Pour les pilotes débutants volant en intérieur, envisagez de sécuriser le drone en l'arrimant ou en l'entourant d'une cage de protection pour minimiser le risque de collisions ou de dommages non intentionnels.

Les concepteurs de drones ont exploré une gamme plus large de techniques de lancement et de récupération d'aéronefs sans pilote par rapport à leurs homologues pilotés. Cette innovation découle non seulement de la liberté de ne pas avoir à prioriser la sécurité de l'équipage, mais aussi de contraintes de conception telles que l'espace disponible sur le pont, la transportabilité et le coût. Par exemple, le projectile de reconnaissance Quick Look de l'armée américaine/UAV lancé par fusée connaît une accélération de près de 15 000 G au lancement, tandis que le banc d'essai X-7 de l'US Air Force a été récupéré en le plantant dans le sol à la manière d'un javelot.

Le choix des techniques de lancement et de récupération pour un UAV particulier dépend de ses exigences en matière de mission, qui tournent généralement autour de trois considérations principales : l'environnement opérationnel, la logistique et le coût. Les facteurs environnementaux comprennent la taille et la forme de la zone de lancement/récupération, les caractéristiques du terrain, les exigences en matière de mobilité et la nécessité d'opérations clandestines. Les considérations logistiques se concentrent sur la transportabilité et les consommables, tandis que les considérations de coût impliquent des compromis conception-coût.

Les techniques de lancement et de récupération se divisent en trois catégories générales : les surfaces préparées, les méthodes ponctuelles et les méthodes aériennes. Les surfaces préparées, utilisées par les UAV plus grands, ne nécessitent pas d'équipement supplémentaire mais peuvent poser des défis en cas de vents traversiers et de sécurisation de la zone. Les méthodes ponctuelles, telles que les lancements ou récupérations à longueur nulle dans des filets, atténuent ces préoccupations mais peuvent stresser la structure de l'UAV, entraînant des fuselages plus lourds et une réduction de l'efficacité de la mission. Les techniques aériennes offrent des solutions aux défis environnementaux et logistiques, mais ajoutent de la complexité et des coûts au système UAV.

Les méthodes de surfaces préparées comprennent les décollages conventionnels, les décollages avec câbles, les décollages rotatifs, les décollages avec support de voiture et les décollages avec catapulte. Les méthodes de lancement ponctuel impliquent des catapultes, des lanceurs à longueur nulle, des lancements par tube d'artillerie, des lancements par mortier et des lancements à la main. Les méthodes de lancement aérien comprennent les largages aériens, les lancements depuis des porte-avions, les remorquages par ballon ou dirigeable, et les lancements en parachute.

Les techniques de récupération englobent diverses options, notamment les atterrissages conventionnels, les atterrissages arrêtés, les récupérations dans des filets, les récupérations en parachute, les récupérations en paravoile, les atterrissages sur l'eau, les atterrissages à décrochage commandé et les atterrissages verticaux. Des systèmes d'atterrissage automatisés ont également été développés pour réduire les pertes d'aéronefs et raccourcir la formation des pilotes, bien qu'ils ajoutent du poids, de la complexité et des coûts au système.

À l'avenir, les UAV pourraient voir des avancées dans les méthodes de lancement et de récupération, notamment des opérations à partir de sous-marins et le déploiement d'essaims de micro-aéronefs depuis des avions pilotés ou non. De plus, le développement de navettes spatiales sans pilote pourrait ouvrir de nouvelles possibilités pour les opérations aériennes.

Le décrochage profond fait référence à une condition de vol dans laquelle un aéronef s'incline à des angles exceptionnellement élevés au-delà de l'angle de décrochage, entraînant une perte rapide de vitesse et d'altitude. Cette technique peut être utilisée pour effectuer des atterrissages précis dans des zones contraintes. Leur taille compacte, leur légèreté et leur construction spécialisée aident à prévenir les dommages. La figure 64 illustre les différentes phases d'une trajectoire verticale lors d'une manœuvre de crash/atterrissage en décrochage profond.

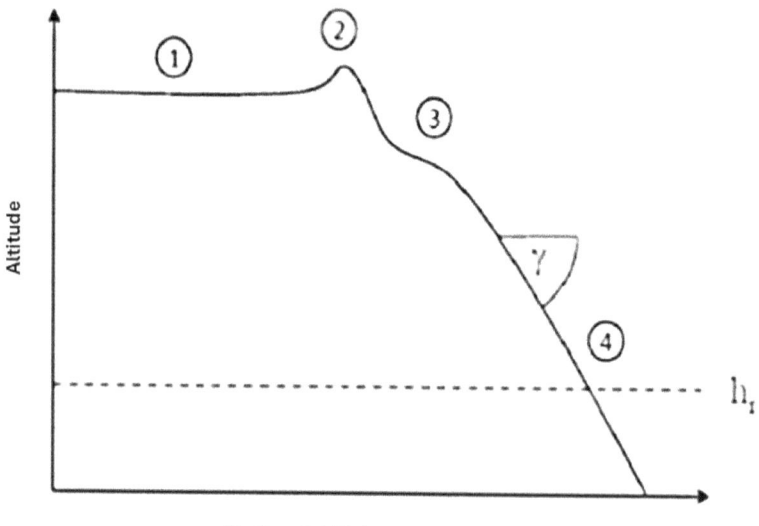

Figure 64: Phases d'un atterrissage en décrochage profond.

Initialement, à (1), l'avion maintient un vol horizontal stable avant d'initier la manœuvre d'atterrissage en décrochage profond. Ensuite, à (2), la manœuvre débute en arrêtant le moteur et en inclinant l'UAV au-delà de l'angle de décrochage, augmentant ainsi la traînée et réduisant les forces de portance, ce qui fait descendre l'UAV et le ralentit horizontalement. L'UAV monte brièvement en raison de son élan avant de passer à la phase suivante. À (3), l'UAV entre en phase de descente pour atteindre la cible. Le point marqué comme (4) indique l'altitude minimale où une manœuvre de récupération peut être exécutée pour éviter un crash complet en cas d'approche manquée. L'angle γ est appelé l'angle de trajectoire de vol. Cependant, voler à des angles de basculement élevés dans des conditions de décrochage profond est souvent synonyme de perte de contrôle.

De plus, l'incapacité à contrôler la descente de l'avion augmente la zone d'atterrissage. Cela se produit car lorsque les ailes entrent en vol de décrochage profond, l'écoulement d'air commence à se séparer du bord d'attaque de l'aile. Cet écoulement d'air détaché est turbulent et instable, ce qui rend difficile la modélisation et le contrôle de l'UAV. Par conséquent, mettre en œuvre une approche contrôlée d'atterrissage en décrochage profond est essentiel pour la fonctionnalité de l'UAV. Diverses approches peuvent accomplir cette tâche, la méthode la plus précise impliquant de prédire l'emplacement de l'aéronef à l'avance. Un modèle mathématique très précis peut élucider toutes les forces agissant sur l'aéronef pendant le vol.

Avions à rotor unique

Pendant le vol motorisé, les hélicoptères utilisent la puissance du moteur pour surmonter la traînée du rotor. Cependant, en cas de panne de moteur ou de désengagement délibéré du système de rotor, une force alternative est nécessaire pour maintenir le régime du rotor et permettre un vol contrôlé vers le sol. Cette force est générée en ajustant le pas collectif, permettant une descente contrôlée. Pendant la descente, l'écoulement d'air fournit l'énergie nécessaire pour surmonter la traînée de la pale et faire tourner le rotor, un état connu sous le nom d'autorotation. Essentiellement, le pilote échange l'altitude contre de l'énergie, convertissant l'énergie potentielle en énergie cinétique stockée dans le rotor en rotation. Cette énergie cinétique est ensuite utilisée pour faciliter un atterrissage en douceur près du sol.

Les autorotations sont généralement effectuées avec une vitesse en avant, mais à des fins d'explication, considérons une autorotation verticale sans vitesse en avant. Dans ce scénario, le disque rotor est divisé en trois régions :

1. La région entraînée, près des extrémités des pales, subit une force de traînée

légèrement inclinée derrière l'axe de rotation, ralentissant la rotation de la pale.

2. La région motrice, couvrant la plupart du rayon de la pale, produit une poussée légèrement inclinée vers l'avant de l'axe de rotation, accélérant la rotation de la pale.

3. La région de décrochage, à la section intérieure de la pale, fonctionne au-dessus de l'angle d'attaque de décrochage et provoque une traînée, ralentissant encore la rotation de la pale.

Les forces agissant sur chaque région varient en raison des différences de vitesse du vent relatif de rotation le long de la longueur de la pale. L'ajustement du pas collectif, du régime autorotatif ou du taux de descente modifie la taille de chaque région, affectant la rotation de la pale.

L'entrée en autorotation survient après une panne de moteur, indiquée par une décroissance rapide du régime rotorique et une condition de déséquilibre. Le pilote doit rapidement réduire le pas collectif pour éviter une décroissance excessive du régime rotorique et établir un plané à la vitesse de l'air appropriée. L'écoulement d'air change lorsque l'hélicoptère descend, maintenant l'équilibre et stabilisant le régime rotorique et le taux de descente.

Pour se préparer à l'atterrissage, le pilote réduit la vitesse de l'air et le taux de descente en ajustant la commande cyclique pour incliner la force totale du disque rotor vers l'arrière, augmentant l'angle d'attaque de la pale et la force de portance. Cette action ralentit la vitesse en avant et réduit le taux de descente, augmentant le régime rotorique et l'énergie cinétique pour un atterrissage plus doux.

Exécuter avec succès un atterrissage en autorotation nécessite des entrées de commande précises pour gérer la vitesse de l'air, le taux de descente et le régime rotorique, garantissant finalement un atterrissage sûr.

Attitudes Dangereuses, Prise de Décision Aéronautique et Jugement

Tout au long de chaque vol, les pilotes sont constamment confrontés à des décisions concernant les interactions entre quatre éléments clés de risque : le pilote en commandement, l'avion, l'environnement et l'opération. Ce processus de prise de décision implique d'évaluer minutieusement chacun de ces éléments pour obtenir une perception précise de la situation de vol. Une décision capitale pour le pilote en commandement est la détermination de partir ou non, qui dépend de l'évaluation de ces éléments de risque pour déterminer si le vol doit se poursuivre ou être abandonné. Plongeons dans chacun de ces éléments et leur impact sur la prise de décision dans divers scénarios.

En ce qui concerne le pilote, des décisions doivent être prises concernant la compétence, l'état de santé, l'état mental, le niveau de fatigue et d'autres variables qui peuvent affecter la sécurité des vols. Par exemple, si un pilote a eu peu de sommeil et présente des signes de maladie, il peut être judicieux de reconsidérer la faisabilité d'entreprendre un long vol, comme l'a démontré un pilote qui a refusé une demande de vol en raison de la fatigue et d'une éventuelle maladie.

L'évaluation de l'avion implique d'évaluer ses performances, la fonctionnalité de l'équipement et la navigabilité. Par exemple, le jugement avisé d'un pilote a conduit à retarder le décollage après avoir remarqué une fuite d'huile, ce qui a permis de découvrir un raccord de tuyau de refroidisseur d'huile desserré lors de l'inspection par un mécanicien.

L'environnement englobe les conditions météorologiques, le contrôle du trafic aérien, les aides à la navigation, les caractéristiques du terrain et les obstacles. Une mauvaise évaluation des facteurs environnementaux peut entraîner des erreurs, comme sous-estimer l'impact des turbulences de sillage lors de l'atterrissage, ce qui entraîne un atterrissage brutal en raison des turbulences de sillage dérivantes d'un jet lourd précédent.

Les considérations opérationnelles impliquent d'évaluer l'objectif de l'opération de vol et les risques associés. Cela comprend la remise en question de la nécessité du vol, l'importance de respecter l'horaire et le poids des risques impliqués. Par exemple, la décision d'un pilote de pousser les limites de l'approvisionnement en carburant pour maintenir l'horaire lors d'un vol de convoyage a entraîné une situation potentiellement dangereuse qui ne valait pas les risques impliqués.

Pour évaluer efficacement le risque, l'analyse des rapports d'accident et des données de recherche, comme celles du National Transportation Safety Board (NTSB), peut fournir des informations précieuses. Comprendre les schémas et les statistiques des accidents peut aider à identifier les activités de vol à haut risque et à informer la prise de décision pour atténuer les dangers potentiels. Par exemple, reconnaître que le vol en manœuvre et certaines phases comme les approches présentent un risque plus élevé d'accidents mortels peut inciter les pilotes à adopter une vigilance accrue et des mesures de précaution dans ces situations. En fin de compte, une prise de décision éclairée basée sur une évaluation minutieuse des risques est primordiale pour garantir la sécurité des vols et réduire la probabilité d'accidents.

Prise de Décision Aéronautique

La prise de décision aéronautique (ADM) implique le processus unique de prise de décision dans l'environnement de l'aviation. Cela implique une approche systématique dans laquelle les pilotes évaluent constamment les circonstances pour déterminer la meilleure action à entreprendre en fonction des informations les plus récentes disponibles. L'importance d'acquérir et de comprendre des compétences ADM efficaces ne peut être surestimée. Malgré les progrès réalisés dans les méthodes de formation des pilotes, la technologie des avions et les services de l'aviation, les accidents persistent, l'erreur humaine restant un facteur prédominant. Des études suggèrent que près de 80 % des accidents d'aviation sont dus à des facteurs humains, une partie importante se produisant lors du décollage et de l'atterrissage. L'ADM sert de cadre systématique pour évaluer les risques et gérer le stress, en mettant l'accent sur la compréhension de la façon dont les attitudes personnelles influencent la prise de décision et comment elles peuvent être ajustées pour améliorer la sécurité.

Reconnaissant le rôle crucial du bon jugement dans la sécurité aérienne, l'industrie aérienne a pionnier des programmes de formation visant à améliorer l'ADM et à réduire les accidents imputables aux facteurs humains. La formation en gestion des ressources d'équipage (CRM) a émergé pour promouvoir l'utilisation efficace des ressources disponibles dans les processus de prise de décision, en mettant l'accent sur la collaboration entre les membres de l'équipage. La FAA a répondu aux résultats de recherche en incorporant une formation à la prise de décision dans les exigences de certification des pilotes, l'ADM et la gestion des risques devenant des sujets obligatoires pour la certification des sUAS.

En 1987, la FAA a publié six manuels adaptés aux besoins de prise de décision des pilotes à différents niveaux de compétence, suite à d'importants efforts de recherche et développement. Ces documents visaient à atténuer les accidents liés à la prise de décision en fournissant des ressources de formation complètes. Des études indépendantes ont confirmé l'efficacité de la formation ADM, démontrant que les pilotes ayant reçu une telle instruction commettaient significativement moins d'erreurs en vol que ceux sans formation ADM. De plus, les exploitants mettant en œuvre une formation ADM ont connu une réduction substantielle des taux d'accidents, mettant en évidence les avantages tangibles de l'intégration des principes de l'ADM dans l'éducation des pilotes et les programmes de formation continue.

Contrairement à la croyance populaire, la compétence à exercer un bon jugement peut en effet être enseignée. Traditionnellement, on pensait que le bon jugement se développait naturellement avec l'expérience, à mesure que les pilotes accumulaient des heures de vol sans accident.

Cependant, le processus de prise de décision a évolué avec l'introduction de la Prise de Décision Aéronautique (ADM), qui affine la prise de décision conventionnelle pour réduire la probabilité d'erreur humaine et promouvoir la sécurité des vols. L'ADM offre une approche structurée pour évaluer l'impact des changements pendant un vol sur son résultat en termes de sécurité. Elle englobe toutes les facettes de la prise de décision et décrit les étapes pour une prise de décision efficace :

1. Reconnaître les attitudes personnelles qui posent des risques pour la sécurité des

vols.

2. Apprendre des techniques pour modifier le comportement.

3. Identifier et gérer le stress.

4. Développer des compétences en évaluation des risques.

5. Utiliser toutes les ressources disponibles.

6. Évaluer l'efficacité de ses compétences en ADM.

La gestion des risques, aspect crucial de l'ADM, vise à identifier de manière proactive les dangers pour la sécurité et à atténuer les risques associés. En adhérant à des principes de prise de décision solides, les pilotes peuvent réduire ou éliminer les risques inhérents au vol. Une prise de décision efficace repose à la fois sur des expériences directes et indirectes, semblable à l'adoption des normes d'utilisation de la ceinture de sécurité dans la sécurité automobile. Alors que les erreurs de jugement dans la vie quotidienne ne se traduisent pas toujours par une tragédie, les enjeux sont considérablement plus élevés en aviation en raison de sa nature impitoyable. L'ADM, en améliorant la gestion de l'environnement aéronautique, devrait être adoptée et pratiquée par tous les pilotes pour garantir des opérations de vol sûres et responsables.

La Gestion des Ressources de l'Équipage (CRM) et la Gestion des Ressources du Pilote Seul Bien que le CRM cible traditionnellement les pilotes opérant dans des environnements d'équipage, bon nombre de ses principes sont applicables aux opérations de pilote seul. Plusieurs concepts de CRM ont été efficacement adaptés aux avions à pilote unique, menant à l'émergence de la Gestion des Ressources du Pilote Seul (SRM). La SRM englobe les techniques employées par un seul pilote pour gérer toutes les ressources disponibles avant et pendant le vol, garantissant un résultat réussi. Elle intègre des principes tels que la Prise de Décision Aéronautique (ADM), la Gestion des Risques (RM), la Gestion des Tâches (TM), la Gestion de l'Automatisation (AM), la Connaissance des Risques d'Impact avec le Sol (CFIT), et la Conscience Situationnelle (SA). La formation SRM aide les pilotes à maintenir une conscience situationnelle en gérant efficacement l'automatisation, le contrôle de l'aéronef et les tâches de navigation. Cela permet aux pilotes d'évaluer et de réduire efficacement les risques, et de prendre des décisions rapides et éclairées. En fin de compte, la SRM permet aux pilotes de collecter, d'analyser et d'utiliser efficacement les informations dans leur processus de prise de décision.

Danger et Risque

Deux composantes fondamentales de l'ADM impliquent le danger et le risque. Un danger fait référence à une condition, un événement ou une circonstance tangible ou perçue rencontrée par un pilote. Lorsqu'il est confronté à un danger, le pilote l'évalue en fonction de divers facteurs et en évalue l'impact potentiel, déterminant ainsi son risque. Par conséquent, le risque représente une évaluation soit d'un seul danger, soit de plusieurs dangers auxquels un pilote est confronté ; cependant, différents pilotes peuvent percevoir les dangers différemment.

Les Attitudes à Risque et leurs Antidotes

Être apte à voler englobe bien plus que l'état physique du pilote et ses expériences récentes ; l'attitude joue également un rôle crucial dans la qualité de la prise de décision. L'attitude, dans ce contexte, fait référence à une prédisposition motivationnelle à réagir à des personnes, des situations ou des événements d'une certaine manière. Des recherches ont identifié cinq attitudes à risque - l'anti-autorité, l'impulsivité, l'invulnérabilité, le machisme et la résignation - qui peuvent entraver une prise de décision éclairée et l'exercice adéquat de l'autorité. Ces attitudes à risque contribuent à un mauvais jugement du pilote mais peuvent être efficacement atténuées en les orientant vers des actions correctives. La clé pour neutraliser ces pensées à risque réside dans leur reconnaissance préalable. Une fois identifiées, les pilotes doivent reconnaître la nature dangereuse de la pensée et se rappeler l'antidote correspondant. Mémoriser ces antidotes pour chaque attitude à risque garantit qu'ils sont facilement disponibles en cas de besoin.

Être apte à voler englobe bien plus que l'état physique du pilote et ses expériences récentes ; l'attitude joue un rôle crucial dans la qualité de la prise de décision. L'attitude, définie comme une prédisposition motivationnelle personnelle à répondre aux personnes, aux situations ou aux événements, influence significativement le processus de prise de décision d'un pilote. Des études ont identifié cinq attitudes à risque - l'anti-autorité, l'impulsivité, l'invulnérabilité, le machisme et la résignation - qui peuvent entraver une prise de décision éclairée et l'exercice adéquat de l'autorité.

Les Cinq Attitudes à Risque :

1. Anti-Autorité : Les pilotes qui présentent cette attitude résistent à l'autorité et aux règles, se sentant souvent rancuniers ou considérant les réglementations comme inutiles. Il est cependant essentiel de reconnaître l'importance de respecter les règles et les réglementations, en reconnaissant qu'elles sont généralement en place pour des raisons de sécurité.

2. Impulsivité : Les pilotes présentant cette attitude agissent rapidement sans prendre le temps de considérer ou d'évaluer les alternatives. Il est crucial de se rappeler de faire une pause et de réfléchir avant d'agir, garantissant une approche plus délibérée et calculée de la prise de décision.

3. Invulnérabilité : Les pilotes qui se sentent invulnérables croient que les accidents ne leur arriveront pas, ce qui crée un faux sentiment de sécurité et un comportement de prise de risque accru. Reconnaître que les accidents peuvent arriver à tout le monde est vital pour maintenir une mentalité prudente et consciente de la sécurité.

4. Machisme : Les pilotes démontrant cette attitude cherchent souvent à se prouver en prenant des risques inutiles, cherchant à impressionner les autres par leurs capacités. Cependant, risquer la sécurité pour faire montre de bravoure est irresponsable et doit être évité.

5. Résignation : Les pilotes avec cette attitude se sentent impuissants et passifs, croyant qu'ils ont peu de contrôle sur les résultats. Il est important de reconnaître que les individus peuvent faire une différence et prendre des mesures proactives pour garantir des résultats sûrs.

Le pilote doit examiner soigneusement les décisions pour s'assurer qu'elles ne sont pas influencées par des attitudes à risque. Ces attitudes peuvent conduire à une prise de décision médiocre et à des actions impliquant un risque inutile. Par conséquent, les pilotes doivent être familiers avec des alternatives positives, ou antidotes, pour contrer les attitudes à risque. Reconnaître les attitudes à risque pendant les opérations de vol et appliquer l'antidote approprié en cas de besoin est essentiel pour garantir la sécurité.

Gestion du stress : La gestion efficace du stress est cruciale pour maintenir les performances et les capacités de prise de décision pendant le vol. Bien qu'un certain niveau de stress puisse améliorer l'attention, un stress prolongé ou excessif peut altérer le jugement et les performances. Reconnaître et gérer les facteurs de stress avant qu'ils n'affectent les performances est essentiel pour garantir des opérations sûres.

Utilisation des ressources internes et externes : Les pilotes doivent être conscients des ressources internes et externes disponibles pendant les opérations de vol. Les ressources internes comprennent les instruments, les procédures et les connaissances partagées de l'équipage, tandis que les ressources externes englobent le contrôle du trafic aérien (ATC) et les répartiteurs de vol. Reconnaître et accéder à ces ressources, évaluer leur pertinence et leur impact sur la sécurité des vols, et les utiliser efficacement sont des aspects essentiels de la formation ADM.

Gestion de la charge de travail : La gestion efficace de la charge de travail implique la planification, la priorisation et le séquençage des tâches pour éviter la surcharge. Les pilotes doivent anticiper les exigences en matière de charge de travail et se préparer en conséquence, surtout lors de situations à forte demande. Prioriser les tâches, déléguer lorsque nécessaire et se concentrer sur les opérations de vol essentielles sont des stratégies clés pour gérer efficacement la charge de travail. Reconnaître les signes de surcharge et mettre en œuvre des stratégies pour réduire la charge de travail, telles que la délégation des tâches ou l'assistance du contrôle du trafic aérien, sont essentiels pour maintenir des opérations sûres.

L'évaluation des risques est un aspect critique de chaque vol pour les pilotes solitaires, qui doivent naviguer dans des conditions dangereuses tout en prenant de nombreuses décisions. Cependant, ce processus est loin d'être simple. Par exemple, les pilotes solitaires agissent souvent comme leur propre contrôle qualité lorsqu'ils prennent des décisions, ce qui peut entraîner des biais et des omissions potentiels. Un pilote fatigué, par exemple, peut minimiser son épuisement et prioriser les objectifs de la mission par rapport à ses limites personnelles. Cette tendance à ignorer les dangers tangibles au profit de facteurs intangibles, tels que le bien-être des patients dans le cas des pilotes d'EMS en hélicoptère, pose d'importants défis pour les pilotes solitaires sans le bénéfice de la consultation d'équipage. Par conséquent, les pilotes solitaires sont plus vulnérables lorsqu'ils sont confrontés à ces facteurs intangibles.

La réduction des risques est un effort multifacette. Les pilotes solitaires peuvent utiliser des stratégies telles que la liste de vérification IMSAFE pour évaluer leur préparation physique et mentale au vol. Cette liste de vérification comprend l'évaluation de facteurs tels que la maladie, les effets des médicaments, les niveaux de stress, la consommation d'alcool, la fatigue et l'état émotionnel, qui peuvent avoir un impact significatif sur les capacités de vol et la sécurité. Considérer ces facteurs de manière proactive est essentiel pour minimiser les risques et garantir des opérations de vol sûres.

L'utilisation de la liste de vérification PAVE est une méthode efficace pour réduire les risques en identifiant systématiquement les dangers potentiels lors de la planification pré-vol. L'acronyme signifie Pilote-en-commande (PIC), Avion, environnement et Pressions externes, englobant les principaux domaines du processus de prise de décision d'un pilote.

En utilisant la liste de contrôle PAVE, les pilotes peuvent facilement évaluer chaque catégorie pour les facteurs de risque avant d'entreprendre un vol. Une fois les risques identifiés, les pilotes doivent déterminer s'ils peuvent être gérés en toute sécurité. Sinon, la décision prudente est d'annuler le vol. Pour ceux qui choisissent de continuer, le développement de stratégies pour atténuer les risques est crucial. Une telle stratégie consiste à établir des seuils personnels minimaux adaptés à l'expérience et au niveau de compétence du pilote.

Dans la liste de contrôle PAVE :

- P représente le Pilote-en-commande, où le pilote évalue sa préparation au vol en fonction de son expérience, de sa monnaie, de son état physique et émotionnel en utilisant la liste de contrôle IMSAFE.

- A représente l'Avion, incitant à réfléchir à la pertinence de l'avion, à la familiarité et à la capacité de transporter la charge prévue.

- V désigne l'enVironnement, englobant les conditions météorologiques, l'évaluation du terrain, les vérifications de l'espace aérien et la prise de conscience de toute restriction temporaire de vol (TFR).

- E aborde les Pressions externes, qui sont des influences externes qui peuvent pousser un pilote à terminer un vol malgré des préoccupations de sécurité. Ces pressions incluent le désir de démontrer des qualifications, d'impressionner les autres ou de réaliser des objectifs personnels.

La gestion efficace des pressions externes est cruciale car elles peuvent annuler d'autres facteurs de risque. Les procédures opérationnelles standard personnelles (SOP) offrent une méthode pour atténuer les pressions externes en fournissant une approche structurée de la prise de décision et en offrant une libération des pressions associées aux opérations de vol.

Le modèle 3P, composé de Percevoir-Traiter-Exécuter, offre une approche simple et systématique applicable à toutes les phases de vol. Les pilotes commencent par "percevoir" les circonstances actuelles du vol, puis "traitent" en évaluant leur impact sur la sécurité, et enfin "exécutent" en choisissant la meilleure action. Ce processus cyclique est répété continuellement tout au long du vol, favorisant la vigilance et les mesures de sécurité proactives.

En revanche, le modèle DECIDE pour la Décision Aéronautique (ADM) présente un processus de raisonnement déductif en six étapes pour la prise de décision. Bien que particulièrement bénéfique pour les pilotes novices, il peut ne pas capturer pleinement les capacités de prise de décision nuancées des pilotes experts en raison de différences de traitement mental. Néanmoins, le modèle DECIDE améliore la prise de décision conventionnelle pour les novices en augmentant la prise de conscience, en facilitant la collecte d'informations et en favorisant la motivation dans la sélection et l'exécution d'actions, favorisant ainsi des résultats plus sûrs. Les étapes du modèle DECIDE comprennent Détecter (détecter les changements), Estimer (estimer le besoin de contre-mesures), Choisir (choisir un résultat sûr), Identifier (identifier des actions efficaces), Faire (mettre en œuvre les actions choisies) et Évaluer (évaluer l'efficacité des actions et la progression du vol).

Facteurs humains

Pourquoi les facteurs humains, tels que la fatigue, la complaisance et le stress, sont-ils cruciaux en aviation ? Ces facteurs, parmi d'autres, collectivement connus sous le nom de facteurs humains, contribuent directement à ou sont responsables d'une part importante des accidents d'aviation, représentant plus de 70 pour cent de ces incidents. Bien qu'initialement associés aux opérations de vol, les incidents et accidents liés aux facteurs humains sont devenus de plus en plus préoccupants dans la maintenance de l'aviation et la gestion du trafic aérien. En réponse, la FAA a fait de l'étude et de la recherche sur les facteurs humains une priorité, collaborant avec des professionnels de divers domaines de l'aviation pour intégrer les dernières connaissances dans les opérations quotidiennes, dans le but d'améliorer la sécurité et l'efficacité [45].

La science des facteurs humains, ou les technologies des facteurs humains, englobe une approche multidisciplinaire puisant dans la psychologie, l'ingénierie, le design industriel, les statistiques, la recherche opérationnelle et l'anthropométrie. Elle englobe la compréhension des capacités humaines, l'application de cette compréhension à la conception et au déploiement de systèmes, et la garantie de l'application réussie des principes des facteurs humains dans toute l'aviation, y compris les pilotes, les contrôleurs de la circulation aérienne et le personnel de maintenance. Bien souvent assimilée à la Gestion des Ressources de l'Équipage (CRM) ou à la Gestion des Ressources de Maintenance (MRM), les facteurs humains dépassent ces domaines à la fois par la profondeur de leurs connaissances et par leur application. Elle implique la collecte de recherches spécifiques à divers contextes, tels que les opérations de vol, la maintenance et les niveaux de stress, pour informer la conception d'outils, de machines, de systèmes, de tâches, d'emplois et d'environnements, dans le but de faciliter une interaction humaine sûre, confortable et efficace. La communauté de l'aviation dans son ensemble bénéficie considérablement de la recherche et du développement continus sur les facteurs humains, car cela améliore la compréhension de la manière dont les individus peuvent remplir leurs rôles de manière sûre et efficace tout en améliorant les outils et les systèmes avec lesquels ils interagissent.

La conscience situationnelle

La conscience situationnelle englobe la perception précise et la compréhension de tous les facteurs et conditions au sein des cinq éléments de risque fondamentaux de l'aviation : le vol, le pilote, l'aéronef, l'environnement et le type d'opération [45]. Cette conscience est cruciale pour garantir la sécurité avant, pendant et après un vol. Maintenir une conscience situationnelle implique de comprendre l'importance relative des différents facteurs liés au vol et leur impact potentiel sur la trajectoire de vol. Plutôt que de se fixer sur un seul facteur significatif perçu, un pilote doit avoir une vue d'ensemble de toute l'opération. Connaître la position géographique de l'aéronef est important, mais comprendre les événements en cours est tout aussi essentiel. Plusieurs facteurs peuvent entraver le maintien de la conscience situationnelle, notamment la fatigue, le stress et la surcharge de travail. Ces facteurs peuvent amener un pilote à se concentrer de manière excessive sur un aspect particulier, diminuant ainsi sa conscience globale du vol. Les distractions, en particulier, peuvent détourner l'attention du pilote de la surveillance de l'aéronef, augmentant ainsi le risque d'accidents.

La gestion efficace de la charge de travail est essentielle pour garantir que les opérations essentielles sont effectuées sans submerger le pilote. Cela implique de planifier, de prioriser et de séquencer les tâches pour éviter les surcharges de travail. Avec l'expérience, les pilotes apprennent à anticiper les périodes de forte charge de travail pendant les périodes d'activité moins intense. De plus, rester informé sur les conditions météorologiques grâce à des sources telles que l'ATIS, l'ASOS ou l'AWOS, et surveiller les conditions de circulation via la fréquence de la tour ou le CTAF peut fournir un contexte situationnel précieux.

Reconnaître les signes de surcharge de travail est crucial pour gérer efficacement la charge de travail. Les symptômes peuvent inclure un effort accru avec une productivité réduite, l'incapacité à se concentrer sur plusieurs tâches et une prise de décision incomplète en raison d'une surcharge d'informations. Lorsqu'ils sont confrontés à une surcharge de travail, les pilotes doivent faire une pause, évaluer, ralentir et prioriser les tâches pour atténuer le risque d'erreurs. Comprendre les stratégies pour diminuer la charge de travail est essentiel pour maintenir la conscience situationnelle et assurer des opérations de vol sûres.

Communications

Une communication claire et efficace entre les pilotes et les contrôleurs est cruciale pour des opérations aérodromiques sécurisées. Vous pouvez contribuer à améliorer la compréhension du contrôleur en répondant de manière appropriée et en respectant la phraséologie standard.

Voici des directives pour garantir des communications claires et précises :

- Utilisez la phraséologie standard lors de la prise de contact avec le contrôle aérien pour faciliter une communication claire et concise. Votre transmission initiale devrait inclure :

    - L'entité à laquelle vous vous adressez
    - Votre indicatif d'appel
    - Votre position actuelle
    - Une brève description de votre demande ou intention.

- Indiquez toujours votre position lors de la prise de contact avec n'importe quel contrôleur de tour ou de sol, que vous ayez déjà communiqué votre position à un autre contrôleur ou non.

- Concentrez-vous uniquement sur les instructions du contrôle aérien pendant la communication et évitez de vous engager dans des tâches non essentielles.

Assurez une bonne technique radio en suivant ces pratiques :

- Préparez votre transmission à l'avance, en vous assurant qu'elle est bien réfléchie. Avant de transmettre, confirmez que vous êtes sur la bonne fréquence et que vous n'interromprez pas des communications en cours.

- Gardez les communications concises et précises, surtout pour des situations inhabituelles ou des communications longues.

- Accusez réception de toutes les autorisations en répétant les éléments nécessaires et en concluant avec votre indicatif d'appel.

- Répétez tous les points d'attente ou les instructions relatives aux activités sur piste, comme le fait de s'arrêter, d'entrer, de décoller ou de traverser une piste.

- Surveillez la fréquence de la tour attribuée pour les conflits potentiels impliquant votre piste lorsque vous êtes en attente sur une piste pour le décollage ou en approche finale.

- Clarifiez rapidement tout malentendu ou confusion concernant les instructions ou autorisations du contrôle aérien.

Dans le cas où vous rencontrez un aéronef sur la piste sur laquelle vous avez été autorisé à atterrir :
- Supposez que le contrôleur est au courant de la situation et a donné des instructions appropriées à l'autre aéronef. Cependant, si vous avez des doutes ou si vous vous sentez mal à l'aise avec l'espacement, interrogez l'autorisation auprès du contrôleur, en référençant l'autre trafic, et soyez prêt à effectuer une remise des gaz si nécessaire.

Voici des exemples (australiens) d'instructions de taxi pour illustrer une communication appropriée :

[Exemple d'appel initial]

Pilote : "Essendon Ground, Alpha Bravo Charlie, parking GA, reçu Alpha, en direction de Sydney, demande de taxi."

Contrôleur : "Alpha Bravo Charlie, Essendon Ground, taxi jusqu'au Point d'Attente Echo, Piste Un Sept." Pilote : "Point d'Attente Echo, Piste Un Sept, Alpha Bravo Charlie."

[Autre exemple]

Pilote : "Bankstown Ground, Helo Forty Four, demande de taxi aérien depuis Heli Tours jusqu'au pad principal."

Contrôleur : "Helo Forty Four, Bankstown Ground, taxi aérien jusqu'au pad principal, traversez la Piste Deux Neuf Gauche, Centre et Droite."

Pilote : "Traversez la Piste Deux Neuf Gauche, Centre et Droite, Helo Forty Four."

Appel initial avec une demande spécifique

Rendez claires toutes les demandes spéciales dès le premier contact

EXEMPLE

Pilote : Melbourne Ground, Qantas Five Forty Two, Boeing 737, reçu Alpha, code transpondeur quatre trois deux un, Baie Vingt, IFR, en direction de Sydney, demande de taxi et de départ en intersection depuis Juliet.

Contrôleur : Qantas Five Forty Two, Melbourne Ground, taxi jusqu'au Point d'Attente Juliet, Piste Trois Quatre. Pilote : Point d'Attente Juliet, Piste Trois Quatre, Qantas Five Forty Two.

'Alignez-vous et attendez'

Répétez toutes les instructions d''alignement' et 'alignez-vous et attendez', y compris le numéro de piste, lorsqu'elles sont transmises par le contrôle aérien ou en cas de risque de confusion.

EXEMPLE

Contrôleur : Virgin Deux Trente Deux, alignez-vous et attendez Piste Deux Sept.

Pilote : Alignez-vous et attendez, Piste Deux Sept, Virgin Deux Trente Deux.

Autorisation conditionnelle

Un pilote recevant une autorisation conditionnelle doit identifier l'aéronef ou le véhicule nécessitant l'autorisation conditionnelle avant de procéder conformément à l'autorisation.

EXEMPLE

Contrôleur : Alpha Bravo Charlie, derrière le Cessna en courte finale, alignez-vous derrière.

Pilote : Derrière le Cessna, en alignement, Alpha Bravo Charlie.

Autorisation de décollage/atterrissage

Répétez toutes les autorisations de décollage et d'atterrissage avec un indicatif d'appel, y compris le numéro de piste, lorsqu'elles sont transmises par le contrôle aérien ou en cas de risque de confusion.

EXEMPLE

Contrôleur : Alpha Bravo Charlie, Piste Trois Quatre, autorisé au décollage.

Pilote : Piste Trois Quatre, autorisé au décollage, Alpha Bravo Charlie.

EXEMPLE

Contrôleur : Qantas Deux Vingt-Deux, Piste Trois Quatre, autorisé à l'atterrissage.

Pilote : Autorisé à l'atterrissage, Piste Trois Quatre, Qantas Deux Vingt-Deux.

'Atterrissage et maintien court' (LAHSO)

Les instructions d'atterrissage et de maintien court nécessitent un rétrocontrôle du pilote.

EXEMPLE

Contrôleur : Virgin Cinq Trente-Quatre, un Cessna 441 atterrissant sur la piste transversale, maintenez court de la Piste Deux Sept, autorisé à atterrir sur la Piste Trois Quatre.

Pilote : Maintenez court de la Piste Deux Sept, autorisé à atterrir sur la Piste Trois Quatre, Virgin Cinq Trente-Quatre.

EXEMPLE

Contrôleur : Qantas Trente-Trois, un Boeing 737 atterrissant sur la piste transversale, maintiendra court – Piste Deux Sept autorisé au décollage.

Pilote : Piste Deux Sept, autorisé au décollage, Qantas Trente-Trois.

Premier contact après avoir quitté la piste

Vous devez quitter la piste à la première sortie de piste disponible ou selon les instructions du contrôle aérien. Vous devez contacter le contrôle au sol dès que possible après avoir quitté la piste.

EXEMPLE

Pilote : Cairns Ground, Alpha Bravo Charlie, Baie Deux.

Contrôleur : Alpha Bravo Charlie, Cairns Ground, taxi jusqu'à la Baie Deux, traversez la Piste Un Deux.

Pilote : Traversez la Piste Un Deux, Alpha Bravo Charlie. Lorsque vous recevez l'instruction de rouler vers une piste pour le départ, vous devez lire à voix haute le point d'attente spécifié dans l'autorisation de rouler.

EXEMPLE

Contrôleur : Alpha Bravo Charlie, roulez jusqu'au Point d'Attente Tango Piste Un Sept.

Pilote : Point d'Attente Tango, Piste Un Sept, Alpha Bravo Charlie.

Opérations radio (Perspective américaine)

Des communications radio efficaces sont vitales pour assurer le bon fonctionnement des aéronefs dans le Système National de l'Espace Aérien (NAS). Les pilotes dépendent des communications radio pour échanger des informations cruciales avant, pendant et après les vols. Cet échange d'informations facilite le bon déroulement du trafic aérien, tant dans les zones d'espace aérien complexes que dans les régions moins peuplées. De plus, les pilotes utilisent les communications radio pour signaler les conditions météorologiques inattendues et les urgences en vol, améliorant ainsi la sécurité globale.

Bien que les pilotes de petits aéronefs sans pilote (UA) ne communiquent généralement pas sur les fréquences radio, il est toujours essentiel pour eux de comprendre les fondamentaux du langage aéronautique. La compréhension des conversations radio courantes aide les pilotes d'UA à maintenir une conscience situationnelle lorsqu'ils opèrent dans le NAS [45]. Bien que la plupart des orientations fournies concernent les pilotes d'aéronefs pilotés, il est tout aussi important pour les pilotes d'UA de comprendre les protocoles de communication uniques utilisés dans le NAS.

La compréhension des procédures radio appropriées est cruciale pour que les pilotes opèrent en toute sécurité et efficacité dans le système d'espace aérien. Se familiariser avec le glossaire pilote/contrôleur trouvé dans le Manuel d'Information Aéronautique (AIM) aide les pilotes à comprendre le langage radio standard. De plus, l'AIM fournit de nombreux exemples de communications radio pour améliorer encore la compréhension [45].

L'Organisation de l'Aviation Civile Internationale (OACI) a adopté un alphabet phonétique pour les communications radio, que les pilotes doivent utiliser lorsqu'ils identifient leur aéronef au contrôle de la circulation aérienne (ATC).

Lorsqu'ils opèrent dans des aéroports sans tours de contrôle en fonctionnement, les pilotes doivent rester vigilants et se tenir au courant du trafic aérien à proximité. Ceci est particulièrement important car certains aéronefs peuvent ne pas avoir la capacité de communication, ou les pilotes peuvent ne pas communiquer leur présence ou leurs intentions. Pour améliorer la sécurité, tous les aéronefs équipés de radio doivent émettre et recevoir sur une fréquence commune, et les petits pilotes d'UA doivent surveiller les autres aéronefs identifiés pour les avis d'aéroport.

Les aéroports sans tours de contrôle en fonctionnement peuvent disposer de différentes installations de communication, notamment des stations de service de vol (FSS), des stations de communications universelles (UNICOM), ou pas de stations aéronautiques du tout. Les pilotes peuvent communiquer leurs intentions et obtenir des informations sur l'aéroport/le trafic en contactant un FSS, un opérateur UNICOM, ou en faisant des annonces automatiques.

De nombreux aéroports proposent désormais des informations météorologiques automatisées, des vérifications radio et des informations sur les avis d'aéroport via des systèmes UNICOM automatisés. Ces systèmes offrent diverses fonctionnalités sélectionnables par des clics de microphone sur la fréquence UNICOM, avec disponibilité publiée dans le Répertoire des Aéroports/Installations et les cartes d'approche.

Une communication efficace dans les aéroports sans tours de contrôle en fonctionnement repose sur la sélection de la fréquence commune correcte, souvent appelée fréquence d'avis de trafic commun (CTAF). Le CTAF sert de fréquence désignée pour mener des pratiques d'avis d'aéroport lorsqu'on opère vers ou depuis des aéroports sans tours de contrôle en fonctionnement. Cette fréquence peut être une fréquence UNICOM, MULTICOM, FSS, ou de tour, comme indiqué dans les publications aéronautiques pertinentes.

Pour les aéroports sans installations FSS ou UNICOM, une fréquence MULTICOM de 122,9 est généralement utilisée pour les procédures de communication et de diffusion.

Bien qu'il ne soit pas obligatoire pour un pilote-commandant à distance de s'engager dans la communication radio avec les aéronefs pilotés à proximité des aéroports non-tours, la sécurité dans le Système National de l'Espace Aérien dicte que les pilotes à distance doivent être bien versés dans les trajectoires de trafic, les protocoles radio et la phraséologie.

Lors de la planification d'une opération près d'un aéroport sans tour de contrôle, la première étape des procédures radio est d'identifier les fréquences appropriées. La plupart des aéroports sans tour de contrôle auront une fréquence UNICOM, généralement 122.8, bien qu'il soit essentiel de vérifier cette information à travers les suppléments cartographiques des États-Unis ou la carte de section, car les fréquences peuvent varier [45]. Dans les cas où un aéroport sans tour de contrôle n'a pas de fréquence UNICOM ou aucune fréquence répertoriée, la fréquence MULTICOM de 122.9 est utilisée. Ces fréquences sont accessibles sur les cartes de section ou dans la publication des suppléments cartographiques de la FAA.

Pour les aéronefs pilotés à destination d'un aéroport sans tour de contrôle, la pratique opérationnelle standard consiste à diffuser "à l'aveugle" lorsqu'ils sont à environ 10 milles de l'aéroport. Cet appel initial doit inclure la position de l'aéronef par rapport au nord, au sud, à l'est ou à l'ouest de l'aéroport. Par exemple : "Traffic de Town and Country, Cessna

123 Bravo Foxtrot est à 10 milles au sud en approche pour l'atterrissage, traffic de Town and Country."

Lors des diffusions à un aéroport sans tour de contrôle, les aéronefs pilotés doivent mentionner le nom de l'aéroport au début et à la fin de la diffusion pour confirmer la destination pour les autres sur la fréquence. Les diffusions suivantes incluent : "Traffic de Town and Country, Cessna 123 Bravo Foxtrot, entre dans le circuit, vent arrière milieu pour la piste 18, traffic de Town and Country."

Lorsque l'aéronef entre dans le circuit de trafic, il peut suivre une entrée standard à 45 degrés vers la jambe vent arrière ou opter pour une approche directe, généralement utilisée pour les approches aux instruments : "Traffic de Town and Country, Cessna 123 Bravo Foxtrot, est à un mile au nord de l'aéroport, GPS pour la piste 18, atterrissage complet, traffic de Town and Country."

Pendant la phase d'atterrissage, des diffusions supplémentaires doivent être faites : "Traffic de Town and Country, Cessna 123 Bravo Foxtrot, base gauche, piste 18, traffic de Town and Country." "Traffic de Town and Country, Cessna 123 Bravo Foxtrot, finale, piste 18, traffic de Town and Country."

Une fois dégagé de la piste, la diffusion suivante est nécessaire : "Traffic de Town and Country, Cessna 123 Bravo Foxtrot, est dégagé de la piste 18, roule vers le parking, traffic de Town and Country."

Des procédures similaires s'appliquent lors du départ d'un aéroport sans tour de contrôle : "Traffic de Town and Country, Cessna 123 Bravo Foxtrot, décollage piste 18, traffic de Town and Country."

Bien que la diffusion radio des aéronefs pilotés près d'aéroports sans tour de contrôle soit une pratique recommandée, elle n'est pas obligatoire par la réglementation. Par conséquent, les pilotes à distance doivent rester vigilants, balayer la zone à la recherche d'autres aéronefs, et utiliser la communication radio pour améliorer la conscience situationnelle pour une sécurité accrue.

La compréhension des indicatifs d'appel des aéronefs est cruciale pour un pilote à distance opérant près de n'importe quel aéroport, qu'il soit ou non doté d'une tour de contrôle. Bien que la partie 107 du CFR 14 impose aux pilotes à distance d'obtenir une autorisation pour certaines zones aéroportuaires, il est conseillé pour eux d'avoir une radio pour surveiller les fréquences pertinentes. Cependant, il est impératif pour les pilotes à distance de s'abstenir de transmettre sur toute fréquence aéronautique active sauf en cas d'urgence.

La communication aéronautique implique des procédures uniques, inconnues des pilotes à distance sans exposition préalable au "langage aéronautique". Un tel aspect est celui des indicatifs d'appel des aéronefs. Chaque aéronef immatriculé aux États-Unis se voit attribuer un numéro d'immatriculation unique, communément appelé "numéro N". Par exemple, N123AB serait articulé en utilisant l'alphabet phonétique comme "November-One-Two-Three-Alpha-Bravo". Typiquement, "November" est remplacé par le nom du fabricant de l'aéronef (marque), ou occasionnellement le type d'aéronef (modèle). Les petits avions d'aviation générale (GA) utilisent généralement le nom du fabricant, comme "Cessna, One-Two-Three-Alpha-Bravo" pour un Cessna 172. En revanche, les avions GA plus lourds comme les turbo-propulseurs ou les turbo-réacteurs utilisent le modèle de l'aéronef, tel que "Citation, One-Two-Three-Alpha-Bravo" pour un Cessna Citation. Les avions de ligne commerciaux utilisent généralement leur nom de compagnie ainsi que leur numéro de vol, par exemple "Southwest-Seven-One-One" pour le vol 711 de Southwest Airlines. Cependant, il existe des exceptions comme British Airways, qui utilise "Speedbird" au lieu de son nom de compagnie.

En résumé, les pilotes à distance ne sont pas tenus de communiquer avec d'autres aéronefs près des aéroports sauf en cas d'urgence. Cependant, pour la sécurité dans le Système National d'Espace Aérien (NAS), il est essentiel que les pilotes à distance comprennent le vocabulaire aéronautique et soient conscients des différents types d'aéronefs qui peuvent opérer à proximité d'un petit UA.

Drones Utilisant la Technologie 4G au Royaume-Uni

À partir du 20 janvier 2023, l'Autorité de Licence de Spectre du Royaume-Uni, également connue sous le nom d'Ofcom, a introduit une nouvelle Licence d'Opérateur Radio pour UAV, marquant une avancée significative dans l'autorisation des drones à opérer au-delà de la ligne de visée directe (BVLOS). Cette licence autorise une gamme diversifiée d'équipements que les opérateurs peuvent choisir d'utiliser ou être obligés de transporter à bord, conformément aux stipulations de l'Autorité de l'Aviation Civile (CAA) [64]. Notamment, cela inclut les drones équipés de la technologie 4G LTE. La délivrance de cette licence est indéfinie, sous réserve du paiement annuel d'une redevance de licence.

Pour les drones utilisant uniquement le spectre désigné pour le Wi-Fi ou les modèles réduits d'avions, il n'est pas nécessaire d'obtenir une licence, car ils sont déjà exemptés en vertu des réglementations existantes. Par conséquent, il n'y a pas de modification pour les drones actuellement en opération.

La Licence d'Opérateur Radio pour UAV accorde une autorisation de spectre pour l'utilisation de divers équipements radio sur les drones. Cela comprend l'équipement de commande et de contrôle, comprenant les terminaux mobiles et satellitaires, ainsi que d'autres systèmes de sécurité [64]. Cela permet aux opérateurs de drones d'accéder à une variété de technologies qui pourraient améliorer leur capacité à offrir une gamme plus large de services sur de plus longues distances.

De plus, la Licence d'Opérateur Radio pour UAV fournit une autorisation d'accès au spectre pour les drones utilisant des technologies alternatives permettant des puissances plus élevées, permettant ainsi une portée opérationnelle étendue.

Cette licence comprend une autorisation de spectre pour une variété d'équipements radio, notamment :

- Les fonctions de "commande et contrôle" des UAV, facilitant le contrôle à distance par le pilote et les commandes de navigation, ainsi que la gestion du lancement, du vol et de la récupération du drone.

- Le relais des données de charge utile, permettant la transmission de vidéos et de données au pilote à distance.

- La "Conspicuité Électronique", permettant aux autres utilisateurs de suivre la position et la trajectoire de vol du UAV.

- Les capacités de "Détection et Évitement", permettant aux drones d'éviter automatiquement les obstacles, tels que d'autres drones, qui représentent un risque.

- Les systèmes de communications, de navigation et de surveillance, permettant aux contrôleurs de la circulation aérienne de surveiller et de gérer les vols comme exigé par la CAA.

Autorisations de Transmetteur VHF (Australie)

Les licences pour les émetteurs VHF sont gérées par l'Australian Communications and Media Authority (ACMA), qui délivre une licence de classe permettant aux individus d'exploiter des stations d'aéronefs ou des stations mobiles aéronautiques, à condition qu'ils respectent les conditions de la licence. Les organisations administratives de l'aviation récréative (RAAO) délivrent des agréments d'opérateur radio VHF comme certification de conformité aux normes de l'autorité pour l'exploitation de stations d'aéronefs VHF ou mobiles aéronautiques. Cependant, il est important de noter que les RAAO ne peuvent pas délivrer d'agrément pour les émetteurs-récepteurs HF, et les individus désirant effectuer des transmissions radio en vol sur des fréquences HF de l'aviation doivent détenir une licence d'opérateur radiotéléphoniste de vol de la CASA.

L'ACMA délivre une licence de classe pour tous les émetteurs radio opérationnels, y compris les émetteurs-récepteurs radiotéléphoniques aéronautiques VHF et HF, les transpondeurs ou les balises de détresse embarquées dans les aéronefs. Cette licence de classe, connue sous le nom de Licence de Classe 2006 en Radiocommunications (Stations Aéronefs et Mobiles Aéronautiques) (CL2006), remplace la précédente Licence de Classe de Station Aéronefs de 2001. La CL2006 permet aux opérateurs qualifiés d'exploiter différents équipements de radiocommunication aéronautique et de radionavigation installés sur les aéronefs ou utilisés dans la plupart des radiocommunications mobiles aéronautiques terrestres.

Les stations d'aéronefs peuvent émettre uniquement à bord d'un aéronef, en utilisant l'indicatif d'appel de la station de l'aéronef pour l'identification. Toute violation des conditions de la CL2006 rend l'opérateur non autorisé à opérer sous la licence de classe et peut entraîner des poursuites par l'ACMA.

Les stations mobiles aéronautiques, comme les stations d'aéronefs, sont autorisées pour les communications liées à la conduite de vol en toute sécurité, aux urgences ou à des questions spécifiques liées à l'occupation ou à l'industrie. Les opérateurs doivent clairement identifier la station mobile pendant les transmissions.

Les équipements utilisés pour les stations d'aéronefs doivent être conformes aux normes spécifiées, et seul un appareil approuvé par l'Autorité de Sécurité de l'Aviation Civile (CASA) peut être utilisé pour les installations fixes. Les radiotéléphones VHF portables de bande aviation peuvent être utilisés par les pilotes d'aéronefs récréatifs dans l'espace aérien de classe G s'ils respectent les critères de sécurité définis dans les documents réglementaires.

Les stations d'aéronefs doivent avoir des identifications ou des indicatifs d'appel individuels, généralement dérivés de la marque d'immatriculation de l'aéronef. Différents formats d'indicatif d'appel sont utilisés pour les aéronefs récréatifs et sportifs, chacun suivant des modèles spécifiques basés sur le type et le numéro d'immatriculation.

Les stations aéronautiques, y compris celles exploitées par des clubs aéronautiques, des écoles de pilotage ou des clubs de parachutisme, sont autorisées par l'ACMA à opérer dans la bande VHF de l'aviation. Les symboles de fréquence de communication sont indiqués en kilohertz (kHz) pour les bandes HF et en mégahertz (MHz) pour les bandes VHF et UHF.

Les réglementations régissent les limitations de communication, les communications non autorisées et la confidentialité des messages transmis. Il est obligatoire que toutes les transmissions soient effectuées en anglais, en utilisant une phraséologie standard et des alphabets phonétiques, sans grossièreté, tromperie ou utilisation incorrecte des indicatifs d'appel.

Les fréquences de fonctionnement des stations d'aéronefs, approuvées par Airservices Australia, se situent principalement dans la bande de communication VHF de l'aviation, avec des séparations de canaux dépendant de la classification de l'espace aérien et des normes de stabilité des fréquences. Une bande VHF aviation dédiée existe pour les installations de navigation, connue sous le nom de bande NAV, tandis que la bande VHF aviation complète sert à la fois à la navigation et à la communication.

Certaines fréquences opérationnelles spécifiques à l'aviation sont :

- Opérations de club aéronautique — 119.1 MHz

- Opérations d'école de pilotage — 119.1 MHz

- Détection d'incendies — 119.1 MHz

- Opérations de club de parachutisme — 119.2 MHz

- Sports aéronautiques — 120.85 MHz

- Localisation d'urgence — 121.5 MHz (plus 243.0 et 406.025 dans la bande UHF)

- Opérations de planeur — 122.5, 122.7, 122.9 MHz

- Pêche ou opérations agricoles ou rassemblement de bétail — 122.8 MHz

- Communications entre pilotes — 123.45 MHz

- Diffusions d'informations sur le trafic aérien — 126.35 MHz

- Tests de l'industrie aéronautique — 129.1 MHz

- Épandage aérien — 129.6 MHz

- Opérateur d'aérodrome, y compris ravitailleur — 129.9 MHz

- Spectacle aérien — 127.9 MHz

- Affrètement et autres fins non répertoriées — 126.4, 128.9, 135.55 MHz

- Recherche et sauvetage uniquement — 121.5, 123.1, 123.2 MHz (plus les fréquences de la bande marine 156.3, 156.8 MHz)

Aux aérodromes situés dans l'espace aérien de classe G, il existe des zones désignées appelées zones de fréquence de circulation commune (CTAF). Ces zones englobent tous les aérodromes raisonnablement actifs et exigent que les pilotes respectent des procédures spécifiques de surveillance et de déclaration pour assurer une séparation sécuritaire et faciliter les priorités de mouvement lorsque nécessaire.

La fréquence VHF désignée pour la communication dans chaque CTAF est spécifiée dans des documents tels que l'En Route Supplement Australia (ERSA), ainsi que les cartes de navigation visuelle (VNC), les cartes terminales visuelles (VTC), les cartes de planification Australia (PCA) et les cartes En Route (ERC-L). De plus, certains aérodromes CTAF peuvent exploiter un service d'information terrestre privé appelé « Unicom », avec sa fréquence d'exploitation alignée sur la fréquence VHF de l'aérodrome spécifiée dans l'ERSA.

Pour la communication air-air entre pilotes en route, une fréquence désignée de 12 3.45 MHz est utilisée. Cette fréquence sert de canal régional air-air lorsque les aéronefs opèrent dans des zones éloignées, au-delà de la portée des stations terrestres VHF. Les communications sur cette fréquence sont limitées à l'échange d'informations pertinentes aux opérations aériennes, et seuls les indicatifs d'appel autorisés peuvent être utilisés.

En ce qui concerne la qualification des opérateurs radio, les personnes exploitant des stations d'aéronefs doivent répondre aux exigences définies dans la Licence de classe de radiocommunication (Stations d'aéronefs et stations mobiles aéronautiques) 2006 (CL2006). Cela implique d'être qualifié conformément aux réglementations de l'aviation civile et aux ordres de l'aviation civile pertinents. Le chef instructeur de vol d'un établissement de formation au vol approuvé est autorisé à recommander la délivrance d'un agrément d'opérateur radio après une évaluation de la performance du candidat lors des opérations de vol et un examen oral ou écrit. L'examen porte sur le programme d'études défini dans les manuels fournis par les Organisations d'Administration de l'Aviation Récréative (RAAO), tels que le Manuel d'opérations RA-Aus section 3.08.

Dans l'espace aérien de classe G, les transmissions des stations d'aéronefs se divisent principalement en trois catégories. Tout d'abord, il y a les annonces informatives, qui servent à informer les autres stations proches de la position et des intentions du pilote à des fins de séparation du trafic. L'acquittement de ces annonces n'est pas attendu. Deuxièmement, il y a les appels station à station, où un pilote demande des informations spécifiques au service d'information sur le vol d'Airservices Australia, à une autre station d'aéronef ou à une station terrestre d'aérodrome. Troisièmement, les réponses aux autres aéronefs ou aux stations terrestres impliquent la fourniture d'informations spécifiques en réponse à une demande ou à une annonce informative indiquant un conflit potentiel de trafic.

La plupart des transmissions dans l'espace aérien de classe G ont lieu lorsque les aéronefs sont à proximité d'aérodromes non contrôlés. Ces transmissions prennent généralement la forme d'annonces, comme le prévoit le CAR 166C, chaque fois que nécessaire pour éviter les collisions ou le risque de collisions avec d'autres aéronefs dans les environs. Bien que les annonces pour éviter les collisions soient obligatoires, les autres transmissions sont facultatives, mais les pilotes doivent respecter une structure d'annonce standard pour minimiser la congestion des fréquences.

Pour garantir une communication efficace, il est essentiel d'utiliser l'anglais aéronautique et de garder les transmissions concises. Cependant, il est crucial de trouver un équilibre entre la nécessité de communiquer et l'objectif de minimiser la congestion des fréquences. Les pilotes doivent faire preuve de jugement pour déterminer quand et quelles transmissions sont nécessaires pour assurer un flux de trafic sûr et efficace, en tenant compte des origines diverses des pilotes, y compris ceux venant de l'étranger.

Dans les environs des aérodromes situés dans l'espace aérien de classe G, les fréquences de circulation commune (CTAF) jouent un rôle vital. Airservices Australia attribue des fréquences VHF distinctes aux aérodromes non contrôlés d'usage public avec des mouvements quotidiens significatifs. Les pilotes opérant à proximité de ces aérodromes doivent surveiller la fréquence CTAF désignée spécifiée dans les cartes ERSA, VNC, VTC et ERC-L. Si un aérodrome n'a pas de CTAF distinct, la fréquence Multicom par défaut de 126,7 MHz doit être utilisée. Les zones de diffusion plus importantes ont des volumes d'espace aérien définis avec des CTAF allouées, indiquées sur les cartes aéronautiques.

Les pilotes doivent également être conscients des exigences réglementaires énoncées dans les CARs 166, 166A, 166B, 166C, 166D et 166E pour les opérations dans les aérodromes non contrôlés. La conformité à ces réglementations garantit des pratiques de communication sûres et efficaces. De plus, l'utilisation de services radio air/sol certifiés (CA/GRS) et de services Unicom peut fournir une aide précieuse aux pilotes, offrant des informations essentielles telles que le vent, la météo et les avis de trafic dans le CTAF. L'accès en ligne au Livre AIP et aux ressources ERSA facilite l'accès aux informations pertinentes pour une communication et une navigation efficaces. Les formats de diffusion CTAF prescrits respectent une séquence structurée, garantissant une communication claire et concise entre les stations d'aéronefs dans l'espace aérien de classe G. Ces diffusions comprennent généralement six éléments clés, présentés dans un ordre cohérent :

1. Emplacement : La zone générale ou le nom de l'aérodrome.

2. ID de la station appelée : Typiquement "TRAFIC", s'adressant à toutes les stations d'aéronefs à proximité et éventuellement aux stations terrestres maintenant une écoute sur le CTAF.

3. ID de la station appelante : L'indicatif d'appel de l'aéronef, comprenant le type et l'immatriculation de l'aéronef.

4. Position de la station appelante : Où se trouve l'aéronef, souvent référencé à l'aérodrome.

5. Intentions de la station appelante : Les actions prévues du pilote.

6. Emplacement répété : Répéter le nom de la zone générale ou de l'aérodrome pour plus de clarté.

Pour les transmissions de diffusion où une réponse spécifique n'est pas attendue, comme le roulage ou l'entrée sur une piste, l'ID de la station appelée est généralement "TRAFIC". Cependant, si une réponse est recherchée, l'ID de la station appelée peut être "TOUTES STATIONS" ou "TOUT TRAFIC" précédé du nom de l'emplacement.

Le format varie en fonction du but de la transmission. Par exemple, un appel de roulage informe les autres aéronefs de l'intention de rouler jusqu'à une piste, tandis qu'un appel d'entrée sur la piste alerte le trafic en circuit ou dégage la piste de l'intention de l'utiliser pour le décollage. De même, les appels d'arrivée, de transit et d'entrée en circuit fournissent des informations pertinentes aux autres pilotes sur la position, les intentions et l'altitude de l'aéronef.

L'étiquette de diffusion met l'accent sur l'importance de la clarté, de la brièveté et du respect de l'anglais aéronautique. Les pilotes sont encouragés à composer mentalement leurs messages avant de transmettre, à parler distinctement et à un rythme normal, et à éviter les mots superflus ou les tournures non aéronautiques. De plus, les pilotes doivent écouter les transmissions en cours pour éviter de diffuser sur d'autres et actionner l'interrupteur de parole avant de parler pour garantir que le message complet soit transmis.

Dans l'ensemble, le respect des formats de diffusion CTAF prescrits et de l'étiquette de diffusion renforce l'efficacité de la communication et contribue à des opérations sécurisées dans l'espace aérien de classe G.

Pendant le vol, il existe des cas où des appels radio supplémentaires ou discrétionnaires peuvent améliorer la sécurité et la conscience situationnelle parmi les aéronefs opérant dans l'espace aérien de classe G. Bien qu'il soit généralement conseillé de minimiser les transmissions radio, certaines conditions de trafic ou actions, comme un remise des gaz ou un départ du circuit, peuvent justifier une communication supplémentaire. Ces appels discrétionnaires, bien que généralement plus brefs que les diffusions standard, servent à tenir tous les pilotes informés et à maintenir une séparation sûre.

Format de l'appel de remise des gaz : Si un atterrissage doit être annulé, la diffusion d'un appel de remise des gaz peut alerter les autres aéronefs. Le format comprend généralement l'emplacement, l'indicatif d'appel de l'aéronef et l'action entreprise, telle que "REPRISE DE HAUTEUR" suivie du numéro de piste.

Format de l'appel de départ : Lors du départ du circuit après des activités telles que les touch-and-go, informer les autres aéronefs de vos intentions de départ peut être bénéfique. Cet appel comprend généralement l'emplacement, l'indicatif d'appel de l'aéronef et les détails du départ, tels que "DÉPART POUR [destination]."

Demande d'informations : Il existe des situations où il est approprié de demander des informations à d'autres aéronefs, comme demander la piste active. En utilisant l'appel "TOUTES STATIONS" suivi de l'emplacement et de la demande, les pilotes peuvent rechercher des détails pertinents.

Communication avec les stations Unicom ou CA/GRS : Lors de l'arrivée à un aérodrome avec service Unicom ou CA/GRS, les pilotes peuvent demander des informations sur le vent et le trafic. Les opérateurs au sol fournissent des détails pertinents, et les pilotes accusent réception des informations.

Appels de réponse CTAF : En réponse aux diffusions d'autres aéronefs indiquant des conflits de trafic possibles, maintenir une conscience situationnelle est crucial. Les pilotes doivent anticiper les mouvements des autres trafics et communiquer clairement leurs intentions pour éviter les conflits. De plus, les pilotes de loisir sont encouragés à céder la priorité à certains aéronefs pour des raisons de sécurité et de courtoisie.

Procédures en route : Dans l'espace aérien de classe G, il n'y a pas de rapports obligatoires pour les aéronefs VFR opérant en route. Cependant, maintenir une écoute sur la fréquence appropriée et annoncer les conflits potentiels avec d'autres aéronefs est conseillé. La fréquence appropriée dépend de facteurs tels que la proximité des grands aéroports ou les fréquences désignées pour des zones spécifiques.

Dans l'espace aérien de classe E, des procédures similaires s'appliquent, avec en plus la nécessité d'utiliser la fréquence ATC appropriée pour bénéficier du service d'information radar. Dans l'ensemble, les appels radio discrétionnaires servent à renforcer la sécurité et la coordination entre les pilotes opérant dans l'espace aérien non contrôlé.

Caractéristiques de la VHF et opération radio

La communication VHF (Very High Frequency) offre un moyen de communication simple, fiable et haute fidélité. Son efficacité, cependant, est limitée par sa portée courte, dépendant d'une connexion en ligne de vue directe entre les stations émettrices et réceptrices. Bien que les systèmes de communication aéronautique VHF modernes soient adaptables et conviviaux lorsqu'ils sont correctement installés, la présence de bruit dans l'environnement du cockpit peut poser des défis à la fois pour la réception et la transmission.

Propagation des ondes radio VHF

La transmission des ondes électromagnétiques se produit en lignes droites mais est sujette à des altérations dues à divers facteurs tels que l'interaction avec la surface de la Terre et les phénomènes atmosphériques tels que la réflexion, la réfraction et la diffraction. Les couches ionosphériques jouent un rôle significatif dans la modification des trajectoires des ondes radio. Ce processus de transmission du signal entre l'émetteur et le récepteur est connu sous le nom de propagation. Lorsque les ondes radio traversent l'atmosphère ou d'autres milieux, il y a une perte d'énergie du signal, appelée atténuation, qui s'amplifie avec la distance.

Dans la bande de haute fréquence (HF) (allant de 3 MHz à 30 MHz), la propagation des ondes radio est notablement influencée par la réflexion et la réfraction dans les couches ionosphériques, permettant une transmission à longue distance avec une puissance minimale et une taille d'antenne réduite. En revanche, dans la bande VHF (de 30 MHz à 300 MHz), la propagation se produit principalement le long d'un chemin direct. Bien que les signaux VHF soient moins affectés par des phénomènes atmosphériques tels que la réflexion et la réfraction, ils sont soumis à une atténuation significative due à la surface de la Terre et peuvent être obstrués, déviés ou réfléchis par le relief et les structures, de manière similaire à la réception TV en bande VHF. Ainsi, une réception claire des transmissions VHF nécessite un chemin en ligne de vue (LOS) non obstrué entre les antennes émettrices et réceptrices, avec une énergie de sortie RF suffisante pour compenser l'atténuation du signal sur la distance LOS.

Distance en ligne de vue (LOS)

La distance en ligne de vue (LOS) entre une station au sol et un aéronef, ou entre deux aéronefs, est gouvernée par la courbure de la surface de la Terre et influencée par l'élévation/la hauteur des stations et le relief environnant. Une règle empirique pour estimer la distance maximale du trajet direct (jusqu'à l'horizon) entre un aéronef et une station au sol est la racine carrée de la hauteur de l'aéronef, en pieds, au-dessus du relief sous-jacent. Bien que techniquement 1,06 fois la racine carrée, cet ajustement léger est généralement ignoré à des fins pratiques.

Aircraft height (feet)	Maximum LOS distance (nm)
10	3.2
100	10
1000	32
5000	70
10 000	100

Figure 65: Distance théorique en ligne de vue jusqu'à l'horizon.

Calcul des racines carrées estimées

Lors du calcul mental des racines carrées, la simplification peut accélérer le processus. En négligeant les deux chiffres les moins significatifs de la hauteur et en estimant la racine carrée des un ou deux chiffres restants, suivie d'une multiplication par 10, l'estimation devient plus facile. Par exemple, avec une hauteur de 3200 pieds, en ignorant les 00, il nous reste 32. La racine carrée de 32 se situe entre 5 et 6, soit environ 5,5, ce qui, multiplié par 10, nous donne une distance en ligne de vue (LOS) de 55 milles nautiques (nm). De même, pour une hauteur de 700 pieds, en négligeant 00 et en considérant la racine carrée de 7, estimée entre 2 et 3, on obtient environ 2,6, ce qui donne une distance LOS de 26 nm.

Communications Air-Air

Dans les communications air-air, la distance LOS comprend deux calculs de "distance jusqu'à l'horizon". Par exemple, avec un avion à 5000 pieds et l'autre à 10 000 pieds, la distance LOS maximale combinée serait de 70 + 100 = 170 nm, avec des ajustements possibles dus à la diffraction des ondes ou à un relief intermédiaire affectant la distance réelle.

Considérations pour le fonctionnement du transcepteur VHF

La distance LOS représente la portée maximale théorique pour la transmission et la réception VHF en ligne droite. Cependant, les distances réelles varient en fonction de facteurs tels que la qualité du système émetteur/récepteur, le type et l'emplacement de l'antenne, la qualité du récepteur/casque, et d'autres facteurs. La portée effective varie généralement de 5 nm à la distance LOS complète, avec environ 50 nm étant probable pour une installation de faible puissance bien réalisée.

Composants et fonctionnement du transcepteur

L'appareil de la station d'aéronef comprend un système d'antenne, un émetteur/récepteur radio (transcepteur), des haut-parleurs/écouteurs, un microphone, des câbles d'interconnexion et des dispositifs de mise en correspondance. Ces composants doivent être électriquement compatibles les uns avec les autres et avec toute unité d'intercommunication de cockpit dans un avion à deux sièges.

Transmission et reception

Les émetteurs utilisent la modulation d'amplitude (AM) pour imprimer des informations vocales sur une onde porteuse RF fixe. Les récepteurs démodulent les signaux sélectionnés, isolant les informations vocales pour les amplifier et les convertir en ondes sonores.

Réglage et changement de fréquence

Les fréquences sont généralement saisies via des claviers électroniques ou des boutons, avec des options pour définir des pas de canal à 25 kHz ou 50 kHz. La plupart des transcepteurs permettent de définir une fréquence active et une fréquence de veille, avec la possibilité de basculer entre elles au besoin. Certains appareils offrent une capacité de double surveillance, permettant d'écouter sur plusieurs fréquences tout en émettant sur l'une d'elles.

Caractéristiques et considerations

Les transcepteurs incluent souvent des positions de mémoire pour stocker les fréquences, des fonctions de balayage rapide, l'accès aux fréquences d'urgence/détresse, des réglages de puissance d'émission réglables et une compatibilité avec les antennes d'aéronefs. Les écouteurs remplissent un double rôle de protection auditive et d'amélioration de la communication, avec des options de réduction de bruit passive et active disponibles.

Utilisation du contrôle de squelch

Le contrôle de squelch filtre le bruit de fond tout en permettant aux signaux forts de passer. Il ne doit être ajusté qu'après avoir établi le contact avec la fréquence active, car un ajustement incorrect peut filtrer les transmissions actives. Le contrôle automatique de gain peut remplacer le squelch, permettant la surveillance du bruit de fond lorsque nécessaire.

Lien de C2

Un lien de C2, ou lien de commande et de contrôle, est un lien de communication qui facilite l'échange d'informations entre le pilote ou l'opérateur et un aéronef télépiloté (ATP), communément appelé drone ou véhicule aérien sans pilote (UAV).

Le lien de C2 sert de principal moyen pour le pilote ou l'opérateur de commander et de contrôler l'ATP pendant son vol. Il permet la transmission d'instructions, de commandes et de données opérationnelles entre la station de contrôle au sol (SCS) ou la station de pilotage à distance (SPR) et l'ATP lui-même. Cette communication est cruciale pour surveiller l'état de l'aéronef, ajuster ses paramètres de vol et assurer son bon fonctionnement tout au long de la mission.

Le lien de C2 prend en charge diverses fonctions, notamment :

1. Contrôle : Permet au pilote de modifier le comportement de l'ATP, tel que l'ajustement des commandes de vol, des systèmes de propulsion ou du train d'atterrissage.

2. Surveillance : Fournit un retour d'information en temps réel sur la santé, l'état et les paramètres opérationnels de l'ATP, tels que la vitesse, l'altitude et les avertissements système.

3. Systèmes de détection et d'évitement : Gère les systèmes embarqués conçus pour détecter et éviter les obstacles ou autres aéronefs, améliorant la sécurité et l'évitement des collisions.

4. Transmission et enregistrement des données de vol : Facilite la communication entre l'ATP et le pilote ou l'opérateur, indiquant l'état opérationnel de l'aéronef et enregistrant les données de vol pour analyse et révision.

Le lien de C2 peut fonctionner à travers diverses architectures de communication, notamment la communication radio directe (ligne de visée radio - RLOS), la communication par satellite (au-delà de la ligne de visée radio - BRLOS) ou le relais à travers l'ATP lui-même. Le choix de l'architecture de communication dépend de facteurs tels que la portée opérationnelle, le terrain et les exigences réglementaires.

Le lien de C2 est un composant essentiel des opérations d'ATP, permettant une commande et un contrôle efficaces de l'aéronef pour assurer l'exécution sûre et réussie de la mission.

Fonctions prises en charge par le lien de C2 :

Le lien de Commande et de Contrôle (C2) facilite diverses fonctions critiques pour les opérations d'aéronefs télépilotés (ATP) :

- Contrôle : Permet au Pilote en Commande (PIC) de modifier le comportement de l'ATP, y compris le contrôle de vol, la propulsion et le train d'atterrissage.

- Contrôle du Système de Détection et d'Évitement : Gère les systèmes embarqués tels que les transpondeurs, l'ADS-B et le radar pour l'évitement des collisions.

- Soutien pour le Transfert et l'Enregistrement des Données de Vol : Facilite la communication entre l'ATP et la Station de Pilotage à Distance (SPR) pour l'indication de l'état opérationnel et l'enregistrement des données.

- Surveillance de la Santé et de l'État : Surveille les paramètres de l'ATP tels que la vitesse, l'attitude et les avertissements système.

- Surveillance du Système de Détection et d'Évitement : Observes les pistes cibles et les avis pour l'évitement des collisions.

Terminologie du lien de C2 :

- Ligne de Visée Radio (RLOS) : Communication directe entre l'ATP et la radio au sol, généralement utilisée pour le décollage et l'atterrissage.

- Au-delà de la Ligne de Visée Radio (BRLOS) : Communication lorsque la distance dépasse la courbure de la terre, nécessitant des réseaux de satellites ou de radio au sol.

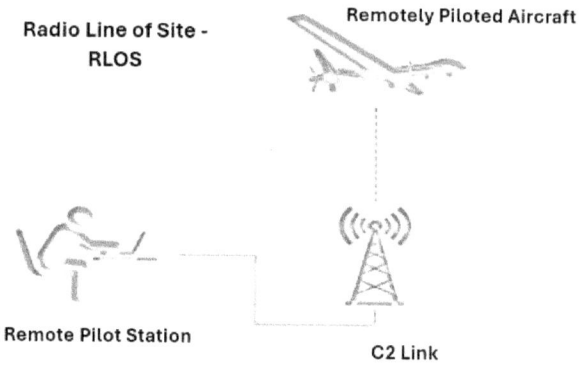

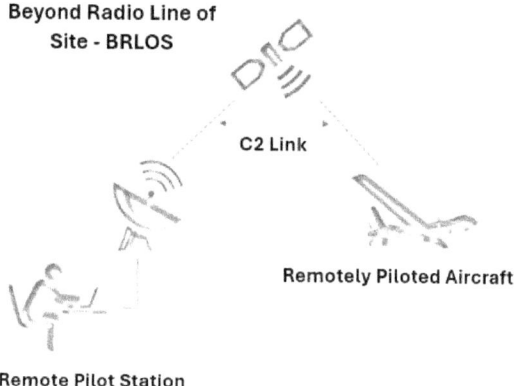

Figure 66: Architectures de Contrôle du Lien C2.

Architectures de Communications du Lien C2 :

- Relais à travers le RPA : Le RPA relaie les communications vers le contrôle aérien (ATC), ressemblant ainsi aux aéronefs pilotés par des humains pour les stations au sol.

- Non-relais à travers le RPA : Communication radio VHF directe entre la RPS et le contrôle aérien (ATC), limitée par la portée.

- Lien Terre-Terre : Connexion réseau câblée pour une latence réduite et une fiabilité accrue, particulièrement adaptée aux opérations internationales ou océaniques. Caractéristiques du

Lien C2 :
- Fonctions Critiques de Sécurité : Assure une connexion fiable entre le PIC et le RPA, avec des débits de données adéquats, des budgets de liaison et une protection contre les interférences.
- Performance : Prend en charge divers services tels que la transmission voix/données, la navigation, la surveillance et l'évitement des collisions.
- Procédures en cas de Perte du Lien C2 : Définit les actions en cas de défaillance du lien C2, en tenant compte des défaillances d'équipement, des erreurs humaines et des conditions de propagation RF.

Perte du Lien C2 :
- Causes : Défaillance de l'équipement, erreur humaine, interférence ou conditions de propagation RF telles que les effets atmosphériques/météorologiques, la réflexion du relief et l'obstruction de la structure de l'aéronef.
- Effets : Interruptions temporaires du lien en raison d'atténuations du signal, avec des profondeurs et des durées variables selon les liaisons terrestres ou satellitaires.
- États : État Nominal (lien C2 disponible), État de Perte du Lien C2 (lien C2 non disponible, mais plan de vol exécuté) et État de Décision de Perte du Lien C2 (lien C2 non disponible, décision en attente).

La compréhension de ces concepts garantit une communication et un contrôle efficaces dans les opérations de RPA, améliorant ainsi la sécurité et la fiabilité.

Les fonctions prises en charge par le lien de commande et de contrôle (C2) ont un impact significatif sur les opérateurs de drones, car elles influent directement sur l'efficacité, la sécurité et la fiabilité des opérations d'aéronefs télépilotés (RPA). Explorons les implications de chaque aspect :

1. Contrôle : La capacité du pilote en commande (PIC) à modifier le comportement du RPA est cruciale pour exécuter les plans de vol, ajuster les paramètres de vol et répondre aux conditions changeantes. Cela permet aux opérateurs de

maintenir le contrôle sur la trajectoire de vol de l'aéronef, les systèmes de propulsion et le train d'atterrissage, garantissant un fonctionnement sûr et précis.

2. Contrôle des Systèmes de Détection et d'Évitement : La gestion des systèmes embarqués pour l'évitement des collisions est essentielle pour assurer la sécurité tant du drone que des autres utilisateurs de l'espace aérien. Un contrôle efficace des transpondeurs, de l'ADS-B et des systèmes radar permet aux opérateurs de détecter et d'éviter les obstacles ou les conflits potentiels, réduisant ainsi le risque de collisions en vol.

3. Soutien pour le Transfert et l'Enregistrement des Données de Vol : Faciliter la communication entre le RPA et la Station de Pilotage à Distance (RPS) permet aux opérateurs de surveiller l'état opérationnel de l'aéronef et d'enregistrer des données de vol essentielles. Ces informations sont inestimables pour analyser les performances, identifier les problèmes et améliorer les opérations futures.

4. Surveillance de l'État de Santé : La surveillance des paramètres du RPA tels que la vitesse, l'attitude et les avertissements système fournit aux opérateurs un retour d'information en temps réel sur l'état de l'aéronef. Cela leur permet d'identifier rapidement toute anomalie ou dysfonctionnement et de prendre les mesures correctives appropriées pour maintenir la sécurité et l'efficacité opérationnelle.

5. Surveillance des Systèmes de Détection et d'Évitement : Observer les pistes de cibles et les avis d'évitement des collisions améliore la conscience de la situation et permet aux opérateurs de prendre des décisions éclairées pour éviter les conflits potentiels.

En ce qui concerne la terminologie du lien C2, comprendre des concepts comme la ligne de vue radio (RLOS) et au-delà de la ligne de vue radio (BRLOS) est crucial pour choisir la méthode de communication appropriée en fonction des besoins opérationnels et des contraintes réglementaires.

De même, la familiarité avec différentes architectures de communication telles que le relais à travers le RPA, le non-relais à travers le RPA et les liens terrestres-terrestres permet aux opérateurs d'établir des canaux de communication fiables et efficaces avec le contrôle de la circulation aérienne (ATC) et d'autres parties prenantes.

De plus, être conscient des caractéristiques du lien C2, y compris les fonctions critiques pour la sécurité, les exigences de performance et les procédures en cas de perte de lien C2, permet aux opérateurs d'anticiper et de résoudre efficacement les défis potentiels lors des opérations de RPA.

Une compréhension complète des fonctions, de la terminologie, des architectures, des caractéristiques et des procédures liées au lien de commande et de contrôle est essentielle pour les opérateurs de drones afin d'assurer des opérations sûres, efficaces et conformes dans des environnements et des scénarios divers.

Communications en cas de difficultés

Lorsqu'ils font face à des difficultés telles qu'un carburant bas, une perte de navigation, une lumière défaillante ou une panne de moteur, les pilotes de loisir doivent prioriser leurs actions pour assurer la sécurité. Les étapes suivantes sont essentielles :

1. Évaluation des Résultats Probables : Évaluer les conséquences potentielles des actions disponibles, en tenant compte de facteurs tels que le terrain, la visibilité et la contrôlabilité de l'aéronef.

2. Piloter l'Aéronef : Maintenir le contrôle de l'aéronef tout en faisant face à la situation d'urgence.

3. Exécuter les Procédures d'Urgence Prévues : Continuer à piloter l'aéronef tout en suivant les procédures d'urgence prédéterminées.

4. Sélectionner une Zone d'Atterrissage : Identifier le meilleur site d'atterrissage possible en tenant compte de facteurs tels que le terrain, les obstacles et la densité de population.

5. Évaluer le Résultat de l'Atterrissage : Évaluer le résultat probable de l'atterrissage en termes de blessures potentielles et de survie.

La décision de communiquer une détresse dépend de divers facteurs :

- Nature de la Difficulté : Des difficultés de contrôle ou un terrain difficile peuvent justifier une communication de détresse immédiate.

- Type et Situation de l'Aéronef : Certaines situations peuvent présenter un risque plus élevé de blessures, nécessitant une diffusion de détresse.

- Urgence de l'Assistance : Si le temps le permet et qu'il y a incertitude ou urgence, les pilotes peuvent demander de l'aide sans déclarer une situation d'urgence.

Comprendre les protocoles de communication de détresse est crucial :

- Priorité des Appels de Détresse : Les appels MAYDAY ont une priorité absolue sur les autres communications.

- Priorité des Appels d'Urgence : Les appels PAN-PAN ont priorité sauf pour les appels de détresse.

- Canaux de Communication : Sélectionnez les fréquences VHF en fonction de la disponibilité et du temps de réponse.

- Format de Communication d'Urgence : Suivez les formats normalisés pour les appels MAYDAY et PAN-PAN pour transmettre des informations essentielles de manière claire et efficace.

L'utilisation du GPS et d'autres moyens de communication peut aider dans les situations de détresse :

- Coordination GPS : Les dispositifs GPS fonctionnels fournissent des informations de position précises pour des opérations de recherche et de sauvetage efficaces.

- Communication Alternative : Envisagez d'utiliser des radios CB UHF ou des appareils mobiles cellulaires pour communiquer avec les stations terrestres ou d'autres aéronefs.

Les procédures d'urgence doivent prioriser la sécurité :

- Activation du Radiobalise de Localisation d'Urgence (ELT) : Suivez les procédures recommandées pour activer les dispositifs ELT afin de signaler la détresse.

- Préparation à la Survie : Soyez familier avec les procédures de survie et les ressources décrites dans les manuels et publications d'aviation.

En respectant les protocoles établis et en utilisant les ressources disponibles, les pilotes peuvent communiquer efficacement des situations de détresse et recevoir une assistance en temps opportun, augmentant ainsi les chances d'un résultat sûr dans les scénarios d'urgence.

Transpondeurs Radar des Avions - Transpondeurs Mode A/C

Les transpondeurs agissent en tant que dispositifs radio spécialisés dans le Système de Radar de Surveillance Radar de Contrôle de la Circulation Aérienne (ATCRBS). Lorsqu'ils sont déclenchés par une impulsion d'interrogation de 1030 MHz provenant d'un radar de surveillance secondaire (SSR) du contrôle de la circulation aérienne, les transpondeurs émettent une impulsion de 1090 MHz à haute énergie, améliorant le signal de retour du radar. Alors que le radar de surveillance primaire (PSR) fonctionne dans un rayon de 50 milles marins des grands aéroports, il n'interroge pas les transpondeurs en vol. Le SSR, avec une portée d'au moins 100 milles nautiques, fournit des informations de relèvement et de distance, la hauteur de la cible étant déterminée par le transpondeur en vol.

Les transpondeurs Mode A/C, courants sur les petits avions civils, transmettent un code d'identité/statut assigné par l'ATC sur 12 bits et une lecture d'altitude (en unités de 100 pieds). Ces unités, appelées transpondeurs Mode A/C ou Mode 3A/C, utilisent la notation octale pour le code d'identité, chaque chiffre variant de 0 à 7. Le code non discret standard pour les avions VFR est '1200', avec des codes discrets attribués par l'ATC lorsque nécessaire.

Les transpondeurs Mode A/C disposent d'une fonction 'identifier' ou 'identification de position spéciale' (SPI). Lorsqu'elle est activée, cette fonction modifie temporairement le code de l'avion, le faisant ressortir sur l'écran du contrôleur. Les pilotes ne doivent activer cette fonction que sur instruction de l'ATC ou lorsqu'ils transmettent initialement un code d'urgence.

En cas de situations d'urgence, les pilotes peuvent utiliser des codes de transpondeur spécifiques non discrets :

- 7700 pour une situation d'urgence
- 7600 pour une défaillance des communications VHF
- 7500 pour une interférence illicite (détournement).

Transpondeurs Mode S : Les transpondeurs Mode S, présents sur les avions de transport de passagers, utilisent une adresse d'aéronef permanente de 24 bits de l'OACI assignée par l'Autorité Nationale de la Navigabilité Aérienne. Cette adresse, fournie en notation hexadécimale à 6 chiffres, assure une identification unique. Les transpondeurs

Mode S peuvent être adressés sélectivement par des stations au sol ou d'autres avions pour le transfert de données. De plus, ils conservent les fonctionnalités du Mode A/C.

TCAS (Systèmes d'Alerte de Trafic et d'Évitement de Collision) : Le TCAS II, installé sur les plus gros avions de transport de passagers, émet des impulsions d'interrogation en Mode C et utilise les réponses des transpondeurs Mode A/C dans un rayon de 14 milles nautiques pour évaluer le risque de collision. Les systèmes TCAS utilisent également les capacités du Mode S pour l'échange de données entre les avions et les stations au sol.

Réglementation de l'exploitation des transpondeurs : Tous les avions opérant dans les espaces aériens de Classe A, C et E ou au-dessus de 10 000 pieds doivent avoir un transpondeur Mode A/C en fonctionnement. Les transpondeurs doivent être constamment en fonctionnement lorsqu'ils sont équipés, avec des exemptions dans l'espace aérien de Classe E pour les avions ayant une capacité électrique insuffisante. Les avions opérant dans un rayon de 40 milles nautiques d'une tour de contrôle de Classe D dans l'espace aérien de Classe E doivent avoir un transpondeur fonctionnel.

Procédure d'urgence du transpondeur : En cas de détresse ou de difficultés de navigation, les pilotes doivent sélectionner le code d'état d'urgence '7700', activer la fonction 'IDENT' et contacter le service ATC approprié sur la fréquence de contrôle en route.

Surveillance de la fréquence 121,5 MHz

Surveiller la fréquence 121,5 MHz en route offre de nombreux avantages, notamment :

- Une réponse immédiate aux appels de détresse d'autres aéronefs.

- La détection des signaux de balises de détresse pour une intervention rapide en cas d'accident.

- La possibilité d'être contacté par des stations au sol pour des messages urgents.

- La conformité aux exigences et recommandations de l'OACI.

- L'utilité pour demander de l'aide en cas d'urgence.

- L'exigence pour les aéronefs d'interception de communiquer avant d'agir.

Air Safety Australia encourage les pilotes à adopter la pratique de surveiller la fréquence 121,5 MHz, soulignant son caractère discret et son rôle crucial dans la sécurité de l'aviation.

Opération de l'équipement radio

Procédure de dépannage des problèmes d'équipement radio

a. **Informations de dépannage :** Se référer au manuel spécifique du modèle de radio en cours d'utilisation pour des instructions de dépannage détaillées. Ce qui suit sert de guide général applicable à la plupart des types d'équipements.

b. **Aucune alimentation pour la radio :**

- S'assurer que la batterie interne (si présente) est correctement installée.

- Vérifier l'état de toute batterie externe utilisée.

- Confirmer que l'interrupteur principal de la radio ou de l'avionique est allumé.

- Vérifier le fonctionnement de l'interrupteur ON/OFF.

- Vérifier l'intégrité des fusibles ou des disjoncteurs dans le circuit d'alimentation de la radio. **Remarque :** Certaines vérifications peuvent nécessiter l'utilisation d'un multimètre ou d'un équipement similaire. Les personnes non familières avec cet équipement doivent rechercher des conseils auprès de personnes ayant l'expertise appropriée.

c. **Absence d'accusé de réception des transmissions :**

- Confirmer que la bonne fréquence est sélectionnée.

- Vérifier les réglages du volume et des commandes de squelch.

- S'assurer que les connexions d'antenne sont correctement fixées.

- Vérifier que l'indicateur de transmission (si disponible) indique la génération de l'onde porteuse.

- Vérifier la présence d'obstacles ou la position de l'émetteur potentiellement interférant avec la transmission ou la réception.

- Essayer de sélectionner une autre fréquence, comme une fréquence de contrôle ATC, où l'accusé de réception pourrait être attendu.

d. **Autres problèmes :**
- Réception de parasites ou de sifflements continus :
    - S'assurer qu'une seule station transmet à la fois pour éviter les conflits.
    - En cas de transmission simultanée, le résultat peut inclure la transmission de "Deux en même temps", bien que cela ne soit pas recommandé.
    - Noter qu'un émetteur significativement plus puissant peut dominer les transmissions d'un émetteur plus faible.
- Sifflement fort pendant les transmissions :
    - Ce problème survient souvent en raison de problèmes avec les connexions d'antenne, l'emplacement ou la pertinence, en particulier avec les radios portatives adaptées à une utilisation aérienne.
    - Envisager de remplacer l'antenne fouet fournie par une antenne de rechange spécifiquement conçue pour la VHF aéronautique et de la repositionner loin du combiné et d'autres influences métalliques.
    - Les antennes doivent être accordées à des fréquences spécifiques pour un fonctionnement efficace, ce qui peut nécessiter un équipement et des connaissances spécialisés.
- Présence du signal mais aucune voix entendue :
    - Décrit comme "Onde porteuse seulement, pas de modulation."
    - Ce problème est probablement dû à un microphone défectueux, à un interrupteur de pression à parler défectueux ou au câblage associé.

Phraséologie radiotéléphonique - Anglais aéronautique

Assurer une communication radiotéléphonique aéronautique claire et efficace : La clarté et l'efficacité de chaque transmission radiotéléphonique aéronautique reposent sur l'articulation claire de son intention, garantissant qu'elle est facilement compréhensible et mémorable pour les destinataires. Avant de transmettre, assembler les mots requis, maintenir la concision, respecter la terminologie et le phrasé standard - appelé anglais aéronautique - et utiliser systématiquement son indicatif d'appel complet et exact sont cruciaux pour transmettre des informations opérationnelles précieuses.

Prononciation radiotéléphonique : Dans les communications radiotéléphoniques (R/T), un alphabet phonétique est utilisé lorsque des lettres individuelles doivent être transmises. Issu de l'Organisation du Traité de l'Atlantique Nord, cet alphabet phonétique sert de norme internationale pour une utilisation par les forces armées des nations de l'OTAN.

Letters

Phonetic	Pronunciation	Phonetic	Pronunciation
A ALFA	AL fah	B BRAVO	BRAH voh
C CHARLIE	CHAR lee	D DELTA	DELL tah
E ECHO	ECK ho	F FOXTROT	FOKS trot
G GOLF	GOLF	H HOTEL	hoh TELL
I INDIA	IN dee A	J JULIETT	JEW lee ETT
K KILO	KEY loh	L LIMA	LEE mah
M MIKE	MIKE	N NOVEMBER	no VEM ber
O OSCAR	OSS cah	P PAPA	pah PAH
Q QUEBEC	keh BECK	R ROMEO	ROW me oh
S SIERRA	see AIR rah	T TANGO	TANG go
U UNIFORM	YOU nee form	V VICTOR	VIK tah
W WHISKY	WISS key	X X-RAY	ECKS ray
Y YANKEE	YANG key	Z ZULU	ZOO loo

Numbers

The R/T pronunciation of numbers should be the following phonetic form:

0 ZE-RO	5 FIFE
1 WUN	6 SIX
2 TOO	7 SEV en
3 TREE	8 AIT
4 FOW er	9 NIN er
Hundred HUN dred	
Thousand TOU SAND	
Decimal DAY SEE MAL	

Figure 67: Alphabet phonétique utilisé en radiotéléphonie.

Expression des valeurs numériques : Lorsque vous communiquez des informations sur l'altitude, la hauteur des nuages et la visibilité contenant des centaines et des milliers entiers, il est essentiel d'articuler chaque chiffre individuellement, suivi du terme approprié "CENT" ou "MILLE" sans inclure le suffixe 'feet'. Par exemple :

- **ALTITUDE :**
  - (800 pieds) – "EIGHT HUNDRED"
  - (1500 pieds) – "ONE THOUSAND FIVE HUNDRED"
  - (4750 pieds) – "FOUR SEVEN FIVE ZERO"
  - (10 000 pieds) – "ONE ZERO THOUSAND"

- **HAUTEUR DES NUAGES :**
  - (2200 pieds) – "TWO THOUSAND TWO HUNDRED"
  - (4300 pieds) – "FOUR THOUSAND THREE HUNDRED"

- **VISIBILITÉ :**
  - (1500 pieds) – "ONE THOUSAND FIVE HUNDRED"
  - (3000 pieds) – "THREE THOUSAND"

Pour toutes les autres valeurs numériques sauf les fréquences VHF, chaque chiffre doit être prononcé séparément, comme suit :

- **CAP :**
  - (150° M) – "ONE FIVE ZERO"
  - (080° M) – "ZERO EIGHT ZERO"
  - (305° M) – "THREE ZERO FIVE"

- **DIRECTION DU VENT :**
  - (020°) – "ZERO TWO ZERO DEGRÉS"
  - (100°) – "ONE ZERO ZERO DEGRÉS"

- (210°) – "TWO ONE ZERO DEGRÉS"

- **VITESSE DU VENT :**

  - (10 nœuds) – "ONE ZERO KNOTS"

  - (15 nœuds, en rafales à 25) – "ONE FIVE KNOTS GUSTING TWO FIVE"

- **RÉGLAGE DE L'ALTIMÈTRE – QNH :**

  - (995 hPa) – "NINE NINE FIVE"

  - (1010 hPa) – "ONE ZERO ONE ZERO"

  - (1027 hPa) – "ONE ZERO TWO SEVEN"

Concernant les fréquences VHF, en Australie, l'introduction de l'espacement de 25 kHz est en cours en raison de la congestion des fréquences, mais actuellement, seul l'espacement de 50 kHz est utilisé dans l'espace aérien de classe G. La méthode de transmission varie en fonction de savoir si la fréquence est un multiple de 50 kHz ou de 25 kHz.

Lors de l'expression de l'heure dans les communications radiotéléphoniques, le système horaire de 24 heures est utilisé. Les heures sont indiquées par les deux premiers chiffres, et les minutes par les deux derniers chiffres. Par exemple :

- (0001 heures) – "ZERO ZERO ZERO ONE"

- (1920 heures) – "ONE NINE TWO ZERO"

Les vérifications d'heure sont fournies à la minute la plus proche, et l'aviation civile australienne utilise le Temps Universel Coordonné [UTC]. Le suffixe 'Zulu' est ajouté lors de la référence à l'UTC.

Mots et expressions standard : Un ensemble de mots et d'expressions standard sont utilisés dans les communications radiotéléphoniques, chacun ayant des significations et des utilisations spécifiques, comme indiqué dans la figure 68.

ACKNOWLEDGE	Let me know that you have received and understood this message.
AFFIRM	Yes.
APPROVED	Permission for proposed action granted.
BREAK	I hereby indicate the separation between portions of the message (to be used where there is no clear distinction between the text and other portions of the message).
CANCEL	Annul the previously transmitted clearance.
CHECK	Examine a system or procedure (no answer is normally expected).
CLEARED	Authorised to proceed under the conditions specified.
CONFIRM	Have I correctly received the following ... ? or Did you correctly receive this message ... ?
CONTACT	Establish radio contact with ...
CORRECT	That is correct.
CORRECTION	An error has been made in this transmission (or message indicated) the correct version is ...
DISREGARD	Consider that transmission as not sent.
HOW DO YOU READ	What is the readability (i.e. clarity and strength) of my transmission?
I SAY AGAIN	I repeat for clarity or emphasis.
MAINTAIN	Continue in accordance with the condition(s) specified or in its literal sense, e.g. "Maintain VFR".
MAYDAY	My aircraft and its occupants are threatened by grave and imminent danger and/or I require immediate assistance.
MONITOR	Listen out on (frequency).
NEGATIVE	"No" or "Permission is not granted" or "That is not correct".
OVER	My transmission is ended and I expect a response from you (not normally used in VHF communication).
OUT	My transmission is ended and I expect no response from you (not normally used in VHF communication).
PAN PAN	I have an urgent message to transmit concerning the safety of my aircraft or other vehicle or of some person on board or within sight but I do not require immediate assistance.
READ BACK	Repeat all, or the specified part, of this message back to me exactly as received.
REPORT	Pass me the following information.
REQUEST	I should like to know or I wish to obtain.
ROGER	I have received all of your last transmission (Under NO circumstances to be used in reply to a question requiring READ BACK or a direct answer in the affirmative or negative. Do not use the term 'COPY THAT' or double click the transmit button.)
SAY AGAIN	Repeat all or the following part of your last transmission
SPEAK SLOWER	Reduce your rate of speech.
STANDBY	Wait and I will call you.
VERIFY	Check and confirm with originator.
WILCO	I understand your message and will comply with it. (Do not use the term 'COPY THAT' or double click the transmit button.)

Figure 68: Mots et expressions standard.

Clarté de la transmission : L'échelle de lisibilité est utilisée en réponse aux demandes concernant la clarté des transmissions ou les demandes de vérification radio. L'échelle va de "Illisible" à "Parfaitement lisible" pour garantir une communication efficace.

Gestion des Facteurs Humains dans les Opérations des Systèmes Aéronefs Pilotés à Distance

Les facteurs humains englobent différents aspects influençant la manière dont les individus exécutent leurs tâches. Ces facteurs incluent des compétences sociales et personnelles telles que la communication et la prise de décision, qui complètent l'expertise technique, jouant ainsi un rôle crucial dans la garantie d'opérations aéronautiques sûres et efficaces.

L'étude des facteurs humains implique l'application des connaissances scientifiques sur le corps et l'esprit humains pour mieux comprendre les capacités et les limitations humaines. En exploitant les connaissances en matière de facteurs humains, il devient possible de minimiser la probabilité d'erreurs et de développer des systèmes plus tolérants aux erreurs et plus résilients.

L'erreur humaine représente la plus grande menace pour la sécurité aérienne. Alors que les facteurs humains sont reconnus comme un facteur contributif majeur aux incidents et aux accidents, ils offrent également un potentiel considérable pour améliorer la sécurité aérienne. Récemment, la prolifération des Systèmes d'Aéronefs Pilotés à Distance (RPAS) a soulevé des préoccupations en raison de leur complexité croissante et de leurs opérations diverses, pouvant potentiellement entraîner des conflits de sécurité avec les systèmes aéronautiques pilotés de manière conventionnelle dans un avenir proche.

Par exemple, un drone effectuant une surveillance sur une zone bondée ou une installation sensible pourrait servir à la fois des fins défensives et potentiellement menaçantes s'il était mal manipulé.

Même un incident de petite envergure impliquant un RPAS peut avoir de graves conséquences, comme le démontre un incident passé en Hongrie où un avion modèle s'est écrasé lors d'un salon aéronautique, entraînant la perte de vies humaines.

Dans l'aviation, la sécurité repose traditionnellement sur trois facteurs : les aspects techniques (tels que les aéronefs, les systèmes et la maintenance), les facteurs environnementaux (comme les conditions météorologiques) et les facteurs humains, que notre équipe considère comme primordiaux.

Indépendamment des avancées technologiques, la sécurité reste finalement entre les mains des humains. Que ce soit un drone de loisir ou un RPAS de combat sophistiqué, le contrôle humain et la prise de décision sont indispensables pour garantir des opérations sûres.

Cependant, les opérations de RPAS présentent des défis uniques en matière de facteurs humains, notamment :

1. Cues sensoriels réduits : Les pilotes manquent du retour sensoriel riche disponible dans les aéronefs conventionnels, ce qui rend plus difficile le maintien de la conscience de l'état de l'aéronef.

2. Conception de la Station de Pilotage à Distance (RPS) : Certains designs de RPS peuvent ne pas répondre aux normes ergonomiques, posant des défis pour la performance des pilotes.

3. Transferts de contrôle : Le transfert du contrôle d'un RPAS entre les pilotes ou les stations de contrôle peut introduire des risques associés aux ruptures de coordination.

4. Évitement de collision et assurance de séparation : Les pilotes doivent se fier à des sources d'information alternatives pour la conscience situationnelle, en particulier en l'absence de vue directe.

5. Implications des facteurs humains de la performance de liaison : Les latences dans la transmission des signaux radio peuvent affecter le contrôle des pilotes et la communication.

6. Considérations concernant la terminaison du vol : Les pilotes peuvent avoir besoin de prendre des décisions critiques en cas d'urgence, telles que tenter un atterrissage hors aéroport ou terminer le vol en toute sécurité. De plus, la gestion de la liaison de commande et de contrôle (C2), la gestion de la charge de travail et les considérations de maintenance posent d'autres défis qui nécessitent une attention particulière. Dans l'ensemble, il est essentiel de relever ces défis liés aux facteurs humains pour garantir l'intégration sûre et efficace des RPAS dans le système de l'aviation.

De plus, la gestion de la liaison de commande et de contrôle (C2), la gestion de la charge de travail et les considérations de maintenance posent d'autres défis qui nécessitent une attention particulière. Dans l'ensemble, il est essentiel de relever ces défis liés aux facteurs humains pour garantir l'intégration sûre et efficace des RPAS dans le système de l'aviation.

Travailler à des heures non traditionnelles : Le travail par roulement est devenu de plus en plus courant dans notre société, reflétant la nature évolutive du travail au-delà de la routine traditionnelle du lundi au vendredi, de 9 heures à 17 heures. Une part croissante de la main-d'œuvre participe désormais à divers schémas de travail par roulement et à des horaires non traditionnels.

Le travail par roulement remplit plusieurs fonctions sur le marché du travail, permettant aux employeurs d'optimiser la production en utilisant les 24 heures complètes de chaque journée. De plus, il garantit la fourniture continue de services essentiels, tels que le transport et les soins de santé, à la communauté jour et nuit.

Dans le cadre de cette discussion, un « travailleur par roulement » désigne les personnes travaillant par roulements rotatifs, par roulements irréguliers, par roulements de soirée, de l'après-midi, du matin ou en plusieurs parties, communément appelés « horaires de travail non traditionnels ».

Participer à un travail par roulement régulier ou permanent implique plus que de simplement respecter un horaire de travail ; cela devient un mode de vie qui impacte significativement les habitudes de sommeil, la gestion de la santé, la vie familiale et les interactions sociales. La recherche indique que le travail par roulement affecte à la fois la santé physique et mentale, ainsi que la performance au travail.

L'Horloge Biologique (Rythmes Circadiens) : Le corps humain fonctionne selon un rythme circadien étroitement lié au cycle jour-nuit, influençant les schémas de somnolence, d'éveil, la production hormonale et la température corporelle. Ces rythmes, fonctionnant sur un cycle d'environ 24 heures, ne s'ajustent pas facilement aux horaires de travail, en particulier ceux impliquant des quarts de nuit. Les horaires de nuit perturbent les schémas naturels de sommeil/éveil et d'autres rythmes biologiques, entraînant de la fatigue, des perturbations du sommeil et divers problèmes de santé, tels que des troubles gastro-intestinaux.

Impacts sur la performance : La performance au travail est significativement influencée par les fluctuations de l'attention, le moment de la journée ou de la nuit jouant un rôle crucial. Des facteurs tels que le type de tâche, les différences individuelles et l'adaptation aux changements de routine affectent également la performance. Les effets liés à la fatigue sur la performance comprennent une attention réduite, des difficultés de communication, des changements d'humeur, une diminution de la concentration, des omissions et des négligences accrues, une vigilance diminuée, une compréhension et un apprentissage ralentis, des difficultés d'encodage/décodage, une mémoire à court terme défectueuse, une pensée confuse, une perception lente et une réactivité inégale, entre autres.

Différences individuelles : Les réponses individuelles au travail par roulement varient en fonction de facteurs tels que l'âge, les habitudes de vie et le chronotype (préférence matinale ou nocturne). Le fait de faire face au travail par roulement devient plus difficile avec l'âge en raison de changements physiologiques, bien que les expériences passées et les stratégies d'adaptation puissent atténuer certains effets. Les personnes peuvent être catégorisées comme des types matinaux ou des types nocturnes (chronotypes), ce qui influence leur capacité à s'adapter à différents horaires de travail. Les types matinaux peuvent avoir du mal avec le travail de nuit mais s'adaptent mieux aux quarts de travail tôt le matin, tandis que les types nocturnes s'adaptent plus facilement aux quarts de soirée et de nuit. De plus, les différences individuelles peuvent dépasser les simples catégorisations de chronotype.

Facteurs physiologiques (y compris les médicaments et l'alcool) affectant la performance des pilotes

Aux États-Unis, le 14 CFR partie 107 interdit l'exploitation de petits aéronefs sans pilote (UA) si le pilote à distance en commandement (PIC à distance), la personne manipulant les commandes ou l'observateur visuel (VO) est incapable d'effectuer ses fonctions en toute sécurité. Le PIC à distance est chargé de veiller à ce que tous les membres d'équipage ne soient pas sous l'influence pendant l'opération. Bien qu'il soit bien connu que la consommation de drogues et d'alcool peut altérer le jugement, certains médicaments en vente libre (OTC) et certaines conditions médicales peuvent également affecter la capacité à exploiter en toute sécurité un petit UA. Par exemple, certains antihistaminiques et décongestionnants peuvent induire la somnolence.

La partie 107 interdit spécifiquement aux individus de servir en tant que PIC à distance, personne manipulant les commandes, VO ou tout autre membre d'équipage s'ils ont récemment consommé de l'alcool, sont actuellement sous son influence, ont une concentration d'alcool dans le sang de 0,04 pour cent ou plus, ou utilisent des médicaments qui affectent leurs capacités mentales ou physiques. Certaines conditions médicales, telles que l'épilepsie, peuvent également poser des risques pour les opérations. Il incombe au PIC à distance de s'assurer que sa condition médicale est gérée et qu'il peut mener en toute sécurité une opération avec un petit UA.

Influences physiologiques et médicales sur la performance des pilotes

Divers facteurs physiologiques et médicaux peuvent avoir un impact significatif sur la performance d'un pilote. Il est crucial pour les pilotes de comprendre et de reconnaître ces facteurs pour assurer des opérations de vol en toute sécurité. Certains des principaux facteurs incluent :

Hyperventilation : L'hyperventilation fait référence à une respiration excessive, entraînant une perte de dioxyde de carbone dans le sang. Bien que l'hyperventilation ne provoque rarement pas d'incapacité complète, elle peut induire des symptômes alarmants qui peuvent perturber le vol. Les symptômes peuvent inclure une altération visuelle, des vertiges, des sensations de picotement et des spasmes musculaires. Respirer normalement ou dans un sac en papier peut aider à restaurer des niveaux appropriés de dioxyde de carbone et à soulager les symptômes.

Stress : Le stress est la réponse du corps aux demandes physiques et psychologiques, déclenchant la libération d'hormones telles que l'adrénaline et augmentant le métabolisme. Les facteurs de stress peuvent être physiques, physiologiques ou psychologiques, et ils peuvent être aigus (à court terme) ou chroniques (à long terme). Alors que le stress aigu peut déclencher une réponse de « lutte ou fuite », le stress chronique peut considérablement altérer la performance. Les pilotes éprouvant un stress chronique devraient consulter un médecin.

Fatigue : La fatigue est un contributeur commun aux erreurs de pilotage, affectant l'attention, la coordination et les capacités de prise de décision. Elle peut résulter de facteurs tels que la perte de sommeil, l'exercice physique, le stress et le travail cognitif.

La fatigue aiguë, généralement à court terme, peut être gérée par le repos et le sommeil. Cependant, la fatigue chronique, qui dure sur une période prolongée, nécessite souvent une intervention médicale. Les pilotes souffrant de fatigue aiguë devraient s'abstenir de voler jusqu'à ce qu'ils soient suffisamment reposés, tandis que ceux souffrant de fatigue chronique devraient consulter un médecin.

Il est essentiel que les pilotes soient conscients de ces facteurs physiologiques et médicaux et prennent des mesures appropriées pour atténuer leurs effets, garantissant des opérations de vol sûres et efficaces.

Déshydratation : La déshydratation se produit lorsque le corps perd une quantité critique d'eau, souvent en raison de facteurs tels que les températures élevées, le vent, l'humidité et la consommation de boissons diurétiques telles que le café, le thé, l'alcool et les boissons gazeuses caféinées. Les signes courants de déshydratation comprennent des maux de tête, de la fatigue, des crampes, de la somnolence et des vertiges. La fatigue est généralement le premier effet observable de la déshydratation, ce qui peut entraver à la fois les performances physiques et mentales, en particulier pendant de longues périodes de vol par temps chaud ou à haute altitude. Pour prévenir la déshydratation, il est recommandé de consommer deux à quatre litres d'eau toutes les 24 heures. Cependant, les différences physiologiques individuelles doivent être prises en compte, et la soif ne doit pas être le seul indicateur de déshydratation. Transporter un contenant pour mesurer l'apport en eau, éviter une consommation excessive de caféine et d'alcool et anticiper les sensations de soif sont des étapes essentielles pour prévenir la déshydratation.

Coup de chaleur : Le coup de chaleur se produit lorsque le corps est incapable de réguler sa température correctement. Les symptômes peuvent inclure ceux de la déshydratation, et dans les cas graves, un effondrement peut se produire. Pour prévenir le coup de chaleur, il est crucial de transporter et de consommer une quantité suffisante d'eau à des intervalles fréquents, même en l'absence de sensation de soif. Le corps peut généralement absorber de l'eau à un rythme de 1,2 à 1,5 litre par heure, donc les individus doivent viser à boire un litre par heure dans des conditions de stress thermique sévères ou un demi-litre par heure dans des conditions de stress modéré.

Utilisation de médicaments : Les réglementations de l'aviation civile (14 CFR) n'abordent pas explicitement l'utilisation de médicaments, mais elles interdisent aux individus d'agir en tant que pilotes s'ils ont une condition médicale ou prennent un médicament qui affecte leur capacité à respecter les exigences de certification médicale. De plus, les réglementations interdisent l'utilisation de tout médicament qui affecte les facultés d'une personne contrairement à la sécurité. De nombreux médicaments, y compris les médicaments en vente libre, peuvent avoir des effets secondaires indésirables, qui peuvent affecter le jugement et la performance d'un pilote. Les pilotes doivent évaluer leur état physique avant chaque vol en utilisant le mnémonique IMSAFE (Maladie, Médication, Stress, Alcool, Fatigue et Émotion). Ils doivent également attendre au moins 48 heures après avoir pris un nouveau médicament avant de voler pour s'assurer qu'ils ne subissent pas d'effets indésirables qui pourraient compromettre la sécurité du vol. D'autres considérations incluent l'évitement des médicaments inutiles, le maintien de repas équilibrés, l'hydratation, le sommeil adéquat et la forme physique.

Alcool : L'alcool compromet significativement le fonctionnement du corps, comme en témoignent les recherches associant sa consommation à une diminution des performances. Les pilotes sont chargés de prendre de nombreuses décisions, dont beaucoup sont chronométrées, tout au long d'un vol. L'issue réussie de tout vol dépend de la capacité à prendre des décisions correctes et à répondre de manière appropriée aux situations normales et anormales. Cependant, l'influence de l'alcool diminue significativement la probabilité de mener un vol sans incident à terme. Même de petites quantités d'alcool peuvent altérer le jugement, réduire le sens des responsabilités, affecter la coordination, réduire le champ visuel, altérer la mémoire, diminuer les capacités de raisonnement et raccourcir l'attention. Juste une once d'alcool peut ralentir les réflexes musculaires, altérer les mouvements oculaires pendant la lecture et augmenter la fréquence des erreurs. Des troubles de la vision et de l'ouïe peuvent survenir après la consommation d'une seule boisson.

Il est important de noter qu'un pilote reste sous l'influence de l'alcool lorsqu'il a la gueule de bois. Malgré le sentiment de fonctionner normalement, les réponses motrices et mentales sont toujours altérées. L'alcool peut rester dans le corps pendant plus de 16 heures après la consommation, ce qui souligne l'importance pour les pilotes de faire preuve de prudence et de s'abstenir de voler peu de temps après avoir bu.

L'intoxication est déterminée par la concentration d'alcool dans le sang, généralement mesurée en pourcentage en poids. Selon la partie 91 du 14 CFR, le taux d'alcool dans le sang doit être inférieur à 0,04 pour cent, et il doit y avoir un minimum de 8 heures entre la consommation d'alcool et la conduite d'un avion. Si le taux d'alcool dans le sang d'un pilote est de 0,04 pour cent ou plus après 8 heures, il ne peut pas voler tant qu'il n'est pas descendu en dessous de ce seuil. Même si le taux d'alcool dans le sang est inférieur à 0,04 pour cent, un pilote ne peut toujours pas voler dans les 8 heures suivant la consommation d'alcool. Bien que la réglementation fournisse des directives claires, il est conseillé de faire preuve de prudence et de faire preuve d'une retenue encore plus grande que ce qui est prescrit.

Vision et Vol

Comprendre la vision et ses mécanismes améliore la capacité d'un pilote à utiliser efficacement la vue et à traiter les problèmes potentiels. Les techniques de balayage efficaces impliquent des mouvements systématiques de droite à gauche ou de gauche à droite. En commençant par le point détectable le plus éloigné (en haut), les pilotes déplacent progressivement leur focalisation vers l'intérieur jusqu'à la position de l'avion (en bas). Chaque point de vue englobe une zone d'environ 30° de large, avec des durées ajustées en fonction du détail requis mais limitées à 2 à 3 secondes par arrêt. La transition entre les points de vue devrait comporter un chevauchement de 10° avec le champ de vision précédent.

Fatigue

La fatigue, telle que définie par l'Administration fédérale de l'aviation des États-Unis, se réfère à une condition caractérisée par un inconfort accru, une capacité réduite de travail, une efficacité diminuée, une perte d'énergie ou de réactivité, souvent accompagnée de sentiments de lassitude et de fatigue.

Le développement de la fatigue peut découler de diverses sources, la préoccupation principale étant son impact négatif sur la performance des tâches d'un individu. Par exemple, des périodes prolongées de concentration mentale, telles que l'étude ou la rédaction de rapports, peuvent induire une fatigue comparable à celle du travail physique.

De nombreuses études ont montré que la fatigue entrave considérablement la capacité d'une personne à effectuer des tâches nécessitant une attention soutenue, une pensée complexe et une dextérité manuelle. La fatigue peut se manifester rapidement après un effort physique ou mental intense ou progressivement sur des jours ou des semaines en raison de facteurs tels qu'un sommeil insuffisant, des responsabilités de soignant, des voyages, des troubles du sommeil ou des horaires de travail exigeants.

De plus, les effets de la fatigue peuvent être exacerbés par une hydratation et une nutrition inadéquates, une exposition à des environnements hostiles, un effort mental ou physique prolongé, ou un manque de familiarité ou de condition physique pour les tâches à accomplir. Sur le plan physiologique, la fatigue est une réponse naturelle au stress prolongé, qu'il soit physique ou mental. Après 17 heures d'éveil, les fonctions cognitives diminuent équivalent à un taux d'alcoolémie de 0,05 pour cent, augmentant à 0,1 pour cent après 24 heures. La fatigue altère la vitesse de traitement cognitif, la mémoire, la concentration et accroît la susceptibilité aux distractions.

Divers facteurs contribuent à la fatigue, notamment la tension émotionnelle, la charge mentale de travail, l'effort physique, une alimentation/une hydratation insuffisantes, les conditions environnementales défavorables, la monotonie et les perturbations des rythmes de sommeil. Le sommeil, tant en termes de quantité que de qualité, joue un rôle crucial dans la lutte contre la fatigue et le maintien de l'attention et de la performance.

Des facteurs tels que les horaires de travail non traditionnels, en particulier les quarts de nuit, peuvent perturber les rythmes de sommeil et réduire la possibilité de repos et de récupération adéquats. Des facteurs liés au travail tels que des horaires exigeants, des pressions de tâche et des environnements de sommeil inadéquats, ainsi que des problèmes non liés au travail tels que des troubles du sommeil non traités et des choix de vie, contribuent à la fatigue.

Dans la société moderne connectée et mondialisée d'aujourd'hui, les activités sociales et récréatives, ainsi que les exigences professionnelles, empiètent souvent sur le temps de sommeil, exacerbant les niveaux de fatigue.

Il peut être difficile de détecter avec précision nos propres niveaux de fatigue, ce qui rend souvent difficile de déterminer quand il devient dangereux de continuer à travailler ou à conduire. Cependant, il existe des signes et des symptômes observables qui servent d'indicateurs.

Ces signes et symptômes de fatigue sont généralement classés en aspects physiques, mentaux et émotionnels. Le diagramme présenté dans la section suivante illustre les signes clés de chaque catégorie. De plus, en fonction de la nature de la tâche à accomplir, il peut y avoir des indicateurs spécifiques de fatigue adaptés à cette activité.

Par exemple, dans le contexte de l'équipage de vol, les indicateurs de fatigue peuvent inclure :

- Réduction de la minutie dans les analyses instrumentales

- Diminution de la coordination entre les membres d'équipage

- Augmentation des erreurs d'omission

- Sensibilité accrue au bruit

- Adoption de stratégies de contrôle de vol plus passives

- Tolérance à des niveaux de risque élevés

- Mauvaise interprétation des instructions ou des indications des instruments

- Corrections retardées en réponse aux écarts du système

- Ignorement des indices périphériques

- Baisse des normes de performance

- Augmentation des oublis de mémoire prospective

- Perception visuelle altérée

- Survenue de micro-sommeils

- Endormissement pendant la manipulation des commandes

L'expérience de plusieurs symptômes de la liste énoncée suggère un déclin significatif de l'attention. Bien que la fatigue ne soit pas la seule cause de ces symptômes, leur co-occurrence indique souvent une altération liée à la fatigue.

La manifestation constante de symptômes liés à la fatigue justifie de consulter un spécialiste médical pertinent. Cela est particulièrement crucial pour les personnes ayant un indice de masse corporelle dépassant 30 et une taille de cou "large" (43 cm ou plus chez les hommes ; 40 cm ou plus chez les femmes), car ces caractéristiques sont associées à un risque notablement plus élevé de troubles du sommeil, en particulier l'apnée du sommeil.

Des périodes de risque accru de fatigue existent tout au long de la journée, indépendamment des schémas de sommeil de récupération. Comprendre ces périodes est crucial lors de la détermination des heures de travail, des heures supplémentaires, de la planification des situations d'urgence et des stratégies de réponse aux urgences.

Les périodes à haut risque de fatigue incluent :
- Travailler de minuit à l'aube, surtout entre 2 heures et 5 heures du matin, coïncidant avec les points bas des rythmes circadiens du corps associés à l'attention

et à la performance.

- Les moments où des pauses régulières n'ont pas été prises.

- Les quarts de travail dépassant huit heures de durée.

- Commencer les quarts tôt avant 6 heures du matin, ce qui entraîne souvent un sommeil raccourci en raison des difficultés à ajuster les horaires de coucher ou de l'anxiété concernant le réveil à temps.

- Les périodes où les employés sont nouveaux dans leur emploi ou leur lieu de travail, car la courbe d'apprentissage et le processus d'acclimatation peuvent perturber les schémas de sommeil.

Les principales causes de fatigue incluent :

1. Sommeil insuffisant, les adultes nécessitant sept à huit heures par nuit.

2. Apnée du sommeil, interruption de la respiration pendant le sommeil.

3. Mauvaise alimentation entraînant des fluctuations de la glycémie et de la léthargie.

4. Anémie, particulièrement courante chez les femmes en raison des pertes de sang menstruelles.

5. Dépression, contribuant à la fatigue aux côtés de symptômes émotionnels.

6. Hypothyroïdie, ralentissement du métabolisme et entraînant de la léthargie.

7. Consommation excessive de caféine entraînant une augmentation du rythme cardiaque et de la fatigue.

8. Diabète, entravant le métabolisme du sucre et la conversion de l'énergie.

9. Déshydratation, entraînant de la fatigue et une réduction des fonctions corporelles.

10. Maladie cardiaque, se manifestant par de la fatigue lors des activités quotidiennes.

Aborder ces facteurs par des changements de mode de vie, des interventions médicales et une hydratation appropriée peut aider à atténuer les risques liés à la fatigue et à améliorer le bien-être global.

Sommeil

Le sommeil est caractérisé comme un état de semi-conscience ou de complète inconscience où les fonctions volontaires sont suspendues, permettant au corps de se reposer et de se régénérer. Malgré son importance évidente, le but précis du sommeil reste incomplètement compris. Dans un sens général, on croit que pendant le sommeil, à la fois l'esprit et le corps "récupèrent" des stress quotidiens et "se préparent" ou "se rechargent" pour les défis du jour suivant. Les connaissances sur la fonction du sommeil ont principalement émergé des études portant sur la privation de sommeil chez les animaux et les humains.

Le Besoin d'un Sommeil Normal: Les besoins en sommeil varient d'une personne à l'autre et évoluent à travers différentes étapes de la vie. Les nouveau-nés dorment généralement 16 à 18 heures par jour, tandis que les enfants d'âge préscolaire ont généralement besoin de 10 à 12 heures. Les enfants d'âge scolaire et les adolescents bénéficient généralement d'au moins 9 heures de sommeil chaque nuit. Pour la plupart des adultes, un fonctionnement optimal tout au long du jour suivant est généralement obtenu avec 7 à 8 heures de sommeil chaque nuit. La qualité et la quantité du sommeil sont toutes deux significativement influencées par le timing du sommeil dans le cycle de 24 heures. Les humains se sont naturellement adaptés à dormir pendant les heures nocturnes et à être actifs pendant la journée.

Compréhension des Cycles et de la Structure du Sommeil: Le sommeil n'est pas uniforme tout au long de la nuit ; il progresse plutôt à travers différentes étapes caractérisées par des modèles distincts d'ondes cérébrales. Ces étapes forment un cycle continu d'environ 90 à 120 minutes, comprenant cinq phases distinctes :

1. Étape 1 : Initiation du sommeil, parfois accompagnée de sursauts musculaires ou de départs.

2. Étape 2 : Phase de sommeil léger, pendant laquelle les individus sont facilement réveillés.

3. Étapes 3 et 4 : Étapes de sommeil profond, cruciales pour la régénération

physique, où le réveil est difficile.

4. Étape 5 (sommeil REM) : Phase de mouvement rapide des yeux, caractérisée par le rêve et des mouvements oculaires perceptibles sous les paupières fermées. Le sommeil REM joue un rôle vital dans la consolidation de la mémoire et le bien-être mental, et des études récentes suggèrent sa contribution à la restauration physique.

Au début de la nuit, les individus passent plus de temps dans les étapes 3 et 4 de chaque cycle de sommeil. Cependant, à mesure que la nuit avance, la durée relative du sommeil REM augmente. Lorsqu'ils sont privés de sommeil, le corps donne la priorité à rattraper le sommeil profond (étapes 3 et 4) et le sommeil REM. Par conséquent, les personnes privées de sommeil passent souvent rapidement du sommeil léger à un sommeil profond dès qu'elles s'endorment.

Se Remettre de la Privation de Sommeil : Éprouver une somnolence et une fatigue non désirées peut représenter à la fois une gêne et un danger, notamment dans des situations telles que la conduite ou la pilotage d'un avion, où cela pourrait entraîner des conséquences fatales. De nombreuses stratégies ont été identifiées pour atténuer la probabilité ou les effets de la fatigue, certaines d'entre elles sont discutées plus tard dans ce manuel, comme la gestion de la consommation de caféine ou l'attention portée aux choix alimentaires.

Des mesures plus extrêmes incluent l'utilisation de stimulants comme les amphétamines. Cependant, bien que les interventions pharmacologiques puissent offrir un soulagement temporaire, elles ne répondent pas au besoin sous-jacent de sommeil réparateur, essentiel tant pour la récupération physique que mentale.

La quantité spécifique de sommeil nécessaire pour des performances optimales varie pour chaque individu mais se situe généralement entre 7 et 9 heures sur une période de 24 heures. Malgré les changements liés à l'âge qui peuvent affecter les patterns de sommeil, la nécessité de sommeil reste constante tout au long de la vie. La plupart des individus se dirigent naturellement vers un horaire de sommeil qui correspond à une routine nocturne typique, bien que des variations existent, surtout chez les personnes âgées qui ont tendance à dormir plus tôt.

Bien que le sommeil non interrompu soit idéal, un sommeil fragmenté, constitué de plusieurs courtes périodes de sommeil, est préférable à une privation totale de sommeil. Même une courte sieste peut significativement améliorer l'éveil. Cependant, il est crucial de reconnaître que la sieste ne peut pas complètement remplacer une nuit complète de sommeil et ne devrait pas être utilisée comme unique remède pour combler les déficits de sommeil.

L'Impact du Vieillissement sur le Sommeil : En vieillissant, il devient généralement de plus en plus difficile d'initier et de maintenir le sommeil, une difficulté qui est souvent plus prononcée pendant les périodes de repos diurnes mais peut également affecter les patterns de sommeil nocturnes. Ces changements dans le comportement de sommeil ne se limitent pas uniquement à la difficulté à s'endormir et à la durée réduite du sommeil ; d'autres altérations physiologiques liées à l'âge exacerbent davantage les défis liés à l'adaptation aux horaires de travail non traditionnels.

Des études récentes indiquent que les changements liés à l'âge dans la fonction de la vessie peuvent contribuer significativement aux interruptions du sommeil, entraînant des réveils plus fréquents pour se rendre aux toilettes. Associées à d'autres changements physiologiques liés au vieillissement, ces interruptions peuvent entraîner une fréquence accrue de réveils tout au long du cycle de sommeil. Par conséquent, une somnolence diurne accrue peut survenir en conséquence de ces patterns de sommeil interrompus.

Somnambulisme : Le somnambulisme, également connu sous le nom de somnambulisme, implique d'entreprendre des comportements complexes, tels que la marche, tout en étant encore endormi, se produisant généralement pendant la deuxième ou troisième heure de sommeil. Les activités pendant les épisodes de somnambulisme peuvent aller d'un simple fait de s'asseoir et de paraître éveillé, malgré le sommeil, à la marche. L'individu reste inconscient de ces actions et n'a généralement aucun souvenir d'elles au réveil.

Le somnambulisme peut se manifester sous des formes plus élaborées, notamment le réarrangement des meubles, l'utilisation des toilettes, ou encore s'habiller et se déshabiller. Dans les cas extrêmes, il y a eu des rapports d'individus conduisant des véhicules alors qu'ils étaient dans un état de somnambulisme.

Lors des épisodes de somnambulisme, les yeux du somnambule peuvent être complètement ou partiellement ouverts, et ils peuvent naviguer dans leur environnement, éviter les obstacles, voire répondre à des commandes simples, bien que de manière inconsciente. Réveiller un somnambule entraîne généralement la surprise car ils se retrouvent hors du lit. Les épisodes de somnambulisme sont généralement brefs, ne durant que quelques secondes ou quelques minutes, bien qu'ils puissent persister pendant des périodes plus longues, même jusqu'à 30 minutes ou plus. Le somnambulisme se produit pendant la phase de mouvement rapide des yeux (REM) du sommeil.

Les causes du somnambulisme restent mal comprises, et peu d'attention a été portée aux options de traitement pour les adultes.

Apnée du sommeil : L'apnée du sommeil est un trouble du sommeil caractérisé par des interruptions de la respiration, qui peuvent altérer l'éveil pendant les activités diurnes telles que le travail ou la conduite.

Il existe trois types principaux d'apnée du sommeil : l'apnée centrale du sommeil, l'apnée obstructive du sommeil et l'apnée mixte du sommeil. L'apnée centrale du sommeil se produit lorsque le cerveau ne parvient pas à envoyer des signaux aux muscles responsables de la respiration, ce qui entraîne un manque d'effort pour respirer.

L'apnée obstructive du sommeil se produit lorsque le cerveau envoie des signaux aux muscles respiratoires, mais que le flux d'air est obstrué en raison d'un blocage des voies respiratoires, empêchant une respiration adéquate. Cette forme d'apnée du sommeil est la plus répandue dans les sociétés occidentales.

L'apnée mixte du sommeil implique une combinaison d'apnée centrale et obstructive du sommeil. Si vous soupçonnez ou si on vous a informé que vous présentez des symptômes évocateurs d'apnée du sommeil, il est crucial de consulter un professionnel de la santé. Les symptômes classiques de l'apnée du sommeil comprennent des bruits d'étouffement, des pauses respiratoires pendant le sommeil et des réveils soudains en cherchant de l'air.

La Sieste : Avantages de la Sieste : Les courtes siestes offrent plusieurs avantages, fournissant bon nombre des bénéfices associés à un sommeil plus long dans un laps de temps condensé. Ces avantages comprennent une mémoire à court terme améliorée, des performances accrues, une vigilance augmentée et un temps de réaction amélioré. Cependant, il est important de noter que les effets des siestes ne durent généralement pas aussi longtemps que ceux des sessions de sommeil plus longues.

Définir une Sieste : La définition d'une sieste varie selon les sources. Dans ce contexte, une sieste désigne tout sommeil d'une durée maximale de trois heures, tandis qu'un "court sommeil" s'étend de trois à cinq heures. Des siestes aussi courtes que 10 à 15 minutes ont montré des bénéfices mesurables. En général, plus la sieste est longue, plus ses avantages en termes de récupération et d'amélioration des performances sont prononcés. Les siestes de moins de 10 minutes ne sont généralement pas considérées comme bénéfiques.

Timing des Siestes : Les recherches sur le timing des siestes suggèrent des perspectives contradictoires. Alors que certaines études indiquent que le timing d'une sieste influence ses effets réparateurs, en particulier pour lutter contre la fatigue, d'autres proposent que le timing soit moins critique lorsque la fatigue est importante, l'accent étant mis sur l'obtention de sommeil quel qu'il soit. Il est conseillé d'adopter un horaire de sieste qui correspond le mieux aux préférences individuelles. Cependant, il est important de reconnaître que la sieste peut interférer avec le sommeil ultérieur plus tard dans la journée ou la nuit.

Défis dans la Mise en Place des Politiques de Sieste : Malgré les avantages potentiels de la sieste pour atténuer les effets néfastes de la fatigue et assurer la vigilance dans des rôles critiques pour la sécurité, les attitudes organisationnelles à l'égard de la sieste en milieu de travail peuvent poser des obstacles. Certaines organisations peuvent ne pas approuver la sieste sur le lieu de travail, quel que soit son efficacité.

Points Clés dans une Politique de Sieste :

- Les siestes servent de compléments au sommeil principal lorsque des opérations insuffisantes ou prolongées sont nécessaires.

- Les siestes préventives visant à éviter la fatigue sont généralement plus efficaces pour maintenir les performances que les siestes de récupération prises lorsque la fatigue s'est déjà installée.

- La fatigue est un danger prévisible, et la sieste peut atténuer efficacement ses effets.

- Les politiques de sieste ne doivent pas être exploitées pour étendre les horaires au-delà de limites raisonnables, mais doivent prioriser la sécurité.

- Encourager la sieste en tant que stratégie planifiée de prévention de la fatigue.

- Les siestes sont plus bénéfiques lorsqu'elles sont prises avant l'apparition d'une somnolence dangereuse.

- Elles peuvent aider à maintenir les performances lorsque le sommeil plus long est occasionnellement manqué ou lorsque les périodes de travail sont prolongées.

- Accordez au moins quinze minutes après le réveil d'une sieste pour retrouver pleinement la vigilance avant de reprendre les tâches.

- Si possible, planifiez les siestes pendant les périodes de somnolence naturelle, telles que l'après-midi ou tôt le matin pour les travailleurs de nuit.

- Une seule sieste de 45 minutes est généralement suffisante pour prévenir la fatigue, bien que des exceptions puissent exister dans les opérations aéronautiques.

- Les politiques de sieste devraient également promouvoir des informations sur l'alimentation, la condition physique et l'utilisation d'alcool et d'autres drogues.

- Les conditions optimales de sieste comprennent un environnement sombre, calme, avec une température confortable et une bonne ventilation.

Aliments et Fatigue

Comme discuté précédemment dans ce guide, la capacité à maintenir l'éveil est principalement liée à un repos et une récupération adéquats. Néanmoins, des facteurs supplémentaires peuvent contribuer à des sentiments de fatigue, de léthargie et de fatigue générale. Un facteur significatif est l'impact des niveaux de glycémie bas, que de nombreuses personnes sous-estiment ou ne reconnaissent pas par rapport à leur vigilance et leur sécurité.

Digestion et Appétit

Les rythmes biologiques humains dictent l'éveil pendant la journée et le sommeil la nuit, influençant divers processus corporels, y compris la digestion. L'efficacité digestive est naturellement plus élevée pendant les heures de clarté, avec la sécrétion de sucs digestifs tels que les acides gastriques et les enzymes qui sont les plus actifs pendant cette période.

Les aliments consommés la nuit sont métabolisés à un rythme plus lent, entraînant souvent des sensations de ballonnements, de constipation et d'inconfort potentiel comme des brûlures d'estomac et des indigestions. Les personnes qui mangent en dehors des heures de repas habituelles peuvent éprouver des troubles gastro-intestinaux, exacerbés par la consommation de boissons comme le thé, le café ou l'alcool. Des études ont montré que les travailleurs de nuit ont un risque accru de développer des ulcères gastriques par rapport à leurs homologues diurnes.

De plus, les personnes travaillant à des horaires non traditionnels peuvent remarquer des changements dans leurs habitudes alimentaires, éprouvant des poussées de faim inattendues à des moments inhabituels.

Maintien des Niveaux de Sucre dans le Sang avec l'Alimentation

Étant donné les perturbations de la digestion et de l'appétit causées par les horaires de travail non traditionnels, stabiliser les niveaux de sucre dans le sang devient difficile. Un taux de sucre stable dans le sang est crucial pour minimiser les fluctuations des niveaux d'énergie, particulièrement courantes chez les travailleurs postés.

Contrairement à la croyance populaire, des recherches récentes ont démystifié l'idée selon laquelle les en-cas sucrés provoquent des pics et des chutes rapides des niveaux de sucre dans le sang. Au lieu de cela, l'indice glycémique (IG) des aliments détermine la façon dont les niveaux de sucre dans le sang réagissent aux différents types d'aliments.

Les aliments à IG élevé entraînent une montée et une descente rapides des niveaux de sucre dans le sang, ce qui les rend adaptés pour reconstituer rapidement l'énergie après un effort physique ou de l'exercice. À l'inverse, les aliments à IG bas facilitent un changement progressif des niveaux de sucre dans le sang, aidant à maintenir des niveaux d'énergie stables dans le temps. Incorporer des collations à IG bas tout au long d'un quart de travail peut aider à prévenir les fluctuations drastiques d'énergie.

Les conclusions sur les aliments à IG ont également des implications significatives pour les personnes diabétiques, car les conseils médicaux déconseillent généralement les aliments à IG élevé pour réguler les niveaux de sucre dans le sang. Cependant, les aliments à IG élevé peuvent servir de boosters d'énergie occasionnels pour les personnes non diabétiques, surtout après une activité physique. Néanmoins, les aliments à IG bas sont généralement plus bénéfiques pour maintenir des niveaux d'énergie constants dans la vie quotidienne.

Voici des exemples d'aliments classés en fonction de leur indice glycémique (IG) :

Aliments à IG bas :

1. Flocons d'avoine

2. Patates douces

3. Lentilles

4. Pommes

5. Oranges

6. Pois chiches

7. Yaourt grec

8. Pain complet

9. Quinoa

10. Noix et graines

Aliments à IG intermédiaire :

1. Bananes

2. Riz brun

3. Couscous

4. Pâtes complètes

5. Petits pois

6. Ananas

7. Raisins secs

8. Sarrasin

9. Pop-corn

10. Muesli

Aliments à IG élevé :

1. Pain blanc

2. Riz blanc

3. Pommes de terre (en purée ou cuites au four)

4. Cornflakes

5. Céréales sucrées

6. Pastèque

7. Flocons d'avoine instantanés

8. Bretzels

9. Bagels blancs

10. Dattes

Ces exemples donnent une idée générale de la manière dont différents aliments se classent sur l'échelle de l'indice glycémique. Cependant, il est essentiel de prendre en compte des facteurs individuels tels que la taille des portions, les méthodes de cuisson et la composition globale de l'alimentation lors de l'évaluation de l'impact de certains aliments sur les niveaux de sucre dans le sang.

Des stratégies alimentaires alternatives pour les travailleurs postés ont été suggérées par la recherche, dont l'une consiste à incorporer des aliments riches en protéines et faibles en matières grasses dans vos repas pour aider à maintenir la vigilance. Cela est attribué à un processus biochimique impliquant l'acide aminé tyrosine, qui entraîne l'élévation de substances stimulantes dans le corps.

Les options alimentaires faibles en matières grasses et riches en protéines sont facilement disponibles dans les supermarchés modernes, souvent indiquées par l'étiquetage nutritionnel. De plus, les aliments riches en protéines contribuent à la santé globale en fournissant des nutriments essentiels pour la force musculaire et le développement. Opter à la fois pour des choix alimentaires faibles en matières grasses et riches en protéines est une approche prudente pour maintenir une alimentation équilibrée.

Les exemples de sources de protéines faibles en matières grasses comprennent le poisson, la volaille et les coupes maigres de viande rouge. Pour ceux qui préfèrent les protéines à base de légumes, des options telles que les haricots, les lentilles et les légumes verts comme le brocoli et les pois sont des choix favorables.

Évaluez vos habitudes alimentaires actuelles. Il est probable que certaines des informations présentées dans cette section vous soient nouvelles, offrant de nouvelles idées et stratégies. Expérimentez avec ces approches pendant un certain temps et observez leur impact sur votre bien-être, en particulier lorsque vous vous sentez fatigué.

Maintenir une alimentation équilibrée est essentiel. En général, les preuves suggèrent qu'un régime pauvre en matières grasses, riche en aliments à IG bas et intermédiaire, complété par des protéines de qualité, offre le plus d'avantages. N'oubliez pas de pratiquer la modération dans vos habitudes alimentaires.

De plus, prenez en compte la teneur en fibres de votre alimentation, provenant de fruits et légumes frais, ainsi que les niveaux de minéraux essentiels et de sel.

L'apport quotidien recommandé en sel est de 3,8 grammes (environ une demi-cuillère à café), suffisant pour reconstituer la quantité perdue par la transpiration quotidienne et garantir un apport suffisant en autres nutriments essentiels. Une consommation excessive de sel au-delà de cette recommandation peut contribuer à l'hypertension artérielle, augmentant le risque d'accident vasculaire cérébral, de maladie cardiaque ou de problèmes rénaux.

Hydratation

Comme discuté précédemment, la vigilance est influencée non seulement par le sommeil, mais aussi par des facteurs tels que la digestion et la nutrition. De même, l'hydratation joue un rôle significatif dans le maintien de la vigilance et la garantie de la sécurité.

Lorsque le corps subit une déshydratation, il met en place des mécanismes pour conserver l'eau, ce qui se traduit par une réduction de l'activité et une tendance à se détendre et à ralentir. Cet état de relaxation augmente la probabilité de somnolence. La déshydratation peut également entraîner des symptômes tels que des étourdissements et des maux de tête.

De nombreuses personnes ne consomment pas suffisamment d'eau, ce qui entraîne des niveaux d'hydratation suboptimaux. Bien que la déshydratation sévère puisse entraîner des problèmes médicaux, la plupart des effets liés à la déshydratation sont à court terme et peuvent être atténués en augmentant la consommation d'eau.

Divers facteurs contribuent à la déshydratation, notamment:

- L'engagement dans des tâches physiquement exigeantes.

- Travailler dans des environnements chauds.

- La consommation de boissons caféinées, car la caféine agit comme un diurétique, favorisant la perte d'eau.

- La consommation d'alcool, qui a également des propriétés diurétiques.

- La consommation de boissons gazeuses, qui peuvent ne pas hydrater aussi efficacement que l'eau pure.

- La consommation d'aliments salés, qui nécessitent une quantité supplémentaire d'eau pour le traitement.

De plus, un accès limité à l'eau dans certains lieux de travail, tels que pour les chauffeurs professionnels, peut aggraver les risques de déshydratation.

Pour optimiser la vigilance, il est essentiel de surveiller étroitement l'apport en liquide. Certaines personnes peuvent avoir besoin d'augmenter considérablement leur consommation de liquides pour atteindre des niveaux d'hydratation optimaux. De manière intéressante, de nombreuses personnes constatent qu'une augmentation de la consommation d'eau améliore la vigilance sans augmenter significativement la fréquence urinaire; plutôt, leur production d'urine augmente à chaque fois.

Caféine et Autres Stimulants

Comprendre la dynamique de l'utilisation de la caféine peut considérablement améliorer la capacité à exploiter ses effets de manière efficace et à gérer les inconvénients potentiels.

Fondamentaux de la Caféine: La caféine est une substance connue pour ses propriétés addictives. Les individus peuvent développer une dépendance à la caféine s'ils se sentent incapables de fonctionner sans elle et ont besoin d'une consommation quotidienne. Elle se trouve naturellement dans diverses plantes, telles que les grains de café, les feuilles de thé et les noix de cacao, et est présente dans de nombreux aliments et boissons, y compris le chocolat et les boissons cola.

Effets de la Caféine: La consommation de boissons caféinées est couramment associée à une vigilance accrue. La caféine agit en bloquant la réception de l'adénosine, un neurotransmetteur qui favorise la relaxation et la somnolence. Par conséquent, après avoir consommé de la caféine, les individus peuvent ressentir une augmentation des niveaux d'énergie, une tension musculaire, de l'excitation et une accélération du rythme cardiaque.

Timing and Duration of Effects: La caféine met généralement de 15 à 30 minutes à pénétrer dans la circulation sanguine, avec ses effets physiologiques culminants environ une heure plus tard. Les effets stimulants de la caféine peuvent durer environ cinq heures. Par conséquent, consommer des boissons caféinées trop près du coucher peut entraver l'endormissement.

Avantages et Inconvénients de la Caféine: Bien que la caféine soit largement utilisée et légalement disponible, il est essentiel de reconnaître à la fois ses avantages et ses inconvénients. La sensation immédiate de vigilance éprouvée après la prise de caféine peut être partiellement attribuable à des facteurs psychologiques tels que l'anticipation et les interactions sociales. De plus, les individus qui consomment régulièrement de la caféine peuvent ressentir des symptômes de sevrage lorsqu'ils tentent de réduire ou d'éliminer leur consommation.

Utilisation Stratégique de la Caféine: Pour maximiser l'efficacité de la caféine et atténuer les effets négatifs potentiels, une consommation stratégique est cruciale. Certaines stratégies clés incluent éviter la caféine lorsque l'on n'est pas fatigué pour prévenir l'accumulation de tolérance, s'abstenir d'une consommation excessive le matin pour éviter d'aggraver la fatigue de midi, et minimiser la consommation de caféine avant le coucher pour faciliter un sommeil de qualité. Comprendre le timing et la durée des effets de la caféine, ainsi que faire attention à sa présence dans divers aliments et boissons, peut aider les individus à optimiser leur consommation de caféine.

Bien que la caféine puisse servir d'aide temporaire à la gestion de la vigilance, elle ne devrait pas remplacer un sommeil adéquat ou traiter les problèmes de santé sous-jacents. Une planification appropriée et la modération sont essentielles lors de l'utilisation de la caféine comme outil de gestion de la vigilance, en particulier pour les professions sensibles à la sécurité telles que l'aviation. De plus, les individus devraient être conscients des sources alternatives de caféine, comme le chocolat noir, et ajuster leur consommation en conséquence.

Alcool

Comprendre les effets de l'alcool sur le sommeil, la vigilance et la performance est crucial pour garantir la sécurité et le bien-être, en particulier dans des environnements sensibles à la sécurité. Aperçu de l'Alcool: L'alcool altère significativement la performance à des niveaux modérés et élevés d'intoxication, affectant le temps de réaction, la fonction cognitive et la conscience de l'environnement. De nombreux lieux de travail, y compris l'industrie de l'aviation, imposent des réglementations strictes en matière de consommation d'alcool pour atténuer les risques de sécurité.

Effets de l'Alcool: En tant que dépresseur du système nerveux central, l'alcool induit la relaxation et réduit les inhibitions à faibles doses. Cependant, des doses plus élevées entraînent un impairment, provoquant la somnolence, la perte de mémoire et la diminution de la conscience. L'intoxication alcoolique pose des risques importants, contribuant aux accidents et aux problèmes de santé tels que l'alcoolisme et les maladies cardiovasculaires.

Facteurs de Risque et Conséquences: La consommation d'alcool augmente la probabilité d'accidents, les concentrations plus élevées d'alcool dans le sang étant corrélées à des risques d'accident accrus. En Australie, l'alcool est un facteur majeur dans divers accidents, notamment les incidents routiers et les accidents industriels. Comprendre les mesures de boisson standard et les taux de métabolisation est essentiel pour une consommation d'alcool responsable.

Directives Australiennes: Les directives récentes mettent l'accent sur les habitudes de consommation d'alcool à faible risque, recommandant des limites pour la consommation quotidienne et occasionnelle d'alcool. Des considérations spéciales s'appliquent aux enfants, aux femmes enceintes et aux personnes planifiant une grossesse.

Alcool et Performance: La consommation d'alcool entraîne une réduction de la vigilance et une augmentation de la somnolence, même après la disparition de ses effets. L'intoxication peut entraîner une surestimation de soi et des erreurs de performance, contribuant à des accidents, à l'absentéisme et à une productivité réduite sur le lieu de travail.

Effets Persistants: Même après le retour des niveaux d'alcool dans le sang à zéro, l'alcool peut continuer à altérer la performance en raison de facteurs tels que la déshydratation et les troubles gastro-intestinaux. Des études ont montré des déficits de performance mesurables jusqu'à 8 à 14 heures après la consommation, impactant les compétences psychomotrices, la fonction cognitive et le jugement, particulièrement pertinents dans les opérations de l'aviation.

Nicotine

La nicotine, un composé stimulant présent naturellement dans les feuilles de tabac, est consommée sous forme de cigarette ou de tabac à chiquer depuis des siècles. Elle déclenche une augmentation de la respiration et du rythme cardiaque tout en supprimant l'appétit en activant des récepteurs nerveux spécifiques sensibles à la nicotine. À faible dose, elle agit comme un stimulant, augmentant la vigilance et induisant une sensation d'euphorie en stimulant le système nerveux central.

Nature Addictive et Risques pour la Santé: La nicotine est hautement addictive, avec des dangers pour la santé bien documentés associés à l'utilisation du tabac. Fumer des cigarettes accroît les risques de diverses affections, notamment les maladies cardiaques, le cancer du poumon, les maladies des gencives et la circulation compromise, entre autres. Les fumeurs présentent généralement des niveaux de condition physique plus bas que les non-fumeurs.

Contenu et Absorption de la Nicotine: Les cigarettes contiennent des quantités variables de nicotine, allant de 1 à 20 mg selon la marque et la force. Les effets de la nicotine diminuent généralement dans l'heure suivant la consommation. Elle pénètre facilement dans le corps par diverses voies, notamment l'inhalation dans les poumons, l'absorption à travers la peau via des patchs, et les muqueuses comme les gencives et les muqueuses nasales.

Trajet de la Nicotine dans le Corps: La nicotine pénètre principalement dans le corps par les poumons, atteignant rapidement le cerveau via le sang, où elle génère des sensations de plaisir chez les fumeurs. Maintenir des niveaux de nicotine constants devient une habitude pour les fumeurs, avec une variabilité individuelle dans les taux de métabolisme et les niveaux de tolérance.

Sevrage Nicotinique: Les symptômes de sevrage de la nicotine peuvent commencer dès une seule nuit, perturbant les habitudes de sommeil et entraînant des rêves désagréables, en particulier pour les gros fumeurs. Les symptômes incluent des maux de tête, des douleurs musculaires, un inconfort oral, une concentration altérée, et des fluctuations de la tension artérielle et du rythme cardiaque, accompagnés de sentiments de stress, d'anxiété, de dépression et d'irritabilité.

Gestion du Sevrage: Éviter la consommation de nicotine le soir et au coucher peut aider à améliorer la qualité du sommeil, en particulier si les symptômes de sevrage sont gérables. Arrêter de fumer entraîne généralement de meilleures habitudes de sommeil après environ dix jours, bien que les symptômes de sevrage, qui atteignent leur maximum trois à quatre jours après l'arrêt, puissent persister jusqu'à dix jours.

Médicaments

Les médicaments pénètrent dans le corps par ingestion, injection ou inhalation, affectant ensuite la fonction cérébrale dès qu'ils entrent dans la circulation sanguine. L'élimination du corps se fait principalement par le foie et les reins, finissant par être excrétée dans l'urine. Cependant, les effets des médicaments peuvent varier considérablement d'une personne à l'autre et même chez la même personne en raison de facteurs tels que l'heure de la journée, l'humeur, la fatigue et l'apport alimentaire. L'âge, le sexe et la taille du corps influencent également l'impact des médicaments et les taux de récupération.

Médicaments sur ordonnance: Certains médicaments sur ordonnance peuvent altérer la conduite ou le fonctionnement de machines lourdes et peuvent interagir avec les niveaux de fatigue et d'autres substances comme l'alcool, compromettant ainsi davantage les performances. Les personnes occupant des postes sensibles à la sécurité doivent consulter leur fournisseur de soins de santé concernant les interactions médicamenteuses potentielles et les effets sur les performances. Il est essentiel d'informer les superviseurs des médicaments prescrits et de toute utilisation récente d'anesthésie en raison de leur impact potentiel sur les tests de dépistage.

Médicaments en vente libre: Certains médicaments en vente libre pour le soulagement de la douleur ou les rhumes et la grippe peuvent provoquer de la somnolence et des symptômes liés à la fatigue. Les personnes doivent examiner attentivement les instructions d'utilisation et les étiquettes et consulter les pharmaciens en cas de doute sur les effets secondaires potentiels. Bien que certains travailleurs postés recourent à des somnifères en vente libre, il est essentiel de les utiliser avec discernement, compte tenu de leur capacité potentielle à induire la somnolence le lendemain.

Stimulants et aides à la vigilance: Certains stimulants en vente libre comme les produits à base de caféine ou la pseudoéphédrine peuvent améliorer la vigilance mais peuvent également entraîner des effets indésirables tels qu'une anxiété accrue, des palpitations cardiaques ou de l'insomnie. Ces substances doivent être utilisées avec parcimonie et sous surveillance médicale pour atténuer les risques pour la sécurité et les performances.

Somnifères et sédatifs: Les benzodiazépines, couramment prescrites contre l'insomnie et l'anxiété, peuvent produire toute une gamme d'effets à court terme, notamment la relaxation, la somnolence, une mémoire altérée et une coordination motrice. Une utilisation à long terme peut entraîner une tolérance, une dépendance et des symptômes de sevrage, affectant divers aspects de la santé physique et mentale. Les benzodiazépines peuvent altérer les compétences motrices fines, la fonction cognitive, l'humeur, la vigilance et le comportement d'apprentissage, ce qui les rend inadaptées aux tâches critiques pour la sécurité comme la conduite ou le fonctionnement de machines.

Implications pour les performances et temps de clairance : L'utilisation de benzodiazépines a été associée à des symptômes de gueule de bois et à une altération persistante au réveil, compromettant potentiellement la sécurité au travail. Les temps de clairance des benzodiazépines varient en fonction du médicament spécifique et de la posologie, allant d'un à sept jours. Les utilisateurs chroniques ou ceux qui abusent des benzodiazépines peuvent avoir des temps de clairance prolongés, posant des risques prolongés pour la sécurité et les performances.

Santé Générale et Bien-être

De nombreuses études ont révélé des problèmes de santé liés aux horaires de travail non conventionnels, les travailleurs postés rapportant généralement plus de plaintes de santé que ceux travaillant selon des horaires traditionnels en journée. Les travailleurs postés, en particulier ceux sur des rotations de planning, ont tendance à prendre plus de congés maladie, à visiter plus fréquemment les cliniques de travail et à obtenir des scores plus bas lors de diverses évaluations de santé.

Les plaintes courantes associées aux horaires de travail non traditionnels incluent les difficultés à dormir, la fatigue et l'irritabilité. Ces horaires peuvent également avoir un impact sur les systèmes physiques tels que le système gastro-intestinal, cardiovasculaire et reproducteur, influençant le bien-être global au-delà de troubles spécifiques.

Les travailleurs postés signalent souvent des niveaux de stress élevés, une augmentation de la consommation d'alcool et de drogues, et un sentiment général de fatigue, qui peuvent être exacerbés par le stress mental lié à l'insatisfaction dans les aspects personnels et sociaux de leur vie.

Problèmes Gastro-intestinaux : Les travailleurs postés sont significativement plus susceptibles de développer des troubles gastro-intestinaux, notamment des ulcères gastriques, des indigestions, des brûlures d'estomac, des flatulences et de la constipation. Les irrégularités dans l'apport alimentaire en raison des changements de rythme de travail peuvent contribuer à ces problèmes digestifs. Le respect des heures de repas régulières et l'adoption de bonnes habitudes alimentaires peuvent atténuer les problèmes gastro-intestinaux à long terme.

Maladies Cardiovasculaires : Les travailleurs postés courent un risque plus élevé de maladies cardiovasculaires telles que l'hypertension artérielle et les crises cardiaques par rapport aux travailleurs de jour. Les antécédents familiaux, les facteurs liés au mode de vie comme l'exercice, l'alimentation et le tabagisme, et le sommeil insuffisant sont des contributeurs significatifs à la santé cardiovasculaire. Des examens réguliers, le maintien d'une alimentation équilibrée, l'exercice régulier et l'évitement du tabagisme sont essentiels pour la santé cardiovasculaire.

Grossesse et Santé Reproductive : Les femmes travaillant en poste, en particulier celles travaillant de nuit, peuvent connaître des cycles menstruels irréguliers et une augmentation des douleurs menstruelles. Des études suggèrent des associations entre le travail posté et des facteurs tels que la fertilité, le risque d'avortement spontané, les naissances prématurées et une croissance fœtale et un poids de naissance plus faibles. Bien que certaines différences observées entre les travailleurs postés et non postés soient statistiquement petites, considérer les heures de travail comme un facteur potentiel de santé reproductive est conseillé.

Le bien-être englobe divers aspects de l'état personnel, physique, matériel, mental et spirituel d'un individu, contribuant à sa satisfaction, à sa santé et à son sentiment de réalisation dans le travail, les relations sociales et les loisirs. Outre des défis tels que la perte, la dépression, l'anxiété et le stress, la fatigue émerge comme une menace significative pour le bien-être à l'époque moderne.

Initiatives Organisationnelles pour le Bien-être : De nombreuses organisations ont mis en place des programmes visant à améliorer le bien-être des employés. Ces efforts peuvent inclure des politiques d'équité et de diversité, des exigences en matière de santé et de sécurité au travail, des systèmes d'évaluation des performances, des arrangements de travail flexibles, des dispositions en matière de congés, des installations de fitness sur place et l'accès à des services de soutien tels que des aumôniers, des travailleurs sociaux et des psychologues. Ces initiatives reflètent la conviction parmi la haute direction selon laquelle les employeurs ont la responsabilité de favoriser le bien-être de leur personnel.

Responsabilité Individuelle pour le Bien-être : Indépendamment de leur rôle au sein de l'organisation, les individus ont la responsabilité de leur propre bien-être. Tout comme la gestion de la fatigue, le maintien du bien-être du personnel est une responsabilité partagée entre les superviseurs et les employés. Cependant, les individus ont un contrôle significatif sur leur bien-être émotionnel et physique.

Bien-être Émotionnel : Un bien-être émotionnel solide se caractérise par une haute estime de soi et des relations positives avec la famille, les amis et les collègues. Les individus ayant un bien-être émotionnel robuste font preuve de résilience, maintiennent une perspective équilibrée sur les problèmes et utilisent des stratégies d'adaptation efficaces. Ces stratégies comprennent des techniques de gestion des pensées, une réinterprétation positive des événements, des méthodes de relaxation, de l'exercice, la priorisation, la recherche de soutien et l'acceptation des circonstances.

Bien-être Physique : Les individus influencent largement leur bien-être physique à travers des facteurs tels que l'exercice, l'alimentation, l'hydratation et le sommeil. L'abus de substances, en particulier l'alcool et la nicotine, peut compromettre le bien-être physique. Un bon soin physique de soi entraîne une augmentation des niveaux d'énergie, un sommeil réparateur, une amélioration de la concentration et un sentiment de santé satisfaisant.

Bien-être Matériel : Le bien-être matériel joue un rôle significatif dans le bien-être global pour de nombreuses personnes et impacte également leurs familles. Le stress financier est un facteur de stress moderne prévalent. Des recherches suggèrent que, bien que la rémunération équitable soit attendue, une rémunération excessive peut affecter négativement la satisfaction au travail. Au-delà des besoins de base, les gens recherchent souvent des récompenses non matérielles telles que la reconnaissance et des rôles de travail significatifs.

Bien-être Spirituel : Pour certains, le bien-être spirituel constitue la pierre angulaire de leur bien-être global. La spiritualité englobe des aspects intangibles qui fournissent un sens de dessein ou de signification dans la vie, qui peuvent être associés à des croyances religieuses ou à des philosophies personnelles. Des études indiquent que les individus avec des croyances spirituelles bien développées ont tendance à naviguer plus efficacement à travers les défis.

Recherche de l'Équilibre : Une approche équilibrée des objectifs de vie et des activités est essentielle pour favoriser un fort sentiment de bien-être. Les modèles d'équilibre de vie mettent généralement en avant le travail, les connexions sociales et les loisirs comme des facettes fondamentales sous-tendant le bien-être global.

Exercice Physique

Avantages de l'Activité Physique : Faire régulièrement de l'exercice physique apporte une multitude de bienfaits pour la santé, notamment une meilleure protection contre les maladies cardiaques, les AVC, l'hypertension artérielle, le diabète de type 2, l'obésité, les douleurs dorsales et l'ostéoporose. (Il est important de noter la prévalence accrue des maladies cardiovasculaires et d'autres problèmes de santé chez les travailleurs postés.)

Alors que l'exercice a traditionnellement été lié principalement à la santé physique, il est désormais reconnu pour ses effets holistiques sur le corps, y compris la promotion du bien-être psychologique. Les bienfaits psychologiques de l'exercice régulier incluent une amélioration de l'humeur, une meilleure gestion du stress, une estime de soi accrue et un sentiment général de bien-être. En d'autres termes, la plupart des individus se sentent mieux après avoir fait de l'activité physique.

L'exercice joue également un rôle dans l'amélioration de la qualité du sommeil. Des études indiquent que faire de l'exercice 30 à 180 minutes avant le coucher peut conduire à un sommeil profond (réparateur) accru. Une étude a même révélé que l'exercice en soirée améliorait la perception d'une bonne nuit de sommeil et réduisait la somnolence diurne. De plus, être en forme physiquement améliore l'endurance, ce qui amplifie le plaisir des activités de loisirs.

Avantages Spécifiques de l'Exercice Physique : L'exercice physique offre une large gamme de bienfaits, notamment une augmentation des niveaux d'énergie, une réduction de la tension musculaire et du stress, une amélioration de la tonicité musculaire et de la force, une meilleure condition physique aérobie, une meilleure souplesse, un renforcement de la fonction immunitaire, une diminution de la masse grasse corporelle, une amélioration de la densité osseuse, une circulation sanguine améliorée, une meilleure digestion et un fonctionnement corporel global plus sain.

Établir une Routine de Fitness : De nombreux individus travaillant selon des horaires non traditionnels ont du mal à établir des habitudes d'exercice régulières. En moyenne, les femmes travaillant en équipe portent de 5 à 10 kg de plus que leurs homologues travaillant en journée, tandis que les hommes travaillant en équipe portent de 10 à 12 kg de plus.

Pour profiter au maximum des bienfaits pour la santé, les experts recommandent de pratiquer 20 à 30 minutes d'activité aérobique trois fois ou plus par semaine, ainsi que des exercices de renforcement musculaire et des étirements au moins deux fois par semaine. Cependant, si atteindre ce niveau d'activité s'avère difficile, accumuler 30 minutes ou plus d'activité physique d'intensité modérée chaque jour, trois à quatre fois par semaine, peut quand même apporter d'importants bienfaits pour la santé. Les activités d'intensité modérée incluent des tâches quotidiennes telles que passer l'aspirateur, tondre la pelouse et marcher, qui ne nécessitent aucun équipement spécial et peuvent être effectuées à tout moment.

Avant de commencer un programme d'exercice, il est conseillé de consulter un médecin, surtout si vous êtes en surpoids, avez plus de 30 ans ou êtes novice en matière d'exercice. Pour ceux qui ont été inactifs, il est préférable de commencer par des activités moins intenses comme la marche, le vélo doux ou la natation à un rythme confortable, en augmentant progressivement l'intensité pour éviter les blessures.

Opérations de drones télépilotés - Menaces environnementales ou opérationnelles

Défis d'affichage et de contrôle : Le détachement entre l'aéronef et l'opérateur dans les opérations de drones télépilotés entraîne une perte significative de repères sensoriels disponibles pour les pilotes d'aéronefs habités. Contrairement aux pilotes, les opérateurs de drones télépilotés ne comptent que sur les informations sensorielles fournies par les capteurs embarqués via liaison de données, principalement limitées à des images visuelles avec un champ de vision restreint. Par conséquent, les opérateurs de drones télépilotés éprouvent une "isolement sensoriel" relatif par rapport à leur véhicule contrôlé, en l'absence d'entrées visuelles ambiantes, de rétroactions kinesthésiques/vestibulaires et de son. La recherche est essentielle pour comprendre comment cet isolement sensoriel affecte les performances de l'opérateur et explorer des conceptions d'affichage avancées pour compenser le manque d'entrée sensorielle directe.

Défis de la bande passante de la liaison de données : La qualité des informations visuelles des capteurs disponibles pour les opérateurs de drones télépilotés est limitée par la largeur de bande de la liaison de communication entre le véhicule et la station de contrôle au sol. La largeur de bande de la liaison de données limitée impose des contraintes en termes de résolution temporelle et spatiale, de capacités de couleur et de champ de vision des écrans visuels, entraînant des retards de transmission en réponse aux entrées de l'opérateur. La recherche est essentielle pour relever ces défis, explorer des conceptions d'affichage pour surmonter les limitations de bande passante et optimiser les compromis entre les aspects d'affichage.

Automatisation et pannes système : Les systèmes de drones télépilotés varient dans le degré d'automatisation du contrôle de vol, allant du contrôle manuel au vol entièrement automatisé. La forme optimale de contrôle de vol dépend de facteurs tels que les retards de communication et la qualité des informations sensorielles. La recherche est nécessaire pour déterminer les méthodes de contrôle optimales pour différentes phases de vol et examiner l'interaction entre les opérateurs humains et les systèmes automatisés. De plus, la recherche devrait se concentrer sur l'établissement et l'optimisation de procédures pour répondre aux pannes système et à la perte de communication.

Composition de l'équipage, coordination, sélection et formation : La composition, la sélection et la formation des équipages de vol de drones télépilotés sont des facteurs critiques pour garantir des opérations sûres. La recherche est nécessaire pour déterminer la taille et la structure optimales de l'équipage pour différentes catégories de mission et explorer des conceptions d'affichage et des aides à l'automatisation pour réduire les exigences de l'équipage. Des efforts sont nécessaires pour faciliter la communication de l'équipage, en particulier pendant les transferts de contrôle, et établir des normes pour la sélection et la formation des opérateurs de drones télépilotés.

Gestion des risques et des dangers : Une gestion efficace des risques est cruciale pour les opérations de drones télépilotés, exigeant que les pilotes soient conscients des ressources disponibles et maintiennent une conscience situationnelle. Des techniques telles que le modèle Perceive, Process, Perform (3P) et les listes de contrôle de gestion des risques aident à prendre des décisions éclairées et à gérer efficacement la charge de travail. De plus, comprendre la prise de décision naturaliste et reconnaître les pièges opérationnels peut aider à atténuer les risques liés au stress, à la charge de travail et aux distractions.

Aborder les menaces environnementales et opérationnelles dans les opérations de drones télépilotés nécessite une approche multifacette englobant des conceptions d'affichage avancées, l'automatisation, la coordination de l'équipage, la gestion des risques et des décisions efficaces. Des efforts continus de recherche et développement sont cruciaux pour améliorer la sécurité et les performances des drones télépilotés dans divers environnements opérationnels.

Directives opérationnelles pour les RPAS - Traitement des situations de perte de liaison

Lorsqu'il s'agit de la possibilité de perdre la connectivité de la liaison de commande, il est vital d'établir des pratiques efficaces pour garantir la continuité du vol et la sécurité. Les liaisons de commande ne sont pas infaillibles et des interruptions peuvent survenir, mettant potentiellement en péril la relation de commande et de contrôle entre le pilote à distance et le RPAS (Système d'aéronef piloté à distance). Pour atténuer l'impact des liaisons perdues, il est crucial de mettre en œuvre des procédures préprogrammées permettant au RPAS de naviguer de manière autonome jusqu'à ce que la liaison soit rétablie.

Des preuves anecdotiques suggèrent que les pilotes de RPAS doivent être prêts à ce que chaque commande soit potentiellement leur dernier contact avec l'aéronef pendant un certain temps si une interruption de liaison se produit. Il est essentiel de faire preuve de prudence, surtout lorsqu'une seule commande pourrait entraîner des conditions de vol dangereuses si elle n'est pas suivie rapidement. Par exemple, diriger l'aéronef vers le terrain sans possibilité de donner une commande ultérieure pour s'en éloigner pourrait être périlleux.

Un comportement prévisible lors des situations de perte de liaison est primordial tant pour le pilote que pour le contrôle du trafic aérien (ATC). Cela nécessite de définir des procédures de perte de liaison claires, comprenant des manœuvres prédéterminées telles que la montée ou le déplacement vers un emplacement désigné. Ces procédures peuvent nécessiter des adaptations en fonction de la progression du vol ou de besoins opérationnels spécifiques. Les pilotes et le contrôle du trafic aérien doivent être bien informés de ces procédures pour éviter toute surprise lors de scénarios de perte de liaison, en mettant l'accent sur l'importance d'incorporer les détails de programmation de perte de liaison dans le plan de vol de l'aéronef.

L'établissement de meilleures pratiques pour gérer les scénarios de perte de liaison est essentiel, en mettant l'accent sur la garantie d'un comportement sûr et prévisible de la part du RPAS. Déterminer la durée d'une interruption de liaison qui déclenche une procédure de perte de liaison est crucial mais peut varier en fonction de facteurs opérationnels tels que la phase de vol ou l'environnement. Les interruptions fréquentes peuvent amener les pilotes à utiliser des solutions de contournement, soulignant la nécessité de trouver un équilibre entre la prévisibilité du vol et le maintien du contrôle.

Les pilotes de RPAS sont confrontés à des défis uniques en raison de la limitation des repères sensoriels, se reposant principalement sur les retours visuels des caméras embarquées. L'absence d'interaction physique directe avec l'aéronef complique les vérifications pré-vol, nécessitant des approches alternatives pour garantir la navigabilité. De plus, les pilotes de RPAS peuvent rencontrer des illusions et des conflits perceptuels, soulignant l'importance d'évaluer leur impact sur la sécurité des vols et les opérations.

La vigilance et la gestion de la fatigue sont cruciales pour les pilotes de RPAS, surtout lors de vols de longue durée caractérisés par une faible charge de travail. Des stratégies visant à maintenir l'engagement et à prévenir la monotonie doivent être identifiées, en équilibrant le besoin de pauses avec les exigences opérationnelles. Les transferts entre les stations de contrôle représentent un autre domaine de préoccupation, nécessitant des protocoles clairs pour assurer une transition sans faille et éviter les ruptures de communication ou les erreurs de gestion de mode.

La planification des vols pour les opérations de RPAS implique des considérations uniques, notamment des vols d'endurance ultra-longue, la couverture de la liaison C2 et la planification des contingences. Les pilotes doivent anticiper les défis potentiels tels que les conditions météorologiques défavorables ou les interruptions de liaison, en les intégrant dans des plans de vol complets pour garantir le succès et la sécurité de la mission.

En cas d'urgence nécessitant la cessation du vol, les pilotes de RPAS doivent évaluer les risques pour les tiers par rapport à la préservation de l'aéronef et de la charge utile. La prise de décision peut être compliquée par des informations sensorielles limitées et l'absence d'occupants à bord, ce qui souligne la nécessité de protocoles clairs et d'informations en temps réel pour atténuer efficacement les risques.

Dans l'ensemble, les opérations de RPAS nécessitent une planification méticuleuse, une communication efficace et le respect des protocoles de sécurité pour garantir le déroulement sûr et efficace des missions.

OPÉRATIONS DES SYSTÈMES DE DRONES TÉLÉCOMMANDÉS À ROTORS MULTIPLES

À ce stade, vous avez probablement déjà choisi le type de drone qui répond à vos besoins. La prochaine étape consiste à avoir une compréhension claire des fonctionnalités dont vous avez besoin du système. Voici quelques questions simples auxquelles vous devriez répondre avant d'acheter des accessoires ou de finaliser la conception de votre drone.

1. Temps de vol : Déterminez combien de temps vous avez besoin que l'aéronef reste en vol avant de devoir changer la batterie ou faire le plein de carburant.

2. Temps de charge de la batterie : Considérez la durée nécessaire pour charger les batteries du drone. Bien que la charge immédiate soit souhaitable, chaque batterie aura un temps de charge minimum en fonction de ses spécifications. Évaluez combien de temps l'aéronef doit fonctionner en continu et planifiez en conséquence. Par exemple, si vous avez besoin d'une heure de temps de vol mais que chaque batterie ne fournit que 10 minutes, plusieurs batteries seront nécessaires. Si la charge sur le terrain n'est pas réalisable, des ensembles de batteries supplémentaires seront nécessaires pour assurer un fonctionnement continu.

3. Dimensions de l'aéronef : Mesurez la distance approximative entre les moteurs opposés en diagonale dans les multirotors ou l'envergure dans les drones à voilure fixe. Assurez-vous que les dimensions correspondent aux exigences de transport, en tenant compte du véhicule qui le transportera. En général, les grands aéronefs offrent des durées de vol plus longues mais à un coût plus élevé.

4. Charge utile : Déterminez la charge que l'aéronef doit transporter, que ce soit une petite caméra comme une GoPro ou un réservoir de pesticide de 30 litres. Comprenez que les exigences en matière de charge utile ont un impact significatif sur le coût.

5. Vitesse au sol : Évaluez la vitesse de l'aéronef par rapport au sol, surtout lors de la cartographie de grandes zones dans un temps de batterie limité. Connaître la vitesse maximale et la durée de vol permet de calculer la zone de couverture afin d'éviter de tomber en panne pendant les missions.

6. Liaison radio : Comprenez le type et la portée de la liaison radio du drone. Les bandes de fréquences radio comme 433 MHz, 900 MHz, 2,4 GHz ou 5,8 GHz offrent des portées et des capacités de transmission de données variables. Choisissez la fréquence en fonction de vos priorités, que ce soit pour diffuser des vidéos en continu ou couvrir de longues distances.

Peu importe votre application spécifique, tous les drones devraient inclure les éléments essentiels suivants :

- Radio de télémétrie

- Émetteur RC pour le contrôle manuel (exigé par certaines autorités de l'aviation)

- Chargeur de batterie

- Logiciel de station au sol (ou station au sol physique)

- Pièces de rechange (batteries, hélices, etc.)

- Capteurs adaptés à votre application (par exemple, caméra de cartographie, caméra vidéo avec liaison de données)

La Physique du Vol des Drones Multirotors

Lorsqu'ils rencontrent un aéronef multirotor pour la première fois, les observateurs sont souvent émerveillés par leur capacité à voler. Une question courante se pose : "Comment ces machines parviennent-elles à voler sans surfaces de contrôle traditionnelles ?" Cette question mérite une exploration de la physique sous-jacente du vol des multirotors.

Étant donné l'absence de surfaces de contrôle conventionnelles, la manœuvre d'un multirotor typique repose uniquement sur l'ajustement des vitesses des moteurs. Par conséquent, modifier la poussée des moteurs induit des mouvements directionnels, dirigeant ainsi l'engin en conséquence.

Dans toute configuration de multirotor, une carte de contrôle de vol sert d'élément intermédiaire entre le récepteur radio et les contrôleurs de vitesse des moteurs. La carte de contrôle de vol assume un double rôle : premièrement, elle interprète les signaux de commande du récepteur radio - concernant le tangage, le roulis, le lacet et les gaz - et les traduit en variations de gaz nécessaires pour manœuvrer l'engin. Deuxièmement, en mode de stabilité, elle fonctionne comme un module de stabilisation gyroscopique, garantissant que l'engin reste droit et nivelé en l'absence d'entrées de contrôle explicites. Faire fonctionner un aéronef multirotor sans carte de contrôle de vol est extrêmement difficile, voire virtuellement impossible.

Pour aider à expliquer les différents modes de vol, nous utiliserons un diagramme représentant la vue de dessus d'une plateforme multirotor Quad-X. Cette configuration est largement utilisée dans les opérations de vol d'aujourd'hui, ce qui la rend très pertinente pour notre discussion sur les principes de vol. Comme illustré dans la Figure 69, cette illustration représente le quadricoptère en vol stationnaire stable.

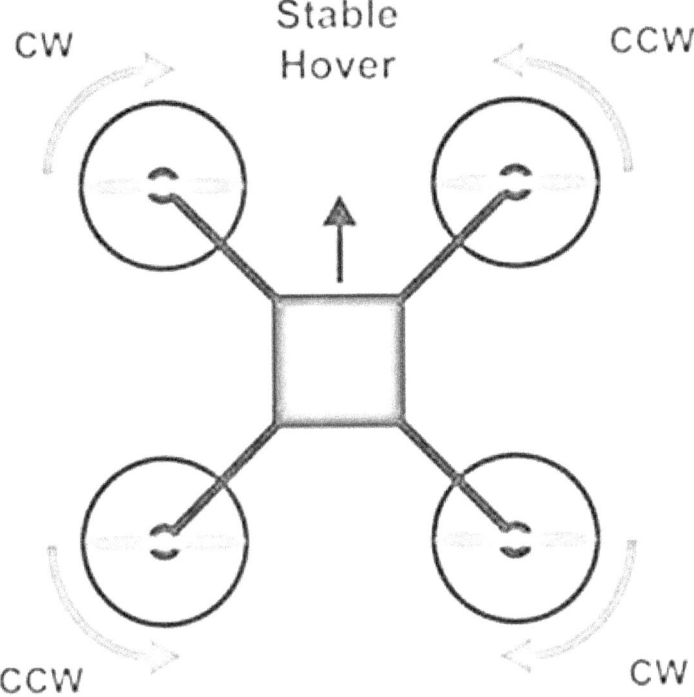

Figure 69: Quad en vol stationnaire stable.

La flèche avant droite indique l'avant de l'appareil et la direction du mouvement vers l'avant. Autour de chaque moteur se trouvent des flèches courbées indiquant la direction et la vitesse de rotation de l'hélice. Sur ce schéma, toutes les quatre flèches courbées sont uniformes en taille, ce qui signifie que tous les moteurs fonctionnent à la même vitesse, les pointes de flèche indiquant la direction de rotation des hélices. Dans ces circonstances, chaque moteur génère une poussée équivalente au quart du poids de la structure. Lorsque la poussée de tous les quatre moteurs est combinée, elle équilibre le poids de l'appareil, contrecarrant la force de gravité qui tire vers le bas. En l'absence d'autres forces externes, l'appareil maintiendra un vol horizontal à une altitude stable.

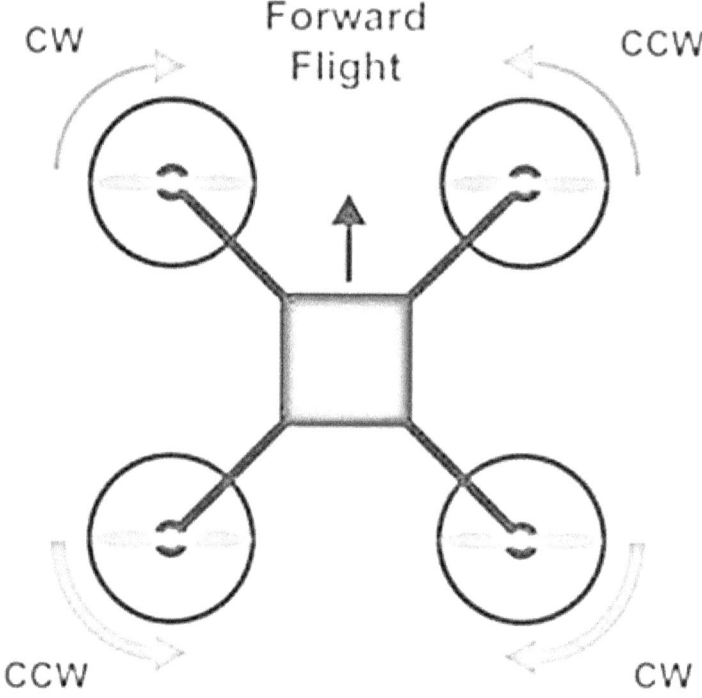

Figure 70: Quad en mouvement vers l'avant.

Pour initier le mouvement du quad, des ajustements de vitesse des moteurs sont nécessaires, certains moteurs accélérant tandis que d'autres décélèrent, en fonction du résultat souhaité. La figure 70 illustre le processus lorsque le mouvement vers l'avant est désiré. Les deux moteurs arrière accélèrent également, comme indiqué par les flèches courbes plus épaisses, tandis que les moteurs avant décélèrent également, comme indiqué par les flèches courbes plus légères. Cette disparité de poussée entraîne le soulèvement de l'arrière du quad alors que l'avant s'abaisse. Une fois l'angle désiré atteint, les moteurs reviennent à une vitesse légèrement augmentée par rapport à leur vitesse de stationnement d'origine, propulsant le quad vers l'avant. Lorsque le quad s'incline légèrement, une partie de la force de levage est dirigée vers l'avant, contribuant au mouvement vers l'avant du quad. Cependant, une fraction de la force de levage est perdue, nécessitant une légère augmentation de la vitesse des moteurs pour compenser. Inversement, pour reculer, la séquence inverse se produit, avec les moteurs avant accélérant pour incliner le quad vers l'arrière, suivis de tous les moteurs revenant à une vitesse constante alors que le quad se déplace vers l'arrière vers le pilote. Pour revenir à un vol stationnaire stable, des commandes de contre-mesure sont brièvement appliquées pour arrêter le mouvement du quad, suivies du retour des commandes à une position neutre une fois que le quad est stabilisé.

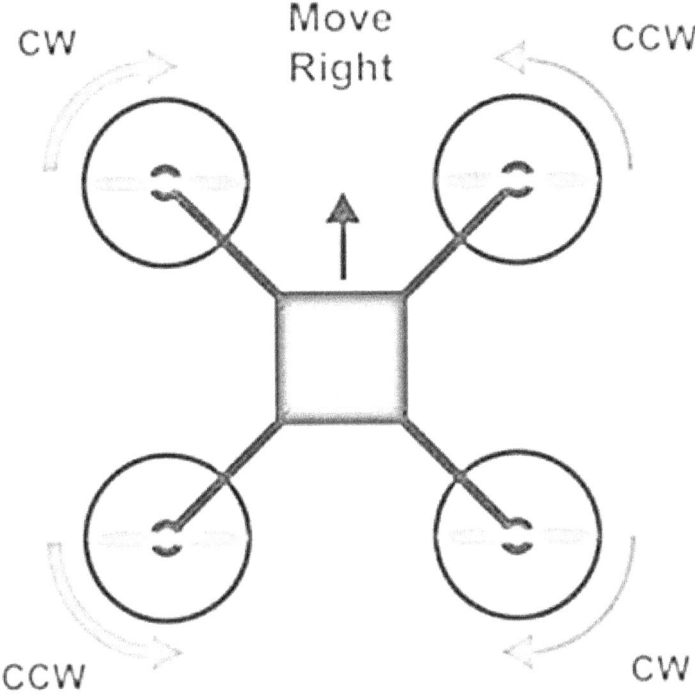

Figure 71: Déplacer le manche de contrôle vers la droite.

Pour manoeuvrer le Quad horizontalement, une procédure similaire est appliquée, mais avec différents moteurs ajustant leurs vitesses. Sur la Figure 71, l'illustration montre le résultat lorsque le manche de contrôle est déplacé vers la droite. Les deux moteurs de gauche accélèrent tandis que les deux moteurs de droite décélèrent. Une fois que l'appareil atteint l'angle désiré, les vitesses des moteurs se normalisent, initiant le mouvement vers la droite. À l'inverse, pour virer à gauche, l'inverse se produit : les deux moteurs de droite accélèrent tandis que les deux moteurs de gauche décélèrent, incitant l'appareil à s'incliner vers la gauche et à commencer à se déplacer vers la gauche. Comme expliqué précédemment, pour revenir à un vol stationnaire stable, des commandes contreactives sont brièvement appliquées pour arrêter le mouvement, suivies du retour du manche de contrôle à une position neutre.

Lorsque l'appareil est en vol stationnaire et équipé d'une carte de vol incorporant des accéléromètres, la carte peut détecter la force de gravité et déterminer la direction du "bas".

En s'alignant avec la force de gravité, la carte de vol peut automatiquement mettre le cadre à niveau et maintenir sa position, même lorsque perturbé par des forces externes telles que des rafales de vent.

Le prochain mouvement de commande, en particulier pour les débutants aux multirotors, soulève souvent des questions : Comment un quad tourne-t-il ou pivote-t-il à gauche et à droite ? Dans une configuration de quad, comme démontré dans les figures précédentes, deux moteurs tournent dans le sens des aiguilles d'une montre tandis que les deux autres tournent dans le sens inverse des aiguilles d'une montre. Cette configuration annule les tendances naturelles de couple d'un jeu de moteurs avec le jeu opposé, empêchant la rotation. En examinant la Figure 72, pour induire une rotation dans le sens des aiguilles d'une montre, les deux moteurs tournant dans le sens inverse des aiguilles d'une montre accélèrent tandis que les deux moteurs tournant dans le sens des aiguilles d'une montre décélèrent d'une quantité égale. Cela maintient la portance globale générée, car la poussée gagnée par les moteurs plus rapides équivaut à la poussée perdue par les moteurs plus lents. Cependant, le moment de couple produit par les moteurs tournant dans le sens inverse des aiguilles d'une montre augmente tandis que celui des moteurs tournant dans le sens des aiguilles d'une montre diminue, entraînant une augmentation nette du couple qui fait tourner l'ensemble du cadre du quad dans le sens des aiguilles d'une montre. À l'inverse, pour tourner à gauche, les deux moteurs tournant dans le sens des aiguilles d'une montre accélèrent tandis que les deux moteurs tournant dans le sens inverse des aiguilles d'une montre décélèrent, créant une différence nette de couple qui fait tourner le cadre du quad vers la gauche.

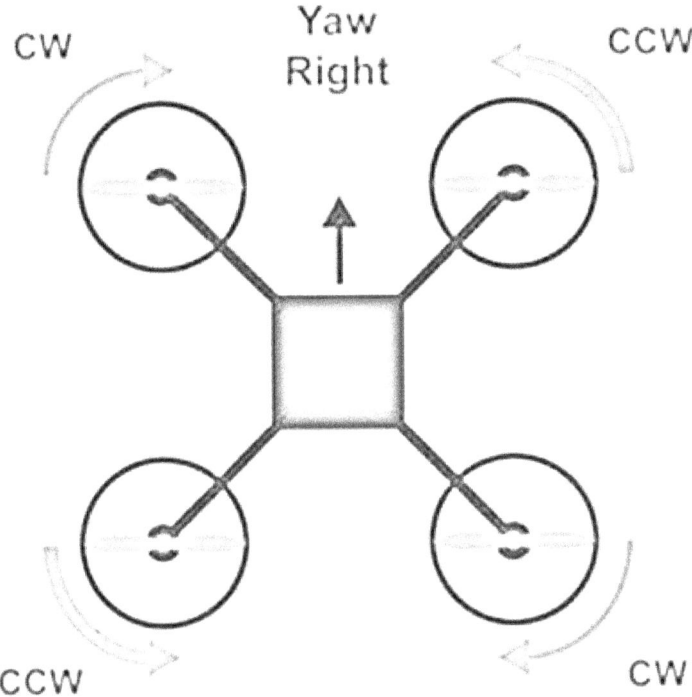
Figure 72: Rotation du quad dans le sens des aiguilles d'une montre.

Le dernier aspect du vol à aborder concerne les changements d'altitude. Comme illustré dans la Figure 73, pour monter, les quatre moteurs augmentent leur vitesse de manière égale, ce qui entraîne une augmentation nette de la poussée qui soulève le quad vers le haut. En revanche, pour descendre, le processus inverse se produit : les quatre moteurs diminuent leur vitesse de la même manière, ce qui entraîne une diminution nette de la poussée et permet au quad de descendre sous l'influence de la gravité.

Toutes les manœuvres discutées jusqu'à présent impliquent essentiellement une transition vers et depuis un vol stationnaire stable. Si la carte de contrôle de vol de votre multirotor comprend un mode acrobatique sans capacité d'auto-nivellement, vous pouvez également effectuer des manœuvres comme des boucles ou des tonneaux en déplaçant et en maintenant suffisamment le manche de commande. Dans une boucle, la portance supplémentaire des moteurs avant continue de tirer le devant de l'appareil vers le haut et par-dessus, pour finalement revenir à un vol horizontal. Avant d'essayer une boucle dans un quad, assurez-vous d'avoir une altitude suffisante, car les drones multirotors utilisent généralement des hélices à pas fixe, ce qui entraîne une descente rapide lorsqu'ils sont retournés. Dans un quad, des boucles rapides peuvent être exécutées en montant, suivies d'un retournement au sommet. Alternativement, vous pouvez boucler un quad à partir d'un vol horizontal pour obtenir une boucle ronde et lisse, à condition de maintenir une vitesse suffisante vers l'avant pour contrer la force de gravité qui tire l'appareil vers l'extérieur.

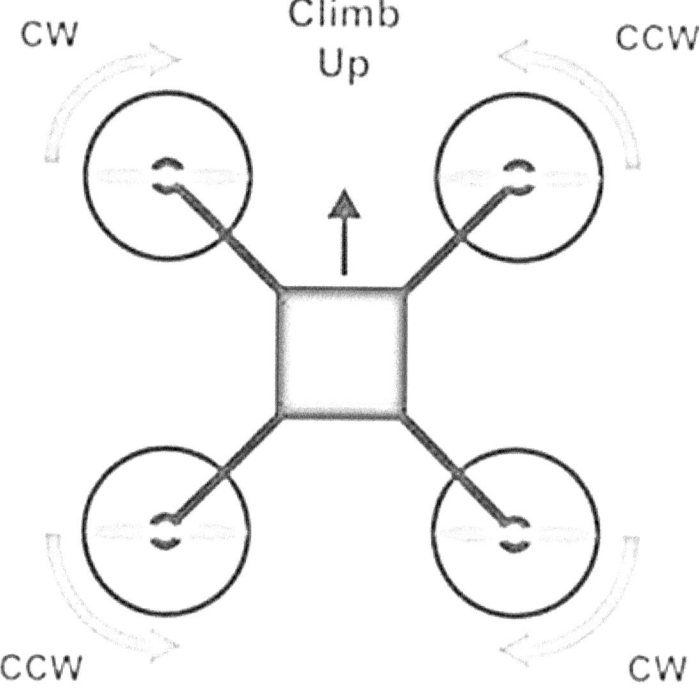

Figure 73: Changement d'altitude.

Effectuer des flips depuis un vol stationnaire est réalisable, à condition qu'ils soient exécutés rapidement et depuis une altitude suffisante au-dessus du sol. Faire basculer un quad depuis un vol vers l'avant ressemble à faire basculer un avion d'entraînement avec un profilé d'aile plat en dessous. Vous devez initier la rotation en tirant légèrement vers le haut pour établir un angle légèrement ascendant. L'altitude perdue pendant la rotation vous ramène naturellement à un vol horizontal à la fin ou avec une légère attitude de nez vers le bas, qui peut être ajustée avec une légère traction sur le manche.

Cela couvre essentiellement les bases de la manière dont un engin multirotor manœuvre sans surfaces de contrôle et clarifie espérons-le certains des principes physiques sous-jacents de ces modèles captivants. Une fois que vous aurez saisi la physique impliquée, faire fonctionner un multirotor deviendra beaucoup moins mystérieux.

Maîtriser les éléments essentiels du pilotage de votre nouveau quadricoptère implique de comprendre les concepts de Roulis, de Tangage et de Lacet. Une fois que vous aurez une compréhension solide de ces principes et de leur impact sur le vol de votre drone, la navigation de votre drone deviendra beaucoup plus fluide. Consacrez du temps à vous familiariser avec la manière dont le Roulis, le Tangage et le Lacet sont incorporés dans la conception et le comportement de votre drone. Avec une pratique constante, vous allez rapidement élever vos compétences de pilotage à des niveaux professionnels !

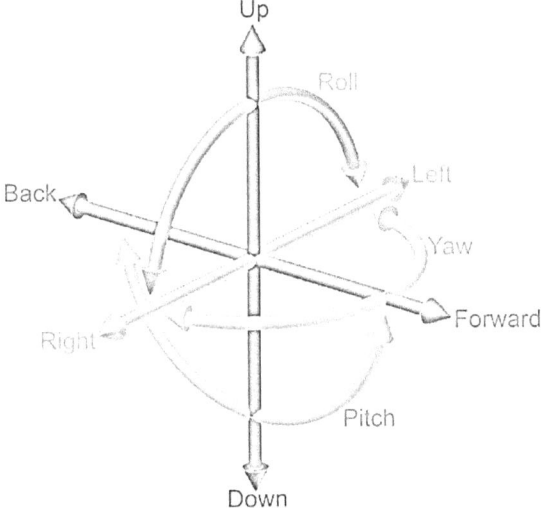

Figure 74: Mouvements de contrôle du drone.

L'émetteur de votre drone joue un rôle crucial dans son fonctionnement, notamment en ce qui concerne la dynamique de vol de votre quadricoptère. Équipé de deux joysticks, le joystick droit gère le "Pitch" et le "Roll", tandis que le joystick gauche contrôle le "Yaw". Le Roll désigne le mouvement latéral, déplaçant le drone de côté, tandis que le pitch gouverne le mouvement avant et arrière. Le Yaw dicte la rotation dans le sens horaire ou anti-horaire de votre UAV, et le manche des gaz contrôle la montée et la descente verticales. Il est crucial de maintenir les gaz engagés lors de la pilotage de votre drone pour maintenir la puissance et l'empêcher de descendre une fois que l'entrée de gaz est réduite.

La figure 75 est un diagramme simple qui montre comment les commandes sont liées au Yaw, au Pitch et au Roll.

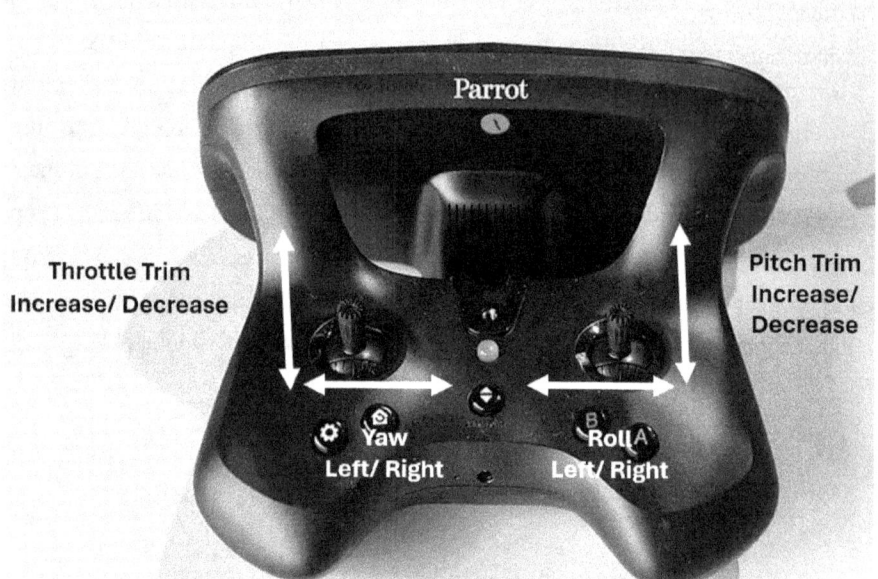

Figure 75: Contrôler le Yaw, le Pitch et le Roll. Image arrière : Contrôleur de drone Parrot Bebop 2 Power, Hunini, CC BY-SA 4.0, via Wikimedia Commons.

Les véhicules aériens sans pilote (UAV) représentent des réalisations techniques complexes, exigeant une compréhension profonde de la physique sous-jacente pour leur conception et leur construction réalisables. Ces aéronefs doivent posséder la capacité de détecter leur position, leur vitesse, leur accélération et divers autres paramètres gouvernant leur mouvement. Cette discussion se concentre principalement sur les UAV à décollage et atterrissage vertical (VTOL), exemplifiés dans ce qui suit par le Draganflyer X6, mais les principes discutés s'étendent à tous les véhicules aériens et UAV.

Avant d'entrer dans des concepts plus complexes tels que les profils aérodynamiques et les accéléromètres, il est essentiel de comprendre quelques principes physiques de base. Ceux-ci englobent la force, la masse et l'accélération. Bien qu'une explication complète nécessite souvent le calcul différentiel, nous adopterons une approche purement algébrique.

Masse : La masse désigne une propriété déterminant la façon dont un objet interagit dans un champ gravitationnel et influence des phénomènes tels que l'accélération, la quantité de mouvement et l'énergie. Bien que la masse soit souvent confondue avec le poids, ce sont des concepts distincts. Le poids représente une force exercée sur un objet, tandis que la masse est une propriété intrinsèque. L'unité SI de masse est le kilogramme, distincte des livres, qui quantifient la force.

Vitesse : La vitesse, souvent synonyme de rapidité, se distingue en incorporant à la fois la vitesse et la direction. Contrairement à la vitesse, qui mesure uniquement le taux de mouvement, la vitesse encapsule la direction, généralement représentée sous forme d'angle par rapport à un point de référence.

Accélération : L'accélération caractérise le taux de changement de vitesse au fil du temps. Elle peut être calculée comme le rapport du changement de vitesse à l'intervalle de temps sur lequel le changement se produit. L'accélération prend en compte les modifications de vitesse et de direction, ce qui en fait une quantité vectorielle. Les accéléromètres, des dispositifs électroniques, mesurent l'accélération dans diverses directions.

Force : La force, produit de la masse et de l'accélération (deuxième loi de Newton), se manifeste comme une "poussée" ou une "traction" sur un objet. L'ampleur de la force nécessaire pour déplacer un objet ou l'accélérer est corrélée à sa masse. Par conséquent, l'application d'une force sur un objet avec une masse induit une accélération.

Ces concepts fondamentaux sous-tendent la physique fondamentale qui régit le vol des aéronefs et des UAV. Bien que les concepts ultérieurs reposent sur ces principes, ils restent fondamentaux pour comprendre la dynamique du vol.

Équilibre du vol UAV

L'équilibre caractérise un état dans lequel toutes les forces agissant sur un objet se compensent précisément, résultant en une force nette nulle. Comme toute force appliquée à un objet induit une accélération, un aéronef doit subir des forces équilibrées pour maintenir une position stationnaire. Mais comment cet équilibre se produit-il ?

Considérons un aéronef hypothétique en vol stationnaire. Les forces principales agissant sur lui comprennent la gravité, qui tire vers le bas, et la poussée des moteurs, qui pousse vers le haut. Pour simplifier, nous allons négliger le flux d'air, le couple des hélices et d'autres forces latérales. Pour rester en vol stationnaire sans monter ni descendre, la poussée générée par les moteurs doit exactement contrebalancer la force de gravité. Visuellement, cet équilibre est représenté par la flèche verte représentant la force gravitationnelle et la flèche orange représentant la force de portance produite par les moteurs.

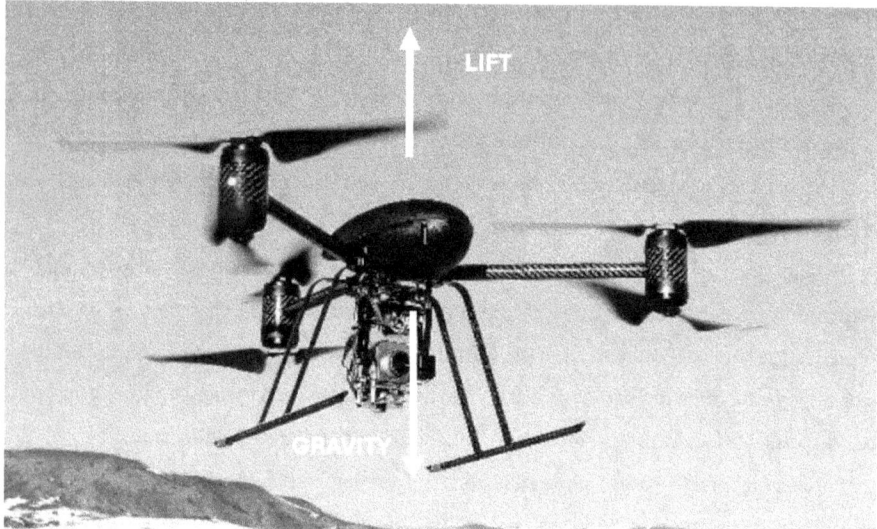

Figure 76: Forces de portance et de gravité agissant sur un drone. Image de fond : Draganflyer X6, Ian Burt, CC BY-SA 2.0, via Flickr.

Ce concept revêt une importance pratique. Par exemple, dans le cas du Draganflyer X6, pesant 1000 grammes, les moteurs et les hélices doivent fournir précisément 1000 grammes de poussée vers le bas pour maintenir le UAV en vol stationnaire.

Cependant, l'équilibre peut être perturbé pour induire des manœuvres spécifiques. Par exemple, pour initier un virage avec le Draganflyer X6, un ensemble d'hélices tourne plus rapidement que les deux autres, créant une force excessive d'un côté de l'aéronef, ce qui entraîne une accélération. Cette accélération facilite le virage en inclinant l'aéronef. Une fois que l'aéronef est incliné, la poussée des moteurs est dirigée loin de la direction verticale, permettant le mouvement par rapport au sol. Pour arrêter le mouvement, le UAV s'incline dans la direction opposée.

Endurance des UAV

Les principaux facteurs limitant le fonctionnement des drones sont la portée de votre radio et la durée de vie de la batterie. En général, une radio standard de 2,4 GHz offre une portée allant jusqu'à 1 km, pouvant atteindre environ 1,5 km dans des conditions idéales. Cependant, lors de l'utilisation du drone en mode mission automatique, vous n'êtes pas limité par la portée de la radio, bien qu'il soit crucial de comprendre parfaitement cette fonctionnalité et de garantir sa conformité légale. La durée de vie de la batterie varie en fonction du modèle de drone et de l'équipement attaché. De plus, la consommation d'énergie augmente lors des vols à grande vitesse, ce qui réduit le temps de vol. L'altitude au-dessus du niveau de la mer affecte également la durée de vie de la batterie, il est donc essentiel de tester l'endurance de la batterie dans des conditions spécifiques et de surveiller de près les niveaux de batterie pendant l'opération.

La charge utile maximale qu'un drone peut transporter dépend de divers facteurs, notamment sa conception, ses moteurs, ses hélices, ses contrôleurs électroniques de vitesse (ESC), ses batteries et son altitude au-dessus du niveau de la mer. Consultez les spécifications de chaque modèle de drone pour des détails précis.

L'emplacement idéal pour le vol de drone est un espace ouvert où il n'y a aucun risque pour les personnes, les animaux ou les biens. Cependant, soyez prudent en cas d'interférences RF importantes, qui peuvent entraîner un comportement erratique du drone. Commencer sur de l'herbe peut atténuer les dommages en cas de crash, et obtenir la permission des propriétaires fonciers est nécessaire pour accéder à une propriété privée.

La plupart des drones utilisent des packs de batteries au lithium polymère (LiPo), qui se composent de plusieurs cellules en série, déterminant la tension de la batterie. Les packs de batteries varient également en termes de capacité de stockage mesurée en mAh, avec des capacités plus élevées entraînant des batteries plus grandes et plus lourdes.

Bien que les moteurs sans balais sur la plupart des systèmes aériens sans pilote (UAS) puissent fonctionner sous une pluie légère, le contrôleur de vol, l'ESC et autres électroniques doivent rester secs. À moins d'être classés par météo, les drones ne sont pas garantis pour voler sous la pluie. Si le contrôle est perdu en raison de la perte de signal entre la radio et le drone, le drone entrera en mode Retour au terrain (RTL) et retournera à son point de décollage si le verrouillage GPS a été établi. De même, activer cette fonctionnalité via un interrupteur sur la radio peut ramener le drone chez lui en cas d'erreur du pilote ou de problèmes de visibilité, à condition qu'il n'ait pas été impliqué dans un crash.

Piloter un drone est devenu plus facile avec les contrôleurs de vol stabilisés et les capacités GPS. La plupart des gens peuvent décoller et maintenir le vol, mais des compétences avancées sont nécessaires pour naviguer dans les obstacles et capturer des plans spécifiques, nécessitant de la pratique et de l'expérience.

De nombreux contrôleurs de vol prennent en charge des missions entièrement autonomes, du décollage à l'accomplissement de tâches telles que le vol d'une grille et le retour à la maison. La surveillance peut être effectuée depuis le sol à l'aide de logiciels de contrôle au sol ou de flux vidéo en direct.

Contrôles du quadricoptère

Maîtriser les commandes d'un quadricoptère est essentiel dans votre parcours pour devenir compétent en vol. Au fur et à mesure que vous vous familiarisez avec ces commandes, elles deviendront progressivement intégrées dans votre mémoire musculaire, offrant une expérience de vol fluide.

Chaque commande fonctionne indépendamment, mais leur synergie est ce qui vous permet de naviguer efficacement avec le quadricoptère. En comprenant comment chaque commande fonctionne individuellement et leur impact collectif, vous gagnerez en maîtrise sur la dynamique de mouvement du quadricoptère.

Il est important de noter que l'ampleur avec laquelle vous manipulez les commandes influence directement la réponse du quadricoptère. Pendant la phase d'apprentissage initiale, il est conseillé d'appliquer une pression douce sur les sticks, ce qui entraîne des mouvements subtils du quadricoptère. Avec une confiance et une habileté accrues, vous pouvez progressivement augmenter l'intensité de vos mouvements de stick, permettant des manœuvres plus nettes et plus précises.

Les quatre commandes primaires du quadricoptère comprennent :

- Roulis

- Tangage

- Lacet

- Gaz

Roulis Le roulis est une commande qui déplace votre quadricoptère horizontalement vers la gauche ou la droite. Cette action est exécutée en manipulant le stick droit sur votre émetteur dans l'une ou l'autre direction.

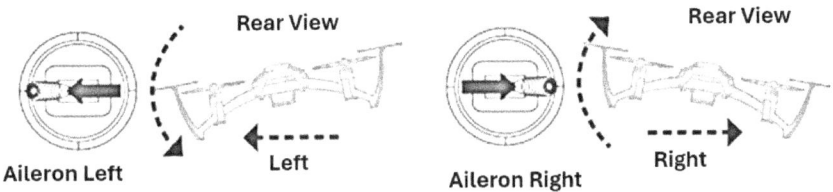

Figure 77: Commandes de roulis du quadricoptère.

Le terme "roulis" décrit parfaitement ce mouvement car il simule le mouvement de roulis du quadricoptère lui-même. Par exemple, lorsque vous poussez le stick droit vers la droite, le quadricoptère s'incline diagonalement vers le bas et vers la droite.

La figure 77 montre un quadricoptère effectuant des roulis à gauche et à droite. Notez l'inclinaison du quadricoptère et l'orientation des hélices.

Lors d'un roulis vers la droite, le dessous des hélices pointe vers la gauche, dirigeant le flux d'air dans cette direction. Par conséquent, le quadricoptère se déplace vers la droite. En revanche, lors d'un roulis vers la gauche, les hélices s'inclinent vers la droite, provoquant un flux d'air dans cette direction et entraînant un mouvement vers la gauche pour le quadricoptère.

Tangage

Pour ajuster le tangage de votre quadricoptère, utilisez le stick droit de votre émetteur pour le déplacer vers l'avant ou vers l'arrière. Cette action incline le quadricoptère, le faisant avancer ou reculer en conséquence.

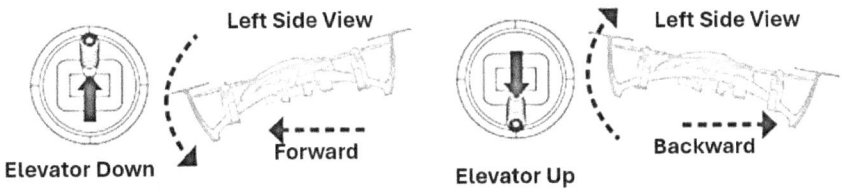

Figure 78: Commandes de tangage du quadricoptère.

La figure 78 montre un exemple d'un quadricoptère s'inclinant vers l'avant et vers l'arrière. Notez que cette vue est de côté gauche.

Yaw

Cette action est effectuée en déplaçant le joystick gauche vers la gauche ou vers la droite. Lors du vol continu, le lacet est souvent combiné avec le gaz. Cela permet au pilote de créer des cercles et des motifs. De plus, cela permet aux vidéographes et aux photographes de suivre des objets qui peuvent changer de direction.

Gaz

Le gaz fournit la puissance nécessaire aux hélices de votre quadricoptère pour le décollage. Pendant le vol, vous maintiendrez une action constante sur le gaz. Pour activer le gaz, poussez le joystick gauche vers l'avant. Pour le désactiver, tirez le joystick vers l'arrière. Assurez-vous de ne pas le désactiver complètement jusqu'à ce que vous soyez à quelques centimètres du sol. Sinon, il y a un risque d'endommager le quadricoptère, ce qui pourrait mettre fin prématurément à votre formation.

Lorsque le quadricoptère est orienté vers vous au lieu de faire face à l'opposé, les commandes sont inversées, ce qui suit intuitivement :

- Déplacer le joystick droit vers la droite fait bouger le quadricoptère vers la droite (roulis).

- Déplacer le joystick droit vers l'avant fait avancer le quadricoptère (tangage).

- Déplacer le joystick droit vers l'arrière fait reculer le quadricoptère (tangage).

- Et ainsi de suite.

Il est donc crucial de rester attentif à cet ajustement lorsque vous manœuvrez le quadricoptère. Concentrez-vous sur la prédiction des mouvements du quadricoptère plutôt que sur son orientation par rapport à vous.

Télécommande/Émetteur

Une télécommande agit comme un contrôleur portatif vous permettant de naviguer avec votre quadricoptère et de dicter sa trajectoire de vol. Chaque fois que vous manipulez les manettes, elle transmet des signaux correspondants à votre quadricoptère, lui indiquant l'action suivante à effectuer.

Divers émetteurs existent, différant par leur forme, leur taille et leurs fonctionnalités. Cependant, certains composants restent constants sur tous les émetteurs.

Manette droite : Responsable des ajustements de roulis et de tangage, la manette droite manœuvre votre quadricoptère de gauche à droite et vers l'arrière ou vers l'avant.

Manette gauche : Gérant le lacet et le gaz, la manette gauche fait tourner votre quadricoptère dans le sens des aiguilles d'une montre ou dans le sens contraire et régule son altitude en vol. Boutons de compensation : Chaque commande possède son propre bouton de compensation pour des ajustements fins.

Lors de l'activation initiale du gaz pour faire décoller votre quadricoptère, vous pouvez observer que l'UAV s'incline spontanément et dévie dans une ou plusieurs directions. Cela est dû à des commandes déséquilibrées, nécessitant l'ajustement de certaines commandes pour un bon équilibre.

Liste de vérification pré-vol

Effectuer une liste de vérification pré-vol est crucial pour garantir la sécurité à la fois de vous-même et de votre quadricoptère. Cela aide également à éviter les retards inutiles en traitant les problèmes éventuels à l'avance, vous permettant de profiter pleinement de votre expérience de vol. Voici une liste de contrôle à suivre avant chaque vol :

VÉRIFICATION DE LA MÉTÉO ET DU SITE

- Assurez-vous que la chance de précipitations est inférieure à 10%
- Confirmez que la vitesse du vent est inférieure à 15 nœuds (moins de 20 mph)
- Vérifiez que la base des nuages est d'au moins 500 pieds
- Assurez-vous que la visibilité est d'au moins 3 milles nautiques (NM)
- Revérifiez les heures crépusculaires civiles pour les vols à l'aube/au crépuscule
- Établissez les zones de décollage, d'atterrissage et de maintien d'urgence
- Vérifiez la présence potentielle d'interférences électromagnétiques
- Surveillez les tours, les fils, les bâtiments, les arbres ou autres obstacles
- Gardez un œil sur les piétons et les animaux ; établissez un périmètre de sécurité si nécessaire
- Discutez de la mission de vol avec les autres membres de l'équipage si présents

INSPECTION VISUELLE DE L'AÉRONEF / DU SYSTÈME

- Confirmez que le numéro d'immatriculation est affiché correctement et est lisible

- Recherchez les anomalies dans le cadre de l'aéronef, les hélices, les moteurs, le train d'atterrissage, etc.

- Inspectez le cardan, l'appareil photo, l'émetteur, les charges utiles, etc., à la recherche d'anomalies

- Enlevez le collier de cardan et les bouchons d'objectif

- Nettoyez l'objectif avec un chiffon en microfibre

- Attachez les hélices, la batterie/source de carburant et insérez la carte SD/filtres d'objectif

MISE EN ROUTE

- Allumez l'émetteur/la télécommande et ouvrez l'application pertinente

- Allumez l'aéronef

- Vérifiez la connexion établie entre l'émetteur et l'aéronef

- Positionnez les antennes sur l'émetteur vers le ciel

- Assurez-vous que l'écran du panneau d'affichage/FPV fonctionne correctement

- Calibrez l'unité de mesure inertielle (IMU) si nécessaire

- Calibrez la boussole avant chaque vol

- Vérifiez les niveaux de batterie/carburant sur l'émetteur et l'aéronef

- Confirmez que l'UAS a acquis la position GPS d'au moins six satellites

DÉCOLLAGE

- Montez à une altitude au niveau des yeux pendant environ 10 à 15 secondes

- Recherchez des déséquilibres ou des irrégularités

- Écoutez les bruits anormaux

- Testez la réponse et la sensibilité des commandes (tangage, roulis et lacet)

- Surveillez les interférences électromagnétiques ou les avertissements logiciels

- Conduisez une dernière vérification pour assurer la sécurité de la zone d'opérations de vol

- Poursuivez avec la mission de vol

Mettre votre drone en vol

Pour faire décoller votre quadricoptère du sol, concentrez-vous uniquement sur le contrôle des gaz. Poussez doucement les gaz (manette de gauche) vers le haut pour initier le mouvement des hélices. Faites une pause brève, puis répétez cette action plusieurs fois pour vous familiariser avec la sensibilité des gaz.

Augmentez progressivement l'entrée des gaz jusqu'à ce que le quadricoptère commence à monter. Une fois en l'air, abaissez doucement les gaz à zéro et laissez le quadricoptère descendre et atterrir.

Répétez ce processus 3 à 5 fois, en observant tout mouvement non désiré tel que la rotation en lacet, le dérive latérale (roulis) ou le mouvement avant/arrière (tangage). Si vous détectez des mouvements indésirables, utilisez le bouton de compensation correspondant pour les corriger. Par exemple, si le quadricoptère dévie vers la gauche lorsque vous appliquez des gaz, ajustez le bouton de compensation "roulis" situé à côté de la manette droite.

Continuez à ajuster les compensations jusqu'à ce que vous obteniez un vol stationnaire relativement stable en manipulant uniquement les gaz.

Conception des hélices de quadricoptère

Les hélices de quadricoptère couvrent une large gamme de matériaux, de tailles et de coûts, des options économiques aux sélections haut de gamme. Généralement, les hélices moins chères sont sujettes à des vibrations plus importantes en raison d'une fabrication moins précise, particulièrement visible dans les hélices de grande taille. Cependant, cette disparité diminue pour les engins de plus petite taille. Pour ceux visant une photographie ou une vidéographie aérienne de qualité supérieure, investir dans des hélices de haute qualité est conseillé. De plus, vérifier régulièrement les hélices de votre quadricoptère avec un équilibreur d'hélice de qualité tous les quelques vols est recommandé.

Lors du choix ou de la conception des hélices pour votre quadricoptère, trois mesures clés doivent être prises en compte :

1. Longueur (Diamètre) : Le diamètre du disque de l'hélice en rotation, généralement exprimé en pouces. Les notations moteur Kv influencent la taille idéale de l'hélice ; des notations Kv plus élevées nécessitent des hélices plus petites pour une vitesse accrue mais une efficacité réduite. À l'inverse, des hélices plus grandes, associées à des moteurs Kv plus bas, offrent un contrôle plus facile, consomment moins de courant et peuvent soulever plus de poids. Consultez les recommandations du fabricant pour les associations optimales de moteur et d'hélice lors de la construction d'un quadricoptère.

2. Pas : Cette mesure indique la distance qu'une hélice parcourrait vers l'avant à travers un solide en une seule révolution complète. Par exemple, une hélice avec un pas de 7,0 pouces avancerait de 7,0 pouces en une révolution.

3. Alésage : La mesure de l'alésage indique la taille du trou au centre de l'hélice, qui doit correspondre à l'arbre de vos moteurs choisis. Des adaptateurs peuvent redimensionner l'alésage d'une hélice, ou certaines hélices présentent un système de montage direct qui les fixe solidement à la tête du moteur avec des vis.

Hélices auto-serrantes

La plupart des quadricoptères modernes utilisent des hélices auto-serrantes. Ces hélices se fixent automatiquement pendant le vol en se vissant dans le sens inverse de la rotation du moteur, ce qui empêche tout desserrage en plein vol.

Considérations concernant la taille des hélices

Le pas d'une hélice détermine la poussée et la sortie moteur requise. Les multirotors utilisent généralement des hélices avec des pas allant de 3 à 5 pouces, les pas plus petits offrant une efficacité plus élevée. Les hélices plus grandes ou celles avec des longueurs de pas plus élevées augmentent la vitesse de l'aéronef mais consomment également plus de puissance. En général, les hélices avec des diamètres ou des pas plus petits peuvent atteindre des vitesses de rotation plus élevées avec moins d'effort moteur, ce qui se traduit par un fonctionnement plus fluide et une plus grande réactivité aux entrées de contrôle.

Hélices dans le sens horaire (CW) et anti-horaire (CCW)

Les quadricoptères utilisent quatre hélices, avec des hélices dans le sens horaire et anti-horaire présentant des conceptions distinctes. Lors de l'achat d'hélices, vous rencontrerez des termes comme CW (dans le sens horaire) et CCW (anti-horaire). Des paires assorties d'hélices CW et CCW sont essentielles pour générer de la poussée et contrer les mouvements de lacet opposés pendant le vol.

Matériaux des hélices de quadricoptère

Les hélices de quadricoptère sont généralement fabriquées en plastique ou, dans les modèles haut de gamme, en fibre de carbone. Des hélices en bois sont également disponibles, couramment utilisées dans le secteur des modèles réduits d'avions.

Maintien en vol stationnaire et atterrissage de votre drone

Pour réaliser un vol stationnaire stable, initiez le décollage en augmentant progressivement les gaz jusqu'à ce que le quadricoptère décolle du sol. Une fois en l'air, utilisez de légères corrections de la manette droite pour maintenir la position du quadricoptère dans les airs. De plus, des corrections mineures avec la manette de gauche (lacet) peuvent être nécessaires pour éviter toute rotation indésirable.

Augmentez progressivement les gaz pour élever le quadricoptère à une hauteur d'environ un à un mètre et demi du sol. Utilisez des mouvements subtils de la manette droite (et éventuellement de la manette de gauche) pour garantir que le quadricoptère reste immobile dans son vol stationnaire.

Lorsque vous êtes prêt à atterrir, réduisez progressivement les gaz. Au fur et à mesure que le quadricoptère descend et approche d'une hauteur d'un à deux pouces du sol, diminuez doucement les gaz entièrement, permettant au UAV de descendre doucement et de toucher le sol.

Répétez ce processus jusqu'à ce que vous vous sentiez à l'aise pour maintenir un vol stationnaire stable et effectuer des atterrissages en douceur.

Vol de votre quadricoptère à gauche/droite et en avant/en arrière

Pour naviguer un quadricoptère dans différentes directions telles que gauche, droite, en avant et en arrière, il est essentiel de maintenir une poussée constante pour maintenir son vol. La manette droite est ensuite utilisée pour contrôler le mouvement du quadricoptère selon la direction souhaitée.

Commencez par obtenir un vol stationnaire stable avec le quadricoptère. Ensuite, poussez la manette droite vers l'avant pour propulser le quadricoptère de quelques pieds vers l'avant. Pour le ramener à sa position initiale, tirez la manette droite vers l'arrière. Répétez ce processus pour déplacer le quadricoptère vers l'arrière de quelques pieds avant de le ramener à sa position de vol stationnaire initiale.

Pour déplacer le quadricoptère vers la gauche, poussez la manette droite vers la gauche pour initier un mouvement latéral. Ramenez-la à sa position initiale, puis guidez-le quelques pieds vers la droite en poussant la manette droite vers la droite. Si le quadricoptère commence à tourner (lacet), ajustez la manette de gauche vers la gauche ou la droite pour maintenir son orientation. Lors des manœuvres directionnelles, il est courant que le quadricoptère subisse une baisse d'altitude. Pour contrebalancer cela, augmentez les gaz pour fournir une puissance supplémentaire chaque fois que vous effectuez un virage ou un mouvement, assurant ainsi que le quadricoptère maintienne une altitude constante.

Vol en motif carré

Vous avez réussi à décoller et à maîtriser les bases de la navigation en quadricoptère dans les directions fondamentales. Maintenant, il est temps d'intégrer ces compétences et de passer à un vol selon des motifs définis, améliorant votre capacité à coordonner plusieurs entrées de contrôle. Pour exécuter un motif carré, maintenez l'orientation du quadricoptère en regardant loin de vous tout au long de la manœuvre. Commencez par pousser la manette droite vers l'avant (pas) pour propulser le quadricoptère vers l'avant de quelques pieds. Une fois que vous avez atteint la distance souhaitée, ramenez la manette droite à sa position neutre pour maintenir le quadricoptère en vol stationnaire.

Ensuite, déplacez la manette droite vers la droite (roulis) pour guider le quadricoptère latéralement vers la droite sur une courte distance. Après avoir atteint le point désigné, stabilisez le quadricoptère en vol stationnaire pour une brève pause, assurant le contrôle et l'alignement.

Utilisation du contrôle de lacet pour faire pivoter votre quadricoptère

Pour initier la rotation de votre quadricoptère, assurez-vous qu'il est en l'air en ajustant les gaz en conséquence. Une fois que vous avez atteint un vol stationnaire stable, manipulez la manette de gauche dans l'une ou l'autre direction. Cette action induit un mouvement de rotation du quadricoptère tout en restant en place.

Effectuez une rotation complète de 360 degrés en poussant continuellement la manette de gauche dans une direction. Ensuite, inversez la direction de la manette de gauche et répétez le processus pour effectuer une autre rotation de 360 degrés dans la direction opposée. Continuez à pratiquer cette manœuvre jusqu'à ce que vous vous sentiez confiant et à l'aise avec le contrôle de rotation.

Vol continu

Maîtriser le vol continu avec un quadricoptère implique de coordonner simultanément les rotations et les changements de direction, ce qui peut nécessiter quelques ajustements. À mesure que le quadricoptère change d'orientation par rapport à la vôtre, il est essentiel de surveiller de près comment chaque mouvement de manette influence sa trajectoire de vol.

Commencez par décoller et atteindre un vol stationnaire stable. Faites pivoter progressivement le quadricoptère selon un angle léger à l'aide du contrôle de lacet. Utilisez la manette de droite pour naviguer le quadricoptère à gauche/droite et en avant/en arrière, en vous familiarisant avec le contrôle du quadricoptère lorsqu'il fait face à divers angles.

Continuez à pratiquer en faisant pivoter le quadricoptère selon différents angles et en le manœuvrant en conséquence avec la manette de droite jusqu'à ce que vous vous sentiez à l'aise de voler dans différentes orientations. Pour maintenir un vol continu, poussez progressivement la manette de droite vers l'avant tout en apportant simultanément de légères corrections à gauche ou à droite avec la même manette.

Explorez le vol dans différentes directions en ajustant la manette de droite vers l'avant (pas) et en modifiant ses mouvements latéraux, tout en utilisant également la manette de gauche (lacet) pour modifier la direction de face du quadricoptère. Expérimentez en ajustant l'altitude du quadricoptère en manipulant la manette de gauche vers l'avant et vers l'arrière (gaz) tout en continuant à peaufiner vos compétences de pilotage.

Différentes étapes à franchir

Utilisez ces étapes pour maintenir une organisation tout au long de votre apprentissage. Elles servent de repères pour évaluer votre progression et déterminer vos prochaines étapes :

- Familiarisez-vous avec les quatre commandes principales du quadricoptère - roulis, pas, lacet et gaz - et comprenez leurs effets sur le mouvement du quadricoptère.

- Comprenez la fonctionnalité de chaque composant de votre quadricoptère.

- Établissez et suivez une liste de contrôle pré-vol avant chaque décollage.

- Comprenez et respectez les protocoles de sécurité.

- Utilisez les gaz pour initier le décollage et utilisez les boutons de trim pour les ajustements nécessaires.

- Acquérez une aisance avec le vol stationnaire en plein air et l'exécution d'atterrissages en douceur.

- Effectuez des décollages jusqu'à une altitude de 3 pieds et atterrissez au même endroit.

- Effectuez des décollages jusqu'à une altitude de 3 pieds et effectuez une rotation de 180 degrés avec l'UAV.

- Développez des compétences dans la manoeuvre du quadricoptère à gauche/droite et en avant/en arrière.

- Apprenez à naviguer un quadricoptère selon un motif carré.

- Maîtrisez le vol du quadricoptère selon des motifs circulaires.

- Acquérez la compétence de rotation (lacet) d'un quadricoptère.

- Apprenez à maintenir un vol continu avec un quadricoptère.

- Exécutez toutes les tâches susmentionnées à une altitude de 25 pieds.

Éviter les accidents

Voir votre drone sur le point de plonger dans un arbre ou, pire encore, dans un lac peut être l'un des moments les plus angoissants pour tout pilote de drone. Cependant, si votre drone se retrouve coincé dans un arbre, il n'y a pas lieu de paniquer car vous avez plusieurs options de récupération. De plus, bien que les crashs de drone soient une possibilité, il existe des mesures que vous pouvez prendre pour minimiser la probabilité de tels accidents et atténuer les dommages potentiels à votre drone.

Tout d'abord, il est impératif de lire attentivement le manuel de votre drone. Beaucoup de pilotes de drone novices commettent l'erreur de sauter cette étape cruciale, pour ensuite rencontrer un comportement erratique de leur drone, communément appelé "fly away", ce qui entraîne la disparition du drone dans le coucher de soleil, sans possibilité de récupération.

De plus, avant de vous lancer dans un vol de drone, il est essentiel de vérifier les conditions météorologiques. Outre l'évitement des tempêtes rapides, il est crucial d'évaluer la vitesse et la direction du vent, surtout lorsque vous pilotez des drones légers comme le Syma X5C, car les vents forts peuvent considérablement entraver le contrôle du vol.

En outre, choisir un emplacement de vol approprié est primordial. Optez pour des espaces ouverts avec peu ou pas d'arbres et peu de passage. Ce choix offre amplement d'espace pour manœuvrer et assure une ligne de visée dégagée avec votre aéronef tout au long du vol.

Surveiller votre temps de vol est un autre aspect crucial de la pilotage sécuritaire de drone. Soyez conscient de la durée de vie de votre batterie et assurez-vous d'avoir suffisamment de charge restante pour le voyage de retour. Consultez le manuel de votre drone pour estimer la durée de vie de la batterie et tenez compte de toute alerte indiquant des niveaux de batterie faibles.

Effectuer une inspection approfondie de votre drone avant chaque vol est essentiel. Assurez-vous que toutes les hélices sont solidement fixées et exemptes de dommages ou d'usure. De plus, inspectez l'ensemble du UAV pour détecter d'éventuels composants endommagés et réparez ou remplacez rapidement toute pièce compromettante avant le décollage.

Pour éviter les "flyaways" de drones, qui peuvent résulter de problèmes matériels ou logiciels mais sont souvent le résultat d'erreurs de pilotage, priorisez l'éducation et l'expérience des pilotes. Familiarisez-vous avec la séquence de démarrage de votre drone, mettez à jour le micrologiciel si nécessaire et assurez un étalonnage approprié avant chaque vol. De plus, utilisez toujours une batterie entièrement chargée, des connexions sécurisées et activez le verrouillage GPS pour une sécurité accrue, en réservant la fonction de retour à domicile comme dernier recours. En suivant ces directives, vous pouvez aider à minimiser le risque de crash de drone et garantir une expérience de vol plus sûre et plus agréable.

Procédures d'urgence

Le plan de mission pour les aéronefs pilotés à distance (APR) devrait englober des procédures détaillées et des informations relatives aux protocoles d'urgence planifiés à mettre en œuvre en cas de perte de liaison de données avec l'APR. Selon les capacités du système, ces protocoles peuvent comprendre :

- Transit automatisé de l'APR vers une zone de récupération prédéterminée suivi d'une récupération automatisée.

- Transit automatisé de l'APR vers une zone de récupération prédéterminée suivi de l'activation d'un système de terminaison de vol.

Dans l'espace aérien contrôlé, des procédures d'abandon et de terminaison de vol spécifiques doivent être présentées au contrôle de la circulation aérienne (ATC). Au minimum, le briefing devrait inclure des détails concernant les profils de vol de perte de liaison préprogrammés, les capacités de terminaison de vol et les performances de l'APR dans des conditions de terminaison. La vérification continue et automatique de la liaison de données est essentielle, avec des avertissements en temps réel affichés à l'équipage distant en cas de défaillance.

En cas de perte de liaison de données, à l'exclusion des pertes de signal intermittentes ou des interruptions programmées, une notification immédiate à l'ATC est impérative, suivie de l'exécution des procédures de récupération. Les paramètres déterminant les pertes de signal intermittentes et la perte totale acceptables sont prédéterminés par le fabricant. Un APR subissant une perte de liaison de données et exécutant un profil de vol préprogrammé vers la terminaison ou la récupération devrait être traité en priorité par l'ATC.

Si la communication entre le RP (pilote à distance) et l'ATC échoue, le RP devrait sélectionner le code SSR (radar de surveillance secondaire) 7600, le cas échéant, et tenter d'établir des canaux de communication alternatifs. En attendant le rétablissement de la communication avec l'ATC, l'APR suivra la dernière instruction reconnue ou les conditions définies dans l'approbation de la zone. Si la communication avec l'ATC reste interrompue, la sortie de l'APR devrait être terminée.

Le plan de mission de l'APR devrait définir les procédures d'urgence à suivre en cas de diverses contingences, notamment une panne de moteur, une perte de liaison de données, une perte de contrôle, une défaillance de l'équipement de navigation et des dommages à la cellule. Les procédures d'urgence peuvent impliquer l'utilisation de dispositifs de récupération ou de secours, tels que des parachutes, pour atténuer les risques pour les personnes ou les biens. Le déploiement de tels dispositifs est encouragé lorsque cela est applicable au type d'APR. De plus, dans les cas où un APR est équipé d'un dispositif de récupération tel qu'un système de parachute balistique, y compris une charge pyrotechnique, un marquage clair de la zone ou du panneau est essentiel à des fins d'identification.

Zones de lancement et d'atterrissage

Sélection du site de lancement

Lors du choix d'un site de lancement pour un Aéronef Piloté à Distance (APR), les considérations de sécurité sont prioritaires. La sélection du site de lancement comprend les éléments suivants :

1. Maintien de zones tampons adéquates : Le personnel du RPSS doit veiller à maintenir une zone tampon d'au moins 50 pieds entre les opérations aériennes et le personnel non essentiel. Des observateurs, agissant en tant que superviseurs de sécurité, devraient surveiller cette zone.

2. Évaluation environnementale : Aucun lancement ne devrait être effectué tant que toutes les évaluations environnementales n'ont pas été prises en compte. Le personnel a l'autorité d'annuler tout lancement s'il présente des dangers pour l'environnement, pour eux-mêmes ou pour autrui dans la région.

3. Départ par des couloirs peu peuplés : Le Pilote en Commande (PIC) devrait s'efforcer de sélectionner un site de lancement qui minimise les départs au-dessus des zones peuplées. Si des vols au-dessus de zones peuplées sont nécessaires, chaque vol devrait être planifié pour minimiser le temps passé dans de telles zones.

Site d'atterrissage et sites d'atterrissage alternatifs

1. Site d'atterrissage principal : Généralement, le site d'atterrissage principal est le même que le site de lancement. Le PIC a l'autorité finale sur toutes les approches vers le site principal et peut annuler toute approche jugée dangereuse.

2. Sites d'atterrissage alternatifs : Le PIC doit désigner au moins un site d'atterrissage alternatif. Dans le cas où une renonciation n'est pas possible et que le site d'atterrissage principal est jugé dangereux, les procédures pour utiliser le site secondaire seront activées.

3. Sites d'abandon de mission : Facultativement, le PIC peut désigner un "site d'abandon" où l'aéronef peut être "abandonné" en toute sécurité en cas d'urgence. Ce site devrait minimiser les risques en cas d'urgence.

4. Approches au-dessus de zones peuplées : Le PIC devrait faire tous les efforts possibles pour sélectionner un site d'atterrissage qui minimise les approches au-dessus de zones peuplées.

5. Sécurité de l'atterrissage et contrôle de la foule : Tous les sites d'atterrissage devraient être exploités selon les mêmes normes de sécurité que les sites de lancement, en maintenant une zone tampon d'au moins 50 pieds entre les opérations aériennes et le personnel non essentiel.

Contrôle de vol/Pratiques exemplaires de la station au sol
Avant le décollage :
1. Vérifiez que l'antenne de l'émetteur est complètement déployée.

2. Assurez-vous que les réglages de trim de l'émetteur sont corrects.

3. Confirmez que l'antenne du récepteur est complètement déployée.

4. Vérifiez la zone de décollage pour tout obstacle et éloignez les personnes.

5. Revoyez les conditions météorologiques et les zones d'atterrissage d'urgence potentielles.

6. Réglez l'alarme de minuterie de vol.

7. Annoncez "PRÉPARATION AU DÉCOLLAGE".

8. Lancez l'aéronef.

En vol :

1. Montez à une altitude sûre et vérifiez les systèmes de contrôle.

2. Réinitialisez les trims si nécessaire.

3. Maintenez une distance de sécurité des personnes et des bâtiments.

4. Si vous volez au-dessus de bâtiments ou de personnes, maintenez une altitude de sécurité.

5. Scrutez continuellement les dangers potentiels.

Atterrissage :

1. Vérifiez les systèmes de contrôle et réglez les trims pour un atterrissage d'urgence.

2. Analysez la zone d'atterrissage pour les obstacles et revérifiez les conditions météorologiques.

3. Annoncez "PRÉPARATION À L'ATTERRISSAGE".

4. Soyez toujours prêt à effectuer une remise de gaz.

5. Posez soigneusement l'aéronef loin des obstacles et des personnes.

Après le vol :

1. Éteignez l'alimentation de l'aéronef et/ou déconnectez les batteries.

2. Éteignez l'émetteur.

3. Éteignez l'équipement photo.

4. Inspectez visuellement l'aéronef pour détecter les dommages.

5. Retirez le carburant inutilisé si nécessaire.

6. Attachez fermement l'aéronef.

Le Circuit de Trafic

Vous devez vous familiariser avec les noms des quatre segments du circuit.

Le premier segment après le décollage est appelé Vent Arrière, bien qu'il ne soit pas souvent nommé explicitement. Vent Arrière désigne le segment initial lors du vol d'un circuit, généralement face au vent pour utiliser toute la longueur de piste disponible.

Ensuite vient le Vent de Travers, un segment bref où vous atteignez l'altitude de croisière après le décollage.

Le Vent Debout suit, un segment long caractérisé par la croisière avec un vent arrière. Assurez-vous d'avoir la bonne altitude et un alignement parallèle avec la piste.

La Base vient ensuite, un bref segment de travers précédant l'approche finale pour l'atterrissage. Enfin, la Phase Finale s'aligne avec la piste pour la préparation à l'atterrissage. Maintenez une position précise sans couper les coins ou la rendre trop courte.

L'entraînement en circuit est une pratique courante dans de nombreux aéroports, en particulier les aérodromes régionaux et de l'aviation générale. Chaque aéroport établit ses propres directives concernant le moment et la fréquence de l'entraînement en circuit, en tenant compte de facteurs tels que la demande des pilotes, la capacité de la piste, la disponibilité des services de contrôle de la circulation aérienne et de l'équipement de navigation.

Étant donné les installations variées dans différents aérodromes, la fréquence et le timing des vols d'entraînement en circuit varient en conséquence.

Un circuit d'entraînement comprend cinq segments - décollage, vent de travers, vent arrière, base et approche finale. La figure 79 illustre une représentation simplifiée de ce circuit, avec les étapes de décollage et d'atterrissage généralement effectuées face au vent pour des raisons de sécurité. La direction du schéma de circuit dépend du relief local et de la position des pistes. Les symboles d'aéronefs et les lignes en pointillés dans la figure 79 suggèrent les points d'entrée recommandés dans le schéma de circuit.

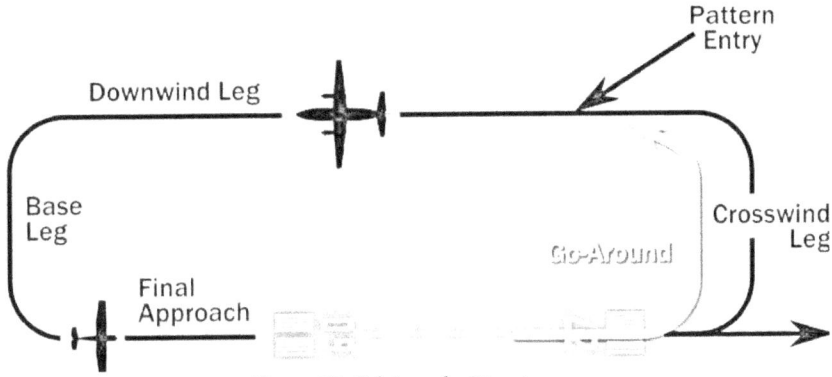

Figure 79: Schéma de Circuit.

CIRCUITS À GAUCHE

La figure 80 illustre un circuit à gauche où l'avion effectue des virages à gauche après le décollage, volant dans le sens antihoraire. Ce type de circuit est le plus couramment utilisé.

CIRCUITS À DROITE

Dans un circuit à droite, le pilote effectue des virages à droite après le décollage, suivant un circuit dans le sens des aiguilles d'une montre. Cette disposition peut être nécessaire en raison d'un relief élevé limitant les opérations de circuit à un côté de la piste, quelle que soit la direction du vent. Un autre scénario pour utiliser un circuit à droite est dans les aéroports avec des pistes parallèles. Pendant les périodes où les services de contrôle de la circulation aérienne sont disponibles, des circuits peuvent être effectués à partir des deux pistes parallèles simultanément, permettant des circuits à gauche et à droite simultanément.

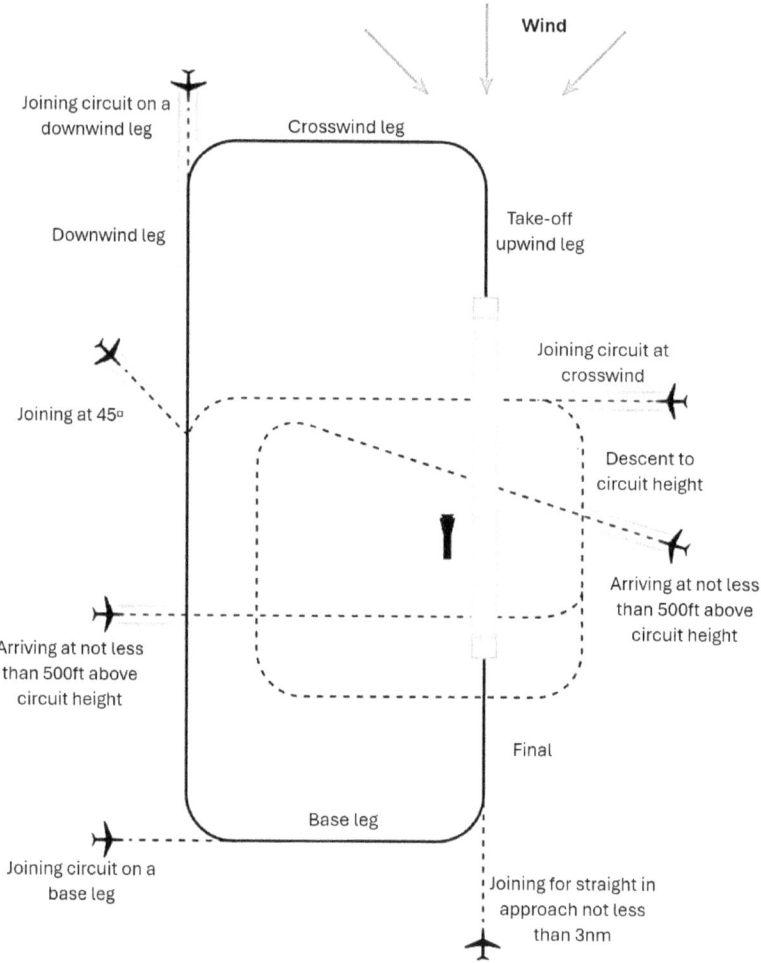

Figure 80: Circuit d'entraînement à gauche.

AÉRONEFS REJOIGNANT ET QUITTANT UN CIRCUIT

Dans les aéroports dépourvus de tour de contrôle, les réglementations de la CASA spécifient les procédures pour les aéronefs rejoignant un circuit lorsqu'ils approchent de l'extérieur de la zone locale. Cela implique de survoler la piste à au moins 500 pieds au-dessus du circuit de haute performance ou de rejoindre au début, à la fin, ou à mi-chemin le long du vent arrière (à un angle de 45 degrés). Si le circuit est dégagé, un aéronef arrivant peut rejoindre l'approche finale à trois milles nautiques. Les pilotes sur des sites dotés d'une tour de contrôle doivent se conformer aux instructions de la tour concernant l'altitude et l'entrée/sortie du circuit. Les trajectoires d'arrivée dans le circuit sont conçues pour maximiser la visibilité des autres aéronefs, avec des lignes en pointillés dans la Figure 80 indiquant les trajectoires d'approche. Les aéronefs quittant le circuit peuvent prolonger l'une des branches mais doivent seulement s'éloigner lorsqu'ils sont en sécurité. Les aéronefs d'entraînement sur les aéroports sans tour de contrôle doivent céder la priorité aux avions commerciaux, en prolongeant une branche du circuit si nécessaire pour permettre les atterrissages commerciaux.

IMPACTS DU BRUIT DES AÉRONEFS

Tous les aéronefs, y compris les avions d'entraînement, doivent respecter les normes internationales de bruit. Bien qu'il n'y ait pas d'heures réglementées pour l'entraînement en circuit, la plupart des aéroports établissent leurs propres restrictions, interdisant généralement les circuits de nuit tardive à tôt le matin (par exemple, vers 22h à 7h). De nombreux aéroports fournissent ces informations sur leurs sites Web. La longueur du circuit, et donc la zone survolée, dépend de facteurs tels que le taux de montée, les conditions météorologiques, le trafic aérien et les compétences du pilote. La taille et l'emplacement du circuit sont réglementés pour assurer la sécurité globale, ce qui entraîne parfois une formation sur des zones peuplées près de l'aérodrome.

Systèmes FPV

Composants du système FPV

Caméra de vol : La caméra de vol sert de porte d'entrée dans le monde du FPV, offrant une vue à distance depuis le ciel qui vous plonge dans l'expérience multirotor. Ces caméras, qui s'inspirent largement de la technologie des caméras de sécurité, existent en différents types adaptés à une utilisation FPV. Elles vont des modèles de définition standard de base de 600tvl à ceux optimisés pour les conditions de faible luminosité et les caméras haute définition offrant une résolution de 1080p. Il est important de noter que, bien que les caméras haute résolution offrent plus de détails, elles peuvent introduire une latence supplémentaire dans le système.

Émetteurs vidéo (VTx) : Les émetteurs vidéo sont responsables de la diffusion de la vidéo de votre caméra de vol vers vos lunettes ou votre station au sol. Disponibles en différentes tailles, puissances et configurations, les VTx permettent la transmission sans fil intégrale au système FPV. Ils fonctionnent sur plusieurs fréquences pour s'adapter à différents environnements et accueillir de nombreux pilotes simultanément. Évalués en milliwatts (mW), les VTx indiquent leur portée de transmission. Une gestion appropriée de ces émetteurs est cruciale pour le vol en groupe et l'étiquette, car une mauvaise manipulation peut entraîner des accidents et des conflits entre pilotes.

Lunettes : Les lunettes FPV offrent la connexion visuelle à votre multirotor FPV, offrant une expérience immersive inégalée par les stations au sol et les moniteurs. Avec différents styles disponibles, des kits bricolage aux modèles riches en fonctionnalités avec des capacités DVR intégrées, les lunettes ressemblent à des casques de réalité virtuelle, affichant la vidéo directement devant vos yeux. Les lunettes intègrent un récepteur vidéo (VRx), disponible en différents styles et capacités, ainsi que des antennes qui dictent la portée de votre vol FPV.

Figure 81: Pilote FPV en Italie. Portant des lunettes FPV et utilisant une télécommande avec un émetteur TBS Crossfire Micro TX. Mr .Oizo FPV, CC BY-SA 4.0, via Wikimedia Commons.

Composants du système électrique : Cartes de distribution d'alimentation pour débutants FPV Les cartes de distribution d'alimentation simplifient le câblage des multirotors en fournissant un concentrateur central pour l'alimentation électrique. Auparavant, des faisceaux de câbles complexes reliaient directement les composants, mais les cartes de distribution d'alimentation ont simplifié ce processus. Ces cartes se connectent à la batterie via un connecteur et distribuent l'alimentation à tous les composants. Certaines cartes offrent des fonctionnalités supplémentaires telles que le filtrage de l'alimentation pour une alimentation plus propre et plus fiable, ainsi que des sorties de tension variables pour optimiser les performances des composants.

Batteries : Les batteries servent de source d'alimentation principale pour les multirotors, impactant significativement la durée de vol et les performances globales. Généralement, ce sont des batteries au lithium polymère, composées de cellules individuelles, chacune avec une tension nominale de 3,7 volts. Ajouter plus de cellules augmente la tension, ce qui affecte la vitesse des moteurs. Choisir la bonne batterie implique un équilibre entre le poids et la puissance, car des batteries plus lourdes réduisent les temps de vol et sollicitent les moteurs. Les batteries sont évaluées en volts et en ampères-heures, les valeurs d'ampères-heures plus élevées indiquant une charge plus durable sous charge.

OPÉRATIONS DES SYSTÈMES DE DRONES À VOILURE FIXE PILOTÉS À DISTANCE

Les plus petits UAV à voilure fixe peuvent être lancés manuellement par l'opérateur, qui les lance simplement dans les airs. En revanche, les drones plus grands et plus lourds nécessitent des méthodes de décollage plus sophistiquées, telles qu'un lanceur, une piste d'envol ou un lancement à partir d'un avion plus grand.

Figure 82: Lancement à la main sur un petit UAV. Bureau of Land Management Oregon and Washington de Portland, Amérique, domaine public, via Wikimedia Commons.

Comparaison : UAV à aile fixe vs UAV VTOL (décollage et atterrissage verticaux)

Les UAV à aile fixe présentent généralement des capacités de charge utile et d'endurance supérieures pour des distances et des durées de vol plus longues par rapport aux UAV VTOL (décollage et atterrissage verticaux), tout en consommant moins d'énergie. Cette caractéristique les rend idéaux pour les missions nécessitant une endurance prolongée, telles que la cartographie, la surveillance et les opérations de défense. De plus, les UAV à aile fixe peuvent faire preuve d'une plus grande résilience aux pannes techniques en vol en raison de leur capacité à planer naturellement en cas de perte de propulsion.

Cependant, les UAV à aile fixe peuvent ne pas être adaptés à certaines tâches d'inspection qui exigent un positionnement précis, telles que la capture d'images détaillées de structures spécifiques ou d'objets comme les numéros de série des pylônes ou les dommages minimes.

Figure 83 : Exemples de drones à aile fixe. Vitaly V. Kuzmin, CC BY-SA 4.0, via Wikimedia Commons.

Les drones à aile fixe trouvent de nombreuses applications dans des industries telles que la construction, l'agriculture, l'exploitation minière et les secteurs environnementaux, principalement pour des projets de cartographie et de relevés à grande échelle. Leur polyvalence et leur capacité à fonctionner efficacement dans des conditions météorologiques défavorables contribuent à leur adoption croissante dans divers secteurs. Les plans de vol peuvent être méticuleusement conçus pour cartographier de vastes étendues de terre, en utilisant souvent des motifs de grille continue avec des lignes de vol parallèles. Par la suite, les images photogrammétriques capturées lors de ces vols peuvent être analysées et surveillées en détail à des fins diverses.

Forces agissant sur un aéronef à aile fixe

L'explication suivante offre un aperçu simplifié visant à fournir une compréhension de base des forces qui influent sur le comportement d'un aéronef. Elle est conçue pour aider les personnes novices en aérodynamique à comprendre les principes fondamentaux en jeu. Les quatre forces principales agissant sur un aéronef sont les suivantes :

1. Portance : Générée par l'écoulement d'air sur la surface des ailes de l'aéronef, la portance augmente avec la vitesse de l'écoulement d'air. L'aéronef doit atteindre une certaine vitesse pour que les ailes génèrent une portance suffisante pour permettre le décollage et le vol soutenu.

2. Poids : Cette force s'oppose à la portance générée par les ailes et est attribuée à la gravité. La gravité reste constante, attirant perpétuellement l'aéronef vers le sol. Si l'aéronef cesse de progresser vers l'avant, les ailes ne produisent plus de portance, ce qui entraîne la descente de l'aéronef en raison de la force de gravité non opposée.

3. Poussée : Généralement fournie par le moteur de l'aéronef, la poussée propulse l'aéronef vers l'avant, initiant l'écoulement d'air sur les ailes, ce qui génère à son tour de la portance.

4. Traînée : Lorsque l'aéronef se déplace dans l'air, il rencontre une résistance appelée traînée. Toute la poussée générée par le moteur ne contribue pas à la vitesse vers l'avant ; une partie est utilisée pour contrer la traînée. Divers types de traînée existent, la traînée de profil étant un composant important. Cette traînée provient de la forme de l'aéronef et de son impact sur l'efficacité aérodynamique. Par exemple, un avion-école volumineux et trapu atteindra des vitesses plus basses par rapport à un avion élancé en forme de jet. Bien que la traînée s'oppose à la poussée, il existe un seuil au-delà duquel une poussée supplémentaire du moteur ne parvient pas à augmenter la vitesse de l'aéronef. Le diagramme ci-dessous

illustre ces quatre forces.

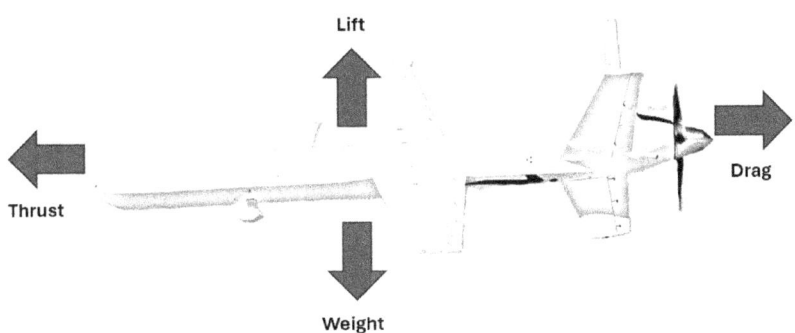

Figure 84: Forces agissant sur un avion à aile fixe.

L'aile génère de la portance pour contrer le poids de l'avion, tandis que le moteur fournit la poussée pour compenser la traînée exercée par la structure de l'avion. Diverses configurations de ce diagramme existent tout au long des différentes phases de vol. Par exemple, si le moteur ne parvient pas à produire de la puissance, une partie du vecteur de portance compense le manque de poussée pour surmonter la traînée. Cependant, la gravité exerce toujours sa force. En l'absence de poussée, l'avion descendra.

Surfaces de contrôle

Les commandes primaires d'un avion comprennent la manette des gaz, les ailerons (un sur chaque aile principale), le stabilisateur, et la gouverne de direction, essentiels pour manœuvrer à la fois au sol et dans les airs.

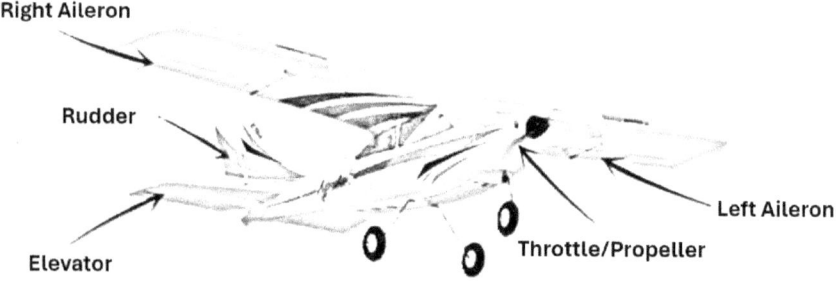

Figure 85: Surfaces de contrôle des avions à ailes fixes.

La manette des gaz gère la puissance du moteur, augmentant la vitesse de l'hélice lorsqu'elle est avancée, ce qui génère de la poussée. Les ailerons, positionnés sur le bord de fuite des ailes, contrôlent le roulis autour de l'axe longitudinal de l'avion. Les gouvernes de profondeur, situées sur l'empennage horizontal, ajustent le tangage en faisant monter ou descendre le nez, régulant à la fois la vitesse et l'attitude. Le gouvernail, fixé sur la dérive verticale, contrôle le mouvement de lacet, dirigeant le nez vers la gauche ou la droite, bien qu'il aide principalement à équilibrer les virages plutôt qu'à les initier.

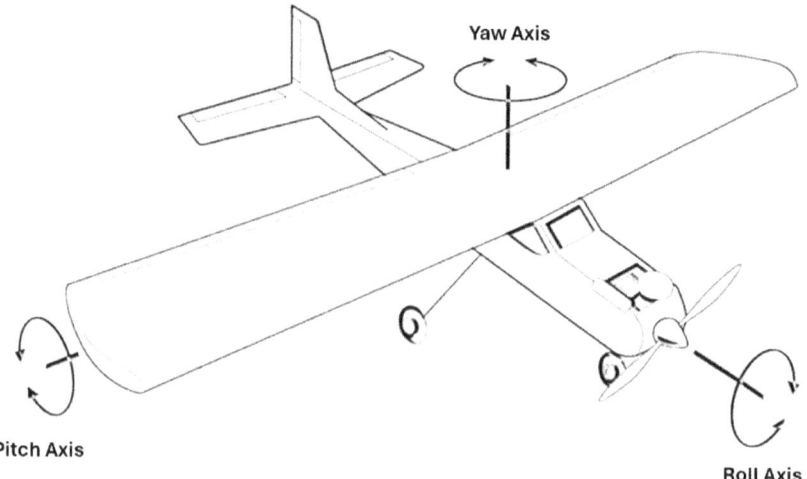

Figure 86: Axe de contrôle des avions à voilure fixe.

Lorsque vous utilisez le gouvernail de profondeur, tirer le manche vers vous élève le gouvernail, faisant descendre l'arrière de l'avion, modifiant ainsi l'assiette et la vitesse de l'air de l'aéronef. Les ailerons, quant à eux, contrôlent le taux de roulis et l'angle d'inclinaison. Ils fonctionnent de manière inverse, l'un se levant tandis que l'autre descend, initiant un roulis vers le côté respectif. En revanche, le gouvernail orchestre le mouvement de lacet, essentiel pour des virages coordonnés lorsqu'il est associé à l'entrée des ailerons.

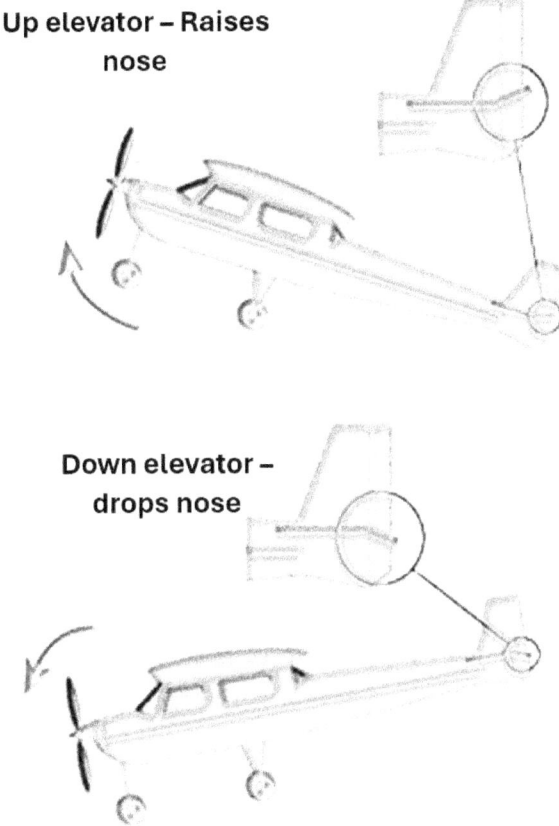

Figure 87: Commande de l'assiette de l'élévateur.

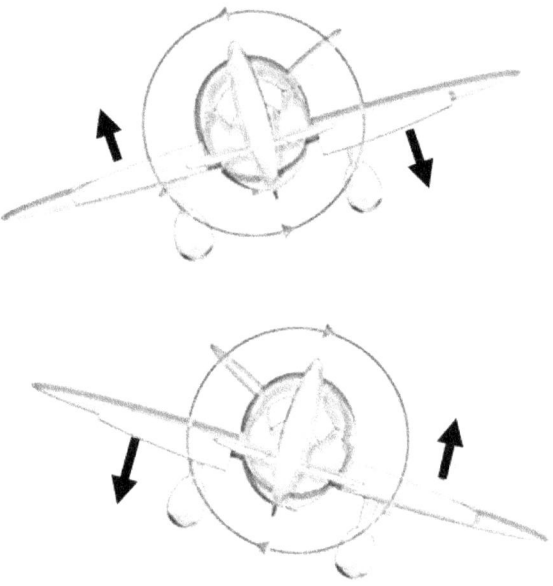

Figure 88: Commande de roulis des ailerons.

Gestion des gaz, régulation des révolutions de l'hélice, contrôle le taux de montée ou de descente. L'augmentation des gaz accroît la puissance du moteur, faisant ainsi monter l'avion, tandis que la réduction des gaz provoque une descente. Dans les scénarios d'atterrissage, les ajustements des gaz influent sur le taux de descente, complétant les ajustements du gouvernail de profondeur qui contrôlent la vitesse de l'air.

En essence, comprendre et manipuler efficacement ces commandes principales sont fondamentaux pour piloter efficacement un drone à voilure fixe.

Décollage, Virages, Montee, Planeur, Et Atterrissage

DÉCOLLAGE

La phase de décollage est cruciale pour tout vol. Appliquez progressivement mais pas brusquement toute la puissance. Utilisez le gouvernail pour diriger l'avion au sol. Lorsque l'hélice tourne, elle crée un tourbillon d'air qui peut faire dériver l'avion vers la gauche. Soyez prêt à cela et contrebalancez-le en appliquant un peu de gouvernail à droite pour maintenir un cap droit. La direction au sol est obtenue grâce au gouvernail, qui est relié soit à la roue avant soit à une roue arrière directionnelle dans le cas d'un avion à train classique. Une fois en l'air, l'effet adverse de virage diminue, permettant une pression réduite sur le gouvernail.

Pour décoller, l'avion doit atteindre une vitesse suffisante pour générer la portance nécessaire. Cela se produit à une vitesse inférieure à celle du vol de croisière, et une vitesse de montée sûre doit toujours être maintenue bien au-dessus de la vitesse de décrochage. Évitez les mouvements excessifs du gouvernail de profondeur immédiatement après le décollage, car cela pourrait entraîner une diminution de la vitesse de l'air et risquer de dépasser l'angle d'attaque critique, entraînant un décrochage. Au lieu de cela, permettez à l'avion de gagner de la vitesse progressivement tout en maintenant une montée constante.

Pendant le décollage, assurez-vous que l'avion reste aligné avec la piste et ne dévie ni à gauche ni à droite. Gardez les ailes horizontales et évitez les cabrages excessifs. Réduisez les gaz uniquement une fois une altitude sûre atteinte. Une fois dégagé de la piste, effectuez un virage doux vers la jambe de vent arrière.

Tous les décollages doivent être effectués face au vent dominant. Bien que la séquence reste similaire pour la plupart des avions à voilure fixe, il existe des différences mineures en fonction du type de train d'atterrissage - tricycle ou classique. Quelle que soit la configuration, utilisez toujours toute la longueur de piste pour garantir suffisamment d'espace pour une récupération en cas de panne moteur.

Décollage - Séquence - Train tricycle

- Positionnez l'avion au centre de la piste, face au vent à l'extrémité vent arrière.

- Augmentez progressivement les gaz au réglage maximal (plein gaz), en compensant le tirage vers la gauche du moteur avec une commande de gouvernail à droite.

- Maintenez l'alignement de la piste en utilisant le gouvernail, tout en appliquant progressivement un cabré pour soulever le nez et décoller.

- Continuez le long de l'axe de la piste avec une légère attitude cabrée, en veillant à ce que l'angle d'attaque ne dépasse pas 20 degrés.

- Amorcez le premier virage du circuit une fois une vitesse et une hauteur suffisantes atteintes.

Décollage - Séquence - Train classique
- Appliquez une commande de profondeur vers le haut avant de commencer le décollage pour maintenir la roulette de queue au sol et permettre un contrôle initial du gouvernail.
- Augmentez progressivement les gaz au réglage maximal, en compensant le tirage vers la gauche du moteur avec une commande de gouvernail à droite.
- Contrôlez la direction de l'avion avec le gouvernail jusqu'à ce que la vitesse de décollage soit proche, puis relâchez la commande de profondeur pour permettre à la queue de se lever.
- Appliquez une légère commande de profondeur pour relever le nez et décoller du sol.
- Maintenez une légère attitude cabrée et assurez-vous que l'angle d'attaque reste inférieur à 20 degrés.
- Continuez le long de l'axe de la piste jusqu'à ce qu'une vitesse et une hauteur suffisantes soient atteintes, puis commencez le premier virage du circuit.

Points à prendre en compte :
- Assurez-vous d'appliquer les gaz progressivement pour éviter les à-coups du moteur.
- Anticipez la dérive vers la gauche lors de l'augmentation des gaz et contrebalancez avec une commande de gouvernail à droite.
- Maintenez un angle de montée inférieur à 20 degrés pour une montée progressive.
- Retardez l'amorce du premier virage jusqu'à ce qu'une vitesse et une hauteur suffisantes soient atteintes.
- Certains avions peuvent nécessiter une légère commande de profondeur vers le bas pour éviter un angle d'attaque excessif.

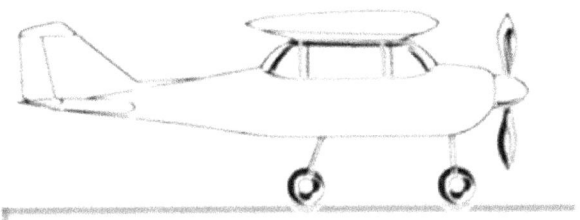

Tricycle Undercarriage

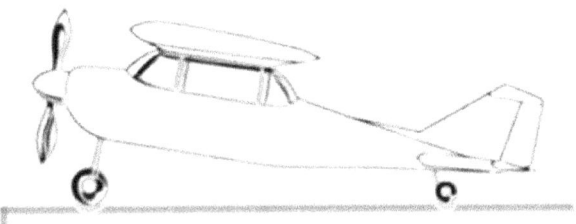

Tail Dragger

Figure 89: Train tricycle versus Train Classique.

Décollage - Séquence pour un train classique :
- Avant d'entamer le décollage, appliquez du cabré et maintenez la pression pour maintenir la roue de queue au sol, permettant un contrôle initial de la direction de l'aéronef avec le palonnier.

- Démarrez le décollage en augmentant progressivement la puissance du moteur au réglage maximal. Notez qu'à mesure que la puissance augmente, l'aéronef peut avoir tendance à dévier vers la gauche en raison du couple moteur. Compensez en appliquant une entrée de palonnier à droite.

- Utilisez le palonnier pour contrôler la direction de l'aéronef jusqu'à ce qu'il atteigne presque la vitesse de décollage, puis relâchez l'entrée du cabré pour permettre à la queue de se soulever du sol.

- Appliquez une légère entrée de cabré pour lever le nez, facilitant le décollage.

- Maintenez l'alignement le long de l'axe central avec un nez légèrement relevé, en veillant à ce que l'angle d'attaque ne dépasse pas 20 degrés pour éviter le décrochage.

- Continuez le long de l'axe central jusqu'à ce que suffisamment d'altitude et de vitesse soient atteintes, puis initiez le premier virage du circuit.

Considérations :

- Assurez-vous que l'application de la puissance est régulière pour éviter les ratés du moteur.

- Anticipez la déviation vers la gauche lors de l'augmentation de la puissance et contrebalancez avec une entrée de palonnier à droite.

- Maintenez l'angle d'attaque en dessous de 20 degrés pour une montée progressive.

- Retardez le premier virage du circuit jusqu'à ce que l'aéronef atteigne une vitesse et une altitude adéquates.

- La plupart des aéronefs nécessitent une certaine entrée de cabré pour le décollage, bien que certains puissent nécessiter du cabré négatif pour éviter un angle d'attaque excessif.

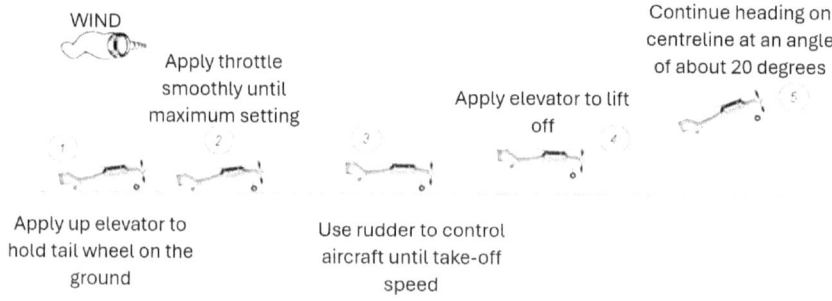

Figure 90: Séquence de décollage d'un avion à train classique.

Virages : Après avoir maîtrisé le vol en ligne droite et à niveau, effectuer des virages devient la prochaine compétence fondamentale dans la formation en aviation. Un virage bien exécuté implique de changer de direction en douceur à un rythme et une vitesse constants, en maintenant la coordination sans dérapage ni dérive, et sans perdre d'altitude.

Efforcez-vous de rendre vos virages doux, avec un angle d'inclinaison modéré, idéalement autour de 30 degrés. Si vous augmentez l'angle d'inclinaison pour un virage plus prononcé, vous devrez augmenter la portance en tirant le manche de l'élévateur vers l'arrière. Cependant, soyez prudent pour éviter le décrochage.

Gestion de la puissance : À mesure que l'angle d'attaque augmente, la traînée augmente également, ce qui entraîne une réduction de la vitesse de l'air. Dans les virages serrés, non seulement nous tirons le manche vers l'arrière pour augmenter la portance, mais nous avons également besoin de plus de puissance pour contrer la traînée supplémentaire et éviter que la vitesse de l'air ne tombe trop bas. Cependant, pousser le virage aux limites extrêmes peut entraîner un décrochage si l'angle d'attaque approche de l'angle de décrochage, ce qui est dangereux. Alors que les avions grandeur nature disposent de systèmes d'avertissement de décrochage, il est crucial pour les pilotes de modèles réduits de surveiller de près la vitesse et l'angle d'attaque pour éviter le décrochage.

Virages en montée : Les virages en montée doivent être exécutés en douceur. Pour monter, plus de poussée ou de puissance est nécessaire, la plupart de la puissance du moteur étant allouée pour fournir cette portance. Si le nez est trop incliné sans puissance adéquate, la vitesse peut diminuer, entraînant un risque de décrochage ou de vrille.

ATTERRISSAGE

Le contrôle de l'attitude du nez de notre avion et de la vitesse est géré en ajustant le manche de l'élévateur, tandis que la puissance régule notre taux de descente.

Lors de l'approche d'atterrissage, il est crucial de maintenir une vitesse et un taux de descente appropriés pour éviter de survoler ou d'atterrir trop loin. Visez une descente contrôlée avec l'angle du corps de l'avion légèrement vers le bas ou niveau avec l'horizon.

Les atterrissages les plus réussis résultent généralement de circuits rectangulaires volés méticuleusement. Évitez de couper les coins et réduisez progressivement la puissance en descendant vent arrière, puis encore en tournant sur le vent arrière.

En tournant sur la base, maintenez une trajectoire de vol rectiligne avec un virage carré à la position de base. Annoncez verbalement "Atterrissage" pour alerter les autres et ajustez la puissance si nécessaire.

Sur l'approche finale, effectuez un virage positif mais modéré, en gardant le nez niveau ou légèrement vers le bas. Ajustez votre taux de descente avec la puissance, en ajoutant de la puissance si nécessaire pour éviter de tomber trop court ou en la réduisant pour éviter de survoler.

En approche courte finale, soyez prêt à des changements de tangage et de vitesse dus au vent de face. Ajustez la puissance en conséquence pour éviter de descendre trop rapidement et maintenir une descente peu prononcée.

Lors de l'atterrissage ou si les conditions sont défavorables, optez pour un tour de piste. Appliquez toute la puissance, gardez les ailes à niveau et montez progressivement tout droit jusqu'à atteindre une altitude sûre.

Rappelez-vous, un atterrissage réussi commence par un vent arrière bien exécuté et un positionnement précis lors des virages sur la base et la finale. La pratique et la patience sont la clé pour maîtriser cette compétence cruciale, qui est évaluée chez tous les pilotes, y compris la gestion des pannes moteur et les atterrissages en travers de vent.

Séquence d'approche d'atterrissage : Les approches d'atterrissage consistent à aligner l'avion avec la piste en vue de l'atterrissage. Les étapes suivantes décrivent le processus :

- Maintenez le focus sur l'altitude et la vitesse de l'avion pendant le circuit.

- Pendant la jambe vent arrière, réduisez la puissance à une vitesse appropriée pour l'approche d'atterrissage (au-dessus de la vitesse de décrochage mais pas à pleine puissance), en descendant jusqu'à une altitude appropriée (environ 30 mètres).

- Effectuez deux virages de 90 degrés, en veillant à ce que le dernier aligne avec l'axe de la piste, positionné à environ 50 à 100 mètres avant le seuil de la piste. Limitez l'inclinaison à 30 à 40 degrés et ajustez l'élévateur pour maintenir un vol horizontal (évitez de gagner ou de perdre de l'altitude). Utilisez le gouvernail pour resserrer le virage sans augmenter l'inclinaison au-delà de 30 à 40 degrés. Visez à rester parallèle à l'axe de la piste ou légèrement en dessous. Effectuez de légères corrections si nécessaire pour obtenir l'alignement, en utilisant les ailerons et le gouvernail pour contrôler le taux de virage.

- Une fois aligné avec l'axe de la piste, maintenez un vol horizontal, en veillant à ce que les ailes et le nez restent parallèles au sol. Effectuez des ajustements subtils en utilisant les ailerons et/ou le gouvernail pour garder l'avion centré sur la piste.

- Répétez l'approche d'atterrissage jusqu'à ce que l'alignement avec le centre de la piste soit atteint de manière cohérente, sans traverser l'axe de la piste.

- Si l'approche n'est pas correctement exécutée, effectuez un passage à basse altitude (ne tentez pas d'atterrir) et recommencez.

Séquence d'atterrissage : Une fois que l'avion est aligné avec la piste, en maintenant un vol horizontal (avec les ailes et le nez alignés) et à une altitude appropriée, la procédure d'atterrissage peut être initiée en suivant cette séquence :

- Avec l'avion centré sur l'axe de la piste et la puissance réglée à moins de la moitié (ajustée en fonction du type d'avion et des conditions de vent), initiez la descente en réduisant légèrement la puissance. Au fur et à mesure que l'avion ralentit, la portance générée par les ailes diminue, entraînant la descente.

- Ajustez la puissance si nécessaire pour contrôler le taux de descente : augmentez la puissance si la descente est trop rapide, diminuez-la si elle est trop faible. Évitez une attitude trop inclinée vers le bas, car cela peut entraîner à la fois une perte d'altitude et une augmentation de la vitesse. Rappelez-vous, l'élévateur contrôle l'assiette (position du nez), tandis que la puissance régule le taux de descente en modifiant la portance.

- Effectuez des corrections subtiles pour maintenir l'alignement de l'avion avec l'axe de la piste et maintenir une trajectoire rectiligne le long de la piste, en maintenant les ailes et l'orientation de l'avion à l'horizontale.

- Gérez la descente pour que l'avion atteigne le seuil de la piste à une hauteur d'environ six à dix pieds au-dessus du niveau du sol.

- Réduisez la puissance au ralenti lorsque l'avion approche à environ 300 mm au-dessus de la piste, en préparant l'exécution de la manoeuvre de flair.

- Exécutez la manoeuvre de flair en tirant doucement le nez de l'avion vers le haut et en maintenant cette attitude en utilisant le contrôle de l'élévateur. Au fur et à mesure que l'avion ralentit, il perdra progressivement de la portance et se posera en douceur sur la piste, sans rebondir.

- À l'atterrissage, maintenez le contrôle directionnel en utilisant le gouvernail pour diriger l'avion le long de la piste.

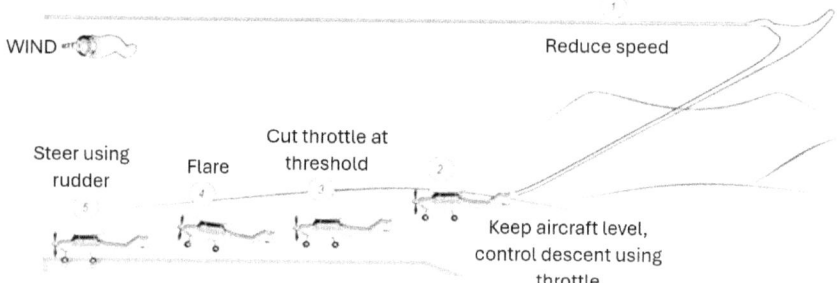

Figure 91: Landing sequence.

Voici quelques lignes directrices pour améliorer la maîtrise de l'atterrissage :

- Comprendre le rôle des commandes : L'élévateur ajuste l'assiette (position du nez), tandis que la puissance régule le taux de descente.

- Maintenir les entrées de commande minimales : Assurez-vous d'avoir une configuration correcte avec des ailes horizontales et un cap d'avion correct, et effectuez de petits ajustements seulement au besoin.

- Maintenir une orientation horizontale : Assurez-vous que l'avion n'est ni incliné vers le haut ni vers le bas. Évitez de pointer habituellement le nez vers le bas pour perdre de l'altitude.

- Pratiquer différentes approches d'atterrissage : Essayez des approches hautes et basses, ainsi que des approches courtes et longues, des deux extrémités de la piste.

- Communiquer ses intentions : Annoncez "atterrissage" dans la jambe vent arrière pour alerter les autres pilotes.

- Se concentrer sur le contrôle de la hauteur et de la vitesse : Restez vigilant sur l'altitude et la vitesse tout au long du circuit en préparation de l'atterrissage.

- S'aligner avec l'axe de la piste : Effectuez le dernier virage avec environ 30 degrés d'inclinaison pour positionner l'avion directement sur ou très près de l'axe de la piste.

- Atterrir avec de la puissance : Maintenez un certain niveau de puissance, même légèrement au-dessus du ralenti, pendant l'approche d'atterrissage.

- Réduire la puissance au seuil : Réduisez la puissance soit sur soit juste avant d'atteindre le seuil de la piste.

- Pratiquer les atterrissages touch-and-go : Effectuez des atterrissages où les roues principales de l'avion touchent légèrement la piste avant de décoller immédiatement.

- Pratiquer l'atterrissage des deux côtés : Assurez-vous d'être compétent dans les approches d'atterrissage des deux extrémités de la piste.

Apprendre à atterrir peut présenter plusieurs défis courants pour les pilotes :

- Un problème concerne la jambe vent arrière positionnée trop près de la piste. Cette proximité entraîne des virages serrés et un dépassement de l'axe de la piste lors de l'approche, ce qui rend difficile l'alignement correct de l'avion pour l'atterrissage.

- De même, si la jambe vent de travers est trop proche de la piste, les pilotes peuvent se retrouver à effectuer des virages serrés et à avoir du mal à maintenir l'altitude appropriée pour un atterrissage en douceur. Cela peut entraîner une altitude soit trop élevée soit trop basse pendant la phase d'approche.

- Une vitesse excessive, avant ou pendant l'approche d'atterrissage, pose un autre défi. Cela peut empêcher l'avion de ralentir suffisamment pour atterrir en toute sécurité sur la piste, ce qui peut entraîner un dépassement de piste.

- Un alignement correct sur l'axe de la piste est crucial pour un atterrissage réussi. Une configuration inadéquate pour l'atterrissage peut entraîner des difficultés à maintenir l'alignement, ce qui affecte la précision de l'approche.

- L'approche de la piste à des altitudes ou des distances incorrectes présente des défis supplémentaires. Les pilotes peuvent avoir du mal à ajuster le taux de descente de manière efficace, ce qui entraîne des approches instables et potentiellement des atterrissages non sécuritaires.

- Une erreur courante est de piquer l'avion excessivement vers le bas dans le but de perdre rapidement de l'altitude. Cependant, cette manœuvre peut augmenter involontairement la vitesse plutôt que de la ralentir comme prévu, ce qui rend difficile l'exécution d'un atterrissage en douceur.

- Une technique de flair incorrecte, ou le fait de ne pas effectuer de flair du tout, peut entraîner un toucher d'avion abrupt plutôt qu'une transition en douceur vers la piste. Cela peut entraîner des atterrissages plus durs et des dommages potentiels à l'avion.

- Enfin, les pilotes peuvent rencontrer des difficultés à atterrir des deux côtés de la piste. La compétence dans l'exécution d'atterrissages à partir de différentes directions est essentielle pour des compétences de pilotage bien équilibrées et des opérations sécuritaires.

Atterrissage moteur coupé

Un atterrissage moteur coupé est nécessaire lorsque le moteur d'un avion tombe en panne ou perd de la puissance, laissant le pilote sans moyen de propulsion. Cela peut se produire pour diverses raisons telles que des défaillances mécaniques, l'épuisement du carburant ou des problèmes de système de carburant. Dans de telles situations, le pilote doit se fier uniquement aux capacités de planeur de l'avion pour poser l'avion en toute sécurité sans puissance du moteur, d'où le terme "moteur coupé". Les atterrissages moteur coupé sont une compétence critique que les pilotes doivent maîtriser car ils peuvent rencontrer des pannes de moteur de manière inattendue en vol.

L'exécution d'un atterrissage moteur coupé nécessite un jugement attentif et un contrôle précis. Une fois que le moteur de l'avion a cessé de fonctionner, le pilote doit évaluer la distance de plané tout en veillant à ce que l'avion reste au-dessus de la vitesse de décrochage. Il n'y a pas de deuxième chance dans les atterrissages moteur coupé ; le pilote doit effectuer un atterrissage réussi dès la première tentative. Déterminer si l'avion peut revenir à la piste dépend du jugement du pilote sur l'altitude et la vitesse de l'air. Si possible, le pilote peut tenter de planer jusqu'à la piste ; sinon, il doit choisir une zone d'atterrissage appropriée dans le champ. Idéalement, la zone choisie devrait être plate et exempte d'obstacles.

Maintenir le contrôle de l'avion est crucial tout au long du processus d'atterrissage. Le pilote doit garder le manche des gaz tiré en arrière, tout en veillant à ce que les ailes restent horizontales et que le nez soit légèrement baissé pour maintenir la vitesse de planeur. Éviter les virages serrés est essentiel, car ils peuvent faire diminuer rapidement l'altitude. Au fur et à mesure que l'avion approche du sol, que ce soit sur la piste ou dans le champ, il doit être maintenu à niveau avec une légère attitude du nez vers le haut jusqu'à ce qu'il ralentisse et finisse par décrocher, venant se poser sur le sol.

Pendant un atterrissage sur piste, il est important d'utiliser le gouvernail pour maintenir l'avion centré sur l'axe de la piste. Si l'atterrissage se fait dans le champ, prenez note de l'endroit d'atterrissage et des repères environnants à des fins de récupération. Après l'atterrissage, l'avion doit être soigneusement inspecté pour détecter tout dommage ou problème structurel, tel que des cloisons de feu déplacées ou des supports moteur. De plus, la cause de la panne du moteur doit être identifiée, qu'il s'agisse d'une épuisement du carburant, d'un réglage incorrect de la vanne d'aiguille ou de carburant contaminé.

Pour pratiquer les atterrissages moteur coupé, les pilotes peuvent simuler une panne de moteur en réduisant les gaz au ralenti pendant la jambe vent arrière du circuit. Il peut être nécessaire d'ajuster la longueur des jambes vent arrière et de base pour accommoder l'approche d'atterrissage plus courte. À l'approche, alignez l'avion avec l'axe de la piste et effectuez un atterrissage contrôlé, en maintenant une attitude à niveau avec une légère inclinaison du nez vers le bas pour conserver une certaine vitesse de l'air.

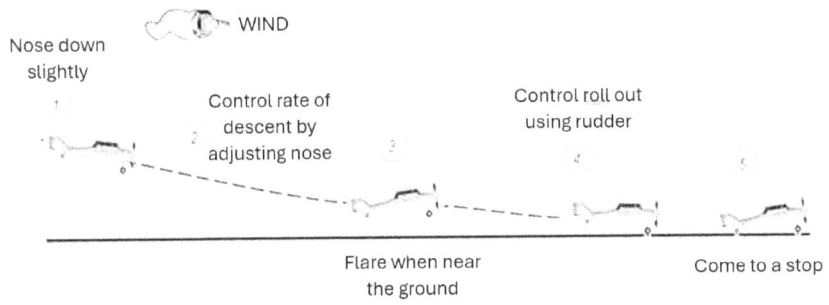

Figure 92: Séquence d'atterrissage moteur coupé.

Lors de l'exécution d'un atterrissage en travers de piste, la principale différence par rapport à un atterrissage normal est l'influence du vent, qui tente de dévier l'avion de sa trajectoire prévue. Pour rester aligné avec l'axe de la piste, vous devrez incliner légèrement votre avion dans la direction du vent. Cet ajustement entraîne une légère dérive de l'avion, en fonction de la force du vent. L'aspect crucial est de veiller à ce que l'avion se déplace le long de l'axe de la piste, quel que soit son orientation réelle. Déterminer la quantité appropriée de dérive nécessite de la pratique.

Avant d'exécuter un atterrissage en travers de piste, il est conseillé de réaliser plusieurs approches pour évaluer l'angle de dérive correct. Pendant la descente et l'atterrissage, effectuez une manœuvre de flare, et dès que les roues touchent le sol, utilisez les commandes de gouvernail pour aligner le nez de l'avion avec l'axe de la piste. Des ajustements de la manette des gaz et de la vitesse de l'air sont souvent nécessaires, en particulier en réponse à l'intensité du vent.

Les vents de travers peuvent présenter des défis supplémentaires. Premièrement, les avions dotés de gouvernes de direction et de stabilisateurs verticaux importants peuvent connaître un effet de lacet météorologique, où l'avion a tendance à aligner son nez dans le sens du vent. Cette tendance peut interférer avec le maintien de l'angle de dérive souhaité. Deuxièmement, les vents forts peuvent rendre l'avion susceptible de rouler, le vent essayant de le basculer sur le dos. Pour contrer cet effet, réduisez au minimum les entrées de commande et privilégiez l'utilisation du gouvernail pour modifier la direction de l'avion plutôt que des ailerons.

Lors de la navigation par temps venteux, restez vigilant de l'influence du vent et maintenez la proximité de la piste, en particulier pendant la phase vent arrière, pour assurer un retour sécurisé en cas de panne moteur. De plus, soyez conscient que les vents forts peuvent rapidement emporter l'avion loin de sa trajectoire prévue, alors évitez de vous éloigner trop de la piste.

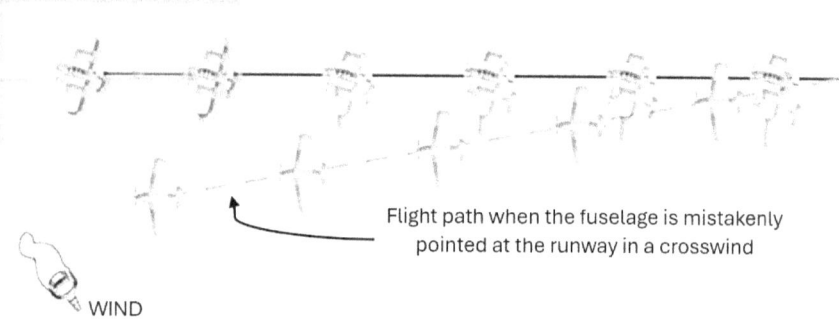

Figure 93: Atterrissage par vent de travers.

Procédures d'urgence

Les procédures d'urgence doivent être intégrées dans le plan de mission des RPA, détaillant les actions à prendre en cas de perte de liaison de données avec le RPA. Selon les capacités du système, ces procédures pourraient inclure différents profils de vol, tels que :

- Transit automatisé du RPA vers une zone de récupération prédéfinie suivi d'une récupération automatisée

- Transit automatisé du RPA vers une zone de récupération prédéfinie suivi de l'activation d'un système de terminaison de vol

Dans l'espace aérien contrôlé, des procédures spécifiques d'annulation et de terminaison de vol doivent être exposées à ATC. Cela inclut la fourniture d'informations sur les profils de vol préprogrammés en cas de perte de liaison, les capacités de terminaison de vol et les performances des RPA dans des conditions de terminaison. Des vérifications automatiques continues de la liaison de données doivent avoir lieu, et des avertissements en temps réel doivent être affichés à l'équipage distant en cas de défaillance. En cas de perte de liaison de données, à l'exception des pertes de signal intermittentes ou lors d'interruptions programmées, une notification immédiate à ATC et l'exécution des procédures de récupération sont essentielles.

Les paramètres déterminant les pertes de signal intermittentes et totales acceptables seront prédéterminés par le fabricant. Un RPA subissant une perte de liaison de données et exécutant un profil de vol préprogrammé jusqu'à la terminaison ou la récupération doit bénéficier d'un traitement prioritaire par ATC. En cas de défaillance de communication entre le RP et ATC, la sélection du code SSR 7600, si applicable, et la tentative d'établir des communications alternatives sont nécessaires. En attendant le rétablissement des communications avec ATC, le RPA sera contrôlé en fonction de la dernière instruction reconnue ou des conditions contenues dans l'approbation de la zone. Si la communication avec ATC reste infructueuse, la sortie du RPA doit être interrompue.

Le plan de mission du RPA devrait définir les procédures d'urgence pour différents scénarios, notamment la panne du moteur, la perte de liaison de données, la perte de contrôle, la défaillance de l'équipement de navigation et les dommages à la cellule. De plus, l'utilisation de dispositifs de récupération ou de sécurité, tels que des parachutes, pour atténuer les risques pour les personnes ou les biens est encouragée lorsque cela est applicable au type de RPA. Si un RPA est équipé d'un dispositif de récupération tel qu'un système de parachute balistique, incluant une charge pyrotechnique, la zone ou le panneau doit être clairement marqué pour une identification facile.

Zones de décollage et d'atterrissage

La sélection du site de décollage privilégie avant tout la sécurité. Les critères de sélection des sites de décollage incluent :

- Assurer des zones tampons adéquates :

    - Le personnel RPS doit maintenir une zone tampon d'au moins 15 mètres entre les opérations des aéronefs et le personnel non essentiel.

    - Les observateurs, lorsqu'ils ne remplissent pas leurs fonctions, agissent en tant que superviseurs de sécurité.

- Considérations environnementales :

    - Aucun décollage ne devrait avoir lieu avant que toutes les évaluations environnementales aient été effectuées.

    - Le personnel a l'autorité d'annuler tout décollage s'il présente un danger pour l'environnement, pour eux-mêmes ou pour les autres à proximité.

- Parcours de départ sur des zones peu peuplées :

    - Le pilote en commandement (PIC) devrait s'efforcer de choisir des sites de décollage qui minimisent les survols de zones peuplées.

    - Si des vols au-dessus de zones peuplées sont nécessaires, la planification des vols devrait viser à minimiser le temps passé dans ces zones.

En ce qui concerne les sites d'atterrissage et les options alternatives :

1. Site d'atterrissage principal :

    - Généralement, le site d'atterrissage principal est aligné avec le site de décollage.

- Le PIC a l'autorité ultime sur les approches vers le site principal et peut annuler toute approche jugée dangereuse.

2. Sites d'atterrissage alternatifs :

    - Le PIC doit désigner au moins un site d'atterrissage alternatif.

    - Si un renoncement est impossible et que le site d'atterrissage principal n'est pas sûr, les procédures d'utilisation du site alternatif seront suivies.

3. Sites d'abandon de mission :

    - Éventuellement, le PIC peut désigner un "site d'abandon" pour les situations d'urgence.

    - Le site d'abandon doit être suffisamment éloigné pour minimiser les risques si l'aéronef doit quitter l'espace aérien en cas d'urgence.

4. Approches au-dessus de zones peuplées :

    - Le PIC devrait s'efforcer de choisir des sites d'atterrissage qui minimisent les approches au-dessus de zones peuplées.

5. Sécurité de l'atterrissage et contrôle de la foule :

    - Tous les sites d'atterrissage doivent être entretenus et exploités avec les mêmes normes de sécurité que les sites de décollage.

    - Une zone tampon d'au moins 15 mètres entre les opérations des aéronefs et le personnel non essentiel doit être maintenue sur tous les sites d'atterrissage.

Bonnes pratiques de contrôle en vol/au sol

Avant le décollage :

   1. Avant d'activer l'émetteur, assurez-vous qu'il n'y a pas de conflits de fréquence en utilisant un scanner de fréquence.

2. Vérifiez qu'il n'y a pas d'identifiants NET identiques en fonctionnement à proximité.

3. Avant de mettre en marche les systèmes, assurez-vous que toutes les parties du corps, les vêtements, les obstacles et les spectateurs sont dégagés des hélices ou des rotors et de leur arc. Attachez l'aéronef pour éviter tout mouvement involontaire lors de la mise en marche du moteur.

4. Annoncez clairement "HÉLICE LIBRE".

5. Activez l'émetteur en vous assurant que les informations affichées telles que la mémoire de l'aéronef et la tension de la batterie sont exactes.

6. Confirmez que le manche des gaz de l'émetteur est en position d'arrêt.

7. Connectez la batterie et/ou activez l'interrupteur d'alimentation de l'aéronef.

8. Suivez les procédures de test de portée recommandées telles que spécifiées dans le manuel du propriétaire de l'émetteur/récepteur radio.

9. Vérifiez le bon fonctionnement des surfaces de contrôle.

10. Assurez-vous que tous les servos fonctionnent correctement sans bruits anormaux ou bavardages pendant le fonctionnement ou au ralenti.

11. Testez le moteur pour vérifier qu'il fonctionne correctement. Attachez l'aéronef et ajustez progressivement les gaz de ralenti à pleine puissance et inversement, en vérifiant la poussée, les vibrations ou les anomalies. Confirmez que le moteur s'arrête complètement lorsque le manche des gaz est en position d'arrêt.

12. Confirmez que le dispositif de déclenchement fonctionne correctement.

Avant le décollage :

1. Vérifiez que l'antenne de l'émetteur est complètement déployée.

2. Assurez-vous que les réglages de trim de l'émetteur sont correctement positionnés.

3. Déployez entièrement l'antenne du récepteur.

4. Vérifiez que la zone de décollage est dégagée des obstacles et des personnes.

5. Examinez les conditions météorologiques et les zones d'atterrissage d'urgence potentielles.

6. Réglez l'alarme du minuteur de vol.

7. Annoncez clairement "PRÉPARATION AU DÉCOLLAGE".

8. Lancez l'aéronef.

En vol :

1. Montez à une altitude sécuritaire loin des dangers et vérifiez les systèmes de contrôle.

2. Ajustez les trims si nécessaire.

3. Maintenez une distance de sécurité par rapport aux personnes et aux bâtiments.

4. Si vous volez au-dessus de bâtiments ou de personnes, maintenez une altitude de sécurité pour le rétablissement et minimisez l'exposition.

5. Balayez continuellement les zones de vol et de sol à la recherche de dangers potentiels.

Atterrissage :

1. Vérifiez les systèmes de contrôle et ajustez les trims pour garantir la capacité d'atterrissage d'urgence si nécessaire.

2. Analysez la zone d'atterrissage à la recherche d'obstructions potentielles et réévaluez les conditions météorologiques.

3. Annoncez clairement "PRÉPARATION À L'ATTERRISSAGE".

4. Soyez toujours prêt à effectuer un go-around.

5. Atterrissez l'aéronef avec précaution loin des obstructions et des personnes.

Après le vol :

1. Éteignez l'aéronef et/ou déconnectez les batteries.

2. Éteignez l'émetteur.

3. Éteignez l'équipement photo si applicable.

4. Inspectez visuellement l'aéronef pour détecter les dommages ou l'usure excessive.

5. Retirez le carburant inutilisé si nécessaire.

6. Attachez l'aéronef.

Techniques de vol

Gestion d'une perte partielle de puissance après le décollage dans un avion monomoteur

Une perte partielle de puissance du moteur se produit lorsque le moteur fournit moins de puissance que celle commandée par le pilote mais plus que la poussée au ralenti. Une perte partielle de puissance du moteur après le décollage se produit lorsque l'aéronef est en l'air et monte immédiatement après le décollage, généralement en dessous de la hauteur de circuit et à proximité immédiate de l'aérodrome de départ. Dans ce contexte, une panne totale du moteur précédée d'une perte de puissance partielle est traitée comme un événement de perte de puissance partielle si le pilote a pris des mesures en réponse à la réduction initiale de puissance. Les causes de la perte de puissance du moteur comprennent les problèmes mécaniques dans le moteur, les restrictions de flux de carburant ou d'air, et les blocages mécaniques dans les commandes du moteur comme les câbles d'accélérateur. Pour gérer efficacement la situation :

1. Planification : Anticiper la possibilité d'une perte de puissance partielle et établir des stratégies de réponse avant le vol procure un avantage. La planification préalable réduit la charge mentale, aide à atténuer le stress de la prise de décision et instille la confiance dans la réponse aux urgences.

2. Vérifications avant le vol : De nombreux incidents de perte de puissance partielle après le décollage auraient pu être détectés et évités lors des vérifications avant le vol. Les inspections physiques, les montées en puissance du moteur et les vérifications du moteur au décollage sont cruciales. Des signes tels que des baisses anormales du régime moteur lors des vérifications de montée en puissance ou un fonctionnement rugueux du moteur lors du décollage peuvent indiquer des problèmes de carburant ou de bougie d'allumage.

3. Maintien du contrôle de l'aéronef : En cas de perte de puissance partielle, une réponse immédiate est essentielle. L'inaction n'est pas une option. La priorité est donnée au maintien du contrôle. Les options de réponse peuvent inclure le retour à l'aérodrome ou la réalisation d'un atterrissage forcé immédiat. Des facteurs tels que l'altitude, les conditions de vent, le trafic et le relief influencent ces décisions. Maintenir la vitesse de glissement et des angles de roulis modérés aide à maintenir le contrôle, assurant un atterrissage plus sûr avec les ailes à niveau et l'aéronef à niveau avec le terrain, plutôt que de risquer un décrochage ou une vrille.

Planification pré-vol et auto-briefing

Planification pré-vol : Lorsqu'ils sont confrontés à la possibilité d'une perte partielle de puissance du moteur après le décollage, les pilotes doivent prendre des décisions critiques au milieu du stress, de l'incertitude et d'une charge de travail élevée. La planification pré-vol joue un rôle crucial dans la préparation à de tels scénarios. Considérer des facteurs tels que la direction du vent, les options d'atterrissage disponibles sur et hors du champ d'aviation, et les environs dans toutes les directions lors de la planification pré-vol peut réduire considérablement la charge mentale en cas de perte partielle de puissance du moteur. Avoir un plan bien réfléchi à l'avance peut également aider à atténuer les effets de la prise de décision sous stress et à renforcer la confiance dans l'exécution des actions d'urgence. Ainsi, il est essentiel d'inclure la possibilité d'une perte partielle de puissance du moteur dans votre planification pré-vol dans le cadre de votre stratégie de gestion des menaces et des erreurs.

Votre planification pré-vol doit comprendre :

- Direction de la piste et direction de virage optimale.

- Vitesse et direction du vent local pour la journée.

- Relief et obstacles le long de la trajectoire de vol.

- Points de décision en fonction de l'altitude et des performances de l'aéronef, y compris des options telles que l'atterrissage sur la piste restante ou sur le terrain d'aviation, l'atterrissage en dehors du terrain d'aviation, ou l'exécution d'un virage de retour vers le terrain d'aviation.

Auto-briefing pré-vol : Tout comme les pilotes d'avions multi-moteurs, tous les pilotes d'avions monomoteurs doivent effectuer un auto-briefing avant chaque décollage. L'auto-briefing sert de rappel crucial des actions planifiées en cas d'urgence comme la perte partielle de puissance du moteur. Ci-dessous, le rôle de l'auto-briefing pré-vol est détaillé.

Éviter la perte partielle de puissance du moteur

Vérifications avant le vol : L'ATSB a signalé de nombreux cas où des anomalies existantes dans le système du moteur auraient pu être détectées ou évitées avant le décollage. La prévention est essentielle, et des vérifications pré-vol approfondies servent de barrière vitale pour réduire la probabilité d'une perte partielle de puissance du moteur après le décollage.

Inspection physique avant le vol de l'aéronef : Des cas de perte partielle de puissance due à une pénurie, une épuisement ou une contamination du carburant, souvent suivis d'une panne complète du moteur, auraient pu être évités grâce à des inspections physiques rigoureuses avant le vol. Effectuer toutes les vérifications physiques pertinentes est crucial pour minimiser le risque de perte de puissance partielle ou complète du moteur. Même si le certificat de maintenance de l'aéronef est déjà signé pour la journée, une inspection pré-vol complète, y compris des composants du moteur et du système de carburant, est essentielle.

Perte de puissance partielle liée au carburant : La sélection appropriée du réservoir de carburant avant le décollage, en veillant à ce que les drains de carburant soient fermés et non fuyants, et en fermant solidement les bouchons de carburant sont des facteurs qui auraient pu faciliter la détection ou la prévention d'incidents de perte de puissance partielle liés au carburant. Ces événements sont souvent associés à des montées en régime du moteur, une forme particulièrement imprévisible de perte partielle de puissance qui peut entraîner une panne complète du moteur.

Un examen des incidents liés au carburant suggère les mesures préventives suivantes :

- Drainer le carburant de tous les points de vidange pour vérifier la présence d'eau ou de contamination.

- Veiller à ce que les points de vidange de carburant ne fuient pas, en particulier les raccords de type baïonnette.

- Considérer attentivement le réservoir de carburant nécessaire pour le décollage.

- Confirmer une quantité de carburant suffisante en utilisant plusieurs méthodes, telles que la vérification croisée du jauge de carburant et de la jauge de réservoir.

Gestion des distractions : Bien que ces vérifications soient routinières pour la plupart des pilotes, des distractions ou des pressions temporelles peuvent entraîner des inspections incomplètes. Tous les pilotes doivent tenir compte de la gestion des menaces et des erreurs lors de cette phase de vol, en planifiant les distractions et les pressions. Minimiser les distractions et garantir des vérifications minutieuses peuvent prévenir les oublis critiques.

Minimiser les changements de configuration de carburant de l'aéronef : Des cas suggèrent que le carburant résiduel dans les conduites de carburant a maintenu le moteur pour le décollage mais était insuffisant pour le vol soutenu, entraînant une pénurie de carburant peu de temps après la rotation. Des vérifications approfondies du moteur peuvent diagnostiquer les anomalies à la fois du moteur et du système de carburant, prévenant de tels incidents.

Gestion d'une perte partielle de puissance du moteur après le décollage

Une perte partielle de puissance du moteur peut varier en gravité, allant d'une puissance minimale à presque pleine puissance, avec différents niveaux de fiabilité dans la puissance restante du moteur. Lorsqu'ils sont confrontés à une perte partielle de puissance, les pilotes doivent donner la priorité au maintien du contrôle de l'aéronef plutôt qu'à la tentative de diagnostiquer les problèmes du moteur.

Maximiser l'altitude ou minimiser la distance : Grimper à la vitesse recommandée par le fabricant pour le "meilleur taux" ou le "meilleur angle", en fonction de l'aéronef et de l'emplacement, optimisera les options en cas de perte partielle de puissance ou de panne du moteur. Adopter un réglage de montée "croisière" prématurément peut rendre l'aéronef hors de portée de retour en planeur, même s'il est au-dessus de l'altitude de "retour" spécifique à l'aéronef.

Considérez les actions initiales suivantes lors de la réponse à une perte partielle de puissance :

- Abaisser le nez pour maintenir la vitesse de planeur de l'aéronef.

- Effectuer des vérifications initiales de base des problèmes de moteur selon les conseils du fabricant, mais seulement si le temps le permet.

- Surveiller les performances de l'aéronef pour évaluer s'il maintient, gagne ou perd de l'altitude, ce qui informe sur les options d'atterrissage.

- Naviguer l'aéronef pour un atterrissage en fonction de son altitude actuelle, de ses performances et des routes d'atterrissage prévues. Faire preuve de prudence lors des virages, car les angles de basculement accroissent la vitesse de décrochage. Maintenir l'équilibre pour minimiser le taux de descente pendant les virages.

- Il est conseillé d'avoir une altitude de virage planifiée minimale ; la CASA recommande au moins 200 pieds au-dessus du niveau du sol (AGL) pour virer les ailes à plat.

- Réévaluer continuellement les options d'atterrissage et être prêt à ajuster le plan en conséquence.

- Exécuter l'atterrissage, en veillant à :

    - avoir une altitude de virage planifiée minimale pour tourner les ailes à plat. La documentation de la CASA suggère d'éviter les virages en dessous de 200 pieds AGL, mais cela dépend de facteurs tels que le taux de roulis de l'aéronef, la vitesse de l'air et l'expérience du pilote.

    - Maintenir la vitesse de planeur jusqu'au point de flare, en assurant une énergie adéquate pour arrêter le taux de descente vertical pendant le flare.

Comme en cas de perte totale de puissance après le décollage, lors d'une perte partielle de puissance, éviter les tentatives de diagnostic du problème du moteur est crucial pour maintenir le contrôle de l'aéronef.

Récupération du décrochage

Les décrochages sont une source de préoccupation importante pour les élèves pilotes et ceux qui ne sont pas familiers avec l'aviation, donc explorons-les ici. Comme mentionné précédemment, un avion doit atteindre une certaine vitesse pour décoller. Pendant le vol, il est crucial de maintenir une vitesse de l'air adéquate pour générer une portance suffisante pour soutenir l'avion sans nécessiter un angle d'attaque excessivement raide. Lorsque l'angle d'attaque atteint un point spécifique, appelé l'angle d'attaque critique, l'écoulement d'air sur l'aile peut devenir perturbé ou "turbulent" (voir Figure 94), entraînant une perte de portance (décrochage). La vitesse à laquelle l'aile ne peut plus soutenir l'avion sans dépasser cet angle d'attaque critique est appelée la vitesse de décrochage. Cette vitesse peut varier en fonction des changements de configuration de l'aile, tels que la position des volets. De plus, des manœuvres abruptes, des inclinaisons raides et des rafales de vent peuvent soumettre l'avion à des facteurs de charge excessifs, le faisant dépasser l'angle d'attaque critique et décrocher à n'importe quelle vitesse et attitude. Maintenir des vitesses favorables à un écoulement d'air régulier sur le profil de l'aile et les surfaces de contrôle est essentiel pour un contrôle efficace de l'aéronef.

Piloter un avion, comme toute autre compétence, nécessite une pratique régulière pour maintenir la compétence. Même les pilotes professionnels, y compris ceux des grandes compagnies aériennes, les aviateurs militaires et les instructeurs de vol, suivent périodiquement des sessions en salle de classe pour mettre à jour leurs compétences. Il incombe à tous les pilotes d'exercer un jugement avisé pour assurer le fonctionnement sûr et compétent de l'avion qu'ils pilotent.

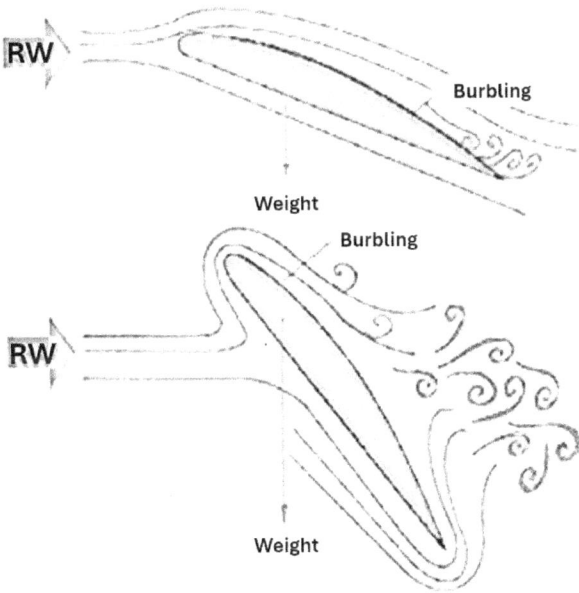

Figure 94: Profil d'aile approchant et entrant en décrochage.

Les décrochages peuvent être pratiqués avec ou sans puissance pour vous familiariser avec les caractéristiques spécifiques du décrochage de l'aéronef sans créer une situation potentiellement dangereuse [65]. Divers types de décrochages sont décrits ci-dessous :

1. Les décrochages au décollage (classés comme décrochages à puissance élevée)

sont pratiqués pour simuler les conditions lors du décollage et de la montée, y compris la configuration. De nombreux accidents de décrochage/virage en vrille surviennent pendant ces phases de vol, notamment lors de surplombs. Un facteur contributif à de tels accidents est l'incapacité du pilote à maintenir un contrôle positif de l'assiette, souvent en raison d'un réglage de trim de nez haut ou d'une rétraction prématurée des volets. Des accidents ont également été liés à l'incapacité de maintenir un contrôle positif lors des décollages sur champ court.

2. Les décrochages à l'arrivée (classés comme décrochages à puissance réduite ou à puissance nulle) sont pratiqués pour simuler les conditions et la configuration typiques d'une approche à l'atterrissage. Les simulations doivent également incorporer des réglages de puissance réduite conformes aux exigences d'approche de l'aéronef d'entraînement spécifique. De nombreux accidents de décrochage/virage en vrille ont été attribués à des situations telles que des virages contrôlés croisés de la jambe de base à l'approche finale (résultant en un virage glissé ou glissé), des tentatives de récupération d'un taux de chute élevé en finale uniquement en augmentant l'assiette de tangage, et un contrôle inapproprié de la vitesse de l'air en finale ou dans d'autres segments du circuit de trafic.

3. Les décrochages accélérés peuvent se produire à des vitesses de l'air plus élevées que la normale en raison d'entrées de commandes abruptes et/ou excessives. Ces décrochages peuvent se manifester lors de virages serrés, de montées abruptes ou d'autres changements soudains de trajectoire de vol. Les décrochages accélérés sont généralement plus sévères que les décrochages non accélérés et surprennent souvent les pilotes en raison de leur nature inattendue.

L'aspect principal de la récupération d'un décrochage implique de rétablir un contrôle positif de l'aéronef en réduisant l'angle d'attaque. Dès les premiers signes d'un décrochage, l'angle d'attaque de l'aile doit être réduit pour permettre aux ailes de générer à nouveau de la portance. Chaque aéronef en vol normal peut nécessiter une quantité de pression vers l'avant distincte pour restaurer la portance. Il est important de noter qu'une pression excessive vers l'avant pourrait entraver la récupération en appliquant une charge négative sur l'aile.

Ensuite, dans le processus de récupération du décrochage, appliquer en douceur la puissance maximale autorisée est essentiel pour augmenter la vitesse de l'air et minimiser la perte d'altitude. À mesure que la vitesse de l'air augmente et que la récupération progresse, la puissance doit être ajustée pour ramener l'aéronef à l'état de vol souhaité. Une fois la récupération en cours, l'établissement d'un vol droit et niveau doit être prioritaire, en utilisant une coordination complète des commandes.

Tout au long de la procédure de récupération, il est impératif de veiller à ce que ni l'indicateur de vitesse de l'air ni le tachymètre, le cas échéant, n'atteignent leurs lignes rouges de vitesse maximale à aucun moment pendant un décrochage d'entraînement.

Décrochages Secondaires

Si la récupération d'un décrochage n'est pas exécutée correctement, cela peut entraîner un décrochage secondaire ou même un virage en vrille. Un décrochage secondaire survient lorsqu'on tente d'accélérer la récupération du décrochage avant que l'aéronef n'ait regagné une vitesse de vol adéquate. Lorsque cette situation se produit, la pression vers l'arrière de l'ascenseur doit être à nouveau relâchée, comme dans une récupération de décrochage standard. Une fois la vitesse de l'air suffisante, l'aéronef peut être manoeuvré de nouveau vers un vol droit et niveau.

Décrochages en croisement de commandes

Les élèves pilotes sont instruits d'éviter les virages brusquement inclinés à basse altitude. Lors du dépassement de l'axe central prolongé lors d'un virage de la base à la finale, il y a une tendance à compenser en appliquant du palonnier intérieur pour augmenter la cadence de virage, nécessitant un aileron opposé pour maintenir l'inclinaison de la banque. Cette inclination de virage glissé peut faire baisser le nez, nécessitant une pression arrière sur la colonne de commande. Dans des cas extrêmes, cela peut conduire à une pleine traction arrière de la colonne de commande avec un aileron opposé complet et un palonnier intérieur complet, ce qui entraîne un décrochage débutant, appelé un "décrochage sous le ventre".

Un décrochage en roulis inverse ou "décrochage au-dessus" peut se produire lorsque l'aéronef est en glissade. Pour contrer cela, l'aéronef devrait s'incliner vers l'aile la plus haute au point de décrochage.

Vol lent

La démonstration de compétence et de contrôle est particulièrement évidente à basse vitesse. Tout comme le patinage ou le vélo à des vitesses plus lentes nécessite plus de compétences, voler à des vitesses réduites met en valeur la compétence d'un pilote. La plupart des manoeuvres de vol lent V_{s1} peuvent être exécutées avec un angle de banque de dix degrés. Un palonnier supplémentaire doit être appliqué vers la droite avec un aileron opposé. Dépasser la limite de 10 degrés risque un décrochage en croisement de commandes. Introduire un peu de puissance permet une inclinaison de 30 degrés, augmentant la possibilité de décrochages en vrille. Le vol lent près du décrochage est appelé contrôlable minimum. L'efficacité du palonnier dans le contrôle du décrochage et de l'angle de lacet est mieux illustrée pendant cet exercice. Une application correcte du palonnier est confirmée lorsque la cassure de décrochage se produit droit devant sans aucun basculement d'aile. Toute application d'ailerons aggraverait contre-productivement le décrochage et entraînerait un basculement d'aile plus abrupt.

Facteurs de décrochage d'aéronef

Wilbur Wright a inventé le terme "décrochage" en 1904 pour décrire comment Orville a permis à l'aéronef de s'incliner excessivement et de décrocher lors d'un virage. Le potentiel d'un aéronef à décrocher ou à faire une vrille est inhérent à sa conception. La capacité du pilote à détecter et à répondre à ce potentiel témoigne de sa compétence en pilotage. Lorsqu'un aéronef est piloté à un angle dépassant l'angle d'attaque critique, il décroche. Dans les décrochages d'entraînement délibérés, la vitesse de l'air est réduite, et les entrées de commandes abusives causant des décrochages à attitude inhabituelle sont évitées. La faible vitesse n'est pas la cause du décrochage ; c'est plutôt l'angle d'attaque.

Les commandes de profondeur et les pressions exercées sur elles dictent si l'aile atteindra un angle d'attaque suffisant pour décrocher. Lorsque l'écart angulaire entre la direction de l'aéronef et sa trajectoire réelle dépasse environ 11 degrés par rapport à la corde de l'aile, un décrochage se produit, connu sous le nom d'angle d'attaque critique. Dépasser cet angle avec des entrées de profondeur provoque la séparation de l'écoulement d'air de la surface supérieure de l'aile, réduisant le coefficient de portance, augmentant le coefficient de traînée et transmettant divers indices aérodynamiques, mécaniques et physiologiques au pilote.

Les avertissements de décrochage fournissent une alerte de dix nœuds de décrochage imminent comme généralement effectué. Les décrochages involontaires auxquels j'ai été confronté coïncidaient avec le son du klaxon d'avertissement. Les vitesses de décrochage sont affectées par le poids, avec une augmentation de 20 % du poids entraînant une augmentation de 10 % de la vitesse de décrochage, et vice versa. Le poids est un facteur critique dans les vitesses de décrochage, et les chiffres du manuel de l'aéronef sont basés sur des poids bruts pour fournir une marge de sécurité. Cette marge peut être ajustée si le poids réel est inférieur au poids brut, permettant une vitesse d'approche réduite.

Les vitesses de décrochage sont définies au point le plus critique du centre de gravité (CG), ce qui entraîne la vitesse de décrochage la plus élevée. Le comportement de l'aéronef lors de l'entrée, de la progression et de la récupération d'un décrochage détermine ses caractéristiques de décrochage, qui sont généralement évaluées à la position CG arrière lorsque la vitesse de décrochage est au plus bas.

Virages de vérification

Certains protocoles s'appliquent à tous les décrochages d'entraînement. Avant d'initier un décrochage quelconque, il est impératif d'effectuer des virages de vérification précis à 90 degrés à gauche et à droite. Ces manœuvres doivent refléter le processus de décrochage en termes de durée du virage, d'angle de la banque, d'altitude et de cap. Un décrochage d'entraînement bien exécuté entraîne généralement une perte initiale d'altitude de 100 pieds. Les décrochages peuvent être classés comme débutants, partiels, complets ou aggravés en fonction de leur gravité. Prolonger un décrochage aggravé entraîne une diminution supplémentaire de la vitesse de l'air, nécessitant soit une puissance supplémentaire soit une altitude supplémentaire pour la récupération.

La récupération d'un décrochage implique toujours l'application de pleine puissance, la rétraction des volets (si étendus), la montée et le maintien de la meilleure vitesse de montée, généralement fixée à 65 nœuds. Bien qu'une ancienne directive de la FAA recommandait de gagner 300 pieds lors de la récupération, des considérations pratiques limitent souvent cela dans divers scénarios. Des ajustements de trim doivent être effectués pour une montée positive.

Évitement des décrochages

Pratique de l'évitement des décrochages à basses vitesses (PTS)

1. Maintenir le cap et l'altitude tout en réduisant la puissance et en ajustant le trim.

2. Maintenir le cap et l'altitude tout en activant l'avertisseur de décrochage.

3. Démontrer l'ajustement du trim de profondeur de neutre à pleine montée.

4. Observer la tendance de l'aéronef à tourner à gauche et évaluer l'efficacité du palonnier.

5. Démontrer l'utilisation du palonnier droit si nécessaire.

6. Illustrer l'effet de l'entrée de palonnier en relâchant et en réappliquant.

7. Effectuer des virages à droite et à gauche sans utiliser le palonnier pour démontrer le lacet.

8. Effectuer des manœuvres de vol lent comprenant des montées, des descentes et des virages.

9. Démontrer l'extension et la rétraction des volets à basse vitesse pour éviter le décrochage.

10. Gérer efficacement les distractions.

11. Surveiller la perte d'altitude et noter les changements de vitesse de l'air pendant les phases de transition.

Reconnaissance du décrochage : L'occurrence d'un décrochage est principalement due à l'angle d'attaque, plutôt qu'à la vitesse de l'air ou à l'attitude de l'aéronef.
a. Les indications peuvent inclure des commandes molles.
b. Changements dans l'écoulement d'air extérieur.
c. Sensations telles que des buffets, des vibrations, des cabrages et des bruits.
d. Activation du système d'avertissement de décrochage.
e. Sensations physiques éprouvées par le pilote.

Avertissement de décrochage naturel : Certains anciens aéronefs sont dépourvus de systèmes d'avertissement de décrochage, se reposant plutôt sur les buffets initiaux ressentis sur les surfaces de queue horizontales. Les systèmes d'avertissement de décrochage modernes fournissent généralement des alertes jusqu'à 10 nœuds avant le décrochage, comme le stipule le FAR 23.207, bien qu'aucun point d'avertissement spécifique ne soit défini.

Récupération générique du décrochage : Dès la reconnaissance du décrochage, réduisez rapidement l'angle d'attaque. La vitesse des commandes doit correspondre à la gravité du décrochage. Appliquez doucement la puissance et rétablissez un vol droit et niveau ou initiez une montée si nécessaire. Des entrées de commandes incorrectes pendant un décrochage peuvent entraîner un décrochage naissant. Les récupérations efficaces des décrochages et des vrilles nécessitent des actions intellectuelles plutôt qu'instinctives.

Décrochage secondaire : Un décrochage secondaire est considéré comme un "échec" lors de toute évaluation en vol. Il se produit lorsque le pilote sur-contrôle la récupération à partir d'un décrochage initial, entraînant une récurrence brutale et violente du décrochage en raison de la réduction des forces sur le manche à basse vitesse.

Décrochages en basse altitude : La proximité du sol et les virages à basse altitude peuvent prédisposer les aéronefs aux décrochages en raison de facteurs tels qu'une turbulence accrue, des angles de virage prononcés, un manque de coordination et une diminution de la vitesse de l'air. La récupération appropriée peut être entravée par la réticence du pilote à abaisser le nez, entraînant un risque potentiel de perte de contrôle.

Décrochage profond : Un décrochage profond peut survenir lorsque l'aéronef se trouve dans une configuration à angle d'attaque élevé et à traînée élevée, comme lors d'une vitesse minimale contrôlable. La récupération d'un décrochage profond peut nécessiter l'ajustement du centre de gravité de l'aéronef. Les décrochages doivent être évités si le statut du centre de gravité de l'aéronef est incertain.

Récupération des décrochages : Les récupérations efficaces des décrochages minimisent la perte d'altitude et évitent les décrochages secondaires. Une entrée excessive de gouverne de profondeur vers l'avant peut entraîner une contre-action excessive et un décrochage secondaire potentiel. Une utilisation incorrecte des ailerons peut induire un dérapage, entraînant potentiellement une vrille. Les actions de récupération doivent être soigneusement coordonnées avec les ajustements de puissance et de vitesse pour éviter d'autres complications.

Les vrilles

Une vrille peut être décrite comme un décrochage exacerbé entraînant ce qu'on appelle une "autorotation", où l'aéronef descend en effectuant un mouvement en spirale. Pendant l'autorotation, l'aéronef tourne autour d'un axe vertical, ce qui fait que l'aile ascendante est moins en décrochage que l'aile descendante, induisant une combinaison de mouvements de roulis, de lacet et de tangage. Essentiellement, l'aéronef est entraîné vers le bas par la gravité, présentant des mouvements de roulis, de lacet et de tangage selon une trajectoire en spirale.

Ce phénomène d'autorotation découle d'un angle d'attaque inégal sur les ailes. L'aile ascendante subit une diminution de l'angle d'attaque, ce qui entraîne une augmentation de la portance relative et une réduction de la traînée, étant donc moins en décrochage. En revanche, l'aile descendante rencontre un angle d'attaque croissant au-delà de l'angle d'attaque critique de l'aile (décrochage), ce qui entraîne une diminution de la portance relative et une augmentation de la traînée.

Une vrille est déclenchée lorsque l'aile de l'aéronef dépasse son angle d'attaque critique (décrochage) tout en subissant un glissement ou un lacet, soit au niveau du point de décrochage réel, soit au-delà de celui-ci. Pendant cette manœuvre non coordonnée, un pilote peut ne pas se rendre immédiatement compte que l'angle d'attaque critique a été dépassé jusqu'à ce que l'aéronef commence à virer de manière incontrôlable vers l'aile descendante. Le fait de ne pas déclencher rapidement la récupération du décrochage peut entraîner l'entrée en vrille de l'aéronef.

Si un décrochage se produit alors que l'aéronef est en virage en glissade ou en dérapage, cela peut entraîner une entrée en vrille et une rotation dans la direction opposée au virage, indépendamment de l'aile qui est relevée. Alors que certains aéronefs nécessitent un effort délibéré pour initier une vrille, d'autres peuvent entrer involontairement en vrille en raison d'une manipulation incorrecte des commandes pendant les virages, les décrochages et le vol à des vitesses minimales contrôlables. Cela souligne l'importance de s'entraîner aux décrochages jusqu'à ce que la compétence pour les reconnaître et les récupérer soit acquise.

Au début d'un décrochage, il est courant qu'une aile se baisse. Dans de tels cas, le nez a tendance à virer vers l'aile basse. Ici, l'utilisation appropriée du palonnier est cruciale. Appliquer la bonne quantité de palonnier opposé empêche le nez de virer vers l'aile basse. En maintenant le contrôle directionnel et en empêchant le nez de virer avant d'initier la récupération du décrochage, une vrille peut être évitée. Laisser le nez virer pendant le décrochage fait glisser l'aéronef dans la direction de l'aile abaissée, entraînant une entrée en vrille.

L'angle d'attaque de décrochage fait référence à l'angle critique auquel l'écoulement d'air sur l'aile d'un aéronef se sépare de sa surface, passant d'un écoulement lisse à turbulent. À cet angle critique, la génération de portance diminue rapidement, entraînant un décrochage. Les pilotes associent généralement une vitesse aérienne spécifique à l'angle de décrochage pour un poids et une configuration donnés de l'aéronef. Cependant, cette vitesse de décrochage varie en fonction de facteurs tels que le poids et la configuration de l'aéronef, rendant la vitesse aérienne une mesure indirecte d'un décrochage imminent.

Les vitesses de décrochage indiquées représentent généralement la vitesse en ligne droite et au niveau de 1G à un poids standard de l'aéronef. Augmenter le poids de l'aéronef ou entrer dans un virage augmente la vitesse de décrochage. Par exemple, un virage incliné à 60 degrés soumet l'aéronef à une charge de 2G, ce qui entraîne une augmentation de la vitesse de décrochage proportionnelle à la racine carrée de cette charge. Par conséquent, les pilotes doivent se concentrer sur l'angle d'attaque plutôt que sur la vitesse aérienne lors de l'évaluation de la proximité d'un décrochage. La position du stabilisateur horizontal, indiquant à quel point la colonne de commande est tirée vers l'arrière, sert de meilleur indicateur de la proximité du décrochage.

Pendant un décrochage équilibré, les ailes à niveau avec le ballon au centre, les deux ailes maintiennent le même angle d'attaque. Bien que les forces aérodynamiques puissent tenter d'incliner le nez vers l'avant au décrochage, aucun roulis ou lacet global ne devrait se produire. Cependant, si l'aéronef fait un lacet, un roulis se développe dans la direction du lacet en raison de la portance différentielle sur les ailes. L'aile extérieure, avec une vitesse accrue, génère plus de portance, tandis que l'aile intérieure, avec un angle d'attaque accru, peut décrocher, réduisant ainsi la portance. Cette portance asymétrique provoque un roulis supplémentaire dans la direction du lacet initial, entraînant un taux de roulis accru.

Les changements d'angles d'attaque influent également sur la traînée. L'aile descendant subit une traînée accrue, tandis que l'aile montante rencontre une traînée réduite, exacerbant davantage le lacet vers l'aile descendant.

Lorsque l'aéronef fait un lacet et décroche, il entre en autorotation, roulant simultanément autour de l'axe longitudinal en raison de la portance différentielle et faisant un lacet autour de l'axe vertical en raison de la traînée différentielle. Ce mouvement combiné crée un axe de vrille, faisant entrer l'aéronef dans une vrille auto-entretenue jusqu'à ce que des forces contraires interviennent.

Divers facteurs peuvent provoquer un lacet, notamment le vol déséquilibré, la chute d'une aile au décrochage, l'application d'ailerons induisant de la traînée, l'effet gyroscopique de l'hélice, les rafales, la production inégale de portance due au givre ou aux dommages aux ailes, et la puissance asymétrique sur les avions bimoteurs. La cause la plus courante de vrilles involontaires est le lacet au décrochage résultant d'un vol déséquilibré.

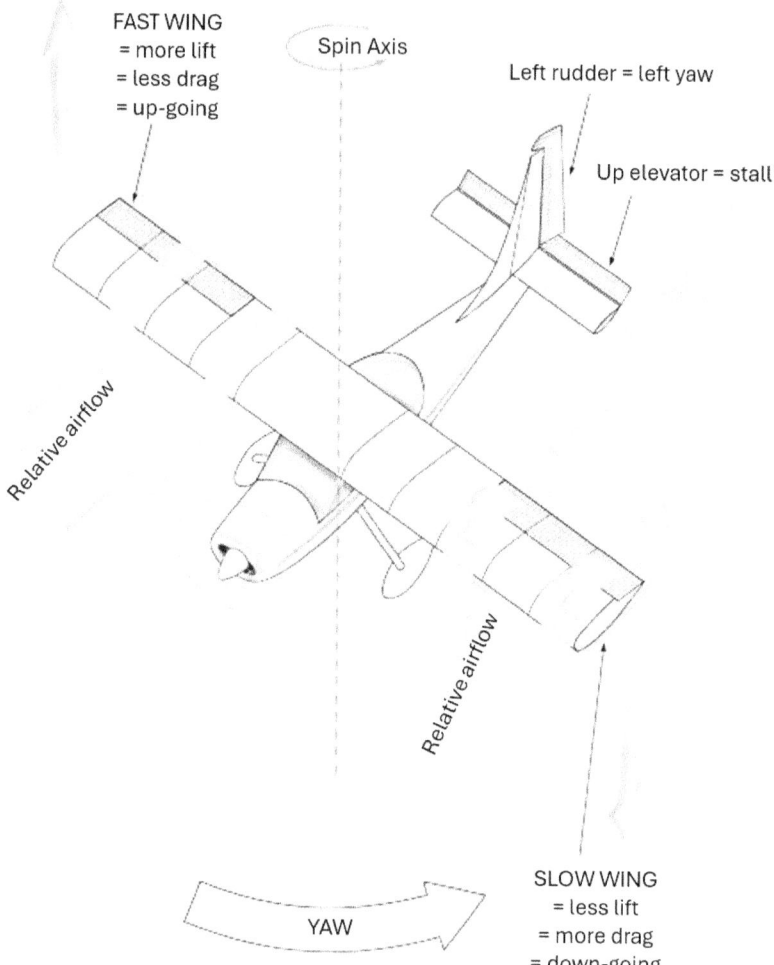

Figure 95: Le décrochage et le lacet se combinent pour produire un nouvel axe, l'axe de la vrille.

Pour déclencher une vrille, un avion doit d'abord être en décrochage. Par conséquent, une pratique régulière des décrochages aide le pilote à identifier rapidement et instinctivement les signes d'une vrille imminente. Développer la capacité d'appliquer rapidement des mesures correctives dès que les conditions de vrille sont détectées est crucial. Dans les situations où éviter une vrille devient impossible, les pilotes doivent rapidement initier les procédures de récupération de la vrille.

Il existe quatre étapes d'une vrille : l'entrée, l'incipient, le développé et la récupération.

ÉTAPE D'ENTRÉE : Pendant l'étape d'entrée, le pilote initie la vrille, intentionnellement ou non. La procédure pour entrer en vrille est similaire à celle d'un décrochage sans puissance. À mesure que l'avion approche du décrochage, la puissance est progressivement réduite au ralenti tout en inclinant le nez vers le haut pour provoquer un décrochage. Au point de décrochage, une pleine commande de gouverne de direction dans la direction de la vrille souhaitée est appliquée en douceur, avec un plein cabré (vers le haut) à sa limite. Tout au long de ce processus, les ailerons restent dans une position neutre sauf indication contraire par le manuel de vol/POH.

ÉTAPE INCIPIENTE : L'étape incipient commence lorsque l'avion décroche et que la rotation commence, se poursuivant jusqu'à ce que la vrille se développe pleinement, ce qui prend généralement jusqu'à deux tours pour la plupart des avions. À cette phase, les forces aérodynamiques et inertielles ne sont pas encore en équilibre. Les vrilles incipientes qui ne sont pas autorisées à progresser vers une vrille à régime permanent sont couramment utilisées pour la formation initiale à la vrille et la pratique de récupération. Pendant cette phase, la vitesse indiquée est généralement proche ou inférieure à la vitesse de décrochage, et l'indicateur de virage et de glissade indique la direction de rotation.

L'initiation de la récupération de la vrille incipiente doit se produire avant de compléter un tour complet de 360°. Le pilote applique une pleine commande de gouverne de direction dans la direction opposée de la rotation. Si vous n'êtes pas sûr de la direction de la vrille, référez-vous à l'indicateur de virage et de glissade pour révéler la déviation dans la direction de rotation.

ÉTAPE DÉVELOPPÉE : L'étape développée se produit lorsque la rotation de l'avion, la vitesse de l'air et la vitesse verticale se stabilisent, généralement dans une trajectoire de vol presque verticale. Ici, les forces aérodynamiques et inertielles atteignent l'équilibre, entraînant des attitudes, des angles et des mouvements rotationnels constants ou répétitifs autour de l'axe vertical. La vrille reste en équilibre pendant cette phase.

ÉTAPE DE RÉCUPÉRATION : L'étape de récupération commence lorsque l'angle d'attaque des ailes diminue en dessous de l'angle critique, entraînant un ralentissement de l'autorotation. Par conséquent, le nez se lève et la rotation cesse. Cette phase peut durer d'un quart à plusieurs tours.

Pour initier la récupération, des entrées de commande sont effectuées pour perturber l'équilibre de la vrille et arrêter à la fois la rotation et le décrochage. Il est crucial de suivre les procédures de récupération de vrille recommandées par le fabricant. En leur absence, les étapes suivantes sont suggérées :

Étape 1 : RÉDUIRE LA PUISSANCE (MANETTE DES GAZ) AU RALENTI. La puissance peut exacerber les caractéristiques de la vrille, entraînant une attitude de vrille plus plate et des taux de rotation accrus.

Étape 2 : POSITIONNER LES AILERONS EN NEUTRE. Les ailerons peuvent affecter négativement la récupération de la vrille ; il est donc optimal de s'assurer que les ailerons sont neutres pour éviter d'aggraver la situation.

Étape 3 : APPLIQUER UNE COMMANDE DE GOUVERNE DE DIRECTION COMPLÈTE DANS LA DIRECTION OPPOSÉE DE LA ROTATION. Assurez-vous d'appliquer une pleine commande de gouverne de direction dans la direction opposée de la rotation de la vrille.

Étape 4 : APPLIQUER UN MOUVEMENT POSITIF ET RAPIDE, DIRECTEMENT VERS L'AVANT DU CONTRÔLE DE PROFONDEUR POUR CASSER LE DÉCROCHAGE. Juste après l'application de la pleine commande de gouverne, un mouvement énergique du gouvernail diminue l'angle d'attaque, cassant le décrochage.

Étape 5 : APRÈS L'ARRÊT DE LA ROTATION DE LA VRILLE, NEUTRALISER LA GOUVERNE DE DIRECTION. Ne pas le faire peut provoquer un lacet ou un dérapage en raison de l'augmentation de la vitesse de l'air agissant sur une gouverne déviée.

Étape 6 : COMMENCER À APPLIQUER UNE PRESSION DE GOUVERNE DE PROFONDEUR VERS L'ARRIÈRE POUR REDRESSER LE NEZ VERS LE VOL NIVEAU. Il faut faire preuve de prudence pour éviter une pression excessive de la gouverne de profondeur, qui pourrait entraîner un décrochage secondaire.

Ces procédures de récupération ne doivent être utilisées que lorsque les procédures du fabricant ne sont pas disponibles. Les pilotes doivent être parfaitement familiarisés avec les procédures de récupération de la vrille fournies par le fabricant avant d'essayer la formation à la vrille.

La confusion concernant la direction de la vrille et la distinction entre une vrille et une spirale est un problème courant. Dans une spirale, la vitesse augmente, ce qui indique que l'avion n'est plus en décrochage. Il est crucial pour le pilote de reconnaître rapidement la vrille, sa direction et d'exécuter correctement la procédure de récupération dans un court laps de temps, généralement autour de trois secondes. La perte d'altitude minimale pour une récupération conforme au manuel varie de 1000 à 1500 pieds.

Direction de la vrille : La difficulté à discerner la direction de la vrille peut survenir lorsque l'attention du pilote est portée sur la direction de roulis. La direction de vrille correcte est indiquée par l'aiguille de virage, qui réagit uniquement à la rotation dans le plan de lacet. Bien que le coordinateur de virage puisse fournir des lectures valides dans une vrille droite, il peut être peu fiable dans une vrille inversée. La fiabilité de la bille est compromise en raison des forces centrifuges et de sa position par rapport au centre de gravité de l'avion.

Récupération de la vrille selon le PARES

Puissance : Assurez-vous que le régime est complètement fermé. Cette action réduit les forces de l'hélice qui pourraient maintenir le nez vers le haut, potentiellement aplatir la vrille et obstruer le stabilisateur. De plus, cela empêche le survitesse du moteur lors des étapes ultérieures de récupération.

Ailerons : Évitez d'utiliser les ailerons pour sortir de la vrille, car cela pourrait aggraver la vrille, la rendant plus plate, plus rapide et plus stable. Dans la plupart des avions légers standards, maintenir une position neutre des ailerons est le plus adapté pour récupérer d'une vrille involontaire.

Gouverne de direction : Identifier correctement la gouverne de direction opposée à la direction de la vrille est crucial. Utilisez l'aiguille de virage pour un guidage précis, car elle indique de manière fiable la direction du lacet (et donc de la vrille). Évitez de vous fier à l'horizon artificiel, à l'indicateur de cap ou à la bille à cette fin. Changer votre champ de vision pour regarder droit devant le nez de l'avion vous permet de vous concentrer uniquement sur la composante de lacet de la vrille.

Appliquez fermement la gouverne de direction dans la direction indiquée par le mouvement du sol observé au-delà du nez. Par exemple, dans une vrille vers la gauche où le sol semble flou vers la droite, appliquez une gouverne de direction vers la droite pour la récupération. Sentir la résistance des pédales de gouverne et appuyer sur celle qui est la plus lourde jusqu'à la butée de commande est une autre méthode. Bien que difficile, détendre consciemment vos pieds améliore votre ressenti et réduit la tendance à s'opposer à une application complète de la gouverne de direction opposée.

Stabilisateur : Déplacez progressivement le manche ou la colonne de contrôle vers l'avant jusqu'à ce que la vrille cesse pour réduire l'angle d'attaque et sortir l'avion du décrochage. Arrêts : Après la fin de la vrille, recentrez la gouverne de direction et les ailerons, et récupérez en douceur de la descente.

Gestion des besoins en énergie des systèmes d'aéronefs pilotés à distance

Les drones dépendent principalement de batteries comme source d'énergie, les batteries au lithium polymère (LiPo) étant les plus courantes en raison de leur haute densité énergétique et de leurs propriétés légères. Ces batteries fournissent l'énergie électrique nécessaire pour alimenter les moteurs du drone, le contrôleur de vol, les caméras et autres appareils électroniques embarqués. Outre les batteries, certains drones plus grands peuvent incorporer des sources d'énergie alternatives ou des systèmes hybrides pour des durées de vol prolongées ou des applications spécifiques :

1. Moteurs à combustion : Certains drones, notamment ceux conçus pour des vols de longue durée ou des charges utiles lourdes, peuvent utiliser des moteurs à combustion interne alimentés au gazole ou à d'autres carburants. Ces moteurs offrent des durées de vol plus longues par rapport aux batteries, mais sont généralement plus lourds et plus complexes.

2. Panneaux solaires : Les drones solaires utilisent des cellules photovoltaïques montées sur les ailes ou le fuselage de l'avion pour convertir la lumière du soleil en énergie électrique. Bien que les panneaux solaires puissent aider à prolonger les durées de vol, ils sont généralement utilisés en conjonction avec des batteries pour fournir une alimentation continue pendant les vols de jour et de nuit.

3. Systèmes d'alimentation par câble : Les drones reliés par câble à une source

d'alimentation au sol via un câble, leur permettant de rester en l'air indéfiniment. Ces systèmes sont couramment utilisés pour des applications de surveillance, de suivi et de télécommunications où une couverture aérienne continue est requise.

4. Piles à combustible à l'hydrogène : Certains drones expérimentaux peuvent incorporer la technologie des piles à combustible à l'hydrogène comme alternative aux batteries. Les piles à combustible génèrent de l'électricité en combinant de l'hydrogène et de l'oxygène, produisant de la vapeur d'eau comme sous-produit. Bien qu'encore au stade précoce de développement, les piles à combustible à l'hydrogène offrent le potentiel de durées de vol plus longues et d'un impact environnemental réduit par rapport aux batteries traditionnelles.

Dans l'ensemble, alors que les batteries restent la principale source d'énergie pour la plupart des drones, les avancées continues dans les technologies d'alimentation alternatives peuvent offrir de nouvelles possibilités pour les futures applications de drones.

Les drones à batterie utilisent généralement des batteries au lithium polymère (LiPo) en raison de leur haute densité énergétique et de leurs propriétés légères, essentielles pour le vol. Les batteries LiPo fournissent la puissance nécessaire pour alimenter les moteurs du drone, l'électronique et d'autres composants. Ces batteries se déclinent en différentes formes, tailles et configurations pour s'adapter aux différents modèles de drones et à leurs besoins.

La capacité des batteries de drone est mesurée en milliampères-heures (mAh), ce qui indique la quantité de charge que la batterie peut stocker. Les batteries de plus grande capacité offrent généralement des durées de vol plus longues, mais elles peuvent également être plus grandes et plus lourdes, ce qui affecte le poids total du drone et ses performances en vol.

De plus, certains drones peuvent utiliser des batteries spécialisées dotées de fonctionnalités telles que des systèmes de gestion intelligente de la batterie (BMS) ou une technologie de batterie de vol intelligente. Ces fonctionnalités contribuent à optimiser les performances de la batterie, à surveiller la tension et la température des cellules, et à fournir des mécanismes de sécurité pour prévenir la surcharge, la décharge excessive et les courts-circuits.

Dans l'ensemble, les batteries LiPo restent le choix privilégié pour les drones, offrant un équilibre entre la densité énergétique, le poids et les performances pour répondre aux exigences des opérations aériennes.

Batteries au Lithium Polymère

Les batteries LiPo, abréviation de Lithium Polymère, ont révolutionné le monde des drones électriques, en particulier pour les avions, les hélicoptères et les aéronefs à rotors multiples, rendant le vol électrique une alternative hautement viable aux modèles alimentés par du carburant.

Figure 106: Batterie LiPo standard pour AR Drone. Rhorton4549, CC BY-SA 3.0, via Wikimedia Commons.

Les avantages des batteries LiPo par rapport aux types de batteries rechargeables traditionnels comme le NiCad ou le NiMH sont significatifs et contribuent à leur popularité dans l'aviation des drones :

1. Légèreté et polyvalence : Les batteries LiPo sont légères et peuvent être fabriquées dans différentes formes et tailles, offrant ainsi une flexibilité dans la conception et l'installation.

2. Haute densité énergétique : Ces batteries offrent de grandes capacités, ce qui

signifie qu'elles peuvent stocker une quantité substantielle d'énergie dans un emballage compact.

3. Taux de décharge élevé : Les batteries LiPo peuvent fournir de l'énergie rapidement, ce qui les rend idéales pour alimenter les moteurs électriques exigeants couramment utilisés dans les aéronefs drones.

En essence, les batteries LiPo offrent un stockage d'énergie exceptionnel par rapport à leur poids, prennent en charge des décharges rapides et sont disponibles dans une large gamme de configurations.

Ces avantages ont propulsé la popularité du vol électrique, dépassant les modèles traditionnels à carburant en termes de rapport puissance-poids. Les voitures et les bateaux électriques existent depuis des décennies, mais l'avènement de la technologie de batterie LiPo a facilité l'essor des avions, hélicoptères et aéronefs multi-rotors électriques.

Cependant, les batteries LiPo présentent également quelques inconvénients à prendre en compte :

1. Coût : Bien que les prix diminuent progressivement, les batteries LiPo sont encore plus chères que les batteries NiCad ou NiMH.

2. Durée de vie limitée : Malgré les améliorations, les batteries LiPo supportent généralement seulement 300 à 500 cycles de charge, avec les soins appropriés. La négligence ou la mauvaise manipulation peut réduire considérablement leur durée de vie.

3. Préoccupations en matière de sécurité : En raison de leur haute densité énergétique et de leurs électrolytes volatils, les batteries LiPo peuvent présenter des risques pour la sécurité, notamment un gonflement, une explosion ou un incendie en cas de mauvais traitement.

4. Exigences en matière d'entretien : Les batteries LiPo demandent des soins spécialisés pour prolonger leur durée de vie. Des facteurs tels que la charge, la décharge, les conditions de stockage et la gestion de la température influent tous sur la longévité de la batterie, soulignant l'importance d'une manipulation adéquate.

Comprendre les batteries LiPo :

Les batteries LiPo alimentent l'électronique et les moteurs des drones, offrant une densité énergétique élevée par rapport aux autres types de batteries. Contrairement aux batteries conventionnelles, les batteries LiPo utilisent une chimie au lithium polymère, ce qui leur permet de stocker une quantité significative d'énergie par rapport à leur poids.

Alors que les anciennes technologies de batterie comme le NiCad ou le NiMH sont plus lourdes et moins efficaces, les batteries LiPo sont fabriquées à partir de cellules individuelles connectées en série ou en parallèle pour atteindre les niveaux de tension et de capacité souhaités.

Les spécifications clés à prendre en compte lors de la sélection d'une batterie LiPo comprennent :

- Nombre de cellules : Détermine la tension de la batterie, chaque cellule fournissant généralement 3,6V. Augmenter le nombre de cellules en série augmente la tension, tandis que les connexions en parallèle augmentent la capacité.

- Plage de tension : La tension nominale par cellule est de 3,6V, avec une plage de fonctionnement sûre de 3,0V à 4,2V par cellule pour éviter l'instabilité ou les dommages.

- Capacité : Mesurée en milliampères-heures (mAh), représente la capacité de stockage d'énergie de la batterie et détermine pendant combien de temps elle peut alimenter les appareils.

- Taux de décharge : Exprimé sous forme de C, indique le taux auquel l'énergie peut être prélevée sur la batterie sans dommage. Des taux de décharge plus élevés prennent en charge des applications plus exigeantes.

- Taux de décharge en rafale : Spécifie la capacité de décharge supplémentaire pour de courtes rafales, généralement de 15 à 30 secondes.

Les batteries LiPo offrent une densité énergétique élevée, une taille compacte et une livraison rapide d'énergie, ce qui les rend idéales pour alimenter les drones. Cependant, les utilisateurs doivent respecter les consignes de sécurité et les bonnes pratiques de maintenance pour maximiser les performances et la longévité de la batterie.

Les batteries lithium polymère (LiPo) dominent le paysage. Cependant, il convient de mentionner les batteries lithium-ion (Li-Ion), car elles sont utilisées dans certaines radios haut de gamme. Bien que les batteries Li-Ion et LiPo partagent une composition chimique similaire, reposant sur l'échange d'ions lithium entre la cathode et l'anode, il existe des différences clés dans leur emballage et leur composition électrolytique.

Batteries Li-Ion : Les batteries Li-Ion utilisent un liquide organique inflammable à base de solvant comme électrolyte. Encastrées dans un boîtier métallique dur, similaire aux batteries traditionnelles, les batteries Li-Ion maintiennent les électrodes étroitement enroulées contre une feuille de séparateur, limitant les options en termes de forme et de taille.

Batteries LiPo : En revanche, les véritables batteries LiPo utilisent une feuille de séparateur polymère d'électrolyte sec, ressemblant à un film plastique mince, au lieu d'un électrolyte liquide. Ce séparateur, laminé entre l'anode et la cathode, facilite l'échange d'ions lithium, d'où le nom "lithium polymère". Cette conception permet une gamme diverse de formes et de tailles de cellules.

Cependant, un inconvénient de la construction de cellules LiPo véritables est le lent échange d'ions lithium à travers le polymère d'électrolyte sec, ce qui entrave les taux de décharge et de charge. Bien que le chauffage de la batterie puisse accélérer ce processus, il n'est pas pratique pour la plupart des applications.

Si ce défi pouvait être relevé, les risques de sécurité associés aux batteries lithium diminueraient considérablement. Avec l'accent croissant mis sur les véhicules électriques et le stockage d'énergie, des avancées significatives dans la technologie LiPo légère et sûre sont anticipées dans un avenir proche. Le potentiel de batteries LiPo flexibles, similaires à du tissu, ouvre des perspectives passionnantes.

LiPo Hybrides : À l'heure actuelle, toutes les batteries LiPo sont en fait des hybrides connus sous le nom de batteries lithium-ion polymère. Bien qu'elles soient couramment appelées batteries LiPo, elles ne suivent pas strictement le type de batterie LiPo sec. En introduisant un électrolyte organique/gélifié à base de solvant pour saturer le séparateur polymère, le taux d'échange d'ions lithium est considérablement amélioré. Cependant, les hybrides LiPo, comme les batteries Li-Ion, présentent toujours le risque d'explosion en cas de mauvaise manipulation.

Initialement, les batteries LiPo étaient plus coûteuses à fabriquer par rapport aux batteries Li-Ion, mais leurs prix ont depuis considérablement baissé en raison de leur adoption généralisée dans les aéronefs électriques et les dispositifs de communication/divertissement portables.

Les hybrides LiPo conservent la structure de cellule plate de leurs homologues secs, offrant une flexibilité dans les tailles et les formes. Les cellules en poche, utilisées dans la plupart des batteries LiPo, éliminent les espaces d'air gaspillés que l'on trouve dans les packs de batteries à cellules rondes, ce qui donne une source d'énergie légère et efficace idéale pour les applications soucieuses du poids comme les drones.

Notations des batteries LiPo

Les notations des batteries LiPo (Lithium Polymère) englobent plusieurs spécifications clés qui définissent leurs performances et leur adéquation à diverses applications. Comprendre ces notations est essentiel pour choisir la bonne batterie pour vos besoins :

1. Tension (V) : Cela représente la différence de potentiel électrique entre les bornes positive et négative de la batterie. Les batteries LiPo ont une tension nominale de 3,7 volts par cellule. La tension totale d'un pack de batteries LiPo est déterminée par le nombre de cellules connectées en série. Par exemple, un pack de batterie LiPo à 3 cellules a une tension nominale de 11,1 volts (3 cellules × 3,7 volts/cellule).

2. Capacité (mAh ou Ah) : La capacité désigne la quantité de charge électrique qu'une batterie peut stocker et est mesurée en milliampères-heures (mAh) ou en ampères-heures (Ah). Elle indique pendant combien de temps la batterie peut fournir de l'énergie à un appareil avant de nécessiter une recharge. Les batteries de plus grande capacité peuvent alimenter les appareils pendant des durées plus longues. Par exemple, une batterie de 2200mAh peut fournir un courant de 2200 milliampères pendant une heure.

3. Taux de décharge (notation C) : Le taux de décharge, souvent désigné par la notation C, indique à quelle vitesse la batterie peut fournir son énergie stockée. Il est exprimé comme un multiple de la capacité de la batterie. Par exemple, une batterie de 25C avec une capacité de 2200mAh peut se décharger à un taux de 25 fois sa capacité, soit 55 ampères (25 × 2,2A). Des notations C plus élevées signifient des taux de décharge plus rapides et conviennent aux applications haute performance qui demandent plus de puissance.

4. Taux de charge : Cela spécifie à quelle vitesse la batterie peut être rechargée. Il est généralement exprimé comme un multiple de la capacité de la batterie,

similaire au taux de décharge. Charger une batterie à un taux supérieur à son taux de charge spécifié peut réduire sa durée de vie et présenter des risques pour la sécurité.

5. Configuration des cellules : Les batteries LiPo sont composées de cellules individuelles connectées en série ou en parallèle pour atteindre la tension et la capacité désirées. La configuration des cellules affecte la tension totale, la capacité et le taux de décharge du pack de batterie. Les configurations courantes comprennent 2S (2 cellules en série), 3S (3 cellules en série) et 3S2P (3 cellules en série et 2 ensembles de cellules en parallèle).

La compréhension de ces notations permet aux utilisateurs de choisir des batteries LiPo qui répondent aux exigences de tension, de capacité et de performances de leurs appareils tout en assurant un fonctionnement sûr et efficace.

Figure 107: Notations des Batteries LiPo. Image de dos : Batterie LiPo, CC BY-SA 3.0, via Wikimedia Commons.

VOLTAGE : Contrairement aux cellules de batterie traditionnelles NiCad ou NiMH, qui ont généralement une tension nominale de 1,2 volts par cellule, les cellules de batterie LiPo bénéficient d'une tension nominale de 3,7 volts par cellule. Cette caractéristique permet d'utiliser moins de cellules dans la construction d'un pack de batterie. Par exemple, dans des modèles réduits d'aéronefs RC de plus petite taille tels que des hélicoptères jouets ou des micros de qualité hobby comme le Blade mCX2 ou le Nano QX, une seule cellule LiPo de 3,7 volts suffit pour alimenter le modèle.

Sauf pour les plus petits modèles électriques, les packs de batterie LiPo se composent généralement de deux cellules ou plus connectées en série pour fournir des tensions plus élevées. Pour les modèles plus grands, ce nombre de cellules peut atteindre six cellules ou même plus pour des avions plus grands ou des applications nécessitant une haute tension (HV). Voici une répartition des tensions des packs de batterie LiPo selon le nombre de cellules. Les chiffres entre parenthèses, tels que 1-12S, indiquent le nombre de cellules connectées en série (S) dans le pack de batterie :

- Batterie de 3,7 volts = 1 cellule × 3,7 volts (1S)
- Batterie de 7,4 volts = 2 cellules × 3,7 volts (2S)
- Batterie de 11,1 volts = 3 cellules × 3,7 volts (3S)
- Batterie de 14,8 volts = 4 cellules × 3,7 volts (4S)
- Batterie de 18,5 volts = 5 cellules × 3,7 volts (5S)
- Batterie de 22,2 volts = 6 cellules × 3,7 volts (6S)
- Batterie de 29,6 volts = 8 cellules × 3,7 volts (8S)
- Batterie de 37,0 volts = 10 cellules × 3,7 volts (10S)
- Batterie de 44,4 volts = 12 cellules × 3,7 volts (12S)

Il convient de noter que les packs ou les cellules peuvent être connectés en parallèle pour augmenter la capacité, indiqué par un nombre suivi d'un "P". Par exemple, 2S2P signifie que deux packs en série de deux cellules sont connectés en parallèle pour doubler la capacité. Cette configuration est couramment utilisée dans les packs de récepteur LiPo haute capacité.

La compréhension de ces tensions est cruciale, car chaque modèle, ou plus précisément, la combinaison moteur/contrôleur de vitesse, spécifie la tension requise pour un fonctionnement et un régime appropriés. Dévier de cette exigence pourrait nécessiter des modifications de l'engrenage ou du KV du moteur.

Une note brève sur les notations des moteurs : Certains nouveaux venus dans le domaine du vol électrique peuvent trouver les notations des moteurs électriques sans balais déroutantes, en particulier la notation kv. Contrairement à ce que l'on pourrait penser, kv ne représente pas les kilovolts. Au lieu de cela, il indique combien de tours par minute le moteur effectue par volt. Par exemple, un moteur 1000kv avec une plage de tension de 10 à 25 volts tournerait à environ 10 000 tr/min à 10 volts et jusqu'à environ 25 000 tr/min à 25 volts. Bien qu'il ne soit pas nécessaire de se plonger dans les notations des moteurs ici, il est utile de le mentionner, car c'est un point de confusion courant parmi les débutants.

CAPACITÉ : La capacité représente la quantité de puissance ou d'énergie que le pack de batterie peut stocker, mesurée en milliampères-heures (mAh). Essentiellement, cela indique combien de charge électrique ou de décharge, mesurée en milliampères, la batterie peut soutenir pendant une heure jusqu'à ce qu'elle soit complètement épuisée.

Par exemple, si une batterie LiPo est évaluée à 1000mAh, elle se déchargerait complètement en une heure sous une charge de 1000 milliampères. Si la même batterie était soumise à une charge de 500 milliampères, elle durerait deux heures avant d'être épuisée. Cependant, avec une charge plus élevée, comme la décharge commune de 15 ampères dans un hélicoptère de taille 450 alimenté en 3S lors de l'hovering, la batterie se déchargerait en seulement environ 4 minutes.

Dans les scénarios où une forte consommation de courant est impliquée, opter pour un pack de batterie de plus grande capacité, comme un pack de 2000mAh, peut prolonger considérablement le temps de vol. Avec une consommation de 15 ampères, par exemple, doubler la capacité de la batterie prolongerait le temps de vol à environ 8 minutes jusqu'à son épuisement.

La principale leçon à retenir ici est que l'augmentation de la capacité de la batterie améliore le temps de vol. Contrairement à la tension, la capacité peut être ajustée pour obtenir des durées de vol plus longues ou plus courtes. Cependant, il est important de tenir compte des contraintes de taille et de poids, car les batteries de plus grande capacité ont tendance à être plus grandes et plus lourdes. Augmenter la capacité d'une batterie LiPo revient à installer un réservoir de carburant plus grand dans un véhicule.

TAUX DE CHARGE MAXIMUM : Cela désigne le courant de charge le plus élevé spécifié par le fabricant comme sûr pour la batterie. Il est important de noter que charger la batterie à son taux maximal peut réduire sa durée de vie globale, comme expliqué plus tard dans cette page dans la section calcul de charge LiPo. Essentiellement, ce chiffre représente un maximum sûr, pas un choix optimal pour maximiser la longévité de la batterie.

TAUX DE DÉCHARGE : Vous vous souvenez du troisième chiffre que j'ai mentionné plus tôt lorsque vous achetez des batteries LiPo ? Oui, c'est le taux de décharge. Cet aspect est peut-être le plus surestimé et le plus mal compris de toutes les notations de batteries. Le taux de décharge indique essentiellement à quelle vitesse une batterie peut être déchargée en toute sécurité. Vous vous souvenez du processus d'échange d'ions que nous avons discuté plus tôt sur cette page ? Eh bien, la vitesse à laquelle les ions peuvent se déplacer de l'anode à la cathode dans une batterie détermine le taux de décharge. Dans le domaine des batteries LiPo, cela est appelé le taux "C".

Si une batterie a un taux de décharge de 10C, cela signifie que vous pouvez la décharger en toute sécurité à un taux dix fois supérieur à sa capacité. De même, un pack de 15C permet une décharge à quinze fois la capacité, et un pack de 20C permet une décharge à vingt fois la capacité, et ainsi de suite. Par exemple, considérons notre batterie de 1000 mAh avec un taux de décharge de 20C. Cela signifie que vous pourriez tirer une charge soutenue allant jusqu'à 20 000 milliampères ou 20 ampères de la batterie. Pour mettre les choses en perspective, cela équivaut à environ 333 mAh de consommation par minute. Par conséquent, le pack de 1000 mAh serait complètement vidé en environ 3 minutes s'il était exposé au taux de décharge maximal de 20C en continu. Voici le calcul : 20 000 mA divisé par 60 minutes égale 333 mAh, qui est ensuite divisé par la capacité de 1000 mAh du pack, ce qui nous donne 3,00 minutes.

La plupart des packs de batteries LiPo affichent à la fois le taux de décharge continu C et un taux de décharge C maximal en rafales. Le taux de rafale indique le taux de décharge de la batterie pour de brèves rafales, généralement de quelques secondes au maximum. Par exemple, vous pourriez voir quelque chose comme "Taux de décharge = 25C en continu/50C en rafales".

En général, des taux de décharge plus élevés entraînent des batteries plus chères et légèrement plus lourdes. Bien qu'opter pour un pack avec un taux de décharge extrêmement élevé ne soit pas nécessaire, choisir un taux de décharge C trop faible peut endommager votre batterie et éventuellement votre contrôleur électronique de vitesse (ESC).

Le choix du taux de décharge approprié dépend de vos besoins spécifiques et de votre budget. Pour les débutants ou ceux qui pratiquent des activités de vol plus légères, opter pour des packs avec un taux de décharge plus faible au début peut être une approche économique. De même, pour les multi/quadricoptères qui consomment moins de courant, des packs avec un taux de décharge plus faible sont souvent suffisants. En guise de ligne directrice approximative, les packs avec un taux de décharge de 25C à 30C conviennent à la plupart des hélicoptères électriques de taille 250-450 engagés dans un vol général ou léger. Les modèles plus grands peuvent nécessiter des packs avec des taux de décharge de 30C à 35C, tandis que des styles de vol plus agressifs peuvent nécessiter des packs avec des taux de décharge de 40C et plus.

Avec l'avancée de la technologie, les packs LiPo deviennent de plus en plus abordables. Si vous trouvez un pack avec un taux de décharge plus élevé à un prix comparable à celui d'un pack avec un taux plus faible, opter pour le premier peut offrir des avantages tels qu'un fonctionnement plus frais et une durée de vie plus longue. Cependant, il est important d'éviter de pousser un pack LiPo à ses limites, car cela peut réduire considérablement sa durée de vie globale. Avec des soins appropriés, un pack avec un taux de décharge d'au moins le double de l'utilisation maximale prévue peut généralement supporter environ 400 cycles de charge et de décharge avec une dégradation moyenne.

En ce qui concerne les aéronefs électriques à haute tension (HV), qui utilisent des packs LiPo de plus de 8S, ils fonctionnent souvent à des niveaux de courant réduits. Par conséquent, des taux de décharge inférieurs peuvent suffire pour ces applications. Cependant, il est bon de noter que les passionnés qui exploitent des modèles HV à leurs limites peuvent encore avoir besoin de packs avec des taux de décharge élevés. Néanmoins, la tension plus élevée offerte par les configurations HV peut offrir des avantages tels qu'une réduction du courant et de la génération de chaleur.

Enfin, surveiller la température de vos packs après utilisation fournit un autre moyen efficace d'évaluer si vous utilisez un taux de décharge suffisant. Malheureusement, malgré l'étiquetage d'un pack comme étant de 30C, ses performances réelles peuvent ne pas nécessairement correspondre à cette spécification. En termes pratiques, les taux de décharge manquent de vérifiabilité, les rendant quelque peu arbitraires. De plus, à mesure que les packs vieillissent, leur résistance interne a tendance à augmenter, ce qui se traduit par des taux de décharge plus faibles et des températures élevées pendant le fonctionnement.

En règle générale, si vous constatez que vous ne pouvez pas tenir confortablement un pack LiPo fermement après utilisation, il est probablement trop chaud. De plus, laisser les packs à l'intérieur d'un véhicule par une journée chaude et ensoleillée peut considérablement augmenter leur température, dépassant potentiellement 40°C. Que la chaleur provienne de l'intérieur ou de l'extérieur, les deux scénarios ont des effets néfastes sur les performances et la longévité des LiPo. Dans les climats chauds, il peut être prudent de stocker les packs LiPo complètement chargés dans un refroidisseur s'ils doivent être conservés dans un véhicule fermé pendant une certaine durée.

La surcharge

La décharge excessive est sans aucun doute le principal coupable des dommages irréversibles aux batteries LiPo et de l'augmentation rapide de leur température. Pousser un pack LiPo à ou en dessous de 3,0 volts par cellule sous charge peut entraîner une génération de chaleur significative et réduire drastiquement sa durée de vie.

Pour éviter de tels dommages, il est fortement recommandé de respecter la "règle des 80 %". Cette règle déconseille de décharger un pack LiPo au-delà de 80 % de sa capacité pour garantir sa sécurité. Par exemple, si vous possédez un pack LiPo de 2000 mAh, limiter le tirage à pas plus de 1600 mAh (80 % de 2000 mAh) est prudent. Cependant, il est essentiel de considérer qu'avec le temps, la capacité des packs diminue.

L'utilisation de chargeurs informatisés s'avère précieuse pour respecter cette règle, car ils fournissent des informations sur la capacité de la batterie, permettant d'ajuster les temps de vol en conséquence. Alternativement, mesurer la tension en circuit ouvert immédiatement après un vol peut également indiquer une décharge de 80 %, une cellule LiPo déchargée montrant généralement autour de 3,74 à 3,75 volts.

La mise en place de moniteurs de batterie LiPo après le vol facilite le respect de la règle des 80 % en évaluant précisément l'état de charge. Ces moniteurs offrent un aperçu rapide des tensions individuelles des cellules et de la tension globale du pack, aidant à déterminer si le pack a été déchargé dans des limites sûres.

Cependant, il est crucial de vérifier l'exactitude de ces moniteurs par rapport à des voltmètres numériques calibrés ou des chargeurs informatisés, car les moniteurs bon marché peuvent manquer de précision. De plus, se fier à la durée des vols offre une approche pratique, notamment en tenant compte des limitations des moniteurs de tension basse ou des avertissements de tension de télémétrie.

Néanmoins, un vol agressif ou intense nécessite de la prudence, car la règle des 80 % peut être trop conservatrice. Dans de tels scénarios, limiter la décharge à 70 % ou même à 60 % peut être plus approprié pour maximiser la durée de vie des LiPo.

La résistance interne émerge comme un autre paramètre critique dans l'évaluation de la santé de la batterie LiPo. Typiquement comprise entre 2 et 6 milliohms pour les cellules à haute capacité et taux de décharge lorsqu'elles sont neuves, cette résistance augmente avec l'âge, entraînant des températures élevées et une perte de capacité. Les bons chargeurs informatisés permettent de mesurer la résistance interne, permettant aux utilisateurs de suivre précisément l'état de la batterie au fil du temps.

Chargement des batteries LiPo

Le chargement des batteries LiPo nécessite une attention particulière en raison de leurs caractéristiques distinctes par rapport aux types de batteries rechargeables conventionnels. L'utilisation d'un chargeur spécialement conçu pour les batteries lithium est crucial tant pour la durée de vie de la batterie que pour la sécurité.

Un aspect critique à prendre en compte est la tension et le courant de charge maximum. Une cellule de batterie LiPo de 3,7 volts est entièrement chargée à 4,2 volts, et la charger au-delà peut considérablement raccourcir sa durée de vie. Des études indiquent que la charge à 4,1V peut produire plus de 2000 cycles, tandis que la charge à 4,2V fournit environ 500 cycles. Charger au-delà de 4,2V réduit drastiquement la durée de vie des cycles. Certains passionnés suggèrent une tension de terminaison de 4,15 volts par cellule pour des performances et une durée de vie des cycles optimales. De plus, de nouvelles cellules LiPo "haute tension" capables de supporter jusqu'à 4,35 volts tout en maintenant une durée de vie de 500 cycles émergent.

Utiliser un chargeur spécifié pour les batteries LiPo et sélectionner la tension ou le nombre de cellules correct est vital. Ne pas le faire peut entraîner des dommages à la batterie ou même des risques d'incendie. Les chargeurs de batteries LiPo utilisent généralement la méthode de charge à courant constant / tension constante (CC/VC), réduisant progressivement le courant de charge à mesure que la tension de la batterie approche de 100 %.

Lors de la sélection du courant de charge, il est essentiel de respecter la "règle du 1C" : ne jamais charger un pack LiPo à un taux supérieur à sa capacité. Bien que certains experts préconisent une charge jusqu'à 2C ou 3C sur des packs de haute qualité avec une faible résistance interne, cela peut réduire la durée de vie de la batterie. Une charge supérieure à 1C augmente le risque de surchauffe et de gonflement, surtout à des températures ambiantes élevées.

Sept facteurs principaux contribuent à raccourcir la durée de vie des batteries LiPo, notamment la chaleur, laisser la batterie complètement chargée pendant de longues périodes, la sur-décharge, la surcharge, un équilibrage insuffisant, une tension de stockage incorrecte et les dommages physiques.

L'équilibrage des packs de batteries LiPo multi-cellules est crucial pour garantir que toutes les cellules maintiennent des niveaux de tension uniformes. L'équilibrage évite la surcharge ou la décharge de cellules individuelles, ce qui peut endommager la batterie ou présenter des risques de sécurité. Alors que les batteries LiPo à une seule cellule ne nécessitent pas d'équilibrage, les packs multi-cellules doivent être équilibrés régulièrement. Cela peut être réalisé pendant la charge via la prise d'équilibrage en utilisant un chargeur d'équilibrage, avec un équilibreur autonome connecté pendant la charge, ou après la charge avec un équilibreur autonome. Alternativement, l'utilisation d'un chargeur informatisé avec une circuiterie d'équilibrage intégrée est la méthode la plus sûre et la plus efficace, garantissant que chaque cellule est correctement équilibrée et chargée pour prolonger la durée de vie de la batterie. La charge des batteries LiPo sur un sol en béton peut être une pratique sûre lorsqu'elle est effectuée avec les précautions nécessaires. Voici un résumé des conseils de sécurité mentionnés :

1. Chargez sur le sol en béton : Charger de plus grandes batteries LiPo multi-cellulaires directement sur le sol en béton dans un atelier, loin des matériaux combustibles, est une pratique courante. Le béton est ininflammable et peut aider à contenir tout risque d'incendie éventuel.

2. Laissez refroidir avant de charger : Laissez au moins 15 minutes à une batterie LiPo pour qu'elle refroidisse après utilisation avant de la charger. Charger une batterie chaude peut provoquer une surchauffe et des dommages.

3. Ne laissez jamais sans surveillance : Il est crucial de ne jamais laisser les batteries LiPo charger sans surveillance. Bien qu'il ne soit pas toujours pratique de rester dans la même pièce, ne quittez jamais la maison pendant que les batteries sont en charge.

4. Stockage dans des contenants métalliques : Stocker les batteries LiPo dans des coffres à outils en métal ou des boîtes à munitions peut aider à contenir tout risque d'incendie éventuel. Ces contenants offrent une protection supérieure par rapport aux sacs ou aux poches LiPo.

5. Détecteur de fumée et extincteur : Installer un détecteur de fumée au-dessus de la zone de chargement et avoir un extincteur à portée de main ajoute une couche de sécurité supplémentaire. En cas d'incendie, ces mesures peuvent aider à le détecter tôt et à le supprimer.

Ces précautions de sécurité visent à atténuer les risques associés aux batteries LiPo, tels que les risques d'incendie. Bien que les batteries LiPo soient généralement sûres si elles sont manipulées correctement, suivre les consignes de sécurité et être prêt en cas d'urgence est essentiel pour une utilisation responsable.

Stockage

La façon dont vous stockez vos batteries LiPo entre les utilisations a un impact significatif sur leur durée de vie. Comme mentionné précédemment, une cellule LiPo qui tombe en dessous de 3 volts sous charge (environ 3,6 V de tension en circuit ouvert) est généralement irrémédiablement endommagée, ce qui entraîne une capacité réduite ou l'incapacité de retenir une charge en raison de l'oxydation des cellules. Stocker les batteries près de ce seuil critique de tension présente le risque de dommages irréversibles.

Au fil du temps, les batteries se déchargent naturellement, bien que les batteries LiPo le fassent à un rythme plus lent par rapport à d'autres types de batteries rechargeables, perdant environ 1 % de leur capacité par mois. Cependant, les laisser dans un état de décharge quasi totale pendant de longues périodes peut entraîner des dommages irréversibles car les cellules s'oxydent.

Il est essentiel de stocker les batteries LiPo dans un état chargé, mais pas complètement chargé, car cela peut également dégrader la matrice de la cellule. Les batteries LiPo complètement chargées doivent être utilisées rapidement, à l'instar des voitures de F1 en attente sur la grille de départ. La vitesse à laquelle les packs LiPo vieillissent pendant le stockage dépend à la fois de la température de stockage et de l'état de charge.

Pour une durée de vie optimale de la batterie, il est recommandé de stocker les batteries LiPo RC dans une pièce fraîche, ce qui ralentit la réaction chimique, à environ 40 à 60 % de leur état de charge, ce qui équivaut à environ 3,85 volts par cellule. Stocker les batteries dans cette plage aide à maintenir la stabilité. Stocker les batteries au réfrigérateur, à près de 0 degré Celsius, peut prolonger leur durée de stockage en ralentissant la réaction chimique qui oxyde la cathode dans les cellules. Cette méthode est particulièrement utile pour les petits packs utilisés dans les micros.

Pour assurer la longévité et la sécurité, suivez les meilleures pratiques de stockage des batteries LiPo :

1. Maintenir une charge de 3,8 V par cellule (charge de 40 à 50 %).

2. Stocker les batteries dans un endroit ignifuge ou utiliser un sac de sécurité LiPo fabriqué à partir de matériau ignifuge.

3. S'assurer que les batteries sont stockées à température ambiante.

4. Si vous stockez des batteries LiPo complètement chargées dans le réfrigérateur, emballez-les dans un sac de congélation zip-lock et retirez l'air pour éviter la condensation. Laissez le pack de batterie se réchauffer à température ambiante avant utilisation, surtout pour les packs plus grands.

En suivant ces directives, vous pouvez maximiser la durée de vie de vos batteries LiPo et garantir une utilisation sûre et efficace.

D'un point de vue chimique, le gonflement d'une batterie LiPo peut être attribué à trois causes principales, ainsi qu'à un facteur aggravant qui aggrave la situation de manière universelle. Bien que ces problèmes affectent également les batteries lithium-ion à coque dure, la coque dure peut supporter une pression significative avant de se dilater.

Contamination par l'eau : L'eau, ainsi que d'autres substances contenant de l'oxygène qui peuvent être libérées par électrolyse ou par la chaleur, agit comme un contaminant dans les batteries LiPo, conduisant à l'oxydation du lithium et au gonflement cellulaire subséquent. La présence d'eau à l'intérieur de la batterie entraîne la production d'oxygène et d'hydrogène libres, contribuant à l'instabilité. Les conditions de sur-décharge ou de surcharge exacerbent cette situation, entraînant la formation d'hydroxyde de lithium.

Dégradation de la formule due à la surcharge/sous-charge : La surcharge ou la charge rapide des batteries au lithium provoque une accumulation d'excès de lithium libre sur l'anode, conduisant au plaquage de lithium métallique. Ce processus entraîne la formation d'oxyde de lithium sur l'anode, qui consomme les atomes d'oxygène et libère de l'oxygène libre. De même, la sous-charge conduit à la formation d'oxyde de lithium sur la cathode, bien que à un rythme plus lent. Cet abus provoque la corrosion sur les deux pôles de la batterie, impactant significativement ses performances et sa durée de vie.

Construction de séparateur médiocre : Certaines batteries LiPo de qualité inférieure souffrent d'une formulation de séparateur médiocre, entraînant un séparateur sec avec une résistance interne élevée. Au fil du temps, un pourcentage plus élevé du LiPo devient de l'oxyde de lithium, ce qui entraîne une augmentation supplémentaire de la résistance interne. De plus, les incohérences dans la chimie de l'anode ou de la cathode au sein des lots de batteries contribuent aux disparités de performances et au gonflement potentiel.

Facteur d'exacerbation de la chaleur : La chaleur accélère la dégradation des batteries LiPo et aggrave le gonflement. Bien que le fonctionnement des batteries LiPo à des températures plus élevées améliore les performances, une chaleur excessive lors de la charge ou de la décharge conduit à une génération significative de lithium métallique, une cause majeure de gonflement et de destruction des cellules. La tension permise par cellule diminue avec l'augmentation des températures, et une chaleur excessive peut rompre les liaisons chimiques, libérant du lithium pour se lier à l'oxygène et créer de l'oxyde de lithium.

Sélection de la batterie

Pour atteindre une durée de vol et des performances optimales, il est crucial de comprendre comment sélectionner la bonne batterie LiPo pour votre drone. Comme d'autres composants d'un système de drone, les batteries sont interconnectées, et le choix correct dépend de facteurs tels que la taille du drone et le type et la quantité de moteurs utilisés. Ce guide vise à décrire les étapes pour assurer la compatibilité entre votre batterie et votre système de drone avant de faire un achat.

Détermination de la taille de la batterie nécessaire : Pour maximiser les temps de vol, il est conseillé d'utiliser la batterie la plus grande en termes de capacité qui rentre dans le poids maximal au décollage de votre drone. De plus, tenez compte des dimensions physiques de la batterie pour vous assurer qu'elle s'adapte à l'espace désigné de votre drone.

Évaluation du taux de décharge et de la capacité de la batterie : Un des facteurs les plus critiques mais souvent négligés est de vérifier le taux de décharge C de la batterie pour s'assurer qu'il est optimal pour votre drone. Utiliser un taux de décharge trop faible peut endommager la batterie et entraîner des performances médiocres, tandis qu'une notation trop élevée ajoute un poids inutile, réduisant le temps de vol.

Calcul de la sortie de courant continu maximum : Pour déterminer le courant total absorbé par votre système de drone, utilisez la formule : Taux de courant continu max (A) = Capacité de la batterie (Ah) x Taux de décharge (C) Par exemple, pour une batterie LiPo 3 cellules de 5100mAh avec un taux de 10C, le courant continu max serait (5,1 Ah x 10) = 51A.

Trouver le taux de décharge optimal : En examinant les spécifications de vos moteurs, notamment les tables de données de poussée, vous pouvez identifier le courant maximal absorbé. Par exemple, si chaque moteur absorbe 10 A à pleine poussée, et que vous avez quatre moteurs, le courant total absorbé serait de 4 x 10 A = 40 A. En tenant compte d'autres équipements, tels que les pilotes automatiques et le matériel FPV, ajoutez une marge supplémentaire, comme 1 A, au courant total absorbé.

Détermination des besoins en capacité : Choisissez une batterie avec une capacité et un taux de décharge qui répondent au courant nécessaire tout en maintenant le poids du drone à environ 50 à 70 % de la poussée maximale du moteur. Visez la batterie avec la capacité la plus élevée possible dans cette limite de poids.

Considération de la tension de la batterie (nombre de cellules) : La tension de la batterie affecte la puissance de sortie du moteur, les tensions plus élevées permettant plus de puissance. Cependant, les batteries de tension plus élevée sont plus lourdes en raison du nombre de cellules. Consultez les tables de données de poussée des moteurs pour comparer l'efficacité et la puissance avec différents nombres de cellules.

Sélection des connecteurs de batterie : Choisissez un connecteur de batterie qui convient à vos préférences et restez-y pour plus de facilité d'utilisation et de compatibilité avec différents drones. Les connecteurs courants incluent Deans/Tplug, XT60 et EC3.

Nombre de batteries : La décision d'utiliser une ou plusieurs batteries dépend de facteurs tels que la sécurité, le temps de charge, le coût et la complexité. Plusieurs batteries offrent une redondance et une charge plus rapide, mais peuvent être plus complexes à monter et à câbler. Tenez compte de votre configuration de drone spécifique et de vos préférences personnelles lors de la décision sur le nombre de batteries à utiliser.

Calcul de la durée de vol de la batterie LiPo

Avant de déterminer le temps de vol, il est essentiel de connaître la consommation moyenne d'ampérage du quadricoptère. Une fois cette donnée obtenue, nous pouvons procéder au calcul de la durée de vol.

Pour calculer le temps de vol, commencez par diviser la capacité de la batterie en ampères-heures par la consommation moyenne d'ampérage du quadricoptère. Ensuite, multipliez le résultat par 60 pour obtenir le temps de vol en minutes.

Par exemple, considérez une batterie LiPo de 11,1 volts, 30C, 3000 mAh utilisée dans un Scout. Si la consommation moyenne en ampères du Scout est d'environ 20 ampères, le temps de vol résultant serait de 9 minutes.

Voici six stratégies pour prolonger la durée de vie de votre batterie :

1. Considération de la caméra : À moins que vous ne soyez fortement investi dans la photographie ou la vidéographie aérienne, envisagez de retirer la caméra de votre quadricoptère. Les caméras ajoutent non seulement du poids au drone, mais consomment également sa batterie à un rythme plus rapide, ce qui réduit le temps de vol.

2. Augmentation de la capacité de la batterie : Optez pour une batterie avec un taux de milliampères-heures (mAh) plus élevé pour obtenir des temps de vol plus longs. Cependant, soyez attentif au poids, car des batteries plus lourdes peuvent annuler les avantages de puissance étendus.

3. Expérimentez avec les tailles d'hélices : La taille des hélices peut influencer la consommation d'énergie. Des hélices plus grandes peuvent être appropriées si vous attachez une caméra, tandis que des plus petites pourraient suffire autrement. Expérimentez avec différentes tailles pour trouver l'équilibre optimal pour votre temps de vol.

4. Volez dans des conditions favorables : Choisissez des conditions météorologiques idéales pour maximiser la durée de vie de la batterie. Évitez les conditions venteuses ou pluvieuses, car elles peuvent rendre le vol plus difficile et vider la batterie plus rapidement. Optez pour un temps clément avec des brises légères pour des performances optimales.

5. Suivez la règle 40-80 : Au lieu de vider complètement et de recharger votre batterie lithium-ion, visez à la maintenir entre 40 % et 80 % de charge. Évitez la surcharge ou le déchargement complet de la batterie, car cela peut réduire sa

durée de vie globale. De plus, chargez la batterie dans un environnement frais pour maintenir sa capacité.

6. Chargez de manière stratégique : Chargez votre batterie quelques heures avant de voler plutôt que des jours à l'avance. Les batteries rechargeables perdent progressivement leur charge lorsqu'elles ne sont pas sur le chargeur, donc chronométrer vos charges plus près du temps de vol peut aider à maximiser les performances de la batterie.

Bien que ces conseils puissent améliorer la durée de vol, il est important de modérer les attentes. Des augmentations significatives du temps de vol peuvent ne pas être réalisables, il est donc sage d'avoir des batteries de rechange à portée de main.

Sur le Contrôle au Sol

Les aéroports englobent toute zone terrestre ou aquatique utilisée ou destinée au décollage ou à l'atterrissage des aéronefs. Cela inclut diverses installations spécialisées telles que les bases d'hydravions, les héliports et celles qui accueillent les avions à rotor basculant [45]. De plus, un aéroport comprend non seulement les zones réelles de décollage et d'atterrissage, mais aussi les structures adjacentes, les équipements et les droits de passage associés.

À titre d'exemple aux États-Unis, les aéroports sont largement classés en aéroports contrôlés et non contrôlés. Ces classifications se divisent ensuite en :

- Aéroports civils : Ouverts au grand public.

- Aéroports militaires/gouvernementaux fédéraux : Exploités par des entités militaires, la NASA ou d'autres agences fédérales.

- Aéroports privés : Réservés à un usage privé ou restreint, non accessibles au grand public.

Un aéroport contrôlé fonctionne avec une tour de contrôle active, où le contrôle du trafic aérien (ATC) assure le flux sûr et efficace du trafic aérien, notamment dans les zones à forte activité de vol ou à fort trafic [45].

En revanche, un aéroport non contrôlé ne dispose pas d'une tour de contrôle opérationnelle. Bien que la communication radio bidirectionnelle ne soit pas obligatoire, il est recommandé aux pilotes de surveiller l'activité des aéronefs sur la fréquence désignée pour améliorer la conscience situationnelle. La Fréquence d'Advisory du Trafic Commun (CTAF) facilite cette pratique, servant de plateforme pour les communications d'avis à l'aéroport dans les aéroports non contrôlés. Le CTAF peut utiliser différentes fréquences telles que UNICOM, MULTICOM, FSS, ou les fréquences de la tour, comme indiqué dans les publications aéronautiques [45].

Dans les aéroports non contrôlés, les circuits de trafic sont toujours entamés à l'altitude du circuit, avec des méthodes d'entrée dépendantes de la direction d'arrivée. Une approche courante du côté vent arrière implique de s'aligner avec le circuit à un angle de 45 degrés par rapport à la jambe vent arrière et d'entrer au milieu.

Les données aéroportuaires sont cruciales pour les pilotes à distance opérant à proximité des aéroports, offrant des informations sur les fréquences de communication, les services disponibles, les fermetures de pistes et les travaux de construction en cours. Trois sources principales fournissent ces informations :

1. Supplément de carte des États-Unis (anciennement Répertoire des aéroports/installations) : Cette publication offre des détails complets sur les aéroports, les héliports et les bases d'hydravions accessibles au public. Publié dans sept livres régionaux mis à jour tous les 56 jours, il est disponible numériquement et constitue une ressource précieuse pour les pilotes.

2. Avis aux navigants (NOTAM) : Les NOTAM diffusent des informations aéronautiques sensibles au temps, cruciales pour la planification des vols. Couvrant des changements temporaires tels que les fermetures de pistes, les travaux de construction et l'état des aides à la navigation, les pilotes doivent consulter les NOTAM avant chaque vol pour garantir une prise de décision éclairée.

3. Service d'information terminal automatisé (ATIS) : L'ATIS diffuse les conditions météorologiques locales et les détails opérationnels tels que les pistes actives et les procédures ATC. Mis à jour toutes les heures (ou plus fréquemment si nécessaire), les pilotes se fient à l'ATIS pour être informés des conditions actuelles impactant leurs opérations.

Les pilotes à distance doivent faire preuve de prudence en consultant ces sources avant chaque vol pour atténuer les risques associés aux opérations aéroportuaires. De plus, les cartes aéronautiques servent d'aides à la navigation essentielles pour les pilotes, fournissant des informations détaillées sur les zones d'exploitation. Deux cartes principales utilisées pour les opérations selon les règles de vol à vue (VFR) sont [45] :

Cartes sectionnelles : largement utilisées par les pilotes, les cartes sectionnelles offrent des informations détaillées avec une échelle de 1:500 000. Ces cartes couvrent les données aéroportuaires, les aides à la navigation, l'espace aérien et la topographie, facilitant la planification complète des vols.

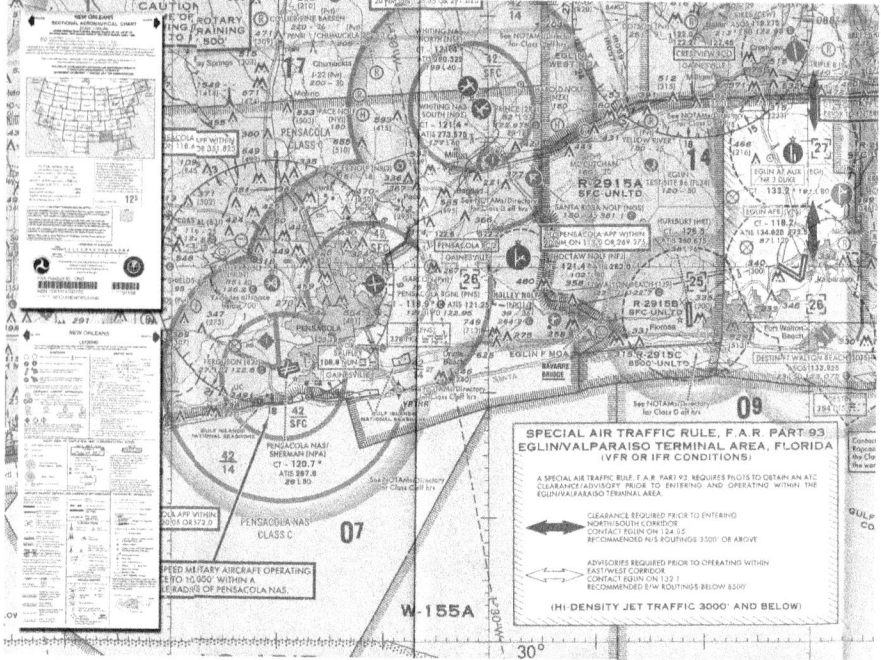

Figure 96: Exemple de carte sectionnelle.

Cartes de zones terminales VFR : Les cartes de zones terminales VFR offrent une aide précieuse pour naviguer à l'intérieur ou autour de l'espace aérien de classe B. Avec une échelle de 1:250 000 (1 pouce = 3,43 NM ou environ 4 SM), ces cartes présentent une représentation plus détaillée des caractéristiques topographiques. Généralement mises à jour deux fois par an, bien que certaines cartes de l'Alaska et des Caraïbes puissent suivre des calendriers de révision différents. Les pilotes à distance peuvent accéder à un catalogue de cartes aéronautiques et de publications connexes via le site web des produits de navigation aéronautique pour des instructions de commande détaillées.

Utilisation de la longitude et de la latitude comme points de référence

La latitude et la longitude sont des coordonnées géographiques utilisées pour localiser des points spécifiques à la surface de la Terre.

Latitude :

- Les lignes de latitude sont des cercles parallèles qui courent d'est en ouest autour de la Terre.

- Elles mesurent la distance nord ou sud de l'équateur, qui est désigné comme 0° de latitude.

- Chaque degré de latitude est approximativement espacé de 69 miles (111 kilomètres).

- Exemples :

    - Aux États-Unis, la latitude s'étend d'environ 25° N à 49° N, couvrant des États comme la Floride et Washington.

    - En Europe, les latitudes s'étendent d'environ 35° N à 70° N, englobant des pays comme l'Espagne et la Suède.

    - En Australie, les latitudes varient d'environ 10° S à 45° S, incluant des villes telles que Sydney et Melbourne.

    - En Asie du Sud-Est, les latitudes s'étendent d'environ 5° N à 20° N, couvrant des régions comme la Thaïlande et le Vietnam.

Longitude :

- Les lignes de longitude, également appelées méridiens, vont du pôle Nord au pôle Sud et croisent l'équateur à angle droit.

- Le méridien de Greenwich, passant par Greenwich, en Angleterre, est la ligne de référence pour mesurer l'est et l'ouest, avec 0° de longitude.

- Chaque degré de longitude est le plus large à l'équateur (environ 69 miles ou 111 kilomètres) et converge aux pôles.

- Exemples :

    - Aux États-Unis, les longitudes vont d'environ 67° O à 125° O, couvrant des

États comme la Californie et New York.

- En Europe, les longitudes s'étendent d'environ 10° O à 40° E, englobant des pays comme le Portugal et la Russie.

- En Australie, les longitudes varient d'environ 115° E à 155° E, incluant des villes telles que Perth et Brisbane.

- En Asie du Sud-Est, les longitudes s'étendent d'environ 95° E à 125° E, couvrant des régions comme l'Indonésie et les Philippines.

Variation :
- La variation fait référence à l'angle entre le nord vrai (NV) et le nord magnétique (NM).

- Elle peut être est ou ouest, selon que NM se trouve à l'est ou à l'ouest de NV.

- Les lignes isogoniques sur les cartes aéronautiques relient des points avec une variation magnétique égale, tandis que la ligne agonique indique où il n'y a aucune variation.

- Exemples :

  - Aux États-Unis, le pôle Nord magnétique est situé près de 71° de latitude N et 96° de longitude O, ce qui provoque des variations dans différentes régions.

  - Des variations similaires se produisent en Europe, en Australie et en Asie du Sud-Est en raison de forces magnétiques et de conditions géologiques différentes.

Planification de votre opération aérodrome

Une planification adéquate est cruciale pour des opérations de roulage sécuritaires, nécessitant autant d'attention que les autres phases de vol. Voici comment planifier efficacement votre opération aérodrome :

- Anticipez votre itinéraire de roulage en rassemblant des informations provenant de sources telles que l'ATIS, les NOTAMs, l'ERSA, les expériences récentes et les cartes d'aérodrome.

- Familiarisez-vous avec la disposition des aérodromes de départ et d'arrivée.

- Gardez une carte ou un schéma de l'aérodrome accessible pour référence lors de la planification et du roulage.

- Vérifiez l'itinéraire de roulage prévu par rapport à la carte de l'aérodrome ou à l'ERSA, en prêtant une attention particulière aux intersections complexes.

- Déterminez quand vous concentrer sur l'itinéraire de roulage, notamment lors des intersections complexes et des traversées de pistes.

- Confirmez votre itinéraire assigné si vous n'êtes pas sûr des instructions reçues de la part de l'ATC.

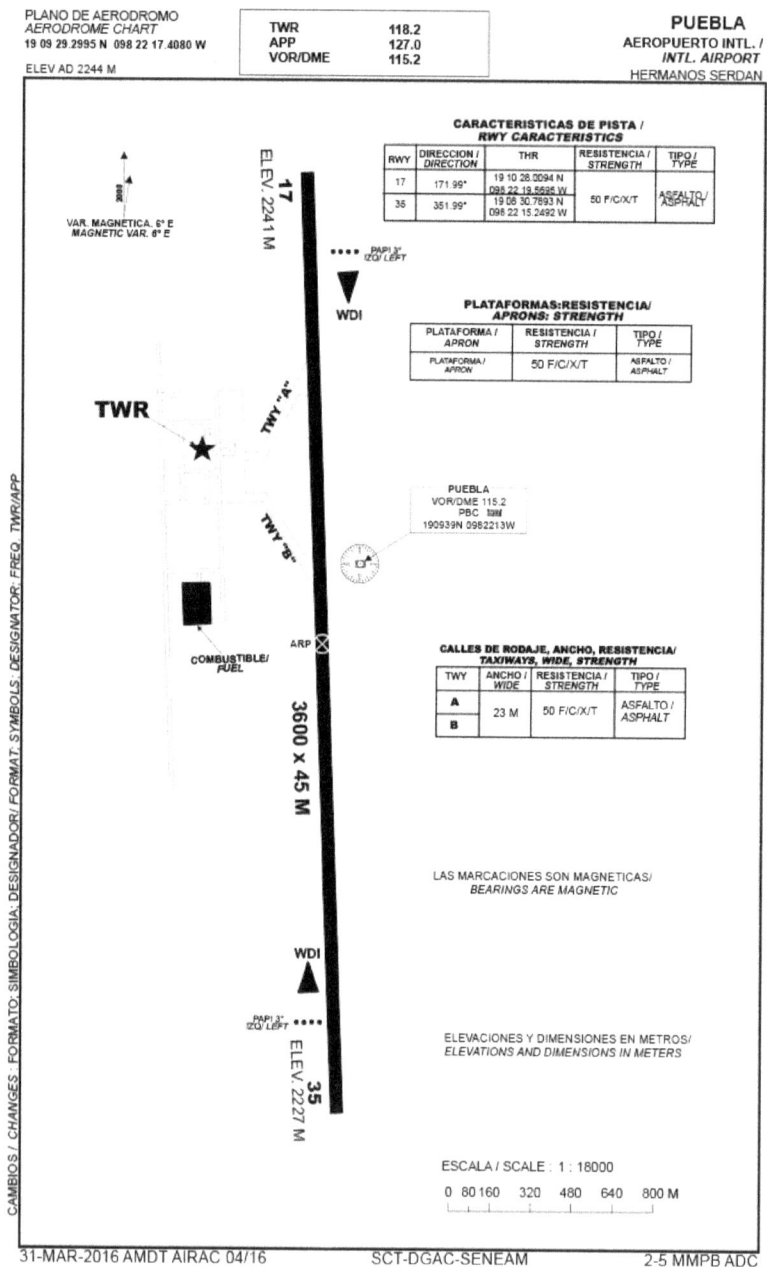

Figure 97: Exemple de carte d'aérodrome. SICT - AFAC - SENEAM, CC BY-SA 4.0, via Wikimedia Commons.

La responsabilité de l'évitement des collisions au sol est souvent mal comprise. Alors que le contrôle du trafic aérien gère les mouvements sur l'aérodrome, éviter les collisions est une responsabilité partagée entre le pilote en commandement, le conducteur côté piste et le personnel au sol. Le contrôle du trafic aérien fournit des informations sur les autres aéronefs/vehicules, mais maintenir la vigilance est crucial.

La confusion des pistes, particulièrement courante sur les aérodromes avec des pistes parallèles, peut conduire à une entrée incorrecte sur la piste, un décollage ou un atterrissage. Pour éviter cela :

- Soyez attentif aux autorisations de piste.

- Redonnez toujours la piste attribuée en entier.

- Lors des briefings d'approche, convenez de la manière d'identifier positivement la bonne piste.

- Confirmez visuellement la bonne piste avant d'y entrer ou d'y atterrir, en utilisant les panneaux de signalisation, l'orientation et les marquages pour l'identification.

- Notez que l'éclairage de piste diffère de l'éclairage de taxiway, ce qui aide à les distinguer.

- Assurez-vous que vos appels de communication sont dirigés vers la bonne fréquence de contrôle de l'aérodrome, surtout sur les aérodromes avec des opérations de pistes parallèles.

Faites preuve d'une extrême prudence lorsque vous volez en-dessous de 2 000 pieds au-dessus du niveau du sol (AGL) en raison de la présence de nombreuses tours d'antenne, y compris des tours de radio et de télévision. Ces structures dépassent souvent les 1 000 pieds AGL, certaines atteignant des hauteurs supérieures à 2 000 pieds AGL. La plupart de ces tours sont soutenues par des haubans, qui peuvent être difficiles à repérer, surtout par beau temps, et peuvent devenir complètement invisibles au crépuscule ou pendant les périodes de visibilité réduite. Ces haubans peuvent s'étendre horizontalement sur environ 1 500 pieds à partir de la structure. Par conséquent, il est conseillé de maintenir une distance horizontale d'au moins 2 000 pieds de toutes les tours d'antenne. De plus, notez que les nouvelles tours peuvent ne pas être représentées sur votre carte actuelle, car les informations n'ont peut-être pas été reçues avant l'impression de la carte.

En Australie, les cartes d'aérodrome offrent des informations détaillées sur la disposition et les noms des pistes et des voies de circulation, ainsi que les emplacements des principales installations. Ces cartes peuvent être obtenues auprès de diverses sources, notamment :

- En Route Supplement Australia (ERSA)
- Départ et procédures d'approche (DAP)
- Visual Terminal Charts (VTC) Les cartes ERSA et DAP sont accessibles sur le site web d'Airservices.

Pour tous les aéronefs, la limite de l'autorisation de roulage désignée est généralement le point d'attente pour la piste, sauf indication contraire du contrôle du trafic aérien (ATC), comme un point intermédiaire tel que la baie d'attente (run-up). Si la baie d'attente n'est pas désignée comme une limite d'autorisation intermédiaire, un aéronef autorisé au point d'attente de la piste peut se rendre à une baie d'attente en route et décoller ensuite de la baie d'attente pour atteindre le point d'attente de la piste, en veillant à céder le passage à d'autres aéronefs sur la voie de circulation. Cependant, une autorisation spécifique du contrôle du trafic aérien est nécessaire pour traverser toute piste qui croise l'itinéraire de roulage.

Il est crucial pour les pilotes de redonner avec précision le terme "point d'attente" s'il est inclus dans une autorisation de roulage, car l'omission de le faire est une erreur de redondance courante.

Procédures de roulage

La mise en œuvre de procédures d'exploitation efficaces pendant le roulage améliore la sécurité des opérations aérodromes. Cette section met en évidence certaines tâches clés à intégrer dans vos procédures de roulage.

Instructions du contrôle aérien : Dans la mesure du possible, obtenez votre autorisation de vol avant de demander votre autorisation de roulage. Une fois que vous avez reçu les instructions de roulage, n'oubliez pas de :

- Noter les instructions de roulage, surtout si elles sont complexes, pour minimiser le risque d'oublier une partie de l'instruction.

- Surveiller les instructions/autorisations du contrôle aérien émises à d'autres aéronefs pour améliorer la conscience situationnelle.

- Faire preuve d'une vigilance accrue si un autre aéronef a un indicatif d'appel similaire.

- Écouter attentivement pour éviter de répondre à une instruction/autorisation destinée à quelqu'un d'autre.

- Demander des éclaircissements immédiatement si vous n'êtes pas certain d'une instruction ou d'une autorisation du contrôle aérien.

- Redonner toutes les instructions/autorisations requises avec l'indicatif d'appel de votre aéronef, en respectant les exigences de la Publication d'Information Aéronautique (AIP).

- Noter qu'une instruction de roulage du contrôle aérien n'autorise pas le franchissement d'un point d'attente de piste, d'une barre d'arrêt illuminée ou l'entrée/le roulage sur N'IMPORTE QUELLE piste, sauf autorisation expresse.

- Informer immédiatement le contrôle aérien si vous prévoyez un retard ou si vous êtes dans l'incapacité de respecter leurs instructions.

- Être attentif aux signaux lumineux de la tour en cas de problèmes radio suspects.

Le contrôle aérien désignera les points de passage pour un aéronef lorsqu'il instruira un croisement de piste. Une instruction typique pourrait être : « Alpha Bravo Charlie sur la voie de circulation November, croisez la piste un sept ». Votre redonner devrait être : « Sur November, en train de traverser la piste un sept, Alpha Bravo Charlie ».

Certains aéroports australiens sont équipés du système de guidage de mouvement de surface avancé (A-SMGCS), permettant le suivi précis des aéronefs et des véhicules sur la surface de l'aéroport dans toutes les conditions de visibilité. Pour coopérer avec A-SMGCS, les pilotes doivent utiliser leurs transpondeurs selon l'AIP Australia ENR 1.6. A-SMGCS ne comprend pas de procédure de "squawk ident", car tout le suivi est automatique. Si A-SMGCS n'est pas disponible, le contrôle aérien peut interrompre ou restreindre les opérations en cas de faible visibilité.

Redonner les instructions pour l'entrée ou le maintien en position de la piste : Si on vous demande de vous maintenir en position avant une piste, abstenez-vous de franchir le point d'arrêt de piste marqué. Redonnez toujours toutes les autorisations ou instructions pour se maintenir en position, entrer, atterrir, s'aligner conditionnellement, décoller, traverser ou faire demi-tour sur une piste. Évitez de simplement acquiescer à ces autorisations ou instructions avec "Roger" ou "Wilco" ou votre indicatif d'appel.

La Tour est-elle active ? Pour éviter toute confusion quant à l'activité de la tour ou à l'application des procédures CTAF, écoutez l'ATIS. Si la tour est inactive, l'ATIS sera identifié comme information ZULU et inclura l'heure d'activation et la fréquence CTAF.

Conscience de la situation

Maintenir un cockpit "stérile" est crucial pour rester concentré sur vos tâches sans distractions telles que converser avec les passagers ou utiliser des téléphones portables.

Pendant le roulage, il est vital d'être conscient de votre position, de sa relation avec votre itinéraire de roulage prévu, et des autres aéronefs et véhicules présents sur l'aérodrome. Cette conscience, appelée "conscience de la situation", peut être maintenue en :

- Comprendre et respecter les instructions et autorisations du contrôle du trafic aérien.

- Utilisant des cartes/diagrammes d'aérodrome à jour.

- Vous familiariser avec les aides visuelles sur l'aérodrome, comme les marquages, les panneaux et les feux.

- Surveiller la radio et utiliser la carte d'aérodrome pour localiser les autres aéronefs et véhicules.

- Éviter les distractions et réduire au minimum les activités "tête baissée" pendant que l'aéronef est en mouvement.

CONSEIL : Si vous n'êtes pas certain de votre position sur l'aérodrome, assurez-vous d'avoir le dégagement de toute piste et arrêtez l'aéronef. Informez le contrôle du trafic aérien et demandez des instructions de roulage progressives si nécessaire.

Aérodromes non contrôlés

Dans les aérodromes non contrôlés, où le filet de sécurité du contrôle du trafic aérien est absent, les principes "alertés" de voir et éviter deviennent cruciaux. En plus des directives de ce livret, surveillez la fréquence de l'aérodrome et diffusez vos intentions pour maintenir la conscience de la situation pour vous-même et les autres. Bien que les diffusions standard soient décrites dans l'AIP, complétez-les avec des diffusions supplémentaires si nécessaire pour atténuer les risques de collision.

Certains aérodromes non contrôlés peuvent offrir une unité de réponse de fréquence d'aérodrome (AFRU) pour confirmer la bonne fréquence et la fonctionnalité de la radio.

Pendant le roulage

Faites preuve d'une prudence accrue lorsque vous recevez l'instruction de rouler sur une piste, surtout la nuit ou par visibilité réduite. Utilisez les ressources disponibles pour rester sur votre itinéraire de roulage assigné, y compris les cartes d'aérodrome, les marquages, les panneaux, les feux et les indicateurs de cap.

Assurez-vous de demander, de recevoir et de respecter les instructions de maintien en position ou de traversée lors de l'approche des pistes qui se croisent.

Activez le feu tournant et les feux de roulage.

Avant d'entrer ou de traverser une piste, balayez soigneusement à gauche, devant, au-dessus et à droite pour vous assurer que la piste et ses approches sont dégagées.

Lorsque le contrôle du trafic aérien vous donne l'instruction de "s'aligner et attendre", soyez attentif, surtout la nuit ou par faible visibilité. Avant d'entrer sur la piste, balayez toute sa longueur, vérifiez s'il y a des aéronefs qui approchent ou qui atterrissent, et activez les feux stroboscopiques s'ils sont équipés.

Lorsque vous êtes en position d'attente la nuit, envisagez de vous aligner légèrement hors de l'axe pour différencier votre aéronef des feux et marquages de la piste.

Après l'atterrissage

Faites preuve de prudence après l'atterrissage sur une piste croisant une autre piste, en particulier sur les aérodromes avec des systèmes de pistes parallèles. Vous avez besoin d'une autorisation spécifique du contrôle du trafic aérien pour traverser ou entrer sur une piste.

Ne vous arrêtez pas sur la piste active sans autorisation du contrôle du trafic aérien.

Évitez de sortir sur une autre piste sans autorisation du contrôle du trafic aérien.

N'acceptez pas d'instructions de sortie de dernière minute de la tour à moins de comprendre parfaitement et de pouvoir les suivre.

Abstenez-vous de communications ou d'actions non essentielles jusqu'à ce que vous soyez en sécurité et clairement hors de la piste.

Rappelez-vous, une autorisation d'atterrir inclut l'autorisation de traverser toute autre piste pendant l'atterrissage. Cependant, sortir de la piste d'atterrissage pour rejoindre une autre piste nécessite une autorisation spécifique.

Lumières d'aéronef

Pendant les opérations de jour comme de nuit, les lumières extérieures des aéronefs remplissent des fonctions cruciales pour améliorer la visibilité et communiquer des informations importantes aux autres pilotes et au personnel au sol sur un aérodrome. Plongeons dans les détails de leur utilisation :

- Moteurs en marche :

  - Lorsque les moteurs de l'aéronef sont en marche, il est de pratique courante d'allumer le feu tournant. Ce feu émet une lumière clignotante pour indiquer que les moteurs de l'aéronef sont opérationnels, alertant ainsi les autres de la présence d'un aéronef actif.

- Roulage :

  - Avant d'entamer les manœuvres de roulage, les pilotes doivent activer plusieurs lumières extérieures pour augmenter la visibilité. Celles-ci comprennent généralement le feu tournant, les feux de navigation, les feux de roulage et, si disponibles, les feux de logo. Ces lumières aident les autres pilotes et le personnel au sol à identifier l'aéronef en mouvement et à discerner sa direction de déplacement.

- Traversée d'une piste :

  - Lors de la traversée d'une piste, il est essentiel d'allumer toutes les lumières extérieures de l'aéronef. Cependant, les pilotes doivent tenir compte des risques potentiels pour la sécurité posés par les feux dirigés vers l'avant, qui pourraient entraver la vision des autres pilotes ou du personnel au sol pendant les traversées de piste. Par conséquent, la prudence est nécessaire pour équilibrer la visibilité avec l'éblouissement potentiel.

- Entrée sur la piste de décollage (Alignement et attente) :

  - Après avoir reçu des instructions de s'aligner et d'attendre sur la piste de décollage, les pilotes doivent allumer toutes les lumières extérieures pour améliorer la visibilité de l'aéronef. Ceci est particulièrement important pour alerter les aéronefs en approche finale et assurer la visibilité au personnel du contrôle de la circulation aérienne (ATC). Selon les circonstances, les pilotes peuvent également choisir d'activer les feux d'atterrissage pour accroître encore la visibilité de leur aéronef.

- Décollage :
    - Lorsqu'ils sont autorisés à décoller ou lorsqu'ils entament la course de décollage sur un aérodrome sans tour de contrôle en fonctionnement, les pilotes doivent activer les feux d'atterrissage. Ces puissantes lumières améliorent la visibilité de l'aéronef pour les autres aéronefs à proximité et contribuent à éviter les collisions lors des phases critiques du vol.

L'utilisation stratégique des lumières extérieures des aéronefs pendant les différentes phases d'opération joue un rôle vital dans la promotion de la sécurité et de la conscience situationnelle sur l'aérodrome, tant pendant les heures de jour que de nuit. Ces lumières rendent non seulement l'aéronef plus visible, mais elles communiquent également efficacement les intentions du pilote aux autres intervenants dans l'environnement de l'aviation.

Marquages, Panneaux et Feux d'Aérodrome

Schémas de Marquage des Voies de Circulation

Lorsque les marquages des voies de circulation comprennent une combinaison de lignes continues et de lignes interrompues, généralement observée aux points d'attente de piste :

- La traversée du côté des lignes interrompues vers le côté des lignes continues est autorisée sans restrictions.

- Cependant, obtenir une autorisation du contrôle du trafic aérien est obligatoire avant de traverser du côté des lignes continues vers le côté des lignes interrompues, surtout dans les aérodromes avec une tour de contrôle en fonctionnement.

- En cas d'instructions pour "s'arrêter", arrêtez-vous avant d'atteindre la première ligne continue du marquage du point d'attente de piste, comme illustré ci-dessous.

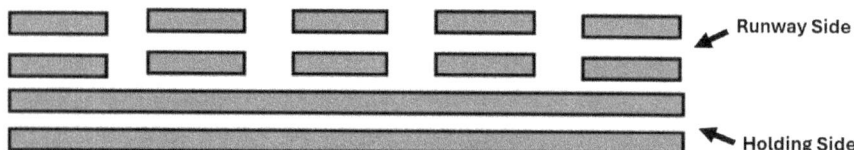

Figure 98: Schéma de marquage de position d'attente devant une piste traversante.

Positions d'attente intermédiaires

Les marquages de position d'attente intermédiaires indiquent un point d'attente situé entre les voies de circulation. Vous devez vous arrêter à ces positions si vous êtes dirigé par le contrôle du trafic aérien pour vous arrêter avant une voie de circulation spécifique.

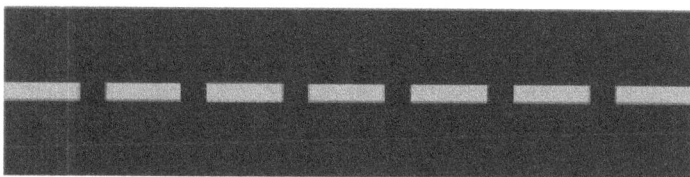

Figure 99: Marquage de position d'attente intermédiaire.

Panneaux d'aérodrome

En plus des marquages et des feux d'aérodrome, les panneaux d'aérodrome jouent un rôle crucial dans le guidage des aéronefs en toute sécurité autour de l'aérodrome.

Comprendre les codes couleur et les significations de ces cinq types de panneaux est essentiel pour un roulage sûr :

1. Panneau de localisation : Ces panneaux identifient la voie de circulation actuelle. Ils présentent des inscriptions jaunes sur un fond noir.

2. Panneau d'instruction obligatoire : Ces panneaux marquent l'entrée des pistes ou des zones critiques et les zones interdites aux aéronefs. Ils affichent des inscriptions blanches sur un fond rouge. Une autorisation du contrôle du trafic aérien est nécessaire avant de franchir ce point.

3. Panneau de direction : Placés avant les intersections, ces panneaux indiquent les désignations des voies de circulation menant hors de l'intersection et la direction

de virage nécessaire pour aligner l'aéronef. Ils ont des inscriptions noires sur un fond jaune.

4. Panneau de destination : Ces panneaux utilisent des flèches pour indiquer les directions vers des destinations spécifiques sur le terrain, telles que les pistes, les terminaux ou les services aéroportuaires. Ils présentent également des inscriptions noires sur un fond jaune. Ensembles de panneaux : Les ensembles de panneaux de direction sont organisés dans le sens des aiguilles d'une montre de gauche à droite, avec les panneaux de virage à gauche sur la gauche et les panneaux de virage à droite sur la droite du panneau de localisation. Panneau de point d'attente : Trouvés à côté des marquages de point d'attente jaunes sur les voies de circulation croisant les pistes, ces panneaux fournissent des informations sur la voie de circulation et la piste associée. Par exemple, un panneau peut indiquer que vous êtes au point d'attente de la voie de circulation Alpha pour la piste 15-33, avec les seuils de la piste 15 à gauche et la piste 33 à droite.

Figure 100: Exemple de panneau de point d'attente pour taxi.

Barres d'arrêt de piste et éclairage d'aérodrome

Les barres d'arrêt de piste sont des dispositifs de sécurité essentiels conçus pour prévenir les incursions sur piste, qui sont des incidents où des aéronefs entrent involontairement sur une piste sans autorisation appropriée. Ces incidents sont courants et peuvent entraîner des accidents graves. Les barres d'arrêt servent d'alertes visuelles aux pilotes, les incitant à s'arrêter et à se tenir à des points désignés sur la voie de circulation.

En Australie, les barres d'arrêt ont été mises en place dans plusieurs aéroports et sont considérées comme essentielles pour prévenir les incursions sur piste. Cependant, leur utilisation n'est pas limitée à l'Australie ; elles sont déployées dans les aéroports du monde entier pour renforcer la sécurité lors des opérations au sol.

Les barres d'arrêt sont simples mais efficaces. Elles sont constituées d'une série de lumières intégrées dans le revêtement, formant une ligne solide perpendiculaire à la voie de circulation et à la piste. Lorsqu'elles sont allumées, ces lumières créent une barrière visuelle, signalant aux pilotes qu'ils doivent s'arrêter et attendre de nouvelles instructions du contrôle de la circulation aérienne (ATC).

Il est strictement interdit de traverser une barre d'arrêt sans autorisation explicite de l'ATC. Les pilotes doivent attendre que les lumières de la barre d'arrêt s'éteignent et que l'ATC leur donne l'autorisation de traverser. Ce protocole garantit que les mouvements des aéronefs au sol sont coordonnés et sûrs.

L'éclairage d'aérodrome joue un rôle crucial pour assurer des opérations au sol sûres, surtout par faible visibilité. Différentes configurations d'éclairage sont utilisées pour délimiter les pistes, les voies de circulation et d'autres zones critiques. Voici quelques aspects clés de l'éclairage d'aérodrome :

- Lumières de bord de piste : Ces lumières marquent les bords de la piste et sont généralement blanches. Dans certains cas, comme sur les pistes équipées d'un éclairage de haute intensité, les lumières de bord situées à moins de 600 mètres de l'extrémité de la piste peuvent être jaunes.
- Lumières de bord de voie de circulation : Ces lumières ou réflecteurs sont bleus et guident les aéronefs le long des voies de circulation.
- Eclairage d'approche de haute intensité (HIAL) : Utilisé pour aider les aéronefs pendant l'approche et l'atterrissage, les systèmes HIAL comportent généralement des lumières rouges et blanches.
- Lumières de ligne centrale de voie de circulation : Ces lumières ou réflecteurs sont verts et aident les pilotes à maintenir l'alignement pendant le roulage.

Les pilotes doivent être vigilants et respecter les configurations d'éclairage spécifiques. Par exemple, des lumières rouges allumées le long d'une voie de circulation indiquent une barre d'arrêt, et les pilotes ne doivent pas avancer tant qu'ils n'ont pas reçu l'instruction de l'ATC. Des lumières jaunes clignotantes, appelées lumières de garde de piste, mettent en évidence les points d'arrêt et servent de repères visuels supplémentaires pour les pilotes.

La mise en place de barres d'arrêt et la compréhension adéquate de l'éclairage d'aérodrome contribuent significativement à la sécurité globale des opérations des aéronefs, en réduisant le risque d'incursions sur piste et en assurant des mouvements au sol efficaces dans les aéroports du monde entier.

Opérations au sol des systèmes d'aéronefs télépilotés (RPAS)

L'intégration des systèmes d'aéronefs télépilotés (RPAS) dans l'espace aérien partagé avec les aéronefs pilotés demande une attention méticuleuse aux procédures spécifiques pour garantir la sécurité et une intégration sans heurts. Ces procédures doivent idéalement être alignées sur celles développées pour les aéronefs pilotés afin de maintenir la cohérence et d'améliorer les normes de sécurité.

Les principales considérations dans l'intégration des vols RPAS englobent : a) Plan de vol : Établir des désignations de type RPAS distinctes et formuler une phraséologie de communication appropriée pour les interactions avec le contrôle de la circulation aérienne (ATC). b) Vol VFR : Définir des normes de séparation et établir des règles de priorité pour régir les opérations de vol à vue. c) Vol IFR : Établir des normes de séparation et délimiter les règles de priorité pour les opérations de vol aux instruments. d) Procédures de contingence et d'urgence : Aborder des scénarios potentiels tels que la défaillance du lien de commande et de contrôle (C2), établir des protocoles pour la communication ATC en cas de défaillance avec les télépilotes, et définir les procédures d'interception tout en assurant la conformité avec les protocoles de défense aérienne.

En ce qui concerne la planification de vol, jusqu'à ce que des désignations de type RPAS officielles soient établies, des indicateurs temporaires comme "ZZZZ" sont recommandés sur les formulaires de plan de vol. De plus, les fournisseurs de services de navigation aérienne (ANSPs) doivent élaborer des méthodes pour transmettre des informations uniques relatives aux vols RPAS, en particulier concernant les procédures en cas de perte du lien C2.

Les caractéristiques uniques des RPAS qui influent sur les opérations aérodromes comprennent leur capacité à détecter les panneaux d'aérodrome, à éviter les collisions et à se conformer aux instructions du contrôle de la circulation aérienne. Il convient également de tenir compte des implications pour les exigences de certification des aérodromes, des besoins en infrastructure et de leur intégration avec les aéronefs pilotés.

Dans les environnements aérodromes contrôlés, les opérations des RPAS doivent imiter celles des aéronefs pilotés, nécessitant des procédures de communication et de manœuvre efficaces. Les télépilotes doivent maintenir la communication avec le contrôle de la circulation aérienne (ATC), accuser réception des instructions et respecter les marquages et les signaux de l'aérodrome pour des opérations sécurisées.

Pour les opérations des RPAS dans les aérodromes non contrôlés sous le Service d'information de vol d'aérodrome (AFIS), une communication efficace avec les agents de l'AFIS est essentielle pour échanger des informations sur la circulation liées à la sécurité. Le respect des marquages, des panneaux de signalisation et des protocoles de manœuvre parmi les autres aéronefs est impératif.

Les États peuvent choisir d'établir des aérodromes dédiés exclusivement aux opérations des RPAS, ce qui nécessite l'élaboration de protocoles et de procédures spécifiques pour régir ces opérations.

Des plans complets d'intervention en cas d'urgence doivent être en place dans les aérodromes pour coordonner les actions lors d'urgences survenues sur place ou à proximité immédiate.

Les exploitants d'aérodromes peuvent devoir améliorer leurs systèmes de gestion de la sécurité pour accommoder efficacement les opérations des RPAS, en intégrant des exigences supplémentaires et des protocoles spécifiques aux activités des RPAS.

Navigation des systèmes de pilotage à distance

Selon la gravité des conditions de faible visibilité, diverses méthodes de navigation peuvent être nécessaires pour piloter votre drone. Pour des conditions légères telles que le brouillard léger ou la brume, la navigation visuelle utilisant la vue et l'observation par caméra est suffisante. Dans des conditions modérées comme le brouillard modéré ou la pluie, la navigation GPS utilisant un capteur GPS et un appareil mobile pour suivre la position sur une carte est recommandée. Dans des conditions sévères telles que le brouillard dense ou la neige, où les signaux GPS ou le contact visuel peuvent être compromis, la navigation inertielle qui repose sur un gyroscope et une boussole pour mesurer la vitesse, l'accélération et le cap devient essentielle. Ajuster les méthodes de navigation en fonction du niveau de visibilité garantit une opération de drone sûre et efficace dans des conditions météorologiques variées.

En tant qu'aperçu général de l'endroit où les drones peuvent être exploités, aux États-Unis, les drones, également connus sous le nom de systèmes d'aéronefs sans pilote (UAS), peuvent opérer dans diverses catégories d'espace aérien, sous réserve de réglementations et de restrictions spécifiques imposées par la Federal Aviation Administration (FAA). Voici les principales catégories où les drones peuvent opérer :

1. Espace aérien de classe G : également connu sous le nom d'espace aérien non contrôlé, l'espace aérien de classe G est disponible pour les opérations de drone sans besoin d'autorisations spéciales ou de clairances de la part du contrôle de la circulation aérienne. Cependant, les pilotes de drones doivent toujours se conformer aux réglementations de la FAA, y compris maintenir une ligne de

visée visuelle avec le drone et voler en dessous de 400 pieds au-dessus du niveau du sol.

2. Espace aérien de classe B, C, D et E : Les drones peuvent opérer dans l'espace aérien contrôlé avec l'autorisation appropriée de la FAA et la coordination avec le contrôle de la circulation aérienne. Cela implique généralement d'obtenir une approbation via le système de notification et d'autorisation à basse altitude (LAANC) de la FAA ou en déposant une demande de dérogation de la Partie 107.

3. Zones restreintes et interdites : Certaines zones d'espace aérien, telles que les environs des aéroports, les installations militaires et d'autres endroits sensibles, ont des restrictions ou des interdictions sur les opérations de drones. Les pilotes doivent être conscients de ces zones et obtenir les autorisations nécessaires ou éviter de voler dans l'espace aérien restreint.

4. Restrictions temporaires de vol (TFR) : Les TFR peuvent être établies par la FAA pour des événements, des urgences ou d'autres raisons temporaires. Les opérations de drones sont généralement interdites dans les zones de TFR sans autorisation spécifique de la FAA.

5. Espace aérien à usage spécial (SUA) : Le SUA comprend des zones désignées pour des activités militaires ou gouvernementales spécifiques, telles que les zones restreintes, les zones d'opérations militaires (MOA) et les zones d'avertissement. Les opérations de drones peuvent être restreintes ou interdites dans ces zones.

6. Parcs nationaux et zones sauvages : Bien que les opérations de drones soient généralement autorisées dans les parcs nationaux et les zones sauvages, elles sont soumises à des restrictions imposées par le Service des parcs nationaux et d'autres agences fédérales. Les pilotes doivent se conformer aux réglementations spécifiques à chaque parc ou zone sauvage.

Il est essentiel que les opérateurs de drones se familiarisent avec les classifications de l'espace aérien, les réglementations et les restrictions applicables à leurs zones d'exploitation prévues. De plus, le respect des directives de la FAA, telles que celles décrites dans la Partie 107 des Règlements fédéraux de l'aviation, est nécessaire pour garantir des opérations de drones sûres et légales aux États-Unis.

En Australie, les opérations de drones sont réglementées par l'Autorité de sécurité de l'aviation civile (CASA), et les drones, appelés aéronefs télépilotés (RPA) ou systèmes d'aéronefs sans pilote (UAS), peuvent opérer dans différentes catégories d'espace aérien, sous réserve de réglementations et de restrictions spécifiques. Voici les principaux domaines où les drones peuvent opérer :

1. Espace aérien non contrôlé (Classe G) : Similaire aux États-Unis, l'espace aérien de classe G en Australie est un espace aérien non contrôlé où les opérations de drone sont généralement autorisées sans besoin d'autorisations spéciales ou de clairances du contrôle de la circulation aérienne. Cependant, les opérateurs doivent toujours se conformer aux réglementations de la CASA, y compris maintenir une ligne de visée visuelle avec le drone et voler en dessous de certaines limites d'altitude.

2. Espace aérien contrôlé (Classes C, D, E et CTAF) : Les opérations de drone dans l'espace aérien contrôlé nécessitent l'approbation de la CASA et la coordination avec le contrôle de la circulation aérienne. Cela implique d'obtenir l'autorisation via la plateforme en ligne de la CASA, connue sous le nom de "Puis-je voler là ?" ou en demandant des autorisations spécifiques pour l'espace aérien.

3. Zones restreintes et interdites : Certaines zones en Australie, comme autour des aéroports, des installations militaires et d'autres endroits sensibles, ont des restrictions ou des interdictions sur les opérations de drone. Les opérateurs doivent être conscients de ces zones et obtenir les autorisations nécessaires ou éviter de voler dans l'espace aérien restreint.

4. Zones de danger et zones d'opérations militaires (MOA) : Les zones de danger et les MOA sont désignées pour la formation et les exercices militaires. Les opérations de drone peuvent être restreintes ou interdites dans ces zones lorsqu'elles sont actives.

5. Parcs nationaux et zones protégées : Bien que les opérations de drone soient généralement autorisées dans les parcs nationaux et les zones protégées, les opérateurs doivent se conformer aux réglementations spécifiques à chaque parc ou réserve. Cela peut inclure des restrictions sur le survol de la faune, des sites culturels ou d'autres zones sensibles.

6. Zones urbaines et zones urbanisées : Les opérations de drone dans les zones urbaines et urbanisées sont soumises à des réglementations et considérations supplémentaires, notamment des préoccupations de confidentialité, des considérations de sécurité et des réglementations des autorités locales.

7. Événements spéciaux et restrictions temporaires : Des restrictions temporaires peuvent être imposées pour des événements spéciaux, des urgences ou d'autres raisons. Les opérateurs doivent se conformer à toutes les restrictions de vol temporaires (TFR) émises par la CASA ou d'autres autorités.

Il est essentiel que les opérateurs de drones en Australie se familiarisent avec les réglementations de la CASA, les classifications de l'espace aérien et toutes les restrictions ou exigences locales spécifiques à leurs zones d'exploitation prévues. Le respect des consignes de sécurité et des pratiques de vol responsables est crucial pour garantir des opérations de drones sûres et légales en Australie.

En Europe, les opérations de drones sont réglementées par l'Agence européenne de la sécurité aérienne (EASA) et les autorités nationales de l'aviation dans les États membres de l'Union européenne (UE) et de l'Association européenne de libre-échange (AELE). Voici les principaux domaines où les drones peuvent opérer :

1. Catégorie ouverte : La catégorie ouverte est divisée en sous-catégories en fonction du niveau de risque associé à l'opération et des exigences spécifiques pour les pilotes de drones. Selon la sous-catégorie et les caractéristiques du drone, les opérations peuvent être autorisées dans différents types d'espace aérien, y compris les zones rurales, suburbaines et urbaines.

2. Catégorie spécifique : La catégorie spécifique permet des opérations de drone plus complexes qui ne rentrent pas dans les limitations de la catégorie ouverte. Les opérateurs doivent obtenir une autorisation opérationnelle de l'autorité de l'aviation compétente et effectuer des évaluations des risques pour leurs opérations spécifiques. Cette catégorie inclut les opérations dans l'espace aérien contrôlé et d'autres zones avec des exigences spécifiques.

3. Catégorie certifiée : La catégorie certifiée concerne les drones qui ont été certifiés pour les opérations dans l'espace aérien contrôlé et d'autres environnements complexes. Ces drones doivent respecter des normes de sécurité et de fiabilité strictes, similaires à celles des aéronefs pilotés, et être certifiés par l'EASA ou les

autorités nationales de l'aviation.

4. Espace aérien contrôlé : Tout comme dans d'autres régions, les opérations de drones dans l'espace aérien contrôlé nécessitent la coordination avec le contrôle de la circulation aérienne et peuvent nécessiter des autorisations ou des approbations spécifiques de l'autorité de l'aviation compétente. Les opérateurs doivent respecter les procédures pour obtenir des autorisations d'espace aérien et assurer une intégration sûre avec les aéronefs pilotés.

5. Zones restreintes et interdites : Certaines zones en Europe, telles que autour des aéroports, des installations militaires et d'autres endroits sensibles, ont des restrictions ou des interdictions sur les opérations de drone. Les opérateurs doivent être conscients de ces zones et se conformer aux réglementations pour éviter de voler dans l'espace aérien restreint.

6. Parcs nationaux et zones protégées : Les opérations de drone dans les parcs nationaux et les zones protégées sont soumises à des réglementations spécifiques à chaque pays. Les opérateurs doivent se conformer à toutes les restrictions concernant le survol de la faune, des sites culturels ou d'autres zones sensibles.

7. Zones urbaines et zones urbanisées : Les opérations de drone dans les zones urbaines et urbanisées sont soumises à des réglementations et considérations supplémentaires, notamment des préoccupations de confidentialité, des considérations de sécurité et des réglementations des autorités locales.

8. Restrictions temporaires : Des restrictions temporaires peuvent être imposées pour des événements spéciaux, des urgences ou d'autres raisons. Les opérateurs doivent se conformer à toutes les restrictions de vol temporaires (TFR) émises par les autorités de l'aviation compétentes.

Il est essentiel pour les opérateurs de drones en Europe de se familiariser avec les réglementations de l'EASA, les réglementations nationales de l'aviation, les classifications de l'espace aérien et toutes les restrictions ou exigences locales spécifiques à leurs zones d'exploitation prévues. Le respect des consignes de sécurité et des pratiques de vol responsables est crucial pour garantir des opérations de drones sûres et légales en Europe.

Au Royaume-Uni, les opérations de drones sont réglementées par l'Autorité de l'aviation civile (CAA). Voici les principaux domaines où les drones peuvent opérer :

1. Catégorie ouverte : La catégorie ouverte est divisée en sous-catégories en fonction du niveau de risque associé à l'opération et des exigences spécifiques pour les pilotes de drones. Selon la sous-catégorie et les caractéristiques du drone, les opérations peuvent être autorisées dans différents types d'espace aérien, y compris les zones rurales, suburbaines et urbaines.

2. Catégorie spécifique : La catégorie spécifique permet des opérations de drone plus complexes qui ne rentrent pas dans les limitations de la catégorie ouverte. Les opérateurs doivent obtenir une autorisation opérationnelle de la CAA et effectuer des évaluations des risques pour leurs opérations spécifiques. Cette catégorie inclut les opérations dans l'espace aérien contrôlé et d'autres zones avec des exigences spécifiques.

3. Catégorie certifiée : La catégorie certifiée concerne les drones qui ont été certifiés pour les opérations dans l'espace aérien contrôlé et d'autres environnements complexes. Ces drones doivent respecter des normes de sécurité et de fiabilité strictes, similaires à celles des aéronefs pilotés, et être certifiés par la CAA.

4. Espace aérien contrôlé : Les opérations de drones dans l'espace aérien contrôlé nécessitent la coordination avec le contrôle de la circulation aérienne et peuvent nécessiter des autorisations ou des approbations spécifiques de la CAA. Les opérateurs doivent respecter les procédures pour obtenir des autorisations d'espace aérien et assurer une intégration sûre avec les aéronefs pilotés.

5. Zones restreintes et interdites : Certaines zones au Royaume-Uni, telles qu'autour des aéroports, des installations militaires et d'autres endroits sensibles, ont des restrictions ou des interdictions sur les opérations de drone. Les opérateurs doivent être conscients de ces zones et se conformer aux réglementations pour éviter de voler dans l'espace aérien restreint.

6. Parcs nationaux et zones protégées : Les opérations de drone dans les parcs nationaux et les zones protégées sont soumises à des réglementations spécifiques à chaque pays. Au Royaume-Uni, les opérateurs doivent se conformer aux restrictions concernant le survol de la faune, des sites culturels ou d'autres zones sensibles.

7. Zones urbaines et zones urbanisées : Les opérations de drone dans les zones

urbaines et urbanisées sont soumises à des réglementations et considérations supplémentaires, notamment des préoccupations de confidentialité, des considérations de sécurité et des réglementations des autorités locales.

8. Restrictions temporaires : Des restrictions temporaires peuvent être imposées pour des événements spéciaux, des urgences ou d'autres raisons. Les opérateurs doivent se conformer à toutes les restrictions de vol temporaires (TFR) émises par la CAA.

Il est essentiel pour les opérateurs de drones au Royaume-Uni de se familiariser avec les réglementations de la CAA, les classifications de l'espace aérien et toutes les restrictions ou exigences locales spécifiques à leurs zones d'exploitation prévues. Le respect des consignes de sécurité et des pratiques de vol responsables est crucial pour garantir des opérations de drones sûres et légales au Royaume-Uni.

En Asie du Sud-Est, les opérations de drones sont réglementées par chaque pays, chacun ayant son propre ensemble de règles et de réglementations. Bien que les réglementations spécifiques puissent varier d'un pays à l'autre, il existe des zones communes où les drones peuvent généralement opérer dans toute la région :

1. Zones ouvertes : Les drones peuvent souvent opérer dans des zones ouvertes telles que des zones rurales ou peu peuplées où les risques pour les personnes, les biens et les autres aéronefs sont minimes. Ces zones sont généralement éloignées de l'espace aérien encombré et des zones peuplées.

2. Sites de vol désignés : Certains pays désignent des zones spécifiques ou des sites de vol pour les opérations de drones récréatives ou commerciales. Ces sites peuvent disposer d'installations pour les pilotes de drones, telles que des pistes d'atterrissage, des stations de recharge et du matériel de sécurité.

3. Zones agricoles : Les drones sont fréquemment utilisés à des fins agricoles telles que la surveillance des cultures, la pulvérisation et la cartographie dans les zones agricoles rurales. Cependant, les opérateurs doivent se conformer à toutes les réglementations relatives aux activités agricoles et aux restrictions de l'espace aérien.

4. Zones industrielles : Dans les zones industrielles ou les zones industrielles, les drones peuvent être utilisés pour l'inspection, la surveillance et le suivi des

infrastructures telles que les pipelines, les lignes électriques et les installations industrielles. Les opérateurs doivent obtenir toutes les autorisations nécessaires et respecter les consignes de sécurité.

5. Chantiers de construction : Les drones sont couramment utilisés pour l'arpentage aérien, la cartographie et le suivi des progrès sur les chantiers de construction. Cependant, les opérateurs doivent garantir la conformité avec toutes les réglementations relatives aux activités de construction et aux restrictions de l'espace aérien.

6. Attractions touristiques : Les drones sont souvent utilisés pour capturer des images aériennes et des photographies dans des attractions touristiques telles que les plages, les monuments et les paysages naturels. Cependant, les opérateurs doivent respecter les préoccupations en matière de confidentialité, se conformer aux réglementations locales et obtenir les autorisations ou permis nécessaires.

7. Zones protégées : Les drones peuvent opérer dans des zones protégées telles que les parcs nationaux, les réserves fauniques et les zones de conservation pour la surveillance environnementale, la recherche et la surveillance. Cependant, les opérateurs doivent obtenir des permis et se conformer aux réglementations pour protéger les écosystèmes sensibles et la faune.

8. Zones urbaines : Dans certains cas, les drones peuvent être autorisés à opérer dans les zones urbaines à des fins spécifiques telles que la photographie aérienne, la vidéographie et la surveillance. Cependant, les opérateurs doivent se conformer à des réglementations strictes concernant la sécurité, la confidentialité et les restrictions de l'espace aérien.

9. Intervention en cas d'urgence : Les drones peuvent être utilisés pour des activités d'intervention en cas d'urgence telles que les opérations de recherche et de sauvetage, l'évaluation des catastrophes et la livraison de fournitures médicales dans les zones touchées par les catastrophes. Les opérateurs doivent coordonner leurs activités avec les autorités locales et se conformer aux réglementations régissant les opérations d'urgence.

Il est important pour les opérateurs de drones en Asie du Sud-Est de se familiariser avec les réglementations et les exigences du pays spécifique où ils ont l'intention d'opérer.

Cela inclut l'obtention de tous les permis ou licences nécessaires, le respect des consignes de sécurité et le respect des coutumes et réglementations locales. De plus, les opérateurs doivent rester informés de toute mise à jour ou modification des réglementations pour assurer leur conformité à la loi.

Pour fournir un exemple plus spécifique et approfondi, les opérations de drones dans les espaces aériens australiens sont considérées comme suit :

Les cartes, les cartes aéronautiques et les briefings météorologiques sont des composantes cruciales de la planification des vols pour les opérations de drones. Voici un détaillé descriptif des endroits où les drones peuvent opérer, les considérations relatives à l'espace aérien et les classes d'espace aérien :

Opérations de drones permises :

- Les drones peuvent opérer là où il n'y a pas de risque déraisonnable de blessure pour les personnes ou de dommages matériels.

- L'altitude est limitée à 400 pieds (121 mètres) au-dessus du niveau du sol (AGL).

- Les opérations doivent être à plus de 3 milles marins (5,5 kilomètres) d'un aérodrome ou d'un site d'atterrissage d'hélicoptère (HLS).

- L'opération en dehors de l'espace aérien restreint ou interdit, comme la zone militaire d'Amberley.

- Menée par temps clair (conditions météorologiques visuelles - VMC).

- Maintenir une distance de 30 mètres des personnes ou des biens non impliqués dans l'opération.

Opérations de drones restreintes :

- Les drones ne peuvent pas opérer au-dessus des zones peuplées à moins que les risques ne puissent être atténués.

- Les stratégies d'atténuation des risques peuvent inclure l'avis aux résidents, l'ajustement des horaires ou l'érection de panneaux de signalisation et de cônes de sécurité.

Considérations relatives à l'espace aérien :

- Les opérateurs imprudents peuvent ignorer les réglementations, posant des risques pour la sécurité.

- Trois considérations clés de l'espace aérien :
  - Zone d'interdiction de vol dans un rayon de 3 milles marins (5,5 kilomètres) autour des aérodromes comme Brisbane, Archerfield et Gold Coast.
  - Les sites d'atterrissage d'hélicoptères (HLS) nécessitent une attention particulière, notamment dans des zones comme le centre-ville de Brisbane avec plusieurs HLS dans les hôpitaux.
  - L'espace aérien restreint, par exemple, la zone militaire d'Amberley, impose des limitations supplémentaires.

Classes d'espace aérien :
- L'administration de l'espace aérien en Australie est conforme aux normes de l'Organisation de l'aviation civile internationale (OACI).
- Les classes d'espace aérien dans les régions d'information de vol (FIR) de l'Australie comprennent :
  - L'espace aérien de la classe A à la classe G, chacun ayant des caractéristiques spécifiques concernant la séparation, les services fournis, les limitations de vitesse et les exigences en matière de communication radio.

Ces réglementations et considérations contribuent à assurer des opérations de drones sûres dans l'espace aérien australien, favorisant à la fois la sécurité aérienne et la conformité réglementaire.

VFR Altimétrie : Couche de Transition, Altitude et Niveau

En Australie, le système d'altimétrie intègre une couche de transition entre l'altitude de transition, toujours fixée à 10 000 pieds, et le niveau de transition du FL110. Ce système vise à différencier les aéronefs utilisant le QNH de ceux utilisant 1013,2 hPa comme référence.

Pour les opérations à ou en dessous de l'altitude de transition :
- La référence de l'altimètre est soit le QNH local actuel d'une station située dans un rayon de 100 milles nautiques de la route de l'aéronef, soit le QNH de prévision de la zone actuelle si le QNH local n'est pas disponible.

- Pendant la croisière dans la région de pression standard, la référence de l'altimètre doit être réglée sur 1013,2 hPa.

La transition entre le QNH et 1013,2 hPa doit se produire dans la région de pression standard en montée après avoir dépassé 10 000 pieds et avant de s'aligner, ou en descente vers un niveau dans la région de réglage de l'altimètre avant d'entrer dans la couche de transition.

Les informations QNH sont obtenues à partir de stations de reportage, d'ATIS, de TAF, d'ARFOR, d'AERIS ou d'ATS. La croisière dans la couche de transition est interdite.

En ce qui concerne l'altimétrie à des niveaux de vol spécifiques :

- Le FL125 n'est pas disponible lorsque le QNH de la zone tombe en dessous de 963 hPa.

- Le FL120 n'est pas disponible lorsque le QNH de la zone tombe en dessous de 980 hPa.

- Le FL115 n'est pas disponible lorsque le QNH de la zone tombe en dessous de 997 hPa.

- Le FL110 n'est pas disponible lorsque le QNH de la zone tombe en dessous de 1013 hPa.

Le QNH de la zone, prévu et valable pendant trois heures, doit répondre à des normes spécifiques en matière d'exactitude et de cohérence entre les zones adjacentes.

Pour la phraséologie altimétrique :

- Les altitudes mesurées à partir du QNH ou du QNH de la zone sont exprimées en entier (par exemple, 3000 pieds en tant que « trois mille »).

- Les expressions des hauteurs mesurées à partir du datum de 1013,2 hPa doivent toujours inclure le terme « niveau de vol ».

Les vérifications altimétriques avant le vol consistent à vérifier l'exactitude de l'altitude en utilisant un QNH précis et des élévations connues telles que le tarmac, le seuil ou le point de référence de l'aérodrome.

Pour les altimètres VFR :

- Avec un QNH précis réglé, les altimètres VFR doivent lire l'élévation du site dans les tolérances spécifiées pour être considérés comme fonctionnels par le pilote.

- Les altimètres VFR ne sont pas autorisés pour les opérations d'avion au-dessus du FL200.

Un QNH précis est fourni par l'ATIS, une tour ou un capteur automatique d'aérodrome à rapport à distance, tandis que les données d'élévation du site proviennent des données d'enquête de l'aérodrome.

Le vol VFR, soumis à des réglementations spécifiques, exige le respect des conditions météorologiques visuelles, des limitations de vitesse et des restrictions opérationnelles, y compris les restrictions sur les vols VFR de nuit et les autorisations spéciales de VFR.

La détermination de la visibilité en vol et des minima météorologiques aérodromiques relève de la responsabilité du pilote en commandement, conformément aux réglementations établies par la CASA.

Services de surveillance ATS : Exigences opérationnelles pour les émetteurs ADS-B

En Australie, les pilotes d'aéronefs équipés d'un émetteur ADS-B fonctionnel adapté à la réception des services de surveillance ATS doivent activer l'émetteur pendant toute la durée du vol.

Certaines installations ADS-B peuvent partager des commandes avec le transpondeur SSR, empêchant le fonctionnement indépendant des deux systèmes. Si la conformité à une instruction particulière n'est pas possible, les pilotes doivent informer rapidement le contrôle aérien et demander des instructions alternatives.

Les aéronefs équipés d'ADS-B avec une fonction d'identification de l'aéronef doivent transmettre l'identification d'aéronef spécifiée comme indiqué dans la notification de vol ou, en l'absence de notification de vol déposée, l'immatriculation de l'aéronef.

Fonctionnement des transpondeurs : ATS attribue généralement un code discret temporaire à chaque vol opérant dans l'espace aérien contrôlé ou participant au service d'information de surveillance (SIS), sauf indication contraire.

Sauf instruction contraire de l'ATC, les pilotes d'aéronefs équipés de transpondeurs Mode 3A ou Mode S dans l'espace aérien australien doivent activer leurs transpondeurs, activant simultanément la capacité Mode C si disponible.

Les pilotes doivent veiller à ce que les transpondeurs et les émetteurs ADS-B soient activés, avec la fonction d'altitude sélectionnée, car la couverture radar primaire est limitée dans un rayon de 50 milles nautiques des principaux aéroports, en se basant sur les données des transpondeurs SSR et des émetteurs ADS-B. Le TCAS repose également sur les données des transpondeurs pour les fonctions d'évitement des collisions.

Lors de l'exploitation dans l'espace aérien australien, les aéronefs doivent sélectionner et utiliser des codes en fonction de critères spécifiques, notamment le type de vol, la classe d'espace aérien et les opérations militaires ou civiles.

Les pilotes sont responsables de la sélection du code approprié avant de demander un SIS ou une autorisation d'entrée dans l'espace aérien contrôlé, si un code discret a déjà été coordonné.

La fonction d'identification (SPI) ne doit être activée que sur demande de l'ATC.

Lors du départ d'un aérodrome contrôlé par radar, les pilotes doivent maintenir le transpondeur en mode veille jusqu'à atteindre la piste de décollage. À l'arrivée, le transpondeur doit être commuté en mode veille ou éteint dès que possible après l'atterrissage.

Codes d'urgence du transpondeur : En cas d'urgence en vol, à l'exclusion de la perte de communications bidirectionnelles, les pilotes doivent sélectionner le code 7700 à moins qu'ils n'aient une raison spécifique de maintenir le code actuellement attribué.

Pour les aéronefs connaissant une perte de communications bidirectionnelles, le transpondeur doit être réglé sur le code 7600.

Si un contrôleur radar observe un code 7600, il demandera au pilote d'activer la fonction d'identification (SPI). Le contrôle de l'aéronef se poursuivra en utilisant la transmission d'identification pour accuser réception des instructions si le signal d'identification est reçu. Sinon, l'aéronef doit maintenir le transpondeur sur le code 7600 et suivre les procédures de défaillance radio.

Procédures de communications radio : Les pilotes souhaitant obtenir des services de surveillance ATS doivent adresser leur demande à l'unité ATS avec laquelle ils communiquent. Si un Centre de contrôle d'approche (ACC) n'est pas établi, les pilotes seront informés de l'heure ou de l'endroit où transférer à une fréquence de contrôle. En présence d'un ACC, des services de procédures et de surveillance ATS peuvent être fournis sur une fréquence commune, avec l'indicatif d'appel indiquant le service fourni.

Procédures d'identification : Avant de fournir un service de surveillance ATS, une identification positive de l'aéronef est requise. Cependant, les services de contrôle ne seront pas fournis tant que l'aéronef n'aura pas pénétré dans l'espace aérien contrôlé.

Procédures de vecteur : Après avoir reçu des instructions de cap, les pilotes doivent immédiatement entamer un virage à taux 1 ou au taux de virage standard pour le type d'aéronef, et maintenir le cap donné sauf indication contraire. Les aéronefs seront généralement vecteurisés le long de routes où le pilote peut surveiller la navigation.

Les vols en VFR spécial ne peuvent pas être vecteurisés par l'ATC à moins qu'il n'y ait une urgence. Lorsqu'un aéronef est vecteurisé hors d'une route établie, le pilote sera informé de la raison du vecteur, si elle n'est pas évidente. Si un aéronef signale des instruments directionnels peu fiables, le pilote sera invité à effectuer tous les virages à un taux convenu avant de recevoir des instructions de manœuvre.

Les contrôleurs attribuent des altitudes aux aéronefs vecteurisés pour assurer la clairance terrain, mais dans des conditions météorologiques visuelles (VMC) pendant la journée, les pilotes peuvent être autorisés à organiser leur propre clairance terrain, avec des instructions fournies en conséquence.

Les pilotes vecteurisés recevront régulièrement des informations de position pour aider à la navigation du pilote en cas de défaillance du système radio ou de surveillance ATS. L'ATC maintient de courts intervalles entre les transmissions pour permettre une reconnaissance rapide de la défaillance de communication, surtout lorsque les aéronefs sont sur des caps qui pourraient enfreindre les normes de clairance terrain ou de séparation.

Avant le décollage, l'ATC peut assigner un cap pour que l'aéronef en départ suive après le décollage, avec des instructions de changement de fréquence si nécessaire. Les aéronefs arrivants peuvent être vecteurisés pour établir une approche radar ou visuelle, éviter les conditions météorologiques dangereuses ou accélérer le flux de trafic.

Le Temps

L'UTC (Temps Universel Coordonné) est largement utilisé dans l'aviation à travers le monde, servant de référence horaire standard pour le contrôle et la gestion internationaux du trafic aérien. Virtuellement tous les pays utilisent l'UTC ou un temps dérivé de l'UTC pour les opérations aériennes afin d'assurer la cohérence et la coordination à travers l'espace aérien mondial. Certains pays utilisent également leurs propres fuseaux horaires locaux en conjonction avec l'UTC à des fins spécifiques, telles que la planification de vol et l'ordonnancement. Par conséquent, bien que tous les pays n'opèrent pas exclusivement sur l'heure UTC, elle est un composant fondamental de l'horodatage et de la coordination temporelle dans l'aviation à l'échelle mondiale.

Le terme "Zulu" est utilisé dans les procédures ATC pour désigner le Temps Universel Coordonné (UTC). Par exemple:
- 0920 UTC est vocalisé comme "zéro neuf vingt zoulou"
- 0115 UTC est vocalisé comme "zéro un quinze zoulou"

Lors de la conversion de l'heure normale en UTC:
- L'heure normale de l'Est nécessite une soustraction de 10 heures
- L'heure normale du Centre nécessite une soustraction de 9,5 heures
- L'heure normale de l'Ouest nécessite une soustraction de 8 heures

Note : L'heure d'été n'est pas uniformément appliquée à travers l'Australie et n'est pas détaillée dans la Publication d'Information Aéronautique (AIP). Consultez le SUP AIP et le NOTAM Heure d'été pour des détails spécifiques. Les transmissions radio téléphoniques adoptent le système de l'horloge 24 heures. L'heure est représentée par les deux premiers chiffres et les minutes par les deux derniers chiffres. Par exemple:

- 0001 est articulé comme "zéro zéro zéro un"
- 1920 est articulé comme "un neuf deux zéro" L'heure peut être transmise en minutes seulement (deux chiffres) dans les communications radio téléphoniques lorsque l'ambiguïté est improbable. L'heure actuelle à une station est communiquée à la minute près pour aider les pilotes dans les vérifications de l'heure. Les tours de contrôle fournissent l'heure à la demi-minute près lorsqu'elles accordent une autorisation de roulage aux aéronefs en départ. Par exemple:
- 0925:10 est articulé comme "heure, vingt-cinq"
- 0932:20 est articulé comme "heure, trente-deux et demie"
- 2145:50 est articulé comme "heure, quarante-six" Format de l'heure : La date et l'heure sont représentées par une combinaison de la date et de l'heure dans un seul groupe de six chiffres. Cependant, un groupe de 10 chiffres, comprenant l'année, le mois, la date, les heures et les minutes, est utilisé pour les NOTAMs et les SUPs. Cela est condensé en un groupe de huit chiffres (en omettant l'année) pour un Bulletin d'Information Pré-vol Spécifique (SPFIB). Le format

est aammjjhhmm. Par exemple :

- 1215 heures UTC le 23 mars 2010 serait écrit comme 1003231215

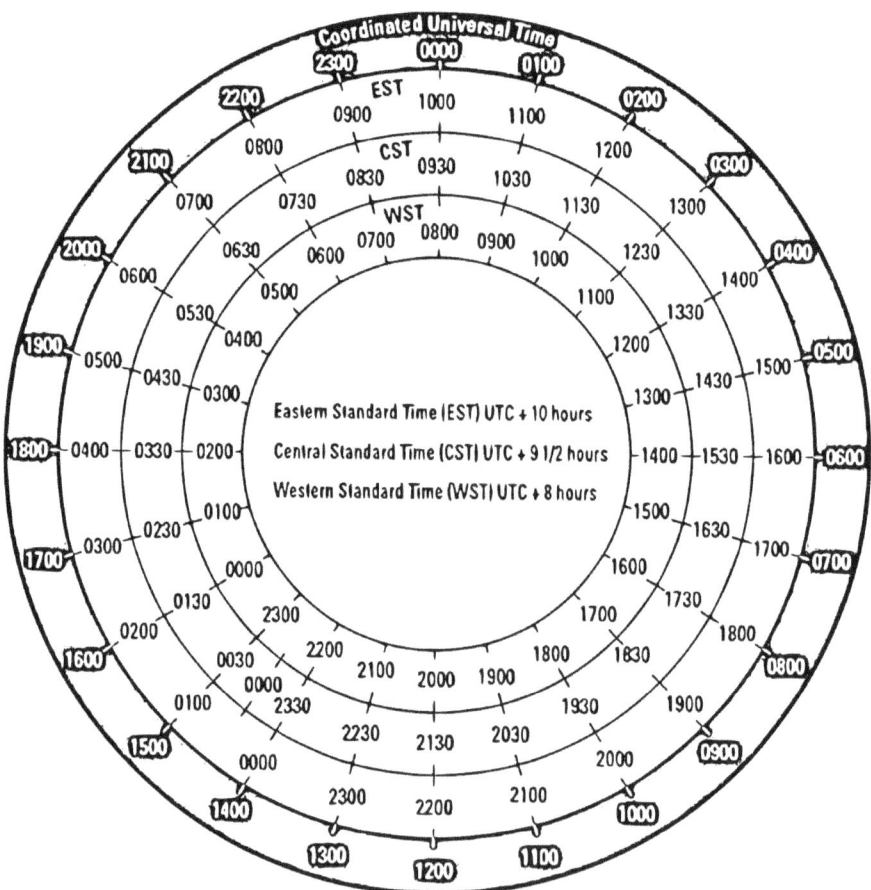

Figure 101 : Temps Universel Coordonné (UTC).

Informations pré-opérationnelles et NOTAM

L'accès et la vérification des NOTAM actuels jouent un rôle crucial dans votre processus de préparation de vol. Ils servent d'outil efficace pour informer les pilotes des conditions changeantes à des emplacements spécifiques, y compris la période, les zones et les altitudes affectées par ces changements.

Obtenir les derniers NOTAM revêt une importance égale pour les aérodromes contrôlés et non contrôlés. Par exemple, des événements tels que les grandes rencontres de course sur des sites tels que Bathurst, Louth et Birdsville attirent un nombre significatif d'aéronefs visiteurs, nécessitant souvent le respect de procédures spéciales.

Une illustration convaincante de l'importance de vérifier les NOTAM actuels est exemplifiée à William Creek, situé dans le sud de l'Australie. Des pluies sans précédent dans le Channel Country du Queensland ces dernières années ont provoqué des inondations à travers l'Australie centrale, transformant le lit de sel historiquement sec du lac Eyre Nord et Sud en une vaste mer intérieure. Ce spectacle a attiré des visiteurs par voie aérienne, entraînant une augmentation notable du trafic aérien.

Notamment, dans l'entrée de William Creek dans le Supplément de route australien (ERSA), sous "Informations supplémentaires", des changements spécifiques aux procédures de diffusion et/ou à la gestion des fréquences sont périodiquement introduits pour accommoder les vols touristiques et l'activité accrue dans la région du lac Eyre. Cependant, de nombreux pilotes de passage restent inconscients de ces changements, ce qui pourrait entraîner des opérations dangereuses, telles que la poursuite de l'exploitation sur la fréquence CTAF publiée, 126,7 MHz.

L'approche la plus sûre consiste à diffuser et à surveiller la fréquence temporaire, 127,8, et, si équipé de deux radios, à maintenir une surveillance vigilante sur 126,7 MHz comme publié dans l'ERSA. De plus, lors de l'accès au Système national d'information aéronautique (NAIPS) et de la demande de prévisions, il est essentiel de noter que les NOTAM du FIR de Melbourne ne seront pas visibles à moins d'être spécifiquement demandés via un code NOTAM Sub-FIR (communément appelé "série 7"), aligné avec le Bulletin météorologique de zone approprié. Ces codes, bien que cachés dans la section de planification pré-vol de l'ERSA, fournissent des informations locales vitales sur les zones traversées pendant les vols.

En outre, il est impératif de vérifier le statut des zones militaires restreintes (RA) le long et près de votre route prévue, car s'écarter de ces zones sans autorisation pendant les périodes actives peut poser des risques importants. Les RA sont marquées sur les cartes visuelles, et leur statut peut être vérifié via les NOTAM.

Les désignations de statut RA conditionnel indiquent la probabilité d'obtenir l'autorisation de traverser l'espace aérien restreint, offrant des conseils sur la planification du vol. Cependant, en cas d'urgence déclarée, des efforts seront déployés pour obtenir l'approbation pour le transit, quel que soit le statut conditionnel.

Pour obtenir l'autorisation de zones restreintes, une procédure similaire à l'accès à l'autorisation de l'espace aérien de classe C civile est suivie, y compris en contactant la fréquence appropriée selon l'ERSA. En cas de doute concernant le statut de l'espace aérien restreint, il est recommandé de supposer RA3 et d'éviter la zone.

En cas d'incertitude concernant le statut de tout espace aérien le long de votre route prévue, il est conseillé de demander des éclaircissements. De plus, mener un briefing pré-vol complet, y compris la récupération de tous les NOTAM pertinents, garantit une préparation de vol complète.

Risques pour les RPA

Les RPA peuvent rencontrer divers risques, comme indiqué dans le Concept opérationnel de gestion du trafic aérien mondial (Doc 9854), qui souligne l'importance de réduire les risques de collision à un niveau acceptable. Ces risques comprennent d'autres aéronefs, le relief, les phénomènes météorologiques, la turbulence de sillage, les activités d'espace aérien incompatibles et, lorsqu'elles sont au sol, les véhicules terrestres et autres obstacles sur les aires de manœuvre et de stationnement. Selon le Doc 9854, un risque est défini comme un objet ou une condition pouvant provoquer un accident ou un incident.

Il est crucial de reconnaître que tandis que la gravité du risque d'un danger peut être mineure pour une RPA, elle peut différer considérablement pour un aéronef piloté confronté au même danger dans le même espace aérien, et vice versa. Par conséquent, des analyses de risque distinctes peuvent être nécessaires pour les aéronefs pilotés et les aéronefs sans pilote rencontrant le même danger. Des stratégies d'atténuation adaptées aux RPAS sont essentielles pour leur intégration complète dans l'espace aérien non ségrégué et les aérodromes. Alors que la gestion du trafic aérien aide à atténuer certains risques pour les RPAS, tels que l'activité d'espace aérien incompatible, des mesures supplémentaires, telles que les capacités DAA ou les procédures opérationnelles, sont nécessaires pour traiter des risques tels que le trafic conflictuel, le relief, les conditions météorologiques défavorables, les opérations au sol et d'autres risques aériens tels que la turbulence de sillage, les cisaillements du vent, les oiseaux ou les cendres volcaniques.

Les RPAS doivent respecter les réglementations de l'espace aérien, les procédures et les normes de sécurité établies par l'État et/ou l'ANSP. Selon l'environnement d'exploitation spécifique et les conditions de vol, une ou plusieurs capacités DAA peuvent être nécessaires pour atténuer efficacement les risques. Par exemple, si une RPA opère dans un espace aérien ségrégué ou seulement par temps clair, certaines capacités DAA peuvent ne pas être nécessaires. Cependant, si les RPAS sont susceptibles de rencontrer ces risques, des systèmes et des procédures appropriés doivent être mis en place pour fournir des capacités DAA adéquates pour chaque risque spécifique.

De plus, les RPAS peuvent détecter les risques, y compris le trafic conflictuel, en utilisant à la fois des technologies optiques et non optiques. Les techniques optiques, telles que la vidéo, le LIDAR et l'imagerie thermique, reposent sur un rayonnement électromagnétique visible et quasi visible, tandis que les techniques non optiques, comme le radar primaire, le SSR, l'ADS-B et la multilatération, utilisent principalement un rayonnement électromagnétique en radiofréquence et sont moins dépendantes des conditions météorologiques.

Vecteurs et triangle du vent

Le reckoning mort implique de naviguer uniquement sur la base de calculs dérivés du temps, de la vitesse de l'air, de la distance et de la direction. Sauf pour les vols océaniques, le reckoning mort est généralement utilisé en conjonction avec le pilotage pour les vols transversaux. Le cap et la vitesse sol, initialement calculés avant le vol, sont continuellement surveillés et ajustés en fonction des observations de pilotage aux points de contrôle.

L'Impact du Vent : L'influence du vent sur notre voyage est un aspect critique de la navigation. Le vent, une masse d'air en mouvement à la surface de la Terre, affecte le mouvement des aéronefs de manière similaire à la manière dont il affecte d'autres objets de notre vie quotidienne, tels que les arbres, la poussière, les ballons et les nuages. Comme une grande partie de la navigation aérienne est adaptée de la navigation maritime, comprendre l'impact du vent sur les voyages aériens peut être illustré en le comparant au voyage en mer.

Imaginez un bateau partant du point A et se dirigeant vers le point B. Si le courant d'eau coule de gauche à droite, le bateau dérivera vers la droite, ce qui pourrait le faire atteindre le point C au lieu du point B.

En aviation, le vent joue un rôle similaire, faisant dévier les aéronefs de leur trajectoire prévue. Lorsque le vent souffle de côté (vent de travers), il affecte la trajectoire de l'aéronef, le faisant dériver. Même si l'aéronef est dirigé directement vers sa destination (cap), il peut toujours dévier de sa trajectoire (route) en raison du vent.

Le vent peut également être de face (vent de face) ou de dos (vent arrière). Par exemple, si un aéronef vole vers le nord avec une vitesse de l'air vraie de 120 nœuds et rencontre un vent de face de 20 nœuds, sa vitesse sol diminuera à 100 nœuds. En revanche, lors de la jambe de retour vers le sud, avec la même vitesse et direction du vent, l'aéronef subira un vent arrière, ce qui entraînera une augmentation de la vitesse sol à 140 nœuds.

Comprendre la Dérive : La dérive fait référence à l'écart entre le cap d'un aéronef et la route qu'il suit, causé par le vent. Si le vent pousse la route de l'aéronef vers la droite de son cap, il y a une dérive droite, et vice versa. Un moyen simple de déterminer la direction de la dérive est de comparer la route au cap : si la route est à droite du cap, il y a une dérive droite, et si elle est à gauche, il y a une dérive gauche. Les vecteurs et le triangle du vent jouent un rôle crucial dans la compréhension de la navigation des aéronefs et des effets du vent sur les trajectoires de vol. Plongeons dans l'explication détaillée :

Vecteurs de Vitesse : Lorsqu'un aéronef est en vol, son mouvement est influencé à la fois par sa propre vitesse et par la vitesse du vent. Ces deux vitesses sont des quantités vectorielles, ce qui signifie qu'elles ont à la fois une magnitude (vitesse) et une direction. En ajoutant ces vitesses ensemble, nous pouvons déterminer le vecteur résultant représentant la vitesse sol de l'aéronef et sa trajectoire sur le sol. Cela est couramment représenté en utilisant des lignes fléchées à l'échelle pour représenter chaque quantité vectorielle. Les longueurs de ces lignes représentent la magnitude (vitesse) de chaque vecteur, et leurs emplacements indiquent les points d'application et les directions de mouvement. Le vecteur résultant représente la trajectoire de l'aéronef sur le sol et sa vitesse sol.

Par exemple, si un aéronef quitte le point de passage Alpha pour le point de passage Beta tout en maintenant un certain cap, la vitesse du vent à l'altitude de croisière affectera sa position par rapport à la trajectoire prévue. La dérive résultante par rapport à la trajectoire prévue est déterminée en tenant compte à la fois de la vitesse de l'aéronef et de la vitesse du vent.

Le Triangle du Vent : Pour naviguer avec précision d'un point à un autre tout en compensant l'effet du vent, nous devons calculer à la fois la vitesse du vent attendue et le cap requis pour contrer ses effets. Dans le triangle du vent, nous avons trois vecteurs : le vecteur du vent, le vecteur de l'air (ou du cap) et le vecteur au sol. Cependant, nous connaissons souvent seulement le vecteur du vent et une partie soit du vecteur de l'air, soit du vecteur au sol.

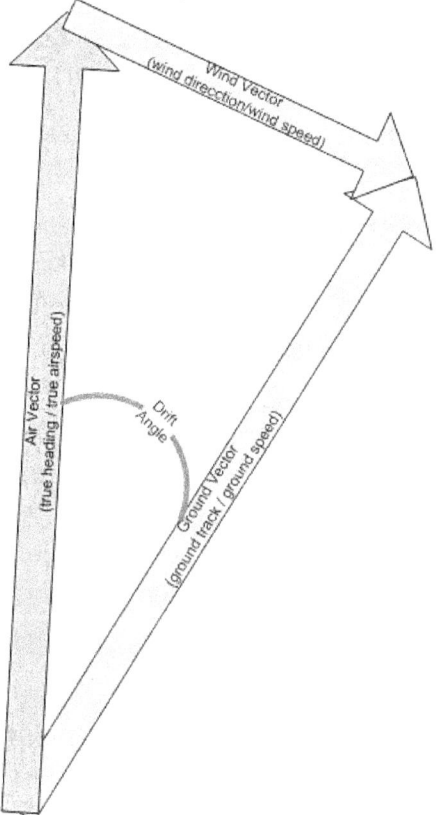

Figure 102: Diagramme vectoriel du triangle du vent, montrant la relation entre le vecteur de l'air, le vecteur du vent et le vecteur au sol. Aarky~commonswiki, Domaine public, via Wikimedia Commons.

Pour déterminer le cap et la vitesse sol, nous pouvons tracer des vecteurs à l'échelle sur du papier. Cela implique de marquer des points de passage, d'utiliser des rapporteurs pour mesurer les relèvements, de tracer des lignes pour représenter la direction et l'amplitude du vent, et d'utiliser des compas ou des règles pour mesurer les distances. En reliant ces vecteurs, nous pouvons trouver le cap et la vitesse sol nécessaires pour que l'avion atteigne sa destination.

De plus, nous pouvons estimer ces valeurs en utilisant la règle du 1 pour 60 ou des tables, qui fournissent des raccourcis pour les calculs mentaux. Ces méthodes consistent à approximer l'angle de correction du vent et la vitesse sol en fonction de l'angle relatif du vent par rapport à la route et de la vitesse air de l'avion.

Relations trigonométriques : Comprendre les relations trigonométriques telles que le sinus et le cosinus aide à estimer les composantes vent de travers et vent de face/vent arrière de la vitesse du vent. En appliquant ces relations, nous pouvons approximer les effets du vent sur le mouvement de l'avion sans avoir besoin de calculs complexes.

Calculatrices de navigation : Les règles à calcul circulaires et les calculatrices E-6B sont des outils utilisés pour la planification de vol et les calculs de navigation. Ces instruments fournissent des solutions pour le problème du triangle du vent, permettant aux pilotes de déterminer les caps, les vitesses sol et les angles de correction du vent. Alors que les règles à calcul circulaires traditionnelles offrent une solution tangible, les versions électroniques modernes offrent praticité et précision sous une forme compacte.

Naviguer à travers le vent implique de comprendre l'interaction entre la vitesse du vent et le mouvement de l'avion. La méthode du Triangle du Vent permet aux pilotes de calculer les ajustements nécessaires au cap et à la vitesse sol pour compenser les effets du vent. Voici une explication détaillée de la manière d'effectuer ces calculs :

- Comprendre le Triangle du Vent : Le Triangle du Vent est une représentation graphique utilisée pour résoudre les problèmes de navigation impliquant le vent. Il se compose de trois vecteurs :

  - Vecteur du Vent : Représente la vitesse et la direction du vent.

  - Vecteur de l'Air (ou du Cap) : Représente la vitesse et la direction de l'avion par rapport à la masse d'air.

  - Vecteur Sol : Représente la vitesse et la direction de l'avion par rapport au sol.

- Rassembler les Informations : Avant de tracer le Triangle du Vent, vous devez recueillir des informations sur la vitesse du vent et la vitesse air (TAS) de l'avion. Ces informations sont généralement obtenues à partir des prévisions météorologiques et des cartes de performances de l'avion.

- Tracer des Vecteurs à l'Échelle : Pour commencer à tracer le Triangle du Vent, marquez les points de passage du trajet sur une feuille de papier. Utilisez un rapporteur pour mesurer les relèvements entre les points de passage. Ensuite, tracez des lignes pour représenter la direction et l'amplitude du vent par rapport aux points de passage.

- Vecteur du Vent : Commencez par tracer le vecteur du vent en utilisant la direction et la vitesse du vent données. Utilisez des flèches pour indiquer la direction du vent et mettez à l'échelle la longueur du vecteur en fonction de la vitesse du vent.

- Vecteur de l'Air : Si la vitesse air (TAS) est connue, utilisez des compas ou des règles pour mesurer la distance représentant la TAS le long de la route prévue à partir du point de départ. Marquez ce point comme étant l'extrémité du vecteur de l'air.

- Connecter les Vecteurs : Reliez les extrémités du vecteur du vent et du vecteur de l'air avec une ligne droite. Cette ligne représente la vitesse et la direction de l'avion par rapport au sol.

- Déterminer le Cap et la Vitesse Sol : Le cap nécessaire pour compenser l'effet du vent est l'angle entre le vecteur de l'air et le vecteur sol. Mesurez cet angle à l'aide d'un rapporteur, cela donne le cap nécessaire pour atteindre la destination. La longueur du vecteur sol représente la vitesse sol nécessaire pour atteindre la destination.

- Méthodes Alternatives : Si vous préférez des estimations plus rapides, vous pouvez utiliser la règle du 1 pour 60 ou des tables. Ces méthodes consistent à estimer l'angle de correction du vent (WCA) et la vitesse sol en fonction de l'angle relatif du vent par rapport à la route et de la vitesse air (TAS) de l'avion. La règle du 1 pour 60 est particulièrement utile pour les calculs mentaux, fournissant une estimation approximative du WCA en fonction de l'angle du vent par rapport à la route.

Maîtriser la méthode du Triangle du Vent permet aux pilotes de naviguer avec précision à travers des conditions de vent variables en calculant les ajustements nécessaires au cap et à la vitesse sol. Que vous traciez des vecteurs sur papier ou que vous utilisiez des méthodes abrégées comme la règle du 1 pour 60, comprendre le Triangle du Vent est essentiel pour une navigation aérienne sûre et efficace.

En général, les pilotes ne dessinent pas le triangle du vent à l'échelle sur du papier millimétré, mais utilisent un ordinateur de navigation analogique pour le résoudre. Cependant, l'ordinateur de navigation génère essentiellement un dessin à l'échelle du triangle des vitesses. Considérer une échelle pratique pour la représentation de la vitesse est essentiel si l'on n'utilise pas l'ordinateur de navigation, car cela permet de dessiner le triangle sur une feuille de papier gérable. L'échelle choisie peut varier ; par exemple, un pouce pourrait représenter un nœud ou un centimètre pourrait équivaloir à un nœud.

Supposons que nous volions avec une vitesse air réelle (TAS) de 100 nœuds et une direction nord (000 degrés). Le vent observé vient de 240 degrés avec une vitesse de 30 nœuds. En utilisant le triangle du vent, nous pouvons déterminer notre cap et notre vitesse sol [66].

Étape 1 : Sur une feuille de papier, de préférence du papier millimétré, dessinez le vecteur de l'air. Il devrait avoir une direction de 000 degrés et une longueur de vecteur équivalente à 100 nœuds (disons, 100 mm).

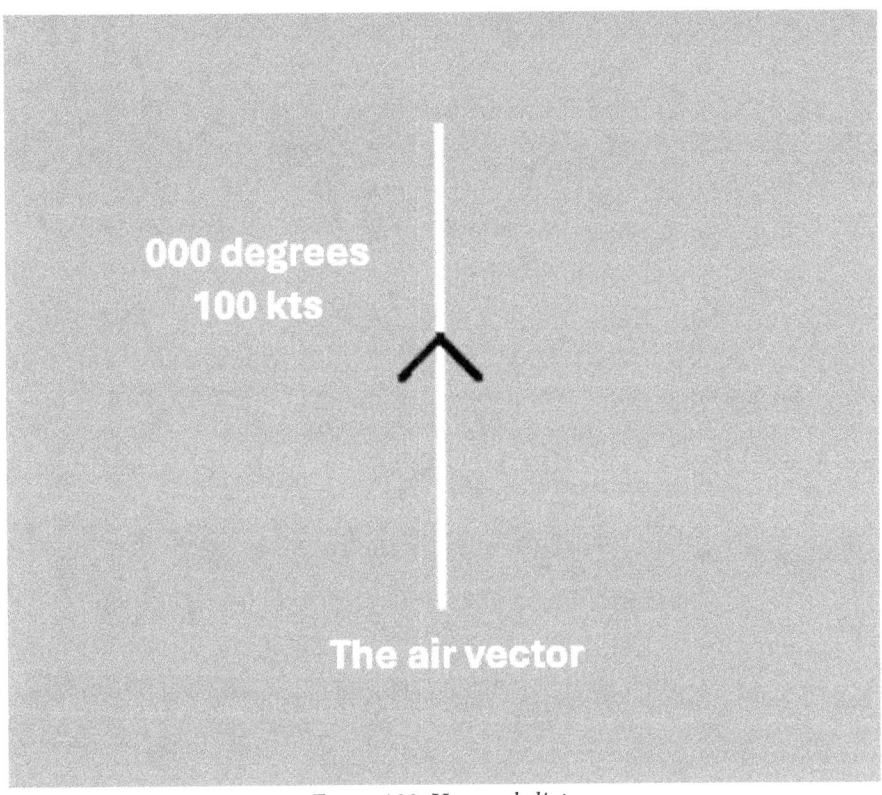

Figure 103 : Vecteur de l'air.

Étape 2 : Dessinez le vecteur du vent. La direction du vent est de 240 degrés. En utilisant les mêmes unités proportionnelles à 100 nœuds TAS (100 mm), dessinez la longueur du vecteur du vent (30 mm).

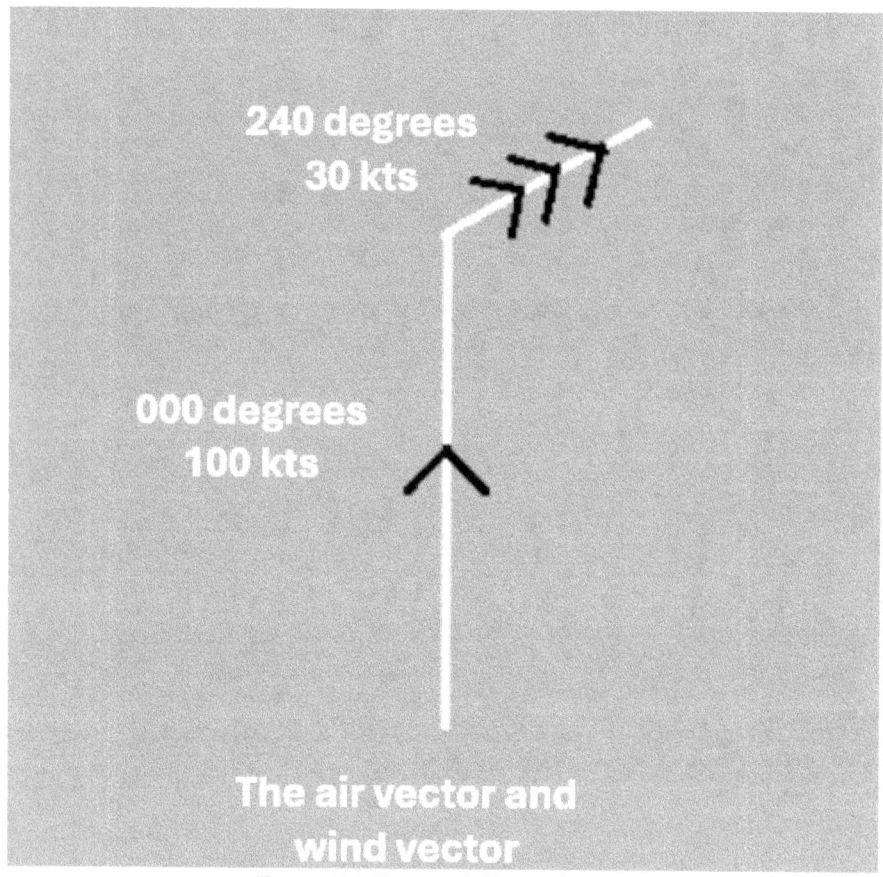

Figure 104: Vecteurs de l'air et du vent.

Étape 3 : Reliez le vecteur de l'air et le vecteur du vent pour obtenir le vecteur au sol, qui fournira la trajectoire et la vitesse au sol résultantes.

DRONE OPERATIONS 515

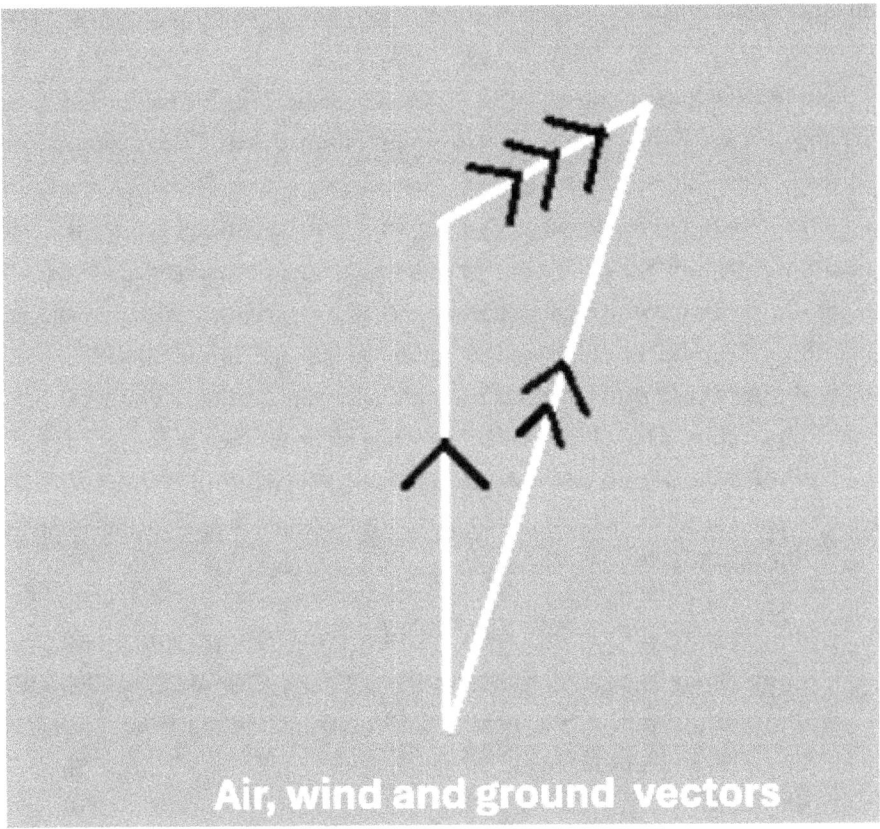

Figure 105: Vecteurs de l'air, du vent et du sol.

Lorsque cela est fait sur votre papier millimétré, mesurer la trajectoire avec un rapporteur donnera approximativement 012°, et mesurer la longueur du vecteur au sol donnera une longueur équivalente à environ 118 nœuds (118 mm).

Navigation des drones

Maîtriser les différents modes de vol offerts par votre drone est un aspect crucial de la navigation. Typiquement, les drones disposent de plusieurs modes de vol, comprenant les modes GPS, sport et manuel. Le mode GPS utilise le GPS pour maintenir la position et l'altitude, le rendant idéal pour les pilotes novices. Le mode sport améliore l'agilité et la vitesse, tandis que le mode manuel accorde un contrôle total sur les mouvements du drone. Comprendre les distinctions entre ces modes et savoir quand les appliquer est essentiel.

Pour les débutants, maintenir un contact visuel avec le drone est inestimable. Cela implique de s'assurer que le drone reste dans votre champ de vision direct tout au long du vol, facilitant un meilleur contrôle et l'évitement des risques. De plus, être attentif aux conditions météorologiques est vital. Les vents forts, la pluie ou la neige peuvent affecter négativement la stabilité et les performances du drone, nécessitant de la prudence pendant le vol. Les drones naviguent grâce à une combinaison de différentes technologies et méthodes, selon leur niveau de sophistication et les exigences de leur mission.

- Suivi visuel : Pour les drones basiques sans automatisation, les pilotes se fient au suivi visuel pour déterminer la position et l'orientation du drone. Cela peut se faire visuellement depuis le sol, avec la position relative du pilote servant de point de référence. Les drones équipés de caméras embarquées transmettent des données visuelles à l'écran du pilote, aidant à la navigation.

- Récepteurs GPS/GNSS : Les drones avancés utilisent des récepteurs GPS (Système de Positionnement Global) ou GNSS (Système de Navigation Global par Satellite) pour des fonctionnalités de navigation plus intelligentes. Ces fonctionnalités comprennent :

  - Maintien de position : Permettant au drone de maintenir un emplacement fixe à une altitude définie.

  - Navigation retour à la maison : Le drone revient automatiquement à son lieu de décollage d'une simple pression sur un bouton.

  - Vol autonome : Les trajectoires de vol sont prédéterminées en fonction des waypoints GPS/GNSS, que le drone suit à l'aide de fonctions d'autopilote.

- Navigation par satellite (GNSS) : Le GNSS englobe plusieurs constellations de satellites, dont GPS, GLONASS, Galileo et BeiDou. En recevant des informations de synchronisation des satellites en orbite, un récepteur GNSS peut calculer des positions sur la surface de la Terre, permettant la navigation en temps réel du drone.

- Navigation inertielle : Dans des environnements où les signaux satellites peuvent être obstrués, comme les vallées ou les zones urbaines avec des bâtiments élevés, la navigation inertielle entre en jeu. Les unités de mesure inertielle (IMU), composées de gyroscopes, accéléromètres, et parfois de MEMS (Microsystèmes électromécaniques), fournissent des données sur l'accélération linéaire et les mesures de tangage, de roulis et de lacet. Le contrôleur de vol embarqué utilise ces données pour fournir des informations de navigation et assurer des capacités de vol fluides. Cependant, les capteurs inertiels accumulent des erreurs au fil du temps. Pour remédier à cela, les systèmes de navigation satellite/inertielle intégrés utilisent des algorithmes de fusion de données comme le filtre de Kalman pour combiner les mesures inertielles avec les estimations de position du système satellitaire pour une navigation plus précise dans le temps.

Naviguer avec un drone implique plusieurs étapes et considérations, selon des facteurs tels que les capacités du drone, les exigences de la mission et l'environnement dans lequel il opère. Voici un guide général sur la façon de naviguer efficacement avec un drone :

- Planification pré-vol :

  - Objectifs de la mission : Définissez clairement le but du vol du drone, y compris des tâches telles que la photographie aérienne, la surveillance, la cartographie ou l'inspection.

  - Évaluation de la zone de vol : Évaluez l'espace aérien et le terrain où le drone va opérer. Identifiez les éventuels dangers, obstacles ou zones restreintes.

  - Vérification météo : Consultez les conditions météorologiques, y compris la vitesse et la direction du vent, la température, les précipitations et la visibilité. Assurez-vous que les conditions météorologiques sont propices à une opération sûre du drone.

- Préparation :

  - Vérification des systèmes du drone : Inspectez le drone, y compris le châssis, les hélices, les moteurs, les batteries et les capteurs, pour vous assurer que tous les composants fonctionnent correctement.

  - Gestion des batteries : Chargez complètement les batteries du drone et emportez des batteries de rechange si nécessaire pour prolonger le temps de vol.

- Équipement de vol : Préparez le matériel nécessaire tel que la télécommande, le smartphone ou la tablette pour la FPV (vue à la première personne), et tout accessoire supplémentaire comme les tapis d'atterrissage ou les protections d'hélice.

- Méthodes de navigation :

  - Contrôle manuel : Pour les drones sans fonctionnalités de navigation autonomes, contrôlez manuellement le drone à l'aide de la télécommande, en ajustant les gaz, le tangage, le roulis et le lacet pour manœuvrer l'aéronef.

  - Navigation autonome : Utilisez les fonctionnalités basées sur le GPS/GNSS telles que le maintien de position, le retour à la maison ou la navigation par waypoints pour des trajectoires de vol automatisées. Programmez les waypoints ou les paramètres de vol avant le décollage à l'aide du logiciel ou de l'application du drone.

- Exécution du vol :

  - Décollage : Lancez le drone depuis une zone plate et dégagée, loin des obstacles et des personnes. Montez à une altitude sûre avant de poursuivre la mission.

  - Surveillance de la navigation : Surveillez en continu la position, l'orientation et les paramètres de vol du drone pendant la mission. Utilisez l'observation visuelle et les données de télémétrie de la télécommande ou des capteurs embarqués.

  - Évitement des obstacles : Maintenez une conscience de la situation pour éviter les collisions avec les obstacles, les bâtiments ou les autres aéronefs. Si équipé, utilisez les capteurs ou les fonctionnalités d'évitement des obstacles pour détecter et contourner les obstacles.

  - Ajustements en temps réel : Effectuez les ajustements nécessaires à la trajectoire de vol, à l'altitude, à la vitesse ou au cap du drone en fonction des conditions environnementales changeantes ou des exigences de la mission.

- Procédures post-vol :

- Atterrissage : Guidez le drone en toute sécurité vers le sol à la zone d'atterrissage désignée. Utilisez des procédures d'atterrissage manuelles ou automatisées, en fonction des capacités du drone.

- Récupération des données : Récupérez toutes les données ou les images capturées pendant le vol, le cas échéant. Transférez les données de stockage embarquées ou des cartes mémoire vers un ordinateur ou un périphérique de stockage pour analyse ou traitement ultérieur.

- Maintenance du drone : Effectuez des vérifications et des tâches de maintenance après le vol, telles que le retrait et le stockage des batteries, l'inspection des hélices et le nettoyage, pour vous assurer que le drone est prêt pour les prochains vols.

Le contrôle manuel d'un drone implique de piloter l'aéronef à l'aide d'une télécommande (également appelée émetteur) sans recourir aux fonctionnalités de navigation autonomes. Voici une explication détaillée sur la manière de contrôler manuellement un drone :

- Comprendre la télécommande :

  - Familiarisez-vous avec la disposition et les fonctions de la télécommande. Elle se compose généralement de deux manettes de contrôle, de boutons, de commutateurs et éventuellement d'un écran pour les données de télémétrie.

  - Les manettes de contrôle sont généralement à ressort et reviennent à une position centrale lorsqu'elles sont relâchées. Elles contrôlent le mouvement du drone le long des différents axes.

- Contrôle des gaz :

  - La manette des gaz, généralement située du côté gauche de la télécommande, contrôle l'altitude ou le mouvement vertical du drone.

  - Pousser la manette des gaz vers le haut augmente les gaz du drone, le faisant monter. Tirer la manette vers le bas diminue les gaz, faisant descendre le drone.

  - Ajustez progressivement les gaz pour obtenir des montées et des descentes douces, en évitant les changements brusques d'altitude.

- Contrôle de l'inclinaison et du roulis :
    - La manette de contrôle droite, souvent située à droite de la manette des gaz, contrôle le mouvement avant/arrière (inclinaison) et latéral (roulis) du drone.
    - Pousser la manette vers l'avant incline le drone vers l'avant, le faisant avancer. Tirer la manette vers l'arrière incline le drone vers l'arrière, le faisant reculer.
    - De même, pousser la manette vers la gauche ou la droite incline le drone vers la gauche ou la droite, respectivement, le faisant rouler dans cette direction.

- Contrôle de la direction :
    - Le contrôle de la direction fait référence à la rotation du drone autour de son axe vertical, lui permettant de tourner à gauche ou à droite.
    - Généralement contrôlé en faisant pivoter la manette de contrôle gauche (souvent appelée manette de direction) vers la gauche ou la droite.
    - Tourner la manette dans le sens antihoraire (vers la gauche) fait tourner le drone vers la gauche, tandis que la tourner dans le sens horaire (vers la droite) fait tourner le drone vers la droite.

- Coordination des mouvements :
    - Coordonnez les entrées de gaz, d'inclinaison, de roulis et de direction pour réaliser les manœuvres de vol souhaitées.
    - Par exemple, pour effectuer une montée douce tout en avançant, augmentez simultanément les gaz et poussez la manette droite vers l'avant pour incliner le drone vers l'avant.

- Pratique et précision :
    - Entraînez-vous à piloter le drone dans des espaces ouverts avec suffisamment d'espace pour manœuvrer en toute sécurité.

- Commencez par des mouvements de base tels que le stationnaire, la montée, la descente, le vol avant/arrière et les virages.

- Augmentez progressivement la complexité des manœuvres à mesure que vous vous familiarisez avec les commandes.

- Considérations de sécurité :

  - Maintenez toujours le contact visuel avec le drone et évitez de voler près des personnes, des bâtiments ou d'autres obstacles.

  - Soyez attentif aux conditions météorologiques, en particulier la vitesse et la direction du vent, qui peuvent affecter la stabilité et le contrôle du drone.

La navigation autonome permet aux drones de voler selon des itinéraires prédéterminés ou d'effectuer des tâches spécifiques sans un contrôle manuel continu de l'opérateur. Cela est réalisé grâce à des fonctionnalités basées sur le GPS/GNSS et des modes de vol fournis par le logiciel ou l'application du drone. Voici une explication détaillée sur la manière d'utiliser les fonctionnalités de navigation autonome :

- Comprendre le GPS/GNSS :

  - Le système de positionnement global (GPS) ou le système de navigation par satellite (GNSS) fournit des informations de positionnement précises en recevant des signaux des satellites orbitant autour de la Terre.

  - Les drones équipés de récepteurs GPS/GNSS utilisent ces données pour déterminer leur emplacement précis, leur altitude et leur vitesse.

- Fonctionnalités autonomes disponibles :

  - Stabilisation de la position : Permet au drone de maintenir une position fixe dans l'espace en ajustant continuellement ses commandes de vol en fonction des données GPS.

  - Retour à la maison (RTH) : Oriente automatiquement le drone pour retourner à son point de décollage ou à un emplacement domestique désigné lorsqu'il est déclenché par le pilote ou dans certaines conditions telles qu'une batterie faible ou une perte de signal.

- Navigation par waypoints : Permet au drone de suivre une séquence prédéfinie de coordonnées GPS (waypoints) pour exécuter un chemin de vol spécifique de manière autonome.

- Préparation au vol autonome :

  - Assurez-vous que le système GPS/GNSS du drone est activé et a acquis un nombre suffisant de signaux satellites pour un positionnement précis.

  - Utilisez le logiciel ou l'application du drone pour accéder aux fonctionnalités de navigation autonome et configurer les paramètres de vol.

- Programmation des waypoints :

  - Sélectionnez les waypoints désirés sur la carte affichée dans le logiciel ou l'application du drone.

  - Définissez l'altitude, la vitesse et d'autres paramètres pour chaque waypoint, en spécifiant les actions ou manœuvres nécessaires.

  - Revoyez le trajet de vol planifié pour vous assurer qu'il évite les obstacles, les zones restreintes et autres dangers potentiels.

- Activation du mode autonome :

  - Une fois le plan de vol programmé et vérifié, activez le mode autonome ou le mode de vol sur la télécommande ou l'application du drone.

  - Selon le modèle de drone, cela peut impliquer de sélectionner la fonction autonome spécifique (par exemple, stabilisation de la position, retour à la maison ou navigation par waypoints) à partir d'un menu ou de passer en mode de vol autonome.

- Surveillance de la progression du vol :

  - Surveillez l'état de vol du drone, sa position et ses données de télémétrie affichées sur la télécommande ou l'application.

  - Soyez attentif à tout changement ou avertissement inattendu, et soyez prêt à intervenir manuellement si nécessaire.

- Analyse post-vol :

  ○ Après avoir terminé la mission de vol autonome, passez en revue les données de vol enregistrées et analysez les problèmes ou déviations par rapport au trajet prévu.

  ○ Apportez les ajustements nécessaires pour améliorer les futurs vols autonomes, tels que le raffinement des emplacements des waypoints ou l'ajustement des paramètres de vol.

L'utilisation de cartes pour la navigation des drones est un aspect crucial pour garantir des opérations de vol sûres et efficaces. Le processus implique plusieurs étapes méticuleuses visant à maximiser la conscience de la situation et la planification. Voici un déroulé détaillé de l'utilisation efficace des cartes pour la navigation des drones :

Tout d'abord, choisir une application de cartographie adaptée pose les bases d'une navigation réussie. Il est essentiel d'opter pour une application ou un logiciel fiable offrant des cartes détaillées, des images satellites et des fonctionnalités adaptées à la navigation des drones. Parmi les options populaires, on trouve Google Maps, DroneDeploy et DJI Fly, chacun offrant des fonctionnalités uniques pour soutenir les opérations de drone.

La planification pré-vol est une phase cruciale où l'itinéraire de vol est méticuleusement tracé à l'aide de l'application choisie. Les opérateurs doivent identifier les points d'intérêt clés, placer stratégiquement les waypoints et évaluer les obstacles ou les dangers potentiels le long de l'itinéraire prévu. Des facteurs tels que les restrictions d'espace aérien, l'élévation du terrain, les conditions météorologiques et les structures voisines doivent être soigneusement pris en compte pour garantir un vol sûr et efficace.

L'accès aux données cartographiques est impératif pour la navigation en temps réel. Les opérateurs doivent ouvrir l'application de cartographie sélectionnée sur un appareil compatible, tel qu'un smartphone ou une tablette, en veillant à une connexion internet stable ou au téléchargement préalable des données cartographiques pour une utilisation hors ligne, notamment dans les zones reculées avec une connectivité limitée.

Explorer les différentes couches de carte disponibles dans l'application offre aux opérateurs des informations complètes sur l'environnement de vol et les caractéristiques du terrain. Des cartes routières aux images satellites, en passant par les cartes topographiques et les modèles d'élévation du terrain, ajuster les couches de carte selon les besoins améliore la conscience de la situation et facilite la planification efficace de l'itinéraire.

Le placement de waypoints le long du trajet de vol prévu guide le drone le long de l'itinéraire désiré, garantissant une couverture suffisante de la zone d'intérêt. Les opérateurs utilisent l'application de cartographie pour placer stratégiquement les waypoints, en tenant compte de facteurs tels que les caractéristiques du terrain, les repères et les objectifs de la mission.

La revue des informations sur l'espace aérien fournies par l'application de cartographie est cruciale pour identifier les zones restreintes, les zones interdites de vol ou les réglementations de l'espace aérien à proximité. Les opérateurs doivent s'assurer de la conformité aux réglementations des autorités de l'aviation locales et obtenir les autorisations ou les autorisations nécessaires pour les opérations de drone dans l'espace aérien contrôlé.

L'utilisation des outils de navigation disponibles dans l'application de cartographie, tels que les outils de mesure de distance, la boussole et les coordonnées GPS, améliore la précision de la navigation et aide à estimer les distances et à maintenir l'orientation pendant le vol.

Pendant le vol, les opérateurs utilisent l'application de cartographie pour surveiller en temps réel la position du drone, son altitude, sa vitesse et ses données de télémétrie. Rester vigilant pour tout écart par rapport à l'itinéraire prévu, les obstacles imprévus ou les changements des conditions météorologiques garantit des opérations de vol sûres et réussies.

Après avoir terminé la mission de vol, les opérateurs effectuent une analyse post-vol en utilisant les données de vol enregistrées, y compris les journaux de vol et les pistes GPS, dans l'application de cartographie. L'analyse des performances de vol, l'évaluation de la précision de l'itinéraire prévu et l'identification des domaines à améliorer dans les vols futurs contribuent à un perfectionnement continu des techniques et des procédures de navigation des drones.

Systèmes mondiaux de navigation par satellite (GNSS)

Le système mondial de navigation par satellite (GNSS) joue un rôle vital en permettant aux pilotes de drone de naviguer avec précision et efficacité leurs véhicules aériens sans pilote (UAV). Voici comment les pilotes de drone utilisent le GNSS pour la navigation :

1. Positionnement : Le GNSS fournit des informations de positionnement tridimensionnelles précises aux pilotes de drone en recevant des signaux des satellites en orbite autour de la Terre. Cela permet aux pilotes de déterminer la latitude, la longitude et l'altitude exactes de l'emplacement de leur drone, leur permettant d'établir sa position sur une carte.

2. Navigation par waypoints : Les pilotes de drone peuvent programmer des coordonnées GPS spécifiques, appelées waypoints, dans le système de contrôle de vol de leur UAV avant le décollage. En utilisant le GNSS, le drone peut naviguer de manière autonome le long de trajets de vol prédéfinis, en visitant chaque waypoint programmé en séquence. Cette fonction est particulièrement utile pour réaliser des missions de relevés aériens, de cartographie ou de surveillance.

3. Modes de vol automatisés : De nombreux drones modernes sont équipés de modes de vol autonomes activés par la technologie GNSS. Ces modes comprennent des fonctionnalités telles que le maintien de position, le retour au point de départ et le suivi automatique. En mode de maintien de position, le drone utilise le GNSS pour maintenir sa position par rapport à un point fixe, permettant un maintien stable même par temps venteux. Le mode de retour au point de départ guide automatiquement le drone vers son point de départ s'il perd la connexion avec la télécommande ou rencontre des niveaux de batterie bas.

4. Évitement d'obstacles : Certains drones avancés utilisent les données GNSS en conjonction avec des capteurs embarqués pour détecter et éviter les obstacles en vol. En corrélant les données de position GNSS avec des cartes topographiques ou des bases de données d'obstacles, ces drones peuvent ajuster leurs trajectoires de vol pour éviter les collisions avec des bâtiments, des arbres ou d'autres objets à proximité.

5. Suivi et surveillance en temps réel : Le GNSS permet aux pilotes de drone de surveiller en temps réel la position et la trajectoire de leur UAV à l'aide d'un logiciel de station au sol ou d'applications mobiles. Les pilotes peuvent visualiser la trajectoire de vol du drone sur une carte, suivre sa vitesse, son altitude et l'état de sa batterie, et apporter des ajustements si nécessaire pour garantir un fonctionnement sûr et efficace.

6. Atterrissage de précision : Le GNSS peut faciliter l'atterrissage de précision pour les drones équipés de cette capacité. En exploitant les données de positionnement précises fournies par les satellites GNSS, les drones peuvent exécuter des descentes contrôlées et atterrir précisément sur des zones d'atterrissage prédéfinies ou des stations d'accueil, même dans des environnements difficiles.

Le GNSS, qui englobe des systèmes comme le GPS, le GLONASS, Beidou et Galileo, est un terme global pour les systèmes de navigation par satellite. La navigation implique généralement trois étapes principales : établir la trajectoire souhaitée ou le plan de vol, déterminer la position actuelle par rapport au plan de vol, et exécuter des actions correctives en cas de déviations.

Différents types de systèmes de navigation existent :

- Le pilotage repose sur des références visuelles au sol.

- L'astronavigation implique des mesures angulaires entre les corps célestes et l'horizon visible.

- Le calcul de route utilise des points de contrôle visuels ainsi que des mesures de temps, de vitesse et de cap pour estimer la distance parcourue.

- La navigation inertielle utilise des ordinateurs embarqués pour traiter les données de vitesse, d'attitude et des capteurs de mouvement comme les accéléromètres, les gyroscopes et les magnétomètres pour déterminer la position actuelle à partir d'un point de départ connu.

- La navigation radio applique des fréquences radio pour déterminer la position actuelle, en utilisant des aides comme le GNSS, le VOR, le DME et l'ADF.

La navigation GNSS implique la détermination du temps, de la position et de la vitesse en utilisant plusieurs sous-systèmes GNSS. Elle calcule la position sur la surface de la Terre en mesurant les pseudo-distances à partir d'au moins trois satellites de position connus, un quatrième satellite permettant le calcul de l'altitude. Les récepteurs de navigation par satellite atténuent les erreurs en combinant les signaux de plusieurs satellites et en utilisant des stratégies telles que le filtrage de Kalman pour fusionner les données bruyantes et estimer la position, le temps (UTC) et la vitesse. Les éléments du système GNSS comprennent :

- Une constellation de satellites et des systèmes auxiliaires au sol pour la maintenance.

- Le récepteur GNSS de la plateforme.

- Les systèmes d'augmentation :

  - Les ABAS (Systèmes d'Augmentation Basés sur l'Air), qui utilisent des dispositifs embarqués et des algorithmes spéciaux pour vérifier l'intégrité en traitant les signaux GNSS. RAIM est un système largement utilisé au sein des ABAS, utilisant des signaux GNSS redondants pour l'intégrité et la détection de défauts.

  - Les SBAS (Systèmes d'Augmentation Basés sur Satellite), qui utilisent des stations de référence précisément localisées pour détecter les erreurs, les transférant à un centre informatique et diffusant des corrections via des satellites géostationnaires. Des systèmes comme EGNOS (Europe) et WAAS (USA) compensent les limites du GNSS en termes de précision, d'intégrité, de continuité et de disponibilité.

  - Le GBAS (Système d'Augmentation Basé au Sol), qui diffuse des signaux à partir de stations au sol utilisant des bandes VHF et UHF, principalement utilisé dans les aéroports pour le contrôle du trafic et l'approche finale (LAAS). Le DGPS et le RTK sont considérés comme des types de GBAS.

Fonctionnement sans GPS

Les drones peuvent fonctionner sans GPS grâce à une combinaison de capteurs avancés, offrant une gamme d'avantages dans diverses industries.

Pour naviguer sans GPS, les drones utilisent des capteurs de haute technologie embarqués. Les capteurs optiques servent d'yeux au drone, le stabilisant pendant le vol. Ces capteurs fournissent des données sur l'altitude, l'attitude et la position, permettant au drone de rester en stationnaire et de manœuvrer avec précision, même en l'absence de signaux GPS.

De plus, des capteurs LiDAR peuvent être utilisés pour établir une localisation spatiale en temps réel en utilisant la technologie SLAM, permettant un vol stable et la création de cartes 3D pendant l'opération. En combinant des capteurs visuels et LiDAR, des drones comme l'Elios 3 de Flyability peuvent générer des cartes 2D ou 3D détaillées en volant, particulièrement bénéfique pour les inspections dans des espaces confinés.

Le LiDAR, abréviation de Light Detection and Ranging, fonctionne en émettant des impulsions laser vers un objet, créant une image 3D lors de leur réflexion. Cette technologie, similaire dans son concept à un sonar, est capable de pénétrer la végétation et les débris, ce qui en fait une solution idéale pour les missions de recherche et de sauvetage et diverses autres applications.

Alors que les drones sans GPS étaient initialement difficiles à manipuler, les progrès de la technologie des capteurs les ont rendus indispensables dans certains scénarios. Dans des environnements où les signaux GPS sont peu fiables ou indisponibles, les drones privés de GPS excellent, offrant des capacités de navigation et de collecte de données précises.

Des industries telles que le pétrole et le gaz, la production d'électricité et l'exploitation minière dépendent fortement des drones privés de GPS pour les inspections dans des environnements difficiles. Notamment, ces drones sont cruciaux pour les inspections intérieures de grands équipements tels que les chaudières et les réservoirs de stockage, où les signaux GPS ne peuvent pas pénétrer.

Dans des scénarios tels que les inspections de ponts, la maintenance des éoliennes et les inspections maritimes, où les structures métalliques ou les matériaux denses entravent les signaux GPS, les drones privés de GPS assurent des opérations de vol stables et précises.

De plus, les drones privés de GPS sont inestimables dans les missions de recherche et de sauvetage, où la perte de signal GPS pourrait mettre des vies en danger. En éliminant la dépendance au GPS, ces drones fournissent un service ininterrompu, même dans des zones densément boisées ou des sites de catastrophe avec des signaux GPS obstrués.

Les avantages de l'utilisation de drones privés de GPS sont nombreux. Ils peuvent fonctionner dans n'importe quel environnement, offrant des inspections détaillées grâce à une technologie de capteur avancée. De plus, ils améliorent la sécurité en éloignant les humains des environnements dangereux et en réduisant les temps d'arrêt pour les infrastructures critiques.

Alors que la technologie des capteurs continue d'évoluer, les drones privés de GPS trouveront des applications encore plus larges dans diverses industries, offrant une précision et une efficacité inégalées dans différents scénarios opérationnels.

Conduite de Recherches Aériennes Utilisant des Drones Télépilotés

Les drones de recherche et de sauvetage, également connus sous le nom d'aéronefs sans pilote, sont des outils essentiels utilisés par les intervenants d'urgence, y compris les forces de l'ordre, les pompiers et les équipes de secours bénévoles. Ces drones sont particulièrement précieux pour mener des recherches dans des zones étendues afin de localiser des personnes disparues ou des victimes ayant besoin d'assistance dans divers environnements.

Les véhicules aériens sans pilote (UAV) jouent un rôle crucial en fournissant des informations visuelles en temps réel et des données, notamment après des catastrophes naturelles telles que des tremblements de terre ou des ouragans. Ils servent de systèmes de surveillance aérienne, aidant à la recherche de personnes perdues, même dans des terrains accidentés comme les montagnes.

Lors d'urgences où des vies sont en danger, des informations en temps opportun et des images en direct sont vitales pour la prise de décision par le personnel d'urgence. Les UAV offrent une conscience situationnelle sur de vastes zones rapidement, réduisant au minimum le temps et la main-d'œuvre nécessaires pour localiser et secourir des personnes blessées ou perdues. Cette efficacité réduit considérablement les coûts et les risques associés aux missions de recherche et de sauvetage, améliorant ainsi la sécurité publique.

Les opérations de Recherche et de Sauvetage (SAR) impliquent la localisation et la fourniture d'une assistance vitale aux personnes en détresse et confrontées à un danger imminent. Les efforts de SAR peuvent compléter les autres services d'urgence, notamment dans des environnements difficiles tels que les zones éloignées ou en mer, où les services d'urgence traditionnels peuvent rencontrer des limitations.

Les UAV déployés dans les opérations de SAR ont des applications polyvalentes, notamment :

- Recherche et sauvetage en cas de terrorisme
- Assistance aux réseaux de communication d'urgence
- Surveillance de diverses catastrophes telles que les accidents nucléaires, les incendies, les collisions et les accidents
- Surveillance des catastrophes naturelles telles que les glissements de terrain, les incendies de forêt, les inondations et les tempêtes
- Localisation de personnes disparues
- Réalisation d'opérations de secours post-catastrophe

Figure 108: Un opérateur de drone certifié par la FAA est attaché avec une corde et regarde vers le haut au bord du canyon. Parc national du Grand Canyon, CC BY 2.0, via Wikimedia Commons.

Les drones jouent un rôle vital dans les opérations de recherche et de sauvetage (SAR) en fournissant des capacités précieuses qui améliorent l'efficacité et l'efficience des efforts de recherche. Voici comment les drones sont utilisés dans la recherche et le sauvetage :

1. Surveillance aérienne : Les drones sont équipés de caméras et de capteurs qui fournissent des images aériennes en temps réel et des séquences vidéo. Cela permet aux équipes de recherche de couvrir rapidement et efficacement de vastes zones, en balayant des terrains difficiles d'accès tels que les forêts, les montagnes ou les zones sinistrées par des catastrophes.

2. Déploiement rapide : Les drones peuvent être déployés rapidement, permettant aux équipes de recherche de commencer les opérations immédiatement après avoir reçu un appel de détresse ou lorsqu'une urgence survient. Ce temps de réponse rapide peut être crucial dans des situations où chaque minute compte, comme la localisation de personnes disparues ou l'évaluation de l'ampleur d'une catastrophe naturelle.

3. Télédétection : Les drones peuvent transporter des capteurs spécialisés tels que des caméras d'imagerie thermique ou des caméras multispectrales, qui peuvent détecter les signatures thermiques, la chaleur corporelle ou d'autres anomalies pouvant indiquer la présence de survivants ou de personnes en détresse, même dans des conditions de faible luminosité ou de végétation dense.

4. Optimisation des motifs de recherche : Les drones peuvent être programmés pour voler selon des motifs de recherche prédéfinis, couvrant systématiquement et minutieusement des zones désignées. Cela aide les équipes de recherche à éviter la duplication des efforts et garantit que aucune zone n'est négligée lors de l'opération de recherche.

5. Accès aux zones inaccessibles : Les drones peuvent accéder à des zones difficiles ou dangereuses pour les équipes de recherche humaines, telles que des falaises abruptes, des forêts denses ou des zones affectées par des catastrophes naturelles. Cette capacité permet aux drones de rechercher des zones qui seraient autrement inaccessibles, augmentant ainsi les chances de localiser des personnes disparues ou des survivants.

6. Conscience situationnelle : Les drones fournissent aux équipes de recherche une conscience situationnelle en temps réel, leur permettant d'évaluer les conditions sur le terrain, d'identifier les dangers potentiels et de coordonner plus efficacement les efforts de sauvetage. Cette information aide les décideurs à prioriser les ressources et à les allouer là où elles sont le plus nécessaires.

7. Relais de communication : Les drones équipés d'équipements de communication peuvent servir de relais entre les équipes de recherche sur le terrain et les centres de commandement, fournissant un lien de communication fiable dans des zones éloignées ou touchées par des catastrophes où l'infrastructure de communication traditionnelle peut être perturbée.

Dans l'ensemble, les drones sont des outils précieux dans les opérations de recherche et de sauvetage, fournissant aux équipes de recherche des capacités améliorées, une meilleure conscience situationnelle et une efficacité accrue, contribuant finalement à sauver des vies en cas d'urgence et de catastrophe.

Communications en SAR

L'utilisation des fréquences dans les opérations de recherche et de sauvetage (SAR) est essentielle pour une communication et une coordination efficaces lors d'urgences. Le trafic de détresse englobe tous les messages liés à l'assistance immédiate requise par des individus, des aéronefs ou des navires en détresse. Cela inclut les communications SAR et les communications sur le lieu de l'incident.

Les appels de détresse ont une priorité absolue sur toutes les autres transmissions. Dès réception d'un appel de détresse, toutes les autres transmissions sur la fréquence doivent cesser immédiatement pour éviter toute interférence avec l'appel de détresse. Certaines fréquences sont désignées comme protégées, ce qui signifie qu'elles sont exclusivement réservées aux communications de détresse et de sécurité [67]. Le personnel SAR doit être vigilant pour ne pas causer d'interférences et doit coopérer avec les autorités pour signaler et arrêter toute transmission non autorisée.

Les communications SAR doivent faciliter plusieurs fonctions clés :

1. Transmission rapide des messages de détresse : Il est essentiel que les messages de détresse soient rapidement transmis pour alerter les autorités de sauvetage et initier les efforts de réponse.

2. Communication rapide des informations de détresse : Une fois qu'un message de détresse est reçu, il doit être rapidement communiqué aux autorités de sauvetage pertinentes pour assurer une action rapide.

3. Coordination des unités SAR : Une coordination efficace entre les unités SAR est nécessaire pour optimiser les efforts de recherche et de sauvetage et assurer le déploiement efficace des ressources.

4. Liaison entre les autorités de contrôle/coordination et les unités SAR : Des canaux de communication clairs sont nécessaires pour faciliter la collaboration entre les autorités de contrôle ou de coordination et les unités SAR sur le terrain.

Les appels prioritaires, connus sous le nom d'appels prioritaires radiotéléphoniques, sont couramment utilisés pour donner l'alerte et indiquer la gravité de la situation. Ces appels prioritaires sont classés en trois niveaux progressifs [67] :

1. Détresse (MAYDAY) : Indique une situation où une assistance immédiate est

nécessaire pour éviter une perte de vie ou des blessures graves.

2. Urgence (PAN PAN) : Indique une situation qui est urgente mais pas immédiatement mortelle, telle qu'une panne mécanique ou une urgence médicale nécessitant une assistance.

3. Sécurité (SECURITE) : Indique un message lié à la sécurité, tel que des dangers de navigation ou des avertissements météorologiques, pour alerter les autres navires ou aéronefs à proximité.

Dispositifs de signalisation d'urgence

Dans les situations de détresse en mer ou dans des régions isolées, les individus peuvent recourir à diverses méthodes pour alerter les secouristes potentiels. Ces dispositifs de signalisation d'urgence vont des balises radio d'urgence sophistiquées aux simples miroirs réfléchissants.

Dispositifs de jour

Les miroirs réfléchissants servent de dispositifs de signalisation de jour efficaces, permettant aux survivants de rediriger la lumière du soleil vers les unités de recherche et de sauvetage (SAR). Les miroirs ont été observés à des distances allant jusqu'à 45 milles et à des altitudes de 10 000 pieds, bien que la portée de détection moyenne soit d'environ 10 milles. De plus, un matériau fluorescent, tel que du ruban rétro-réfléchissant, améliore la visibilité et a été détecté à des distances allant jusqu'à cinq milles, avec une moyenne de 3,5 milles. Un autre outil de signalisation de jour est le marqueur fluorescent pour la mer, qui colore l'eau en vert ou en rouge, visible à des distances allant jusqu'à 10 milles, bien qu'il ne soit peut-être pas visible lors de la recherche contre l'éblouissement du soleil. Les signaux fumigènes orange ont été repérés à des distances allant jusqu'à 12 milles, avec une moyenne de huit milles, mais leur efficacité diminue par temps venteux. Les fusées de détresse pyrotechniques, bien qu'utilisables pendant la journée, ont une portée détectable d'environ 10 % par rapport à la nuit.

Dispositifs nocturnes

Dans les scénarios nocturnes, les feux sont des signaux très efficaces, visibles à des distances allant jusqu'à 50 milles, selon la taille du feu et les conditions lumineuses environnantes. Les feux stroboscopiques clignotants servent de dispositifs de signalisation nocturnes compacts et efficaces, détectables à des distances allant jusqu'à 20 milles, avec une portée moyenne de 3,5 milles. Cependant, les lumières incandescentes présentes sur certains gilets de sauvetage ont une portée détectable nettement plus petite, généralement d'environ 0,5 mille. Les fusées éclairantes, les étoiles filantes et les fusées peuvent être détectées à des distances allant jusqu'à 35 milles, avec une moyenne de 25 milles. De plus, avec l'aide de lunettes de vision nocturne (NVG), même des sources de lumière faible comme les écrans de téléphone portable peuvent être vues à des distances considérables, tandis que les sources de lumière plus importantes comme les feux, les torches et les feux stroboscopiques sont visibles de encore plus loin.

RADAR/IFF/SSR

Outre l'utilisation du RADAR pour détecter les embarcations en détresse, les systèmes d'Identification Ami ou Ennemi (IFF) peuvent être utilisés pour améliorer la détection RADAR. L'IFF comprend un interrogateur et un transpondeur, l'interrogateur envoyant des défis électroniques et le transpondeur répondant par des impulsions. Ces réponses, affichées légèrement au-delà de la cible RADAR, peuvent être détectées à des distances supérieures à celles du navire lui-même. De plus, les systèmes de RADAR de surveillance secondaire (SSR), utilisés par Airservices Australia et les aéronefs civils, fonctionnent de manière similaire et sont compatibles avec les protocoles d'urgence.

Radiocommunication et balises de détresse

La communication radio standard et divers équipements d'urgence, notamment les émetteurs VHF portables, les balises de détresse (approuvées par le GMDSS), les AIS-SART et les transpondeurs SAR à 9 GHz, aident les survivants à transmettre des signaux et des messages de détresse. Ces dispositifs sont cruciaux pour alerter et coordonner les efforts de SAR dans différents types d'incidents, notamment maritimes, aéronautiques et terrestres.

Types d'incidents SAR

Les opérations de recherche et de sauvetage (SAR) englobent une grande variété d'incidents nécessitant une évaluation et une résolution rapides. Ces incidents peuvent être classés en fonction du type d'embarcation impliqué, de l'environnement et des défis spécifiques auxquels les individus sont confrontés. Généralement, un incident SAR est considéré comme imminent ou réel lorsqu'il devient évident que des individus sont en détresse ou lorsqu'un appel à l'aide est lancé.

Dans le domaine maritime, les incidents SAR surviennent dans diverses circonstances. Il peut s'agir de situations où un navire ou un engin en surface demande explicitement de l'aide, transmet un signal de détresse ou présente des signes de détresse tels que le naufrage ou le retard. De plus, les incidents SAR peuvent impliquer des situations où l'équipage abandonne le navire ou est confronté à un péril imminent en raison d'un fonctionnement défectueux de l'embarcation. De plus, l'activation de balises de détresse ou la nécessité d'une évacuation médicale (MEDEVAC) constituent également des incidents SAR maritimes.

Les incidents SAR de l'aviation sont également classés en fonction de déclencheurs spécifiques. Ces déclencheurs englobent des scénarios où les aéronefs ne respectent pas les protocoles de communication, tels que les horaires de rapport, ou où les procédures de notification de vol sont incomplètes. Les incidents SAR de l'aviation imminents ou réels peuvent impliquer des aéronefs qui ne signalent pas leur arrivée, ne respectent pas les instructions du contrôle de la circulation aérienne, ou présentent des signes de détresse tels que des atterrissages forcés ou des accidents. L'activation de balises de détresse, y compris les balises de localisation d'urgence (ELT) ou les balises de localisation personnelles (PLB), signifie également des incidents SAR de l'aviation.

Sur terre, les incidents SAR impliquent divers scénarios nécessitant une assistance. Cela peut inclure des situations où des demandes d'aide sont reçues, où des véhicules ou des individus sont signalés en retard, ou où des balises de détresse sont activées. Les incidents SAR terrestres imminents ou réels englobent également des cas où des individus ou des véhicules sont en détresse visible ou où une évacuation médicale est justifiée.

Dans l'ensemble, les incidents SAR dans les domaines maritime, aéronautique et terrestre exigent des réponses rapides et coordonnées pour garantir la sécurité et le bien-être des personnes en détresse. En catégorisant les incidents en fonction de déclencheurs et de conditions spécifiques, les équipes SAR peuvent efficacement prioriser et déployer des ressources pour atténuer les risques et faciliter des secours opportuns.

Informations sur les incidents SAR

Le succès ou l'échec de toute opération de recherche et de sauvetage (SAR) dépend grandement de la disponibilité et de la qualité des informations. Ces informations doivent répondre à trois critères clés: elles doivent être précises, à jour et pertinentes. Compte tenu de la nature souvent urgente des opérations SAR, il est impératif de lancer la recherche dès que possible une fois que la situation le permet. Cependant, les opérations de recherche rencontrent invariablement un défi lorsque l'urgence imposée par les circonstances entre en conflit avec le retard initial imposé par la nécessité de rassembler et d'évaluer autant d'informations pertinentes que possible.

Une compréhension approfondie du processus de collecte d'informations est fondamentale pour le commandant de recherche et le coordinateur de la gestion des recherches (SMC). Le processus d'information comprend quatre étapes distinctes: la collecte, la compilation, l'évaluation et la diffusion. Dans la phase de collecte, des informations pertinentes à la recherche sont rapidement recueillies auprès de sources diverses, y compris imprévues. Ces informations comprennent des détails sur la ou les personnes disparues, le navire ou l'aéronef, ainsi que des facteurs environnementaux tels que les conditions de la mer, le terrain et la météo. Ensuite, dans la phase de compilation, les informations collectées sont organisées en catégories pertinentes, facilitant leur accessibilité pour les éléments de commandement et de contrôle. L'étape d'évaluation implique d'examiner les informations amassées pour discerner leur précision, leur fiabilité et leur actualité, en rejetant les données non pertinentes ou obsolètes. Enfin, dans la phase de diffusion, des informations spécifiques sont transmises aux chercheurs sur le terrain, aux autorités concernées et aux membres de la famille et aux médias concernés, garantissant qu'elles restent actuelles, précises et pertinentes pour maintenir la confiance dans les efforts de recherche.

La collecte d'informations dans le cadre des opérations SAR implique trois aspects principaux: déterminer le type d'informations requis, garantir l'accès et la disponibilité des informations, et évaluer les informations acquises. Les informations clés à obtenir auprès de l'embarcation en détresse ou de l'individu signalant l'urgence comprennent des détails tels que leur nom, leurs coordonnées, la position de l'urgence, la nature de l'urgence, l'heure de survenue, et des détails sur l'embarcation ou les personnes impliquées. De plus, des informations sur les conditions météorologiques et maritimes, les capacités de navigation, l'équipement de survie et les déviations de route potentielles sont cruciales pour la planification et l'exécution efficaces de la recherche. D'autres sources, telles que des amis, des proches, des associés, des clubs nautiques et des aéroclubs, peuvent également fournir des informations supplémentaires précieuses pour aider aux opérations SAR.

Planification de la recherche aérienne et maritime

Le bien-être des survivants dans les opérations de recherche et de sauvetage (SAR) dépend de manière critique de la localisation et du soutien rapides. Dès qu'une incident est signalée, les autorités SAR doivent rapidement initier les procédures pour une recherche rapide de la zone de détresse la plus probable. En général, la réponse initiale SAR implique l'utilisation de techniques simples pour couvrir rapidement la zone de détresse probable. Cette zone de recherche initiale est généralement délimitée en formes de base telles que des cercles, des carrés ou des rectangles, adaptés à la nature de l'opération de l'embarcation en détresse. Elle englobe tous les parcours alternatifs plausibles de l'embarcation et intègre les zones mises en évidence par les données de renseignement. Cette stratégie préliminaire précède des calculs plus complexes qui permettent de déterminer une zone de recherche plus précise, formant la base d'une action formellement planifiée et exécutée si la recherche initiale ne donne pas de résultat. Cette première étape de la recherche permet une allocation rapide et un briefing des ressources nécessaires.

Le processus de planification de la recherche comprend plusieurs étapes clés. Tout d'abord, évaluer la situation implique d'évaluer les résultats de tout effort de recherche précédent. Ensuite, estimer l'emplacement de l'incident de détresse et les mouvements potentiels des survivants post-détresse est crucial. Ces estimations sont ensuite utilisées pour déterminer l'emplacement le plus probable des survivants et l'incertitude associée. Ensuite, l'allocation optimale des actifs de recherche disponibles est déterminée pour maximiser la probabilité de localisation des survivants. Cela implique de définir des sous-zones de recherche et des schémas d'attribution aux actifs de recherche spécifiques. Enfin, un plan de recherche complet est formulé, détaillant la situation actuelle, les objectifs de recherche, les responsabilités des installations de recherche, les instructions de coordination et les exigences en matière de rapport. Ces étapes sont répétées jusqu'à ce que les survivants soient trouvés ou que la poursuite de la recherche soit jugée inutile en fonction de l'évaluation de la situation.

Chaque mission SAR nécessite un plan de recherche, allant de plans concis pour des unités individuelles à des plans complexes impliquant de nombreuses unités. Indépendamment de la complexité, le coordinateur de gestion de la recherche (SMC) est responsable de l'élaboration du plan, reconnaissant que des vies peuvent être en jeu. Le plan de recherche comprend des éléments cruciaux tels qu'une description détaillée de la cible de recherche, la zone de recherche comprenant les conditions météorologiques et les risques potentiels, le schéma de recherche optimal et l'espacement des traces approprié. Bien que des informations supplémentaires détaillées puissent être fournies par le SMC à la première unité de recherche, ces quatre facteurs constituent le minimum requis pour mener une recherche. Le SMC élabore le plan de recherche initial ou optimal en supposant que des unités de recherche suffisantes et adaptées sont disponibles, puis fait tous les efforts pour obtenir les ressources nécessaires.

Schémas de recherche aérienne

Les schémas de recherche aérienne sont des méthodes systématiques utilisées par les aéronefs pour rechercher des objets ou des individus sur de vastes zones. Ces schémas sont conçus pour couvrir efficacement des zones de recherche désignées, maximisant les chances de localiser la cible tout en minimisant le temps et les ressources dépensés. Plusieurs types de schémas de recherche aérienne existent, chacun adapté à différents scénarios et conditions environnementales. Parmi les schémas de recherche aérienne couramment utilisés, on trouve :

Schéma de lignes de piste : Une recherche selon un schéma de lignes de piste, également connue simplement sous le nom de recherche en lignes de piste, est une méthode systématique de recherche aérienne utilisée pour couvrir méthodiquement de vastes étendues de terrain ou d'eau. Dans ce schéma de recherche, l'aéronef vole le long de pistes parallèles prédéterminées, espacées d'une distance spécifiée, similaires aux lignes sur une grille. L'objectif est d'assurer une couverture exhaustive de la zone de recherche tout en maintenant un processus de recherche structuré et efficace.

Voici comment fonctionne généralement une recherche selon un schéma de lignes de piste :

1. Planification : Avant d'initier la recherche, les planificateurs de recherche analysent les informations disponibles, telles que le dernier emplacement connu de la cible, les conditions météorologiques prédominantes et toute autre intelligence pertinente. Sur la base de ces informations, ils déterminent les limites de la zone de recherche et établissent l'espacement et l'orientation des lignes de piste.

2. Configuration des lignes de piste : La zone de recherche est divisée en lignes de piste parallèles, chaque ligne de piste étant espacée à un intervalle prédéterminé. L'espacement entre les lignes de piste dépend de facteurs tels que la taille de la zone de recherche, la vitesse de l'aéronef et le chevauchement désiré entre les trajectoires de recherche adjacentes.

3. Exécution : Une fois les lignes de piste établies, l'aéronef vole le long de chaque ligne de piste, couvrant systématiquement la zone de recherche. Généralement, l'aéronef suit une trajectoire droite le long de chaque ligne de piste, effectuant des virages coordonnés à la fin de chaque segment pour passer à la ligne de piste suivante. Les pilotes peuvent utiliser des aides à la navigation, telles que des systèmes GPS, pour assurer une navigation précise le long des lignes de piste.

4. Observation : Pendant le vol le long de chaque ligne de piste, les membres d'équipage à bord de l'aéronef scannent continuellement le terrain ou l'eau en dessous à la recherche de signes de la cible. Ils maintiennent une observation visuelle et/ou électronique, recherchant des objets ou des indicateurs qui pourraient indiquer la présence de la cible.

5. Ajustements : Les planificateurs de recherche peuvent ajuster l'espacement ou l'orientation des lignes de piste en fonction des observations en temps réel, des conditions environnementales changeantes ou des nouvelles informations reçues pendant la recherche. Ces ajustements permettent d'optimiser l'effort de recherche et d'augmenter les chances de localiser la cible.

6. Achevement : L'aéronef continue de voler le long des lignes de piste jusqu'à ce que la totalité de la zone de recherche soit couverte ou jusqu'à ce que la cible soit localisée. Une fois la recherche terminée, les planificateurs de recherche évaluent l'efficacité de l'effort de recherche et déterminent les actions de suivi éventuelles nécessaires, telles que le raffinement de la zone de recherche ou l'initiation de schémas de recherche supplémentaires.

Les recherches selon un schéma de lignes de piste sont couramment utilisées dans diverses opérations de recherche et de sauvetage, notamment pour localiser des personnes disparues, des aéronefs écrasés ou des embarcations en détresse. En suivant une approche structurée et méthodique, les recherches selon un schéma de lignes de piste aident les équipes de recherche à mener des recherches approfondies et efficaces, maximisant les chances de localiser et de secourir la cible.

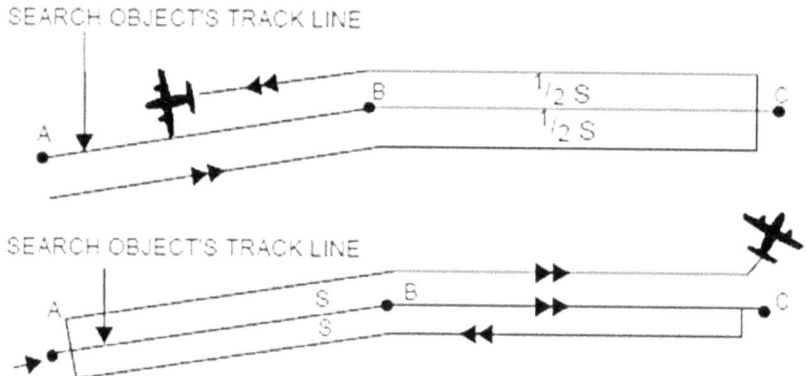

Figure 109: Schéma de recherche en lignes de piste.

Schéma de recherche en carré expansé : Dans ce schéma, l'avion vole le long d'une série de segments droits, dont la longueur augmente à chaque étape, formant une zone de recherche de forme carrée. Après avoir terminé chaque segment, l'avion effectue un virage à 90 degrés pour couvrir le segment suivant. Ce schéma est adapté à la recherche de vastes zones avec une forte probabilité que la cible se trouve dans la zone de recherche.

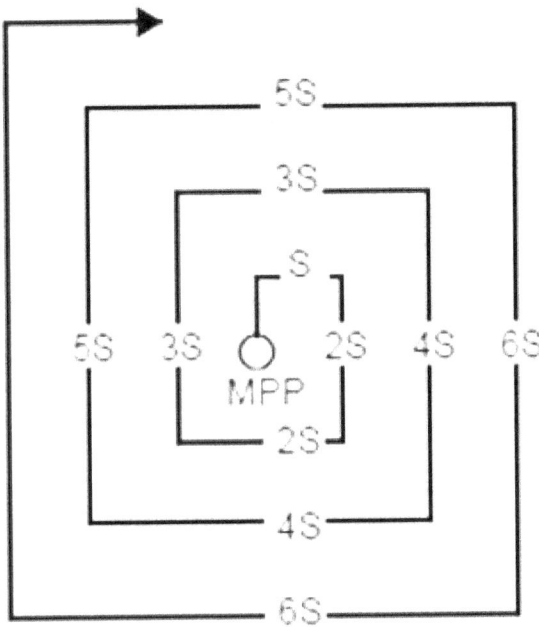

Figure 110: Schéma de recherche en carré.

Schéma de recherche en pistes parallèles : Également connu sous le nom de schéma de recherche en lignes de pistes ou de recherche en rampant le long des pistes, cela implique de voler le long de pistes parallèles espacées d'une distance prédéterminée. L'avion vole le long d'une piste, fait demi-tour à la fin, et vole en arrière le long de la piste adjacente. Ce schéma est efficace pour une couverture systématique des zones de recherche linéaires, telles que les côtes ou les routes.

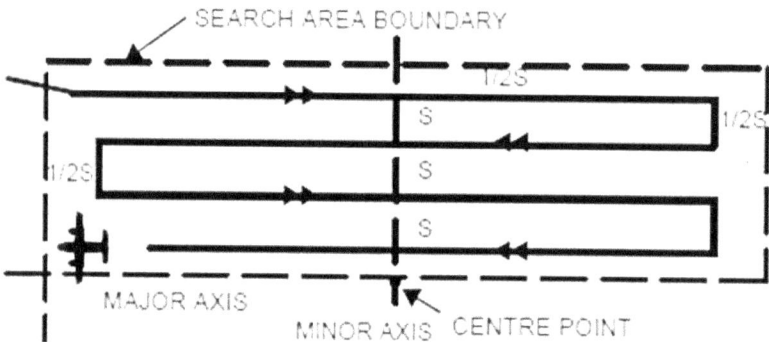

Figure 111: Schéma de recherche en pistes parallèles.

Une recherche en pistes parallèles est une méthode systématique utilisée dans les opérations de recherche et de sauvetage aériennes pour couvrir efficacement de vastes étendues de terrain ou d'eau. Dans ce schéma de recherche, les avions volent le long de pistes parallèles espacées d'une certaine distance, semblables aux lignes d'une grille. L'objectif principal est d'assurer une couverture complète de la zone de recherche tout en maintenant un effort de recherche structuré et coordonné.

Voici comment fonctionne généralement une recherche en pistes parallèles :

1. Planification : Avant de commencer la recherche, les planificateurs analysent les informations disponibles, telles que la dernière position connue de la cible, les conditions météorologiques dominantes et toute autre information pertinente. Sur la base de ces informations, ils déterminent les limites de la zone de recherche et établissent l'espacement et l'orientation des pistes parallèles.

2. Mise en place des pistes : La zone de recherche est divisée en pistes parallèles, chaque piste étant espacée à un intervalle prédéterminé. L'espacement entre les pistes dépend de facteurs tels que la taille de la zone de recherche, la vitesse de l'avion et le chevauchement désiré entre les trajectoires de recherche adjacentes.

3. Exécution : Une fois les pistes parallèles établies, l'avion vole le long de chaque piste, couvrant systématiquement la zone de recherche. Les pilotes suivent une trajectoire de vol prédéterminée le long de chaque piste, effectuant des virages coordonnés à la fin de chaque tronçon pour passer à la piste parallèle suivante. Des aides à la navigation, telles que les systèmes GPS, peuvent être utilisées pour

garantir une navigation précise le long des pistes.

4. Observation : Pendant le vol le long de chaque piste, les membres d'équipage à bord de l'avion scrutent continuellement le terrain ou l'eau en dessous à la recherche de signes de la cible. Ils maintiennent une observation visuelle et/ou électronique, recherchant tout objet ou indicateur pouvant indiquer la présence de la cible.

5. Ajustements : Les planificateurs de recherche peuvent ajuster l'espacement des pistes ou leur orientation en fonction des observations en temps réel, des conditions environnementales changeantes ou des nouvelles informations reçues pendant la recherche. Ces ajustements permettent d'optimiser l'effort de recherche et d'augmenter les chances de localiser la cible.

6. Achèvement : L'avion continue de voler le long des pistes parallèles jusqu'à ce que toute la zone de recherche soit couverte ou jusqu'à ce que la cible soit localisée. Une fois la recherche terminée, les planificateurs évaluent l'efficacité de l'effort de recherche et déterminent les actions de suivi éventuellement nécessaires.

Les recherches en pistes parallèles sont couramment utilisées dans diverses opérations de recherche et de sauvetage, notamment pour localiser des personnes disparues, des avions abattus ou des navires en détresse. En suivant une approche structurée et méthodique, les recherches en pistes parallèles aident les équipes de recherche à mener des recherches approfondies et efficaces, maximisant ainsi les chances de localiser et de secourir la cible.

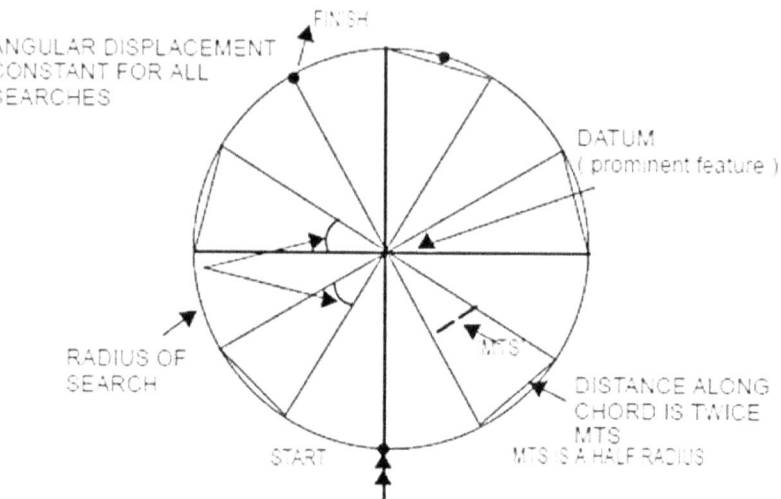

Figure 112: Schéma de recherche par secteur.

Schéma de recherche par secteur, également connu sous le nom de balayage de secteur ou scan de secteur, est une méthode systématique utilisée dans les opérations de recherche et de sauvetage aériennes pour couvrir une zone définie de terrain ou d'eau. Cette méthode implique de diviser la zone de recherche en secteurs en forme de parts de tarte, chaque secteur étant attribué à un avion ou à un moyen de recherche spécifique. L'objectif principal est d'assurer une couverture complète de la zone de recherche tout en minimisant les chevauchements et en maximisant l'efficacité.

Voici comment fonctionne généralement un schéma de recherche par secteur :

1. Planification : Les planificateurs de recherche analysent les informations disponibles, telles que la dernière position connue de la cible, les conditions météorologiques dominantes et toute autre intelligence pertinente. Sur cette base, ils déterminent les limites de la zone de recherche et la divisent en secteurs.

2. Attribution des secteurs : Chaque secteur est attribué à un avion ou à un moyen de recherche spécifique chargé de la recherche dans cette zone. Le nombre de secteurs et la taille de chaque secteur dépendent de facteurs tels que la taille de la zone de recherche, le nombre de moyens de recherche disponibles et la couverture de recherche souhaitée.

3. Exécution : Les avions ou les moyens de recherche commencent leur recherche

en volant le long du périmètre de leur secteur assigné, suivant un chemin de vol prédéterminé. Les avions volent généralement le long du bord extérieur du secteur, convergeant progressivement vers le centre tout en maintenant un rayon constant à partir d'un point désigné. Ce chemin de vol crée un mouvement de balayage à travers le secteur, couvrant toute la zone de manière systématique.

4. Observation : Les membres d'équipage à bord des avions scrutent en continu le terrain ou l'eau à la recherche de signes de la cible. Ils maintiennent une observation visuelle et/ou électronique, à la recherche d'objets ou d'indicateurs pouvant indiquer la présence de la cible. Les observateurs peuvent utiliser des jumelles, des caméras ou d'autres équipements spécialisés pour améliorer leurs capacités de recherche.

5. Chevauchement : Dans certains cas, les secteurs adjacents peuvent se chevaucher légèrement pour assurer une couverture complète et éliminer les espaces vides entre les zones de recherche. Ce chevauchement aide à minimiser le risque de ne pas trouver la cible en raison d'incertitudes dans les limites de la zone de recherche ou de l'emplacement de la cible.

6. Communication : Les équipes de recherche maintiennent une communication entre elles et avec le centre de coordination pour fournir des mises à jour sur leur progression, partager des informations et coordonner les efforts de recherche. Cette communication garantit que les moyens de recherche travaillent efficacement ensemble et évitent les duplications d'efforts.

7. Achèvement : Une fois que tous les secteurs ont été balayés, les planificateurs de recherche évaluent l'efficacité de l'effort de recherche et déterminent les actions de suivi éventuellement nécessaires. Si la cible n'est pas localisée, les planificateurs de recherche peuvent ajuster la stratégie de recherche, étendre la zone de recherche ou déployer des moyens de recherche supplémentaires en fonction de nouvelles informations ou développements.

Les schémas de recherche par secteur sont couramment utilisés dans diverses opérations de recherche et de sauvetage, notamment pour localiser des personnes disparues, des avions abattus ou des navires en détresse. En divisant la zone de recherche en secteurs gérables et en attribuant des moyens de recherche spécifiques à chaque secteur, les recherches par secteur permettent aux équipes de recherche de mener des recherches approfondies et efficaces, augmentant ainsi les chances de localiser et de sauver la cible.

Schéma de recherche en ligne rampante : Dans ce schéma, l'avion vole le long d'une ligne droite à basse altitude, suivant généralement une caractéristique du terrain ou un point de référence. L'avion maintient une vitesse au sol lente, permettant une observation minutieuse de la zone de recherche en dessous. Ce schéma est souvent utilisé dans des zones avec un relief complexe ou une végétation dense.

Schéma de recherche en spirale : Dans une recherche en spirale, l'avion tourne vers l'extérieur à partir d'un point central tout en élargissant progressivement le rayon du cercle. Ce schéma assure une couverture complète d'une zone de recherche circulaire, l'avion spirale vers l'extérieur jusqu'à ce que toute la zone soit parcourue. Les recherches en spirale sont utiles pour localiser des cibles dont l'emplacement est incertain ou pour mener une reconnaissance sur une grande surface.

De même, un schéma de recherche en contour, également connu sous le nom de vol en contour ou de recherche en contour, est une technique de recherche utilisée dans les opérations de recherche et de sauvetage aériennes. Dans cette méthode, les avions volent le long des lignes de contour des caractéristiques du terrain, telles que les versants de montagnes ou les côtes, pour couvrir systématiquement une zone d'intérêt. L'objectif d'un schéma de recherche en contour est d'assurer une couverture complète de la zone de recherche tout en maximisant les chances de repérer la cible.

Voici comment fonctionne généralement un schéma de recherche en contour :

1. Analyse du terrain : Les planificateurs de recherche analysent la topographie et les caractéristiques du terrain de la zone de recherche pour identifier les lignes de contour importantes, telles que les crêtes, les vallées ou les lignes de rivage. Ces caractéristiques naturelles servent de points de référence pour le schéma de recherche en contour.

2. Planification du vol : Sur la base de l'analyse du terrain, les planificateurs de vol développent un chemin de vol qui suit les lignes de contour du terrain. Les avions volent parallèlement à ces lignes de contour, maintenant une altitude et une distance constantes par rapport au terrain tout en couvrant la zone de recherche désignée.

3. Contrôle de l'altitude : Les pilotes contrôlent soigneusement l'altitude de l'avion pour s'assurer qu'il reste à une distance sécuritaire des caractéristiques du ter-

rain en dessous. Cela implique généralement de voler à une altitude constante au-dessus de l'élévation la plus élevée dans la zone de recherche pour éviter les obstacles et maintenir une ligne de vue dégagée.

4. Vitesse et cap : Les avions maintiennent une vitesse et un cap constants tout au long de la recherche, ajustant si nécessaire pour suivre les contours du terrain. Les pilotes peuvent utiliser des instruments de navigation ou des références visuelles pour assurer une navigation précise le long du chemin de vol planifié.

5. Observation : Les membres d'équipage à bord de l'avion scrutent en continu le terrain en dessous à la recherche de signes de la cible. Ils maintiennent une observation visuelle et/ou électronique, à la recherche d'objets ou d'indicateurs pouvant indiquer la présence de la cible. Les observateurs peuvent utiliser des jumelles, des caméras ou d'autres équipements spécialisés pour améliorer leurs capacités de recherche.

6. Communication : Les équipes de recherche maintiennent une communication entre elles et avec le centre de coordination pour fournir des mises à jour sur leur progression, partager des informations et coordonner les efforts de recherche. Cette communication garantit que les moyens de recherche travaillent efficacement ensemble et évitent les duplications d'efforts.

7. Achèvement : Une fois que la zone de recherche désignée est parcourue, les planificateurs de recherche évaluent l'efficacité de l'effort de recherche et déterminent les actions de suivi éventuellement nécessaires. Si la cible n'est pas localisée, les planificateurs de recherche peuvent ajuster la stratégie de recherche, étendre la zone de recherche ou déployer des moyens de recherche supplémentaires en fonction de nouvelles informations ou développements.

Les schémas de recherche en contour sont particulièrement efficaces dans les régions montagneuses ou accidentées où les schémas de recherche traditionnels peuvent être impraticables ou dangereux. En suivant les contours naturels du terrain, les avions de recherche peuvent parcourir systématiquement de grandes zones tout en minimisant le risque de ne pas trouver la cible. Cette méthode permet aux équipes de recherche de mener des recherches approfondies et efficaces, augmentant ainsi les chances de localiser et de sauver la cible.

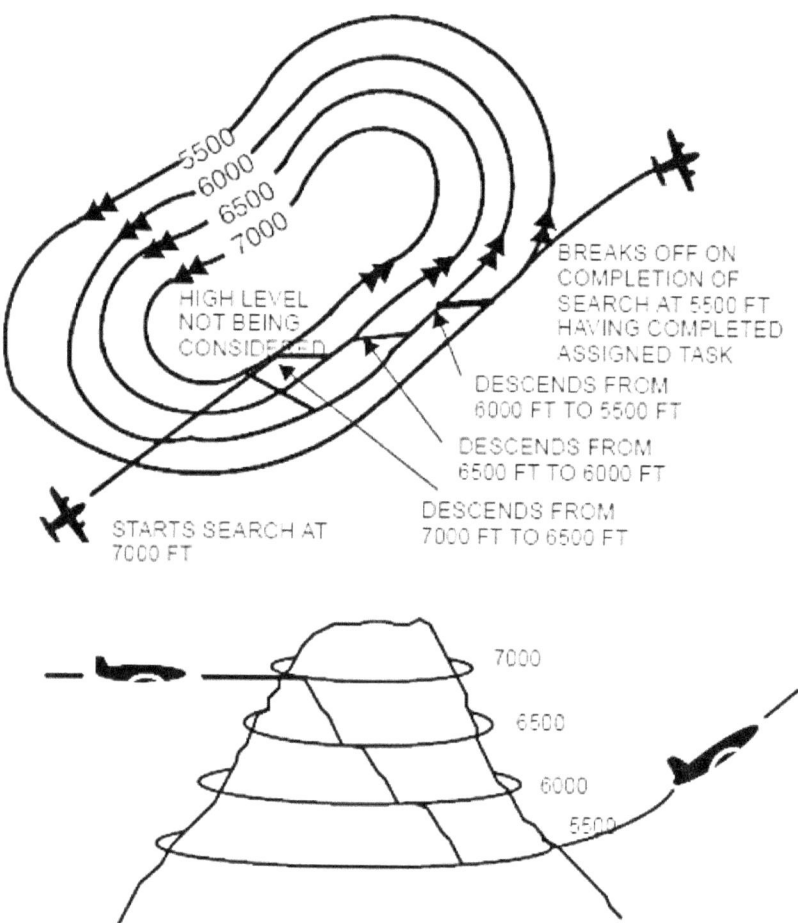

Figure 113: Schéma de recherche en contour.

Schéma de recherche en grille : Dans une recherche en grille, la zone de recherche est divisée en une série de grilles ou rectangles de taille égale. L'aéronef vole le long de chaque ligne de grille, effectuant des virages coordonnés à la fin de chaque trajet pour couvrir toute la zone. Les recherches en grille sont hautement systématiques et adaptées pour explorer en profondeur de vastes zones ouvertes avec un terrain uniforme.

Schéma de recherche électronique : Un schéma de recherche électronique, également connu sous le nom de schéma de surveillance électronique ou de schéma de reconnaissance électronique, est une méthode utilisée dans les opérations de recherche et de sauvetage (SAR) pour détecter et localiser les signaux électroniques émis par des balises de détresse, des émetteurs-radiobalises de détresse (ELT), des balises de localisation personnelles (PLB) et autres dispositifs électroniques de signalisation de détresse.

Voici comment fonctionne généralement un schéma de recherche électronique :

1. Détection des signaux : Les équipes de recherche utilisent un équipement électronique spécialisé, tel que des antennes de radiogoniométrie ou des récepteurs radio, pour détecter les signaux émis par les balises de détresse ou autres dispositifs électroniques de signalisation de détresse. Ces signaux peuvent inclure les signaux d'émetteur-radiobalise de détresse (ELT) d'avions abattus, les signaux de balise de localisation personnelle (PLB) d'individus en détresse, ou autres signaux de détresse sur des fréquences désignées.

2. Surveillance des fréquences : Les équipes de recherche surveillent des fréquences spécifiques allouées aux communications de détresse et d'urgence, telles que les fréquences internationales de détresse (121,5 MHz et 406 MHz) pour la détresse aéronautique et maritime. Elles peuvent également surveiller des fréquences supplémentaires utilisées par des types spécifiques de balises ou dispositifs de détresse.

3. Radiogoniométrie : En utilisant de l'équipement de radiogoniométrie, les équipes de recherche déterminent la direction à partir de laquelle les signaux détectés émanent. Cette information permet de restreindre la zone de recherche et fournit des indications pour les efforts de recherche ultérieurs.

4. Triangulation : En prenant des relèvements multiples sur le signal à partir de différents endroits, les équipes de recherche peuvent trianguler plus précisément la position de la balise de détresse ou de l'émetteur. Ce processus de triangulation aide à affiner la zone de recherche et améliore les chances de localiser précisément la position du signal de détresse.

5. Ajustement de la zone de recherche : En fonction des signaux détectés et des positions triangulées, les équipes de recherche ajustent leur zone de recherche et concentrent leurs efforts sur les zones où les signaux sont les plus forts ou les plus cohérents. Elles peuvent également prendre en compte des facteurs tels que le terrain, les conditions météorologiques et d'autres informations pertinentes pour prioriser les zones de recherche.

6. Recherche en grille : Dans certains cas, les équipes de recherche peuvent effectuer une recherche en grille ou un balayage systématique de la zone de recherche pour assurer une couverture complète et identifier d'autres signaux ou indicateurs de détresse. Cela peut impliquer de voler selon des schémas ou grilles de recherche prédéterminés tout en surveillant continuellement les signaux de détresse.

7. Confirmation et réponse : Une fois qu'un signal de détresse est confirmé et sa position déterminée, les équipes de recherche coordonnent avec les autorités de secours pour initier une réponse. Cela peut impliquer le déploiement de moyens terrestres ou aériens vers l'emplacement du signal de détresse pour une enquête, un sauvetage ou une assistance supplémentaire.

Les schémas de recherche électronique reposent sur un équipement et des techniques spécialisés pour détecter et localiser rapidement et avec précision les signaux de détresse. En tirant parti des capacités de surveillance électronique, les équipes de recherche peuvent améliorer leur efficacité pour localiser et aider les personnes ou les aéronefs en détresse, améliorant ainsi les résultats globaux des opérations de recherche et de sauvetage.

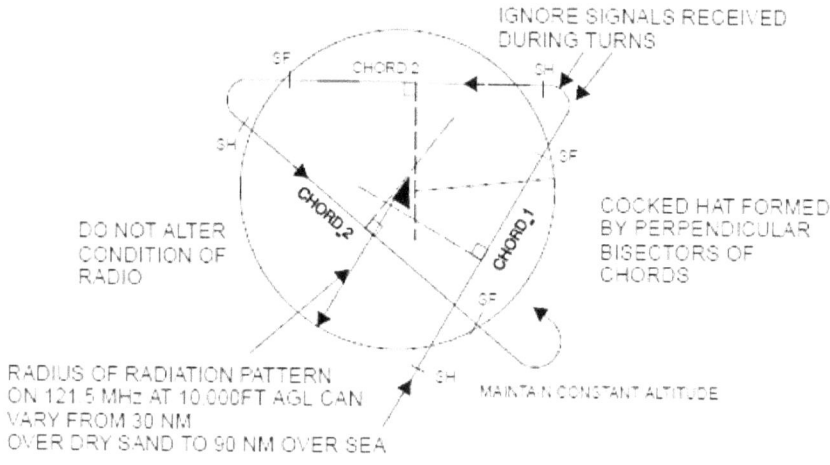

Figure 114: Schéma de recherche électronique.

Chaque schéma de recherche a ses avantages et ses limites, et le choix du schéma dépend de facteurs tels que la taille et la forme de la zone de recherche, les conditions environnementales, les ressources disponibles et les informations concernant l'emplacement probable de la cible. En utilisant ces schémas de manière efficace, les équipes de recherche et de sauvetage peuvent mener des recherches systématiques et approfondies, augmentant ainsi les chances de localiser et de secourir la cible efficacement.

Briefing de l'équipage SAR

Le briefing et le débriefing approfondis des équipages de recherche sont des aspects cruciaux de la planification des recherches. Ces processus, bien que chronophages, sont essentiels pour assurer l'efficacité des opérations de recherche. La préparation des briefings doit commencer tôt et de préférence bien avant le départ. Il est important de reconnaître que de nombreux personnels impliqués dans les opérations de recherche peuvent manquer de formation ou d'expérience dans ce rôle. Par conséquent, le personnel SAR sur le terrain doit avoir largement l'occasion de se familiariser avec tous les détails pertinents de la situation de détresse. Toutes les instructions concernant l'opération SAR doivent être transmises clairement et précisément.

La personne chargée de conduire le briefing doit avoir une compréhension globale du plan général et des tâches assignées à chaque unité de recherche.

Un briefing complet des unités de recherche est essentiel pour le succès de toute opération de recherche. Le coordinateur de mission de recherche et de sauvetage (SMC) doit veiller à ce que les briefings soient méticuleusement préparés, et si des briefings de groupe sont effectués, le lieu doit être adapté à cet effet. Bien que les briefings pour les unités marines couvrent des sujets similaires à ceux des unités aériennes et terrestres, il peut y avoir des occasions limitées d'interaction en face à face. Les officiers de briefing doivent être conscients des défis associés aux briefings indirects et du potentiel accru de malentendus. Des dispositions similaires doivent être prises pour le débriefing des unités SAR.

Diverses méthodes peuvent être utilisées pour décrire les schémas de recherche et délimiter les limites des zones de recherche. Lors du choix d'une méthode, le personnel du RCC doit tenir compte des connaissances SAR des destinataires et du mode de transmission des informations.

Les coordonnées géographiques sont couramment utilisées pour désigner une zone, les coins d'une zone de recherche étant définis par la latitude et la longitude. Cependant, cette méthode peut être sujette à des erreurs de mesure et de transmission.

La référence universelle de grille, superposée sur les cartes de la série JOG et de nombreuses cartes à plus grande échelle, fournit une autre méthode pour référencer les emplacements. Cette grille se compose de lignes bleues numérotées espacées de 1000 mètres, verticalement et horizontalement.

Des instructions pour son utilisation sont généralement fournies dans les marges de chaque feuille. Un autre système de grille, basé sur une grille militaire de 1000 yards, peut être trouvé dans les éditions antérieures de certaines séries de cartes. Cette grille est superposée en noir et fonctionne de manière similaire à la référence universelle de grille. Il est important de spécifier la carte utilisée par son nom et son numéro d'édition lors de l'utilisation de références de grille. De plus, certaines cartes peuvent afficher les deux systèmes de grille.

Ligne de route : Une recherche en ligne de route peut être spécifiée en indiquant les points pertinents le long de la trajectoire ainsi que la largeur de la couverture. Par exemple : "Suivre une trajectoire s'étendant sur 4 milles nautiques de chaque côté d'une ligne reliant les coordonnées 16° 20' S 135° 15' E et 17° 50' S 137° 28' E."

Repères : Décrire une zone de recherche en utilisant des limites naturelles ou artificielles est particulièrement efficace, surtout dans les régions montagneuses. La précision est essentielle dans la fourniture de descriptions. Des déclarations vagues comme "à 7 milles nautiques au sud-sud-ouest de…" doivent être évitées. Au lieu de cela, les directions doivent être données en utilisant un azimut positif et une distance. Par exemple, "azimut 202° (Vrai) depuis l'île Dixon à une distance de 7 milles nautiques."

Applications Commerciales et Industrielles

Ces dernières années, on a observé une forte augmentation de l'utilisation commerciale des drones, entraînée par un nombre croissant d'industries reconnaissant les innombrables avantages offerts par les véhicules aériens sans pilote (UAV). Ces applications traversent divers secteurs et englobent une multitude de fonctions, annonçant des changements transformateurs dans les pratiques traditionnelles tout en améliorant l'efficacité dans des domaines divers.

Une application significative réside dans l'inspection et la maintenance des infrastructures, où les drones commerciaux ont gagné en popularité en raison de leur capacité à accéder à des endroits autrement inaccessibles de manière rentable. En utilisant des drones, les industries peuvent détecter les problèmes structurels dans les ponts, les bâtiments et les installations énergétiques, facilitant ainsi les réparations rapides et garantissant le respect des protocoles de sécurité.

Dans le domaine des opérations de recherche et de sauvetage, les drones sont devenus des outils indispensables, facilitant la localisation rapide et efficace des personnes disparues. Équipés de technologies d'imagerie avancées, les drones couvrent rapidement de vastes zones, détectant les signatures de chaleur ou les signes de présence humaine, améliorant ainsi considérablement les chances de sauvetage réussi.

De plus, le secteur agricole a adopté les drones pour l'agriculture de précision, révolutionnant les pratiques de gestion des cultures. En collectant et en analysant des données sur les conditions du sol, l'irrigation et la santé des plantes, les drones permettent aux agriculteurs d'identifier les problèmes tôt, d'optimiser l'utilisation des ressources et d'améliorer les rendements.

Les agences de maintien de l'ordre utilisent des drones pour renforcer la sécurité publique et l'efficacité opérationnelle. Les drones fournissent des renseignements en temps réel dans des situations critiques, aident dans les enquêtes sur les accidents et soutiennent les patrouilles de routine, augmentant ainsi les efforts des forces de l'ordre.

De plus, les drones sont largement utilisés en photographie aérienne et dans les levés LiDAR, offrant des perspectives uniques et des données détaillées sur les paysages et les structures. Ils permettent la capture d'images et de levés de haute résolution, facilitant diverses applications à travers les industries.

Figure 115: Inspection de la stabilité des pentes rocheuses dans les carrières de marbre en utilisant des images de drone. Riccardo.salvini, CC BY 4.0, via Wikimedia Commons.

De plus, les drones ont révolutionné les pratiques de cartographie et de relevé, offrant une alternative plus rapide, plus précise et plus économique aux méthodes traditionnelles. Ils couvrent rapidement de vastes zones, capturant des images haute résolution et aidant les professionnels de la construction, de l'exploitation minière et de la gestion de l'environnement.

Les drones jouent un rôle vital dans la surveillance environnementale et les efforts de conservation, fournissant des données précieuses et des perspectives pour une gestion durable des ressources. Ils suivent la santé des écosystèmes, les populations de faune sauvage et l'impact des activités humaines sur l'environnement, contribuant ainsi aux initiatives de conservation.

Dans les scénarios de réponse aux urgences et de gestion des catastrophes, les drones facilitent le déploiement rapide, la collecte de données en temps réel et la sensibilisation accrue à la situation. Ils aident à l'évaluation des dommages, à la localisation des victimes et à la livraison de fournitures, contribuant ainsi aux efforts efficaces de réponse et de rétablissement en cas de catastrophe.

De plus, les drones sont utilisés pour inspecter et entretenir les infrastructures de télécommunications et les lignes électriques, permettant d'identifier efficacement les problèmes et de réduire les interruptions de service.

Enfin, bien qu'en phase de développement, la livraison par drone offre des perspectives de révolution des transports, notamment dans les zones reculées ou inaccessibles. Les drones facilitent le transport rapide et efficace de fournitures médicales, de médicaments et de marchandises, potentiellement en sauver des vies et en minimisant les défis logistiques.

En résumé, l'utilisation commerciale des drones couvre un large éventail d'applications, offrant des solutions transformatrices dans diverses industries et secteurs. À mesure que les progrès technologiques se poursuivent, le potentiel d'innovation et d'intégration des drones dans divers flux de travail devrait encore s'étendre, ouvrant ainsi une nouvelle ère d'efficacité, de sécurité et de durabilité.

Les drones sont de plus en plus utilisés pour l'inspection et la maintenance des infrastructures en raison de leur capacité à accéder à des endroits inaccessibles et à effectuer des inspections de manière rentable. Cette adoption a gagné du terrain dans diverses industries, notamment le génie civil, la construction et l'énergie. En utilisant des drones, les industries peuvent détecter efficacement les problèmes structurels dans des infrastructures critiques telles que les ponts, les bâtiments et les installations énergétiques, facilitant ainsi des réparations rapides et garantissant le respect des normes de sécurité.

Un exemple de l'utilisation des drones dans l'inspection des infrastructures est l'inspection des ponts. Les inspections traditionnelles des ponts impliquent souvent des méthodes manuelles ou des équipements coûteux tels que des échafaudages ou des nacelles, ce qui peut être long et présenter des risques pour la sécurité des travailleurs.

Les drones équipés de caméras haute résolution et de capteurs peuvent voler près de la structure, capturant des images et des données détaillées. Cela permet aux inspecteurs d'évaluer l'état du pont, des supports et d'autres composants sans nécessiter d'accès physique. Les drones peuvent détecter des signes de corrosion, de fissures ou d'autres défauts, permettant aux ingénieurs d'identifier rapidement les besoins en maintenance.

Figure 116: Une vue du Fernbridge prise par un drone. Le Fernbridge traverse la rivière Eel sur la route 211 dans le comté de Humboldt, en Californie. Département des Transports de Californie, domaine public, via Wikimedia Commons.

De même, les drones sont utilisés dans l'inspection des bâtiments, notamment dans les zones urbaines où l'accès à certaines parties d'une structure peut être difficile. Les drones équipés de caméras et de capteurs peuvent voler autour des bâtiments, capturant des images et des vidéos de l'extérieur et de l'intérieur. Cette perspective aérienne fournit aux inspecteurs des informations précieuses sur l'état de la façade, du toit et d'autres éléments du bâtiment. Par exemple, les drones peuvent détecter des dommages à la façade, des fuites ou des faiblesses structurelles, permettant aux propriétaires de bâtiments de traiter proactivement les problèmes d'entretien.

Dans le secteur de l'énergie, les drones sont employés pour l'inspection de diverses installations, notamment les centrales électriques, les éoliennes et les plates-formes pétrolières. Ces structures s'étendent souvent sur de vastes zones et sont situées dans des environnements éloignés ou dangereux, rendant les méthodes d'inspection traditionnelles impraticables ou dangereuses. Les drones équipés de capteurs spécialisés, tels que des caméras thermiques ou LiDAR, peuvent identifier des problèmes tels que des dysfonctionnements d'équipements, des fuites ou des dommages structurels. Par exemple, les drones équipés de caméras thermiques peuvent détecter des points chauds sur les lignes électriques ou les panneaux solaires, indiquant des défauts potentiels ou des inefficacités. En menant des inspections régulières à l'aide de drones, les entreprises énergétiques peuvent réduire les temps d'arrêt, les coûts d'entretien et garantir la sécurité opérationnelle.

Dans l'ensemble, l'adoption de drones commerciaux pour l'inspection et la maintenance des infrastructures offre de nombreux avantages, notamment une efficacité accrue, des économies de coûts et une sécurité améliorée. En exploitant la technologie des drones, les industries peuvent effectuer des inspections complètes des infrastructures critiques, identifier rapidement les besoins en maintenance et mettre en œuvre des mesures proactives pour garantir l'intégrité et la fiabilité des actifs vitaux.

Un autre usage clé des drones en agriculture est la surveillance des cultures et l'évaluation de leur santé. En inspectant régulièrement les cultures depuis les airs, les drones peuvent détecter les premiers signes de stress, de maladie ou d'infestation parasitaire. Par exemple, les caméras multispectrales montées sur les drones peuvent capturer des signatures spectrales indicatives de la santé des plantes, permettant aux agriculteurs d'identifier les zones du champ nécessitant une attention particulière. Les drones peuvent également surveiller les modèles de croissance des cultures, évaluer la couverture du feuillage et suivre des indices de végétation tels que l'INDVI (Indice de Végétation par Différence Normalisée), qui fournit des informations sur la santé et la vigueur des plantes.

En plus de la surveillance des sols et des cultures, les drones sont utilisés pour la gestion précise de l'irrigation. En analysant les images aériennes et les données des capteurs, les drones peuvent identifier les zones du champ nécessitant plus ou moins d'eau, permettant aux agriculteurs d'ajuster les calendriers d'irrigation et d'optimiser l'utilisation de l'eau. Par exemple, les drones peuvent détecter les zones de stress hydrique ou de sur-irrigation, permettant aux agriculteurs d'appliquer l'eau précisément là où elle est le plus nécessaire. Cette approche ciblée de l'irrigation permet non seulement de conserver l'eau, mais également d'améliorer la santé des cultures et les rendements.

De plus, les drones sont utilisés pour l'observation des cultures et la gestion des ravageurs. En surveillant régulièrement les champs, les drones peuvent identifier les signes d'infestation parasitaire ou de croissance de mauvaises herbes tôt, permettant aux agriculteurs de prendre des mesures correctives en temps opportun. Par exemple, les drones équipés de caméras thermiques peuvent détecter les différences de température causées par l'activité des ravageurs, tandis que les drones avec des caméras RVB peuvent capturer des images détaillées de la distribution des mauvaises herbes. Cette détection précoce permet aux agriculteurs de mettre en œuvre des stratégies de gestion intégrée des ravageurs, telles que l'application ciblée de pesticides ou le contrôle mécanique des mauvaises herbes, minimisant les dommages aux cultures et réduisant la dépendance aux intrants chimiques.

L'utilisation des drones en agriculture et en agriculture de précision offre de nombreux avantages, notamment une amélioration des rendements des cultures, une réduction des coûts des intrants et des pratiques agricoles plus durables. En exploitant la puissance de la technologie des drones, les agriculteurs peuvent obtenir des informations précieuses sur leurs champs, optimiser les pratiques de gestion des ressources et augmenter finalement leur rentabilité tout en minimisant l'impact environnemental.

L'utilisation des drones dans divers secteurs de l'économie connaît une croissance rapide, avec une augmentation particulièrement significative observée dans l'industrie agricole. Les projections suggèrent que le marché des drones agricoles, évalué à 1,2 milliard de dollars (USD) en 2019, devrait atteindre 4,8 milliards de dollars d'ici fin 2024 [68]. Au cours des prochaines années, le déploiement de drones en agriculture devrait devenir de plus en plus répandu, couvrant des activités allant de l'observation à la sécurité sur les exploitations de toutes tailles.

Les drones jouent un rôle essentiel dans le paysage agricole, contribuant à ce que l'on appelle couramment l'« agriculture de précision ». Ces véhicules aériens sans pilote recueillent des données cruciales qui aident les agriculteurs à prendre des décisions agronomiques éclairées. Ces données, obtenues grâce à la surveillance des champs par drone, servent de base à l'optimisation des calendriers de plantation et des stratégies de traitement, visant en fin de compte à maximiser les rendements des cultures.

Dans de nombreuses régions, les drones ont déjà solidifié leur statut d'outils indispensables dans les efforts d'agriculture de précision à grande échelle. En documentant méticuleusement les conditions des champs, les drones fournissent aux agriculteurs des informations exploitables pour affiner leurs pratiques agricoles. Des rapports suggèrent que la mise en œuvre de systèmes d'agriculture de précision a le potentiel d'augmenter les rendements jusqu'à 5 %, une amélioration significative dans une industrie réputée pour ses marges bénéficiaires étroites.

Reconnaissance/Surveillance de la santé des plantes

L'utilisation d'images de drones pour surveiller la santé des plantes s'est révélée être une application très réussie dans les pratiques agricoles. Les drones équipés d'équipements d'imagerie spécialisés, tels que l'indice de végétation par différence normalisée (INDVI), utilisent des informations couleur détaillées pour évaluer la santé des plantes. Cela permet aux agriculteurs de surveiller en temps réel la croissance des cultures, facilitant une intervention rapide pour résoudre tout problème émergent et garantir le bien-être des plantes. De plus, les drones équipés de caméras standard offrent une alternative économique pour la surveillance de la santé des cultures, dépassant les limitations des images satellites en termes de proximité et de précision. En capturant des images à courte portée, les drones fournissent des données précises sur les conditions des cultures, permettant des interventions opportunes pour rectifier toute anomalie, telle que des lacunes dans le peuplement ou des infestations de ravageurs.

Surveillance des conditions des champs

En plus de la surveillance de la santé des plantes, les drones jouent un rôle crucial dans la surveillance des conditions des champs et de la santé des sols. Grâce à une cartographie précise des champs, y compris des données d'élévation, les drones permettent aux cultivateurs d'identifier les irrégularités dans les champs, aidant à la détection des schémas de drainage et des zones présentant des niveaux d'humidité variables. Cette information s'avère inestimable pour la mise en œuvre de stratégies d'irrigation efficaces et l'optimisation des techniques d'arrosage. De plus, certains services de drones agricoles offrent une surveillance des niveaux d'azote dans le sol, facilitant l'application précise d'engrais et contribuant à l'amélioration à long terme de la santé des sols.

Plantation et Semis

Une application naissante mais prometteuse des drones en agriculture est l'utilisation de semoirs de drones automatisés pour la plantation de graines, principalement observée dans le secteur forestier. Les semoirs de drones automatisés offrent l'avantage d'atteindre des zones inaccessibles sans mettre en danger la sécurité des travailleurs. Avec la capacité de planter des graines de manière plus efficace, une équipe d'opérateurs supervisant plusieurs drones peut atteindre des taux de plantation journaliers remarquables, améliorant considérablement les efforts de reforestation.

Application de Pulvérisation

La technologie des drones est largement utilisée pour les traitements par pulvérisation dans des régions comme l'Asie du Sud-Est, où les drones représentent une part substantielle des opérations de pulvérisation agricole. Les pulvérisateurs de drones naviguent dans des terrains difficiles, atteignant des zones inaccessibles aux équipements traditionnels et réduisant le besoin de méthodes manuelles intensives en main-d'œuvre. Ces pulvérisateurs fournissent des applications de pulvérisation précises, optimisant l'utilisation des produits chimiques et réduisant l'impact environnemental. Cependant, les cadres réglementaires régissant l'utilisation des pulvérisateurs de drones varient d'un pays à l'autre, avec des considérations continues concernant la sécurité et les implications environnementales.

Figure 117: Application de pulvérisation par drone. Diuliano.web, CC BY-SA 4.0, via Wikimedia Commons.

Sécurité

La technologie des drones étend son utilité à la sécurité agricole, offrant une surveillance efficace des vastes paysages agricoles et des zones difficiles d'accès. Les drones équipés de caméras fournissent une surveillance en temps réel, permettant des mesures de sécurité proactives et une réponse rapide aux menaces potentielles. De plus, les drones aident à suivre les actifs et à surveiller le bétail, améliorant les pratiques de gestion agricole et protégeant les ressources précieuses.

Pollinisation par drone

Les innovations dans la technologie des drones incluent le développement de drones pollinisateurs, offrant une solution potentielle pour relever les défis de la pollinisation en agriculture. Des chercheurs de différentes régions explorent la faisabilité de petits drones capables de polliniser les plantes de manière autonome, ce qui pourrait révolutionner les méthodes de pollinisation des cultures et contribuer aux pratiques agricoles durables.

IA pour les drones

Les progrès dans la technologie des drones englobent l'intégration d'algorithmes d'apprentissage automatique pour améliorer les capacités en intelligence artificielle. Le développement de drones alimentés par l'IA vise à améliorer la précision de la surveillance des cultures, en particulier dans des modèles de plantation diversifiés et des cultures moins connues. En formant des systèmes d'IA à reconnaître diverses cultures et modèles de plantation, les drones peuvent offrir des solutions de surveillance plus efficaces adaptées aux besoins des paysages agricoles diversifiés.

Irrigation par drone

Des efforts de recherche explorent l'utilisation de drones équipés de technologies de détection par micro-ondes pour une gestion efficace de l'irrigation [68]. En capturant des données précises sur la santé du sol, y compris les niveaux d'humidité, les drones facilitent des stratégies d'irrigation ciblées, préservant les ressources en eau et atténuant l'impact des conditions de sécheresse induites par le changement climatique.

Les drones sont également devenus des outils indispensables pour les agences de maintien de l'ordre, offrant une myriade d'applications pour améliorer la sécurité publique et l'efficacité opérationnelle. Grâce au déploiement de drones, les agences de maintien de l'ordre peuvent accéder à du renseignement en temps réel, mener des enquêtes sur les accidents efficacement et renforcer les patrouilles de routine, augmentant ainsi leur efficacité globale dans le maintien de l'ordre.

Drones pour le renseignement en temps réel : Les agences de maintien de l'ordre utilisent des drones pour recueillir du renseignement en temps réel dans des situations critiques, fournissant une prise de conscience situationnelle précieuse aux agents sur le terrain. Par exemple, lors d'incidents avec tireur actif ou de prises d'otages, les drones équipés de caméras haute résolution peuvent fournir des vues aériennes de la scène, permettant aux équipes tactiques d'évaluer la situation et de formuler des stratégies de réponse appropriées. En fournissant des flux vidéo en direct et des perspectives aériennes, les drones offrent un soutien inestimable dans les processus de prise de décision, améliorant la sécurité tant du personnel des forces de l'ordre que des civils.

Drones pour les enquêtes sur les accidents : Les drones jouent un rôle essentiel dans les enquêtes sur les accidents, offrant des perspectives aériennes et des images détaillées des scènes d'accident. Les agences de maintien de l'ordre déploient des drones équipés de caméras haute résolution pour capturer des images et des séquences vidéo des sites d'accident, facilitant une analyse complète et une reconstruction des événements. Par exemple, dans les accidents de la circulation ou sur les scènes de crime, les drones permettent aux enquêteurs de documenter les preuves, de cartographier la scène et de recueillir des données critiques, accélérant le processus d'enquête et garantissant une documentation précise pour les procédures judiciaires.

Drones pour les patrouilles de routine : Les patrouilles de routine sont essentielles pour maintenir la sécurité publique et dissuader les activités criminelles. Les agences de maintien de l'ordre utilisent des drones pour la surveillance aérienne lors des patrouilles de routine, permettant aux agents de surveiller efficacement de vastes zones et d'identifier les menaces potentielles pour la sécurité. Les drones équipés de caméras thermiques et de capacités de vision nocturne améliorent la visibilité dans des conditions de faible luminosité, permettant une surveillance efficace lors des opérations nocturnes. De plus, les drones peuvent accéder à des zones éloignées ou difficiles d'accès, complétant les patrouilles au sol et améliorant la couverture globale des patrouilles.

Figure 118: Service de police du Queensland (Australie), drone, Systèmes d'aéronefs pilotés à distance (RPAS). Service de police du Queensland, CC BY 4.0, via Wikimedia Commons.

Exemple : Dans une zone métropolitaine sujette aux accidents de la circulation et aux embouteillages, le service de police local intègre des drones dans ses opérations de gestion du trafic. Lors de la réponse à des incidents majeurs de la circulation, tels que des accidents ou des fermetures de routes, le service déploie des drones équipés de caméras haute résolution pour évaluer la scène depuis les airs. Les images aériennes capturées par les drones fournissent un renseignement en temps réel au personnel de gestion du trafic, leur permettant de détourner la circulation, d'allouer efficacement les ressources et de coordonner les efforts de réponse aux urgences. De plus, les drones aident à documenter les scènes d'accident, capturant des preuves cruciales pour les enquêtes ultérieures et les procédures judiciaires. En tirant parti des drones pour la gestion du trafic et les enquêtes sur les accidents, le service de police renforce la sécurité publique, minimise les perturbations de la circulation et améliore l'efficacité opérationnelle.

L'utilisation de drones pour la photographie aérienne et les relevés LiDAR (Light Detection and Ranging) a connu une croissance significative, offrant des opportunités innovantes pour la capture de données détaillées et de perspectives uniques sur les paysages et les structures. Les drones, équipés de systèmes d'imagerie avancés et de capteurs LiDAR, permettent l'acquisition d'images haute résolution et de données d'élévation précises, favorisant une large gamme d'applications à travers les industries.

Drones pour la Photographie Aérienne : Les drones équipés de caméras de haute qualité sont utilisés pour la photographie aérienne, permettant la capture d'images époustouflantes depuis des points de vue uniques. Ces drones sont capables de capturer des photos et des vidéos haute résolution de paysages, de bâtiments et d'infrastructures avec un niveau de détail et de clarté exceptionnel. Par exemple, dans l'industrie immobilière, les drones sont utilisés pour capturer des photographies aériennes et des vidéos de propriétés, fournissant aux acheteurs potentiels des vues immersives et des insights détaillés sur l'environnement environnant. De même, dans le secteur du tourisme, les drones sont utilisés pour capturer des images aériennes à couper le souffle de destinations pittoresques, améliorant les campagnes marketing et les supports promotionnels.

Figure 119: Relevé LiDAR effectué avec un LIDAR Yellowscan sur l'OnyxStar FOX-C8 HD. Cargyrak, CC BY-SA 4.0, via Wikimedia Commons. Les drones pour les relevés LiDAR : Les drones équipés de LiDAR sont utilisés pour réaliser des relevés afin de générer des modèles d'élévation précis

et des cartes tridimensionnelles du terrain et des structures. La technologie LiDAR utilise des impulsions laser pour mesurer les distances et créer des modèles numériques d'élévation (MNE) et des nuages de points hautement précis. Ces relevés sont inestimables pour diverses applications, notamment la planification urbaine, la surveillance environnementale et le développement des infrastructures. Par exemple, dans les projets d'urbanisme, les relevés LiDAR réalisés par des drones fournissent des données topographiques détaillées et facilitent la conception et le développement de projets d'infrastructures tels que les routes, les ponts et les systèmes de drainage. De plus, dans la gestion forestière, les relevés LiDAR permettent d'évaluer les hauteurs de la canopée des arbres et la structure des forêts, contribuant à la gestion des ressources et aux efforts de conservation.

Exemple : Une entreprise de construction réalisant un projet d'infrastructure à grande échelle intègre des drones équipés à la fois de caméras haute résolution et de capteurs LiDAR dans ses opérations de levé et de surveillance. Avant le début de la construction, l'entreprise réalise des relevés aériens à l'aide de drones pour capturer des images détaillées et des données LiDAR du site du projet. Les drones capturent des photographies et des vidéos aériennes haute résolution, fournissant une documentation visuelle complète des conditions du site et du terrain environnant. Simultanément, les drones équipés de LiDAR collectent des données d'élévation précises, générant des modèles numériques d'élévation et des nuages de points précis de la zone. Ce jeu de données combiné permet aux ingénieurs et aux chefs de projet d'analyser la topographie du site, d'identifier les obstacles ou défis potentiels, et d'optimiser la phase de conception et de planification du projet. Tout au long du processus de construction, les drones sont déployés pour des inspections aériennes périodiques et le suivi de l'avancement, garantissant le respect des délais du projet et des normes de qualité. En tirant parti des drones pour la photographie aérienne et les relevés LiDAR, l'entreprise de construction améliore l'efficacité de la gestion de projet, réduit les coûts et améliore les résultats globaux du projet.

Les drones ont transformé les processus de cartographie et de levé en offrant une alternative plus efficace, précise et économique aux méthodes conventionnelles. Ces véhicules aériens sans pilote offrent plusieurs avantages, notamment une couverture rapide de vastes zones et la capture d'images haute résolution. Cette technologie a considérablement bénéficié à divers secteurs, notamment la construction, l'exploitation minière et la gestion de l'environnement.

Dans la construction, les drones sont utilisés pour créer des cartes détaillées des chantiers de construction, surveiller l'avancement et évaluer la topographie du terrain. En capturant des images aériennes, les drones permettent aux chefs de projet de planifier et de coordonner plus efficacement les activités de construction, ce qui se traduit par des résultats de projet améliorés et des économies de coûts.

De même, dans l'industrie minière, les drones sont employés pour cartographier les sites miniers, suivre les changements dans les formations terrestres et mesurer les stocks de matériaux. La capacité des drones à collecter rapidement des données précises permet aux entreprises minières d'optimiser leurs opérations, d'identifier les dangers potentiels et de se conformer aux exigences réglementaires.

La gestion de l'environnement bénéficie également de la technologie des drones, car les drones sont utilisés pour surveiller les écosystèmes, suivre les changements dans l'utilisation des terres et évaluer l'impact des activités humaines sur les habitats naturels. Les organisations de conservation utilisent les drones pour cartographier les populations de faune sauvage, surveiller la déforestation et identifier les zones nécessitant une protection. En fournissant des données aériennes détaillées, les drones contribuent à prendre des décisions éclairées pour préserver la biodiversité et gérer durablement les ressources naturelles.

Dans l'ensemble, les drones ont révolutionné les pratiques de cartographie et de levé dans divers secteurs industriels, offrant un outil polyvalent pour la collecte de données spatiales et l'aide à la prise de décision. Leur capacité à couvrir de vastes zones efficacement et à capturer des images détaillées en fait des atouts inestimables pour les professionnels de la construction, de l'exploitation minière, de la gestion de l'environnement, et au-delà.

Les drones sont devenus des outils indispensables dans la surveillance de l'environnement et les efforts de conservation, jouant un rôle crucial en fournissant des données et des insights précieux pour une gestion durable des ressources. Ces véhicules aériens sans pilote permettent de suivre l'état de santé des écosystèmes, les populations animales et l'impact des activités humaines sur l'environnement, facilitant ainsi les initiatives de conservation.

Un exemple spécifique de l'utilisation des drones dans la surveillance de l'environnement est l'évaluation de la santé des écosystèmes. En capturant des images haute résolution des forêts, des zones humides et d'autres habitats naturels, les drones peuvent fournir des informations détaillées sur la couverture végétale, la biodiversité et la fragmentation des habitats. Ces informations sont essentielles pour identifier les zones préoccupantes pour la conservation et mettre en œuvre des stratégies de gestion ciblées pour préserver les écosystèmes.

Les drones sont également des outils essentiels pour surveiller les populations animales, notamment dans les zones reculées ou inaccessibles. Les biologistes de la conservation utilisent des drones pour réaliser des relevés aériens d'espèces en voie de disparition, telles que les orangs-outans à Bornéo ou les éléphants en Afrique, afin d'estimer les tailles de population, de suivre les déplacements et d'identifier les menaces potentielles. Ces données aident à orienter les efforts de conservation, tels que la restauration des habitats et les initiatives de lutte contre le braconnage, visant à protéger les espèces vulnérables de l'extinction.

De plus, les drones sont des outils précieux pour évaluer l'impact des activités humaines sur l'environnement, telles que la déforestation, la destruction des habitats et la pollution. En collectant des données aériennes, les drones peuvent documenter les changements d'utilisation des terres, les activités de déforestation illégale et les points chauds de pollution, fournissant des preuves aux agences d'application de la loi et aux groupes de défense pour prendre des mesures contre la dégradation de l'environnement.

DRONE OPERATIONS 569

Figure 120: Équipe de l'USGS utilise des drones pour la recherche forestière du BLM de l'Oregon. Bureau of Land Management Oregon et Washington de Portland, États-Unis, domaine public, via Wikimedia Commons.

Les drones sont devenus des outils essentiels dans les situations de réponse aux urgences et de gestion des catastrophes, offrant un soutien inestimable dans diverses tâches critiques. Une utilisation principale des drones dans ce contexte est leur rôle dans le déploiement rapide, permettant aux intervenants d'urgence d'évaluer rapidement la situation et de planifier leurs stratégies de réponse. Par exemple, lors de catastrophes naturelles telles que les tremblements de terre ou les ouragans, les drones peuvent être déployés pour effectuer des relevés des zones touchées, identifier les dangers et évaluer l'ampleur des dommages aux infrastructures et aux communautés.

En plus du déploiement rapide, les drones jouent un rôle crucial dans la collecte de données en temps réel et la sensibilisation accrue à la situation. Équipés de caméras haute résolution et de capteurs, les drones peuvent capturer des images détaillées et recueillir des informations vitales dans les zones sinistrées, permettant aux intervenants d'urgence de prendre des décisions éclairées et de prioriser efficacement leurs actions. Par exemple, les drones peuvent fournir des vues aériennes des zones inondées pour identifier les personnes piégées ou évaluer l'intégrité structurelle des bâtiments.

De plus, les drones aident à l'évaluation des dommages et à la localisation des victimes, améliorant considérablement l'efficacité et l'efficience des opérations de recherche et de sauvetage. En réalisant des relevés aériens et des imageries thermiques, les drones peuvent aider à localiser les survivants dans les zones sinistrées, guidant les équipes de secours vers leurs positions exactes et potentiellement sauver des vies. De plus, les drones peuvent être utilisés pour livrer des fournitures essentielles, telles que de la nourriture, de l'eau ou du matériel médical, dans des zones inaccessibles ou difficiles d'accès, assurant une assistance opportune aux personnes dans le besoin.

Les drones sont de plus en plus utilisés pour l'inspection et la maintenance des infrastructures critiques, notamment dans les secteurs des télécommunications et de l'énergie. Une des principales applications des drones dans ce domaine est l'inspection des infrastructures de télécommunications, y compris les tours de téléphonie mobile, les antennes et les réseaux de communication. Équipés de caméras haute résolution et de capteurs, les drones peuvent capturer des images détaillées de ces structures, permettant aux ingénieurs d'identifier les problèmes potentiels, tels que les composants endommagés ou les défauts structurels, sans nécessiter d'inspections manuelles.

De même, les drones sont utilisés pour l'inspection des lignes électriques et des infrastructures électriques, permettant d'identifier efficacement les défauts et de réduire le risque de pannes de service. En réalisant des relevés aériens des lignes électriques, les drones peuvent détecter des signes d'usure, d'envahissement végétal ou d'autres dangers pouvant présenter un risque pour la fiabilité et la sécurité des réseaux électriques. Cette approche proactive de la maintenance aide les entreprises d'électricité à prévenir les pannes et à minimiser les temps d'arrêt, améliorant ainsi la fiabilité du service pour les consommateurs.

De plus, les drones équipés de capteurs spécialisés, tels que LiDAR (Light Detection and Ranging), peuvent capturer des données détaillées sur l'élévation du terrain et la densité de la végétation, fournissant des informations précieuses pour la planification et l'optimisation de l'expansion ou de la modernisation des infrastructures. En tirant parti de la technologie des drones pour l'inspection des infrastructures, les entreprises de télécommunications et d'électricité peuvent améliorer les pratiques de maintenance, réduire les coûts opérationnels et améliorer la fiabilité globale du système.

Bien qu'étant encore au stade précoce de sa mise en œuvre, la livraison par drone offre un potentiel considérable pour révolutionner le transport, notamment dans les zones reculées ou inaccessibles où les méthodes de livraison traditionnelles peuvent être impraticables ou coûteuses. Une application clé des drones dans ce contexte est le transport rapide et efficace de fournitures médicales, de médicaments et d'autres articles essentiels vers des communautés isolées ou des zones affectées par des catastrophes.

Par exemple, les drones peuvent être utilisés pour livrer des fournitures médicales d'urgence, telles que des défibrillateurs, des trousses de premiers secours ou des échantillons sanguins, vers des cliniques éloignées ou des sites d'accidents, permettant des temps de réponse plus rapides et potentiellement sauver des vies en situations d'urgence. De même, les drones équipés de caméras thermiques peuvent transporter des échantillons médicaux, des vaccins ou des organes pour transplantation, en maintenant leur intégrité et leur contrôle de température pendant le transport.

En plus de la livraison médicale, les drones offrent des perspectives pour le transport de marchandises vers des régions reculées ou mal desservies, facilitant le développement économique et améliorant l'accès à des fournitures essentielles. Par exemple, les drones peuvent livrer de la nourriture, de l'eau ou des produits agricoles aux communautés rurales, surmontant les défis logistiques tels que les infrastructures médiocres ou les terrains impraticables. En réduisant le temps et le coût du transport, les systèmes de livraison par drone ont le potentiel d'améliorer l'efficacité de la chaîne d'approvisionnement et de promouvoir la croissance économique dans les zones reculées.

Dans l'ensemble, bien que la livraison par drone soit encore à ses débuts, les progrès technologiques et les cadres réglementaires en cours de développement devraient favoriser son adoption et son intégration dans les systèmes de transport traditionnels, offrant de nouvelles opportunités pour des services de livraison efficaces et accessibles dans divers secteurs.

Références

1. Pu, C., et al., *A Stochastic Packet Forwarding Algorithm in Flying Ad Hoc Networks: Design, Analysis, and Evaluation.* Ieee Access, 2021.

2. Poljak, M. and A. Šterbenc, *Use of Drones in Clinical Microbiology and Infectious Diseases: Current Status, Challenges and Barriers.* Clinical Microbiology and Infection, 2020.

3. Khan, M.A., et al., *An Efficient and Conditional Privacy-Preserving Heterogeneous Signcryption Scheme for the Internet of Drones.* Sensors, 2023.

4. Araar, O., K. Benjdia, and I. Vitanov, *Hardware-Free Collision Detection and Braking for Securing Drone Propellers.* Aircraft Engineering and Aerospace Technology, 2021.

5. Rosser, J.C., et al., *Surgical and Medical Applications of Drones: A Comprehensive Review.* JSLS Journal of the Society of Laparoscopic & Robotic Surgeons, 2018.

6. Jeyabalan, V., et al., *Context-Specific Challenges, Opportunities, and Ethics of Drones for Healthcare Delivery in the Eyes of Program Managers and Field Staff: A Multi-Site Qualitative Study.* Drones, 2020.

7. Boutilier, J.J., et al., *Optimizing a Drone Network to Deliver Automated External Defibrillators.* Circulation, 2017.

8. Schierbeck, S., et al., *National Coverage of Out-of-Hospital Cardiac Arrests Using Automated External Defibrillator-Equipped Drones — A Geographical Information System Analysis.* Resuscitation, 2021.

9. Lin, Y.-F., et al., *Research on the Transformation of Historic Patterns of Cultural Landscape Using Aerial Photogrammetry and Geo-Database: A Case Study of Kuliang in*

Fuzhou, China. The International Archives of the Photogrammetry Remote Sensing and Spatial Information Sciences, 2021.

10. Wane, P., *Michael J. Boyle, the Drone Age: How Drone Technology Will Change War and Peace*. Prometheus, 2022.

11. Brunton, E., et al., *Fright or Flight? Behavioural Responses of Kangaroos to Drone-Based Monitoring*. Drones, 2019.

12. Banik, D., et al., *A Decision Support Model for Selecting Unmanned Aerial Vehicle for Medical Supplies: Context of COVID-19 Pandemic*. The International Journal of Logistics Management, 2022.

13. Bevan, E., et al., *Measuring Behavioral Responses of Sea Turtles, Saltwater Crocodiles, and Crested Terns to Drone Disturbance to Define Ethical Operating Thresholds*. Plos One, 2018.

14. Silalahi, S., T. Ahmad, and H. Studiawan, *Transformer-Based Named Entity Recognition on Drone Flight Logs to Support Forensic Investigation*. Ieee Access, 2023.

15. Egan, C.C., et al., *Testing a Key Assumption of Using Drones as Frightening Devices: Do Birds Perceive Drones as Risky?* Ornithological Applications, 2020.

16. Bezas, K., et al., *Coverage Path Planning and Point-of-Interest Detection Using Autonomous Drone Swarms*. Sensors, 2022.

17. Schäffer, B., et al., *Drone Noise Emission Characteristics and Noise Effects on Humans—A Systematic Review*. International Journal of Environmental Research and Public Health, 2021.

18. Chun, C., *Drone maker Zipline, on track for 1 million deliveries, adds vitamins, pizzas and prescriptions to cargo*. 2023, CNBC.

19. Shahid, N., et al., *Path Planning in Unmanned Aerial Vehicles: An Optimistic Overview*. International Journal of Communication Systems, 2022.

20. Zhang, B., et al., *Overview of Propulsion Systems for Unmanned Aerial Vehicles*. Energies, 2022.

21. Shakhatreh, H., et al., *Unmanned Aerial Vehicles (UAVs): A Survey on Civil Applications and Key Research Challenges*. Ieee Access, 2019.

22. Feng, Q., J. Liu, and J. Gong, *UAV Remote Sensing for Urban Vegetation Mapping Using Random Forest and Texture Analysis*. Remote Sensing, 2015.

23. Yinka-Banjo, C. and O. Ajayi, *Sky-Farmers: Applications of Unmanned Aerial Vehicles (UAV) in Agriculture*. 2020.

24. Elmeseiry, N., N. Alshaer, and T. Ismail, *A Detailed Survey and Future Directions of Unmanned Aerial Vehicles (UAVs) With Potential Applications.* Aerospace, 2021.

25. Nemer, I.A., et al., *RF-Based UAV Detection and Identification Using Hierarchical Learning Approach.* Sensors, 2021.

26. Medaiyese, O.O., et al., *Hierarchical Learning Framework for UAV Detection and Identification.* 2021.

27. Wang, H., et al., *Survey on Unmanned Aerial Vehicle Networks: A Cyber Physical System Perspective.* Ieee Communications Surveys & Tutorials, 2020.

28. Shrestha, R., et al., *Machine-Learning-Enabled Intrusion Detection System for Cellular Connected UAV Networks.* Electronics, 2021.

29. JoUAV, *Different Types of Drones and Uses (2024 Full Guide).* 2024.

30. PennState College of Earth and Mineral Sciences. *Classification of the Unmanned Aerial Systems.* 2024 [cited 2024 22/4/2024]; Available from: https://www.e-education.psu.edu/geog892/node/5.

31. AviAssist. *Which Drone type training suits your needs?* 2024 [cited 2024 22/4/2024]; Available from: https://aviassist.com.au/which-drone-type-suits/.

32. AVPL International, *Drones categorized by inclusive weight, per Drone Rules 2021.* 2023, Medium.

33. García, I.Q., et al., *A Quickly Deployed and UAS-Based Logistics Network for Delivery of Critical Medical Goods During Healthcare System Stress Periods: A Real Use Case in Valencia (Spain).* Drones, 2021.

34. Filho, F.H.I., et al., *Drones: Innovative Technology for Use in Precision Pest Management.* Journal of Economic Entomology, 2019.

35. Schootman, M., et al., *Emerging Technologies to Measure Neighborhood Conditions in Public Health: Implications for Interventions and Next Steps.* International Journal of Health Geographics, 2016.

36. Ayamga, M. and B. Tekinerdoğan, *Exploring the Challenges Posed by Regulations for the Use of Drones in Agriculture in the African Context.* Land, 2021.

37. Ayamga, M., B. Tekinerdoğan, and G. Rambaldi, *Developing a Policy Framework for Adoption and Management of Drones for Agriculture in Africa.* Technology Analysis and Strategic Management, 2020.

38. Yıldızel, S.A. and G. Calış, *Unmanned Aerial Vehicles for Civil Engineering: Current Practises and Regulations.* European Journal of Science and Technology, 2019.

39. Yıldız, S., S. Kıvrak, and G. Arslan, *Using Drone Technologies for Construction Project Management: A Narrative Review.* Journal of Construction Engineering Management & Innovation, 2021.

40. Stöcker, C., et al., *Review of the Current State of UAV Regulations.* Remote Sensing, 2017.

41. Macpherson, E., *Is the World Ready for Drones?* Air and Space Law, 2018.

42. UAVCoach. *Drone Laws in the United States of America.* 2024 [cited 2024 22/4/2024]; Available from: https://uavcoach.com/drone-laws-in-united-states-of-america/.

43. Federal Aviation Administration. *Recreational Flyers & Community-Based Organizations.* 2023 [cited 2024 22/4/2024]; Available from: https://www.faa.gov/uas/recreational_flyers.

44. Wawrzyn, D., *Commercial Drone Laws and Regulations in the US, Australia, and Europe: What You Need to Know.* 2024.

45. Federal Aviation Administration, *Remote Pilot – Small Unmanned Aircraft Systems Study Guide.* 2016, Flight Standards Service Washington DC: Federal Aviation Administration.

46. Civil Aviation Safety Authority. *Drone rules.* 2024 [cited 2024 22/4/2024]; Available from: https://www.casa.gov.au/knowyourdrone/drone-rules.

47. Wilson, H., *Navigating Legislation in Australia to Utilise Drones for your Spatial Company.* 2024.

48. Williams, T. and E. Grinbergs, *Drone Laws: New Registration and Mandatory Reporting Scheme* 2021, Holman Webb Lawyers.

49. Leslie, J., *Drone Laws UK 2024 & Regulations.* 2024.

50. Drone Site Surveys. *Drone Laws UK 2024.* 2024 [cited 2024 22/4/2024]; Available from: https://dronesitesurveys.co.uk/drone-laws-uk/.

51. Wiegert, H., *The 2024 EU Drone Regulations: What You Need to Know.* 2023, Drone Nomad.

52. Drone Laws, *The Open Category of Drones in Europe.* 2024.

53. UAVCoach. *Drone Laws in India.* 2024 [cited 2024 23/4/2024]; Available from: https://uavcoach.com/drone-laws-in-india/.

54. Bennett University. *Drone Regulations in India: Navigating the Legal and Regulatory Landscape.* 2024 [cited 2024 23/4/2024]; Available

from: https://www.bennett.edu.in/media-center/blog/drone-regulations-in-india-navigating-the-legal-and-regulatory-landscape/.

55. IAS Vision. *Drone Rules 2022: Amendment and Classification*. 2024 [cited 2024 23/4/2024]; Available from: https://iasvision.com/drone-rules-2022/.

56. Tennyson, E., *Aeronautical Charts: Scale is key difference between VFR aeronautical chart types*. 2024, AOPA.

57. Pilot Institute. *How to Read A Sectional Chart: An Easy to Understand Guide*. 2020 [cited 2024 23/4/2024]; Available from: https://pilotinstitute.com/sectional-chart/.

58. Pachpute, S. *How do drones fly in air? Which drone is more popular?* 2024 [cited 2024 24/4/2024]; Available from: https://cfdflowengineering.com/working-principle-and-components-of-drone/.

59. Gateway Data Systems. *Pre and Post Flight Checklists – DJI Phantom 3 Professional*. 2016 [cited 2024 24/4/2024]; Available from: https://gatewaydatasystems.com/2016/01/12/pre-and-post-flight-checklists-dji-phantom-3-professional/.

60. Carnes, T., *A Low Cost Implementation of Autonomous Takeoff and Landing for a Fixed Wing UAV*. 2014, Virginia Commonwealth University: Richmond, Virginia.

61. Experimental Aircraft Info. *Taking Off Into The Wind*. 2024 [cited 2024 24/4/2024]; Available from: https://www.experimentalaircraft.info/flight-planning/aircraft-performance-4.php.

62. Green, D. *Tailwind Takeoffs and Landings*. 2024 [cited 2024 24/4/2024]; Available from: https://www.challengers101.com/Tailwind.html.

63. Newcome, L., *UVS Info*. 2013.

64. Ofcom, *Spectrum for Unmanned Aircraft Systems (UAS) licence: Licensing guidance document for licensed equipment on drones*. 2023.

65. Pilotfriend. *Stalls*. 2024 [cited 2024 26/4/2024]; Available from: http://www.pilotfriend.com/training/flight_training/fxd_wing/stalls.htm.

66. Aviators Guide. *Wind Triangle*. 2020 [cited 2024 26/4/2024]; Available from: https://aviatorsguide.wordpress.com/2020/08/11/wind-triangle/.

67. Splash Marine, *Assist in Search and Rescue*. 2005.

68. Croptracker, *Drone Technology In Agriculture*. 2024.

Index

A

Accéléromètre, 383, 388–389, 525

Aérien, 9–13, 15, 17–18, 20, 23–24, 28–32, 34, 39, 55–58, 61–71, 73–74, 76, 79, 85–88, 91–92, 95, 98, 102–103, 105, 107–108, 111, 114–115, 117, 122, 125, 127–131, 213, 228, 263–264, 266–267, 295, 300, 305–307, 388, 391, 404, 411, 478, 480, 485–489, 491–492, 495, 497–506, 508–510, 513–515, 525, 531–533, 538, 560, 563, 568, 574–576, 578

    Agriculture, 9, 11, 17, 24–26, 56, 563, 567–569, 581–582, 584

    Agriculture de précision, 563, 568

    Aile fixe, 415, 417

    Aileron, 247, 256–257, 292, 420

    Altitude, 12, 37, 44, 47, 50–51, 55, 59, 61–64, 66–67, 70–71, 77, 79, 81, 86, 88–89, 92, 97, 105–106, 114, 118–119, 122, 125, 130, 182–187, 189–190, 192, 194–195, 197–198, 204, 206–207, 210, 216–217, 219–223, 225, 230, 233–234, 242, 244, 246, 248–249, 260, 267, 272, 274, 281–282, 285–287, 290, 296–297, 381, 385–386, 391, 395–396, 400, 402–403, 407–408, 410, 479, 498–499, 505–508, 510, 513, 516, 523–524, 526–530, 532–535, 543, 556–557

    Antenne, 234, 275–276, 293, 338, 396, 406–407, 412, 485, 559, 578

    Application de la loi, 26–27, 87, 576

    Architecture, 232, 330

Atterrissage, 73, 78–79, 87, 222, 225–226, 230, 242, 249, 253, 259, 262–264, 267, 270, 273–274, 279–293, 296–298, 300–301, 312–313, 346, 399, 431–432, 478, 485, 489, 491, 494, 503, 505–506, 526–527, 534, 545

Autonome, 9, 15, 17, 20–21, 23, 264–265, 279–281, 376, 391, 471, 524, 526–527, 529–531, 533, 571

Autorisation, 11, 49, 61–65, 67, 69–70, 76, 79, 82, 85, 92, 95, 98, 102–104, 108, 110–112, 115, 118, 122, 125, 127–131, 264, 312, 318, 485–489, 491–494, 497–502, 504, 508–509, 511, 513–514, 532

Aviation civile, 48, 56–58, 76, 79, 81, 87, 91–93, 96, 98, 103, 108, 110–112, 121, 124, 129, 229, 499, 506

Axe, 238–239, 247, 255–257, 284, 291, 298, 418, 452, 489

B

Batterie, 77, 138, 230–231, 233, 236, 241–243, 245, 378–379, 390–391, 403–404, 407, 413, 457–467, 469–477, 525, 527, 529, 533

Boussole, 396, 497, 532

C

CAA, 91–93, 96, 98–99, 103, 108, 110–112

Cadre, 10, 22, 27, 73, 83, 87, 91–92, 96, 103, 114–116, 118, 127, 231–232, 264, 301, 346, 384, 396, 546, 570, 579

Caméra, 26, 81, 85, 93, 119, 230, 233, 260, 263, 268–270, 275–279, 379, 411, 476, 497

Caméras, 15, 23, 26–28, 56, 59, 82, 93, 112, 211, 230, 263, 411, 457, 476, 524, 540–541, 555, 557, 566–574, 577–579

Capteurs, 9, 15, 23–24, 27–29, 53, 56, 59, 230, 263, 280, 525–526, 533–536, 540–541, 566–567, 573–574, 577–578

Cardan, 233, 275, 277, 396

Carte mémoire, 260

Cartographie, 11, 28, 503–504, 525, 531–533

CASA, 76–77, 79, 81–85, 228–229, 583

Charge, 55, 59, 82, 216, 218–221, 223–224, 226, 230, 232–233, 236, 241, 243, 245, 250, 252–253, 260, 276, 280, 305–306, 309, 329, 346, 352, 375–377, 457–458, 460–464, 466–477

Charge mentale, 352

Charge utile, 55, 233, 250, 260

Chemin, 233, 274, 410, 530, 555–557

Collaboration, 301, 542

Communication, 66, 88, 265–266, 268–269, 294, 310, 314–317, 319–326, 328–334, 338, 342, 344, 374–375, 377, 405, 478–479, 485, 489, 495–496, 506, 509–511, 539, 541–542, 544–545, 555, 557, 559, 581–582

Compétence, 11–12, 30, 55, 77, 79, 81, 118, 120, 247, 249, 289, 291, 293, 299, 301, 306, 403

Compétences, 11, 29, 85, 246–247, 254, 293, 300, 302, 387, 391, 400, 402, 411

Composants, 89, 228–233, 250, 256, 261, 268, 327, 394, 404, 411, 413, 458, 474, 525, 566, 578

Conditions météorologiques, 102, 106, 259, 300, 306, 309, 476, 479, 497, 505, 508, 510, 514–515, 524–525, 529, 531–532, 546–548, 552, 554, 559

Conformité, 10, 12, 56, 60, 66–67, 77, 81–83, 87–88, 116–118, 120, 122, 130, 391, 495, 504–506, 508, 532

Conscience de la situation, 29, 488–489, 526, 531–532

Consommation d'énergie, 252, 476

Construction, 32, 37, 50, 250, 252, 261–262, 296, 388, 398, 462, 464, 474, 479, 504, 564–565, 574–576, 583

Contrôle, 14, 228, 230–231, 233–234, 242–244, 246–247, 249–259, 261, 263–265, 270, 272, 274–276, 280–282, 290, 293, 297, 328, 330, 383, 387, 392, 401, 418, 478, 485–492, 494–495

Contrôleur, 230, 232–234, 263–266, 271, 274, 278, 280, 292, 388, 457, 467

Contrôleur de vol, 230, 233, 271, 292, 457

D

Décollage, 79, 87, 127, 216, 222, 225, 241–243, 245, 249, 253, 259, 262–264, 267, 270, 272–273, 278–290, 292–295, 299, 301, 312, 424, 438, 441, 474, 478, 485, 490–491, 509–510, 524, 526, 529, 533

Directives, 55, 57–58, 67, 77, 79, 87, 92, 94–95, 111–112, 118–119, 125, 130, 241, 271, 375, 404, 408, 473, 488, 498

Documentation, 572, 574

Données, 11, 18, 24–25, 27, 29, 31–32, 37, 44, 49, 53, 56, 59–60, 62, 74, 86–87, 92, 112, 127, 194, 198, 213–214, 224, 230, 265, 300, 379, 404–405, 475, 479, 508–509, 519, 524–527, 529–536, 538, 546–547, 562–569, 571–578

E

Élévateur, 256, 419

Émetteur, 230, 233, 242–245, 263, 269–271, 387, 392–394, 396, 406–408, 411–412, 508–509, 544, 559

Endurance, 36, 39, 43–45, 47, 187, 390–391

Espace aérien, 10–12, 29–31, 55–58, 61–71, 73–74, 79, 85–88, 114–115, 117, 122, 125, 127–130, 263, 266–267, 306, 404, 480, 495, 497–506, 508–510, 513–515, 525, 531–532

Évaluation des risques, 98–99, 115, 302, 305

F

FAA, 61–63, 68–70, 72, 145–146, 540, 583

Facteurs de charge, 218–221, 223

Facteurs humains, 300–301, 307–308, 344–346

Fatigue de l'opérateur, 280

Formation, 11, 55, 59, 73–74, 82–83, 118–120, 122, 125, 189, 196, 198–200, 204, 206, 208–211, 218, 252, 280, 282, 296, 300–302, 305, 375, 394, 411, 473, 499, 561, 575

Fréquence, 74, 268–270, 309, 327, 379, 408, 411, 478–479, 485, 488–489, 509–510, 513–514, 534, 542, 559

Fronts, 206–209

Fuselage, 295, 457

G

Gouvernail, 223, 247, 256, 281

GPS, 248, 272, 535

Gyroscope, 231, 233

H

Hélices, 32, 229–231, 233, 236–240, 259, 261, 268, 270, 274, 276–277, 292–294, 379, 381, 385, 389–391, 393–394, 396–399, 404, 476, 525, 527

I

Imagerie, 18, 23–24, 27, 515, 541, 563, 569, 573, 578

Imagerie thermique, 18, 23, 27, 515, 541

Immobilier, 17, 19

Innovation, 19, 22, 26–27, 51, 115, 122, 295, 565, 570, 583

Inspection, 12, 29, 37, 39–40, 43, 45–46, 63, 83, 117, 124, 132, 261, 264, 268, 299, 404, 503, 525, 527, 536, 563–567, 575, 578

Intégration, 31, 56, 62, 103, 109, 301, 495, 501–502, 514, 565, 571, 579

L

Lacet, 231, 233–234, 237, 239, 242, 244, 246–247, 255–257, 380, 387, 392, 394–395, 397, 399, 401–402, 452, 525–526

Levé, 31, 564, 574–576

Licences, 11, 49, 55–56, 58–59, 77, 87, 100, 117, 228, 505

Lidar, 32–33, 574

LiPo, 261, 294, 457–476

Lithium, 391, 413, 457–459, 461–463, 470, 473–474, 476

Logiciel, 28, 270, 273–274, 294, 526, 529–531, 533

M

Magnétomètre, 534

Maintenance, 10–11, 89, 124, 250, 294, 307–308, 346, 461, 536, 563, 565, 567, 578

Maniabilité, 218, 224, 229

Matériel, 95, 268, 270, 404, 475, 503, 505, 526, 578

Meilleures pratiques, 10, 61, 473

Météo, 182, 391, 525, 546

Micrologiciel, 233

Mission, 17–18, 22, 27, 82, 139, 187, 190, 211, 260, 269, 271–272, 276, 295, 305, 375, 379, 390–391, 395, 397, 404–406, 524–526, 531–533, 536, 538, 547, 561

Moteurs, 184–185, 189, 193, 196, 225, 229–232, 236, 243, 246, 261–263, 278, 281–282, 294, 378, 380–385, 389–391, 396, 398, 413, 457–458, 460–461, 465–466, 474–475, 490, 525

Multirotor, 39, 236, 241, 378–380, 384–387, 398, 411–413

N

Nano, 46, 131

Navigation, 12, 20, 57, 69–72, 74, 81, 86–88, 264, 289, 300, 302, 479–480, 490, 495, 497, 510, 515–516, 518, 520, 523–527, 529–532, 534, 536, 543, 546, 549, 552–553, 557

Normalisation, 58

NOTAM, 225, 512

Nuages, 80, 85, 205, 515, 574–575

O

Objectif, 55, 58, 251, 396

Opérateur, 9–12, 35, 43, 53, 55–56, 58–59, 61, 63, 67–68, 74, 76–77, 79–80, 82–85, 107, 114, 116–124, 127–129, 131, 228, 233, 259, 269, 273, 277, 279–280, 498–505, 529, 531–532, 540, 569

P

Performance, 192, 216, 224–227, 229–231, 241, 250–256, 265, 269, 280, 282, 284–286, 288, 299, 305, 347–348, 404, 410, 413, 458, 461, 463–464, 468, 470, 473–474, 476–477, 518, 524, 532, 584

Permis, 11, 55, 58–59, 81, 121, 125, 131, 299, 504–505

Perte de liaison, 265, 375, 404–405

Photogrammétrie, 82

Photographie, 9, 11–12, 16–19, 29, 82–83, 230, 476, 504, 525, 573

Pilote, 9, 11–13, 15, 17, 20, 24, 29–31, 34, 39, 41, 43, 47–49, 55, 57–58, 61, 63–64, 66, 68, 70, 72, 74, 76–77, 82–85, 87–89, 114, 116–118, 120–121, 123–125, 127–129, 216–219, 221, 223–225, 227–229, 249, 253–254, 256–257, 262, 264, 266, 269, 275, 282–309, 347–348, 382, 388, 391, 394, 403–404, 408–412, 425, 429–431, 434, 438–446, 448–450, 452–454, 475, 478–480, 485–487, 490–491, 493–494, 497–500, 502–503, 508–514, 518–520, 523–524, 529, 532–533, 538, 549, 552, 556–557, 563, 568, 575–576

Plafond, 213

Plan de vol, 73, 125, 265–267, 495, 530, 534

Poids, 44, 47–49, 59, 81, 117, 121, 126, 192, 216–220, 222, 224–227, 231, 233, 236, 239–240, 252–253, 256–257, 281–282, 287, 289, 292, 296, 300, 381, 388, 398, 413, 458, 460–461, 463, 466, 474–476

Points de passage, 487, 517, 519

Polymère, 391, 413, 457–459, 461–463

Portée, 10, 37, 43–45, 47, 50, 53, 226, 261, 269, 272, 293, 379, 390, 411–412, 472, 477, 543, 569

Prévol, 259, 261, 274–275

Prise de décision, 11, 27, 29, 31, 44, 261, 280, 284, 292, 299–307, 309, 479, 538, 571

Procédures, 10, 12, 29, 59, 61, 66, 86–87, 118, 242, 245, 261, 263–266, 305–306, 404–406, 410, 479, 486, 488, 495–496, 501–502, 509, 511, 513–515, 526–527, 532, 545, 547, 572–573

Procédures d'urgence, 10, 12, 265

Propulsion, 34, 229, 231, 250, 581

Protocoles de communication, 545

Protocoles de sécurité, 10, 402

Q

Quadricoptère, 38, 238–239, 242, 248, 294, 380, 387, 392–395, 397–403, 476

R

Radar, 64, 73–74, 266, 508–510, 515, 544

Radio, 34, 65, 85, 88, 230, 233, 259, 271, 273, 281, 293, 325, 337, 345, 379–380, 390–391, 461, 478, 485, 487–489, 506, 509–511, 513, 534, 543–544, 559

Rapports, 74, 84, 266, 300, 568

Récepteur, 230, 234, 269–271, 380, 407, 412, 465, 524, 529, 534–535, 559

Reconnaissance, 13, 15, 17–18, 23, 27, 42, 44, 82, 290, 295, 303, 372, 556, 558, 568

Réglementations, 10–12, 29–31, 55–63, 67–68, 72, 74, 76–79, 81–84, 86, 88, 91–93, 95, 97, 99, 105–118, 121–124, 130–131, 241, 263–264, 282, 304, 497–506, 508, 515, 532

Réparations, 261, 563, 565

Résistance au vent, 233

Résolution, 10, 23–24, 26–28, 45, 411, 544, 564, 566, 571–574, 576–578

Rotors, 9, 35, 39–40, 42, 186, 232–233, 237, 247, 269, 378, 436, 459–460

Route, 17, 27, 31–32, 66, 70–71, 73–74, 87–88, 214, 325, 336, 442, 486, 506, 510, 513–514, 516, 518–519, 534, 546, 551, 562, 566, 573–574

RPAS, 228–229, 375, 572

S

Services d'urgence, 80, 539

Signal, 77, 130, 265, 272, 289, 293–294, 509, 529, 536, 545, 559–560

Sonar, 536

Stabilisation, 248, 380, 529–530

Stabilité, 217–218, 220, 229, 233, 236, 241, 244, 250–251, 253–256, 380, 472, 524, 529, 564

Station au sol, 270–271, 379, 406, 411, 533

Stationnaire, 41, 43, 202–203, 218, 237–238, 240, 243, 246, 249, 271, 293–294, 380–383, 385–386, 389–390, 397, 399–402, 529, 535

Suivi, 17, 27, 45, 50, 68, 70–72, 98, 108, 113, 259, 265–266, 281, 382, 404, 433, 440, 458, 465, 487, 503–504, 524, 533, 549, 553, 555, 557, 575

Surveillance, 9, 13, 15–18, 25–29, 32–33, 35, 38, 44, 46–47, 50, 56, 62, 73, 80, 83, 117, 124, 309, 392, 405, 458, 471, 503–504, 508–510, 513, 525–526, 530, 533, 538, 544, 558, 560, 565, 567–572, 574, 576

Surveillance des cultures, 503, 567, 571

Surveillance en temps réel, 25, 27, 533, 570

Surveillance environnementale, 18, 29, 32–33, 504, 565, 574

T

Tangage, 217, 231–232, 234, 237–238, 242, 244, 246–247, 255–257, 393, 525–526

Télécommande, 230, 233–235, 241–242, 245, 293, 394, 396, 412, 526–527, 530, 533

Télémétrie, 267, 379, 469, 526–527, 530, 532

Train d'atterrissage, 270, 290

Traitement, 307, 352, 358, 375, 460, 527, 568–569

Transmission, 211, 233–234, 327, 337, 345, 374, 379, 411, 510–511, 542, 561

U

UAV, 9, 26, 34, 40, 43, 47, 55, 76, 83–85, 137, 228, 268, 279, 389–390, 414–415, 538, 563, 581–584

Urbanisme, 31, 574

V

Véhicule Aérien Sans Pilote, 9, 15, 39, 85, 228

Vidéo, 16, 18–19, 29, 59, 83, 112, 268–271, 379, 392, 411–412, 515, 540, 566, 571–574

Visibilité, 56, 118, 391, 395, 411, 485, 487, 489–491, 494, 497, 508, 525, 543, 572

Vision nocturne, 544, 572

Vol, 9–12, 17, 20, 23, 28, 30–31, 35–37, 39–45, 49–51, 53, 55, 57–59, 61–71, 73–74, 76–77, 80–83, 85–89, 92, 95–98, 100, 102–103, 105–115, 117–120, 122–125, 127, 129–131, 152–153, 182, 216–219, 221–228, 230–231, 233–234, 236, 238–243, 245–247, 249–257, 259–267, 269, 271–272, 274–285, 287, 289, 291–294, 296–297, 299–302, 304–309, 329, 332, 351, 378–387, 389–392, 394–408, 411–413, 415–416, 421, 424–427, 433–434, 437–441, 444–446, 448, 450–451, 453, 457–460, 465–469, 474–480, 482, 486, 491, 495–496, 498, 500–501, 503, 505–510, 512–516, 518, 523–536, 545, 549, 552–553, 555–557

Vue aérienne, 19

Z

Zones d'interdiction de vol, 76

Zones restreintes, 30, 76, 78–79, 109

www.ingramcontent.com/pod-product-compliance
Lightning Source LLC
Chambersburg PA
CBHW072140070526
44585CB00015B/977